U0105297

易经与中医学

黄绍祖 著

团结出版社

图书在版编目（CIP）数据

易经与中医学 / 黄绍祖著.—北京：团结出版社, 2021.1
ISBN 978-7-5126-8303-7

Ⅰ.①易…　Ⅱ.①黄…　Ⅲ.①《周易》－关系－中医学
Ⅳ.①B221.5　②R2-02

中国版本图书馆CIP数据核字（2020）第18739号

出　版：团结出版社
　　　　（北京市东城区东皇城根南街84号　邮编：100006）
电　话：（010）65228880　　65244790（出版社）
　　　　（010）65238766　85113874　65133603（发行部）
　　　　（010）65133603（邮购）
网　址：http://www.tjpress.com
E-mail：65244790@163.com（出版社）
　　　　fx65133603@163.com（发行部邮购）
经　销：全国新华书店
印　装：北京天宇万达印刷有限公司

开　本：148×210毫米　　1/32
印　张：20.5
字　数：500千字
版　次：2021年1月第1版
印　次：2021年1月第1次印刷

书　号：978-7-5126-8303-7
定　价：148.00元

目录

扫一扫，
进入课程

上　编

下　编

《医易义》今注今译

陈立公夫子序

扫一扫，
进入课程

世界各国学者鉴于若干重要病症尚未有根治之方药，转向历史文化古老国家之医药典籍中寻求，而世界上唯一有丰富之典籍能保持老法以治愈重要病症者，厥为我国。希腊、印度等古国，已鲜有古法存在为临床之实用矣，实殊为可惜。

研讨中医必先明了中医之科学理论基础，庶几能"从根救起"，兹述之如次：

孙中山先生少时习医学，对于人类进化之原理，诸多发明，谓"求生存"为人类社会历史进化的中心，又谓"互助"为人类进化时期之进化原则，则人类一切发明，必首先应用之于与生存直接有关之医药，自无疑义。考诸今日西方医学上所应用之仪器，以 X 光、激光、声波、扫描等均非医学家所发明者，则以中国文化之崇高伟大，焉有医学独留滞不前乎？须知中国文化之根源在《易经》，此一巨著，为伏羲、文王、周公、孔子四大圣人之集体创作，历代学者誉之为"经中之经"，为合天道、地道、人道唯一之巨著。例如，乾卦《大象》："天行健，君子以自强不息。"前句为天道，后句为人道。又如，坤卦《大象》："地势坤，君子以厚德载物。"前句为地道，后句为人道。其他六十二卦皆然。孔子与老子之道，全本乎此。《易经》以数、理、象三者为纲，与西方今日之自然科学以数、理、化三者为基础，仅为一字之差，竟产生前者为"致广大"、后者为"尽精微"之两大不同之理论体系。

盖《易经》一书，为阐明宇宙万物生存进化之原理，故曰"生生之谓易"，其开始先应用于大自然之天文、气象、历法、季节等学。故吾国对于上述数项之创见最早亦最多（见《书经》及李约瑟氏著《中国科学技术史》）。而此数项，均无时无刻不在动变之中，故曰"易"，易者，变易也。唯动变亦有其轨迹及法则可循（例如昼夜、寒暑、四季等），法则者，即相对的不易也。明其变中不变之理，盖欲求易知易明也，故曰简易。知此三易，而知易学之高深矣。由此进而研究天体中，无数之星云系单位，各自在动变，同时又环绕一中心而动变，而竟能时时自动调整，使之各得其位，各循其轨。在地球之上，万有生物，各自在动变（体内与体外），各遂其生，而又能时时自动调整，达致共生存共进化之果，于是发明了"致中和，天地位焉，万物育焉"之至理。此一以人力达致"动的均衡"即"致中和"之至理，遂被用于凡属动变之事物（如天文、气象、数理、音乐、军事、经济、生理、医学等）。而每一事物，又必须具备质、能、时、空四大条件，其质能之相对盈虚消长，则以阴（--）与阳（—）代表之，由两仪、四象、八卦，乃至六十四卦，以穷究其动变；其时空之调整适应，则赖五行以达成之。五行者，宇宙间五种基本动向也。"火"代表向上，"水"代表向下，"木"代表由一点向多方面发展，"金"代表由多方面集中于一点，"土"代表平衡与向前发展，有此五者，逢"致中和"之调度，乃克有济。中国医学，即本此最高生存原理——动的均衡——（致中和）而成者。余名之曰"中和位育原理"，为中医之科学理论基础。

盖中医视人为一小天地，凡宇宙一切风、雷、晴、雨、寒、暑等种种大自然的变化，均可影响人类之健康，故称病症为伤寒、温症、风湿等名称，失去均衡则病，而以药物之五行生克之性，以使回复中和则愈。而以整体治本为先，故先从安内入手。安内者，"致中和"之别称，盖在此情况之下，自身之抵抗力（即免疫力）自增，而病自消，故称中医治病之原理为"安内攘外"亦可，而自成一完整之病理及医理体系，并不亚于西医学。昔人喻良医为良相者，以良相能尽"安内攘外"之功，医人医国，其义一也。唯西医之视人为一部机器，何部分损坏，则修理何部分，并可更换零件，其治病原理，可称之曰"就事论事"，简单易明。故凡物理、化学之原理方法，均可用之于人，故其研究方向，从极其小处用功夫，如细菌、病毒及细胞等，其理亦通。盖人为动物之一，固亦为一部机器，唯人究竟又为万物之灵，有生命，能自动调整适应，与一般机器不同。故中医、西医二者一从"致广大"入手，一从"尽精微"入手，各得真理之一半，前者方法近王道而慢，后者近霸道而速，各有其长处，苟能精诚合作，爱其所同，敬其所异，则世界完整之新医学必然产生，造福人群必无限量，此余所以倡"中西一元化"者在此。唯中医书籍，文字古老，近人不易了解，宜用语体文译之，始易知晓，此则余所倡"中医现代化"者是也。近代学者，由于《易》理之启示，获得诺贝尔奖金者有四人：一、德国之海森堡，其论为"不确定性原理"；二、丹麦之玻尔教授，其论为"互补原理"。庆祝酒会时，以太极八卦纪念章赠人；三、中国之杨振宁、李政道（获奖时均为中国籍），其论为"宇称不守恒定律（不对等定律）"，并自称得之于《易经》之启示是也。今后由此书而得奖者，当犹有其人，其能谓《易经》不科学乎？

明乎上述之理由，可知中西医二者，各有短长，而中医学理，显然比较高深，有待深究，今西医方面渐渐感到人体自具之免疫力至为重要，则正与中医治病之原理相接近，二者之合作，当更可日见其接近矣。

希望从今日开始，各位除研究所列主题之余，能阐明五行生克之理之精微处，俾《易》理与中医药之学理关系及其应用更为明显，以供世人之共同研究，则世界医学之进步，必日见其速效也。

一九八七年夏，我勉强要求黄绍祖兄教授此课，原为试办性质，初为一学期两学分选修，两年来结果，每届同学均主动要求改为每学年四学分。黄教授所撰《易经与中医学》教本，亦增补成近四十万言，足征事在人为。余甚慰之，亦深爱之，书成付梓，乐为之序。

吴兴陈立夫
于天母弘毅斋时年九十

马光亚先生序

《易》为五经之一，难知也，难言也。有谓《易》为卜筮之书，然乎哉？《易》始于数与象，其最高价值在于明理。宇宙万事万物，皆有其理。今日科学之进步，一日千里，其所以能不断发明者，必先知其理也。谓《易》为卜筮之书者，是不知《易》之为易，而将其神化矣。

《易》由太极而两仪，太极者一也，两仪者阴阳也，一者事物之真理，阴阳相对之象，推之衍之，真理乃得显焉。明张介宾氏著《传忠录》，首言为医须明理，明理须审阴阳，不明理不足以为医，由此揭示中国医学乃以《易》为根基。今日社会仍不少浅见者流，谓中医不科学，而不知中医之所本，中医之所能，有高出科学之上者。有人焉患疾，求之于现代医学之执业者，以最新之仪器查之，得其病实质上之乖异，常有不能治之者，若求之于中医，可一药而愈，因中医明阴阳之道及盈虚消长之理也。同是一种疾病，甲患者邪盛为实，乙患者正衰为虚，用药时，甲可攻之泻之，乙则须补之养之，如此，甲乙皆得霍然，是医之上工也，岂可视为不科学哉？

何谓盈虚消长？《系辞传》云"一阴一阳之谓道"，阴阳相推，由静而动，由常而变，遂有过与不及之象。如阳盛则热，阴盛则寒，医者本阴阳之理，补其偏而救其弊，热者清之，泻其有余；寒者温之，补其不足，得其中和而愈矣。宇宙生生不已，如但重物之体，忽于生之动与变，则不知病之先机，不识病之转归盈虚消长之理，宜乎临床时束手之处甚多。中医知病有虚实寒热之不同，治有补泻温清之异，故无往而不验，此其所以高出科学之上也。

中国医学以《易》为根基，"中国医药学院"董事长陈立公，阐扬传统医学，扶植医药事业，厥功甚伟。前年指示增辟易学课程，并请绍祖兄担任讲授。绍祖兄学富五车，有著作三十余种，哲学及大学各方面，皆显渊博，近于授课之余，撰有《易经与中医学》，以张介宾著《医易义》为骨干，参考朱程等儒家有关《易经》之著作，阐析《易经》与中医学之义理，纲举目张，易读明知，对中医学贡献之大，匪言可喻。余敬佩之，乐为之序。

马光亚

一九八九年十月

黄维三先生序

《易》其神矣乎！建诸天地而不悖，质诸鬼神而无疑，百世以俟圣人而不惑，虽今日科学足以登月球、探太空，亦不外乎其所言理、象、数三大法则。中外若干得诺贝尔奖之科学家，多自称其理论导源于《易》。《汉书·艺文志》谓《易》为诸经之原，信不诬也。

中医其至矣乎！有望而知之之神，闻而知之之圣，问而知之之工，切而知之之巧。明天人一体之理，察人生造化之机，诚中形外，探赜索隐，使弱者强、衰者寿、死者生，虽今日西方医学得科技发明之助力，而日新月异，亦不外于《内》《难》（《黄帝内经》《难经》）二经之原理原则。

《易经》以太极为本体，医书以元气为根源，自古及今，充塞宇宙之间，唯一气耳。茫茫往古，混沌未开，初唯元气，孔子称之为太极，后之儒、道、墨、法、阴阳、医者各家各派，各凭己意，名词纷立，太一也、太乙也、太虚也、太易也、太初也、太始也、太素也、至中也、至理也、太道也、元气也……令人目为之眩，莫衷一是。本学院黄教授绍祖兄为厘纷繁，引经据典，详加考证，依《内经·素问·天元纪大论》"太虚寥廓，肇基化元，万物资始"之理，融《易经》乾元、坤元本乎太极之道，谓"肇基化元"之天元，即后世医家所云之"元气"，进而推论"太极即元气，元气即太极"，发前贤之所未发，深得我心之同然。

《易》言天人一理，外分天、地、人三才；医言人为小天地，脉分三部、九候。自整体言，《说卦传》曰："乾为首，坤为腹，震为足，巽为股，坎为耳，离为目，艮为手，兑为口。"自经脉言，八卦分为十二经脉之走向。自局部言，八卦又可浓缩为五脏，为六腑，为眼，为耳，为脸，为手掌。六十四卦配之以阴阳，合之以五行，生克变化，阴阳不测之谓神，作者于此反复申论，以《河》《洛》配人体，从八卦乃至六十四卦言生理与病理，融医于《易》，非深于《易》医之理者，何能及此？

自王太仆注《素问》偶用《易》理以为言，后之医家唯张介宾氏之《医易义》深得其中之三昧，惜曲高和寡，后继无人，容或有之，亦因《易经》难明而望洋兴叹。知医者不知《易》，知《易》者不知医，虽有稍事涉猎者，终如隔靴搔痒。绍祖兄于两年前承本院董事长陈立公之请，开讲《易经与中医学》，我曾建议他详研张介宾所著《医易义》及《类经》，一年完成《医易义今注今译》，凡二十余万言（今列为下编），再年完成其上编，总名之曰《易经与中医学》，都四十万余言。用力之勤，研究之精，考证之广，下笔之快，非学养有素，深于《易》理与医理者所难能也。彼虽曰为医学界之外行，读其书者均将谓其自谦而不置信也。兹举一事为例，本书下编于《中华日报》连载近年，千余读者纷纷函电希能提前出版专书，可为明证，他日洛阳纸贵，必可断言。

陈立公屡言中医之理论基础为《易经》，学医者不可不读。今本书一出，则于中国传统医学之发扬光大，厥功尤不可没。书成，索序于余，爰述本书梗概，乐为之介。

山左宗弟黄维三敬撰

一九八九年十月十一日

魏受田先生序

黄教授绍祖先生，余生平之畏友也，直谅多闻，古道益于颜色，为近代不可多得之士。博览群书，健于文笔，下笔千言，倚马可待，早已著作等身，誉满士林矣。近出《易经与中医学》初稿见示，余捧读再三，愧不能赞一辞。

昔太昊氏仰观天象，追源本始，谓天地万物，莫不自无而有者，良由乎道也。道者，自然也，即太极。太极包含阴阳浑而为一，既而分阴与阳，天地以立，又而天地絪缊，万物化生，从斯以降，新陈代谢，永无穷已，故曰：“生生之谓易。”而悬象著明，其大乎日月，故汉魏伯阳又曰“日月为易”也。而又近取诸身，如头为六阳之首，腹为众阴之藏。又如坎为耳、为血，艮为背、为手之类，凡此皆与医学有关者。唐孙思邈云：“不知《易》，不足以为太医。”明张景岳著《医易义》，可谓知本矣。黄氏于此有其独特见解，为昔贤所未及之者。

上古龙马负图，呈自然之数，自一至九、不言十者，以数至十则复为一，但加一于其后耳，则百千万亿以至无穷，辄多加一于其后可矣。又一、三、五、七、九为奇数，为阳、为天数，二、四、六、八为偶数，生数之与成数者，其关键在中心之五，故一加五则为六，故曰：“天一生水，地六成之。”其他“地二生火，东三生木，西四生金"，莫不皆然，五则自加而为十也。此即学者所谓《河图》之数，伏羲因之以作八卦者也。是伏羲之《易》，仅含数象，迨文王、周公、孔子三圣继作，始克明其理也。时人多不明其与医道之关系，黄氏则畅所欲言，发前人之所未发。

医道之兴，亦系自无而有。宋代林亿于诠释《素问》名称时云："有太易、太初，有太始、太素。太易者，未见气也；太初者，气之始也；太始者，形之始也；太素者，质之始也。气形质具，疴瘵由是而萌生，故黄帝问此太素之始，素问之名，义或为此。"足证《易》与《内经》，是我国古代同源异流的两部伟大著述，必须互相印证，始克尽其底蕴也。黄氏则由无极而太极，列举诸家之说，力斥无极之非，谓太极即形而上之道，再加无极，为安头上之头，而归本于中医之"元气"。

本书每一章节，均有其独到创意，前所举者，乃为大略，未及千分之一。善读者，玩索而有得焉，则终身用之，有不能尽者矣。

余家四代均为儒医，幼承薪传，古今医学大家著述，自信多已阅读，其确能熔医理与《易》理于一炉，破解迷津者，吾唯于黄氏《易经与中医学》巨著中得之矣。至敬至佩，故自荐以为序。

魏受田时年七八
于中秋岁月

自　序

　　《〈医易义〉今注今译》是《易经与中医学》补充教材之一。为了教学方便，故注译务求其详。自《中华日报》在《中华医药专刊》连载以来，主编张箕良先生一再来信说："有为数众多读者，要求提前出版专书，以便首尾相连研阅。"

　　《医易义》为明医张介宾氏一篇精简学术性论文，我注释它，旨在彰显其融医于《易》的成就，复望后之来者，理解中医之理论基础根源于《易》。不知《易》，固不足以言太医；不明《易》，亦不足以突破今日医学诸多瓶颈。张氏为医学大家，但非易学大家，然其易学造诣，揆诸古今医家，鲜有能与之相提并论者；盖有之矣，我未之见也。

　　今注今译，乃因人成事之释作，何以言之？因为全文思想依张氏之意，架构体系遵张氏之法。我的注解，虽然超出其范畴许多，甚至借题发挥，指出其在易学上若干缺失，但毕竟还是他的。以之作为补充教材可，以之为学术著作，在整个思想体系上，则嫌不足。

　　今年春，陈立公夫子召集全院研究所硕、博士班师生讲话，欲建立"安内攘外中国医药学之体系"。安内攘外，从中医言，则为"扶正祛邪"。几经研商，笔者被分配有关《易经与中医学》，并限五月底前交稿，迫不得已，夜以继日，埋首案头，如期完成三十万余言，计分下列四章：

第一章　绪论：《易经》与《内经》
第二章　河洛与中医
第三章　图象与卦爻
第四章　"安内攘外"论

　　每一章节均与中医理论相结合，并将之列为"上编"。原注《医易义》，为免重复，经略加删削，列为"下编"。虽难尽如人意，然在思想体系上，则较有脉络可循。在中国医学史上，它是第一本试航的处女作，所以并不成熟。

　　孟子曰："有不虞之誉，有求全之毁。"不虞之誉，非我所欲也；求全之毁，则为学术日新又新之自然趋势，理所当然。诸祈海内外大雅君子有以教我。

　　本书之命名，为立公所创，开设此课，亦为立公之意，付梓之前，复蒙赐颁中医之理论基础一文为序。今岁又欣逢立公九秩嵩龄华诞，谨以刍荛之献、华封之祝、九如之颂，以申愚忱于万一。

　　本书初稿甫成，经分请益于中医泰山北斗——马教授光亚、黄副院长维三、魏教授受田，惠蒙赐序作跋，溢美之辞，愧何敢当，谨此致谢。

江西临川黄绍祖

一九八九年父亲节

卷首语

扫一扫，
进入课程

一九八七年夏六月，本院董事长陈立公夫子函黄副院长兼中医研究所所长维三先生，嘱于下学年度加开《易经与中医学》《人理学》两科，并指定由我担任，溢美之爱，不胜惶恐。《易经》与《人理学》，或可勉力以赴，中医则从未涉猎。此为陈师自接掌本院以来十余年之愿望，几经思维，师命难违，决以中医两大经典《内经》与《难经》为基础，使之与《易》融会贯通。

融会贯通，岂常人所可及。历代名医能有几人融《易》于医者？《易》为经中之经，医理阴阳变化均源于《易》，五行生克出自《河图》《洛书》，舍《易》而研医，犹如无源之水、无根之木，其涸也枯也，可立而待也。孰令致之？非不能也，是不为也；非不为也，是缺乏了解中国文化之基础，有以致之也。

忆先祖奏日公、先父逊初公，均为清末名儒，因响应孙中山先生国民革命，同时参加同盟会，先不见容于清廷之鹰犬，继被袁记爪牙之追杀。先祖、先父遁迹深山，穷研中医五有余载。先祖所著《伤寒新论》，惠蒙陈师亲颜封题。先父则专攻伤科，开办药局，济困扶危，义诊施药，虽为名医，然田产几已典当殆尽。抗战期间，先祖、先父冀我传其衣钵，自小学至大学，每逢寒暑假期，必亲课《四书》《五经》，详为解说。少年胸怀，但见政治人物叱咤风云，心向往之；

中年折腾，几经沧桑，一事无成。十年前，又蒙召至本院任教，可谓"缘定"。立公已届望九嵩龄，我亦坐六望七，前违亲命，已至不孝，一日为师，终身是父，今又亲谕教授《易经与中医学》，安敢不从？佛曰"因果"，偶忆前尘，不胜唏嘘！

黄副院长，直、谅、多闻之友也。承其推介张介宾氏《类经》与《图翼》，并赠所著《难经知要》，示我《附翼医易义》为其精华。高谊隆情，助我实多。每有余暇，辄深入钻研，始知中国医学之精深博大。《内》《难》二经，虽无一言及于"《易》云、子曰"，然其中心思想则源于《易》，已为不争之论。《内》《难》二经成于春秋或战国时代，亦为诸家所认同。两汉儒者之学术思想受其影响至深，《吕氏春秋》固无论矣，经书若大小戴《礼记》，史书若《史记》《汉书》，子书若《淮南子》《春秋繁露》《太玄》《白虎通》等，均为其中之著者。惜后之医家，鲜有论《易》与医之义，孙思邈氏虽曾一言"不知《易》，不足以言太医"，然其存世著述则遍寻不获畅论《易》医之道者，有之，其为明儒张介宾氏一人乎！其著《类经》也，凡能与《易》理契合者，莫不详为之说，《医易义》一文，是为其专论。

《医易义》，字不及万，文句典雅流畅，释理精义入神，余深爱之，亦至佩之，系决以为《易经与中医学》教材蓝本，以其所著《类经》《景岳全书》为内容，以经释经，其谁曰不宜？为使初学者易知易行，勉为划分章节，冠以标题，从而注之译之，计分七章三十一节，每节再分原文、要旨、注释、今译四类。注释务求其详，采"文兼白"方式行之，以利初学阅读。

去岁十二月，完成一至四章，计十节，约八万余言。今年八月，五、六、七章，计二十一节，相继脱稿，约十三万余字，盖以注释广征博引之故也。七章为结语，全文重心在三、四、五、六等四章。日月逝矣，岁不我与，去岁八月下旬返台，匆忽一载，焚膏继晷，不知又添几许白发矣！

《易经与中医学》在学士后中医系一年级开课，系属初创试办，故定一学期两学分，列为选修。非唯笔者毫无自信，中医界前辈恐难乐观其成。因此，特一再邀请名儒医魏受田先生共同教授。前半学期，由笔者讲述《〈易经〉概论》，选修者四十余人，周后全体参与，且有外系三人。后半学期，由魏先生主讲，加入医案医例之临床经验，生动活泼，理论与实际结为一体，全班同学自动向教务处要求于下学年再加两学分，变为一学年四学分。据教务处同仁表示，开全台湾地区大学院校选修课程之先例。凡此，实皆魏受田先生之功，本院同学"敏而好学"之故，是亦可以告慰董事长开创此课之苦心也。

本讲义原名《〈医易义〉今注今译》，嗣以超出其范围甚多，对其内容亦多有所改正。例如少阴▬、少阳▬，张氏喜以▬称少阳，称▬为少阴，从《易经》卦爻言，虽可变通其符号逻辑，然总以从众为宜。于《河》《洛》则语焉不详。对先、后天八卦与医理，有如蜻蜓点水。以否卦（▦）反复辩驳王太仆三折之说，辩则辩矣，然终不若王冰氏旧说之妥。中孚以信示人，谓其"土藏不足"，是不明互卦之义也。不明六十四卦错、综、互、变之法，似未研究，故未能与病变相结合。笔者昔未遵从先祖、先父之命习医，否则或可畅抒所怀。立言之难，于此可见。张氏固深于《易》，对朱子《易本义》，邵子《皇极经世》《击壤集》，道家《周易参同契》各家注释，尤多所引用，历代名医如张氏者，实不多见，故正名为《易经与中医学》。

笔者固好玩《易》，然《易》理深邃，非浅薄如我者所能探其幽隐，而于医学尤为外行，每遇难题，辄请益于生物化学、药物化学、物理学、地球物理学、人体解剖学、妇产科学等诸位专家学者，其中尤以中医学为然。去岁上册讲义初成，即分寄易学名家徐芹庭、黄庆萱二博士，中医大家马光亚、黄维三、陈太羲、王逸之、魏受田等教授，恳其不吝删削，以俟再稿补正缺失。现今初稿全部完成，自当扩大请益于中医界前辈。

博学、审问、慎思、明辨、笃行，为孔子之明训，笔者学力有限，自当悬为鹄的。草创、讨论、修饰、润色，乃先贤所以勉后人者，《〈医易义〉今注今译》亦愿亦步亦趋。今年五月，马主任光亚先生赠我清光绪年间唐宗海氏所著《医易通说》一册，引用科学新知，统一体例，专案专题讨论。科学日新月异，其所引用者，虽已失其时宜，然对笔者之启发则受用无穷。此为第二人阐扬《易》与医者，谚谓："书有未曾经我读。"信不诬也。

本讲义所录临床方剂，多采自《中国医药大辞典》，魏受田医师助我尤多，至为铭感。一至七章，由中医学系丁世英同学一人清稿，字体端正清秀，鲜有脱漏，一学期内，誊正二十万余字，牺牲课余时间，诚属难能可贵，特此深致谢忱！

江西临川黄绍祖
一九八八年父亲节

上　编

第一章 绪论:《易经》与《内经》

《汉书·艺文志》称《易》为诸经之原,经中之经也。后之儒、道、墨、法、名、兵、农、阴阳、医、卜、星、相等诸子百家,莫不好引其以为论据。盖《易》与天地准,故能弥纶天、地与人三才之道故也。

第一节 《易经》溯源

三《易》的名称

三《易》之名,言人人殊。要之,可别为二:

其一,据《三坟》书曰:"山、气、形。天皇伏羲氏本山坟而作《易》,曰《连山》。人皇神农氏本气坟而作《易》,曰《归藏》。地皇黄帝氏本形坟而作《易》,曰《乾坤》。虽不属卦,而其名皆卦爻大象。《连山》之大象有八,曰君、臣、名、物、阴、阳、兵、象,而统之以山。《归藏》之大象有八,曰归、藏、生、动、长、育、止、杀,而统之以气。《乾坤》之大象有八,曰天、地、日、月、山、川、云、气,而统之以形。皆八而八之六十四。"是谓三《易》为《连山》《归藏》《乾坤》也。

尊之者为郑樵《通志》，谓《三坟》书："汉魏不传，至宋元丰中，始出于唐州比阳民家，世以为伪书。然其文古，其辞质而野，其错综有经纬。"非郑氏者，有马端临之《通考》云："按夫子所定之书，其亡于秦火，而汉世所不复见者，杳不知其为何书矣。况《三坟》已见削于夫子，而谓其书忽出于元丰之间，其为谬妄可知。夹漈好奇而尊信之，过矣。"（夹漈山位于福建莆田，宋郑樵读书于此，世称夹漈先生。）《三坟》书，春秋战国之时有之，《春秋左氏传·昭公十二年》云："楚左史倚相，能读《三坟》《五典》《八索》《九丘》之书。"孔子赞《易》，始自伏羲，《易·系辞下传》曰：

　　古者包牺氏之王天下也，仰则观象于天，俯则观法于地，观鸟兽之文，与地之宜，近取诸身，远取诸物，于是始作八卦，以通神明之德，以类万物之情。作结绳而为网罟，以佃以渔，盖取诸离。

　　包牺氏没，神农氏作，斲木为耜，揉木为耒，耒耨之利，以教天下，盖取诸益。日中为市，致天下之民，聚天下之货，交易而退，各得其所，盖取诸噬嗑。

　　神农氏没，黄帝、尧、舜氏作，通其变，使民不倦，神而化之，使民宜之。易穷则变，变则通，通则久，是以自天佑之，吉无不利。黄帝、尧、舜垂衣裳而天下治，盖取诸乾坤。

　　孔子自谓"好古敏求"，楚左史倚相能读，自夫子言之，则为余事耳！孔子虽未言《三坟》之名，然古有是书，则为不争之论。故于《系辞传》特书包牺、神农、黄帝取象之义。秦火亡是书，《汉志》不载，非夫子削之也。孔子所以不言《三坟》书者，因"周监于二代，郁郁乎文哉！吾从周"（《论语·八佾》），以《周易》为本之故也。

宋元丰间，忽出现于比阳民家，固为伪书，郑氏疑而笔之，亦无可非议。

其二，谓三《易》之名为《连山》《归藏》《周易》是也。均据《周礼·春官·太卜》曰："掌三《易》之法，一曰《连山》，二曰《归藏》，三曰《周易》。"同篇《筮人》亦曰："掌三《易》以辨九筮之名，一曰《连山》，二曰《归藏》，三曰《周易》。"然亦有非之者，谓《周礼》出于东汉刘歆之伪托。刘歆死于新莽时期，不得谓为东汉。陆德明《经典释文·序录》曰："杜子春，汉缑氏人，受《周礼》于刘歆，及东汉，歆弟子多先死，惟子春至明帝时尚存，年将九十，于是郑众、贾逵并往受业，因以传《周礼》之学。"后人诬《周礼》为刘歆所伪造，非也。《周礼》原名《周官》，《汉志·乐经》曰："六国之君，魏文侯最好古。孝文时，得其乐人窦公，上献其书，乃《周官·大宗伯》'大司乐'章也。"则六国时已有《周官》矣。《汉书·艺文志》称："武帝时，李氏得《周官》上于河间献王，仅缺《冬官》，以《考工记》补之。"荀悦之《汉纪》云："刘歆以《周官》十六篇为《周礼》。自唐之贾公彦作疏称《周礼》，其后多用此名。"由此观之，《周礼》非伪书，其言三《易》之名为《连山》《归藏》与《周易》，可信也。

三《易》的作者

三《易》作者，说者亦不一，众皆谓《易经》四圣：伏羲、文王、周公、孔子是也。此乃专指《周易》而言也。杜子春曰："《连山》，宓牺。《归藏》，黄帝。《周易》，文王。"此一说也。郑玄《易赞》及《易论》曰："夏曰《连山》，殷曰《归藏》，周曰《周易》。"此二说也。晋皇甫谧曰："夏人因炎帝曰连山，《连山易》其卦以纯艮为首。艮为山，山上山下（山上山下，是为重卦）是名《连山》。云气出内于山，夏人统艮正月，故以艮为首。殷人因黄帝曰归藏，《归藏易》以纯坤为首。坤为地，万物莫不归而藏于其中。殷以十二月为正，地统，故以坤为首。"此三说也。《玉海·帝王世纪》引《山海经》曰："伏羲得《河图》，夏后因之，曰《连山》；黄帝得《河图》，商人因之，曰《归藏》。"此四说也。唯今本《山海经》未载，是否另有古本，姑存之，以待后之来者。《连山易》或附于伏羲，或附于神农，或以为夏后。

《汉书·艺文志》未载《连山》《归藏》二书。陆德明《经典释文》曰："《连山》已亡，《归藏》不行于世。"《隋书·经籍志》亦云："《归藏》，汉初已亡。"然桓谭《新论》谓："《连山》八万言，《归藏》四千三百言而立数。《连山》藏于兰台，《归藏》藏于太卜。"郑玄《礼运注》："得商阴阳之书，其书存者，有《归藏》。"是则桓、郑二氏曾见此二书，否则，何以言之如是凿凿也。郑樵《通志》云："《连山》亡矣。《归藏》，唐有司马膺注十三卷，亦已亡；隋之薛贞注十三卷，今所存者，《初经》《齐母》《本蓍》三篇而已。"该三篇后亦亡。朱彝尊、马国翰，又自群书中辑之。今见于玉函山房轶书者，《连山》有剥、复、姤、中孚、阳、豫、游、徙等卦。《归藏》有《初经》《齐母》《郑母》《本蓍》等篇，然不受世人重视。

马端临《文献通考》曰："《连山》《归藏》乃夏、商之《易》，本在周前，然《归藏》，《汉志》无之，《连山》，《隋志》无之。盖二书至晋、隋间始出，而《连山》出于刘炫之伪作，《北史》明言之，度《归藏》之为书，亦此类耳。"确为的论。是则桓谭所谓《连山》八万言，《归藏》四千三百言，郑玄谓《归藏》犹存，其内容如何？未见举证。类比其为齐东野人之语，亦不为过。

宋儒张行成曰："伏羲始画八卦，是为先天有图象，而未有书。夏曰《连山》，天易也；商曰《归藏》，地易也，有法数，而未有书。"桓谭言之太过，张氏则又不及矣。

《系辞下传》曰："上古结绳而治，后世圣人易之以书契，百官以治，万民以察，盖取诸夬。"愚意以结绳之治为"点"，伏羲则《河图》，仰观俯察，远求近取，于是由"点"而"线"而"面"，以画八卦。似可作如是观，兹试绘图于后：

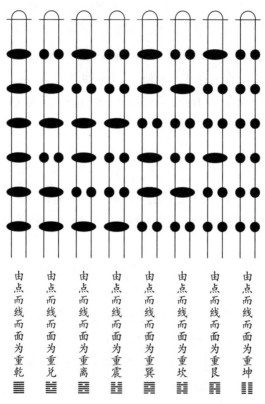

由点而线而面为重乾　由点而线而面为重兑　由点而线而面为重离　由点而线而面为重震　由点而线而面为重巽　由点而线而面为重坎　由点而线而面为重艮　由点而线而面为重坤

卦者，挂也，挂万象于其上也。伏羲画卦，以代结绳之治，言其初由结绳之"点"，进而演为一奇（—）一偶（--）之"线"画，积线成"面"，而有三画之原卦与六画之重卦之"面"生焉，谓其"有图象而无书"可也，甚至神农氏之《连山易》，亦可如此假定。

伏羲时之"书契"，非指"六书"。"契"同"锲"，刻画也，六书中之象形字，亦为符号。仰观俯察，由八卦以代表天、地、山、泽、风、雷、水、火之类符号，再进而演为六十四种不同之符号。其演进次第程序，非常合于自然，其详情阅第二章各节。

轩辕之世，已由图像进为文字矣。《说文解字·序》云："黄帝之史仓，见鸟兽蹄迒之迹，知文理之可相别异也，初造书契。"此时之书契，则不同于伏羲之刻画，可能统一当时各部落之符号以为文字。夏因《连山》，商因《归藏》，笔者故曰："夏、商之《易》，不得谓为有法数，而未有书，为张氏之不及也。"

文王演《易》，作卦辞；周公继之，作爻辞，是为《周易》。史实昭昭，不再赘述。

重卦的作者

伏羲画八卦，孔子已言之矣，则为不争之论。至由八卦重为六十四卦，是又众说不一。要之可别为三类：一曰伏羲，二曰神农，三曰文王。

言由文王重卦者。《史记·周本纪》称："西伯盖即位五十年，其囚羑里，盖益《易》之八卦为六十四卦。"《汉书·艺文志》曰："至于殷、周之际，纣在上位，逆天暴物。文王以诸侯顺命而行道，天人之占，可得而效，于是重《易》六爻。"《扬雄传》云："文王以诸侯顺命而行道，于是重《易》六爻。"扬子《法言·问神篇》云："《易》止八卦，而文王六十四卦，其益可知也。"《问明篇》云："文王渊懿也，重《易》六爻，不亦渊乎？"王充《论衡》云："文王图八，自演为六十四。"凡此，是皆谓文王重为六十四卦也。

言由神农重卦者。《史记·索隐》曰："炎帝重八卦，为六十四卦。"《玉海》云："《魏志》易博士淳于俊曰：'包羲因燧皇之图而制八卦，神农重之为六十四卦。'薛氏（晋太尉薛贞）曰：'昔神农氏既重为六十四卦，而《初经》更本包牺八卦成列，而六十四卦具焉，神农因之也。'"朱震《易传丛说》曰："论重卦者六家……郑康成、京房曰神农重乎八卦。"是皆以神农为重卦者。

言由伏羲重卦者。《淮南子》曰："伏羲为之六十四变，周室增之以六爻。"《隋书·经籍志》曰："昔宓牺氏始画八卦，盖因而重之，为六十四卦。"朱震《易传丛说》曰："论重卦者六家，王弼、虞翻曰伏羲……三《易》皆始乎八，而成六十四。有八即有六十四卦。六十四卦，非至周而修也。"孔颖达《正义》论之最详，其言曰：

郑玄以为神农重卦，孙盛以为夏禹重卦，史迁以为文王重卦，而按《系辞》，神农之时，已有"盖取诸益与噬嗑"，以此而论，则夏禹、文王重卦之说，不攻自破。

其言神农重卦之说，亦未为得也。且《说卦传》云："昔者圣人之作《易》也，幽赞神明而生蓍。"凡言"作"者，创造之谓。神农之后，便是述修。则幽赞用蓍，是谓伏羲。故《乾凿度》云："重皇策者牺。"《系辞上传》论蓍云："四营而成《易》，十有八变而成卦。"十八变成卦，则用蓍在六爻之后。伏羲用蓍，即伏羲重卦矣。

《说卦传》云："圣人之作《易》也，以顺性命之理。是以立天之道，曰阴与阳；立地之道，曰柔与刚；立人之道，曰仁与义。兼三才而两之，故《易》六画而成卦。"即言圣人兼三才而两之，又非神农重卦矣。

《系辞下传》又云："上古结绳而治，后世圣人易之以书契，百官以治，万民以察，盖取诸夬。"既象夬卦而造书契，伏羲有书契，则有夬卦矣。

又谓伏羲初画八卦，万物之象皆在其中矣。《系辞下传》云"八卦成列，象在其中矣"是也。虽有万物之象，其万物变通之理，犹自未备，故因其卦而更重之。卦有六爻，遂重为六十四卦。《系辞下传》又云"因而重之，爻在其中矣"是也。

孔氏力排众议，自是而后，无人有非之者，有之，则为附庸或增补其说。如《经典释文》云："宓牺氏始画八卦，因而重之，为六十四卦。"朱子《易本义》曰："伏羲仰观俯察，见阴阳有奇偶之数，故画一奇以象阳，画一偶以象阴。见一阴一阳有各生一阴一阳之象，故自下而上，再倍而三，以成八卦。三画已具，八卦已成，则又三倍其画，以成六画，而于八卦之上，各加八卦，以成六十四卦。"他如《朱子语类》中之问答，方实东之言、丁易东之语，元、明、清诸儒之论，均无特异之处，伏羲重卦之说，是为的论。

易有三义说

《易纬·乾凿度》曰："《易》名而含三义：所谓易也，变易也，不易也。易者，其德也。光明四通，简易立节，通精无门，藏神无穴，不烦不扰，淡泊不失，此其易也。变易者，其气也。天地不变，不能通气，五行迭终，四时更废，能消者息，必专者败，此其变易也。不易者，其位也。天在上，地在下，君南面，臣北面，父坐，子伏，此其不易也。"郑玄《易赞》宗其说曰："《易》名而涵三义：简易，一也；变易，二也；不易，三也。"

（一）简易义　从"易"之字体言：日月合而为易，如篆文"𝌆"。《道藏·秘书》曰："日月为易，象阴阳。"虞翻云："易，从日下月。"又兼具形、意义。陆秉公云："易字篆文，日下月，取日月二字交配而成。日往月来，迭相为易。"此为依据《系辞下传》而来：

易者，象也。象也者，像也……日往则月来，月往则日来，日月相推而明生焉。寒往则暑来，暑往则寒来，寒暑相推而岁成焉。往者屈也，来者信也，屈信相感而利生焉。

《周易郑注》曰："天阳地阴，阳数奇，阴数偶。阳数所以奇者，阳为气，气则浑沌为一，无分别之象；又为日，日体常明，无亏盈之异，故其数奇。其阴数所以为偶者，阴为形，形则有彼此之殊；又为月，月有晦朔之别，故其数为偶。""易"字，上为日，为太阳；下为月，月为太阴。悬象莫著明乎日月，一阴一阳，一昼一夜，一奇一偶，岂非简易明白而易知乎？然《易经》之思想体系则由此而发。

《系辞上传》曰："乾以易知，坤以简能。易则易知，简则易从；易知则有亲，易从则有功；有亲则可久，有功则可大；可久则贤人之德，可大则贤人之业。易简而天下之理得矣。天下之理得，而成位乎其中矣。"一阴一阳之谓道，再浓缩而为阴阳之义配日月，使人易从易知。

（二）变易义 乾《象》曰："天行健，君子以自强不息。"天地是动体，人是动物，虽植物与矿物，亦随天地之变化无一时一刻、一分一秒不在动。动则变，变则化。故《易》理以研究变易为主。

《系辞上传》曰："在天成象，在地成形，变化见矣。"天地固至简易，然天有日月星辰之象；日月星辰之变化，则影响及于地球之动、植、矿物。地球有山川与各种生态之繁殖，春夏秋冬四时之推移，无一不与人生有其密不可分之关系，故曰"变化见矣"。

《系辞下传》曰："《易》之为书也，不可远，为道也屡迁，变动不居，周流六虚，上下无常，刚柔相易，不可为典要，唯变所适。""典"为常典，"要"为体要。"典要"，为不可改易意。六十四卦，每卦六爻，阴阳相错，上下无常，刚柔相易，何可以为"典要"！以乾之六阳爻言，自初至上，各有不同。以坤之六阴爻言，亦各异其趣。乾遇坤，坤遇乾，则变化多端；乾、坤二卦遇其余六十二卦，则其"为道也屡迁"矣。《系辞上传》曰："爻者，言乎变也。"又曰："一阖一辟谓之变，往来不穷谓之通。"以今日语言之，时间不同、空间不同、对象不同、事件不同、品质不同，对于处理问题之方法，亦应各有不同。换言之，无论时、空、人、事、物五者，有任何一种变异，均不能再执一不变。此之为"变易"。虽曰变易，然变易之中有不易之理存焉。

（三）**不易义** 《系辞上传》曰："天尊地卑，乾坤定矣；卑高以陈，贵贱位矣；动静有常，刚柔断矣。""天尊地卑，乾坤定矣"，是"空间"之不易；"卑高以陈，贵贱位矣"，是"道理"之不易；"动静有常，刚柔断矣"，是"时间"之不易。"常"为自然之法则，"变"为自然之历程。例如"动极思静，静极思动"。宇宙为动体，如以"动为常"，动则变，若无静，则不能"生化"；如以"静为常"，静则死，若无动，亦不能"生化"。一动一静，相互为根，谓之"静动有常之常变"，此为"不易"义。"常"有所归，归于"变"；"变"亦有归，归于"常"。故吾人常言"执常以御变，御变以求常"，其斯之谓欤！

《周易》有三解

《周易》之名，由何而来？说者不一。要之，则有"周普""周代""周匝"等三义，兹述其要如次。

（一）郑元"周普"义 据《周易正义》引郑元释云："《周易》者，言《易》道周普，无所不备。"然孔颖达非其说曰："郑元虽有此释，更无所据之文，先儒因此遂为文质之义，皆烦而无用，今所不取。"孔氏谓其"无所据之文"亦非是。郑元虽未引《易》文以证其言，然《系辞传》《说卦传》与《序卦传》言《易》"周普"之义，则俯拾可得。姑举一则以为言，《系辞上传》曰："《易》与天地准，故能弥纶天地之道。"非"周普"之义为何？若此言论，举目皆是，不再引述。

（二）孔颖达"周代"义 《周易正义》曰："按《世谱》等群书，神农一曰连山氏，亦曰烈山氏，黄帝一曰归藏氏。既连山、归藏并是代号，则《周易》称周，取岐阳地名也，《诗》云'周原膴膴'是也。又文王作《易》之时，正在羑里，周德未兴，犹是殷世也，故题'周'别于殷，以此文王所演，故谓之《周易》，其犹《周书》《周礼》，题'周'以别余代。故《易纬》云'因代以题周'是也。先儒又兼取郑说云：'既指周代之名，亦是普遍之义。'虽欲无所遐弃，亦恐未可尽通其《易》题'周'，因代以称'周'，是先儒更不别解。"

（三）贾公彦"周匝"义 贾公彦，唐高宗永徽年间为太学博士，则谓："《周易》以纯乾为首。乾为天，天能周匝于四时，故名《易》为周也。"近人钱基博曰："周之为言周匝也，周而复始也，非贾君后起义。而孔子系《易》以来，授受之微言大意也。何以明其然？按孔子系泰（䷊）之'九三'曰：'无平不陂，无往不复。'复（䷗）《彖》'复其天地之心'而作《序卦》，以序六十四卦相次之义。泰之受以否也，剥之穷以复也，损而不已必益，升之不已必困。如此之类，原始要终，罔不根极于复，所以深明《易》道之周也。其见于《系辞下》者，曰：'《易》之为书也，不可远，为道也屡迁，变动不居，周流六虚，上下无常，刚柔相易，不可以为典要，唯变所适。'斯尤明称《易》道变动之'周流六虚'焉。"（《周易解及其读法》）

前举三说，似均提之有故，言能成理，故并录之。然笔者则以孔说举证《易纬》"周代以题周"之地名朝代之号为胜。

《十翼》贯三《易》

孔子曰："假我数年，五十以学《易》，可以无大过矣。"（《论语·述而》)此语当在四十五岁左右之言也。又曰:"五十而知天命。"(《为政》)此语为七十岁以后之回忆。《史记·孔子世家》云:

> 孔子晚而喜《易》;《序》《彖》《系》《象》《说卦》《文言》。读《易》,韦编三绝。曰:"假我数年,若是,我于《易》则彬彬矣。"

《汉书·艺文志》曰:"于是作上下篇,孔子为之《彖》《象》《系辞》《文言》《序卦》之属十篇。"无《说卦》。《隋书·经籍志》曰:"孔子为《彖》《象》《系辞》《文言》《序卦》《说卦》《杂卦》。"多出《杂卦》一篇。可见在西汉之前,尚无"十翼"之名。

至唐孔颖达作《周易正义》,则曰:"其《彖》《象》等十翼之辞,以为孔子所作,先儒更无异论。但数十翼,亦有多家。既文王《易经》本分为上、下二篇,则区分各别。《彖》《象》释卦,亦当随经而分。故一家数《十翼》云:上《彖》一、下《彖》二、上《象》三、下《象》四、上《系》五、下《系》六、《文言》七、《说卦》八、《序卦》九、《杂卦》十。郑玄之徒,并同此说,故今依之。"自此以后,"十翼"之名与分类,是成定论。

孔子"好古敏求",楚左史倚相,能读《三坟》《五典》《八索》《九丘》。《周官·太卜》《筮人》掌三《易》九筮,曰《连山》《归藏》《周易》。孔子自亦知之,之周、之宋、之杞,即为求证古之文物典章制度。孔子喜《易》读《易》,甚至韦编三绝,可见用功之深,用力之勤,非今之断章取义者所可想望也。《三坟》《五典》《八索》《九丘》《连山》《归藏》等经典,或失于秦火,或亡于汉前,信孔子必将其精华融贯于赞《周易》之《十翼》中矣。

自欧阳修《易童子问》出,后之学《易》者,则多辩难。欧阳修以辞章之学,以质疑《十翼》论道之文,因其丛脞(细碎,烦琐),

而谓非出于孔子，其敝在以《易》为文章，非以《易》为道也。善于行文，为欧阳氏之长；未察至道，是其短也。明儒郝敬曰：

孔子神明天纵，读《易》韦编三绝而作《十翼》。羲圣卦位爻位未明，而作《说卦》；文王演《易》次第未明，而作《序卦》；彖辞（统一体例为卦辞）未明，而作《彖传》；周公爻象未明，而作《象传》；恐学者泥于爻，又约其旨而作《大象》；虑学者局于《序》，又错其序而作《杂卦》（以下恐有脱文），无所不用其极。而世犹谓孔子有未尽之《易》，以待夫陈抟、魏伯阳、邵尧夫，先天后天方圆等图出，而后羲《易》见。吁！亦愚且悖矣！（引自《古今图书集成·经籍典》卷三百十六）

其中漏列《文言》《系辞传》，或为脱文。拟补之曰：

因乾坤为《易》之门而作《文言》，又虑学者未能综理六十四卦之义而作《系辞传》，然门弟子仍不明《文言》与《系辞》之奥旨而问道，故有"子曰"之语。子曰以次诸语，为门弟子所记之者也。孔子之赞《易》……（以下接原文"无所不用其极"，似较完备）

若依史迁所谓孔子"喜《易》；《序》《彖》《系》《象》《说卦》《文言》"之语，《序》为《序卦传》，《彖》分上下，《象》分《大象》上下、《系辞》上下，再加《说卦》《文言》，亦为《十翼》，《杂卦》则为后人从《序卦》或《说卦》中分出。孟子谓孔子作《春秋》，"其事则齐桓、晋文，其文则史。孔子曰：'其义则丘窃取之也。'"（《孟子·离娄下》）孔子赞《周易》，自亦糅合《连山》《归藏》二《易》，以及夏、商、周三代卜筮之辞，而贯以新生命、新意义。笔者故曰："《十翼》

融贯三《易》。"明《十翼》，三《易》之义亦尽于斯矣。

有谓《说卦》《序卦》《杂卦》，文句粗劣，不知为此言者，其文高明如何？文以辞适意达为原则，不似后之专尚华丽，以辞害意的"想当然耳"，以博取虚名。且于行文措辞之间，有时一篇论文非数十日不为功，并受当时环境心情影响，一文之中，措辞遣句不尽相同，何以据此疑古非古？史迁（司马迁《史记》）、班志（班固《汉书·艺文志》）去古未远，自较后之立异鸣高者更为可信可征。希世之考证伪书者，固重求证，尤贵有识，否则必以真为伪，则自古及今，有何可信之书？且以古书文句简略，注释尤多，又每附增己意，在印刷术未发达前，辗转抄录传诵，传抄既久，注者之语混入正文，"鲁鱼亥豕、乌焉鸟马"，难免损及其真，斯亦古书之通病，自不可因此差失，而遽定其为伪也。吾故又曰："《十翼》为孔子所作，贯通《连山》《归藏》《周易》三《易》之义。"

如果《周易》没有孔子《十翼》的义疏，后人将无法明其奥蕴，至希疑古非古之徒，勿再于此作标新立异之语。

第二节 《内经》与《易经》

内经的作者

《内经》，又名《黄帝内经》，或以为轩辕黄帝之创作，非也。乃黄帝问难深于医者之语录，如岐伯、雷公、伯高、鬼臾区、少师、少俞等人是也。是否确为黄帝之问难语录，则仍为疑问。

若为黄帝之创作，何以《素问·上古天真论》首篇开宗明义即曰"昔在黄帝，生而神灵，弱而能言，幼而徇齐，长而敦敏，成而登天"？又曰上古、中古、今世，则黄帝之时为末世耶？上中古何所指？绝无如是之语也。且其为文，既不类《古三坟书》之质朴，亦不如《尚书·尧典》之简要；《虞书》《夏书》每篇数百言，而《内经》每篇则千或万言，绝无此理。其为春秋战国之世，甚且为秦始皇时代，其太医令集春秋战国群医个别创作，假黄帝之名，颜（**题字于书籍封面或匾额上**）之曰《黄帝内外经》以献，盖因始皇畏死，遣方士徐福往海外寻求不死药，有以致之也。然其时恐仍为初集，汉再增益为二集，魏、晋、隋、唐又增补之，是为第三次集本。

何为其然也？始皇暴政，焚书坑儒，唯易、医、农、卜、星、相之书得免。秦医唯恐医道失传，故集之而托黄帝之名，恐贾祸也。此其一。秦世代有名医，若医缓、医和、医狗是也。扁鹊本为勃海郡郧人，姓秦名越人，名动诸侯，后入秦，为李醯所嫉杀，曾著有《难经》行于世。此其二。现行《内经》，历经沧桑，代有散失，按其内容，理论颇不一致，例如五行，或谓"土主长夏"，或谓"土主季夏"，或谓"土主四季"。又如，于记岁，有曰甲乙、丙丁，有曰甲子、乙丑……于记时，有曰合夜、夜半、平旦、鸡鸣、日中，有曰子、丑、寅、卯。诸如此类甚多，足证非一人之手笔，当另作考证。又如《素问》常引《灵枢》之言以为论据，是否《灵枢》在《素问》之前，或为王冰之言。《朱子语类》曰："《素问》语言深，《灵枢》浅、较易。"足证非同时人之语也。此其三。《素问》与《灵枢》各八十一篇，战国之时无有，《史记》未载，《汉书·艺文志》只言《黄帝内外经》，并无《素问》与《灵枢》之名，隋《经籍志》有"黄帝《素问》九卷、梁八卷"。亦证《灵枢》为后起。此其四。

明缪希雍《本草经疏》云："原夫五运六气之说，其起于汉、魏之后乎！何者？张仲景，汉末人也，其书不载也；华元化，三国人也，其书亦不载也。前之越人无其文，后之则叔和鲜其说，予是以知其为后世所撰，无益于治疗，而有误于来学，学者宜深辨之……殊不知五运六气者，虚位也。岁有是气至则算，无是气至则不算。既无其气，焉得有其药乎？一言可竟已。"张倬《伤寒兼证析义》亦曰："谚云：'不读五运六气，检遍方书何济？'所以稍涉医理者，勤以司运为务。曷知《天元纪》等篇，本非《素问》原文，王氏取《阴阳大论》补入经中，后世以为古圣格言，孰敢非之！其实无关医道也。况论中明言：'时有常位，而气无必然。'（语出《至真要大论》，'然'为'也'字）犹谆谆详论者，不过穷究其理而已。纵使胜复有常，而政（恐为'地'字）分南北，四方有高下之殊，四序有非时之化，百步之内，晴雨不同，千里之外，寒暄各异，岂可以一定之法，而测非常之变耶？"缪氏以前人未言"五运六气为虚位，气至则算"。张氏引《至真要大论》申论空间与时间之不同，而各有其变化，虽未据变《易》以为言，亦得个中之三昧矣。

缪、张二氏之说，辩则辩矣，然仍不足以否定"五运六气"之说。长江后浪推前浪，时代进化日新月异，虽非古圣格言，其说若与今日养生摄生之"免疫医学"相合，是亦"圣人不治已病治未病"之旨也。

五运六气学说，未必合乎地球各个地区，然在中国地理条件（尤其李唐以后），包括热带、寒带、亚热带、海洋性、大陆性气候，集地球气象变化之缩影于中国。故《素问·异法方宜论》有东方为鱼盐之地，西方为金玉之域，北方为闭藏之所，南方为阳盛之处，中央地平以湿而各有其治则之归向，气候土壤之不同，物产性质之各异，人民生活习惯自亦随之而异其趣，治法焉得不变乎？张氏之非议，《素问》早言之矣。举例言之，地球有北极冷气团，赤道之暖气团，此二冷暖气团之强弱，与交流之相互影响，人居其中，健康然不受其波及。扩而充之，月球为地球之卫星，月球因太阳之照射，对地球而有晦、朔、望之不同，影响地球海潮之涨落，女子月经随之起伏，人类之喜怒哀乐亦随之而有周期性变化。再推而广之，为太阳系、为银河系、为星云系之阴阳不测变化，直接、间接影响所及，地球人类与万物，生生灭灭于其间，谓之非"五运六气"可乎？孟子曰："先立乎其大者，其小者不可夺也。"小环境受制于大环境，城门失火，殃及池鱼，其斯之谓乎！若对五运六气学说茫无所知，只知检方治病，虽非江湖郎中，亦为医中之下工矣。据此，又可以证今之《内经》，乃隋、唐尔后之第三集也。此其五。

难者曰："始皇暴政，未焚医书，何以古籍未存？而必托诸黄帝之名？"笔者对曰："暴政之世，难言也。焚书坑儒，偶语必族，非儒者不足以言医也。唯恐贾祸，故托黄帝之名以为言。自汉世至隋、唐，此风犹存。中经三国战祸，五胡乱华，昔之典籍，几荡然矣。遗风流俗，成为风尚，故好事者，多伪托以求封赏。"《淮南子》曰："世俗人多尊古而贱今，故为道者，必多托之于神农、黄帝，而后能入说。"刘向曰："言阴阳五行，以为黄帝之道，《汉志》(《汉书·艺文志》简称)阴阳医卜之书，冠黄帝二字者，几十有余家，此其证也。"盖以秦世古籍几绝，汉代勤求经典，隋、唐尚古之风犹存，故托神农、轩辕之名以为言也。此其六。

近阅《敦煌古医籍考释》，有《素问·三部九候论》与《灵枢·邪气藏府病形篇》之断简残篇，其间仍据流入法国者，重为之考，证为唐人抄本，是则今之《素问》与《灵枢》各八十一篇，为先秦、两汉、魏、晋、南北朝、隋、唐医家之集体创作可知也。此其七。

有此七者，虽足以明证《内经》非黄帝时书，然却不能证明其非《汉书·艺文志》所载：《黄帝内外经》五十七卷，《扁鹊内外经》二十一卷，《白氏内外经》七十六卷，《旁篇》二十五卷，凡二百一十六卷(详后)。历代医家薪火相传，仅存之养生摄生之遗录也。然乎否乎！前人未言，今医未论，谨抒管见所及，请益于方家。

内经与外经

古人著书立说，常分为内外，犹今人之喜分为上下篇、上下册。首倡之者，当为《易经》。下卦称内卦，上卦称外卦；下卦为基础卦，上卦为发展卦。盖卦由初爻起，渐次发展而为二、三、四、五、上之义也。

最早见之者，应是《左氏春秋内外传》。据《论衡·案书》："《国语》，《左传》之外传也。"《宋史·艺文志》："左丘明《春秋外传·国语》二十卷。"韦昭《国语·序》："以其文不主于经，故号曰《外传》。"《释名》："《国语》又曰《外传》，《春秋》以鲁为内，以诸国为外，外国所传之事也。"《史通·内篇·六家》："《国语》家者，其先亦出左丘明，即《春秋内传》。又稽其逸文，纂其别说，分周、鲁、齐、晋、郑、楚、吴、越八国。事起自周穆王，终于鲁悼公，列于《春秋外传·国语》，合为二十一篇。"他若《庄子》内外篇、《韩非子》内外储说、《淮南子》内外篇、《韩诗》内外传（**内传佚**）、《抱朴子》内外篇、《黄庭经》内外景、《南华真经新传》内外等。《史记·儒林·韩生传》且曰："韩生推《诗》意，而为内外传数十万言。"《汉书·艺文志》："《韩诗内传》四卷、《外传》六卷。"惜乎哉，《韩诗内传》之不传也。

内与外为相对之名，既有其内必有其外。据《汉书·艺文志》医经部载有"《黄帝内经》十八卷、《外经》三十九（七）卷，《扁鹊内经》九卷、《外经》十二卷，《白氏内经》三十八卷、《外经》三十八卷，《旁篇》二十五卷"，凡二百一十六卷。《经方》十一家，二百七十四卷从略不举。由此可知，黄帝、扁鹊、白氏均有内外经，今所存者，只《黄帝内经》。中经五胡乱华，至唐又复残缺。因王冰之整理补充，分原文为朱书，补充者为墨书，并加注释，厥功至伟。今朱、墨混而无别，不知孰为《内经》原文，孰为王氏补充者。后有人谓"《内经·素问》中之大论，为王冰所伪撰"，斯亦不考之甚也。至扁鹊、白氏之内外经，是否亦为黄帝问岐伯等人之言，两汉医家无人言及，不可得知也。今之《内经》又是否为三家内外经之混合，则成千古疑案。总之，其为医经中最古者，则为不争之论。

《素问》与《灵枢》

《汉书·艺文志》无《素问》与《灵枢》之名。因张机《伤寒论》曾序文引用"《素问》曰"，《素问》之名始由是而起。宋林亿曰："所以名《素问》者，全元起（隋医）云：'素者，本也。问者，黄帝问岐伯也。方陈性情之源，五行之本，故曰素问。'"全元起虽有此解，义未甚明。

何谓"经"？孔子语中无经字。方以智《通雅》云："岐、黄曰《内经》，言身内也。"然则外经者，其身外之事乎？况岐、黄并未言内经与外经，其说不类。孔安国训经为常，陆德明《经典释文》谓："经者，常也，法也，径也，由也。"《庄子·天运篇》曰："丘治《诗》《书》《礼》《乐》《易》《春秋》六经。"此为庄子语，非夫子之言也。然自此尔后始有六经、十三经之名，皆后人名之耳。《内经》《外经》《难经》《脉经》等，亦同乎此。既收诸医经之中，则诸家之说，皆为其生平临床经验谈，可知也。吴昆、马莳、张介宾、王九达等，皆以为平素讲求问答之义，赵希弁《谈书后志》云："昔人谓《素问》以素书黄帝之问，犹言《素书》也。"均为臆度之见。至《道藏·云笈七签·真仙通鉴》云："天降素女，以治人疾，帝问之，作《素问》。"则更为谎证胡说。

刘向《别录》曰："言阴阳五行，以为黄帝之道，故曰太素。《素问》乃为太素之问答，义亦可证焉。而其不言问素，而名《素问》者，犹屈原《天问》之类也，倒其语焉尔。"义亦不明。胡应麟《经籍会通》云："《素问》今又称《内经》，然《隋志》（《隋书·经籍志》简称）止名《素问》。盖《黄帝内外经》五十五卷，六朝亡逸，故后人缀缉，易其名耳。"此论确有其理，然犹未明"素"字之义。

《易纬·乾凿度》曰："夫有形者，生于无形，故有太易、太初，有太始，有太素。太易者，未见气也；太初者，气之始也；太始者，形之始也；太素者，质之始也。"气、形、质具，疴瘵由是而萌生，故黄帝问此"太素"之始也。素问之名，义或为此。

《灵枢》之由来，晁公武《读书志》曰："王冰谓《灵枢》即《汉志》《黄帝内经》十八卷之九卷。按《道古堂集·灵枢经跋》：'王冰以《九灵》名《灵枢》，不知何本？'汉、隋、唐《志》，皆无《灵枢》，《隋志》有《黄帝九灵》十二卷，其文义浅短，为王冰伪托可知。"

王冰为唐宝应中太仆令，笃好医学，师事元珠先生，得其所藏《太素》及全元起书，故注《素问答》八十一篇、二十四卷（见《古今医统》），《隋志》与其何干？王应麟曰："王冰以《针经》为《灵枢》。"是则《灵枢》之名，确始于王冰也。

何谓《灵枢》？明医张介宾曰："神灵之枢要，故曰《灵枢》。"言过简略，义有未尽。清王九达曰：

灵为至神至玄之称，枢为门户阖闭所系，《生气通天论》："欲若运枢。"枢，天枢也。天运于上，枢机无一息之停，人身若天之运枢，所谓守神、守机是也。其初意在于舍药而用针，故揭空中之机以示人。空者灵，枢者机也。既得其恒，则经度营卫，变化在我，何灵如之。

王九达之题解，可谓得《灵枢》之义矣。

《易经》与《内经》

孙思邈曰："不知《易》，不足以言太医。"张介宾曰："故以《易》之变化参乎医，则有象莫非医，医尽回天之造化；以医之运用赞乎《易》，则一身都是《易》，《易》真系我之安危。予故曰：《易》具医之理，医得《易》之用。学医不学《易》，必谓医无难，如斯而已也！抑孰知目视者有所不见，耳听者有所不闻，终不免一曲之陋。知《易》不知医，必谓《易》理深玄，渺茫难用也！又何异畏寒者得裘不衣，畏饥者得羹不食，真可惜了错过此生。"是言医者不可以不知《易》，因《易》具医之理故也。《易》者亦不可以不知医，因医为《易》之用故也。佛教有"三界火宅"之说，谓一盲一瘫同处于火宅之中，盲者急于逃出，而莫知其门；瘫者虽见其门，而足不能行。瘫者有目无足，盲者有足而无目。盲者有如只知感情用事，瘫者有如理智太过，谓之"理无足而情无目"。张氏所谓"《易》具医之理，医得《易》之用"，二者互通，方算完全。

谚谓"人身为一小宇宙"，《易》言天、地、人三才互通之道，明阴阳变化莫测之机。医以阴阳为总纲，讲天人相应之理，可以医而不知《易》乎！张氏《医易义》又曰：

是以《易》之为书，一言一字，皆藏医学之指南，一象一爻，或寓尊生之心鉴。故圣人立象以尽意，设卦以尽情伪，系辞焉以尽言，变而通之以尽利，鼓之舞之以尽神，虽不言医，而义尽其中矣。

故天之变化，观易可见；人之情状，于象可验；病之阴阳，有法可按。丽于形者，不能无偶；施于色者，不能无辨。是以君子将有为也，察之以理，其应如响，神以知来，知以藏往。参伍以变，错综其数。通其变，极其数，寂然不动，感而遂通天下之故，非天下之至精至神，其孰能与于此！

张氏融医于《易》，从数、理、象三者说明《易》医一贯之义，出入于儒道之门，由博而约，诚千古之儒医也。

庄子曰："《易》以道阴阳。"《系辞上传》曰："一阴一阳之谓道。"又曰："阴阳不测之谓神。"《说卦传》曰："立天之道，曰阴与阳；立地之道，曰柔与刚；立人之道，曰仁与义。兼三才而两之，故《易》六画而成卦。分阴分阳，迭用刚柔，故《易》六位而成章。"六者非他，三才之道也。

《易》有太极，生两仪、四象、八卦，以至六十四卦，均由阴（－－）阳（—）两个最简明符号逻辑所组成，而又相反相对。每卦六爻，六十四卦共三百八十四爻，阴爻与阳爻各居其半。因基本符号相反相对，故八卦亦相反相对。乾（☰）与坤（☷）对，震（☳）与巽（☴）对，坎（☵）与离（☲）对，艮（☶）与兑（☱）对，六十四卦则分为三十二对；有相反相对，故能相生相克，进而演为一万一千五百二十策，以说明宇宙万有因阴阳变化而生生不息之理。

《易》言太极生生不息之理，《内经》则曰："太虚寥廓，肇基化元，万物资始。"张介宾释"太虚"为"太极"，非也。太虚为浑蒙、宇宙未分之前也。释"化元"为"造化之元"，始为允当。此"元"为何？医家可释为"元气"，为创造宇宙第一因，生命之元始，亦《易》之"太极"也。

中医依《易》言"一阴一阳之谓道"，而以阴阳为总纲。据《易》言"两仪生四象"，《易》撰著"老阴、老阳"，而有老、少阴阳，厥阴与阳明。依《易》乾象上九"亢龙有悔"，坤象上六"龙战于野，其血玄黄"，而有阴极则阳生，阳极则阴生，阴中有阳，阳中有阴的理论基础。依"六爻发挥，旁通情也"，"六爻之动，三极之道也"，周流六虚之义，而建立中医生理与病理学，《易》言变化，医言病变。依《易》卦"数、理、象"之道，而有四诊、八纲、九阵、三部九候之法。依"广大配天地，变通配四时，阴阳之义配日月"，以故中医视"人为一小天地"，因而建立其论理严谨五运六气学说，其思想基础，与《易》理一脉相承，而不似西方医学以人为机器，视其他各部分为大小零件而已。

或问："何以言之？能举《易》卦与中医之理以说明否？"《说卦传》曰：

> 乾为首，坤为腹，震为足，巽为股，坎为耳，离为目，艮为手，兑为口。

《内经》则言人首为众阳聚汇之所，是神经中枢，故手足六阳均走头。腹为众阴聚集之地，为生化运输中心，故手足之六阴均走腹。《说卦传》曰："乾以君之，坤以藏之。"阳在外，阴在内也。震为雷为足，阳足动于下；巽为风为股，大腿行于上，上下互动，风雷相薄也。坎为水，肾窍在耳，一阳藏于内，故聪；离为火，精之窠为眼，二阳显于外，故明，水火既济也。艮为山为阳土，兑为泽为金，山泽通气也；兑又为口舌，艮手为行止，意即《素问·上古天真论》所谓："食饮有节，起居有时，不忘劳作，故能形与神俱，而尽终其天年，度百岁乃去也。"

前述八卦，均为相反相成之卦象。至十二经脉之走向、五脏六腑之关系、生理之平衡和谐、病理病变之因素，其与六十四卦错、综、互、变，相互之关联，请详参以下诸章节所述，或可得其臂助。

孔子明医学

或问："孔子删《诗》《书》，订《礼》《乐》，作《春秋》，赞《周易》，无所不通，未知孔子明医否？"笔者对曰："明医。"《素问·四气调神大论》曰："圣人不治已病治未病，不治已乱治未乱。"孔子以礼、乐、射、御、书、数等六艺教弟子，身通六艺者，七十二贤人。礼与乐，为诚意、正心、修身之哲学。射与御，犹如今日体育活动，亦为古今军事训练之兵学。书与数，则如今日之科学。

（一）休闲生活　陈立公在养生之道中，有"养心在静，养身在动"二语。养心在静，为休闲生活；养身在动，为体育活动。中国古人诗、礼、歌、乐、舞五者合而为一，实为"养心"之要。《诗》三百，均经孔子弦歌而后定。诗与礼，人皆知为孔子之能事，为节省篇幅，从略不举。

歌："子于是日哭，则不歌。"（《论语·述而》）换言之，是日不哭，则歌也。"子与人歌而善，必使反之，而后和之。"（出处同上）"孺悲欲见孔子，孔子辞以疾。将命出户，取瑟而歌，使之闻之。"（《论语·阳货》）可证孔子每日必歌。

音乐："子在齐闻《韶》，三月不知肉味。曰：'不图为乐之至于斯也。'"（《论语·述而》）"子语鲁太师乐曰：'乐其可知也：始作，翕如也；从之，纯如也，皦如也，绎如也；以成。'"（《论语·八佾》）"子曰：'吾自卫反鲁，然后乐正，《雅》《颂》各得其所。'"（《论语·子罕》）其余从略。

乐器："取瑟而歌。"能鼓瑟；"子击磬于卫。"（《论语·宪问》）能击磬；《史记》言孔子学琴于子襄。是则孔子能操三种乐器也。

舞：古有乐舞，天子八佾，诸侯六佾，卿大夫四佾，士三佾。孔子告颜渊问为邦曰："乐则《韶》舞。"（《论语·卫灵公》）《韶》舞如何？《书·益稷》曰："箫《韶》九成，凤凰来仪。"谓《韶》之乐舞，奏至"箫音"第九乐章，可使凤凰来仪。

绘画："子夏问曰：''巧笑倩兮，美目盼兮，素此为绚兮'，何谓也？'子曰：'绘事后素。'"（《论语·八佾》）子夏所问者，为《诗经·卫风·硕人》章描述美人之诗意，孔子则告以绘画之法。

（二）体育活动　前所举者，为孔子"养心在静"休闲生活之大略。至其"养身在动"之体育生活，兹亦略举数例如次。

射御与钓："子曰：'君子无所争，必也射乎！揖让而升，下而饮，其争也君子。'"（《论语·八佾》）"子曰：'射不主皮，谓力不同科，古之道也。'"（同上）"子钓而不纲，弋不射宿。"（《论语·述而》）"达巷党人曰：'大哉孔子！博学而所成名。'子闻之，谓门弟子曰：'吾何执？执御乎？执射乎？吾执御矣。'"（《论语·子罕》）"子曰：'射有似乎君子，失诸正鹄，反求诸其身。'"（《中庸》）《礼记·射义》谓："孔子射于矍相之圃，盖观者如堵墙。"足证孔子能射箭、驾车、钓鱼也。

登山与游泳："子曰：'知者乐水，仁者乐山；知者动，仁者静；知者乐，仁者寿。'"（《论语·雍也》）"子在川上曰：'逝者如斯乎，不舍昼夜。'"（《论语·子罕》）《孟子·尽心上》曰："孔子登东山而小鲁，登泰山而小天下。"《孟子·离娄上》曰："有孺子歌曰：'沧浪之水清兮，可以濯我缨；沧浪之水浊兮，可以濯我足。'孔子曰：'小子听之，清斯濯缨，浊斯濯足，自取之也。'""子路、曾晳、冉有、公西华侍坐……子曰：'点，尔何如？'……曰：'莫春者，春服既成，冠者五六人，童子六七人，浴乎沂，风乎舞雩，泳而归。'夫子喟然叹曰：'吾与点也。'"（《论语·先进》）此段描写大人带着二十与十岁左右之青少年，在沂水中游泳戏水，浑然忘我。若不能与小朋友成为忘年之交，则无此乐也。据此，孔子能游泳，可知也。他如《春秋繁露·山川颂》《韩诗外传三》《说苑·杂言》《荀子·宥坐》《家语·三恕／致思》《庄子·达生》《列子·说符》《大戴礼·劝学》《孔丛子·论书》等，均记孔子论山川之事，足征孔子之好山水之乐也。

《列子·说符篇》且谓："孔子之劲，举国门之关，而不肯以力闻。"《吕氏春秋·慎大览》《淮南子·道应训》，余如《论衡》《盐铁论》《文选·左思吴都赋注》等书，均言及此事，由是观之，孔子又为"大力士"矣！此无他，乃言孔子平时注意体育活动，"养身在动也"。

（三）孔子明医学 《易》为诸经之原，诸子百家学说之本。孔子作《十翼》，《易》理始明于世，举例言之："康子馈药，拜而受之。曰：'丘未达，不敢尝。'"（《论语·乡党》）未经医师诊断而乱服成药，或无病而服所谓之补药，是亦妄人也已矣！《易·无妄》九五曰：

> 九五。无妄之疾，勿药有喜。
> 《象》曰：无妄之药，不可试也。

有病请医诊治，为常道；无病未经医师指导而服补药，或有病不经医师诊断而妄信人言以服成药，是为妄人。原本无疾无妄，复药以治之，则反为妄。故曰："勿药有喜。"又曰："无妄之药，不可试也。"又曰："丘未达，不敢尝。"圣人不试无妄之药也如此。

"伯牛有疾，子问之，自牖执其手，曰：'亡之，命矣夫！斯人也而有斯疾也！斯人也而有斯疾也！'"（《论语·雍也》）综览各家注释，均未得其正解。伯牛患有恶疾，孔子去探望，在当时，可能是传染疾病，为不可治之症，伯牛拒绝孔子入其寝室之内，故在窗外"执其手"。执其手者，为之"切脉"也。诊断结果，孔子深痛之曰："亡之，命矣夫！斯人也而有斯疾也！斯人也而有斯疾也！"因切脉后，始知其疾病之不可治，有此沉痛感伤之语也。

"孔子有疾，哀公使医视之。医曰：'居处饮食如何？'子曰：'丘春之居葛笼，夏居密阳，秋不风，冬不炀，饮食不遗，饮酒不勤。'医曰：'是良医也。'"（《公孙尼子》）据此，亦可以知孔子深明养生之道。《素问·四气调神大论》曰："春夏养阳，秋冬养阴。"此之谓也，至孔子"饮食有节，起居有时"，请阅第四章第二节，不再赘言。

扫一扫，
进入课程

第二章　河洛与中医

　　孔子自谓："假我数年，五十以学《易》，可以无大过矣。"（《论语·述而》）此言当为不惑之年所语。因孔子五十已通《易》，故又曰："五十而知天命。"（《论语·为政》）《易》与天地准，故能弥纶天地之道，以故《易》者，乃天命之学也。

　　孔子删《诗》《书》，订《礼》《乐》，唯于《周易》则赞叹备至，作《十翼》以倡明其道，《易经》由是而大备。《汉书·艺文志》曰："（《诗》《书》《礼》《乐》《春秋》）五者，盖五常之道，相须而备，而《易》为之原。故曰：'《易》不可见，则乾坤或几息矣！'言与天地为终始也。"自古《易》即为经中之经，诸子百家学说，莫不由此而出。

　　孙思邈曰："不知《易》，不足以言太医。"张介宾曰："《易》者，易也，具阴阳动静之妙。医者，意也，合阴阳消长之机。虽阴阳已备于《内经》，而变化莫大乎《周易》，故曰天人一理者，此阴阳也。医、《易》同原者，同此变化也。岂非医、《易》相通，理无二致，可以医而不知《易》乎？"旨哉，孙、张二氏之言也！《易经·系辞上传》曰："一阴一阳之谓道。"《系辞下传》曰："《易》之为书也，广大悉备，有天道焉，有人道焉，有地道焉。兼三才而两之，故六。六者非它也，三才之道也。"《说卦传》曰："立天之道，曰阴与阳；立地之道，曰柔与刚；立人之道，曰仁与义。兼三才而两之，故《易》六画而成卦。"

庄子亦曰:"《易》以道阴阳。"综观《内经·素问》八十一论,《灵枢》八十一篇,无一语能离"阴阳"二字,其言"太一游八宫"也,即太极运行于八卦之中而生八八六十四卦。六十四卦之升降、消息、推移,而有变化莫测之机也。其言"太虚寥廓,肇基化元,万物资始",是以"元气"为太极,为宇宙之元也。

孔子谓《易》始伏羲仰观俯察,远求近取,以画八卦。又曰则《河图》《洛书》,为追本探源,故先论河洛与中医。

第一节 《河图》与《洛书》

孔子序《书》,断自唐、虞;删《诗》,始于文、武;赞《易》,则溯源庖牺。《系辞下传》曰:"古者包牺氏之王天下也,仰则观象于天,俯则观法于地,观鸟兽之文,与地之宜,近取诸身,远取诸物,于是始作八卦,以通神明之德,以类万物之情。"换言之,包牺氏八卦之作,是由仰观俯察,观鸟兽,察地理,远求近取,从观察推理经验中得来的。

图书的由来

《河图》与《洛书》的由来,说者众多,孔子"好古敏求"(《论语·述而》),其言当可确信。子曰:

> 河出图,洛出书,圣人则之。(《系辞上传》)
> 凤鸟不至,河不出图,吾已矣夫!(《论语·子罕》)
> 河不出图,洛不出书,吾已矣夫!(《史记·孔子世家》)

《尚书·顾命篇》曰："《天球》《河图》在东序。"《礼记·礼运》曰："山出器车，河出马图。"自此尔后，言图书者，则比比皆是，因孔子仅言圣人则《河图》《洛书》，并未说明为谁，亦未言则《河》《洛》以画八卦。先儒孔安国、刘向、扬雄、刘歆、马融、郑玄、王肃、姚信等，则均有所指。兹举孔、刘二氏之言以为代表。

孔安国《图说》曰：

《河图》者，伏羲氏（即包牺氏）王天下，龙马出河，遂则其文以画八卦。《洛书》者，禹治水时，神龟负文而列于背，有数至九，禹遂因而第之，以成九类。

《汉书·五行志》曰：

伏羲氏继天而王，受《河图》而画之，八卦是也。禹治洪水，赐《洛书》，法而陈之，《九畴》是也，《河图》《洛书》相为经纬，八卦、九章相为表里。

他若《古三坟》《春秋纬》《礼纬含文嘉》《古史考》《晋书·天文志》《宋书·符瑞志》等，从略不举。

孔子言伏羲画八卦，遂从仰观俯察，远求近取而来，后人言是则《河图》《洛书》而画，二者是否矛盾？《河图》与《洛书》为何人所绘制？龙马、神龟有似神话，有无新释？凡此三者，均为读《易》者疑惑难解也。

第一疑不难解答：《河》《洛》二图，确有其图与书，然不碍伏羲据《河图》以仰观俯察，远求近取，精密推理而画八卦；夏禹据《洛书》而叙《洪范九畴》也。

第二疑：孔子仅言"河出图，洛出书"，不似后人所谓出于"天赐"，此正为孔子"多闻阙疑，慎言其余"的科学精神。若以现代地质学家考证所得，则亦不难说明。据云，吾人所居住之地球，先后经过十八次冰河时期。每次冰河时期，人类文化势必摧毁殆尽，无独有偶，物华天宝之《河图》与《洛书》，不知茫茫往古，何次冰河时期之文化，流传于中国，为生知睿智之伏羲、夏禹所发现，据以画卦叙文。此说虽为推测之辞，然亦为无可奈何之事。

第三疑：龙马与神龟。据《周礼·夏官》云："马八尺以上为龙。"言其马之特异如龙也。汉武帝元狩三年（前156年），得神马于渥洼水中，想为此类。元吴澄《易纂言》曰："《河图》者，羲皇时，河出龙马，背之旋毛，后一六，前二七，左三八，右四九，中五十，以象旋毛如星点，而谓之图。羲皇则其阳奇阴偶之数以画卦生蓍。《洛书》者，禹治水时，洛出神龟，背之拆文：前九后一，左三右七，中五，前之右二，前之左四，后之右六，后之左八。以其拆文如字画，而谓之书。禹则自其一至九之数，以叙《洪范九畴》。"纯为想当然耳之语。何谓神龟？《大戴礼·曾子天圆篇》曰："介虫之精者曰龟。"《易本命》曰："有甲之虫，三百六十，而神龟为之长。"兹附《易纂言》所谓《古河图》《古洛书》之图如次，以供研究。

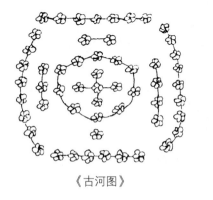

《古河图》

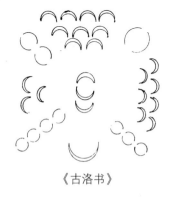

《古洛书》

《河图》与八卦

伏羲则《河图》以画八卦。或谓孔子只言《河图》《洛书》之名，未有《河》《洛》之图与文。古《河》《洛》之图如前，至《河》《洛》之文，已于《系辞上传》言之甚详，即：

> 天一地二，天三地四，天五地六，天七地八，天九地十，天数五，地数五，五位相得而各有合。天数二十有五，地数三十，凡天地之数五十有五，此所以成变化，而行鬼神也。

《河图》《洛书》之义，已尽在其中，为使初学《易》者，了解《河图》的意义，兹先略作说明。《汉书·五行志上》曰：

> 天以一生水，地以二生火，天以三生木，地以四生金，天以五生土，五位皆以五合，而阴阳易位，故曰妃以五成。然则水之大数六、火七、木八、金九、土十。故水以天一为火二牡，木以天三为土十牡，土以天五为水六牡，火以天七为金四牡，金以天九为木八牡。阳奇牡，阴偶为妃。故曰"水，火之牡也；火，水之妃也"。于《易》，坎为水，为中男，离为火，为中女，盖取诸此也。

此为据《系辞传》"天一地二……"之文，配以水火木金土五行之说也。汉扬雄《太玄经》曰：

> 一与六共宗，二与七为朋，三与八成友，四与九同道，五与五相守。

将天地奇偶之数，配合《河图》方位以为言。后魏关朗《关氏易传》曰："《河图》之文，七前六后，八左九右。"又曰：

五行：水生乎一，成乎六；火生乎二，成乎七；木生乎三，成乎八；金生乎四，成乎九；土生乎五，成乎十。

是将生数与成数分而言之也。孔颖达《正义》曰：

天一与地六相得，合为水。地二与天七相得，合为火。天三与地八相得，合为木。地四与天九相得，合为金。天五与地十相得，合为土。

朱子则糅合各家之言，于《易学启蒙》曰：

天一生水，地六成之。地二生火，天七成之。天三生木，地八成之。地四生金，天九成之。中五生土，地十成之。

一、二、三、四、五为生数，六、七、八、九、十为成数。一生一成，五行之义在其中，虽非朱子之独创，然其简明扼要，观此，即可以知《河图》之规模矣。兹将现传《河图》录后并说明：

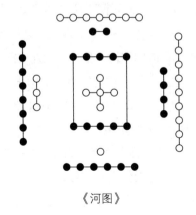

《河图》

（一）自天一至地十，共十数。白色圈（〇）代表阳，即一、三、

五、七、九等五个数。黑色圈（●）代表阴，即二、四、六、八、十等五个数。

（二）天数为阳数，亦奇数。地数为阴数，亦偶数。东、南、中、西、北五方均奇偶相对，阴阳相配。

（三）天数五、地数五。天数有一、三、五、七、九等五个数，地数有二、四、六、八、十等五个数。

（四）五位相得而各有合。即天数相加，一加三加五加七加九，等于二十五；地数相加，二加四加六加八加十，等于三十。

（五）天地之数五十有五。即天数二十五加地数三十，等于五十五。此为天地之合数。

（六）"天一生水，地六成之"等数语者，是言一、二、三、四、五为生数，六、七、八、九、十为成数。举例言之：天降雨水，若无地球承受此雨水，雨水则在空中飘舞；万物无水，则无生命。故水为万物滋生之根本。地二生火，天七成之。地球起始，犹如目前太阳"火球模型"，经雨水冷却滋润而始有生命。然地热仍甚烈，太阳照射，又蒸发雨水为气体上升而为云雾，故曰"地二生火，天七成之"。云雾厚重又降为雨，故曰"天地交泰"。以今语释之，则为"光合作用"。有水，则植物先生，故曰"天三生木，地八成之"。植动物生长衰死，与地土化合而有矿物，故曰"地四生金，天九成之"。土王四季，土本先有而曰"天五生土，地十成之"者，因雨水含有大量太空尘埃生命因子，降落于地球也。以故乾、坤二卦《象》曰："大哉乾元，万物资始""至哉坤元，万物资生"。

（七）何以一至五为生数，六至十为成数？一为数之始，十为数之终；五为数之祖，亦为天数之中心数，六为地数之中心数，天施地生，故《河图》以"天五"为中心，生数在内，成数在外。成数的由来，是以中心数"五"为基数。一加五得六，故曰"天一生水，地六成之"。二加五得七，故曰"地二生火，天七成之"。三加五得八，故曰"天三生木，地八成之"。四加五得九，故曰"地四生金，天九成之"。五加五得十，故曰"天五生土，地十成之"。亦孔子所谓"五位相得而各有合一也"。不论上下左右，井然不紊，各有其合数。反之，成数减其方位之生数，又均还原为五。故五之中心数，生数得之，其体备，成数得之，其用全。再者，请细阅《河图》，东南方奇数与奇数相加，偶数与偶数相加，均为十，西北方亦同，盖因天数与地数相等，阴阳相辅相成之义也。

五行已具，四方四季已成，土居中央而王四季，盖以水、火、木、金四行，均非土不成。水无土则不载，木无土则不生，火无土则不蓄，金无土则不成。土非唯可王四季，且为其他四行之平衡点，调和其生克关系，进而促使其生存发展。故中医用药诊治，无不先保护脾胃，因其属土之故也。其方位如附图：

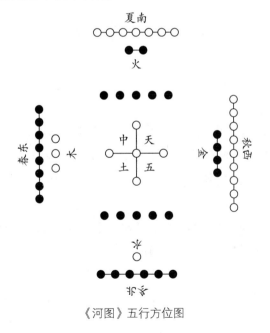

《河图》五行方位图

孔安国与刘歆二氏，均谓伏羲则《河图》以画八卦。如何取则？《易》与天地准，故能弥纶天地之道。以故孔子曰：

是故《易》有太极，是生两仪，两仪生四象，四象生八卦，八卦定吉凶，吉凶生大业。

两仪者，阴阳也，天地也。四象者，在天为太、少阴阳也，在地为太、少刚柔也。在天为日月星辰，在地为水火土石，在人为耳目口鼻（邵康节《观物内篇》）。其相生次第，太阳生乾、兑二卦，少阴生离、震二卦，少阳生巽、坎二卦，太阴生艮、坤二卦。故曰"乾一兑二、离三震四、巽五坎六、艮七坤八"。请阅横图。

乾　兑　离　震　巽　坎　艮　坤

太阳　　少阴　　少阳　　太阴

　阳　　　　　阴

太极

圆图者，主卦气之运行，由乾一向左旋至震四，其卦之初爻，均为一阳在下，阳先生而阴后生，阳动而阴静也。由巽五向右旋至坤八，其卦之初爻，均为一阴在下，阳极而阴生，阴气渐长也。

伏羲则《河图》以作《易》，奇偶之数共五十五，前图八卦之配，其理安在？朱子《易学启蒙》曰：

《河图》之虚五与十者，太极也。奇数二十，偶数二十者，两仪也。

以一二三四为天，六七八九者，四象也。析四方之合，以为乾、坤、离、坎；补四隅之空，以为兑、震、巽、艮者，八卦也。

为使初学《易》者，便于了解，兹再分段释之：

（一）**虚五与十为太极**　是说中五与十两数，以之为太极。

（二）**奇数二十，偶数二十为两仪**　奇数一、三、七、九相加为二十，是阳仪。偶数二、四、六、八相加为二十，是阴仪。

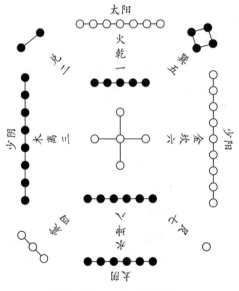

伏羲则《河图》作《易》图

（三）**以一、二、三、四为天，六、七、八、九者，四象也**　一、二、三、四为生数，如前言："天一生水，地二生火，天三生木，地四生金，天五生土。"所以不举"天五"者，因其为太极。水、火、金、木四行，无土则不生，犹如太极之两仪、四象、八卦也。以一、二、三、四之位，而为六、七、八、九之象，此则之以生四象也。

（四）析四方之合，以为乾、坤、离、坎；补四隅之空，以为兑、震、巽、艮者，八卦也　析二、七之合（如前文"地二生火，天七成之"，以下数字均同此），则七居南为乾，二则补东南隅之空为兑。析三、八之合，则八居东为离，三则补东北隅之空为震。析四、九之合，则九居西为坎，四则补西南隅之空为巽。析一、六之合，则六居北为坤，一则补西北隅之空为艮。凡此均是根据横图相生之次第而成，太阳生乾、兑，少阴生离、震，少阳生巽、坎，太阴生艮、坤之故也。

《洛书》与《洪范》

孔安国与刘歆二氏，均谓禹治洪水得《洛书》，而叙《洪范九畴》。为明真相，先看《尚书·洪范》记载：

王（周武王）访于箕子……箕子乃言曰："我闻在昔，鲧（大禹之父）陻洪水，汩陈其五行，帝（虞舜）乃震怒，不畀《洪范九畴》，彝伦攸斁。鲧则殛死，禹乃嗣兴，天乃锡禹《洪范九畴》，彝伦攸叙。初一曰五行，次二曰敬用五事，次三曰农用八政，次四曰协用五纪，次五曰建用皇极，次六曰乂用三德，次七曰明用稽疑，次八曰念用庶征，次九曰飨用五福、威用六极。"

《尚书》明言"鲧陻洪水，汩陈其五行，帝乃震怒，不畀《洪范九畴》"，乃命其子禹继续治水，功成始赐予《洪范九畴》，并未言及《洛书》之事。且《洪范九畴》早于尧、舜时期已有是书，非禹据而第之可知也。今传《洛书》为何？后魏关朗《关氏易传》曰：

《洛书》之文，九前一后，三左七右，四前左，二前右，八后左，六后右。

《尚书集传》曰：

世传：戴九履一，左三右七，二四为肩，六八为足，即《洛书》之数也。

潜室陈氏引《易大传》曰：

洛出书，圣人则之。今观神龟负文而列于背，有数载九履一，左三右七，二四为肩，六八为足，而五则居其中，各有定位，而纵横错综，其数皆十五，非有次第之序也。自禹因之以明大法，遂因而第之，以成《九畴》，而《洛书》之序，始有条而不紊。

《关氏易传》及《尚书集传》，均未提及"中五"之数。兹附图于下：

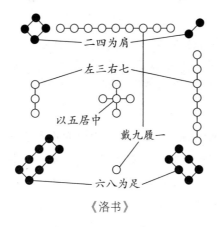

《洛书》

《洛书》与《洪范九畴》有何关系？朱子《易学启蒙》曰：

《洛书》之实，其一为五行，其二为五事，其三为八政，其四为五纪，其五为皇极，其六为三德，其七为稽疑，其八为庶征，其九为福极，其位与数，尤晓然矣！

依朱子所言"其位与数，尤晓然矣"，是指《洛书》自一至九之数，与《九畴》自初一至次九之数位相结合。如下图：

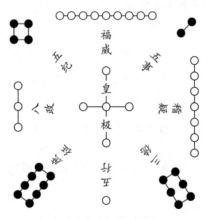

大禹则《洛书》作《范》图

《尚书·洪范》：天乃锡禹《洪范九畴》，彝伦攸叙。初一曰五行，次二曰敬用五事，次三曰农用八政，次四曰协用五纪，次五曰建用皇极，次六曰乂用三德，次七曰明用稽疑，次八曰念用庶征，次九曰飨用五福、威用六极。

孔子言"河出图，洛出书"，是则《河图》有图而无文，《洛书》则应图文并茂始合。其书之文为何？说者不一。朱子曰："《洛书》本文只有四十五点。"《汉书·五行志》自"初一曰"至"威用六极"悉载，并谓"凡此六十五字，皆《洛书》本文"。《尚书正义》则以"计天言简要，必无次第之数。《尚书大传》云：'禹因而第之。'则孔（孔安国）以'第'是禹之所为，'初一曰'等二十七字，必是禹加之也。"是孔颖达同意孔安国之言也。其他说者仍多，皆为玩弄辞章之语。例如《正义》又曰："其'敬用'、'农用'等三十八字，大刘及顾氏以为龟背先总有三十八字，小刘以为'敬用'等，亦禹所等次，其龟文惟有二十七字。并无明据，未知孰是，故两存焉。"愚意以彼等争论，均属多余。

第一，孔子只言"河出《图》，洛出《书》，圣人则之"，未有"龙马""神龟""伏羲""禹"等字样，凡此都是后人添加物。

第二，《中候》《礼纬》等诸纬书，多曰自伏羲、轩辕、尧、舜、禹、汤、文、武"龙负《图》，龟负《书》"受图书之事。纬候之书，不知谁作？前汉之末，纬书始出，显为伪托，先儒不信而竟笔之于书，以惑后世。

第三，《洪范》明言："鲧陻洪水，汨陈其五行，帝乃震怒，不畀《洪范九畴》，彝伦攸斁。鲧则殛死，禹乃嗣兴，天乃锡禹《洪范九畴》，彝伦攸叙。"可证《洪范九畴》非禹治水时得之于龟背，最保守估计，唐尧、虞舜时代已有此书，甚或更早。"天乃锡禹"此"天"字，非"上天"，而为"帝乃震怒，不畀《洪范九畴》"的帝舜。后儒所谓"天不言""天言简要"等语，均为不识此"天"字。

第四，朱子言"《洛书》本文，只有四十五点"，则与图有何异？是不明图与书之有别也。

第五，《正义》谓"天言简要，必无次第之数"，是何言也！全文六十五字，"除去初一曰"至"次九曰"等二十七字，尚有三十八字。将次第之数为禹所叙，于禹有何加美？

以故笔者认为《汉书·五行志》载此全章，谓"凡此六十五字，皆《洛书》本文"之说，得其正解。然愚意以禹之所叙者，乃后文论述五行、五事、八政、五纪、皇极、三德、稽疑、庶征、五福、六极之目及功用也。

《河图》与《洛书》

有谓"伏羲则《河图》，而书先天八卦，文王演《周易》之后天八卦，遂则《洛书》而成"，其实并非的论。《河图》与《洛书》之异同，兹条举之。

一　相异之处

（一）数目不同。《河图》数五十有五，《洛书》数四十有五。其不同处在中央有地十，故多出十数。

（二）方位不同。今传《河图》方位排列除中五外，其余均东、南、西、北四正方排列，呈正方形。《洛书》则加四隅，有如圆形。实则《河图》亦可画成圆形，请阅前附《古河图》与后举《万氏河图》。

（三）奇偶不同。《河图》四方均奇偶相配，亦即阴阳相配。《洛书》以一、三、五、七、九之奇数居四方之正位，二、四、六、八之偶数居四隅之位。

（四）《河图》以一、二、三、四、五之生数，统六、七、八、九、十之成数。洛书以五奇数统四隅之偶数。

二　相同之处

（一）两者均虚其中，以"中五"为太极。

（二）两者均言五行，其位亦同，即北水、南火、东木、西金、中土。

（三）两者奇偶各二十，以示两仪。一、二、三、四而含九、八、七、六，亦四象也。四方之正，以为乾、坤、离、坎；四隅之偏，以为兑、震、巽、艮，亦八卦也。

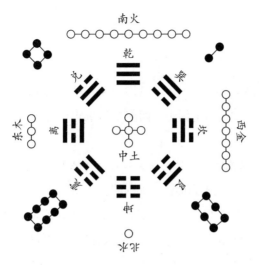

先天八卦合《洛书》数图

先天八卦，乾、兑生于老阳之四、九，离、震生于少阴之三、八，巽、坎生于少阳之二、七，艮、坤生于老阴之一、六，其卦未尝不与《洛书》之位数合。

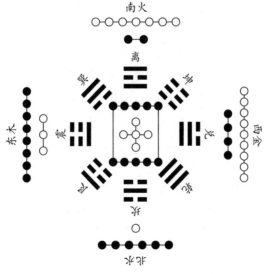

后天八卦合《河图》数图

后天八卦，坎一、六水，离二、七火，震、巽三、八木，乾、兑四、九金，坤、艮五、十土，其卦未曾不与《河图》之位数合。此图书所以相为经纬，而先、后天亦有相为表里之妙也。

（四）《洛书》虽无十，然纵横相加，对角相加，均为十。即戴九履一为十，左三右七为十，西南二与东北八为十，东南四与西北六为十。

（五）两者均包含八卦，先天八卦合《洛书》数，后天八卦亦合《河图》数，只方位不同而已。如附图。

（六）《河图》与《洛书》另一点相同者，均须通过"中心五"而产生变化。例如"天一生水，地六成之"为一加五而为六，"地二生火，天七成之"为二加五而为七，"天三生木，地八成之"为三加五而为八，"地四生金，天九成之"为四加五而为九。《河图》如此，《洛书》亦然。纵横对角通过"中心五"，均为"十五"。

四	九	二
三	五	七
八	一	六

九宫图

请看上图，竖行"二七六"、"九五一"、"四三八"，均为十五。横行"二九四"、"七五三"、"六一八"亦为十五。对角行"四五六"、"二五八"亦为十五。国人称之为《九宫图》，欧美国家称之为《三三图》，誉之《魔方阵》，并正式列为教材，纳入其算术课本中。

《大戴礼·明堂篇》曰："明堂者，古有之也……二九四、

七五三、六一八。"郑玄注曰："记用九室，法龟文，故取此数，以明其制也。"此九数，依我国文字书法自右至左，分为三行排列，正为"戴九履一，左三右七，二四为肩，六八为足，中五为土"。其图如上。

《洛书·九宫图》的变化很多，可以演变为"卍字方阵"，正反变换，可得出十六种图案，而其得数均为二十五（*如图例*）。每三个数字相连，则为等腰三角形，可称之为"三角方阵"，可以书出四个相对相等三角，而毋须求证（*如图*）。

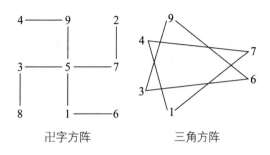

卍字方阵　　　　　　　　三角方阵

《九宫图》可作计算与统计之用，古时军事家常用以布阵，使敌人意乱心迷。"卍字方阵"，在力学上应用甚广。"三角方阵"可以用数字代表点、线、面、角、方、圆、体，以及各种图形。盖因"五"为数之祖，又居中心之位，如太极之运行，故能上下前后左右，与不周延也。从"三三方阵"还可推演出五五方阵、七七方阵、九九方阵图。

清代万弹峰氏《易拇》更正《河》《洛》，认为《河图》应为外方内圆，《洛书》为外圆内方，并自绘两图，较之元时吴澄《易纂言》所谓《河图》取马族毛，《洛书》取龟背折文，更有创意。兹录如下：

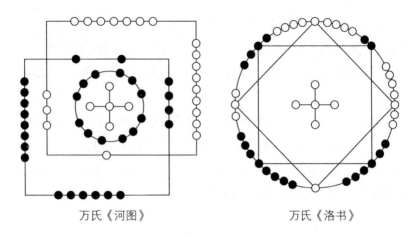

万氏《河图》　　　　　　万氏《洛书》

万氏云："《河图》《洛书》，邵子、朱子阐发无余韵矣。但后人所传，不无少差。如旧《河图》，一、六居北，二、七居南，三、八居东，四、九居西，五、十居中，其点皆平铺无两折者。十在中间，分之五对置，便失其旨。盖《河图》外方而内圆，一、三、七、九为一方，其数二十也。四、二、八、六为一方，其数亦二十也。中十五，共五十五数。中十点，作十方圆布，包五数在内。此外方内圆，而五数方布在中者，中一圆，即太极圆形。外四圈公布四方，为方形。十包五在内，仍然圆中藏方，方中藏圆，阴中有阳，阳中有阴之妙也。而十五居中，即《洛书》纵横皆十五数，是又《河图》包裹《洛书》之象。《河图》点皆平铺，无两折，《洛书》亦然。旧《洛书》图二、四、六、八皆两折，不知《河》《洛》本二、四、六、八亦宜平铺。《洛书》外圆而内方，圆者黑白共四十数，圆布与其外，一、三、七、九为一方，二、四、六、八为一方，仍然是《河图》本体。此又圆中藏方，《洛书》包裹《河图》之象。而中五又有方中藏圆之妙。《河图》之妙，因将图书奇偶方圆交互，表之以图。"

万氏创此图说，实发前贤所未发，切合先后天八卦圆中有方，方中有圆，圆方互藏之妙，阳中有阴，阴中有阳，阴阳互用之机；《河图》为体，体中有用，《洛书》为用，用中有体，体用互根互藏之秘。正如刘歆所谓："《河图》《洛书》相为经纬，八卦、九章相为表里。"万氏此说，更具深意，至希读者，善加玩索。

江永《河洛精蕴》曰："《河图》为体，《洛书》为用，此确论也。然用不离乎体，用数之成，由体数之立。析《图》之九、四、三、八横列者，居《书》之左；分《图》之二、七、六、一纵列者，居《书》之右。则八方之位成，而八卦之位亦定。此乃自然之理，非人所能强作安排。"一阴一阳之谓道，阴阳互根，生成互合，体用互藏，此所以有万象，生万事，化成万物也。

《河洛》与中医

《说卦传》曰："昔者圣人之作《易》也，将顺性命之理。是以立天之道，曰阴与阳；立地之道，曰柔与刚；立人之道，曰仁与义。兼三才而两之，故《易》六画而成卦；分阴分阳，迭用刚柔，故《易》六位而成章。"又曰："乾为首，坤为腹，震为足，巽为股，坎为耳，离为目，艮为手，兑为口。"凡此，均为言其大略也。

人为三才之一，位居于天地之中，本与天地一体，万物皆备于我，至理自在吾身，唯人不自知自觉耳。伏羲画卦，近取诸身，而有乾首坤腹、乾父坤母之喻。《黄帝内经》所言，皆为阴阳五行，天地与人相感相应之理。《图》《书》、画卦，象、数、理三者，同根同源，天人一贯，人身为一小宇宙，此之谓也。

《河图》《洛书》一、三、五、七、九等五奇数配六腑，二、四、六、八、十等五偶数配五脏。他如五脏、五官、五行亦莫不相合，如附表所示：

《河》《洛》奇偶数配五脏六腑表

六腑		五奇	五脏	五藏	五官	五偶	五行
上焦	大肠	九	肺	魂	鼻	十	金
	小肠	七	心	神	舌	八	火
中焦	胃	五	脾	意	口	六	土
下焦	胆	三	肝	魄	目	四	木
	膀胱	一	肾	精	耳	二	水

命门为元阳，肾精为元阴，有如《易经》之乾元与坤元。元阳为先天之真火，元阴为先天之真水。命门与肾之相互关系为"阴阳互根""水火既济"。《难经》以命门为"诸精神之所舍，原气之所系"，"男子以藏精，女子系胞，其气与肾通"，为"五脏六腑之本，十二经脉之根，呼吸之门，三焦之原"。"原"与"元"通用。《内经》未言"元气"或"原气"，而《难经》则申之不已，故后之医家均言"元气"。元气者，先天一气之祖也，亦太极也。由元气而生元阳（乾元）、元阴（坤元），太极生两仪也。由元阳、元阴而生真气、宗气、营气、卫气，两仪生四象也。详情请阅第三节。

人身有任、督二脉。任脉为阴，督脉为阳。二脉均起于二阴之间会阴穴。从会阴穴经尾闾，循背而上至岭顶，下达鼻，抵人中至于唇，为督脉。任脉则从会阴，经前阴循腹而上，至口唇之下承浆穴。此二脉为人身之乾坤，统一身之阴阳。督脉循背经二十八穴，任脉循腹经二十四穴。人身之有腹背，犹昼夜之有子午，任督之有前后，犹二陆之分阴、阳也。

人身背腹之阴阳，议论不一，似全相左。有言前为阳后为阴者，如《老子》所谓"万物负阴而抱阳"是也。有言前阴后阳者，如《素问·金匮真论》"背为阳，腹为阴"是也。邵子《先天方图卦数》曰："天之阳在南，而阴在北；地之阴在南，而阳在北；人之阳在上，而阴在下，既交则阳下而阴上。"又曰："天之阳在南，故日处之；地之刚在北，故山处之。所以地高西北，天高东南也。"（《以会经运生物用数》）《老子》所言者，乃天之象，故人之耳目口鼻动于上以应天，阳南面也。《内经》所言者，乃地之象，故人之脊骨肩背峙于后以应地，刚居北也。天、地、人三才，人居其中，合二五之精，其形体应天地之道。天阳南阴北，圆图可见；地阴南阳北，方图可考。人阳上阴下，视交与不交，交则为泰（䷊），与方图准；不交则为否（䷋），与圆图合。不明乎此，则不足以言《易》。请详研第三章各节。

任督二脉固总人身前、后之阴阳，"乾为首，坤为腹"则总人身上、下之阴阳。十二经脉，行于手者六，行于足者亦六。以乾坤生六子之义言之，九一为乾坤，九一之外，而二八、三七、四六之数，请阅下图：

十二经脉配《洛书》先天八卦图

四六 兑金、艮土，为太阴与阳明相表里。手太阴肺，从脏走手；手阳明大肠，从手走头，故肺与大肠相表里。足阳明胃，从头走足；足太阴脾，从足走腹，故脾与胃相表里。

三七 离火、坎水，为少阴与太阳相表里。手少阴心，从地走手；手太阳小肠，从手走头，故心与小肠相表里。足太阳膀胱，从头走足；足少阴肾，从足走腹，故肾与膀胱相表里。

二八 巽阴木、震阳木，阳木为相火，亦即厥阴与少阳相表里。手厥阴心包络，从脏走手；手少阳三焦，从手走头，故心包络与三焦相表里。足少阳胆，从头走足；足厥阴肝，从足走腹，故肝与胆相表里。

乾为首，坤为腹，总上下之阴阳，任脉为阴，督脉为阳，总前后之阴阳。兹将八卦与五行、六气、十二经络关系图解于后（**见下页**）。

从此图可知八卦与三阴三阳、五行、十二经络之关系。其中应说明者，震（☳）在五行为阳木，在十二经络为三焦与心包。心包在"心"外层，心为离（☲），为君火，木生火，心包之木，是否有被焚毁之虞？《本草·序例》曰："心藏神，为君火，包络为相火，代君行令，主血主言，主汗主笑。"《素问·天元纪大论》曰："君火以明，相火以位。"马莳注曰："子属少阴，君火司天……寅属少阳，相火司天。"君火相火同为火，相火且代君行令，木与火同气，故无相克之危。《说卦传》曰："震为雷，为龙……为苍筤竹，为萑苇。"为雷、为龙，言其一阳在下之动态也；为苍筤竹、为萑苇，因其于四时为春，草木欣欣向荣也。是则雷龙为相火也，明矣。

综观前述两图，可得如下五点结论：

（一）乾首为六阳之会，坤腹为六阴之聚。督脉为众阳之纲，任脉为众阴之领者，有如人身之"天地定位、阴阳互根"也。

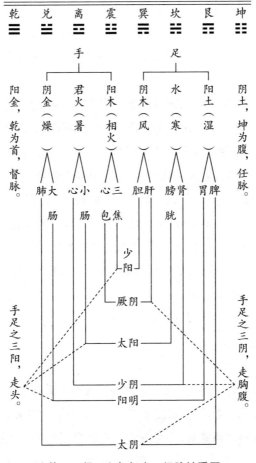

八卦、五行、六气与十二经脉关系图

（二）肺金、脾土，大肠金、胃土者，有如人身之"山泽通气"也。

（三）心火、肾水，小肠火、膀胱水者，有如人身之"水火不相射"也。

（四）心包络、三焦之相火，肝、胆之阴木者，有如人身之"风雷相薄"也。

（五）兑、离、震三卦，为阳仪之卦，其脉行于手。巽、坎、艮三卦，为阴仪之卦，其脉行于足。是则心手以上为阳，腹以下为阴，上阳下阴，正如先天八卦图乾上坤下，人身与造化同，亦与《河》《洛》互通也。

《河图》十数应天干，亦配脏腑。甲乙木，为甲胆、乙肝。丙丁火，为丙小肠、丁心。戊己土，为戊胃、己脾。庚辛金，为庚大肠、辛肺。壬癸水，为壬膀胱、癸肾。常人皆谓"五脏六腑"，不知三焦为孤腑，亦五腑也。以六言之，五脏亦六，以心包络为配也。

十二经脉，起于手太阴肺，终于足厥阴肝。其序则为兑与艮、离与坎、震与巽，两两相对，互为表里，与乾坤生六子之序相合。圣人作《易》，仰观俯察，近取诸身，以故人身生理与自然之理，混然如二，所谓"天人一体"者，有如是也，可以知医而不知《易》乎？不知《易》而能深于医乎？

明医张介宾《医易义》据《河图》以言人之精神、魂魄、意识及脏腑五行之象曰：

> 以精神言之，则北一水，我之精，故曰"肾藏精"。南二火，我之神，故曰"心藏神"。东三木，我之魂，故曰"肝藏魂"。西四金，我之魄，故曰"肺藏魄"。中五土，我之意，故曰"脾藏意"。欲知魂魄之阴阳，须识精神之有类。木火同气，故神魂藏于东南，而二八、三七同为十。金水同原，故精魄藏于西北，而一九、四六同为十。土统四气，故意独居中，其数为五。而藏府五行之象，存乎其中矣。

此为张氏以《河图》配后天八卦方位而为言也。《说卦传》曰：

帝出乎震，齐乎巽，相见乎离，致役乎坤，说（悦）言乎兑，战乎乾，劳乎坎，成言乎艮。万物出乎震，震东方也。齐乎巽，巽东南也，齐也者，言万物之洁齐也。离也者，明也，万物皆相见，南方之卦也。圣人南面而听天下，向明而治，盖取诸此也。坤也者，地也，万物皆致养焉，故曰致役乎坤（未言时位，恐有缺漏。时当夏秋之交，位应属西南）。兑，正秋也，万物之所说（悦）也，故曰说言乎兑。战乎乾，乾西北之卦也，言阴阳相薄也。坎者，水也，正北方之卦也，劳卦也，万物之所归也，故曰劳乎坎。艮，东北之卦也，万物之所成终而所成始也，故曰成言乎艮。

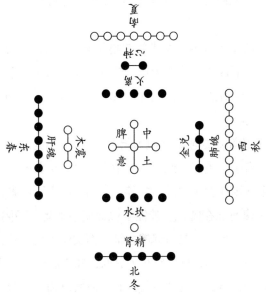

《河图》后天八卦与中医关系图

此为周文王后天八卦之本。伏羲先天八卦则《河图》而成，然亦可用之于后天，因"天一生水，地二生火，天三生木，地四生金，中五土"，五生数为不变原则，前已言之甚详。其图如上。

张氏语意简洁，非深于《易》医者，不能解。再略作说明。

何谓"魂魄之阴阳"？《灵枢·本神篇》曰："随神往来者，谓之魂；并精出入者，谓之魄。"

《类经》曰："精对神而言，则神为阳，而精为阴；魄对魂而言，则魂为阳，而魄为阴。故魂则随神而往来，魄则并精而出入。"又曰："精神魂魄，虽有阴阳之别，而阴阳之中，复有阴阳之别焉。如神之与魂，皆阳也。何谓魂随神而往来？盖神之为德，如光明爽朗、聪慧灵通之类皆是也。魂之为言，如梦寐恍惚、变幻游行之境皆是也。神藏于心，故心静则神清；魂随乎神，故神昏则魂荡。此则神魂之义，可想象而悟矣。

"精之与魄，皆阴也。何谓魄并精而出入？盖精之为物，重浊有质，形体因之而成也。魄之为用，能动能作，痛痒由之而觉也。精生于气，故气聚则精盈；魄并于精，故形强则魄壮，此则魄之状，亦可默会而知也。

"然则神为阳中之阳，而魂则阳中之阴也；精为阴中之阴，而魄则阴中之阳者乎！虽然，此特具阴阳之别耳。至若魂魄真境，犹有显然可掬者，则在梦寐之际，如梦有作为，而身不应者，乃魂魄之动静，动在魂而静在魄也。梦能变化而寤不能者，乃阴阳之离合。离从虚而合从实也。此虽皆魂魄之证，而实即生死之几，苟能致心如太虚，而必清必静，则梦觉生死之间，知必洞达者矣。"

《灵枢·天年篇》曰："血气已和，血气已通，五藏已成，神气舍心，魂魄毕具，乃成为人。"邵子《皇极经世》曰："人之神，则存乎心。气形盛则魂魄盛，气形衰则魂魄亦从而衰矣。魂随气而变，魄随形而生，故形在则魄存，形化则魄散。"（卷八下）由此观之，神者，阴阳合德之谓也。精虽为阴，然"精生于气"，气有清浊，气之清轻者，上浮于天，为阳中之阳；气之重浊者，下凝于地，为阳中之阴。气既有阴阳，是精亦有阴阳也。"男女构精，万物化生。"若男精为阳中之阳，则女精为阳中之阴；若男精为阳中之阴，则女精为阴中之阳。魂随神，精并魄，岂非精、神、魂、魄相互依存，一而二，二而一，不可分割者乎？虽然，神魂之阳强，而精魄之阴胜，二者互为体用，互为主从。二者正反平衡，心身均衡，中和育位，始得称为健康之人也。

所谓"木火同气，故神魂藏于东南，而二八、三七同为十"，先从《河图》言，偶数之阴二、八为十居东南，奇数之阳三、七为十亦居东南；再从文王后天八卦方位言，震（☳）东、离（☲）南，震木离火，震春离夏，震为雷为阳，离为日为火，阳生木，木生火，故曰："木火同气，故神魂藏于东南。"火明于外而暗于内，故离中爻为阴。火无体，以木为体，故木体能生火。

所谓"金水同原，故精魄藏于西北，而一九、四六同为十"，先从《河图》言，奇数之阳一、九为十居西北，偶数之阴四、六为十亦居西北；再从文王后天八卦方位言，兑（☱）西、坎（☵）北，兑金坎水，兑秋坎冬，兑为泽为金，坎为水为月，金生水，水濯金，水先成，金后归，故曰："金水同原，故精魄藏于西北。"

所谓"土统四气，故意独居中，其数为五"，不论从《河图》与《洛书》言，其中间数均为五，盖因天之中数为五、地之中数亦为五，《系辞上传》曰"天数五，地数五，五位相得而各有合"也。震东为春，属木；离南为夏，属火；兑西为秋，属金；坎北为冬，属水。东南西北四方，春夏秋冬四季，木火金水四行，震离兑坎四正，土居中央，合为五行；土居其中，调和四气，土位于中，以正四方，太极运行于中，以统八卦。故曰："土统四气，故意独居中。"

五脏之藏象，邵康节所著《皇极经世》卷八下，则另有一说，亦与《易》理、医理关系密切，兹录其要于后：

心藏神，肾藏精，脾藏魂，胆藏魄，胃受物而化之，传气于肺，传血于肝，而传水谷于胂肠矣。

天之神栖乎日，人之神发乎目。人之神，寤则栖心，寐则栖肾，所以象天，此昼夜之道也。

神者人之主，将寐在脾，熟寐在肾，将寤在肝，正寤在心。天之火寤在夏，人之神则存乎心。

气形盛，则魂魄强；气形衰，魂魄亦从而衰矣。魄随气而变，魂随形而生，故形在则魄存，形化则魄散。

藏者，天行也；府者，地行也。天地并行，则配八卦。水在人之身为血，火在人之身为肉，胆与肾同阴，心与脾同阳。心主目，脾主鼻。鼻之气，目见之；口之言，耳闻之，以类应也。

《素问》肺主皮毛。心脉、脉肉、肝筋、肾骨，上而下、外而内也。心血、肾骨交也。交即用也。

"心藏神，肾藏精"与《内经》同，"脾藏魂，胆藏魄"则与《内经》异。揆其旨意，乃指心神、脾魂为阳，肾精、胆魄为阴。析言之，神发于目，目生于心，故心藏神，象太阳；精取于口，口生于肾，故肾藏精，象太阴。魂通于鼻，鼻生于脾，故脾藏魂，象少阳；魄附于耳，耳生于胆，又窍于肾，象少阴。此四藏者，应天之四象，藏于地之四体，而主人之四经。唯胃介于上下之间，为传道送迎之府，传气于肺，传血于肝，传水谷之精英以为宗、营、卫之气，以布于全身也。

所谓"藏者天行也，府者地行也。天地并行，则配八卦"者，乃指天气下降于地，地气上升于天，阴阳交泰之义也。脏与阴阳交，配天行；心配乾，脾配兑，胆配离，肾配震也。腑与刚柔交，配地行；肺配坤，胃配艮，肝配坎，膀胱配巽也。水在人身为血，坤也，艮为阳土，在人身为肉。他如巽石、坎骨、离胆、震肾、乾心、兑脾可知也。上所言者，乃依邵子人体十六卦象类推，详情请阅第五节，与五脏六腑大异其趣。

因其说与《内经》异，且对神之将寐、熟寐、将寤、正寤分栖于脾、肾、肝、心之中。魂随气变，气盛魂盛，气衰魂衰；魄随形生，形在魄存，形化魄散等理论，均为《内经》所未言者，故录于此，并略申其义，以供学者研究参考。

据前所举各例，吾人当可以知《易经》与中医学关系之密不可分，可以医而不知《易》乎？

第二节　无极与太极

《内经》一书，兼采儒、道二家之说，然以《易经》为主、道家为辅，因老、庄之理论基础亦源于《易》，信医学大家，当可同意此一论点。

"无极而太极"，众皆以宋儒周敦颐《太极图说》首开其端，并非的论（详后）。二程（程明道、程伊川）师事之，未加可否而不论，直至南宋朱熹为之注解，推明其理，为陆梭山与陆象山所不喜。先是陆梭山提出质疑，朱熹答辩。梭山在"求益不求胜"原则下，停止争论。象山在"真理愈辩而愈明"大前提下，继之书信往返。自淳熙十三年（1186）至十六年（1189），四年之间，先后书信往来二十四次，近万余言，为中国哲学史上极少见之争辩。明儒不言，或偶提及。清儒各自为说，民国以降同。

无极的由来

"无极"一词，出于老、庄之语。《老子》第二十八章曰：

知其白，守其黑，为天下式。常德不忒，复归于无极。

《庄子·在宥篇》曰：

入于无穷之内，以进无极之野。

庄子"无极"言论甚多，如《逍遥遊》曰："大而无当，往而不返，吾惊怖其言，犹河汉而无极也。"《大宗师》曰："孰能相与于无相与，相为于无相为？孰能登天游雾，挠挑无极，相忘以生？"《刻意》曰："澹然无极，而众美从之，此天地之道，圣人之德也。"故"无极"之义，为无边无际，可作形容词解。揆诸周子（周敦颐）《太极图说》之意，是借用老、庄"无极"之形容词，转化为名词用。为明全貌，兹录其全文于后：

无极而太极。太极动而生阳，动极而静，静而生阴，静极复动，一动一静，互为其根。

分阴分阳，两仪立焉。阴变阳合，而生金、木、水、火、土。五气顺布，四时行焉。五行一阴阳，阴阳一太极，太极本无极也。五行之生也，各一其性。

无极之真，二五之精，妙合而凝。乾道成男，坤道成女，二气交感，化生万物，万物生生，而变化无穷焉。

惟人也，得其秀而最灵。形既生矣，神发知矣。五性感动而善恶分，万物出矣。圣人定之以中正仁义而主静，立人极焉。

故圣人与天地合其德，日月合其明，四时合其序，鬼神合其吉凶。君子修之，吉；小人悖之，凶。故曰："立天之道，曰阴与阳；立地之道，曰柔与刚；立人之道，曰仁与义。"又曰："原始反终，故知生死之说。"大哉《易》也，斯其至矣。

朱、陆异同，古今学者论说甚多，愿就浅见所及，另申其义。

周子首言"无极而太极"，是将"无极"作名词解，是肯定语。观其下文"阴变阳合，而生金木水火土"，而有"五行一阴阳"之肯定。阴阳静动互根，而有"阴阳一太极"之肯定。无极而太极，而有"太极本无极"之肯定。一者，阴变阳合而"生"五行，太极动静而生阴阳。本者，本原也，故"无极而太极"之"而"字，要与下文"太极本无极"之"本"字相呼应，同时要连贯周子本段文意，太极"生"阴阳两仪，阴阳"生"五行。故"无极而太极""太极本无极"二语，分明是说在太极之前还有个"无极"。况周子继又加重其语气曰："无极之真，二五之精，妙合而凝。"此"真""精""凝"三者，乃《老子》第二十一章之转语，其文曰：

道之为物，惟恍惟惚。惚兮恍兮，其中有象；恍兮惚兮，其中有物；窈兮冥兮，其中有精；其精甚真，其中有信。

"无极而太极"一语，原文为"自无极而为太极"。朱子为之辩护，谓："国史《濂溪传》增字作'自无极而为太极'，亟应改正。"（《朱子文集·记濂溪传》，又见《答黄直卿书》）撰《濂溪传》之史家，实无为其增字之必要。今本《宋史·周敦颐传》，依朱子之意删"自""为"二字，已非真迹。陆象山信亦睹及真本，毋怪其谓"上面加'无极'二字，正是叠床上之床"也。笔者则拟之为"安头上之头，画蛇添足，多此一举"。朱子曰："恐学者错认太极别为一物，故著无极二字以明之……无极即是无形，太极即是理明矣。"太极为形而上之道，为本体界，自是"无形"，何须加无极而后"理明"！明医张介宾氏高明，而曰："太极本无极，无极即太极。"（《医易义》）二语合译，乃得其全。

周子《太极图》来源，说者不一。总之有五：其一为朱震、胡宏等谓由陈抟传种放，放传穆修，修传李之才，又传周敦颐。其二为晁以道、度正等谓由鹤林寺僧寿涯所传。其三为毛奇龄、胡渭等谓其得之于《道藏》，亦谓由陈抟《无极图》、魏伯阳《水火匡廓图》及《三五至精图》而来。其四为冯友兰谓其出于《道藏·上方大洞真元妙经品图》。其五为朱子谓为周子所自作。其真实为何？一、二、三者并无确切证据，多为臆测之辞，朱子则纯为情感用事，当以冯氏为正。

据笔者考证，明正统年间雕版《正统道藏》，其中有《上方大洞真元妙经品》与《上方大洞真元妙经图》二经同卷。唐明皇为之作序，不明作者为谁。在《真元妙经图》卷中共有五图，一曰《虚无自然之图》，二曰《道妙惚恍之图》，三曰《太极先天之图》，四曰《三仪冥有之图》，五曰《运气之图》。后之儒者多曰有图无文，实则图文并茂。后两图之文与图，与周子《太极图》无关，从略不引。兹将前四图文录后，以供学者研究。

其始无首，其终无尾，其上不曒，其下不昧，绳绳兮不可名，复归于无物，是谓无状之状，无物之象，是谓惚恍。迎之不见其首，随之不见其后，执古之道，以御今之有，能知古始，是谓道纪，所谓"人法地，地法天，天法道，道法自然"者，乃虚无之自然欤！经云无，无曰道，义极玄，玄曰人，非虚无自然，则弗能生也。颂曰：

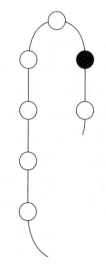

虚无自然之图

道妙惚恍之图

太虚无中体自然，道生一气介十焉。

罔极大化乾坤域，龙马龟书正理传。

兹者与夫天真皇人，昔署太虚云篆，讵可同日而语哉！

夫道也者，神异之物，虚而有情，灵而无象，随迎莫测，隐显莫求，不知所以然，亦不知所以不然，通生无匮，因谓之道。山谷云："吾欲亡言，观道微妙。"老君曰："道之为物，惟恍惟惚，惚兮恍兮，中有象焉；恍兮惚兮，中有物焉。窈兮冥兮，其中有精，其精甚真，其中有信。自古及今，其名不去，以阅众甫。"盖其天下之物，皆生于有，有生于无，恍有耶，惚无耶，阅禀也，甫始也，言无中禀气，始化众有。众有之间，惟人为贵，若能修道，可以长久。是知道妙所在，圣人尊之，故轩后膝行以顺风，孔父朝闻而夕死，其惚恍之旨，于斯见矣。昔者真君在武当山中，进道凡四十有二年，方升紫霄，位列仙圣，非乎龟蛇吞黑锡，天地养丹砂。孟谪仙云："结汞凝铅，能之者仙。"但人皆只溺于邪，莫达其要，欲求天仙，而姑舍乎金丹，何以致形神俱妙。若人形神俱妙者，盖真元秘诸，故道之将行也欤，贵勤矣夫。孰不云乎，匪迩匪迁，裔裔皇皇，登于瑶堂。《易》曰："履道坦坦，幽人贞吉。"其斯之谓欤！

有太易之神，太始之气，太初之精，太素之形，太极之道，无古无今，无始无终也。故"《易》有太极，是生两仪，两仪生四象，四象生八卦，八卦定吉凶，吉凶生大业"，言万物皆有太极两仪四象之象。四象八卦具而未动，谓之太极；万物分天地，人资天地真元一气之中，以生成长养。观乎人，则天地之体见矣。是故师言："气极则变，既变则通，通犹道耶，况反者道之动。盖有物混成，先天地生，寂兮寥兮，独立而不改，周行而不殆，可以为天下母。"母者，道也。至矣哉，道之大也，无以尚之。夫道者，有清有浊，有动有静，但凡其人行道也欤。则生神矣夫，或躬废大方，则备于其亡信哉！

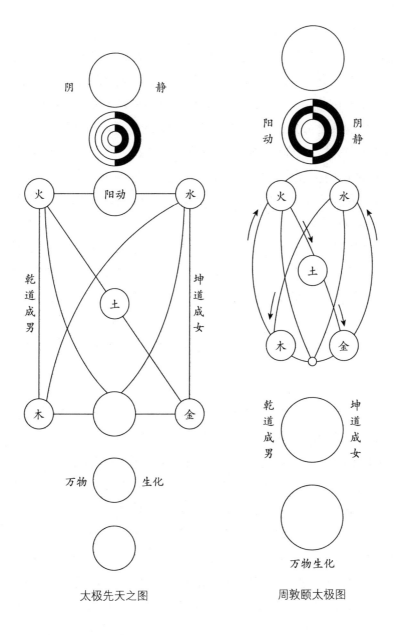

太极先天之图　　　　　周敦颐太极图

两图几乎完全一致，仅图中标识说明，稍有上下移易。第二图阴静、阳动之界限亦略作移动。《道藏》图有唐明皇《御制序文》，当为唐前或唐初之作。周子《太极图》是否据《道藏》而来，不言而喻。朱子誉周图为"不由师傅，默契道体，天之所畀"（《朱子文集·江州重建濂溪先生书堂记》），非感情用事之语为何？又《道藏》三图之文未言"无极"，其实自魏伯阳《周易参同契》以来之《道藏》，均以太极为主，不言无极。为周氏"叠床上之床""安头上之头"可知矣！自朱、陆辩《太极图说》，古今学者见仁见智之论，比比皆是，亦不欲评议其得失。

依周氏为"无极"所下的定义："无极之真，二五之精，妙合而凝。"与我国固有传统中医有何关联？必须先行明白其定义的含义。用现代语译之，则为：

无极的真实性，因它是阴阳二气和五行的精华，它是非常巧妙的排列组合凝结而成的。

所以在前面说周子之无极是借用老、庄之言将形容词变为名词，是肯定语，非如朱子之辩也。阴阳二气与五行，在人体之相生相克、相辅相成之关系，自然重要。一部《内经》均为阐明此理。周子无极之定义，是多元论者，为形而下之气，非形而上之道。不若道家释"太极"为"先天真元一气"，《素问》之太虚真气、医家之元气。

庄子之后，周敦颐之前，以"无极"为名词者，其唐之王太仆乎！王冰注《素问·天元纪大论》"太虚寥廓，肇基化元，万物资始"曰："太虚者，无极也，寥廓者，无有边际之义。肇基，开始也。化元者，生化万物之根元也。"寥廓既为"无有边际"，是则太虚乃指"空间"以为言，故空间之"无极"，非道体之本源也明矣。

王冰为唐肃宗宝应年间太仆令，周敦颐乃北宋神宗时期著《太极图说》，其间相距百有余岁，信彼必读王氏之注。古者医必为儒，非儒不足以通《内》《难》二经以及其他医籍经典，故曰"儒医"，盖非儒难以言医也。

张氏《类经》先从王氏之说，以太虚为无极，后撰《太极图论》，则又反之，而以太虚为太极立说（详后），均非是。若谓混沌未开之时，无有边际之空间中有一元气，肇基化元，称为太极，始得其理。

众皆不明周敦颐将"无极置于太极之上"由来所自，笔者考证如此，前人未言，今之儒与医未说，故引而出之，并申其义，以请益于方家。

太极的意义

《系辞上传》曰："是故《易》有太极，是生两仪，两仪生四象，四象生八卦，八卦定吉凶，吉凶生大业。"老子言无极，为形容词，孔子言"《易》有太极"，则为名词，是设定词，是形而上之道，是宇宙的本体，是宇宙的第一因，是宇宙之根，是万化之原，故能"生生不息"。孔子虽未作进一步说明，后知后觉者亦应从其生两仪、四象、八卦、定吉凶、生大业以明其理。贤如周敦颐，甚至要头上加头，在太极之上再安个无极；贤如朱熹，竟不惜为之删改其原文，为之强辩，是诚不可思议。

"《易》有太极"，是言"有"，非言"无"。王辅嗣注《易》，历代学者，均认其以道家"虚""无"为主。然在"有""无"之辩，亦不能自圆其说。《世说新语·文学》："王辅嗣弱冠（二十四岁卒）诣裴徽。徽问曰：'夫无者，诚为万物之所资，圣人莫肯致言，而老子申之无已，何耶？'弼曰：'圣人体无，无又不可以为训，故言必及有。'"无既不可以为训，是则"《易》有太极"之高明可知矣！

其撰《周易略例》曰：

夫象者，何也？统一卦之体，明其所由之主者也。夫众不能治众；治众者，至寡者也。夫动不能制动，制天下之动，贞夫一者也。故众之所以得成存也，主必致一也。动之所以成运者，原必无二也。物无妄然，必由其理。统之有宗，会之有元。故繁而不乱，众而不惑。故六爻相错，举一以明也。

"贞夫一"，有宗有元，何莫非"有"，其言"物无妄然，必由其理"，是故此"理"与"物"同时存在。虽《老子》"无状之状，无物之象，是谓恍惚"（第十四章），"道之为物，惟恍惟惚。惚兮恍兮，其中有象；恍兮惚兮，其中有物。窈兮冥兮，其中有精；其精甚真，其中有信"（第二十一章），恍惚之道，亦需遵循此"理"而行，是则王弼论"理"，反高于老子之言"道"。此理何所指？一言以蔽之，即太极也。朱子理气分殊之二元论，则又等而下之矣（理气分殊，形同二元，其说不精。详后）。

自孔子而后，历代学者论太极者多矣，何可胜数！且多以己意另创名词。为厘清纷繁，兹约论之。

（一）大一、太乙、太虚与太极 "大"与"太"，"一"与"乙"，古训同义。《礼记·礼运》曰：

夫礼必本于大一，分而为天地，转而为阴阳，变而为四时，列而为鬼神，其降曰命。

其说与孔子太极生两仪、四象之理同。孔颖达疏云：

必本于大一者，谓天地未分，混沌之元气也。极大曰天，未分曰一。其气既极大而未分，故曰太一也……元气既分，轻清为天，重浊为地。

是以"元气"释大一也，虞翻注太极曰："太极、太一，分为天地，故生两仪也。"是将太极太一合而言之。孙希旦《礼记集解》曰：

大者，极至之名；一者，不贰之意。大一者，上天之载，纯一不贰，而为理之极至者也。

是以"理"释大一也。《庄子·天下篇》曰：

至大无外，谓之大一；至小无内，谓之小一。

成玄英疏云："囊括无外，谓之大也；入于无间，谓之小也。虽复大小异名，理归无二。"太极既为万有之根源，大至宇宙广漠无垠，其大无外；小至尘埃、原子、光子，其小无内。物物有一太极，"大小异名，理归无二"之诠释，较之前所言者，高明千百倍。庄子在同篇又曰：

建之以常无有，主之以太一。

成氏疏云："广大之名，一以不贰为称。言大道广荡，无不制围，括囊万有，通而为一，故谓太一。常无有者，即常无常有也，太一者，指绝对之道。"同一篇中，连用"大一"与"太一"两种不同名词，疏者独具匠心，大一释之以"理"，太一释之以"绝对之道"，以现代语言之，"真理只有一个"之意也。《吕氏春秋·大乐》曰：

> 万物所出，造于太一。

注："太一，道也。"亦以道为言。《淮南子·诠言训》曰：

> 洞同天地，浑沌为朴，未造而成物，谓之太一。

注："太一，元神总万物者。"是以"元神"释太一也。《孔子家语·礼运》曰："夫礼必本于太一。"注："太一者，元气也。"是亦以元气释太一也。《文子·自然》曰："天气为魂，地气为魄，反之玄妙，各处其宅，守之无失，上通太一。"

综上所列各家言论，有以元气，有以至理，有以元神，有以大道释太一也，然均不外"《易》有太极，是生两仪"之理。《礼记集解》引宋、明儒者释"大一"之言论甚多，兹择其有代表性者，摘要于后，以供参考。张横渠曰：

> 大虚，即礼之大一也。大者，大之一也，极之谓也。

儒者以大虚释大一，此为首见。长乐陈氏曰：

> 以形之始而言之，谓之大始，以数之始而言之，谓之大一。

有形始，即为形下之器，有数始即为形始，其说不类。延平周氏曰：

《老子》曰："道生一。"又曰："天法道，道法自然。"则一者，道之所生，而大一者，道之所也。生道者，其自然之谓乎。《易》曰："乾知大始。"盖谓万物之所资始。而大始者，又乾之所资始者也。

既曰大一生道，又曰乾道资始，是以大一为乾道，其矛盾有如此也。龙泉叶氏曰：

大一，其本也；天地，其分也；阴阳，其转也。

与《礼运》语意同，了无新意。
且有以太一为星神之名者。《易纬·乾凿度》曰：

太一取其数以行九宫。

郑玄注曰："太一者，北辰神名也。下行八卦之宫，每四乃还于中央。中央者，北神之所居，故谓九宫。"王先谦《集解》曰："北神，当作北辰。"是取孔子"为政以德，譬如北辰，居其所而众星共之"为言也。《北史·王早传》："王早，勃海南皮人也。明阴阳、九宫及兵法。"《唐会要·九宫坛》："伏维九宫所称之神，即太一、摄提、轩辕、招摇、天符、青龙、咸池、太阴、天一者也。"案《黄帝九宫》及萧嵩《五行大义》载，其九宫神星卦名如次：

一宫：其神太一，其星天篷，其卦坎，其行水，其方白。
二宫：其神摄提，其星天芮，其卦坤，其行土，其方黑。
三宫：其神轩辕，其星天冲，其卦震，其行木，其方碧。
四宫：其神招摇，其星天辅，其卦巽，其行木，其方绿。

五官：其神天符，其星天禽，其卦离，其行土，其方黄。

六官：其神青龙，其星天心，其卦乾，其行金，其方白。

七官：其神咸池，其星天柱，其卦兑，其行金，其方赤。

八官：其神太阴，其星天任，其卦艮，其行土，其方白。

九官：其神天一，其星天英，其卦离，其行火，其方紫。

九宫之中，离卦居五、九二宫，无太极宫，不能自圆其说。张氏《类经》注《灵枢·九宫八风篇》时，受郑玄等影响，亦谓"太一"为北辰（请阅第三节"八卦与中医"），其作《九宫八风图》时，于中央名之为"招摇"之宫可证。其他典籍言"太一"为星神名者，计有《史记·天官书/封禅书/乐书》《汉书·天文志/郊祀志上》《楚辞·九歌》《淮南子·天文训/本经训/索隐》《春秋合诚图》《天文大象赋》《文选·高唐赋》《星经》《日知录·天象术数》等，因与本书无关，从略不引。

张介宾《类经》注《素问·天元纪大论》"太虚寥廓，肇基化元，万物资始"曰：

太虚，即周子所谓无极，张子所谓"由太虚而有无之名"也。寥廓，空而无际之谓。肇，始也。基，立也。化元，造化之元也。

张氏后来可能认为以无极释太虚不妥，太虚既能"肇基化元"，为万物之始，则不得谓之无极，故又于《类经·图翼》作《太虚图》刊于篇首曰："太虚者，太极也。太极本无极，故曰太虚。《天元纪大论》曰'太虚寥廓，肇基化元'，此之谓也。"于《医易义》则曰："太极本无极，无极即太极。"是将太极、太虚、无极三者结为一体，异名同义。

（二）太易、太初、太始与太极　老子曰："道，可道，非常道；名，可名，非常名。"盖因彼一是非，此亦一是非，皆欲标新立异，以惑众也。大一、太乙、太虚已言之矣。《易纬·乾凿度》《帝王世纪》《白虎通》《列子》《广雅》《周易正义·序》，复有太易、太初、太始、太素之说，《乾凿度》曰：

> 夫有形生于无形，乾坤安从生？故曰有太易、有太初、有太始、有太素也。
>
> 太易者，未见气也；太初者，气之始也；太始者，形之始也；太素者，质之始也。气、形、质具而未离，故曰浑沦。浑沦者，言万物相浑成而未相离。视之不见，听之不闻，搏之不得，故曰易也。易无形畔，易变为一。

《列子·天瑞篇》唯将"乾坤"二字作"则天地"，余全同。太易无气，太初有气，太始有形，太素有质。若以孔子"形而上者之谓道，形而下者之谓器"之意论之，有气、有形、有质三者，均属"形而下"之器。"太极"是形而上之道，是宇宙的本体，其后虽曰"气、形、质具而未离，故曰浑沦……视之不见，听之不闻，搏之不得"，然不得以浑沦为太极。《乾凿度》又引黄帝语曰：

> 太古百皇，辟基文籀（zhòu），遽理微萌，始有熊氏（即包牺氏，亦名苍牙），知生化柢，晤兹天心，臆念虑思慷慨，虑万源无诚，既然物出，始俾太易者也。太易始著，太极成，乾坤行。

又曰：

太极有，地极成，人极灵。

是以太易为太极也。先儒多以太极为天地未分、将始未始之时，冲漠无朕之中，寓万象、聚万理之创造者，是故《易》"有"太极者，有此"理"也，有此理，始能生两仪、四象、八卦。老子则以"大道"为言，《老子》第二十五章说：

有物混成，先天地生，寂兮寥兮，独立而不改，周行而不殆，可以为天下母，吾不知其名，字之曰道，强为之曰大。

大道是先天地生，可以为天下母，老子这段话可以作为太极之注脚。庄子曰："形累不知太初。"（《庄子·列御寇》）又曰："外不观乎宇宙，内不观乎太初。"（《知北游》）成玄英疏曰："太初，道本也。"扬雄《檄灵赋》曰：

太易之始，太初之先，冯冯沉沉，奋搏无端。

阮籍《通老论》曰："道者，法自然而为化，侯王能守之，万物将自化。《易》谓之太极，《春秋》谓之元，老子谓之道。"故太易也，太初也，大道也，均为宇宙第一因的设定词，均未能说明宇宙生生不息之理。唯独至圣先师孔子云："是故《易》有太极，是生两仪，两仪生四象，四象生八卦，八卦定吉凶，吉凶生大业。"而有八八六十四卦，总括宇宙万有万象，其言虽简，其理严谨而无不备。此其所以荐诸天地而不悖，质诸鬼神而无疑，百世以俟圣人而不惑也。

（三）太极为至中，至理与元气　前举大一、太乙、太虚、太易、太初、太始、太素、大道等说，均似持之有故，言之成理，但都缺乏逻辑系统，以故两汉以还之儒者，多将注意力集中在"太极"之诠释上。亦有受道家影响，以"有生于无"言太极者，若王弼、韩康伯、周敦颐等，是为其中之代表性人物。

以"中"释太极，当首推郑康成，其注太极为：

> 极，中之道，淳和未分之气。（《文选》注十九）
> 气象未分之时，天地之所始也。（《乾凿度》注）

此后晋杜预亦以"中"释太极，唐孔颖达疏《尚书·洪范》"建用皇极""皇建其有极"时亦采用其说曰：

> 皇，大；极，中也。凡立事当用大中之道。
> 凡所立事，王者所行，皆是无得过与不及，常用大中之道也。《诗》云："莫匪尔极。"

以"中"或"大中""中正"训"极"最好。因中为不偏不倚，无过与不及之差，宇宙日月星辰之运行而不悖，因其离、向二力得其中道之平衡点，地球万有之生态平衡，亦为"万物并育而不相害，道并行而不相悖"故也。《礼记·中庸》曰：

> 喜怒哀乐之未发，谓之中；发而皆中节，谓之和。中也者，天下之大本也；和也者，天下之达道也。致中和，天地位焉，万物育焉。

致中和，可使天地位、万物育。郑玄以中为淳和未分之气，天地之所始，深得《说卦传》所云"天地定位，山泽通气，风雷相薄，水火不相射，八卦相错"相对相待、相反相成致中和之旨。八卦相生而为六十四卦、三百八十四爻，万有一千五百二十策，无一非为求其中道。此一原理，亦为中医在生理学、病理学奠定万古不移的学理基础，后之来者如龟山杨氏、广汉张氏、汉上朱氏，皆阐扬斯义。全文长，从略不引。

陆九渊与朱熹《太极图说之辩》，更彰显太极之义理。约言之，朱子据《说文》《尔雅》《广雅》的个别义，认"太"为大，"极"为栋、为高、为至、为远，合而言之，太极为至。陆子亦据《说文》《尔雅》《广雅》整体义，《尔雅》谓极为"至"，《广雅》谓为"中"、为"正"。《说文》则曰：

> 惟初太极，道立于一，造分天地，化成万物。

故认太极为大中至正，形而上之道。陆子之言，固圆满无缺；朱子之论，亦有其理。以"理"释太极，亦圆融无碍。其缺失在于理气（物）分离，理先气后。其曰：

> 太极即是有理，在无物之前，而未尝不立于有物之后；在阴阳之外，而未尝不行于阴阳之中。（《答陆子静书》）
> 或问："理在先，气在后？"曰："理气本无先后之可言，但推上去时，却如理在先，气在后相似。"（《朱子语类》）

从太极之"体""用"观点言之，理为"体"，阴阳二气为"用"，离"用"则无"体"，离"体"亦无"用"，即"用"显"体"，即"体"显"用"，"体"与"用"不可分而为二。未有天地之前，理存于何处？理因事物而彰显，因事物之发展而发展，宇宙万有之所在，亦即理之所在处。气之清浊、顺逆，理则为其平衡点，陆子以太极为"中正"之说，高于朱子"理先气后"之论。俞琰《俞氏集说》曰：

> 《易》无体，而有至极之实理，故曰"《易》有太极"。唯实故有，唯有故生。是以太极生两仪，两仪生四象，四象生八卦。原夫两仪之未生也，是为太极浑浑沦沦，一而已矣。

两仪为阴阳二气，两仪未生，只是一个浑沦的太极。此太极，是至极之实理，是理气不分之"至理"。如此解释，则无理气分离二元论之病。

最后说"元气"。承上文，两仪为阴阳二气，两仪二气未生前，则为天地未生前之元气。故先儒屡以"气"或"元气"释太一、太初、太始、太极。兹列举如次，以供研究。

第一，郑玄注太极："极，中之道，淳和未分之气。"

第二，《系辞上传》有太极疏："谓天地未分前，元气混而为一，即太初，太一也。"

第三，《礼记·礼运》疏："太一者，谓天地未分，混沌之元气……元气既分，轻清为天，重浊为地。"

第四，《孔子家语·礼运》注："太一者，元气也。"

第五，《广雅·释天》："太初，气之始也，清浊未分。"

第六，《汉书·律历志》："太极，元气，函三为一。"又曰："太极，中央元气，故为黄钟。"

第七，《列子·天瑞》："太初者，气之始也。"

第八，《周易正义·序》："太初，气之始。"

第九，《帝王世纪》："元气始萌，谓之太初。"

第十，《白虎通·典引》："地者，元气所生，万物之祖。"

第十一，《易纬·乾凿度》："太初者，气之始也。"

第十二，班固《通幽赋》："浑元运物。"注："元，气也。"

第十三，《潜夫论》："元气窈冥。"

第十四，《春秋说·题辞》："元气清以为天。"宋均注："言元气之初如此也，浑沌未分也。"

第十五，《淮南子·精神训》："未有天地之时，惟象无形，窈窈冥冥，鸿濛鸿洞。"

第十六，《艺文类聚》引《礼统》："天地者，元气之所生，万物之祖也。"

第十七，《帝系谱》："天地初起，溟涬鸿蒙。"

第十八，《文子·守弱》："形者，生之舍也；气者，生之元也。"

第十九，《五运·历年纪》："元气鸿蒙，萌芽滋始，遂分天地，肇立乾坤，启阴感阳，分布元气，乃孕中和，是为人也。"

第二十，《太古集·序》："元之一气，先天地生。"

前举二十则，未包括《太平御览·天部·元气》二十则在内，期有志于此者，自行查阅。笔者所以不惮其烦条列于此者，一以说明先儒对元气之重视，惜朱子未能将"元气"与"理"合而为一立论，以之阐释太极，否则其理论基础则更为严密。一因元气与中医望、闻、问、切四诊法，阴、阳、表、里、虚、实、寒、热八纲辩证法，针灸取穴通气得气，有密不可分关系之故也。

德国大哲学家康德（Kant）创导《星云假说》（*Nebular hypothesis*），初由高温气体星云，旋转不息而成液体，由液体而固体，因运转而不断分离变化而成。继由法国天文学家拉普拉斯（Laplace），与英国天文学家赫歇尔（Hersohel）引申之。近代天文学家为美国辰柏林（Chamberltn）与莫尔顿（Moaton）二氏创发旋涡星云假说，大意谓今日天空所见之星云，多呈螺旋状，亦认为是由气体而液体而固体的演进。我国先儒在数千年前即已推断天地未分前，为元气，孔子称之为太极，老子字之曰道。孔子之太极，是确定语；老子之道，非常道。孔子之太极生两仪、四象、八卦、六十四卦；老子之道生一，一生二，二生三，三生万物，不若孔子之次第相对相待、相生相克之逻辑系统也，明矣。

孙中山先生融合古今中外学说，而独创其宇宙进化哲学。在物质进化时期，则曰："元始之时，太极动而生电子，电子凝而成元素，元素合而成物质，物质聚而成地球。"（《孙文学说》四章）又在《民权主义》第一讲中曰："地球本来是气体，和太阳本是一体的……日久凝结成液体，再由液体结成石头。现在地质学家考究得有凭据的石……由气体变成液体，要几千万年，由液体变成石的固体，又要几千万年。"系以我国固有之太极元气为本，采纳星云假说、物理学、化学与地质学家考证而得之结论。

中山先生对物种进化时期，则以我国有生命之太极元气，天地纲缊，乾元坤元，万物化醇，男女构精，万物化生为主，并采法国人圭哇里（Alexis）"生元有知"之说，与达尔文物竞天择之进化论而成。并曰："而作者今特创名之曰生元，盖取生物元始之意也。生元者，何物也？曰：其为物也，精矣、微矣、神矣、妙矣，不可思议者矣……"与老子解释恍惚有象、有精、有真、有信，有异曲同工之妙。

中山先生对人类进化时期，则以我国"天命之谓性，率性之谓道，修道之谓教"人性为主体，扬弃达尔文物竞天择之说，并谓人类进化以互助为原则。

《易》曰："天地之大德曰生。"宇宙万有均为太极所生，故曰物物有一太极。太极为元气，宇宙万有无元气则无生命。太极为生命之元，在物质进化时期。中山先生称之为太极，在物种进化时期，名之为生元；在人类进化时期，名之曰人性。人为万物之灵，此为中山先生宇宙进化论三阶段，发扬《易》理天、地、人三才精髓所在。太极也，生元也，人性也，名异而实同也。

元气与中医

中医《内》《难》二经可以说是讨论"天人一体"最有系统的经典，其间言天、地与人之气，内外相感相应之道，发挥得淋漓尽致，独未说及元气。唯《难经·十四难》曰："脉有根本，人有元气。"其余则均以"原气"为言。原者，根源也，"元""原"二字同义。《内经》言"真气"，则先后凡十七次。何谓真气?《内经》自有解释，《素问·离合真邪论》曰：

真气者，经气也。

王冰注未见说明。张志聪注则曰："真气者，荣卫血气也。"是则真气仍为后天水谷之气。由此观之，真气则为行之于十二经脉之气。然《素问·六元正纪大论》曰：

食岁谷，以全真气。

王、张二氏于此均未明注。然"食岁谷"三字，则为一年之中所生之稻、粱、菽、麦、黍、稷等六谷也。食此六谷，始可全此真气也。《灵枢·刺节真邪篇》曰：

真气者，所受于天，与谷气并而充身也。

马莳注曰："与生俱生，受之于天，日与谷气相并而充满于身者也。"

张志聪注曰："所受于天者，先天之精气；谷气者，后天水谷之精气，合并而充身者也。"此"天"字，可释之为"先天"，亦可释之为"后天"。譬如男女构精胚胎时期，为"先天之气"。其下文"与谷气并而充身也"句，"谷气"，无疑是指后天水谷之气。换言之，即受于天之真气，与水谷之气相合，而运行于全身也。再阅张介宾《类经》注此节曰：

真气，即元气也。气在天者，受于鼻而喉主之；在水谷者，入于口而咽主之。然钟于未生之初者，曰先天之气；成于已生于后者，曰后天之气。气在阳分即阳气，在阴即阴气，在表曰卫气，在里曰营气，在脾曰充气，在胃曰胃气，在上焦曰宗气，在中焦曰中气，在下焦曰元阴、元阳之气，皆无非其别名耳。

真气受之于天，为张氏据以所谓"钟于未生之初者，曰先天之气"，故释真气为"元气"，亦有其理，然未说明"食谷气"。

据笔者个人研究所得，应另有一说。《素问·天元纪大论》曰：

太虚寥廓，肇基化元，万物资始。(《太始天元册》文)

"肇基化元"，乃为"造化之元"，此"元"当可称之为"元气"。篇名"天元"，此天之元为何？未见说明。唯曰：

厥阴之上，风气主之。少阴之上，热气主之。太阴之上，湿气主之。少阳之上，相火主之。阳明之上，燥气主之。太阳之上，寒气主之。所谓本也，是谓六元。

三阴三阳之风、热、湿、火、燥、寒为天之"六元"，其说不类，应仍有一总元。依太极生两仪之理，此三阴三阳之上，统之以两仪阴阳二元，亦即乾元与坤元，乾坤二元之上，再统之以一元，即"太极元气"也，始更允当。不知医学大家以为然否？

《灵枢·决气篇》黄帝曰："余闻人有精、气、津、液、血、脉，余意以为一气耳！今乃辨为六名，余不知其所以然。"岐伯所答者，为人体各类组织各有专司，是从多元的生理与病理立场言，黄帝所谓"为一气"，是从根源而言也。《庄子·知北游》曰："通天下，一气耳。"郑玄注太极为"极中之道，淳和未分之气"。可见太极为宇宙混沌初开，元始之时的"元气"，为太极元气的"一元论"。邵康节亦曰："先天者，太极之一气；后天者，两仪之阴阳。"中国历代诸子百家对此均无异说，证诸今日西方哲学家与科学家，亦步亦趋遵循此一路线。

综前所论，大一也，太乙也，太虚也，太易也，太初也，太始也，太素也，至中也，至理也，大道也，元气也，其名虽异，其义则一，且均因孔子之言"《易》有太极"，始有如是众多之说，故略举之于前，并附以己意，使初学者，能于纷繁众多名词中，无歧途亡羊之失，归本、归根于"太极"也。宇宙未分之前，为一"元气"。元气健行不息，一分为阴阳二气，再分为太少阴阳四气，木、火、土、金、水五气，所谓风、热、湿、火、燥、寒六气。不论其为大一、太乙、太虚、太易、太初、太始、道也、中也、理也……总而言之，其初均为一"元气"耳！

第三节　两仪、四象、八卦

《易》道无穷，广大悉备。以言乎远则不御，以言乎迩则静而正，以言乎天地则备矣。《系辞传》曰："是故《易》有太极，是生两仪，两仪生四象，四象生八卦，八卦定吉凶，吉凶生大业。"大业者，即宇宙万有。邵康节《皇极经世·观物外篇上》曰：

> 是故一分为二，二分为四，四分为八，八分为十六，十六分为三十二，三十二分为六十四。故曰："分阴分阳，迭用刚柔，故《易》六位而成章。"

一分为二者，太极生两仪也。二分为四者，两仪生四象也。四分为八者，四象生八卦也。至"八分为十六，十六分为三十二"，《易传》未载卦象。三十二分为六十四者，即六十四卦也。程明道谓之为"加一倍之法"。生生之谓易也。因其不明《易》数，故有此语。

两仪与中医

《尔雅·释诂》曰："仪者，匹也。"匹配也，相偶也。以故《易·说卦传》曰："是以立天之道，曰阴与阳；立地之道，曰柔与刚；立人之道，曰仁与义。兼三才而两之，故《易》六画而成卦。"又曰："一阴一阳之谓道。"仪者，容也；两仪者，天地之容也，阴阳之容也。天为阳，地为阴。有天地，而后万物生焉。《礼记·礼运》曰："夫礼必本于太一，分为天地。""太一"即太极（请阅第二节）。

《乾凿度》曰："《易》始于太极，太极分而为二，故生天地。"郑康成注曰："气象共分二时，天地之所始也。轻清者上而为天，重浊者下而为地。"

《淮南子》曰："宇宙生气，气无涯垠。清阳者，薄靡而为天；重浊者，凝滞而为地。天地之袭，精为阴阳。"

邵雍《观物篇》曰："气变而形化，形可分而神不可分。阳生阴，故水先成；阴生阳，故火后成。阴阳相生也，体性相须也。是以阳去则阴竭，阴尽则阳灭。阴对阳二，然阳来则生，阳去则死，天地万物生死主于阳，则归之于一也。"故变化有"气"与"形"之分，气阳属天变，天之气以时变也；形阴属地化，地之形以物化也。阳生阴，先成者水，阴生阳，后成者火，因水生于天一，火生于地二。乃知阴为体，阳为性。所谓体者，非今之哲学界"体用"之体，乃指有形之物体而言也。若以体用言之，阳为性，性无形，天一之真元也，故天之真元为本体；天一生水，天之元气变而化为水，地六成之而为水，是阴为体而有水之"用"也。阴阳互根，体用相须，两不可缺。以故邵子又曰："生者性，天也；成者形，地也。"

夫生也有涯，气则充塞于宇宙而无涯垠。鸿蒙未判，元气太极，运于太虚之域，气机交感，气之轻者，上浮为天；气之重者，下凝为地。《列子·天瑞篇》亦曰：

昔者因阴阳以统天地……一者形变之始也。清轻者上为天，浊重者下为地，冲和气者为人。故天地合精，万物化生。天地之道，非阴则阳；圣人之教，非仁则义；万物之宜，非柔则刚。此皆随所宜，而不能出所位者也。

张横渠《太和》曰：

两不立，则一不可见；一不可见，则两之用息。两体者，虚实也、动静也、聚散也、清浊也，其究一而已。

又曰：

一物而两体，其太极之谓与！阴阳天道，象之成也；刚柔地道，法之效也；仁义人道，性之立也。兼三才而两之，莫不有乾坤之道。（《太易》）

举凡宇宙万有，莫不有两。两两相对而生变化。从天象言，有阴与阳、日与月、昼与夜、春与秋、夏与冬、时与空、明与暗，等等。从地象言，有水与陆、高与低、刚与柔、长与短、宽与狭、远与近、上与下、起与伏、有机物与无机物，等等。从人伦言，有男与女、父与子、长与幼、老与少、君与臣、善与恶、荣与辱、富与贫、贵与贱、成与败、喜与怒、哀与乐、离与合、生与死、始与终、吉与凶、君子与小人，等等。从事物言，有上与下、正与反、左与右、前与后、大与小、多与少、无与有、难与易、精与粗、清与浊，等等。均为两两相对。此仅举为世所习知而言，须知任何事物，无不有两，两中又有两，两两之中还有两。有两始有对，有两始能相生，产生变化。故《易》六十四卦，是由一阴（－－）一阳（—）两仪相对待而生出的变化。《吕氏春秋·有始览》曰：

夫物合而成，离而生。知合知成，知离知生，则天地平矣。

《易》曰："天地絪缊，万物化醇；男女构精，万物化生。"两两相合和而生也。阴阳相需而相求，因相求而相合，因相合而相生。何曰"离而生"？离为分离。从动物界言，子女离母体而出生，子女又各生子女。从植物界言，果实离母体而另生，如是生生不已。从矿物界言，离心力与向心力相合而成物，一遇外力（如气化），改变其排列组合而相离，相离又相生矣！凡此皆由阴阳相和、刚柔相济、生生之道，在于阴阳流转而致中和。

中国医学，因袭《易经》原理，以阴阳为总纲，故有太阴与太阳相对待，少阴与少阳相对待，厥阴与阳明相对待，六阴六阳相辅相成，则长保健康，违则疾病。五行之生克、乘侮、胜救、互成等关系，无一不是在求致中和之道。以故《礼记·中庸》曰："中也者，天下之大本也；和也者，天下之达道也。致中和，天地位焉，万物育焉。"天地万物育位，此中医之所以致广大而尽精微，极高明而道中庸也。

四象与中医

太极为本体，两仪为二分法，再分之，则为四象，故《易》曰"两仪生四象"。四象为太阳、太阴、少阳、少阴。天文之象为日、月、星、辰；天行变化为盈、虚、消、息；四时之别为春、夏、秋、冬；四方之位为东、南、西、北；乾元之四德为元、亨、利、贞。物种之性为水、火、金、木（土王四季，四行非土不运，万物非土不存）；国之四维为礼、义、廉、耻；人之四端为仁、义、礼、智。他如四岳、四邻、四隅、四夷、四肢，等等，均可以"四象"约之。

《乾凿度》曰：

包牺氏画四象、立四隅，以定群物，发生门而后立四正。……天地有春秋冬夏之节，故生四时。

郑康成《乾凿度》注曰：

布六于北方以象水，布八于东方以象木，布九于西方以象金，布七于南方以象火。

郑康成注《礼记·月令》曰：

日之行春，东从青道。日之行夏，南从赤道。日之行四时之间，从黄道。日之行秋，西从白道。日之行冬，北从黑道。

孔颖达《周易正义疏》曰：

两仪生四象者，谓金、木、水、火禀天地而有，故云两仪生四象。土则分王四季，又地中之别，故唯云四象。

朱子《周易本义》曰：

两仪者，始为一画以分阴阳。四象者，次为二画以分太少。

综上所引，除土在两仪（地）之中，行于四时，分王四季外，为使读者一目了然，兹列表如次：

四象四时四方四色四数五行表

太 极				
两仪	阳—		阴--	
四象	少阴☳	太阳☰	少阳☵	太阴☷
说明	阳再重以阴，阳中之阴	阳再重以阳，阳中之阳	阴再重以阳，阴中之阳	阴再重以阴，阴中之阴
四时	春	夏	秋	冬
四方	东	南	西	北
四色	青	赤	白	黑
四数	七	九	八	六
五行	木	火	金	水
备注	五行土在中央，其色黄，分王四时四方			

从中医学观点言之，则有望、闻、问、切四诊之法，即望其形色，闻其声音，问其疾苦，切其脉象也。《难经·六十一难》曰："望而知之谓之神，闻而知之谓之圣，问而知之谓之工，切而知之谓之巧。望而知之者，望其五色以知其病。闻而知之者，闻其五音以别其病。问而知之者，问其所欲五味，以知病所起所在也。切脉而知之者，诊其寸口，视其虚实，以知其病在何藏府也。"他如《灵枢·邪客篇》曰："天有四时，人有四肢。"《顺气一日分为四时篇》曰："百病多以旦慧、昼安、夕加、夜甚者，四时之气使然。春生、夏长、秋收、冬藏，此气之常也，人亦应之。"《素问·四气调神大论》，则为专论四时之气各有不同，人当顺应四时以调和精神之道。从略不引。至四脉、四经、四畏、四时之序、四时之风等诊断之法，犹为医家所应注意者。

先、后天八卦

四象为分析宇宙万态，然犹有不能尽其意者，故必须以八卦来涵盖万有万象。《易》曰："四象生八卦，八卦定吉凶，吉凶生大业。"又曰："八卦成列，象在其中矣。"然八卦列次第，有先天与后天之不同，兹分言之如次：

（一）**先天八卦**　宇宙的组成，包牺氏认为有八种基本因素。这八种基本因素，可以范围广大众多科学上的元素，可以涵盖人类思维法则与概念，故以符号逻辑方式——八卦为代表。

《系辞下传》曰：

古者包牺氏之王天下也，仰则观象于天，俯则观法于地，观鸟兽之文，与地之宜，近取诸身，远取诸物，于是始作八卦，以通神明之德，以类万物之情。

八卦之作，非闭门造车，凭空构想而来，乃是经过周密的观天文、察地理、细考飞禽走兽之纹彩习性，近取人类心性行为，远考万物之现象而来。以两个简单"━""╍"的符号，排列组合，即可解释宇宙万有万象，吾人不能不钦敬祖先高明广大精微之睿智。

八卦成列，次第不同，方位各异，故有先后天之分。伏羲（即包牺氏）先天八卦，以解释自然现象为主，文王演《易》所列方位，称为后天八卦，以说明人事现象为主。然先天包括后天，基本理论原则不变。《说卦传》曰：

天地定位，山泽通气，雷风相薄，水火不相射，八卦相错。

"八卦相错"，则变为六十四卦，容下章再说。乾为天，乾天运行于上，居南；坤为地，坤地运行于下，居北。《序卦传》曰："有天地，然后万物生焉。"故《易》首乾坤，而后及于山、泽、雷、风、水、火。因"天地定位"，万物化育于其间也。

艮为山，居于西北；兑为泽，居于东南。山泽调节水草，高山流水以成泽，泽蓄水以润山，水土保持，有山有水，相得益彰，有疏通气候之作用。此一说也。在中国，冬天，西北高原为气压中心，其气向海洋吹送，为西北风，乃冬季之季风。夏天，海洋为气压中心，气压向大陆高原吹送，为东南风，为夏季之季风。故曰"山泽通气"，此二说也。一说从近处言，二说从整个中国大陆言，甚至全世界各国气候，亦不外于大陆性气候与海洋性气候季风之影响，故《内经》特重季风之变化。

震为雷，居于东北；巽为风，居于西南。春雷鼓荡于东北，震散西南之季风，使之普及四方。相薄者，搏击也，使西南季风成为"春风风人"，以生万物者也。故曰"雷风相薄"。

坎为水，居正西；离为火，居正东。万物无水不生，无火（温）不长。"不相射"，一说不相互攻击，因水大则火灭，火大则水消，以水火既济为用；一说"射解为厌"，意即水火"相看两不厌"，相辅相成也。均通。

邵康节所传伏羲《先天八卦方位图》，即依此经文而定乾南、坤北、离东、坎西、艮西北、兑东南、震东北、巽西南而来，其图如次：

伏羲先天八卦图

所谓"乾一、兑二、离三、震四、巽五、坎六、艮七、坤八"者，言八卦生成之次序也。为便于了解，兹将太极生两仪，两仪生四象，四象生八卦，绘制于下（见下页）：

太阳生乾、兑二卦，故曰乾一、兑二。

少阴生离、震二卦，故曰离三、震四。

少阳生巽、坎二卦，故曰巽五、坎六。

太阴生艮、坤二卦，故曰艮七、坤八。

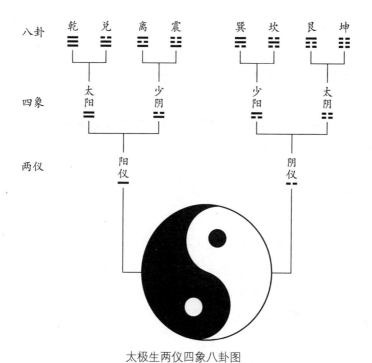

太极生两仪四象八卦图

　　其先后次序，是本"阳动阴静"、阳中有阴、阴中有阳之基本原则为之。阳先行，阴随后，故阳仪先生一太阳，次生一少阴。太阳先生一乾卦，次生一兑卦，少阴先生一离卦，再生一震卦。故曰"乾一、兑二、离三、震四"。阴仪生少阳、太阴。少阳生巽、坎二卦，太阴生艮、坤二卦之理同。此与人体五官四肢、五脏六腑、皮肤毛发，十二经络中之阴阳二气，循环运行不息之理，同其原则。

　　请再看先天八卦图，其中央数何以为"九"？谓其相加均为九也。乾一与坤八相加，兑二与艮七相加，离三与坎六相加，震四与巽五相加，其数均九。又其卦爻均相反：乾三连（☰）与坤六断（☷）相反，兑上缺（☱）与艮覆碗（☶）相反，离中虚（☲）与坎中满（☵）相反，震仰盂（☳）与巽下断（☴）相反。乾天与坤地对，兑泽与艮山对，离火与坎水对，震雷与巽风对。两两相对相待，相生相克，相辅相成，因而产生宇宙万有万象千变万化。《说卦传》曰：

雷以动之，风以散之，雨以润之，日以烜之，艮以止之，兑以说（悦）之，乾以君之，坤以藏之。

又曰：

动万物者，莫疾乎雷。挠（摧折舒散）万物者，其疾乎风。燥万物者，莫熯（干燥）乎火。说万物者，莫说乎泽。润万物者，莫润乎水。终万物者，莫盛乎艮。故水火相逮，雷风不相悖，山泽通气，然后能变化，既成万物也。

震动、巽散、坎润、离烜、艮止、兑悦、乾君、坤藏，为八卦之德性，彼此交相结合，而有各种变化，因其结合变化，产生不同作用。

（二）后天八卦　前所言者，为伏羲先天八卦，然卦象与卦义之理，后天八卦则均同。所不同者，文王所演之八卦，在于方位、四时、五行之差异。《说卦传》曰：

帝出乎震，齐乎巽，相见乎离，致役乎坤，说言乎兑，战乎乾，劳乎坎，成言乎艮。

万物出乎震，震，东方也。齐乎巽，巽，东南也。齐也者，言万物之洁齐也。离也者，明也，万物皆相见，南方之卦也。圣人南面而听天下，向明而治，盖取诸此也。坤也者，地也，万物皆致养焉，故曰致役乎坤（未言方位）。兑，正秋也（未言方位），万物之所说（悦）也，故曰说言乎兑。战乎乾，乾，西北之卦也，言阴阳相薄也。坎者，水也，正北方之卦也，劳卦也，万物之所归也，故曰劳乎坎。艮，东北之卦也，万物之所成终而所成始也，故曰成言乎艮。

"帝"，是假定词，是无形的，是散见于四时的造化者。文王演《易》的八卦方位，震为正东方，巽东南方，离正南方，坤未言位，当在西南方。兑亦未言方位，但言正秋，应为正西方。乾西北方，坎为正北方，艮为东北方。

文王后天八卦图

震位为东，四时为春，日时为卯，万物生长之候。
巽位东南，四时春夏，日时辰巳，万物整洁之时。
离位为南，四时为夏，日时为午，万物以火相见。
坤位西南，四时夏秋，日时未申，阳衰阴盛之时。
兑位为西，四时为秋，日时为酉，万物收成之季。
乾位西北，四时秋冬，日时戌亥，阳灭阴生之时。

坎位为北，四时为冬，日时为子，阴极阳生之时。

艮位东北，四时冬春，日时丑寅，万物由终而始。

其卦象时位如下表：

八卦	方位	五行	四季	月份	时辰	卦德	卦象	帝
震 ☳	东	木	春	二	卯	动	雷	出
巽 ☴	东南	木		三、四	辰巳	入	风	齐
离 ☲	南	火	夏	五	午	明	火	见
坤 ☷	西南	土		六、七	未申	顺	地	役
兑 ☱	西	金	秋	八	酉	悦	泽	悦
乾 ☰	西北	金		九、十	戌亥	健	天	战
坎 ☵	北	水	冬	十一	子	险	水	劳
艮 ☶	东北	土		十二、正	丑寅	止	山	成

《乾凿度》曰：

八卦成列，天地之道立，雷、风、水、火、山、泽之象定矣。其布散用事也：震生于东方，位在二月。巽散之于东南，位在四月。离长于南方，位在五月。坤养之于西南方，位在六月。兑收之于西方，位在八月。乾制之于西北方，位在十月。坎藏之于北方，位在十一月。艮终始之于东北方，位在十二月。八卦之气终，则四正（**坎北、离南、震东、兑西**）、四维之分明。生长收藏之道备，阴阳之体定，神明之德通，而万物各以其类成矣。皆《易》之所包也。至矣哉！《易》之德也。孔子曰："岁三百六十日而天气周，八卦用事各四十五日，方备岁焉。"

故艮渐正月，巽渐三月，坤渐七月，乾渐九月，而各以卦之所言为月也。乾者，天也，终而为万物始，北方所始也，故乾位在于十月。艮者，止物者也，故在四时之终，位在十二月。巽者，阴始顺阳者也，阳始壮于东南方，故位在四月。坤者，地之道也，形正六月，四维正纪经纬，伸序度毕矣。孔子曰："乾、坤、阴、阳之主也。阳始于亥，形于壬，乾位在西北，阳祖微据始也。阴始于巳，形于未，据正主位，故坤位在西南，阴之正也。君道倡始，臣道终止，是以乾位在亥，坤位在未，所以明阴阳之职、定君臣之位也。"

《乾凿度》所言，正与《说卦传》相发明，为《说卦传》最佳注解。《易》曰："八卦而小成。"又曰："八卦定吉凶，吉凶生大业。"诚不诬也。

八卦的意义

《系辞上传》曰："八卦而小成。引而伸之，触类而长之，天下之能事毕矣。"八卦为原卦，引而伸之，则为六爻之成卦。故须先明八卦之原理。

（一）☰ 何以名乾　因其三爻皆阳，性质刚健，故乾义为健。又以其阳气运行不息，乾字左边象日之旋转，右象气，因日旋转不息而生出不可胜计之气体，乃太阳系中万有之中心力量，故乾象天。天是体，乾是用。天体运转不息之力，则名为乾。故乾为运行之动作，并非实体。运行不已，始为一切变化原动力。

（二）☷ 何以名坤　因其三爻皆阴，性质柔顺，随阳气而行，故坤之意为顺。凡运行之力量，倘无一承顺力量与之配合，则不能表现其力量。如棒球比赛，投手球速其疾如矢，捕手则用阴柔力量始能承受，故柔顺亦为力量。若击中头部或肩部，必造成伤害和痛苦，无法继续担任捕手任务。故曰"柔顺亦为力量"。老子曰"以柔克刚"，此之谓也。坤为阴气下降而凝聚，故象地。地为体，坤为用。坤左为土，指地；右为申，乃由甲字引申而来。古甲字写作十，代表纵横线符号，用以表示四方，故坤为形势。乾之运行力量，必须与坤之凝聚力量相配合，始能构成各种不同之形质。

（三）☳何以名震　因其三爻之中，二爻阴气在上，一阳爻始生于下，阳必向上而成动力，故震义为动。春雷震动，万物复苏，故震为雷，然雷为地下阳气上升之现象，不足以包括震义。震为动态，宇宙万有皆动变不居，故万有亦变化莫测。

（四）☴何以名巽　因二阳爻浮于上，一阴爻沉于下，阴气入阳气之内，故巽义为入。古巽字原作�，乃两物合并之意。凡能化合之物质，其性必柔，故巽以柔顺刚，象气动生风，故巽为风。风乃无孔不入，以象征巽之动态，故巽为变之入。风遇阻碍则散，故又为散义。

（五）☵何以名坎　坎为水。因其三爻之中，两阴爻包住一阳爻，故坎义为陷、为险。水无有不下，聚集于最深之处，其变化至最深程度之意也。

（六）☲何以名离　因其三爻之中，二阳在外，一阴在内。表现于外者，光明而美丽，故离义为丽。火旺的发扬为光明，故离为火，又为文明之象。火性外刚内柔，故其燃点在外，指变化至为明显之状态。

（七）☶何以名艮　因其三爻之中，阴气凝重于下，阳气已升为极上，至于止境，故艮义为止，动极思静之意。任何变化不停之事物，必有暂时静止阶段，始能定其形。故艮为阳气运行之静止、阴气凝聚成功之象。山为最静而不易变者，故艮为山。吾人见山之静止现象，即可以知艮义。然万物变动不居，故艮之止，非真止，乃吾人眼见之止。艮《象》曰"时止则止，时行则行，动静不失其时，其道光明"，乃为暂止，非终止也。故艮义又有终而复始之象。

（八）☱何以名兑　因其三爻之中，一阴在上，二阳在下。阴性下凝，阳性上升，一升一降，阴遇阳必变。一阴在上，阴**--**为偶画，中为缺口，阳升如气之出于口，故兑为悦。兑亦有兑换之意，兑换则为新陈代谢之象。凡变化至某一阶段，必由此物更代他物。如苗为种子之更代，果实为花蕊之更代。兑为泽，泽为水，但非河、川、海洋之坎水，而为水草交错之浅水，草多则成原，人人可以涉水而过，故兑为悦。

八卦的逸象

四象为太、少阴阳。变而为八卦。八卦则有八象，即天、地、水、火、风、雷、山、泽等八种自然现象，一般称为大象。《易》曰："近取诸身，远取诸物。"近取、远取之象又如何？八卦为小成。八卦重为六十四卦为大成。六十四卦，便有六十四卦之大象。每卦六爻，则为三百八十四爻，便有三百八十四爻之爻象。然爻象只奇偶，因其时位之不同而有变化。爻象既不足以喻万有之变化，除以一卦之大象为本外，故又有《说卦传》之广象；广象之不足，又有后之儒者补充其逸象。为免浪费篇幅，兹列表统计如下：

表一

先天方位	后天方位	卦名	大象	人伦	物象	身象	卦德	《说卦传》广象	荀九家易逸象
南	西北	乾☰	天	父	马	首	健	圜、君、父、玉、金、寒、冰、大赤、良马、老马、瘠马、驳马、木果	龙、直、衣、言
北	西南	坤☷	地	母	牛	腹	顺	母、布、釜、吝啬、均、子母牛、大舆、文、众、柄、黑地	牝、迷、方、裳、帛、浆、黄
东北	东	震☳	雷	长男	龙	足	动	龙、玄黄、勇、大涂、长子、决躁、苍筤竹、萑苇、其究为健、善鸣马、作足马、黑足马、的颡马、稼反生、为蕃鲜	玉、鹄、鼓
西南	东南	巽☴	风	长女	鸡	股	入	木、长女、绳直、工、白、长、高、进退、不果、臭、寡发、广颡、多白眼、近利市三倍、其究为躁卦	扬、鹳
西	北	坎☵	水	中男	猪	耳	险	沟渎、隐伏、矫輮、弓轮、加忧、心病、耳痛、血卦、赤、美脊马、亟心马、下首马、薄蹄马、曳马、多眚、通、月、盗、木坚多心	宫、律、河、栋、丛棘、狐、蒺藜、桎梏、波
东	南	离☲	火	中女	雉	目	明	日、电、中女、甲冑、戈兵、大腹、鳖、蟹、蠃、蚌、龟、木科上槁	牝牛
西北	东北	艮☶	山	少男	狗	手	止	径路、小石、门阙、果蓏、阍寺、指、狗、鼠、黔喙之属、地刚卤、木坚多节	鼻、虎、狐
东南	西	兑☱	泽	少女	羊	口	悦	少女、巫、口舌、毁折、附决、妾、羊	常、辅颊

表二

卦名	孟氏逸象
乾☰	王、先王、明君、人、大人、圣人、贤人、君子、武人、行人、物、易、立、直、敬、畏、威、严、坚刚、道、德、盛德、行、性、精、言、信、善、扬善、积善、良、仁、爱、忿、生、祥、庆、天休、嘉、福、介福、禄、光、始、知、大、盈、茂、肥、好、施、利、清、治、大谋、高、扬、宗、族、高宗、甲、老、旧、古、大明、远、郊、野、门、道门、百、岁、顶、朱、衣、圭、蓍、瓜、龙
坤☷	臣、顺臣、民、万民、姓、小人、邑人、形、身、鬼、牝、母、躬、我、自、至、安、康、富、财、积、聚、萃、重、厚、致、用、包、寡、徐、营、下、容、裕、虚、书、迟、近、疆、无疆、思、恶、理、体、礼、义、事、业、大业、俗、庶政、度、类、闭、藏、密、默、耻、欲、过、丑、积恶、迷、乱、弑、怨、害、积恶、终、永终、敝、死、丧、冥、晦、夕、暮夜、暑、乙、年、十年、户、阖户、闭关、义门、盍、土、积土、阶、田、邑、国、邦、大邦、异邦、万国、方、鬼方、裳、绂、车、辇、器、缶、囊、虎、兕、黄牛、牝牛
震☳	帝、主、诸侯、人、士、兄、夫、趾、出、行、征、作、逐、惊走、警卫、定、百、言、讲议、问、语、告、响、声、音、鸣、夜、交、惩、反、后、后世、从、守、左、生、尝、缓、宽仁、乐、笑、笑言、喜笑、道、陵、祭、鬯、禾稼、百谷、草莽、鼓、筐、马、麋鹿
巽☴	命、命令、号令、教令、诰、号咷、处女、妇、妻、商旅、随、入、处、入伏、利、齐、同、角、进、退、舞、谷、林、长木、苞、杨、果木、茅、白茅、兰、草木、草莽、杞、葛藟、薪、庸、床、绳、帛、腰带、绤、蛇、鱼、鲋
坎☵	圣、云、玄云、川、大川、河、心、志、思、虑、忧、谋、惕、疑、恨、蹇、恤、悔、逖、忘、劳、濡、涕、泪、疾疠、疾病、疑病、灾、破、罪、悖、淫、欲、毒、暴、寇盗、渎、孚、波、平、法、罚、则、狱、经、习、入、内、聚、脊、要、臀、膏、阴夜、岁、三岁、尸、酒、丛木、棘匕、穿木、校、弧、弓弹、木、车、马、丛棘、棘藜
离☲	女子、妇、孕、恶人、见、飞、爵、日、明、光、甲、黄、戎、刀、斧、折首、资斧、矢、飞矢、网、罟、瓮、鸟、飞鸟、鹤、隼、鸿

卦名	孟氏逸象
艮☶	弟、小子、君子、贤人、童、童蒙、僮仆、官、友、阍、时、丰、星、沫、霆、果、节、慎、待、制、执、小、多、厚、取、舍、求、笃实、道、石、城、穴居、宫室、庐、牖、门阙、居、门庭、宗庙、社稷、鼻、肱、背、腓、皮、肤、小木、硕果、豹、狼、小狐、尾
兑☱	妹、妙、妻、朋、友、讲习、刑、刑人、小、少、密、通、见、右、下、少知、契

《系辞下传》曰："是故《易》者，象也。象也者，像也。"伏羲画卦之时，仰观俯察，近取远求，无处不在取象，其目的为通神灵之德、类万物之情，所取自然不一。或从某一观点取其性，或从另一角度取其情，有随事物而异，有随时空而转，错综相因，象其物宜，类聚群分，曲尽不遗。故有同一卦体，取象不一。爻动位移，象变辞异。前所列之广象、逸象，只举大略。王弼以象数繁奥，高唱扫象之说。然《易经》卦、爻系辞，均依象义而定，孔子除作《彖》《象辞》外，特曰："圣人有以见天下之赜，而拟诸其形容，象其物宜，是故谓之象。"申言之，《易》象可以观察一切事物发展演变过程。换言之，扫象无以见《易》，无象则不成其为《易》。医不知象，则四诊之法，去"望、闻"一神圣之功矣，可以医而不知病变之象乎！前列大象、物象、身象、广象、逸象，善读者玩索而有得焉，或于医理之运用，有其臂助之功效焉。

八卦与中医

八卦小成，是指对整个宇宙自然现象——动、植、矿物而言，至希读者不要认为"小成"而轻视之。从自然界言：乾为天，坤为地，震为雷，巽为风，坎为水，离为火，艮为山，兑为泽。从动物界言：

乾为马，坤为牛，震为龙，巽为鸡，坎为豕，离为雉，艮为狗，兑为羊。从家庭人伦言：乾为父，坤为母，震为长男，巽为长女，坎为中男，离为中女，艮为少男，兑为少女。从植物界言：乾为木果，坤为柄（生之根本），震为苍筤竹（青竹），巽为木，坎为坚多心（实心树木），离为科上槁（空心木，上枝枯槁），艮为果蓏，兑为毁折（果实成熟即脱落）。以上均摘自《说卦传》，略举其例而已，欲明其详，请阅前举卦象与逸象。至与中医学关系，《说卦传》又曰："乾为首，坤为腹，震为足，巽为股，坎为耳，离为目，艮为手，兑为口。"乾何以为首？乾为天，以之代表人首，各种神经系统均聚于头，是众阳会聚之所。《灵枢·逆顺肥瘦》曰："手之三阳，从手走头；足之三阳，从头走足。"《脉度篇》曰："手之六阳，从手至头……足之六阳，从足上至头。"《难经·二十三难》亦曰："手三阳之脉，从手至头；足三阳之脉，从足至头。"《四十七难》又曰："人头者，诸阳之会也。诸阴脉皆至颈胸中而还，独诸阳脉皆上至头耳，故令面耐寒也。"

坤何以为腹？坤为地，以之代表人腹。五脏六腑均在腹中，是众阴之根据地。以故《灵枢·脉度篇》曰："手之六阴，从手至胸中……足之六阴，从足至胸中。"《逆顺肥瘦篇》曰："手之三阴，从藏走手；足之三阴，从足走腹。"《难经·二十三难》亦曰："手三阴之脉，从手至胸中……足三阴之脉，从足至胸。"

震何以为足？巽何以为股？《说卦传》载：震为雷，为龙；巽为风，为鸡。两者均表示动能。前《灵枢·脉度篇》及《逆顺肥瘦篇》足之六阴从足走胸，足之三阳从足走头，带动整个人身。谚谓："一寒从脚起。"信不诬也。《内经》言足之阴阳论据甚多，从略不再枚举。

坎何以为耳？《说卦传》曰："坎为水，为心病，为耳痛，为血卦。"

医学上属肾，肾藏精。肾虚则精少，两耳亦失聪。《灵枢·脉度篇》曰："肾气通于耳，肾和则耳能听五音矣。"耳又与心血息息相关。心主血，故耳之听觉是否正常，端视心血供给充分与否。《灵枢·邪气藏府病形篇》曰："心脉微涩则耳鸣。"乃指脉中血气空虚，不能上达至耳，或气血运行不利，均有耳鸣之症。由此观之，耳与肾水、心血的关系，不论在生理与病理上，均密不可分。

离何以为目？《说卦传》曰："离为火，为日，为电，为目，为明，为干。"故目明亮而明察秋毫。目为肝之窍，肝主脏血。《素问·五藏生成篇》曰："肝受血而能视。"换言之，肝血不足，则不能视。若肝阳上亢，则目赤皆疡。《灵枢·脉度篇》曰："肝气通于目，肝和，则目能辨五色矣。"

目又为心之使。心主神明，又主血脉。目必须气血供养始能明视，视觉为神明所主，以故《灵枢·大惑论》曰："目者，心之使也。"

中医眼科谓目有八廓，即水廓、风廓、天廓、火廓、雷廓、山廓、泽廓、地廓，均为目之一部分。意即坎为水廓，巽为风廓，乾为天廓，离为火廓，震为雷廓，艮为山廓，兑为泽廓，坤为地廓，与八卦相和合。所谓"廓"者，犹城郭抵御外侮，安内攘外之意也。

目既与八卦关系密切，故人体五脏、六腑、经络之精气，通过血脉传送，均上达于目。《灵枢·大惑论》曰："五藏六府之精气，皆上注于目而为之精。精之窠为眼，骨之精为瞳子，筋之精为黑眼，血之精为络，其窠气之精为白眼，肌肉之精为约束。窠撷筋骨血气之精，而与脉并为系，上属于脑，出于项中。"附八卦八廓方位图表如次：

八卦八廓五脏六腑图表

八卦	乾☰	坎☵	艮☶	震☳	巽☴	离☲	坤☷	兑☱
方位	西北	北	东北	东	东南	南	西南	西
八廓	天廓（传送廓）	水廓（会阴廓）	山廓（清净廓）	雷廓（关泉廓）	风廓（养化廓）	火廓（抱阳廓）	地廓（水谷廓）	泽廓（津液廓）
配眼部位	白睛	瞳神	外眦上部	内眦下部	黑睛	内眦上部	上下两胞	外眦下部
所络经脉	手阳明经	足太阳经	手厥阴经	足少阴经	足少阳经	手太阳经	足阳明经	手少阳经
脏腑	大肠	膀胱	胞络	命门	胆	小肠	胃	三焦

总之，肝窍目，目又为心之使，肝藏血，故目为五脏六腑之精气所注，通目系于脑。

艮何以为手？《说卦传》曰："艮，止也。"又曰："终万物，始万物者，莫盛乎艮。"艮虽有"止"义，然《易》理生生不息，循环不已，永无止境，终而复始。在终与始之间，犹如人之双手，有所为，有所不为，可以行则行，可以止则止。双手万能，可以创造幸福之社会，亦可摧毁丑恶之世界。有如交通警察指挥交通，停止通行与放行，有条不紊。所以，孙中山先生曰："革命是非常的建设，也是非常的破坏。"破坏，止也；建设，始也。

如前所言，人之双手各有三阴三阳。双手之六阴，由手走腹，是向内的止象；双手之六阳，从手走头，是向外向上的始象。故曰"艮为手"。

兑何以为口？《说卦传》曰："兑为泽，为少女，为悦，为巫，为口舌。"口舌为出纳之官，祸福均由此而出入。山水流向低洼成泽，泽水又滋润山石，使之草木畅茂，故曰："山泽通气。"少女为最后一胎，必得父母兄姐之爱护有加，娇生惯养，活泼可爱。巫人多善窥人意，以言吉凶祸福。凡此都是"口舌"之事。口舌又为人之心意活动，脾胃所主，故曰"心藏神，脾藏意"。《灵枢·脉度篇》曰："脾气通于口，脾和则口能知五谷矣。"脾主消化，脾健则饥思食，渴思饮。反之，食欲不振，饮食无味，必脾病，故曰"脾在窍为口"。脾与胃相表里，胃脉挟口环唇，故胃之气终绝，则有撮口之症。

舌主味觉，味觉又为心气所主。《灵枢·脉度篇》曰："心气通于舌，心和，则舌能知五味矣。"心气不和，则食而不知其味。心与小肠相表里，小肠有热，亦有舌赤，舌疮之症。此外，心包络、肝、脾、肾四经，均与舌本相连，若此四经有病，往往连及舌本。以故《素问·诊要经络论》曰："厥阴终者，甚则舌卷，卵上缩而终矣。"虽曰心、心包络、肝、脾、肾、小肠等与舌有关，然均不若心与舌之密切，故曰"心在窍为舌"。兹将八卦与人体关系表示如次：

八卦与人体图表

八卦	卦象	卦德	先天方位	后天方位	人伦	物象	人身	所络经脉	脏腑
乾☰	天	健	南	西北	父	马	首	手足六阳	五脏六腑
坤☷	地	顺	北	西南	母	牛	腹	手足六阴	五脏六腑
震☳	雷	动	东北	东	长男	龙	足	足三阴三阳	五脏六腑
巽☴	风	入	西南	东南	长女	鸡	股	足三阴三阳	五脏六腑
坎☵	水	险	西	北	中男	豕	耳	手足六阳	五脏六腑
离☲	火	明	东	南	中女	雉	目	手足六阴	五脏六腑
艮☶	山	止	西北	东北	少男	狗	手	手三阴三阳	五脏六腑
兑☱	泽	悦	东南	西	少女	羊	口	手足六阴六阳	五脏六腑

太一游八宫

《灵枢·九宫八风篇》有太一移宫之说。然明医张介宾以"太一"为"北辰"，名为九宫，原文所载止八宫，后加"太一入徙，立于中宫"，合为九宫。然张氏又名其为"招摇"之宫，不类。张氏且将此八宫配八卦八风，是则太一非北辰而为"太极"也明矣。兹将原文摘要录后：

太一常以冬至之日，居"叶蛰"之宫四十六日，明日居"天留"四十六日，明日居"仓门"四十六日，明日居"阴洛"四十五日，明日居"天宫"四十六日，明日居"玄委"四十六日，明日居"仓果"四十六日，明日居"新洛"四十五日，明日复居"叶蛰"之宫，曰冬至矣。太一日进，以冬至之日，居"叶蛰"之宫，数所在日从一处，至九日，复反于一，常如是无已，终而复始。

张氏《类经》注曰："叶蛰，坎宫也，主冬至、小寒、大寒三节。天留，艮宫也，主立春、雨水、惊蛰三节。仓门，震宫也，当春分、清明、谷雨三节。天宫，离宫也，主夏至、小暑、大暑三节。玄委，坤宫也，主立秋、处暑、白露三节。仓果，兑宫也，主秋分、寒露、霜降三节。新洛，乾宫也，主立冬、小雪、大雪三节。共三百六十六日，同一岁之全数而止。后起于叶蛰之宫，交于冬至，乃为来岁之首也。"（此为摘要）又如何配八风？该篇又曰：

是故太一入徙立于"中宫"，乃朝八风，以占吉凶也。风从南方来，名曰太弱风，其伤人也，内舍于心，外在于脉，气主热。风从西南方来，名曰谋风，其伤人也，内舍于脾，外在于肌，其气主为弱。风从西方来，名曰刚风，其伤人也，内舍于肺，外在皮肤，其气主为燥。风从西北方来，名曰折风，其伤人也，内舍于小肠，外在于手太阳，脉绝则溢，脉闭则结不通，善暴死。风从北方来，名曰大刚风，其伤人也，内舍于肾，外在于骨与肩背之筋，其气主为寒也。风从东北方来，名曰凶风，其伤人也，内舍于大肠，外在于两胁腋骨下及肢节。风从东方来，名曰婴儿风，其伤人也，内舍于肝，外在于筋经，其气主为身湿。风从东南方来，名曰弱风，其伤人也，内舍于胃，外在肌肉，其气主体重。此八风，皆从其虚之乡来，乃能病人。

言八风之典籍计有《说文》《吕氏春秋》《易纬》《史记·律书》《淮南子》等书。《淮南》与《吕览》大同小异。《史记》《易纬》以八节气为言，与《说文》之风名，止条、融风一字之异。《灵枢》之风名则大异其趣。将各家所言，依后天八卦"帝出乎震"次第方位表如后（见下页图表）。

《内经》言风，有实风、虚风之分，前所列之八风，均为伤人之虚风，故曰："此八风，皆从其虚之乡来，乃能病人。两虚相搏，则为暴病卒死。"

总之，本节所言两仪、四象、八卦，均为中医理论之基础。中医以阴阳为总纲，两仪者，即阴阳也。中医由阴阳而生太阳、少阴、阳明、太阴、少阳、厥阴。由阴阳而生表、里、虚、实、寒、热等八纲辨证之治法，系由《易经》八卦以乾父、坤母生震、巽、坎、离、艮、兑等六子而来。表与里相对待，虚与实相对待，寒与热相对待。《易》卦震、巽相对，兑、艮相对，坎、离相对。表者，巽风也；里者，震雷也；虚者，兑泽也；寒者，坎水也；热者，离火也。张介宾曰："阴阳既明，则表与里对，虚与实对，寒与热对，明此六变，则天下之病，固不出此八者。"（《景岳全书》）

"帝出乎震"与"八宫方位"表

八卦	震☳	巽☴	离☲	坤☷	兑☱	乾☰	坎☵	艮☶
方位	东	东南	南	西南	西	西北	北	东北
《说文解字》	明庶风	清明风	景风	凉风	阊阖风	不周风	广莫风	融风
《史记·律书》	同上	同上	同上	同上	同上	同上	同上	条风
《易纬·通卦验》	同上	同上	同上	同上	同上	同上	同上	同上
《吕览·有始览》	滔风	熏风	巨风	凄风	飂风	厉风	寒风	炎风
《淮南子·坠形训》	条风	惠风	同上	凉风	同上	丽风	同上	同上
《灵枢·九宫八风》	婴儿风	弱风	大弱风	谋风	刚风	折风	大刚风	凶风
八宫	仓门宫	阴洛宫	天宫	玄委宫	仓果宫	新洛宫	叶蛰宫	天留宫
八节	春分	立夏	夏至	立秋	秋分	立冬	冬至	立春
风伤人体部位	内肝、外筋纽	内胃、外肌肉	内心、外脉	内脾、外肌	内肺、外皮肤	内小肠、外手 太阳善暴死	内肾、外骨与肩背之膂筋	内大肠、外两胁腋骨下及肢节

举凡中医运用阴阳学说为总纲，而以"八"数赅括之者，皆本八卦而来。例如前举之八风，东、西、南、北、东南、西南、东北、西北之八方，日、月、星、辰、春、夏、秋、冬之八正之气，立春、立夏、立秋、立冬、春分、秋分、夏至、冬至之八节正气，《素问·五藏生成篇》之八豀，《素问·骨空论》之八髎，《难经·八十一难》之八会与八脉，《景岳全书》中所载古八阵、新八阵之治。张氏在《类经图翼·医易义》曰："四分为八者，四象生八卦也……医明乎此，方知阴阳之中复有阴阳，刚柔之中复有刚柔，而对待之体、消息之机、交感之妙、错综之义，昭乎已备。"

扫一扫，
进入课程

第三章　图象与卦爻

第一节　方圆图与人生

邵康节先生之所以不朽，因其发明先天易学八卦横图与圆图，进而推演先天六十四卦方图与圆图。文以图而创显，图因文而益彰。后之学《易》者，有曰知图而不知文，有曰知文而不明图，吾不知其何谓也？图文并茂，文以解图，图以补文，未有知其一而不知其二者也。

六十四卦的次序

八卦是由太极、两仪、四象次第而生。其次序为乾一、兑二、离三、震四、巽五、坎六、艮七、坤八。左为阳，故乾一、兑二、离三、震四列于左；右为阴，故巽五、坎六、艮七、坤八列为右。图详见第三节。

六十四卦是由八卦所产生，亦有先后次序之不同，每卦又生八卦，则为六十四卦。兹仍依乾一至坤八之次第，分为八组。每组下卦均为该组之本卦，上卦则依乾一至坤八之序排列，其相生亦如是也。自然之理，丝毫勉强不得。各组相生次第其式如下：

（一）乾组八卦　下卦皆乾，上卦依乾一至坤八之序。

1. ䷀乾下乾上　乾为天

2. ䷪乾下兑上　泽天夬

3. ䷍乾下离上　火天大有

4. ䷡乾下震上　雷天大壮

5. ䷈乾下巽上　风天小畜

6. ䷄乾下坎上　水天需

7. ䷙乾下艮上　山天大畜

8. ䷊乾下坤上　地天泰

（二）兑组八卦　下卦皆兑，上卦依乾一至坤八之序。

1. ䷉兑下乾上　天泽履

2. ䷹兑下兑上　兑为泽

3. ䷥兑下离上　火泽睽

4. ䷵兑下震上　雷泽归妹

5. ䷼兑下巽上　风泽中孚

6. ䷻兑下坎上　水泽节

7. ䷨兑下艮上　山泽损

8. ䷒兑下坤上　地泽临

（三）离组八卦　下卦皆离，上卦依乾一至坤八之序。

1. ䷌离下乾上　天火同人

2. ䷰离下兑上　泽火革

3. ䷝离下离上　离为火

4. ䷶离下震上　雷火丰

5. ䷤离下巽上　风火家人

6. ䷾离下坎上　水火既济

7. ䷕离下艮上　山火贲

8. ䷣离下坤上　地火明夷

（四）震组八卦　其次序同前。

1. ䷘震下乾上　天雷无妄

2. ䷐震下兑上　泽雷随

3. ䷔震下离上　火雷噬嗑

4. ䷲震下震上　震为雷

5. ䷩震下巽上　风雷益

6. ䷂震下坎上　水雷屯

7. ䷚震下艮上　山雷颐

8. ䷗震下坤上　地雷复

（五）巽组八卦　其次序同前。

1. ䷫巽下乾上　天风姤

2. ䷛巽下兑上　泽风大过

3. ䷱巽下离上　火风鼎

4. ䷟巽下震上　雷风恒

5. ䷸巽下巽上　巽为风

6. ䷯巽下坎上　水风井

7. ䷑巽下艮上　山风蛊

8. ䷭巽下坤上　地风升

（六）坎组八卦　其次序同前。

1. ䷅坎下乾上　天水讼

2. ䷮坎下兑上　泽水困

3. ䷿坎下离上　火水未济

4. ䷧坎下震上　雷水解

5. ䷺坎下巽下　风水涣

6. ䷜坎下坎上　坎为水

7. ䷃坎下艮上　山水蒙

8. ䷆坎下坤上　地水师

（七）艮组八卦　其次序同前。

1. ䷠艮下乾上　天山遁

2. ䷞艮下兑上　泽山咸

3. ䷱艮下离上　火山旅

4. ䷽艮下震上　雷山小过

5. ䷴艮下巽上　风山渐

6. ䷦艮下坎上　水山蹇

7. ䷳艮下艮上　艮为山

8. ䷎艮下坤上　地山谦

（八）坤组八卦　其次序同前。

1. ䷋坤下乾上　天地否

2. ䷬坤下兑上　泽地萃

3. ䷢坤下离上　火地晋

4. ䷏坤下震上　雷地豫

5. ䷓坤下巽上　风地观

6. ䷇坤下坎上　水地比

7. ䷖坤下艮上　山地剥

8. ䷁坤下坤上　坤为地

　　由八卦推演相生六十四卦之次第说明，将之绘成方圆图。圆图阳卦居左，先列乾组八卦、次列兑组八卦、三列离组八卦、四列震组八卦。阴卦居右，依巽五、坎六、艮七、坤八，各组八卦次序排列。

　　方图排列由下而上，按乾一、兑二、离三、震四、巽五、坎六、艮七、坤八，每组八卦横排，循序如上。如下图：

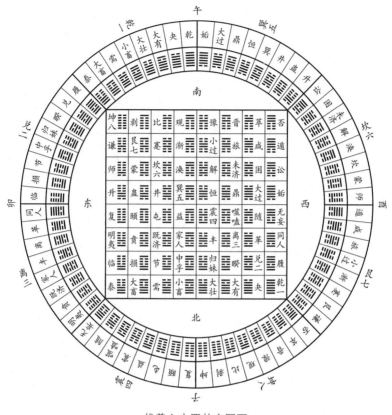

伏羲六十四卦方圆图

方圆图的剖析

圆图之义象天，方图之义象地，二者密不可分，人居天地之中，天、地、人三才相互影响。人至尊贵，顶天立地，运用万有，改造万有，可以人而不知宇宙万物乎！《礼记·中庸》曰："故君子不可以不修身；思修身，不可以不事亲；思事亲，不可以不知人；思知人，不可以不知天。"此之谓也。

（一）先从东西看圆图　自乾、姤二卦之间，画一垂直线，至坤、复二卦之间，称之为"子午线"。以地球立场言，为东、西两半球。

以气象言：阳生于子，而极于午，复（☷☳）之初九，为"冬至"一阳生，约当农历十一月中旬，阳历十二月二十二或二十三日。姤（☰☴）之初六，为"夏至"一阴生，约当农历五月中旬，阳历六月二十一或二十二日。一年四季如是，一日之昼夜亦如是。

从卦象言：自复之一阳生至乾之上九，象在初爻，初爻皆阳，共三十二卦，分居于东。阳爻一百一十有二，阴爻八十。阳多阴少，至乾六爻皆阳，阳盛已极，盛极必衰。故有姤之一阴生，至坤之上六，象在初爻，其爻皆阴，共三十二卦，分居于西。阴爻一百一十有二，阳爻八十。阴多阳少，至坤六爻皆阴，阴盛已极，物极必反，故又有一阳复始之象。

从《内经》言：乾为两阳合明之阳明，姤为少阳（☵）一阴生；坤为厥阴之阴盛，复为少阴（☵）一阳生。以故《医易义》曰："纵观之，则象在初爻，其乾尽于午，坤尽于子，当二至之令。升则阳居东南，主春、夏之发生，以应人之渐长。降则阴居西北，主秋冬之收敛，以应人之渐消。"

（二）再从南北看圆图　前段从东西两半球言，再看南北两半球。即自同人与临二卦之间，画一横切线，至师、遁二卦间，称之为"卯酉线"。

以气象言：日出于卯而入于酉。临（☷☱）之九二为"春分"，阳气渐盛，故临之下卦初九、九二两爻皆阳。约当农历二月中旬，阳历三月二十一或二十二日。日夜长短各半，均为十二时，自临至乾，日长夜短。自姤至师，白天时间逐渐缩短，至师之上六，则为酉月"秋分"之时，约当农历八月中旬，阳历九月二十三或二十四日，日夜长短如春分，平均各十二时。

从卦象言：自临至师，共三十二卦，阳爻一百一十有二，阴爻八十，象在二爻，均为阳，分列于南。自遁至同人，共三十二卦，阴爻一百一十有二，阳爻八十，象在二爻，均为阴，分列于北。故南热而北寒。

从《内经》言：春分为太阳（☱）之始生，秋分为太阴（☷）之初出。太阳至乾而极为阳明，太阴至坤而尽为厥阴。人体上半身为阳，下半身为阴；手为阳配天干，足为阴配地支。此乃言其大纲。阴中有阳，阳中有阴。以故《医易义》曰："横观之，则象在二爻，其离尽于卯，坎尽于酉，当二分之中，为阴阳之半，而上下以分，上为阳而下为阴。阳则日出于卯，以应昼之为从寤；阴则日入于酉，以应夜之寐焉。即此一图，而天人之妙，运气之理，无不具矣！"

（三）方圆图相互关系　《医易义》曰："再阅方图，其义象地，乾始于西北，坤尽于东南。天不足于西北，故圆图之阳在东南；地不满东南，故方图之刚在西北。是伏羲之卦也。"此说有二问题待决。

第一，"乾始于西北，坤尽于东南"：请阅方图，以"卯酉线"为准，由下而上，自乾一、兑二、离三、震四等三十二卦，均为一阳居初爻，为天卦。乾组八卦由西北横排至东北，且天卦各组爻亦多在西北。故曰"乾始于西北"，因西北高原多山故也。自巽五、坎六、艮七、坤八等三十二卦，则在"卯酉线"之上，均为一阴居初爻，为地卦。坤组八卦横排，坤在东南方，且地卦各组阴爻亦居东南。故曰"坤尽于东南"，因东南地势低洼乡水故也。此为自然之象，又正与我国地理自然形势相吻合。

第二，"天不足西北，地不满东南"：此说由来已久，兹录数则以供参考。

1.*神话传说*：以《太平御览·天地篇》为代表。

（1）《列子·汤问》："共工氏与颛顼争为帝，怒触不周之山，折天柱，绝地维，故天倾西北，日月星辰就焉；地不满东南，故百川水潦归焉。"（王充《论衡·谈天》已力斥其非，原文从缺不引。）

（2）《春秋·元命苞》："天不足西北，阳极于九，故周天九九八十一万里……地不足东南，阴右动，终而入灵门。"

（3）《楚辞》："康回（即共工）冯怒，地何以东南倾？"

2. 天地气象说：以《黄帝内经》为代表。

（1）《素问·五常政大论》帝曰："天不足西北，左寒而右凉；地不满东南，右热而左温。其何故也？"岐伯曰："阴阳之气，高下之理，太少之异也。东南方，阳也。阳者，其精降于下，故右热而左温。西北方，阴也。阴者，其精奉于上，故左寒而右凉。是以地有高下，气有温凉。高者气寒，下者气热，故适寒凉者胀，下之温热者疮。下之则胀已，汗之则疮已。此腠理开闭之常，太少之异耳。"

（2）又《素问·阴阳应象大论》岐伯曰："天不足西北，故西北方阴也，而人右目不如左明也。地不满东南，故东南方阳也，而人左手足不如右强也。"帝曰："何以然？"岐伯曰："东方，阳也。阳者，其精并于上；并于上，则上明而下虚，故使耳目聪明，而手足不便也。西方，阴也。阴者，其精并于下；并于下，则下盛而上虚，故其耳目不聪明，而手足便也。故俱感于邪，其在上则右盛，在下则左盛。此天地阴阳，所以不能全也，故邪居之。"张氏《类经》注："并，聚也。俱，兼指上下而言也。夫邪之所凑，必因其虚，故邪得居之而病出甚也。"

3. 其他气象说：

（1）《礼记·乡饮酒》："天地严凝之气，始于西南，而盛于西北，此天地之尊严气也，此天地之义气也。天地温厚之气，始于东北，而盛于东南，此天地之盛德气也，此天地之仁气也。"

（2）《刘氏杂志》："天地间东南暑热，西北寒凉。地在寒凉方者，坚凝高峙，而在暑热盛方者，融液坍塌。故东南多水，西北多山。合东南多水，西北多山处均平论，则地仍以嵩高山，下阳城为中，但取最高顶心处，则昆仑为中也。"

（3）《古今图书集成·乾象典》引《河洛纬·括地象》："西北为天门，东南为地户。"注："天不足西北，是天门；地不满东南，是地户。"

前举"天不足西北，地不满东南"诸说，聊供学者参考而已。按伏羲方圆图相互配合，一言以蔽之，则为"天地交泰"。邵子曰：

天圆而地方，天南交而北下，足以望之如倚盖。然地东南下、西北高，是以东南多水，西北多山池。天覆地，地载天，天地相涵。天上有池，地上有天，天奇而地偶，是以占天文者，观星而已；察地理者，观山水而已。观星而天体见矣，观山水而地体见矣。天体容物，地体负物，是故体几于道矣。（《以会经运生物用数》）

又曰：

天之阳在南，而阴在北；地之阴在南，而阳在北。（《先天方图卦数》）

天高，圆图之阳在东南，日月所照；地卑，方图之阴在东南而多水，水火既济。"地不满东南"，而天为之补不足乎？天之阴在西北，地之阳正居西北而多山，阴阳和合，"天不足西北"，而地为之补不足乎？此即所谓"天覆地，地载天，天地相函"。天上有地，地上有天，天奇而地偶之意也。

六十四卦与人生

先天六十四卦与人生关系，张介宾在《医易义》先天图说中发挥得淋漓尽致，兹录于后，以飨读者：

是图虽象乎万有，尤切乎人身。故曰："先天图者，环中也。环中者，天之象也。"六十四卦列于外，昭阴阳交变之理也；太极独运乎其中，象心为一身之主也。乾南坤北者，象首、腹之上下也；离东坎西者，象耳、目之左右。（其间似有脱漏，据《说卦传》仍有"震为足，巽为股，艮为手，兑为口"。）

自复至同人，当内卦震、离之地，为阴中少阳之十六，在人为二八。自临至乾，当内卦兑、乾之地，为阳中太阳之十六，在人为四八。自姤至师，当内卦巽、坎之地，为阳中少阴之十六，在人为六八。自遁至坤，当内卦艮、坤之地，为阴中太阴之十六，在人为八八。

张氏独具慧眼，为伏羲《先天圆图》说明与人生关系，为补其阙漏，愿略作说明如次。

（一）增补第一段 依据《说卦传》补"震足、巽股、艮手、兑口"。揆其文义，似可补之曰："震雷巽风者，象足、股之动作也；艮山兑泽者，象手、口之居上也。"未知为画蛇添足否？

（二）改正第二段 "自复至同人……为阴中少阳之十六"，本句应改为"为阳中少阴 ☷ 之十六"。亦即自复一阳始生下，至同人等十六卦，其初爻均为阳爻 ━，故为少阴 ☷，由少阴而生震四、离三。盖自复（☳）至同人（☲），其内卦初、二两爻，均为初九、六二，少阴 ☷ 之故也。

（三）改正第四段　"自姤至师……为阳中少阴之十六"，应改为"为阴中少阳 ⚏ 之十六"。亦即自姤一阴始生于下，至师等十六卦，其初爻均为阴爻 --，故为少阳 ⚏。由少阳而生巽五、坎六。自姤（☰）至师（☷），其内卦之初、二两爻，均为初六，九二，少阳 ⚏ 之故也。

爻象本为符号逻辑，然自古至今，均以此符号为准则，故仍应从众之定例为宜，张氏可能笔误，小疵不足以妨大雅也。

（四）在人为二八　从圆图方位（空间）上看，为东北之卦，时间上则当子、丑、寅、卯之间。人事现象为二八，二八一十六，约为十四、十五、十六岁之时。离二、震四，因卦爻为少阴，当以震为长男为断。女生十六而天癸（月经）至，有女怀春，虽曰"女子二十而嫁"，然已有室人之道焉。《灵枢·天年篇》曰：

> 人生十岁，五脏始定，血气已通，其气在下，故好走。

《素问·上古天真论》曰：

> 女子七岁肾气盛，齿更发长，二七而天癸至，任脉通，太冲脉盛，月事以时下，故有子。三七肾气平均，故真牙生而长极。

《类经》注曰："七为少阳之数。女本阴体而阳数者，阴中有阳也。人之初生，先从肾始，女至七岁，肾气稍盛。肾主骨。齿者，骨之余，故更齿。肾为精血之藏。发者，精血之余，故发长。

"男子属阳，当合阳数；女子属阴，当合阴数。而今女反合七，男反合八，何也？盖天地万物之道，唯阴阳二气而已，阴阳作合，原不相离，所以阳中必有阴，阴中必有阳。儒道谓之'互根'，道家谓之'颠倒'，皆所以发明此理也。如离火属阳，居南，而其中爻则偶（☷），是外阳而内阴也。震（☳）、坎（☵）、艮（☶）是为三男，而阴多于阳；巽（☴）、离（☲）、兑（☱）是为三女，而阳多于阴。《悟真篇》曰：'日居离位反为女，坎配蟾宫却是男。'是皆阴阳'颠倒'之义。故女子外为阴体而内合阳数，男子外为阳体而内合阴数，犹如男子体内有女性荷尔蒙，女子体内有男性荷尔蒙，均为阴阳互根之义。《左传·昭公元年》医和云：'女阳物而晦时。'乃亦以女为阳矣。此皆医家当察也。

"天癸者，天一之气也；任冲者，奇经之二也。任主胎胞，冲为血海。气盛通脉，故月事下而有子。月事者，言女子经水，按月而至，其盈虚消长，应于月象。经以应月者，阴之所生也。

"天癸之义，诸家俱以精血为解，然详玩本篇，谓女子'二七天癸至，月事以时下'，男子'二八天癸至，精气溢焉'。是皆天癸在先，而后精血继之。分明先至后至，各有其义，焉得谓天癸即精血，精血即天癸？本末混淆，殊失之矣。

"《河图》曰：'天一生水，地六成之。'天癸者，天一之水，干名也。干者，支之阳，阳之所以言气；癸者，壬之偶，偶之所以言阴。故天癸言天一之阴气耳。气化为水，因名天癸。此先圣命名之精，而诸贤所未察者。其在人身，是谓元阴，亦曰元气。人之未生，则此气蕴于父母，是为先天之元气；人之既生，则此气化于吾身，是为后天之元气。第气之初生，真阴甚微，及其既盛，精血乃王，故女子必二七，男子必二八，而后天癸至。天癸既至，在女子，则月事以时下；在男，则精气溢焉。盖必阴气足而后精血化耳！阴气阴精，譬之云雨。云者，阴精之气也；雨者，阴气之精也。未有云雾不布而雨雪至者，亦未有云雾不浓而雨雪足者。然则精生于气，而天癸者，其即天一之气乎！可无疑矣！列子曰：'有生者，有生生者；有形者，有形形者。'其斯之谓。"

《本草·妇人月水》李时珍曰："月有盈亏，潮有朝夕。月事一月一行，与之相符，故谓之月信、月水、月经。经者，常也，有常轨也。"

前所言者为女子"二七"而天癸至，此为常数，若印度等热带地区，男女早熟，十一、十二岁亦可为人父母，是就地理环境而言也。中国台湾省亦热带区，加以经济繁荣，民生乐利，男女亦早熟。《素问·上古天真论》曰：

丈夫八岁肾气实，发长齿更。二八肾气盛，天癸至，精气溢焉，阴阳和，故能有子。三八肾气平均、筋骨劲强，故真牙生而长极。

《类经》注曰："八为少阴之数，男本阳体，而得阴数者，阳中有阴也。发长齿更，义同前。男女真阴，皆称天癸，天癸既充，精乃溢泻，阴阳和合，故能生子。子者，统男女而言，男曰男子，女曰女子。"

《家语·本命解》曰："男子八月而生齿，八岁而龀，二八十六而化。女子七月生齿，七岁而龀，二七十四而化。"（又见《大戴礼》）《韩诗外传》曰："男子八岁而龆，十六而精化小通。女子七岁而龀，十四而精化小通。"小通者，谓其能人道也。谓之"小"者，天癸初至，精血仍未强盛也。故《礼》（《周礼·地官·媒氏》）有"男子三十而娶，女子二十而嫁"之议。凡此均可互证《内经》之论。

男八岁至六十四，女七岁至四十九，即《系辞上传》所谓"大衍之数"，按阳主进、阴主退，为天道之常理。盖大衍之数五十五，五十五加九之阳数，则为六十四，乃进之极也；五十五减六之阴数，则为四十九，乃退之极也。故男女之阴阳，至于此而尽矣，亦天地之常数也。

（五）**生男生女说** 张介宾谓："有子之道，必阴阳合而后胎孕成。

故天一生水，而成于地之六。地二生火，而成于天之七。所以万物之生，未有不因阴阳相感而能成其形者，此'一阴一阳之谓道'也。

"至于成男、成女之说，按北齐褚澄曰：'男女之合，二情交畅，阴血先至，阳精后冲，血开裹精。精入为骨，而男形成矣。阳精先入，女血后参，精开裹血，血入为水，而女形成矣。'启玄子曰：'男女有阴阳之质不同，天癸则精血之形亦异。'故自后医家皆宗其说。而近者玄台马氏驳之曰：'男女之精，皆可以天癸称。今《王注》以女子之天癸为血，则男子之天癸亦为血耶？《易》曰："男女构精，万物化生。"故交构之时，各有其精，而行经之时，方有其血，未闻交构之时，可以血言。《广嗣》诸书，皆言精裹血、血裹精者，亦非。'此马氏之说诚是也。又按李东垣曰：'经水断后一二日，血海始净，精胜其血，感者成男。四五日后，血脉已主，精不胜血，感者成女。'朱丹溪曰：'夫乾坤，阴阳之情性也；左右，阴阳之道路也；男女，阴阳之仪象也。阴阳交构，胎孕乃凝。所藏之处，名曰子宫。一系在下，上有两歧，中分为二，形如合钵。一达于左，一达于右。精胜其血，则阳为之主，受气于左子宫而男形成；精不胜血，则阴为之主，受气于右子宫而女形成。'

"若此诸说不同，未必为确论。然以愚见，亦有谓焉。如王氏以精血为天癸，盖以经文言女子之血、男子之精，皆随天癸而至故也。此虽未得其真，而其义犹不相远。至于褚氏之说，则必所不然。盖男女相合，两精和畅，本无血至之事，惟是结胎之后，男以精而肇其元，女以血而成其礼。此以男精女血而谓之称，自是正理。若以交会之际，而言其精裹血、血裹精者，诚然谬矣。此不若丹家以阳精为天壬、阴精为地癸者为妥。其说曰：天壬先至，地癸随至，癸裹壬则成男子；地癸先至，天壬随至，壬裹癸则成女子；壬癸齐至，则成双胎；一迟一速，俱不成胎。天壬、地癸者，乃天地元精、元气也。

虽然，此固一说也，但亦涉于渺茫耳！若东垣之说，则以数日之后，感必成女。第以近验求男者，每用三十时辰、两日半之法（即一日夜以十二时计），而有必不免于女者，有在二十日以外而得男者，此皆与东垣相反矣。若丹溪以左右者，阴阳之道路一句为论，乃指既受之后为言，而亦未明其所以然。且左右者，言阴阳升降之理，岂此两歧之谓，尤属太奇。若必欲得其实理，则乾道成男、坤道成女，阳胜阴者为男，阴胜阳者为女，此为不易之至论。然阴阳盛衰之说固如此，而亦何以见其详？如老阳少阴，强弱判矣；羸阳壮阴，盛衰分矣；壮而不畜，同乎弱矣；老而知养，同于少矣。期候有阴阳，忽之者其气衰；起居有消长，得之者其气盛。两军相对，气可夺于先声，一静自持，机待时而后动。以寡击众，孰谓无方；转弱为强，果由妙用。受与不受，在阖辟，不在浅深，言迟疾者殊谬。男与不男，在盈虚，不在冲裹，道先后者尤差。凡寡欲而得之男女，贵而寿，多欲而得之男女，浊而夭。何莫非乾坤之道乎！知之者，岂惟擅璋、瓦之权，而蓝田久无烟焰者，不外此也；子女生而夭弱者，不外此也。有子女之念者，其留意于是焉。"

（六）在人为四八　从圆图方位言，为东南方之卦，时间上则为卯、辰、巳、午之间。人事现象为四八，四八三十二岁的时候。卦爻为太阳，乾一、兑二，当以乾卦为断。乾为父，男子三十而娶，三十曰壮，壮而有室也。故当有子为人父矣。《灵枢·天年篇》曰：

二十岁，血气始盛，肌肉方长，故好趋。三十岁，五藏大定，肌肉坚固，血脉盛满，故好步。

《素问·上古天真论》曰：

女子四七筋骨坚，发长极，身体盛壮。五七阳明脉衰，面始焦，发始坠。男子四八筋骨隆盛，肌肉满壮。五八肾气衰，发堕齿槁。

《类经》注曰："女子天癸之数，七七而止，年当四七，正及材力之中，故身体盛壮，发长极矣……男子气数至四八，盛之极也。男为阳体，不足于阴，故其衰也，自五八肾始，而发齿其征也。"女子四七二十八，男子四八三十二，均为体力鼎盛之年也。女子三十五，男子四十，体力逐渐开始衰退。

（七）在人为六八　自复之一阳始升，犹如太阳之东升，至乾而极。自姤之一阴始生，犹如太阳之西降，至坤而止。自姤至师，从圆图方位而言，为西南方之卦。时间上则当午、未、申、酉之间。人事方面为六八，六八四十八岁的时候。卦爻为少阳，巽五、坎六，当以巽卦为断。

《素问·上古天真论》曰：女子"六七，三阳脉衰于上，面皆焦，发始白"，男子"六八，阳气衰竭于上，面焦，发鬓颁白"。此言女四十二、男四十八岁，三阳脉皆现于面而衰也。故宜修身守道，以保养其天年。《灵枢·天年篇》曰："四十岁，五藏、六府、十二经脉，皆大盛以平定，腠理始疏，荣华颓落，发颁白，平盛不摇，故好坐。"凡此皆以生理而言也。

（八）在人为八八　从圆图方位言，为西北方之卦，时间上则当酉、戌、亥、子之间。人事现象为八八，八八六十四岁的时候。卦爻为太阴，艮七坤八，当以艮卦为断。艮者，止也。《素问·上古天真论》曰：女子"七七任脉虚，太冲衰少，天癸竭，地道不通，故形坏而无子也"，男子"七八肝气衰，筋不能动，天癸竭，精少，肾藏衰，形体皆极。八八，则齿发去。肾者主水，受五藏六府之精而藏之，故五藏盛乃能写（'写'与'泻'通，原文书'写'，故从之）。今五藏皆衰，筋骨解堕，天癸尽矣。故发白，身体重，行步不正，而无子耳。"又曰：

> 男不过尽八八，女不过尽七七，而天地之精气皆竭矣。帝曰："夫道者，年皆百数，能有子乎？"岐伯曰："夫道者，能却老而全形，身年虽寿，能生子也。"

故男子应于耳顺之年，女子应于知天命之年，即当清心寡欲，守道养身。

《类经》注曰：女子七七"则冲任血少，阴气竭，故经水止绝，而坤道不通也。天癸绝，故形体坏，而不能有子也"，男子七八"肝气衰，肝主筋，肝衰，故筋不能动。肾主骨，肾衰，故形体疲极"。年百而有之道，因"道者，言合道之人也。既能道合天地，则其材力天数自是非常，却老全形，寿而多子，固有出人之表，而不可以常数限者矣。此篇大意，帝以材力天数为问，而岐伯之答，如天癸盛衰者，言材力也，七七、八八者，言天数也。虽材力之强者，若出于限数之外，而其所以出者，又何莫非天禀之数乎？其有积精全神，而能以人力胜天者，惟法则天地而合同于道者，为能及之也"。

《灵枢·天年篇》曰："五十岁，肝始衰，肝叶始薄，胆汁始减，目始不明。六十岁，心气始衰，苦忧悲，血气懈惰，故好卧。七十岁，脾气虚，皮肤枯。八十岁，肺气衰，魄离，故言善误。九十岁，肾气焦，四藏经脉空虚。百岁，五藏皆虚，神气皆去，形骸独居而终矣。"《上古天真论》以七、八言，谓男尽八八，女尽七七。《灵枢·天年篇》则以十言，且寿至百岁，是指人生之全数。盖以人之寿命，长短不齐，有出于先天之禀受，有因后天之人为。唯上智不以人欲害其天年，且能以后天培养其天年，故能寿至百岁，以终其天年也。两篇应合而观之，其理一也。

综前所论，吾人当知伏羲《六十四卦方圆图》，非唯包含宇宙万物，而尤切乎人身。

《易》曰："一阴一阳之谓道。"宇宙如是，自然界如是，人体亦如是。阳生于子，而极于午；阴生于午，而极于子。阴阳循环，生生不息，邵康节《击壤集》曰：

> 冬至子之半，天心无改移；
> 一阳初动处，万物未生时。
> 玄酒味方淡，太音声正希；
> 此言如不信，更请问庖羲。

一阳初动，即天心一阳初动，即子时之半；一阳初动，即复之初九。自此尔后，历颐、屯、益、震、噬嗑、随、无妄、明夷、贲、既济、家人、丰、离、革、同人、临、损、节、中孚、归妹、睽、兑、履、泰、大畜、需、小畜、大壮、大有、夬、乾等三十二卦，为人之前一生。

阳极于午，即阴生于午，亦邵子所谓"乾过巽时观月窟"之意。阳极生阴，乾之上九"亢龙有悔"，生阴为姤也。历经大过、鼎、恒、巽、井、蛊、升、讼、困、未济、解、涣、坎、蒙、师、遁、咸、旅、小过、渐、蹇、艮、谦、否、萃、晋、豫、观、比、剥、坤等三十二卦，为人生之后半生，象征人之衰老。天卦与地卦之对角卦，又无一不两两相对。有对待则有变化，此《易》之所以盈天地，行鬼神，变化莫测之谓神也。

《易》与天地准，人为三才之一，人身为一小宇宙，可以医而不知易乎！

第二节　卦爻与人体

伏羲八卦为先天，文王八卦为后天。所谓先天后天者，先天出于自然之象，后天着重人为之象。故其卦位排列不同，然其原理则一。伏羲卦位为乾上坤下，离左坎右，合《河图》之数；文王卦位为南火北水，东木西金，以《洛书》为则，亦道家《周易参同契》坎离匡廓，乾坤不用，用坎离，以坎离为小父母，阴阳颠倒之意也。

人心为太极

邵康节《皇极经世》云："心为太极。"又云："先天图者，环中也。"

朱子《易学启蒙》曰："太极，虚中之象也。"太极无象，太极不动，则为形而上之道，因其无形象之可言也。太极一动下始有两仪之分，笔者故曰："太极之上加无极，为头上安头，多此一举。"

心非今日西医解剖学所谓血肉之心，而为神而明之之心，是精神、意识、知觉、运动等一切生命活动力之最高统帅。邵康节《皇极经世》卷八下曰：

心藏神……天之神，栖乎日；人之神，发乎目。人之神，寤则栖心，寐则栖肾……神者，人之主，将寐在脾，熟寐在肾；将寤在肝，正寤心。天之大寤在夏，人之神存乎心。

心藏神者，人身之神，心为之主。《素问·灵兰秘典论》曰：

心者，君主之官，神明出焉。故主明则下安，主不明，则十二官危。

《灵枢·邪客篇》曰：

心者，五藏六府之大主也，精神之所舍也。其藏坚固，邪弗能容也。容之则心伤，心伤则神去，神去则死矣。

神由先天之精所生，当胚胎形成之际，生命之神亦同时产生。先天之精为神之基，后天之精为神之养。神充则身强，神衰则身弱，神存则生，神去则死。唯心能藏之。故《素问·宣明五气篇》与《调经论篇》及《难经·三十四难》均曰："心藏神。"《二十五难》又曰："心主与三焦为表里，俱有名而无形。"有名无形亦谓神，故曰"心藏神"。凡表现于外者莫不非神，亦无非心，故谓"心神"是也。

心为君主之官，神明所出而藏神，心又为五脏六腑之大主，精神之所舍。心又为人身血脉之主。《素问·痿论》曰："心主身之血脉。"《五藏生成篇》曰："诸血者，皆原于心。"

复卦《象》曰："复其见天地之心乎！"一阳初复，为天地生生之德，故曰"天地之大德曰生"。是言"生命"，即心也。凡有生命即心，心即生，生即心，心表现于生中，故心无所不在，人心亦然。邵子"心为太极"，是从《易》理推论，笔者从医学观点以实证之，不知今日医家以为然乎？否乎？

爻象与人生

《系辞下传》曰："八卦成列，象在其中矣。因而重之，爻在其中矣。刚柔相推，变在其中矣。系辞焉而命之，动在其中矣。吉凶悔吝者，生乎动者也。"

（一）卦爻的意义　先说爻。何谓爻？《说文》曰："爻，交也。象《易》六头交也。"六头谓六爻。六爻相交，非唯平面六爻相交，而为多面相交。因卦有错、综、互、变，亦为立体多层面之相交。每卦六爻，自初至上，每爻所处空间、时间、职位，均不相同，千变万化，故"交爻"，当为爻之第一义。《系辞上传》曰：

六爻之动，三极之道也。

爻者，言乎变者也。

圣人有以见天下之动，而观其会通，以行其典礼，系辞焉以断其吉凶，是故谓之爻。

六爻之中，初与二为地道，三与四为人道，五与上为天道，谓之"三极之道"。人道居天道与地道之中。天道有日月星辰之运行，春夏秋冬之更迭，风霜雨露之变化。地道有动植矿物之变迁，山崩海啸之威仪，水火既济与未济之难测。人道有圣贤才智平庸愚与不肖，生老病死、悲欢离合之现象。凡此种种，无时无刻不在变动之中。"圣人有以见天下之动"，动则变，变则化，故曰："爻者，言乎变者也。"又曰："道有变动，故曰爻。"（《系辞下传》）故"变爻"，当为爻之第二义。《系辞下传》曰：

爻者，效此者也。

爻也者，效天下之动也。

乾之《大象》曰："天行健，君子以自强不息。"坤之《大象》曰："地势坤，君子以厚德载物。"其他六十二卦之《象传》，莫不先言自然现象，次言人事现象，"君子以"或"上以、大人以、后以"，均为"效"法或引为诫之语。故"效爻"，当为爻之第三义。

整个宇宙为一动体，日往则月来，寒往则暑来，人类在此动体之中，古之圣人仰观俯察，远求近取，有以见天下之动，而观其会通，故作《易》卦，设六爻，以明"交爻""变爻""效爻"之理，均因动而始有"交"，因交而始生"变"，因动始有进化，以"效"天下之动也。

爻象为解释天、地与人，万有之根本，故先释爻义。

（二）六止七变说 宇宙万物，千变万化，但有一铁定不移之规律，笔者从卦爻中发现，亦即"逢六而止，遇七则变"。医学亦然。《医易义》曰：

> 天地之道，以六为节，三才为两，是为六爻。六奇六偶，是为十二。故天有十二月，人有十二藏；天有十二会，人有十二经；天有十二辰，人有十二节。知乎此，则营卫之周旋，经络之表里，象在其中矣。

天地之道，何以"以六为节"？先儒未言，今人不语，愿将个人研究考证所得，以供参考。兹以复卦（䷗）为例，说明如次：

复之卦辞曰："反复其道，七日来复，利有攸往。"《彖》曰："'反复其道，七日来复'，天行也。'利有攸往'，刚长也。复其见天地之心乎！"《象》曰："雷在地中，复。先王以至日闭关，商旅不行，后不省方。"

复自剥（䷖）至坤（䷁）演变而来（其详请参阅拙作《复圣与易复》，刊《孔孟学报》四十二期），所谓"七日来复，天行也"，乃伏羲仰观俯察宇宙万有自然现象所得的结论，故六十四卦之卦爻止于六爻。止于六爻之意，谓万有生灭，均可分为六阶段，至七则变。笔者特名之曰："逢六而止，遇七则变。"举例言之——

以光学光带为例：计有"红、橙、黄、绿、蓝、靛、紫"七色，紫外线为超短波，红外线为超长波，合而言之，仍为六色。

以化学元素周期表为例：氢为基本元素，演为锂、铍、硼、碳、氮、氧，再转为"氢"，亦至七而变。

以电学电子为例：电子绕质子而行，至第七轨道而生变化，故仍以六为度。

以音乐音律为例：我国音符乃"柳、工、车、商、士、合、乙"七种，西方音符为"1、2、3、4、5、6、7"七种，"乙"与"7"均为半音，亦为"逢六而止，遇七则变"。

以周日为例：基督教《旧约》载上帝创造天地，经六日始成，第七日休息，称为礼拜日或安息日，并有"来复会堂"，亦过七而变。

我国古时"沐日"：每至七日必沐浴休息。复卦《象》："先王以至日闭关，商旅不行，后不省方。"倘可作如此解，是则星期日休息制度，在我国行之久矣。中西辉映，不谋而合。东汉改为五日一沐。

1.《史记·郑当时传》（《史记·汲郑列传》）曰："每五日洗沐。"

2.《汉书·孔光传》曰："沐日归休，兄弟妻子燕语，终不朝省政事。"

3.《初学记》曰："汉律，吏五日得一沐浴，言休息以洗沐也。"

4.《汉书·霍光传》："光时休沐出，桀辄入代光决事。"

5.《后汉书·宋均传》："好经书，每休沐日，辄受业博士。"

6.《海录》《琐事》《臣职》《官僚》："《世说》车武子为侍中，每休沐，与东亭诸人期共游集。"

7.《资治通鉴·梁纪》："武帝大同五年，每沐下，车马填门。"注：

"休沐日，自省中出还私宅，为休下。"《南史·江子一传》："当朝沐下之者，宾客辐辏。"自唐以下，则改为旬沐。

8.王勃《滕王阁序》："十旬休假，胜友如云。"

9.《唐书·裴宽传》："会休日登楼，见人于后圃。"

10.《宋史·太祖纪》："旬假为休浴。"

11.《事物异名录》《人事》《告假》："汉官仪，五日一假洗沐，亦曰休沐。"又《字典》"一曰下沐，一曰旬沐"。

12.《正字通》："休沐，言休假也。一曰下沐，一曰旬沐。唐法旬休者，一月三旬，遇旬则休沐，即十日一洗沐也。"

目前每周工作五日，我国汉时已行之矣。虽未休息两日，然已五日一休沐。秦前经传未见记载。唯《诗经·小雅·采绿》："终朝采绿，不盈一匊。予发曲局，薄言归沐。终朝采蓝，不盈一襜。五日为期，六日不詹。"未知是否指此。

以人类年龄与气质变化为例：从年龄言，可分为童年期、少年期、青年期、壮年期、盛年期、老年期六阶段，再向上则近近死亡。从气质言，有劣、愚、庸、智、贤、圣六级，向上则为"圣而不可知之谓神"。人皆可以为尧舜，希贤希圣，乃人类之愿望，自蒙昧之劣、愚、庸，由于教育经验心性之陶冶，而升华为智、贤、圣。

以人生事业与卦爻相配为例：

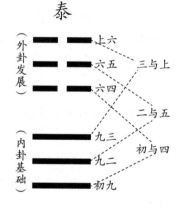

十岁前后为"管教"时期，二十岁前后为"学养"时期，三十岁前后为"历练"时期，四十岁前后为"入世操持"时期，五十岁前后为"事业前途"时期，六十岁前后为"事业成就规模"时期，至七十岁因体力智力衰退，则应休息。由于每卦六爻，各爻之间相互呼应，即内卦三爻与外卦三爻相应。内卦为基础卦，外卦为发展卦，基础不固，发展难望有成，以泰卦为例，相应如图示（见上页）。

从十五岁前后"管教情形"，即可推知其四十五岁前后"入世操持"如何。

从二十五岁前后"学养"情形，即可推知其五十五岁前后"事业前途"如何。

从三十五岁前后社会"历练"情形，即可推知其六十五岁前后"事业成就规模"如何。

此为常理，唯上智与下愚者可能例外，然非普遍通例。孔子曰："吾十有五而志于学，三十而立，四十而不惑，五十而知天命，六十而耳顺，七十而从心所欲，不逾矩。"（《论语·为政》）又曰："后生可畏，焉知来者之不如今也。四十、五十而无闻焉，斯亦不足畏也矣。"（《论语·子罕》）此之谓也。依上举各例之自然现象与人事现象观之，卦分六爻，实为科学原理，"逢六而止，遇七则变"，亦为现象界之通则。故"七日来复"之言，可以上溯为七月、七年、七十年、七百年、七千年、七万年，以至于无穷之"七"，亦可以下延至七时、七分、七秒……如蜉蝣之朝生暮死，如阴阳电子之旋转。所谓其大无外，其小无内，"放之则弥六合，卷之则退藏于密"（《中庸》），"六位时成，时乘六龙以御天"（《易经·乾卦·彖传》），"六爻发挥，旁通情也"（《易经·乾卦·文言》），"六爻之动，三极之道也"（《易经·系辞上传》），"六爻相杂，唯其时物也""六者，非它也，三才之道也"（《易经·系辞下传》），"故《易》六画而成卦，分阴分阳，迭用柔刚，故《易》六位而成章"（《易经·说卦传》），此之谓也。为明其义，兹再绘《六止七变来复图》，简图附后。

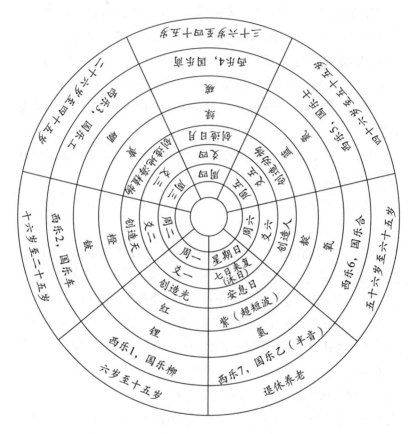

六止七变来复图

非特天时与自然界为"六止七变"，人身之病理亦同其理。《素问·玉机真藏论》曰：

不治，法三月，若六月。若三月，若六日，传五藏而当死。

张氏《类经》注曰："病不早治，必至相传，远则三月、六月，近则三日、六日，五藏（脏）传遍，于法当死。所谓三、六者，盖天地之气，以六为节。如三阴三阳，是为六气；六阴六阳，是为十二月。故五藏相传之数，亦以三、六为尽。若三月而传遍，一气一藏也；六月而传遍，一月一藏也。三日者，昼夜各一藏也；六日者，一日一藏也。藏惟五，而传遍六者：假令病始于肺，一也；肺传肝，二也；肝传脾，三也；脾传肾，四也；肾传心，五也；心复传肺，六也。是谓六传。六传已尽，不可再传。故《五十三难》（《难经》篇名）曰：'一传不再伤，七传者，死也。'又如以三阴三阳言之，六三数，则三者，阴阳之合数；六者，阴阳之拆数也。合者，奇偶交其气；拆者，牝牡异其象也。《观热论》云：'伤寒一日，巨阳受之，二日阳明，三日少阳，四日太阴，五日少阴，六日厥阴。'亦六数也。至若日传二经，病名两感者，则三数也。启玄子曰：'三月者，谓一藏之迁移；六月者，谓至其所胜之位。三日者，三阳之数以合日也；六日者，谓兼三阴以数之尔。'是亦三、六之义也。故有七日而病退得生者，以真元未至大伤，故六传毕，而经尽气复，乃得生也。《易》曰：'七日来复，天行也。'义无二焉。"

所谓三日、三月者，系指三画之原卦而言；六日、六月者，乃指六画之成卦而言也。

由此可知，宇宙万有之生、老、病、死，均不离"逢六而止，遇七则变"之规律。

（三）天人一体观 《易经》每卦每爻，均以天地人三才之道为言，《内经》全书无一非为天人相应之理。以乾、坤二卦六奇六偶言，是为十二爻，乾☰为六奇画，坤☷为六偶画。乾、坤两卦各六画，共十二画。天有十二月，人有十二藏。天有十二月，中外皆同，人皆知之。人有十二藏；藏者，脏也。十二脏，心、肺、肝、胆、膻中、脾、胃、大肠、小肠、肾、三焦、膀胱是也。天人相符也。

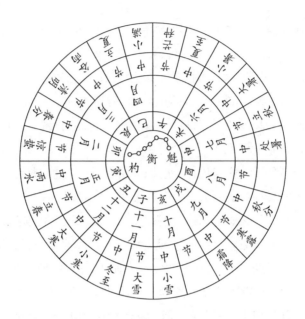

二十四气斗纲图

五日谓之一候，积三候十五日有零，谓之一气。积六气九十日有零为一时。积四时三百六十五日二十五刻为一岁。

天有十二会，人有十二经。 天有十二会，为一日夜有子、丑、寅、卯、辰、巳、午、未、申、酉、戌、亥十二时也。推而言之，则为一年十二月，每月有二气，共二十四气。子十一月，有大雪与冬至。丑十二月，有小寒与大寒。寅正月，有立春与雨水。卯二月，有惊蛰与春分。辰三月，有清明与谷雨。巳四月，有立夏与小满。午五月，有芒种与夏至。未六月，有小暑与大暑。申七月，有立秋与处暑。酉八月，有白露与秋分。戌九月，有寒露与霜降。亥十月，有立冬与小雪。如《二十四气斗纲图》《十二次会中星图》。

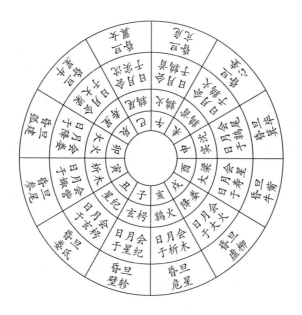

十二次会中星图

人有十二经，据《灵枢·逆顺肥瘦篇》曰："手之三阴，从藏走手；手之三阳，从手走头。足之三阴，从腹走足；足之三阳，从足走头。"此为十二经脉走向规律。《中国医学大辞典》："大经有手足之别，分为十二经，其脉皆互相衔接。起于中焦，注乎太阴、阳明。手阳明，注足阳明、太阴。足太阴，注手少阴、太阴。手太阳，注足太阳、少阴。足少阴，注手厥阴、少阳。手少阳，注足少阳、厥阴。足厥阴，复还注于手太阳。气行一万三千五百息，脉行八百一十丈，一昼夜而运行全身，营卫二气适一周焉。"此段言论，可助理解张氏二图。又《灵枢·经水篇》曰："足太阳，外合于清水，内属于膀胱，而通水道焉。足少阳，外合于海水，内属于胆。足阳明，外合于海水，内属于胃。足太阴，外合于湖水，内属于脾。足少阴，外合于汝水，内属于肾。足厥阴，外合于渑水，内属于肝。手太阳，外合于淮水，内属于小肠，而水道出焉。手少阳，外合于漯水，内属于三焦。手阳明，外合于江水，内属于大肠。手太阴，外合于河水，内属于肺。手少阴，外合于济水，内属于心。手心主（即手厥阴），外合于漳水，内属于心包。凡此五藏六府，十二经水者，外有源泉，而内有所禀，此皆内外相贯，如环无端，人经亦然。"是人十二经脉"非惟与五藏六府相贯，且与地十二经水相应"。其说"外合"虽不无牵强附会，然以中国在春秋战国之世，疆域仅及于此也。从此亦可窥知，我国天人一体思想，在医学上至为重视也。

天有十二辰，人有十二节。十二辰为子、丑、寅、卯、辰、巳、午、未、申、酉、戌、亥等十二地支。《周礼·春官·冯相氏》："掌……十有二辰……以会天位。"疏："谓子、丑、寅、卯之等。"《周礼·秋官·碧蔟氏》："十有二辰之号。"注："辰，谓从子至亥。"《汉书·律历志》："六律、六吕，而十二辰立矣。"《国语·楚语下》："十日十二辰。"注："十二辰，子至亥也。"《淮南子·天文训》："月从左行十二辰。"

《灵枢·邪客篇》曰："辰有十二，人有足十指，茎、垂应之。女子不足二节，以抱人形。"《类经》注曰："十二辰者，子、丑、寅、卯、辰、巳、午、未、申、酉、戌、亥，是谓地支，故应之足指。足指惟十，并茎、垂为十二。茎，宗筋也（生殖器）。垂，睾丸也。女子少此二节，故能以抱人形。抱者，怀胎之义。如西北称伏鸡为'抱'（指西北人之谚语，实则东南谚语亦同）者，是也。"

《灵枢·官针篇》曰："凡刺有十二节，以应十二经。一曰偶刺。偶刺者，以手直心若背，直痛所。一刺前，一刺后，以治心痹……二曰趣刺……刺痛无常处也……三曰恢刺……恢筋急以治筋痹也。四曰齐刺……以治寒气小深者。五曰扬刺……以治寒气之博大者。

六曰直针刺……以治寒气之浅者也。七曰输刺……以治气盛而热者也。八曰短刺……以上下摩骨也。九曰浮刺……以治饥急而寒者也。十曰阴刺……以治寒厥、中寒厥。十一曰傍钊刺……以治留痹久居者也。十二曰赞刺……是谓治痈肿者也。"

　　人有十二经络，阴阳各六。阳经为三焦、膀胱、大肠、胃、小肠、胆，其卦象次第配艮、乾、震、坎、艮、乾。阴经为肝、心、脾、肺、肾、心包，其卦象次第配坤、兑、离、巽、坤、兑。兹附二表于下，以供参考：

十二经络针穴、卦变表

阳经	三焦	艮☶	天井	支沟	阳池	中堵	液门	关冲
	膀胱	乾☰	委中	昆仑	京骨	束骨	通谷	至阴
	大肠	震☳	曲池	阴溪	合谷	三间	二间	商阳
	胃	坎☵	足三里	解溪	冲阳	陷谷	内庭	厉兑
	小肠	艮☶	小海	阳谷	腕骨	后溪	前谷	少泽
	胆	乾☰	阳陵泉	阳辅	丘墟	临泣	侠溪	窍阴
爻　数			上	五	四	三	二	初
阴经	肝	坤☷	曲泉	蠡沟	中封	太冲	行间	大敦
	心	兑☱	少海	灵道	通里	神门	少府	少冲
	脾	离☲	阴陵泉	商丘	公孙	太白	大都	隐白
	肺	巽☴	尺泽	列缺	经渠	太渊	鱼际	少商
	肾	坤☷	阴谷	复溜	大钟	太溪	然谷	涌泉
	心包	兑☱	曲泽	间使	内关	大陵	劳宫	中冲

五俞穴表

三焦经（相火）	膀胱经（壬水）	大肠经（庚金）	胃经（戊土）	小肠经（丙火）	胆经（甲木）	阳经 属性	五俞名称	阴经 属性	肝经（乙木）	心经（丁火）	脾经（癸水）	肺经（辛金）	肾经（癸水）	心包经（相火）
关冲	至阴	商阳	厉兑	少泽	窍阴	庚金	井 所出	乙木	大敦	少冲	隐白	少商	涌泉	中冲
液门	通谷	二间	内庭	前谷	侠溪	壬水	荣 所溜	丁火	行间	少府	大都	鱼际	然谷	劳宫
中渚	束骨	三间	陷谷	后溪	临泣	甲木	俞 所注	己土	太冲	神门	太白	太渊	大溪	大陵
支沟	昆仑	阳溪	解溪	阳谷	阳辅	丙火	经 所行	辛金	中封	灵道	商丘	经渠	复溜	间使
天井	委中	曲池	三里	小海	阳陵泉	戊土	合 所入	癸水	曲泉	少海	阴陵泉	尺泽	阴谷	曲泽
大肠经（上巨虚）、小肠经（下巨虚）、三焦经（委阳）														

　　据前引可知，卦有六奇六偶，是为十二，人有六脏六腑，亦为十二。天有十二会，人有十二经；天有十二辰，人有十二节。以六为节，七日来复，天行也，虽病变亦如是也。天、地、人三才之道，人体为一小天地，固如此也。

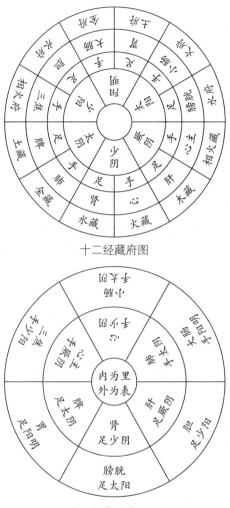

十二经藏府图

十二经藏府表里图

《十二经歌》

太阳小肠足膀胱，阳明大肠足胃当。

少阳三焦足胆配，太阴手肺足脾乡。

少阴心经足为肾，厥阴包络足肝方。

此歌上者为手

（四）"十二次会中星图"说　前举张氏《类经·图翼》"十二次会中星图"，恐非现代青年医师所克习知者，愿再略作说明。

中国医学与天文学、气象学、历法学、地球物理学密不可分。我国古代天文学说，计有盖天说、浑天说、宣夜说三派，《易经》与《内经》均采"盖天说"。

所谓"盖天说"，亦即伏羲仰则观象于天，俯则观法于地。吾人站在地球上面，天体覆盖，地体厚载，对天体运行情形，只能半面、半面观察，白日观察上半面，晚间观察下半面。《素问·六微旨大论》曰："移光定位，正立而待之。"《五运行大论》曰："面南而命其位……面北而命其位。"意即指此。其测量之法，《周礼·冬官考工记·匠人》曰："为识日出之景，昼参诸日之中星，夜考之极星，以正朝夕。"今简称之为"昼参日影，夜考极星"。

"昼参日影"之法有二：一为"土圭测影"，二为"标杆测影"，以测日出、日入两点之交会点，以"始""中""终"求中点。上下午之长短，如是年年月月，日日时时，寒来暑往，历数千百年之经验累积，而得今日仍行于农村之"夏历"（即农历）。本节以言"夜考极星"为主，"昼参日影"之法从缺不论。

"夜考极星"，以"昏""中""旦"定中星。其法以"南中线"对准"昏中星"，再按时推"旦中星"，以"昏""旦"二星出现时位，推算出中星。《尚书·尧典》分命羲和、羲仲、羲叔、和仲、和叔等五位天文学家于东、南、西、北四方，以"画参日影，夜考极星"之法，测量决定春、夏、秋、冬四季之历法。兹节录其原文如次：

乃命羲和，钦若昊天，历象日月星辰，敬授人时。

分命羲仲，宅嵎夷（东方）……日中星鸟，以殷仲春……

申命羲叔，宅南交……日永星火，以正仲夏……

分命和仲，宅西……宵中星虚，以殷仲秋……

申命和叔，宅朔方（北方）……日短星昴，以正仲冬。

最保守估计，自轩辕黄帝命大桡作甲子，即知太阳能发光发热，月亮星辰无热有光，确知星月之光为太阳之折光，应于晚间以测天体另一半。谚谓：

初一谓之朔，十五谓之望。

上弦谓月圆其半，是初八九，

下弦谓月缺其半，是念二、三。

除观察月亮外，中国在先秦前之天文家，早已观察到北极星（North Star or Polaris）、北斗星（Great cllpper）、五星（水星、金星、火星、木星、土星）、十二星次、二十八宿星之运行，所带给地球气象变化之影响。

1. 北极：又名北辰、中宫、天极、天枢、极星。移动至微，以故孔子曰："为政以德，譬如北辰，居其所而众星共之。"（《论语·为政》）孔子不称之为"北极"，而曰"北辰"，慎言其余也。兹将有关典籍记载，摘录于次，以供参考。

《尔雅·释天》："北极，谓之北辰。"注："北极，天之中，以正四时。"

《史记·天官书》："中宫，天官星，其一明著者，太一常居也。"

《晋书·天文志》："北极五星，钩陈六星，皆在紫宫中，北极、北辰，最尊者也。其纽星，天之枢也。天运无穷，三光迭耀，而极星不移。故曰'居其所而众星共之'。"

《管窥辑要》："北极虽名中宫，实居子位对午方。"

《观象玩占》："北极五星，在紫微宫中，一曰天枢，一曰北辰，天之最尊星也。其纽星天之枢也。天运无穷，三光迭耀，而极星不移，故曰'居其所而众星共之'。其第一星主月，太子也。第二星主日，帝王也，亦为太乙之座，为最明而赤者也。第三星主五行，庶子。第四星后宫也。第五星天枢也。"

"盖天派"所见之北极星，即为今之天文学小熊座 T 星，帝星同 B 星，庶子、后宫、天枢等五星一直线并排之星座也。位于地平线上，北方之一角，紫微垣中最明亮之一颗。

2. 北斗：悬于北方，环绕北极星运转。有七星如舀酒之斗，以其在北方聚成斗形，故名。道家书名之为天罡。七星之名，一天枢、二天璇、三天权、四天机，此四星合称"斗魁"；五玉衡、六开阳、七摇光，此三星合称"斗柄"。星形之状，参阅《二十四气斗纲图》中央图形。北斗七星，亦即今日天文学所谓之"大熊座" α、β、γ、δ、ε、ζ、γ。兹将古籍史料摘要如次：

《春秋运斗枢》："北斗有七星，天子有七政也。北斗七星，所谓'璇玑、玉衡，以齐七政。'（注：《尚书·尧典》）第一天枢，第二璇，第三玑，第四权，第五衡，第六开阳，第七摇光。一至四为魁，五至七为杓，合而为斗。居阴布阳，故称北斗。"

《星经》："北斗七星，所谓璇玑、玉衡，以齐七政。"（《史记·天官书》所言与《星经》同，《索隐》所言与《春秋运斗枢》同，从略）

《晋书·天文志》："北斗七星，在太微北，枢为天，璇为地，玑为人，权为时，玉衡为音，开阳为律，摇光为星。"

北斗之斗柄，犹如天体运行之指挥棒，一可用以辨别方位，确切得知极星之所在。二可定时，如以斗建定节气，以斗之转移，以定年、月、日、时。

3. 五星：五星，即五行星，又称为五纬。五行与中医，乃习中医学者之常识。天之五行星如何？则为年轻中医师所鲜闻。木星（Jupiter），在我国天文学有岁星、摄提、重华、经星、纪星等名称。火星（Mars），有荧惑、赤里、执法、罚星等名称。土星（Saturn），有镇星、地侯等名称。金星（Venus），有太白、设星、太正、荧星、明星等名称。水星（Mercury），有辰星、能星、钩星、司农等名称。

《左传·襄公二十八年》"岁在星纪。"疏："岁，岁星也。五星者，五行之精也。历书称：木精曰岁星，火精曰荧惑，土精曰镇星，金精曰太白，水精曰辰星。此五者，皆右行于天，二十八宿为经，五星为纬。"

《穀梁传》序疏："五星者，即东方岁星，南方荧惑，西方太白，北方辰星，中央镇星是也。"

《汉书·律历志》："水合于辰星，火合于荧惑，金合于太白，木合于岁星，土合于镇星。"

《史记·天官书》："天有五星，地有五行。"又云："五星同色，天下偃兵，百姓宁昌。"

《淮南子·天文训》："何谓五星？东方木也，南方火也，中央土也，西方金也，北方水也。"

《说苑·辨物》："所谓五星者，一曰岁星，二曰荧惑，三曰镇星，四曰太白，五曰辰星。"

《群芳谱》："五星，五行之星也。木星曰岁星、曰摄提、曰重华、曰经星、曰纪星，秉东方木德之精，司春，主角、亢、氐、房、心、尾、箕七星。火星曰荧惑、曰赤星、曰执法、曰罚星，秉南方火德之精，司夏，主井、鬼、柳、星、张、翼、轸七星。土星曰镇星、曰地侯，秉中央土德之精，寄旺四季，主东井。金星曰太白、曰殷星、曰太正、曰荧星、曰明星，秉西方金德之精，司秋，主奎、娄、胃、昴、毕、觜、参七星。水星曰辰星、曰能星、曰钩星、曰司农，秉北方水德之精，司冬，主斗、牛、女、虚、危、室、壁七星。

由《群芳谱》之言，可知五行星与二十八宿星互为经纬。五星东出西没，方向右旋，依木、火、土、金、水次序，按季节出现北极天空。因其轨道近太阳，古人用以纪日。一岁之中，每星各占七十二天，五星合计，则为周天三百六十度之日数。土、木、火三星轨道大，故在外；金、水二星轨道小，而在内。

4. **十二次会**：十二次，为十二星次之简称，即十二星所居之躔舍也。十二次会者，谓日月交会于十二次也。

《尚书·尧典》"历象日月辰"《释文》（陆德明《经典释文》，下同）："日月所会，谓日月交会于十二次也。寅曰析木，卯曰大火，辰曰寿星，巳曰鹑尾，午曰鹑火，未曰鹑首，申曰实沈（实沉），酉曰大梁，戌曰降娄，亥曰娵訾，子曰玄枵，丑曰星纪。

《事物纪原·天地生植部·星次》："《帝王世纪》曰：'黄帝受命，乃推分星次，以定律度。'刘昭补《汉志》亦曰：'黄帝定星次，即今《尔雅》所记十二次，与二十八宿之度，皆自黄帝创之也。'"

我国十二星次，约与古代西方天文学家分"黄道十二宫"（Sigs of the Zodiac）相似。为便于阅览，兹将我国十二辟卦、十二星次、十二地支、二十八宿、二十四节气，与西方黄道十二星座列表对照于下：

中西十二星次节气对照表

卦	中国				西方	二十四节气	阳历时间（约数）
	月	列宿	地支	星名	星名		
复䷗	十一月	虚、女、牛	子宫	玄枵	摩羯座	大雪经冬至至小寒	12月7日至1月6日
临䷒	十二月	斗、箕	丑宫	星纪	宝瓶座	小寒经大寒至立春	1月6日至2月4日
泰䷊	元月	尾、心、房	寅宫	析木	双鱼座	立春经雨水至惊蛰	2月4日至3月6日
大壮䷡	二月	氐、亢	卯宫	大火	牡羊座	惊蛰经春分至清明	3月6日至4月5日
夬䷪	三月	角、轸	辰宫	寿星	金牛座	清明经谷雨至立夏	4月5日至5月6日
乾䷀	四月	翼、张	巳宫	鹑尾	双子座	立夏经小满至芒种	5月6日至6月6日
姤䷫	五月	星、柳、鬼	午宫	鹑火	巨蟹座	芒种经夏至至小暑	6月6日至7月7日
遁䷠	六月	井	未宫	鹑首	狮子座	小暑经大暑至立秋	7月7日至8月8日
否䷋	七月	参、觜、毕	申宫	实沈	处女座	立秋经处暑至白露	8月8日至9月8日
观䷓	八月	昴、胃、娄	酉宫	大梁	天秤座	白露经秋分至寒露	9月8日至10月8日
剥䷖	九月	奎、壁	戌宫	降娄	天蝎座	寒露经霜降至立冬	10月8日至11月8日
坤䷁	十月	室、危	亥宫	娵訾	人马座	立冬经小雪至大雪	11月8日至12月8日

（五）二十八宿　如前举《群芳谱》《中西十二星次节气对照表》所言之二十八宿。位于北极星周围之星群，即：

角、亢、氐、房、心、尾、箕——位东方。
斗、牛、女、虚、危、室、壁——位北方。
奎、娄、胃、昴、毕、觜、参——位西方。
井、鬼、柳、星、张、翼、轸——位南方。

《吕氏春秋·圜道》曰："月躔二十八宿。"《淮南子·天文训》曰："星分度，角十二，亢九，氐十五，房五，心五，尾十八，箕十一四分一。斗二十六，牵牛八，须女十二，虚十，危十七，营室十六，东壁九。奎十六，娄十二，胃十四，昴十一，毕十六，觜嶲二，参九。东井三十三，舆鬼四，柳十五，星七，张、翼各八，轸十七，凡二十八宿也。"每星均有其不同度数。东方"角、亢、氐、房、心、尾、箕"七星，为七十五度四分度之一。北方"斗、牛、女、虚、危、室、壁"七星为九十八度。西方"奎、娄、胃、昴、毕、觜、参"七星，为八十度。南方"井、鬼、柳、星、张、翼、轸"七星，为一百十二度。共计三百六十五度四分度之一，与阳历之历法相符。然我国在轩辕黄帝时期，已明此种历法，炎黄子孙当引以为荣，继续发扬祖宗文化遗产，不必崇洋媚外也。

又东方七宿"角、亢、氐、房、心、尾、箕"，联缀如龙，主青色，故曰"苍龙"。北方七宿"斗、牛、女、虚、危、室、壁"，联缀如龟，主黑色，故曰"玄武"。西方七宿"奎、娄、胃、昴、毕、觜、参"，联缀如虎，主白色，故曰"白虎"。南方七宿"井、鬼、柳、星、张、翼、轸"，联缀如鸟，主丹色，故曰"朱雀"。此为我国古代天文学家便于记忆，故命此通俗之名，以普及于民间，亦社会教育之义，望勿以迷信视之。

乾坤与脏腑

乾为阳，坤为阴。腑为阳，脏为阴。乾坤六奇六偶，正配六腑六脏。常人均谓五脏六腑，实则亦为六脏六腑。《难经·三十九难》曰："五藏亦有六藏者，谓肾有两藏，左者为肾，右者为命门。命门者，谓精神之所舍也。男子以藏精，女子以系胞，故言藏有六也。"脏与腑相表里，一阴一阳，相互配合。虽均藏于腹内，然阴阳有别。其与卦象有何关联？《医易义》曰：

以藏象言之，则自初六至上六，为阴为藏：初六次命门，六二次肾，六三次肝，六四次脾，六五次心，上六次肺。初九至上九，为阳为府：初九当膀胱，九二当大肠，九三当小肠，九四当胆，九五当胃，上九当三焦。知乎此，而藏府之阴阳、内景之高下，象在其中矣。

初六至上六，为阴为脏，是以坤卦立言，盖坤之六爻皆阴，故以六爻配六脏。初九至上九，为阳为腑，是以乾卦为喻，因乾之六爻皆阳也。《难经·五十一难》曰："藏者，阴也；府者，阳也。"兹将乾、坤二卦脏腑之象比较图如次：

乾、坤二卦脏腑之象比较

乾爻象	乾腑象
上九 ▆▆▆ 亢龙有悔	上九 三焦 中渎之府
九五 ▆▆▆ 飞龙在天	九五 胃 五谷之府
九四 ▆▆▆ 或跃在渊	九四 胆 中精之府
九三 ▆▆▆ 终日乾乾	九三 小肠 受盛之府
九二 ▆▆▆ 见龙在田	九二 大肠 传道之府
初九 ▆▆▆ 潜龙勿用	初九 膀胱 津液之府

续表

坤爻象	坤脏象
上六 ▄▄ ▄▄ 龙战于野，其道穷	上六 _肺_ 肺藏魄，主氧
六五 ▄▄ ▄▄ 黄裳之吉，文在中	六五 _心_ 心藏神，主血脉
六四 ▄▄ ▄▄ 括囊无咎，慎不害	六四 _脾_ 脾藏意志，主肌肉
六三 ▄▄ ▄▄ 含章可贞，知光大	六三 _肝_ 肝藏魂藏血，主筋
六二 ▄▄ ▄▄ 直以方，地道光	六二 _肾_ 生气之原，十二经之本
初六 ▄▄ ▄▄ 履霜坚冰，阴始凝	初六 命门 诸精神之舍，藏精

张氏所言"内景"何谓也？"内景"有二说：其一为《大戴礼·曾子天圆篇》："天道曰圆，地道曰方。方曰幽，而圆曰明。明者，吐气者也，是故外景；幽者，含气者也，是故内景。故火曰外景，而金水内景……阳之精气曰神，阴之精气曰灵。"注："景，古通以为影字。外景者，阳道施也；内景者，阴道含藏也。"《淮南子·天文训》："水曰内景。"坎为水，坎阳爻在中，故水外暗而内明，是同以水为内景。其二为道家语，《云笈七签》："阳为外景，为外神也；阴为内景，为内神也。"《黄庭内景经注释》："景者，神也。"《尚书·泰誓》："惟人万物之灵。"《书传》曰："灵，神也。"故神即灵也，灵亦神也。儒、道二家是均以神释景也。此言"内景上下"，是指人体内上、中、下六脏六腑紧密相结合，致其中和则健康，偏则疾病生焉，谓其构造生化之神妙也。

人体十六卦

邵康节则从天地相交而生人，得出人体十六卦象。《皇极经世》卷八下曰：

体必交而后生，故阳与刚交而生心肺，阴与柔交而生肝胆；柔与阴交而生肾与膀胱，刚与阳交而生脾胃。心生目，胆生耳，脾生鼻，肾生口，肺生骨，肝生肉，胃生髓，膀胱生血。故乾为心，兑为脾，离为胆，震为肾，坤为血，艮为肉，坎为髓，巽为骨，泰为目，中孚为鼻，既济为耳，颐为口，大过为肺，未济为胃，小过为肝，否为膀胱。

天地有八象，人有十六象，何也？合天地而生人，合父母而生子，故有十六象也。心居肺，胆居肝，何也？言性者，必归于天；言体者，必归于地。地中有天，石中有火，是以心胆象之也。心胆之倒垂，何也？草木者，地之体也，人与草木皆反生，是以倒垂也。

此段文辞颇难解释，兹试绘邵子《人体十六卦象图》如后页。

依邵子之意，天有太少阴阳四象，地有太少刚柔四体。天之四象为日月星辰，地之四体为水火石土，天之四象与地之四体相交，而生人之心、肺、肝、胆、肾、膀胱、脾、胃等八脏腑，再由脏腑生目、耳、鼻、口、骨、肉、髓、血等八体，二八一十六，配以十六卦象，兹列表于下：

交	生
天阳与地刚	心。乾（☰）为心；心生目，泰（䷊）为目。
	肺。大过（䷛）为肺；肺生骨，巽（☴）为骨。
天阴与地柔	肝。小过（䷽）为肝；肝生肉，艮（☶）为肉。
	胆。离（☲）为胆；胆生耳，既济（䷾）为耳。
地柔与天阴	肾。震（☳）为肾；肾生口，颐（䷚）为口。
	膀胱。否（䷋）为膀胱；膀胱生血，坤（☷ ）为血。
地刚与天阳	脾。兑（☱）为脾；脾生鼻，中孚（䷼）为鼻。
	胃。未济䷿为胃；胃生髓，坎䷜为髓。

邵子同卷又曰："天地并行，则藏府配。四藏天也，四府地也。"脏为阴，腑为阳，何曰"四藏天也，四府地也"？天阳行地，阴中

之阳也，地气升天，阳中之阴也，亦兼行相交。质言之，心与肺交，而生目与骨。肝与胆交，而生肉与耳。肾与膀胱交，而生口与血。脾与胃交，而生鼻与髓。请细阅前制两图表，与《内》《难》二经相互参研，或可对病理病变有臂助焉。

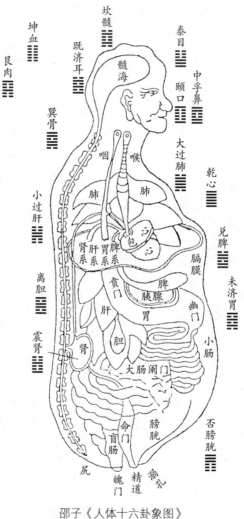

邵子《人体十六卦象图》

卦变与病变

前段邵子所言人体十六卦象，乃从其相生次序言，本段则言卦爻变化，与人体五脏六腑病变关系之密不可分，张氏《医易义》于此，有其独到见解，兹先录其原文，再申以己意，以就教于医学大家。

以疾病言之，则泰为上下之交通，否为上下之隔绝。既济为心肾相谐，未济为阴阳各别。大过、小过，入则阴寒渐深，而出为症痞之象。中孚、颐卦，中如土藏不足，而颐为膒胀之象。剥、复如隔阳脱阳，夬、姤如隔阴脱阴。观是阳衰之渐，遁藏阴长之因。姑象其概，无能赘陈。

又若离火临乾，非头即藏；若逢兑卦，口肺相连。交坎互相利害，入东木火防灾；坤、艮虽然喜暖，大过亦恐枯干。坎为木母，震、巽相便，若逢土位，反克最嫌。金水本为同气，失常燥湿相干。坤、艮居中，怕逢东旺；若当乾、兑，稍见安然。

此虽以卦象而测病情，以坎、离而分水火，惟是坎本属水，而阳居乎中；离本属火，而阴藏乎内。故北方水地，一反存焉；南是火乡，二偏居上。

东方阳木，八在其中；西方阴金，九当其位。可见离阳属火，半为假热难猜；坎水是阴，岂尽真寒易识？

云从龙，风从虎，消长之机；水流湿，火就燥，死生之窍。倘知逆顺堪忧，须识真假颠倒，是以事变之多。譬诸人面，面人人殊，而天下之面皆相殊，古今之面无不殊。人面之殊，即如人心之殊；人心之殊，所以人病亦皆殊。此疾患之生，有不可以数计，今姑举其大纲，而书不尽言，言不尽意，神而明之，存乎人耳！

（一）何谓"泰为上下之交通，否为上下之隔绝" 泰卦（䷊）之卦体为乾下坤上，中爻互兑（☱）、互震（☳）。天气下降，地气上升，为天地交泰之象。否卦（䷋）之卦体反是，为坤下乾上，中爻互艮（☶）、互巽（☴），天地不交，故为闭塞之象，所以名为否卦。

泰卦《彖》曰："泰，小往大来，吉亨。则是天地交而万物通也，上下交而其志同也。内阳而外阴，内健而外顺，内君子而外小人，君子道长，小人道消也。"否卦《彖》曰："否之匪人，不利君子贞。大往小来，则是天地不交而万物不通也，上下不交而天下无邦也。内阴而外阳，内柔而外刚，内小人而外君子，小人道长，君子道消也。"彖者，断也，断定此卦之吉凶祸福也。泰、否二卦《彖传》恰相反。

小大往来，系指宇宙言，泰则天地之气相交，为万物通泰之象。否则天地之气不交流，为万物生机不能畅达。上下之交，系指人事现象，上下以心相交，为志同道合之象。否则上下之情闭塞不通。

从疾病而言，《素问·四时调神论》曰："交通不表，万物命故不施。不施，故名木多死。"王冰注："夫云雾不化，其精微于原泽，是为天气不降，地气不腾。变化之道既亏，生育之源斯泯。故万物之命无禀而生。然其死者，则名木先应，故云名木多死也。"在人身，则肝为木。近年以来，患肝病者独多，读此，亦可以语其治法矣。又《生气通天论》曰："故病久则传化。上下不并，良医弗为。"王冰注："并，谓气交通也。然病之深入，变化相传，上下不通，阴阳否隔，虽良医妙法，亦何以为之。"所以，"升降息，则气立孤危"（《六微旨大论》），循至"阴阳离决，精气乃绝"（《生气通天论》）。可不慎之早乎！凡此均为泰、否二象所言："天地交，泰""天地不交，否"之谓也。

内外阴阳，若以人体健康言之，人身阴阳二气，相守而不相离。

阳气欲上脱而升，则阴气下降不使离去；阴气欲下脱而降，则阳气上吸之不使降违。犹如今日科技，所谓"阴阳二电子""正负二力"之理同。泰则阴阳二气中和平衡，否则阴阳二气不均，有内外脱离之虞，脱则死矣。脱阴，为阳盛之极，而阴血不荣。《难经·二十难》曰："脱阴者目盲。脱阳，为阴盛之极，阳气下守也。"又曰："脱阳者见鬼。"上下俱脱者，此证多由上盛下虚，精华外越所致。平素嗜肥甘、好酒色、体肥、痰盛者多患之，且常颠仆、遗尿、喘息、大汗，宜于未脱之先，寻其罅漏以缄固之，使其阴平阳秘，精神乃治。

谚谓："天无绝人之路。"否虽闭塞隔绝，然否之九五为"休否，大人吉"，上九为"倾否，先否后喜"，均为先凶后吉之象。以疾病言，亦当如是。

（二）何谓"既济为心肾相谐，未济为阴阳各别" 既济（䷾）卦体为离下坎上，中爻互坎（☵）、互离（☲）。济的意义为"过渡"。从事物言，为两两相互相成，例如"宽猛相济""刚柔相济""相济为用"之类。卦体上卦是坎水、下卦是离火；火炎上，水润下，水火相交，可成烹饪之功用，故曰"水火既济"。未济（䷿）卦体为坎下离上，中爻互离（☲）、互坎（☵），离火在上，坎水在下。水性下注，火性向上，水火不交，与既济卦恰好相对相反，故曰"未济"。

既济卦《彖》曰："既济，亨小者，亨也。利贞，刚柔正而当位也。初吉，柔得中也。终止则乱，其道穷也。"未济卦《彖》曰："未济，亨，柔得中也。小狐汔济，未出中也。濡其尾，无攸利，不续终也。虽不当位，刚柔应也。"

既济、未济两卦的卦爻，均为三柔三刚，上下刚柔爻位，又都相互呼应，故未济卦虽曰未济，然其因刚柔相应而又柔得中也。该两卦所不同者，在于刚柔爻位之当否。一、三、五为阳位，阳爻居之为当位；二、四、六为阴位，阴爻居之为当位；反之，阳居阴位，阴居阳位，均为不当位。又下卦与上卦各爻位在相互呼应，即初与四、二与五、三与上的相应。在"同性相斥，异性相吸"的原则下，既济卦三刚三柔均当位而又相应，未济卦三刚三柔均不当位，但能相应，故亦亨，唯初六、六三、上九等三爻，则应戒慎恐惧。

既济何以"为心肾相谐"？《说卦传》曰："坎为水……为加忧，为心病，为耳痛。"既济为水火相济，故为心肾相谐，未济水火各别，虽相应亦当防"心病"与"耳痛"也，《内经》故言"肾窍在耳"。以人身脏器言之，则心、脾、肝、肺皆一，独肾脏有左右两枚，左为肾，右为命门。肾主水，命门主火。若命门火衰，不能蒸发肾水上腾，使人患热中口渴，小水频数，而成消渴之病，故张仲景主以桂附八味丸补命门之火，使肾水得以上腾，而疾可愈也。

（三）何谓"大过、小过，入则阴寒渐深，而出为症瘕之象" 大过（☲）卦体为巽下兑上，中爻互乾（☰）。小过（☳）卦体艮下震上，中爻互巽（☴）、互兑（☱）。"过"与"不及"相对，都不好。"子贡问：'师与商也，孰贤？'子曰：'师也过，商也不及。'曰：'然则师愈与？'子曰：'过犹不及。'"（《论语·先进》）一卦六爻，阴阳各占三位，是为均衡，大过四阳二阴，阳爻多阴爻一倍，且阴又居初与上两极之位，故名大过。小过四阴二阳，阴爻多阳爻一倍，但阳爻居整个卦体三与四之中位，仍有可为，故曰小过。

大过卦《彖》曰："大过，大者，过也。栋桡，本末弱也。刚过而中，巽而说行，利有攸往，乃亨。大过之时大矣哉！"小过卦《彖》曰："小过，小者，过而亨也。过以利贞，与时行也。柔得中，是以小事吉也。刚失位而不中，是以不可大事也。有飞鸟之象焉，飞鸟之遗音。不宜上，宜下，大吉，上逆而下顺也。"大过"栋桡"，若房屋的中梁，比喻中间四阳爻，四根结实屋梁，可是初上两阴爻力弱不支，势必摧折，但扶危救倾，事在人为，仍可撑持补救。小过以"飞鸟之遗音"相比，戒不可好高骛远，能成小事，不能成大事。九三、九四像鸟身，初六、六二、六五、上六像鸟之两翼，鸟向上飞，遗音因风而留于下。好高骛远，非其力之所及，必反掉落，故曰"不宜上，宜下"。

何谓"大过、小过，入则阴寒渐深"？大过卦《象》曰："泽灭木，大过。"大过，巽下兑上，巽为木，兑为泽。治泽本当润木，今兑泽在巽木之上，反淹灭了木，为水势大过之象，故曰"入则阴寒渐深"。小过中爻互巽（☴）、互兑（☱），又为大过（☵）。即以小过本卦而言，小过卦《象》曰："山上有雷，小过。君子以行过乎恭，丧过乎哀，用过乎俭。"过恭、过哀、过俭，均不合乎人情，不合人情谓之"伪"。因其过于恭哀俭，亦为"入则阴寒渐深"。孔子曰"过犹不及"，虽为小过，亦为"过"也。

何谓"出为症痞之象"？"症，肠病。"《中国医学大辞典》曰："积聚之有形可征者，此症由饮食失节，脾胃虚弱，积于腹中，牢固不动，按之应手。"其治法请自行查阅。

总之，阳为大，阴为小，阳过乎阴，故名大过（☵），阴过乎阳，故名小过（☶）。然堪注意者，大过、小过，皆阳爻居中而阴爻在其上下，明其阴寒自外而入，故谓入则阴寒渐深也。以卦象观之，则大过为阴寒初出，小过则入深矣。阴寒入深，所发生的疾病，则为症痞之症。症，腹内结病也。谓五脏内气结而为病也，即腹内之结块病，以其有形状可征，故名曰症。《史记·扁鹊仓公传》："以此视病，尽见不藏症结。"《抱朴子》云："夫症痞不除。""痞"，亦腹中积块病。《正字通》云："痞，症痞。腹中积块，坚曰症，有物曰痞。引《方书》云：'腹中虽硬，忽聚忽散，无有常准，谓之痞。'言病痞而未及症也。《素问》云：'小肠移热于阳为伏痞（**小肠热已入大肠，两热相搏，故血溢而为伏痞也**）。'"他若《巢氏病源论》，症痞症及治疗之法甚多，请自行研究，此则略举其要而已。亦可参阅下篇第四章十五节附"外台秘要八瘕方十二首"。

（四）何谓"中孚、颐卦，中如土藏不足，颐为臌胀之象" 中孚（☲）卦体为兑下巽上，中爻互震（☳）、互艮（☶），孚为"诚信昭著"。《说卦传》曰："巽为木，为风……兑为泽。"风在泽上，六三、六四两中爻，中心为虚爻，一则代表水面空旷，风力无阻。二为象征虚心不妄，邵子"以兑为脾，脾生鼻，中孚为鼻"。中孚土信诚蕴藏于肉，开窍于鼻，张氏谓"中如土藏不足"，此或因不明互卦之义，始有此语。中孚中爻互艮，艮为土石之高大者为阳土，亦为说明其诚信内蕴。且"信"在五行中为"中五土"，故其言似应再加斟酌。

颐（☶）卦体震下艮上。中爻互坤（☷），坤为地，亦为土，土在五行为信。《说文》："颐，领也。"即口腔。初九、上九为唇，中间偶爻排列像牙齿，形如口腔，故名颐，取其饮食宴乐之象。古人称"颐养"即此义。能得颐养，亦信意。然饮食之道，得其正则吉，饮食当节制，过则凶，谚谓"祸从口入"。其中爻又互坤，《说卦传》曰"坤为腹"，若耽于口腹之欲，则过矣！故张氏曰："颐为臌胀之象。"故六二为"征凶"，六三为"贞凶"，戒贪食也。故邵子亦以颐为口。

（五）何谓"剥、复如隔阳脱阳，夬、姤如隔阴脱阴" 剥卦（☶）之体，坤下艮上，中爻互坤（☷）。剥有剥削、耗蚀之义。六爻自初至五皆阴，仅上九一阳，为阴长阳消，乃"脱阳"之象。复（☳）之卦体，为震下坤上，中爻亦互坤（☷）。复作循环、往复、生机解。剥卦一阳跻于极位，前无可往，故剥尽为坤（☷）。复卦《象》曰："反复其道，七日来复，天行也。"所谓"七日来复"者，指剥六爻中间经坤，至第七日，则变为复也。"天行"，指复之初九，谓生机始生也，在岁为冬十一月，一阳初动，生机萌动，然气候仍甚严寒，故为"隔阳"之象。

夬（☱）之卦体，为乾下兑上，中爻互乾（☰）。夬卦《彖》《序卦传》与《杂卦传》均谓："夬者，决也。"故夬为决断或排除义。然夬之六爻，自初至五皆阳，五阳盛长，势必排除上六一阴而为乾，故有"脱阴"之象。姤（☴）之卦体，巽下乾上，中爻互乾（☰）。姤卦《彖》《序卦传》与《杂卦传》均释姤为"遇"，有相逢、遭遇之义，男女相交为姤。乾天在上，巽风在下，凡暴露在天空下之物体，无不与之遭遇者。因姤之六爻自二至上皆阳，姤卦卦辞及《彖传》均曰"勿用取女"，盖阴长阳消、阴盛逼阳也。然张氏则曰有"隔阴"之象。关于脱阴、脱阳病症之病理与治疗，请阅《内经》与有关医药典籍。

（六）何谓"观是阳衰之渐，遁藏阴长之因" 观（☴）之卦体，坤下巽上，中爻互坤（☷），互艮（☶）。观作观瞻、观光或示范解。《说卦传》曰："坤为地……巽为风，艮为门阙。"巽风行于大地之上，有周游历览之象。若"流连忘返"，则不足以为训。中爻互坤、互艮，坤下艮上（☶）则为剥，故曰"观是阳衰之渐"。

遁（☶）之卦体，艮下乾上。中爻互巽（☴）、互乾（☰）。遁作退隐、逃避解。《序卦传》："遁者，退也。"《杂卦传》："遁则退也。"《说卦传》："乾为天，艮为山。"古谓："不登高山，不知天之高也。"登高山，又犹如平地望天一样遥远。且遁二阴在下，为阴长阳消之象。《象》曰："君子以远小人，不恶而严。""不恶"者，不厌恶也。"严"者，严以律己也。故张氏谓："遁藏阴长之因。"

（七）何谓"离火临乾，非头即藏" 本段全文以论"离火"为主。先从乾卦言，《说卦传》曰："乾为首……离为目。"又曰："燥万物者，莫熯乎火……离为火，为日……其于人也，为大腹，为乾卦。"离为后天八卦南方之卦。《灵枢·大惑论》曰："五藏六府之精气，皆上注于目，而为之精。精之窠为眼，骨之精为瞳子，筋之精为黑眼，血之精为络，其窠之精为白眼，肌肉之精为约束。"《癫狂病》："头重痛，视举目，赤甚作极，已而烦心。"《论疾诊尺》："目赤色者，病在心。"《素问·五常政大论》："阳明司天，燥气下临……胁痛目赤。"《六元正纪大论》："少阳司天之政……其病气怫于上，血溢目赤，咳逆头痛血崩。"又曰："目赤心热，善暴死。"又曰："少阴司天之政……民病咳喘，血溢血泄，鼽嚏目赤皆疡。"《气交变大论》曰："岁金大过……肝木受邪……目赤痛皆疡。"《至真要大论》："少阳之胜……烦心心痛，目赤欲呕。"凡此皆为"离火临乾，非头即藏"之病证也。

（八）何谓"若逢兑卦，口肺相连" 承前段"离火"，次逢兑卦。《说卦传》曰："兑，说（悦）也……兑为口……兑为泽。"又曰："兑，正秋也。"方位在西，属金。肺主气，气窍在鼻，口虽饮食器官，口与鼻亦同为呼吸器官，故曰"口肺相连"。《素问·热论》："伤寒五日，少阴受之，少阴脉贯肾络于肺，系舌本，故口干而渴。"离为火，兑为口为泽（*津液*），丙丁属火，《平人气象论》曰："肺见丙丁死。"庚辛属金，肺也。以故《灵枢·经脉》曰："太阴者，行气温于皮毛者也……毛折者，则毛先死，丙笃丁死，火胜金也。"所以离火若逢兑泽，因口肺相连，则必须降火强肺，金生水，使之水火相济，始为治本之道。

（九）何谓"交坎互相利害，入东木火防灾" 《说卦传》曰："坎者，水也，正北方之卦也。"离心属火，坎肾属水。火盛则水灭，水盛则火灭，此为水火未济，相克之害。火性热，水性凉，故火温则水温，此为水火相互相成，水火既济之利。故曰"交坎互相利害"。

东三木为震，《说卦传》曰："万物出乎震。震，东方也……震为雷。"离为火，震为雷，离火与雷火相遇。肝属木，木又生火，离火、雷火、木火三火相逢，焉有不成灾之理。故曰"入东木火防灾"。

（十）何谓"坤、艮虽然喜暖，太过亦恐枯干" 干，干燥也。《说卦传》曰："坤也者，地也，万物皆致养焉，故曰致役乎坤……艮，东北之卦也，万物之所成终而所成始也，故曰成言乎艮。"坤为地，艮为山，二者均为土。土平衡而王于四季，盖以土能养火、蓄火故也。若"汤有七年之旱灾"，离日高照不雨，赤地千里，万物不生，故曰"太过亦恐枯干"。

（十一）何谓"坎为木母，震、巽相便，若逢土位，反克最嫌" 本段全文以"坎水"为主。坎为水，水生木，故曰"坎为木母"。《说卦传》曰："万物出乎震。震，东方也。齐乎巽。巽，东南也。齐也者，言万物之洁齐也。"又曰："震为雷……巽为木。"故知震为春，巽为春夏之交，坎水滋润大地，草木畅茂，故曰"震、巽相便"。土居中央，土固养木，然木又克土，土固木母，然土又克水，故曰"反克最嫌"。

（十二）何谓"金、水本为同气，失常燥湿相干" 承"坎水"前文，西方属金，为兑卦。金生水，与北方坎水为同气，若金不生水，则坎水不济，则干燥；如金生水，坎水泛滥，则成灾，均为"失常"，故曰"失常燥湿相干"。

（十三）何谓"坤、艮居中，怕逢东旺；若当乾、兑，稍见安然" 本段以"坤地"为言。坤地艮山同为土；东三木，木盛则克土，故曰"怕逢东旺"。《说卦传》曰："乾为玉、为金。"兑为泽为金，土生金。同时乾健坤顺，兑泽润土，故曰"若当乾、兑，稍见安然"。

（十四）何谓"坎本属水，阳居乎中；离本属火，阴藏乎内" 从三画之八卦言，仅乾为三阳爻，坤为三阴爻，其余之卦均阴阳互见。乾坤相交，始有其他六卦，故称乾坤为父母卦。从六画之六十四卦言，亦仅乾为六阳爻，坤为六阴爻，其余六十二卦亦每卦阴阳互见。《系辞上传》曰："乾坤，其《易》之缊邪！乾坤成列，而易立乎其中矣。乾坤毁，则无以见易；易不可见，则乾坤或几乎息矣。"

坎虽属水，然为中男；离虽属火，然为中女。《系辞下传》曰："阳卦多阴，阴卦多阳。"故坎（☵）二阴一阳，离（☲）则二阳一阴。此与今日科学阴阳二电荷排列组合之不同，产生多种不同之元素，其理相同。

（十五）何谓"北方水地……九当其位" 此为《河图》数，前已言之甚详。《系辞上传》曰："天一、地二、天三、地四、天五、地六、天七、地八、天九、地十。"《河图》曰："天一生水，地六成之。地二生火，天七成之。天三生木，地八成之。地四生金，天九成之。天五生土，地十成之。"天数阳而奇，一、三、五、七、九是也。地数偶而阴，二、四、六、八、十是也。以天数配地数，配五方、五行、四季、天干、地支如下表：

天数	1	3	5	7	9
地数	6	8	10	2	4
天干	甲己	丙辛	戊癸	乙庚	丁壬
地支	子亥	寅卯	辰戌丑未	午巳	申酉
五行	水	木	土	火	金
五方	北	东	中央	南	西
四季	冬	春	四季	春	秋

本表与昔贤所制者不同，请读者继续研究改进。如前表，十天干有阴阳，十二地支亦有阴阳。天干有五行，地支亦有五行。天干应日，地支应月。兹再说明如次：

天干应日： 地支应月：

甲阳乙阴曰木。　　　　子阳亥阴曰水。

丙阳丁阴曰火。　　　　午阳巳阴曰火。

戊阳己阴曰土。　　　　寅阳卯阴曰木。

庚阳辛阴曰金。　　　　申阳酉阴曰金。

壬阳癸阴曰水。　　　　辰戌阳丑未阴曰土。

（十六）何谓"离阳属火……岂尽真寒易识" 天有阴有阳，地亦有阴有阳，人体亦有阴有阳，宇宙万物莫不有阴亦有阳。阴与阳不能分离，离则死矣。不论其为正负、离向，其相反相成之二力，其排列组合之多寡，不能认其多为正、为真；寡为负、为假。应从其核心，以断其谁为真，谁为假。在《易》卦中，以中爻为真，以外爻为假。如三画之离卦（☲），则以六二之中爻为真，六画之离卦（䷝），则以上下卦体之中爻六二、六五为真。离本中女为阴，故其阳爻虽多阴爻一倍，然其热半为假热。又如三画之坎卦（☵），则以中爻九二为真，六画之坎卦（䷜），则以上下卦体之中爻九二、九五为真。坎本中男，故其阴爻虽多阳爻一倍，然其寒当非真寒。故"真"与"假"，应从其核心加以论断，医家诊断用药亦然，去其外诱之"假"，还其本然之"真"，使之阴阳和谐协调，则豁然而愈矣！

扫一扫，
进入课程

第四章 "安内攘外"论

天有风霜雨露，月有晦朔圆缺，人有生老病死，故医家之医病也，以"扶正祛邪"为治病之要。范文正公少时尝曰："吾不能为良相，必为良医。"（《广事类赋》）以医可以救人也。《国语·晋语》曰："上医医国，其次救人。"陈立公欲建立"安内攘外中国医学之体系"，老耄主持"中国医药学院"，事必躬亲，培育良医。横渠先生所谓："为天地立心，为生民立命，为往圣继绝学，为万世开太平。"

笔者为医学外行，愿就《易》理与医理，略申阴阳五行、致中和、安内攘外之义，免疫医学亦在其中矣。《素问·上古天真论》曰："恬淡虚无，真气从之；精神内守，病安从来？"《遗编刺法论》："正气内存，邪不可干。"其斯之谓乎！

第一节 陈立公"阴阳五行新义"

由简易谈阴阳

简易、变易、不易三义，一章一节已述之矣。前所言者，乃据

《易》言易，今重之者，为《易》与医理，合而观之，始得其全。明医张介宾曰："阴阳已备于《内经》，而变化莫大乎《周易》。"《系辞上传》曰：

乾道成男，坤道成女。乾知大始，坤作成物。乾以易知，坤以简能。易则易知，简则易从。易知则有亲，易从则有功；有亲则可久，有功则可大；可久则贤人之德，可大则贤人之业。易简而天下之理得矣，天下之理得，而成位乎其中矣。

乾、坤为《易》之门。乾、坤相摩，而生坎、离、震、巽、艮、兑六子；八卦相荡，而有六十四卦。摩为交感而有亲，荡为运化而有功。有亲可久，有功可大，均为贤人之德业，是又化简为繁矣。《系辞上传》又曰：

一阴一阳之谓道，继之者善也，成之者性也。仁者见之谓之仁，智者见之谓之智。百姓日用而不知，故君子之道鲜矣。

《素问·阴阳应众大论》曰："阴阳者，天地之道也。"又曰："血气之男女也；左右者，阴阳之道路也；水火者，阴阳之征兆也；阴阳者，万物之能始也。故曰阴在内，阳之守；阳在外，阴之使也。"一阴一阳，其理简易。何谓"道"？其理则不易。从字面言，道为"道路"。然道路有单行道、双线道、多线道之分，有人遵道而行，有人横行霸道，有人驾车蛇行，有人飙车狂行，有人聋盲不知而行……从哲学言，则为宇宙万有造化之规律，自然界之法则。从体用言，道之体为太极，其用则为阴阳。然又有仁者见仁、智者见智之差异。所以说，真正合乎君子之道，就很少了！岂非由简而繁乎？

造化之道，一阴一阳而已。然阳动而阴静，阳明而阴晦，二者相合则生物，相离则死物。在冲漠无朕之初，为一阴一阳，在有象有形之后，亦一阴一阳也。以故陈立公在其所著《人理学》第二章有言：

凡一切可以命名之事物，皆是相对者。皆可以阴（- -）阳（—）二种符号，以代表之。如天地也，刚柔也，动静也，男女也，老幼也，质能也……皆是两两相对者也。二者虽有相互盈虚、消长之变化，终属相依而存在。所以老子说："有无相生，难易相成，高下相倾……"有其一乃有其二，如一方面完全失去存在，则相对一方面也难单独生存。所以说："孤阴不生，独阳不长。"必一阴一阳，相生相长，斯能成化育万物之功，而万物才有生命可言，二者之间才有"道"。故《易经·系辞传》云："一阴一阳之谓道，继之者善也，成之者性也。"此是宇宙间两两相对，相生相长，时时求得静而时中，动而和谐，庶几符合化成万物之至理。

"凡一切可以命名之事物，皆是相对者。"一语道破宇宙万有均不能离一阴一阳之道。以现代科技名词言之，正负也，离向也，质能也，冷热也……难以枚举。凡事必有两，两中有两，两两之中仍有两。中国医学理论基础，即以阴阳为总纲，分而为少阴与少阳相对、太阴与太阳相对、厥阴与阳明相对。从人体言，外为阳而内为阴，上半身为阳而下半身为阴，背为阳而腹为阴，六腑为阳而六脏为阴，督脉为阳而任脉为阴，十二经络之中阳经中有阴，阴经之中又有阳（请查阅第二章五节《十二经络针穴卦变表》《五俞穴表》）。表里相应，阴阳相配，阴中有阳，阳中有阴，阴能生阳，阳亦能生阴，在在说明"孤阴不生，独阳不长"之理。

从西医言，彼等于近世亦知男性体内有女性荷尔蒙，女性体内有男性荷尔蒙，进而实行变性手术，变男人为女人，变女人为男人，皆有成例可循。

一阴一阳之道，流行于宇宙之间，唯人能继其善而成其性。百姓日用而不知者，乃谓先天流行之道也。仁者，智者，又各有所见；见既有偏全之别，彼一是非，此亦一是非，是非之事，从此扰攘纷争而无穷矣。《系辞上传》又曰：

广大配天地，变通配四时，阴阳之义配日月，易简之义配至德。子曰："《易》其至矣乎！夫《易》，圣人所以崇德而广业也。知崇礼卑，崇效天，卑法地。天地设位，而易行乎其中矣。成性存存，道义之门。"

天为阳，地为阴；春夏为阳，秋冬为阴；日为阳，月为阴。确然示人简矣，然阴阳有自然之变，故卦画亦为合于自然之体，此《易》之为书，所以为中国文化之祖，为宇宙自然之法则也。伏羲画卦，致其广大，文王、周公、孔子三圣尽其精微。卦不画，则阴阳变化之理不可得而见；卦不释，则吉凶悔吝、盈虚消长之义不可得闻也。此为圣人崇德广业之事功，非常人之所可及也。《说卦传》曰：

昔者圣人之作《易》也，将以顺性命之理。是以立天之道，曰阴与阳。立地之道，曰柔与刚。立人之道，曰仁与义。兼三才而两之，故《易》六画而成卦。分阴分阳，迭用刚柔，故《易》六位而成章。

天道为阴阳，地道为柔刚，人道为仁义。柔为阴，刚为阳，仁为阴，义为阳，亦至简易。然六画之卦，初、三、五为阳，二、四、上为阴，刚柔两爻，上下往来于六位之间，六十四卦相互影响，则又变化莫测矣。

从生理天人一理言之，《素问·阴阳应象大论》曰："故清阳为天，浊阴为地；地气上为云，天气下为雨；雨出地气，云出天气。故清阳出上窍，浊阴出下窍；清阳发腠理，浊阴走五藏；清阳实四肢，浊阴归六腑。水为阴，火为阳，阳为气，阴为味。味归形，形归气，气归精，精归化。精食气，形食味。化生精，气生形。味伤形，气伤精。精化为气，气伤于味。阴味出下窍，阳气出上窍。味厚者为阴，薄为阴之阳。气厚者为阳，薄为阳之阴。味厚则泄，薄则通；气薄则发泄，厚则发热。壮火之气衰，少火之气壮。壮火食气，气食少火。壮火散气，少火生气。气味，辛甘发散为阳，酸苦涌泄为阴。"

至希学者详研此节，参阅王冰、马莳、张介宾、张志聪诸家注释。总而言之，天地有清阳、浊阴，人亦有之。清阳、浊阴于人体之走向，气与味之厚薄，辛甘酸苦之阴阳，精气形生化之道，无一非阴阳之理也。若能明其理，握其机，则阴阳不测变化之道，亦在其中矣。

由变易谈阴阳

简易之义，乃引导研《易》者由浅入深，为大于微，图难于易，登高自卑，涉远自迩，步步踏实，切忌好高骛远，囫囵吞枣，一知半解。庄子曰："《易》以道阴阳。"变易之义，诚难言也。兹举《易》例数则，以申其义。《系辞上传》曰：

《易》与天地准，故弥纶天地之道。仰以观于天文，俯以察于地理，是故知幽明之故。原始反终，故知生死之说。精气为物，游魂为变，是故知鬼神之情状。

因《易》理可以执简御繁，以宇宙自然规律为准则，故能统合天地之道一以贯之。昼夜循环，生死相续，原始反终，生生不已之情状中演进。何以言之？笔者浅见所及，则认阴为精液，阳为气息；阴为形体，阳为神聚。阴精与阳气相合，乃为生命之元。乾卦《彖》曰："大哉乾元，万物资始。"坤卦《彖》曰："至哉坤元，万物资生。"此之谓也。阳神与阴形相合，亦即乾元与坤元合。以生物言，则为父阳与母阴合，始有生命之形体，然皆本于太极之元气。此即所谓"天地纲缊，万物化醇；男女构精，万物化生"，"精气为物"者也。魂为心之神，物为形之质。神无声无臭，有知而无形；阴有象有质，有形而无知。方其生也，形神为一，未易察也，及其死也，神去故也。故阴精中藏神，阳神中又藏精，阴阳之相变而不相离，故曰"游魂为变"。宇宙万有，均在此一形神聚散、生灭中变化莫测。以故《素问·阴阳应象大论》曰："阴阳者，天地之道也。万物之纲纪，变化之父母，生杀之本始，神明之府也。"如能确切掌握此"一本万殊，万殊复归于一本"之原则，任汝千变万化，终必万流归宗。《系辞上传》曰：

是故《易》有太极，是生两仪，两仪生四象，四象生八卦，八卦定吉凶，吉凶生大业。

又曰：

因而重之，爻在其中矣。

所谓重之者，每卦六爻，六十四卦则为三百八十四爻也。《素问·天元纪大论》曰："故物生谓之化，物极之谓变。"《六微旨大论》

亦曰："夫物之生，从于化；物之极，由乎变。变化之相薄，成败之所由也。成败倚伏生乎动，动而不已，则变作矣。"由物生至物极，由物极至物生，由化而变，由变而化，新陈代谢，变化之道，如斯而已矣。

何谓"大业"？"富有之谓大业"（《系辞上传》）。何谓"富有"？宇宙之万有、万象、万数、万理、万声、芸芸众生，谓之富有。《素问·阴阳离合论》曰："阴阳者，数之可十，推之可百；数之可千，推之可万。万之大不可胜数，然其要一也。"生生之理，为《易》之根源，是造化之机。宇宙有不易之理，故理有生生之数，诚得其理，则数之相生者，即理之所不易也。此理为何？陈立公曰：

由太极而两仪，而四象，而八卦，而六十四卦。此乃说明一切事物，在生命过程中，由简而繁，所经各种可能之变化情况，而示阴、阳、时、位四大条件，对于一切事物演进关系，与吾人应变之方针与方法也。（《人理学》第二章）

如是相生不已之万有、万象、万数、万理、万声，即阴阳时位对一切事物演进，由简而繁的变化。《系辞上传》又曰："阴阳不测之谓神。"《素问·天元纪大论》亦有相同记载，然其更进一步指出天地"神"之类别：

夫五运阴阳者，天地之道也，万物之纲纪，变化之父母，生杀之本始，神明之府也，可不通乎。

故物生谓之化，物极谓之变，阴阳不测谓之神，神用无方谓之圣。夫变化之为用也，在天为玄，在人为道，在地为化，化生五味。道生智，玄生神。神在天为风，在地为木；在天为热，在地为火；在天为湿，在地为土；在天为燥，在地为金；在天为寒，在地为水。故在天为气，在地成形，形气相感而生万物矣……

寒、暑、燥、湿、风、火，天之阴阳也，三阴三阳上奉之。木、火、土、金、水，地之阴阳也，生长化收藏。故阳中有阴，阴中有阳。

准此以论，神在天，以风、热、湿、燥、寒为代表。神在地以木、火、土、金、水为代表，是为"五运"。五运化为"六气"，在天为寒、暑（*君火*）、燥、湿、风、火（*相火*）；在地为木、火（*君火*）、土、金、水、火（*相火*）；在人身则为三阴三阳，以天地五运六气上下相感相召、相临相错也。虽曰"阴阳不测"，然仍有轨迹可循，亦即动的均衡，在变易中有不易之理也。

天阳地阴，天阳为神，地阴为形。天阳之神为无形，以风、热、湿、燥、寒五运之变化莫测为代表；地阴之神为有形，以木、火、土、金、水五行之生克变化为代表，率本太虚之"元气"以生。天动地静，天施地生，动者能变，静者能化，动者无不覆，静者无不载。载为潜藏，潜藏为生命之种子，故潜藏亦神也。神无方而易无体，无思无为，寂然不动，感而遂通天下之故，非天下之至神，其孰能与于此！

由不易谈阴阳

《内经》以阴阳为总纲，舍阴阳而不言，则无《内经》。阴阳之义，导源于《易》，以故《庄子·天运篇》曰："《易》以道阴阳。"《说卦传》曰："立天之道，曰阴与阳。"阴阳是由太极之动而生两仪（阴阳），两仪生太少阴阳，太少阴阳生八卦，八卦生六十四卦，为"不易"之理，此其一。

《易经》是动态哲学。动则变，变则化，故"太极"是动体，否则不能生两仪、四象与八卦，以至万有，故曰："生生之谓易。"所以"动则变，变则化"，为"不易"之理，此其二。

从八卦言，《说卦传》曰："天（乾）地（坤）定位，山（艮）泽（兑）通气，雷（震）风（巽）相薄，水（坎）火（离）不相射，八卦相错……雷以动之，风以散之，雨以润之，日以晅之，艮以止之，兑以说之，乾以君之，坤以藏之。"为"不易"之道，此其三。

两仪立，四象具，五行生焉。五行亦为动体，火向上，水趋下，木伸展，金凝聚，土平衡与发展，亦无一非动态者。阴阳两仪，太少阴阳四象，为无形状之气体，甚至《内经》所谓之三阴三阳，亦为无状之状、无象之象，难以捉摸判断；五行之木、金、水、火、土，虽亦为动态多变者，然为有状有象，可以掌握而明其变化之历程。故五行之变化，为"不易"，此其四。

至八卦与六十四卦之变易，任汝千万重变化，万变不离其宗。先归于八卦，再归于四象，后归于两仪，终归于太极，所谓"万殊归于一本"，此其"不易"之道者五。

信能明此五者，则不易之义焉在其中矣。

五行学说考原

笔者常言："《河图》出，阴阳显，四象生，五行具，八卦成，六十四卦亦由是而大备。"盖以伏羲氏则《河图》以仰观俯察，远求近取，以画八卦。八卦与六十四卦之生成，为极其自然之法则，非闭门造车之臆度所可得为也。

（一）五行原于河洛 《系辞上传》曰："天一地二，天三地四，天五地六，天七地八，天九地十。"朱子于此有其不平凡见解，认为："卦虽八，而数须十者；八是阴阳数，十是五行数。一阴一阳便是二，以二乘二便是四，以四乘四便是八。五行本只是五，而有是十者，盖一个便包两个，如木便包甲、乙，火便包丙、丁，土便包戊、己，金便包寅、辛，水便包壬、癸，所以为十。东坡苏氏曰：'水至阴也，必待天一加之而后生者，阴不得阳，则终不得而成也；火至阳也，必待地二加之而后生者，阳不得阴，则无所得而见也。五行皆然，莫不生于阴阳之相加。阳加阴，则为水为木为土；阴加阳，则为火为金；苟不相加，则虽有阴阳之资，而无五行之用。'"盖以阴不能离阳，阳亦不可以无阴，孤阴则不生，独阳则不长。以今日科学语言证之，阴与阳各个分子之多寡，使之排列组合，而得各种不同之物质。君不见今日之同性恋者，非惟不能生育，反易得不治之症 AIDS 乎！亢阴亢阳之故也。

《系辞上传》又曰："天数五，地数五，五位相得而各有合。天数二十有五，地数三十，凡天地之数五十有五，此所以行变化而行鬼神也。"本段接前自天一至地十，乃《河图》《洛书》之数，其详请阅上编第二章中"《河图》《洛书》与八卦部分"。本段所言者，乃指五行生克变化也。兹节录三则如次：

1.《周易集解》 虞翻曰："五位，谓五行之位。甲乾乙坤相得合木，谓天地定位也。丙艮丁兑相得合火，谓山泽通气也。戊坎己离相得合土，水火相逮也。庚震辛巽相得合金，雷风相薄也。天壬地癸相得合水，言阴阳相薄而战于乾。故五位相得而各有合。或以一六合水，二七合火，三八合木，四九合金，五十合土也。"

2.《易本义》 曰："变化谓一变生水，而六化成之；二化生火，而七变成之；三变生木，而八化成之；四化生金，而九变成之；五变生土，而十化成之。"

3.《周易大全》 云峰胡氏曰："一圆而三水生木也，二方而四火克金也。阳之一进而用三，阴之四退而用二，合二与三则为五，此《河图》之生数也。一生水而六成之，三生木而八成之；生数一进而用三，成数八退而用六。二生火七成之，四生金九成之；生数四退而用二，成数则七进而用九。七八、九六各为十五，阴阳进退，互藏其宅。进即为变，退即为化，鬼神屈伸往来，皆进退之妙用也。"

前所学者，乃指五行变化而言也，希与第二章第一节"《河图》与《洛书》"合而观之，当可得其全貌。

（二）五行始于伏羲　众皆谓五行学说，起于殷周之际。彼等主要论点有二：一以殷代甲骨文卜辞中，有东、南、西、北、中五方观念。二以《尚书·范洪》载："初一曰五行……一曰水，二曰火，三曰木，四曰金，五曰土。水曰润下，火曰炎上，木曰曲直，金曰从革，土爰稼穑。润下作咸，炎上作苦，曲宜作酸，从革作辛，稼穑作甘。"此为周武王灭殷纣之后，访问箕子之言，故以为据。不知箕子所言乃溯自唐尧、虞舜，不畀夏禹之父鲧《洪范九畴》，斯亦不考之甚也。旁证资料为《尚书·大禹谟》曰："德惟善政，政在养民，水、火、金、木、土、谷，惟修；正德利用厚生，惟和。"此为虞舜、大禹、伯益君臣三人讨论治国平天下之道，为大禹之言论，彼时虞舜仍未正式让位与禹也。

《史记·历书》曰："黄帝建立五行，起五部。"应劭曰："五行，金木水火土也。"孟康曰："天有四时，分为五行。"刘恕《通监外纪》曰："帝命大挠探五行之情，占斗纲所建，始作甲子。"是则五行之说始于轩辕黄帝。

根据司马贞补《史记·三皇本纪》，及刘恕《外纪》，约以我国历法始于天皇氏（即伏羲氏）。天干地支之数，五行在其中（详后）。伏羲则《河图》仰观俯察，远求近取，以定五行历法；画八卦，以明阴阳变化之道，此说当可确信而无疑。是则五行之说，始于伏羲氏也。笔者故曰："《河图》出，五行具。"其理在此。

（三）五行成为官职　据笔者考证，今举一则以为例。《左传·昭公二十九年》蔡墨答孟献子之问曰：

有五行之官，是谓五官。实列受姓氏，封为上公，祀为贵神，社稷五祀，是尊是奉。木正曰句芒，火正曰祝融，金正曰蓐收，水正曰玄冥，土正曰后土……献子曰："社稷五祀，谁氏之官也？"对曰："少皞氏有四叔，曰重、曰该、曰修、曰熙，实能金、木及水，使重为句芒，该为蓐收，修及熙为玄冥，世不失职，遂济穷桑，此三祀也。颛顼有子曰黎，为祝融；共工氏有子曰句龙，为后土，此二祀也。

由此观之，五行之名，行之久远，且有官爵，受姓氏，立祭祀。五行成为官职，自伏羲至夏、商、周三代均有之，唯名称略异，兹附表如下：

伏羲至殷周五行官名表

时代	伏羲氏	神农氏	黄帝	少昊	颛顼	殷	周
官名	青龙（春官）	大火（春官）	青云（春官）	凤鸟（历正）	木正（春官）	司徒	司徒（地官）
	赤龙（夏官）	鹑火（夏官）	缙云（夏官）	玄鸟（司分）	火正（夏官）	司马	宗伯（春官）
	白龙（秋官）	西火（秋官）	白云（秋官）	伯赵（司至）	金正（秋官）	司空	司马（夏官）
	黑龙（冬官）	北火（冬官）	黑云（冬官）	青鸟（司开）	水正（冬官）	司士	司寇（秋官）
	黄龙（中官）	中火（中官）	黄云（中官）	丹鸟（司闭）	土正（中官）	司寇	司空（冬官）
出典	《汉书·百官公卿表》应劭注	同左	同左	同左	《左传·昭公十七年》服虔注及同左	《礼记·曲礼下》及注	《周礼·春官·小宗伯》注

夏时五行官职记录不全，从缺。然亦从此可知，五行在中国文化之重要性。

（四）五行成为学说 《黄帝内经》以阴阳五行为中心内容，众皆以成于春秋战国时代，笔者疑其为秦太医令集春秋战国医家之创作，否则，邹衍之阴阳五行学说，何以焚之殆尽，而医家言阴阳五行独存？盖医以救人为志业，始皇欲长生不老，故秦制称太医为大夫，官阶五品，斯亦不幸中之大幸也。故欲明先秦前言阴阳五行之变化者，《黄帝内经》已备之矣。

今人病五行学说者，均谓文王、周公、孔子于《周易》未言五行，《论语》《毛诗》《孟子》《老子》等经籍未载。若深入探讨，问题有二：

第一，孔子删《诗》《书》，定《礼》《乐》，赞《周易》。《尚书》之《大禹谟》《甘誓》《洪范》等篇均言之五行，皆孔子之所定者，《礼记·月令/礼运》之五行亦孔子所言者。《左传·襄公二十七年/昭公二十九年》，均两载其事。《周易》虽未言五行，然于五行各别名称，则屡称之。经统计：言金五、木二十有一、水十五、火十九、土一、地一百零三、坤三十有四、艮二十有三。土、地、坤、艮四者，其义一也。五行生克关系，已于卦爻变化中见之矣，何必拘泥"五行"二字？张行成《元包数义》曰："以八归五，气类相从，则乾、兑为金，坤、艮为土，震、巽为木，坎为水，离为火。"即五行之全也。

第二，管仲早于孔子，《管子》有《五行篇》专论。墨翟早于孟子，《墨子》一书曾两言之。一引《夏书》曰："有扈氏威侮五行。"一为《经说下》："五行毋常胜，说在宜。"可见五行生克说，非邹衍所创。《庄子·说剑》："制以五行。"荀子在《非十二子篇》亦讥评子思、孟子曰："按往旧造说，谓之五行，其僻而无类，幽隐而无说，闭约而无解。"并断为子思、孟轲之罪也。《中庸》与《孟子》二书未记五行，此或为秦火之失。荀卿去思、孟不远，信荀子不至妄言诬陷，思、孟确有五行之说也。然荀子所谓"按往旧造说"句，可见五行学说之论极古。荀子讥评其"甚僻""幽隐""闭约"何所指？"无类""无说""无解"又何所云？亦未见其举证以明辩，自不足以说服好学深思者。

《国语》为左丘明所著，与孔子为同一时代之人，孔子且屡称之曰："左丘明耻之，丘亦耻之。"可知其为人也。《国语》称为左氏《春秋外传》，众皆知之。《国语·郑语》曰：

> 夫和实生物，同则不继。以他平他谓之和，故能丰长而物生之。若以同稗同，尽乃弃之。故先王以土与金、木、水、火杂以成百物……声一无所，色一无文，味一无果，物一不讲。

以今语释之，则为"多样的和谐"。多样和谐，为创造万事万物大原则。同一的事物，不能连续不断地永远存在，势必结合多样的事与物，使其平衡和谐，始可使宇宙万有多彩多姿，产生丰富茂盛新生代。相同事物相加，加到不能再相加，则全被废弃。因此古之先王深明其理，知土地之博厚而能容物载物、生物养物，故以"土"为主，结合金、木、水、火等四行以成百物。因为同一声音不好听，同一色彩不成文，同一味道无嗜欲，同一事物无比较之故也。此为笔者之语译，亦足征春秋之世，对五行学说学术化之深刻，对宇宙自然界之协调性与和谐性，并不亚于今日立异自鸣为高之知识分子；同时，亦可证明"土王于四季"，左氏早明先贤之说也。

陈立公五行新义

古人多将"五行"作五种物质讲，不明五行"行"字之义，且对《洪范九畴》五行之说食古不化。陈立公于此有独创见解。谨录其《人理学》第三章中一段如次：

"五行"为生命过程中之五种基本动态：此种不断调整（时中）之"行"动，有时须向上，以"火"有炎上之性作代表；有时须向下，以"水"有润下之性作代表；有时须伸展，以"木"有向四方伸展之性作代表；有时须收敛，以"金"有凝集结晶之性作代表；有时须中和，以"土"有平而不倾之性作代表。称之曰"五行"。"五行"即是宇宙间五种不同之基本行动，此五种动能"相生相长"、"相克相消"、"相制约、相调和"，即是宇宙万物"变动不居"之法则。如图所示：

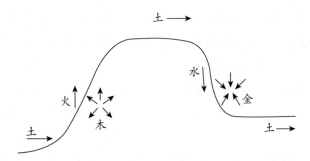

《尚书·洪范》曰："天乃锡禹《洪范九畴》，彝伦攸叙，初一曰五行。"又曰："一曰水，二曰火，三曰木，四曰金，五曰土。水曰润下，火曰炎上，木曰曲直，金曰从革，土爰稼穑。"其中水、木、金、火四性：水润下，木曲直，火炎上，正是从"行"动方面解释；惟金性《书》作"从革"，《正义》曰："可改更者，可铸以为器也。"土则未言性，而以人事"稼穑"言之，不若余言"金土"二性为"收敛"、"中和"为确也。盖宇宙乃无数动体所组成，各动其所动，各变其所变，为了共生共存，非得各自时时调整不可。既需调整，则有时其动向须相生，有时须相克，才能达到中和之目的。以往儒家认为金木水火土代表五物，如孔疏引《书传》曰："水火者，百姓之求饮食也；金木者，百姓之所兴作也；土者，万物之所资生也。是为人用，五行即五材也。"其实如果代表物，何以称为五行？古人命曰常慎重，决不以"行"字代表"物"，数千年之错误，对于吾国文化之影响太大，使一个重视"行"之文化，变成了一个"静"的文化，在他人向前突飞猛进之时，焉能不落伍！

陈立公之创意，重点在一"行"字。行为动的文化，若以五行之"行"为物，则为静态文化。次为"金"与"土"二行重作诠释，由《洪范》"金曰从革"改为"金曰收敛"，"土爰稼穑"改为"土曰平衡"。《洪范》五行中，只限水与火相对，"木曰曲直"与"金曰从革"则不相对待，木伸展与金收敛则相对；土稼穑，既无相对作用，亦无平衡调节作用。陈立公火炎上与水润下，探《洪范》之说；金收敛与木伸展之相对，土平衡其他四行，则为独创见解，合于自然法则。陈立公在《中医之理论基础》中又曰："土代表向前进展。"

坤卦《象》曰："地势坤，君子以厚德载物。"土非唯可以平衡金、木、水、火，而且可以生金、生木、蓄水、蓄火。《礼记·中庸》曰："今夫地，一撮土之多，及其广厚，载华而不重，振河海而不泄，万物载焉。今夫山，一拳石之多，及其广大，草木生之，禽兽居之，宝藏兴焉。今夫水，一勺之多，及其不测，鼋鼍、蛟龙、鱼鳖生焉，货财殖焉。"此之谓也三百"土"有生生之德，向前进展，非止平衡调和其余四行而已也。

阴阳五行干支

《汉书·五行志上》曰："天以一生水，地以二生火，天以三生木，地以四生金，天以五生土，五位皆以五合，而阴阳易位。"善读者，应知"五位皆以五合，而阴阳易位"之语意所指。

（一）阴阳五行之数 《河》《洛》之数，依《系辞上传》载，一、三、五、七、九，为天数、阳数与奇数，二、四、六、八、十为地数、阴数与偶数。一、二、三、四、五为生数，六、七、八、九、十为成数。天一生水，一为阳，水为阴。地二生火，二为阴，火为阳。天三生木，三为阳，木为阴。地四生金，四为阴，金为阳。天五生土，五为阳，土为阴。岂非"阴阳异位"乎？若再以一、二、三、四、五生数，配六、七、八、九、十成数，如下表：

生数	一	二	三	四	五
成数	六	七	八	九	十
天地相偶 阴阳相配	天一生水 地六成之	地二生火 天七成之	天三生木 地八成之	地四生金 天九成之	天五生土 地十成之

错综其数，则五行阴阳互根之妙，可想见矣。其详，请与第二章第一节"《河图》与《洛书》"合而观之。

（二）五行与干支 刘恕《通鉴外纪》曰："天皇氏（伏羲氏），一姓十二人，继盘古氏以治，是曰天灵澹泊，无为俗自化，始制干支之名，以定岁之所在。十干曰阏逢、旃蒙、柔兆、疆圉、著雍、屠维、上章、重光、元黓、昭阳。十二支曰困敦、赤奋若、摄提格、单阏、执徐、大荒落、敦牂、协洽、涒滩、作噩、阉茂、大渊献。"《外纪》所言者，为据《尔雅疏释》之语，《史记·历书》十二地支与其同，十天干则异。兹列表对照于次：

书名 干支	《尔雅·释天》	《史记·历书》
甲	阏逢	焉逢
乙	旃蒙	端蒙
丙	柔兆	游兆
丁	疆圉	疆梧
戊	著雍	徒雍
己	屠维	祝犁
庚	上章	商横
辛	重光	昭阳
壬	元黓	横艾
癸	昭阳	尚章
子	困敦	同左
丑	赤奋若	同左
寅	摄提格	同左
卯	单阏	同左
辰	执徐	同左
巳	大荒落	同左
午	敦牂	同左
未	协洽	同左
申	涒滩	同左
酉	作噩	同左
戌	阉茂	淹茂
亥	大渊献	同左

天干之异名，有音同字异，有前后倒植，不足奇怪。最主要者，天干、地支之名，自古即无确解。五四新文化运动者，谓为巴比伦文字之译者，亦不能举出证据。

《外纪》又曰："帝命大桡探五行之情，占斗纲所建，始作甲子。甲、乙、丙、丁、戊、己、庚、辛、壬、癸，谓之干；子、丑、寅、卯、辰、巳、午、未、申、酉、戌、亥，谓之枝。枝干相配以名日，而定之以纳音。"是为《外纪》持两可之说也。他如《事物纪原》《协纪辨方书》《陔余丛考》等书，均谓"大桡作甲子"。《竹书纪年》谓："轩辕五十年秋七月庚申，天雾三日三夜，昼昏。"以甲子纪年月日时，最低限度亦应起自黄帝，当无疑义。

《尚书·尧典》载羲和、羲仲、羲叔、和仲、和叔等五人，分往东、南、西、北、中五方，继续勘测日月星辰躔度，以授人时。夏末二帝，即以天干纪行辈，孔甲、履癸（即夏桀）。其实汤之九世祖，即以天干为名。《史记·殷本纪》曰："报丁卒，子报乙立。报乙卒，子报丙立。报丙卒，子主壬立。主壬卒，子主癸立。主癸卒，子天乙立，是为成汤。"又曰：成汤之"太子大丁未立卒，于是乃立大丁之弟外丙，三年崩。立外丙之弟中壬，四年崩。伊尹乃立大丁之子太甲，成汤之长孙"。自后商世始有沃丁、太庚等帝名之记载，史不称天乙而曰成汤，非也。自天乙至纣辛，共二十八帝，兹列于次：

天乙、太甲、沃丁、太庚、小甲、雍己、大戊、中丁、外壬、河亶甲、祖乙、祖辛、沃甲、祖丁、南庚、阳甲、盘庚、小辛、小乙、武丁、祖庚、祖甲、廪辛、庚丁、武乙、太丁、帝乙、纣辛等二十八人。

泰卦六五爻辞亦有"帝乙归妹"之记载。由此可证，天干自远古即已采用，且用以为帝之名，黄帝命大桡作甲子之言可信。《外纪》持两可之说溯自伏羲，亦有其理，盖以伏羲仰观俯察，远求近取，制干支以定年月日时，并非不可能。

（三）干支与阴阳　五行有阴阳，干支亦有阴阳；天干有五行，地支亦有五行。天干应日，地支应月，第三章已叙述，兹复列于后：

天干应日：　　　　　地支应月：

甲阳乙阴曰木　　　　子阳亥阴曰水

丙阳丁阴曰火　　　　午阳巳阴曰火

戊阳己阴曰土　　　　寅阳卯阴曰木

庚阳辛阴曰金　　　　申阳酉阴曰金

壬阳癸阴曰水　　　　辰戌阳丑未阴曰土

干支五行与五方、四季及天地之数，又当如何相配？请阅下表：

天数	1	3	5	7	9
地数	6	8	10	2	4
天干	甲己	丙辛	戊癸	乙庚	丁壬
地支	子亥	寅卯	辰戌丑未	午巳	申酉
五行	水	木	土	火	金
五方	北	东	中央	南	西
四季	冬	春	四季	夏	秋

本表与昔贤所制者略有不同，请读者继续研究改进。

天干与地支合，称为"干支"。天干以甲为首，地支以子为首，故又称"甲子"。天干十数，地支十二数，循环相配，可得六十不同之代号。天干循环六次，曰六甲；地支循环五次，曰五子。用以纪年月日时，世称"六十甲子"或"六十花甲"。天干与地支又各有其五行，干支相合，又如何相配？兹将昔贤歌诀录后：

一甲：甲子、乙丑海中金，（上商）

　　　丙寅、丁卯炉中火，（中徵）

　　　戊辰、己巳大林木，（下角）

　　　庚午、辛未路旁土，（上宫）

　　　　　壬申、癸酉剑锋金。（中商）缺水多金

二甲：甲戌、乙亥山头火，（下徵）

　　　　丙子、丁丑涧下水，（上羽）

　　　　戊寅、己卯城头土，（中宫）

　　　　庚辰、辛巳白镴金，（下商）

　　　　壬午、癸未杨柳木。（上角）五行平衡

三甲：甲申、乙酉井泉水，（中羽）

　　　　丙戌、丁亥屋上土，（下宫）

　　　　戊子、己丑霹雳火，（上徵）

　　　　庚寅、辛卯松柏木，（中角）

　　　　壬辰、癸巳长流水。（下羽）缺金多水

四甲：甲午、乙未沙中金，（上商）

　　　　丙辛、丁酉山下火，（中徵）

　　　　戊戌、乙亥平地水，（下角）

　　　　庚子、辛丑壁上土，（上宫）

　　　　壬寅、癸卯金箔金。（中商）缺木多金

五甲：甲辰、乙巳覆灯火，（下徵）

　　　　丙午、丁未天河水，（上羽）

　　　　戊申、己酉大驿土，（中宫）

　　　　庚戌、辛亥钗钏金，（下商）

　　　　壬子、癸丑桑拓木。（上角）五行平衡

六甲：甲寅、乙卯大溪水，（中羽）

　　　　丙辰、丁巳沙中土，（下宫）

　　　　戊午、己未天上火，（上徵）

　　　　庚申、辛酉石榴木，（中角）

　　　　壬戌、癸亥大海水。（下羽）缺金多水

五行、干支配阴阳，从长远言，为六十年一周配花甲，从近处言，干支非唯纪年而已也，仍须纪月、日、时也。以时言之，每时六十分钟，每分六十秒。是则阴阳五行互藏之妙，每时每分每秒，均有阴阳五行排列组合之不同矣。若再配以"五运六气"，岂非"阴阳不测之谓神"乎！笔者故曰："阴阳之义，难言也。"

（四）疑难答客问 笔者曾讲授"《易经》与中医学"，并在博士班与针灸训练中心专题演讲多次，发现基本问题有五：

第一，《河图》"天五生土，地十成之"。列于最后。无土，则天一之水、地二之火、天三之木、地四之金，从何而来？

第二，《素问·常政大论》谓土应"长夏"。《风论篇》谓"季夏"。《灵枢·顺气一日分为四时》谓为"长夏"。《太阴阳明论》则曰："中央戊己属土，以四时长四藏，各以十八日寄治。"今日医家，多以土配长夏或季夏为言，不知何者为是？

第三，土王四季，治中央，各以十八日寄治于四季，则中央反无土矣。

第四，五行学说，为我国古人质朴之学，时至今日，科学已发展登月球，探金星，是否应再赋予新义，以充实其生命活力？

第五，《易经》《论语》《孟子》《老子》等经籍，均未言五行，可见五行之说为后起，先圣未言，不足重视。

上举五难，愿就个人研究所得，简答如次：

第一难：《河图》"天五生土，地十成之"，为后生何故？明儒戴廷槐《学易举隅》曰："有地即有土矣。若土生后，则天三之木、地四之金，将何所附？且水火木金无不赖土，土岂后生者哉！然土之所以五与十者，盖以'五'为全数之中，'十'为成数之极。中者，言土之下偏，而总统乎四方；极者，言物之归宿而包藏乎万有，皆非所以言后也。"其释"中"与"极"，深得太极之义。太极生两仪，两仪即天地也。焉有天地未成，而有水火木金乎？

第二难：《内经·素问》与《灵枢》论"土"，或言主长夏，或言主季夏，或言王四季，今日医家多以长夏或季夏而言。笔者常曰，《内经》非一人一时之手笔，乃春秋、战国、秦、两汉、魏、晋、南北朝、隋、唐等时期多人集体创作。内容不尽相同，且有矛盾之虞。为避免秦火之厄，故假黄帝之名为之，视为先秦《医家论文集》可也。长夏或季夏，均非一季，于理亦不通，应以"中央戊己属土"，王四季，且可得到理论依据。

第三难：土王四季，各以十八日治四季，中央无土问题。以四时长四脏，各得十八日土，则七十二日确已全部分出，脾脏反无土。笔者认为，可能是作者疏忽，《类经》注亦未计及于此。应以土之七十二日，平均分配于东、南、西、北与中央，始为合理。$72 \div 5 = 14.4$，则每方各得十四点四日的土。以十四点四日的土，化而为时，每日以二十四小时计，则 $14.4 \times 24 = 345.6$ 小时，再以此土时分配七十二天，$345.6 \div 72 = 4.8$，是为每日应得之土数。

第四难：赋予五行学说新义问题。今之学者最大错误，是将水、火、木、金、土五者，视为五种物质，而不明古圣先贤命名之精义。五行所称"行"者，乃指其为"动态"而言也。陈立公已于其所著《人理学》中阐明之矣（**请阅本节前引**）。至水、火、木、金、土五者，亦非局限于斯五而已也。质言之：

（水）——凡属液体、潮湿，均为水。

（火）——凡属气体、热能，均为火。

（木）——凡属植物，均为木。

（金）——凡属矿物，均为金，结晶体亦是。

（土）——凡属山石泥沙，均为土。

据此以论五者之物理、生物、化学之成分，其谁敢曰非人生之所必需?

五行非个别物质，可以互相转化，如水为 H_2O，是由氢氧二气转化而成，气又为火之体，水固可灭火，然火大水少，水反可成为助燃体矣。张介宾《五行统论五行互藏》曰:

所谓五者之中有互藏者，如木之有津，木中水也。土之有泉，土中水也。金之有液，金中水也。火之熔物，火中水也。夫水为造化之原，万物之生，其初皆水，而五行之中，一无水之不可也。

火之互藏:木钻之而见，金击之而见，石凿之而见。惟是水中之火，人多不知，而油能生火，酒能生火，雨火生雷，湿多成热，皆是也。且火为阳生之本，虽若无形，而实无往不在，凡属气化之物，非火不足以生，故五行之中，一无火之不可也。

土之互藏:木非土不长，火非土不荣，金非土不生，水非土不畜，万物生成，无不赖土，而五行之中，一无土之不可也。

木之互藏:生于水，植于土，荣于火，成于金，凡发生之气，其化在木。即以人生言，所衣所食，皆木也，得木则生，失木则死，故曰人生寅。寅者阳木之位也。由人而推，则凡动植之类，何非阳气，而又何非木化? 此五行万物之中，一无木之不可也。

金之互藏:产于山石，生诸土也;淘于河沙，隐诸水也。草有汞，木有镮，藏于木也。散可结，柔可刚，化于火也。然金之为用，坚而不毁，故《易》曰"乾为金"。夫乾象正圆，形如瓜卵，柔居于中，刚色乎外。是以天愈高而愈刚，地愈下而愈刚。故始皇起于骊山，深入黄泉三百丈，凿之不入，烧之不毁，使非至刚之气，真金之体，乃能若其健而运行不息乎! 故凡气化之物，不得金气，无以坚强。所以使皮谷在外而为捍卫者，皆得金之气以固其形，此五行万物之气，一无金之不可也。

由此观之，则五行之理，交互无穷。故甲、丙、戊、庚、壬，天之阳干也，而交于地之子、寅、辰、午、申、戌。乙、丁、己、辛、癸，天之阴干也，而交于地之丑、亥、酉、未、巳、卯。天地五行相配，以天之十而交于地之十二，是于五行之中，各具五行，乃成六十花甲。由六十花甲而推于天地万物，其变何也胜言哉！

然而变虽无穷，总不出乎阴阳；阴阳之用，总不离乎水火。所以天地之间，无往而非水火之用。欲以一言而蔽五行之理者，曰乾坤付正性于坎离，坎离为乾坤之用耳。

张氏论五行"互藏"之妙，确迈越前贤多矣。今之医者不察，鲜有扬其说者，故不惮烦为之分段标点，以呼吁后之来者，百尺竿头，更进一步，以既有科学知识，推明其理，再创新，日日新，使吾国五行配天干、地支学说，更加发扬，更具说服力也。

虽然张氏文笔流畅，使人有无懈可击之感。但细观之，亦有瑕疵可以议论者。为使中医脱胎换骨，愿就笔者个人研究心得，提供浅见所及两大疑问，以就教于方家。

其一，难者曰："于干支交配，张氏以天干之阳配地支之阳，天干之阴配地支之阴，非也。在同性相斥、异性相吸之原则下，应以天干之阳甲、丙、戊、庚、壬，交于地支之阴丑、亥、酉、未、巳、卯；天干之阴乙、丁、己、辛、癸，交于地支之阳子、寅、辰、午、申、戌。《易经》之理如是，今日科学之理亦如是。"难者之说亦非也。天干之阳，阳中之阳也；天干之阴，阳中之阴也。地支之阳，阴中之阳也；地支之阴，阴中之阴也。自可相配而无疑义。

其二，于乾、坤、坎、离，张氏以坎、离为乾、坤之用，是受道家《周易参同契》学说之影响，无可厚非以论阴阳，然以之论五行，则应先立其大本。坎为水为月为阴，离为火为日为阳。此坎、离之阴阳由何而来？曰太极。五行之中，何者可代表太极？《易》曰："天地之大德曰生。"又曰："生生之谓易。"坤卦《象》曰："大哉坤元，万物资生。"五行之中水无土不载，火无土不畜，木无土不生，金无土不长，故土在五行之中，能王四季；是力点中点，是平衡调和点，是再创新发展的起点，因其具有生生之德故也。五行之中，故应以"土"代表太极。

张氏以五行作平等观，陈立公强调"土平衡与发展"，笔者亦有同感，故申言之，不知时贤以为然乎否乎？

从五行论形相

历代医家在《四诊法》中，于"望"诊之法至为重视，所谓"望而知之谓之神"（《难经·六十一难》）是也。在望诊法中，首应决定病患于金、木、水、火、土五行中属于何行，何行易患何病。阴阳之中固又分阴阳，五行之中亦又有正形及左右之上下四偏形。《灵枢·阴阳二十五人篇》曰：

木形之人，比于上角，似于苍帝。其为人苍色，小头，长面，大肩，背直，身小，手足好（以上自其体形言）。有才，劳心，少力，多忧劳于事，能春夏，不能秋冬，感而病生（以上自其性而言）。足厥阴，佗佗然。

——大角之人，比于左足少阳；少阳之上遗遗然。

——左角之人，比于右足少阳；少阳之下随随然。

——钛角（即右角）之人，比于右足少阳；少阳之上推推然。

——判角（一曰半角，在大角之下）之人，比于左足少阳；少阳之下栝栝然。

火形之人，比于上徵，似于赤帝。其为人赤色，广朋（脊肉也），锐面，小头，好肩背髀腹，小手足，行安地，疾心，行摇，肩背肉满（以上自其体形言）。有气，轻财，少信，多虑，见事明，好颜，急心，不寿暴死。能春夏，不能秋冬，秋冬感而病生（以上自其性言）。手少阴核核然。

——质徵（即大徵）之人，比于左手太阳，太阳之上肌肌然（以徵形言，而应于左之上，是为大徵之人，属于左手太阳之上也）。

——少徵之人，比于右手太阳；太阳之下慆慆然。

——右徵之人，比于右手太阳；太阳之上鲛鲛然。

——质判之人，比于左手太阳；太阳之下支支颐颐然。

土形之人，比于上宫，似上古黄帝。其为人黄色，圆面，大头，美肩背，大腹，美股胫，小手足，多肉，上下相称，行安地，举足浮，安心（以上自其体形而言）。好利人，不喜权势，善附人也。能秋冬，不能春夏，春夏感而病生（以上自其性而言）。足太阴敦敦然。

——大宫之人，比于左足阳明；阳明之上婉婉然。

——加宫之人，比于左足阳明；阳明之下坎坎然。

——少宫之人，比于右足阳明；阳明之上枢枢然。

——左宫之人，比于右足阳明；阳明之下兀兀然。

金形之人，比于上商，似于白帝。其为人方面，白色，小头，小肩背，小腹，小手足，如骨发踵外，骨轻（以上自其体形言）。身清廉，急心，静悍，善为吏。能秋冬，不能春夏，春夏感而病生（以上自其性而言）。手太阴敦敦然。

——钛商之人，比于左手阳明；阳明之上廉廉然。

——右商之人，比于左手（应为右手）阳明；阳明之下脱脱然。

——大商之人，比于右手（应为左手）阳明；阳明之上监监然。

——少商之人，比于右手阳明；阳明之下严严然。

水形之人，比于上羽，似于黑帝。其为人黑色，面不平，大头，廉颐，小肩，大腹，动手足，发行摇身，下尻长，背延延然（以上自其体形而言也）。不敬畏，善欺绐人，戮死。能秋冬，不能春夏，春夏感而病生（以上自其性而言）。足少阴汗汗然。

——大羽之人，比于右足太阳；太阳之上颊颊然。

——少羽之人，比于左足太阳；太阳之下纤纤然。

——众（常也）之为人，比于右足太阳；太阳之下洁洁然。

——桎（不通）之为人，比于左足太阳；太阳之上安安然。

是故五形之人，二十五变者，众之所以相欺者是也。前举五行配五音、五形，每行又各有五，以五形之人而又分左之上下，右之上下，五五二十五人也。计：

木形之人有大角、左角、钛角、判角。

火形之人有质徵、少徵、右徵、质判。

土形之人有大宫、加宫、少宫、左宫。

金形之人有钛商、右商、大商、少商。

水形之人有大羽、少羽、众人、桎人。

名称既不统一，上下左右错乱，若不细读对照，极易产生差误。总之，凡言木、火、土、金、水"五形之人"者，为得该"形"之正，单言大、小、左、右或其他名词者，则为得说"形"之偏。本篇之下，仍详载手足太少阴阳与阳明、厥阴之盛衰，与身体毛发、皮肉、筋骨、颜色等之荣枯，为"望诊"所不可不知者，读者可自行研阅，不再引录。

由此可见，上述属于木、火、土、金、水五种形态，因其禀赋同中有异，可分别为二十五种类型，多数人难以辨别，易为外表形象所欺蒙，忽视其中气血盛衰的关系。兹分类表解如次：

阴阳二十五人分类表

禀赋特点类型		木形	火形	土形	金形	水形
典型	地区	像东方地区的人们	像南方地区的人们	像中央地区的人们	像西方地区的人们	像北方地区的人们
	肤色	苍色	赤色	黄色	白色	黑色
	体形	小头，长面，大肩，背直，身小，手足好	广䏮，锐面，小头，好肩背髀腹，小手足，行安地，疾心，行摇，肩背肉满	圆面，大头，美肩背，大腹，美股胫，小手足，多肉，上下相称，行安地，举足浮，安心	方面，白色，小头，小肩背，小腹，小手足，如骨发踵外，骨轻	面不平，大头，廉颐，小肩，大腹，动手足，发行摇身，下尻长，背延延然
	禀性	有才，劳心，少力，多忧劳于事	有气，轻财，少信，多虑，见事明，好颜，急心，不寿暴死	好利人，不喜权势，善附人也	身清廉，急心，静悍，善为吏	不敬畏，善欺绐人，戮死
	时令适应	能春夏，不能秋冬，秋冬感而病生	能春夏，不能秋冬，秋冬感而病生	能秋冬，不能春夏，春夏感而病生	能秋冬，不能春夏，春夏感而病生	能秋冬，不能春夏，春夏感而病生
分类	五音	上角，大角，钛角，左角，判角	上徵，质徵，右徵，少徵，质判	上宫，大宫，钛宫，左宫，加宫	上商，钛商，左商，少商，右商	上羽，桎羽，大羽，众羽，少羽
	阴阳属性	足厥阴，左足少阳之上，右足少阳之上，右足少阳之下，左足少阳之下	手少阴，左手太阳之上，右手太阳之上，右手太阳之下，左手太阳之下	足太阴，左足阳明之上，右足阳明之上，右足阳明之下，左足阳明之下	手太阴，左手阳明之上，右手阳明之上，左手阳明之下，右手阳明之下	足少阴，左足太阳之上，右足太阳之上，右足太阳之下，左足太阳之下
	态度	佗佗然，遗遗然，推推然，随随然，栝栝然	核核然，肌肌然，慆慆然，支支颐颐然	敦敦然，婉婉然，枢枢然，兀兀然	敦敦然，廉廉然，监监然，严严然，脱脱然	汗汗然，安安然，频频然，洁洁然，纤纤然

望诊论相，虽以五行为本，然究其源，则应以"一、五官端正；二、眉清目秀；三、精神焕发；四、气宇广大"四者为先决条件。若论五行，依前所言，可总结如次：

一、木形取秀青，瘦直而骨节坚；木不嫌瘦，木宜带水。

二、火形取尖赤，丰锐而明敏发；火不嫌尖，火宜带木。

三、土形取黄厚，敦厚而持重安；土不嫌厚，土宜带火。

四、金形取方白，气严而端中正；金不嫌方，金宜带土。

五、水形取圆黑，智圆而行宽容；水不嫌肥，水宜带金。

他若鼻为土星，统于肺金，故鼻为肺之窍。口为水星，统于脾土，故唇为脾土。耳为金、木二星，统于肾水，故耳为肾之窍。心火动则眼红而精烈。额为火星，统于肾水，病人额赤，心火燥也，水不能制火之故也。额黑者，肾水亏也。歌诀曰：

一、舌出口外面全青，青筋暴露属绝心，医药虽能起沉疴，遇此太迟亦难灵。——心属火。

二、面青目陷无光华，颈缩两手抱头哇，指甲如有灰黑色，是症危险属肝绝。——肝属木。

三、面目虚浮四肢肿，腹部忽有青筋从，病属脾绝医难治，遇此大症无功效。——脾属土。

四、声音如鸦两目直，鱼口鼻干面色白，如此症状为肺绝，延治医药亦无力。——肺属金。

五、面色灰黑耳齿黄，咬牙动风齿发痒，人事不省为险候，肾绝之症非吉祥。——肾属水。

望诊最难能，前举各节只为一例。他若眼耳鼻舌、皮肤毛发、爪甲颜色、行动举止，等等，均为望诊之列。历代医家对此至为重视，故曰："望而知之谓之神。"其斯之谓欤！至手相与健康，手相面相与疾病，请阅下编第四章十四节附录二、三、四等篇。

卦爻纳甲之法

卦爻纳甲法，创始于汉之京房。以月之晦、朔、弦、望为卦体，而以其出没之方位纳之。如初三，日月出没于西方庚位，象如"震仰盂"，故纳庚于震。初八，日月出没于南方丁位，象如"兑上缺"，故纳丁于兑。余者仿此。坎、离二卦，为日月之本位，以配戊、己，居中为土。其法：卦纳天干，爻纳地支。阳支纳阳，阴支纳阴。阳支顺行，子、寅、辰、午、申、戌是也。阴支逆行，未、巳、卯、丑、亥、酉是也。阳顺阴逆，交错为用，以乾、坤为总纲，五行为用，六子分乾之爻，以次推。京氏《易传卷下》曰："分天地乾坤之象，益以甲乙、壬癸、震巽之象配庚辛，坎离之象配戊己，艮兑之象配丙丁。"可明纳甲之说也。

天干有十数，八卦数止八，乾、坤在自然界为乾天坤地，在现象界为乾父坤母，故乾、坤两纳十干之首尾，即乾之内卦纳甲，外卦纳壬；坤之内卦纳己，外卦纳癸，以示天地定位，胞胎万物，化育万物之理。十干之中，甲、丙、戊、庚、壬为阳，除乾纳甲、壬二干外，他则震纳庚、坎纳戊、艮纳丙。乙、丁、己、辛、癸为阴，除坤纳乙、癸二干外，他则巽纳辛、离纳己、兑纳丁。何以甲、丙、戊、庚、壬，纳乾、震、坎、艮；乙、丁、己、辛、癸，纳坤、巽、离、兑，不自上而下纳之？曰："卦爻之生，自下而上也。"

地支十二，乾坤两卦之爻亦十二，可以尽纳。在十二地支中，子、寅、辰、午、申、戌等六支为阳，应纳于乾、震、坎、艮等四卦。丑、卯、巳、未、酉、亥等六支为阴，则纳于坤、巽、离、兑等四卦。

清儒张惠言注《周易·虞氏义消息》曰："五行之位，甲乾乙坤，相得合为木，谓天地定位也。丙艮丁兑，相得合为火，山泽通气也。戊坎己离，相得合为土，水火相逮也。庚震辛巽，相得合为金，风雷相薄也。天壬地癸，相得合为水，言阴阳相薄而战于乾。故五位相得而各有合。"兹将乾、坤生三男三女纳甲子表列如次：

八卦纳干支表

乾（金）	坤（土）	震（木）	巽（木）
上九 — 壬戌土	上六 -- 癸酉金	上六 -- 庚戌土	上九 — 辛卯木
九五 — 壬申金	六五 -- 癸亥水	六五 -- 庚申金	九五 — 辛巳火
九四 — 壬午火	六四 -- 癸丑土	九四 — 庚午火	六四 -- 辛未土
九三 — 甲辰土	六三 -- 乙卯木	六三 -- 庚辰土	九三 — 辛酉金
九二 — 甲寅木	六二 -- 乙巳火	六二 -- 庚寅木	九二 — 辛亥水
初九 — 甲子水	初六 -- 乙未土	初九 — 庚子水	初六 -- 辛丑土

坎（水）	离（火）	艮（土）	兑（金）
上六 -- 戊子水	上九 — 己巳火	上九 — 丙寅木	上六 -- 丁未土
九五 — 戊戌土	六五 -- 己未土	六五 -- 丙子水	九五 — 丁酉金
六四 -- 戊申金	九四 — 己酉金	六四 -- 丙戌土	九四 — 丁亥水
六三 -- 戊午火	九三 — 己亥水	九三 — 丙申金	六三 -- 丁丑土
九二 — 戊辰土	六二 -- 己丑土	六二 -- 丙午火	九二 — 丁卯木
初六 -- 戊寅木	初九 — 己卯木	初六 -- 丙辰土	初九 — 丁巳火

北宋沈括《梦溪笔谈·象数一》曰："《易》有纳甲之法，未知起于何时（盖以京房师焦延寿故也）？予尝考之，可以推见天地胎育之理。乾纳甲壬，坤纳乙癸者，上下包之也。震、巽、坎、离、艮、兑，纳庚、辛、戊、己、丙、丁者，六子生于乾坤之包中，如物之处胎中者。左三刚爻，乾之气也；右三柔爻，坤之气也。乾之初爻，交于坤生震，故震之初爻纳子、午，中爻交于坤生坎，初爻纳寅、申。上爻交于坤生艮，初爻纳戌。坤之初爻，交于乾生巽，故巽之初爻

纳丑、未。中爻交于乾生离，初爻纳卯、酉。上爻交于乾生兑，初爻己、亥。乾坤始于甲乙，则长男长女，乃其次宜纳丙、丁。少男少女居其末，宜纳庚、辛。今乃反此者，卦必自下生，先初爻，次中爻，末乃至上爻，此《易》之叙，然亦胎育之理也。物之处胎中，莫不倒生，自下而生者。卦之叙，而冥合造化、胎育之理，此至理合自然也。"

《易》理以太极为本体，《内经》以阴、阳两仪为总纲，四象成而五行具，八卦出而六十四卦生。《河图》《洛书》与六十四卦，非常人所能知者，故黄帝命大桡作甲子，以纪年、月、日、时，使人易知易行。孔子曰："民可使由之，难以使知之。"（笔者按："不可"二字，应改为"难以"，以免读书不求甚解者，误孔圣为愚民政策也。《论语》为孔子再传弟子之记录，秦火之失，难免传抄之误，况上古教育不普及乎）此之谓也。

自《汉书》首创《五行志》列为专章以还，历代史书莫不踵起效法，散见于其他经、史、子、集之专论，则不知凡几。举例言之，若《管子》之《五行篇》，《子华子》之《北宫意问》，《淮南子》之《天文训》《地形训》《本经训》，董仲舒之《春秋繁露》，京房卦爻纳甲之法，扬雄之《太玄》，大小刘、顾氏论五行，班固《白虎通·五行》，《朱子全书论五行》，《性理会通》诸家五行各论，《御龙子集·肤语》，戴廷槐《五行统论》，《章潢图书编》中之《五行分属》《五行总论》《五行气质》《五行问色》《五行五物》，徐三重《信古余论》之《论五行》，《坤舆图说》之《四元行之序并其形》，等等，均为论五行生克变化作品中之著者。有人谓五行为古代"质朴"之学，此人如能阅及上举诸书之一二，信必三缄其口。

《管子》固为春秋时代之著述，自汉以后历代史书之《五行志》又有几人阅读其一二？质朴者，朴实无文之谓也。为此言者，未明其对《内经》运气学说能知几许？不知五行在宇宙为有形之气体，在地球为有质之功能，故五行亦分阴阳，阴阳不测之谓神，况阴阳五行再配以天干、地支，卦爻纳甲之法，则千变万化，是岂浅薄之徒所可得而语哉！

笔者为医学界外行，既已涉足，在理论事实则求深入，探索"五行"，溯及伏羲，勤求"天干"，远及黄帝。五行成为学说，则自春秋，不惮其烦言之于前，然乎否乎？殷望大家有以教我。

阴阳五行学说，为中国传统医学之根本，"本立而道生"，大本不立，欲求突破今日中西医学之瓶颈，实无异于缘木求鱼，痴人说梦。冀望后之有志于中国传统医学者，于此精益求精，先求继承祖先智慧遗产，再求突破，不可抹杀祖先临床疗效科学经验论证于不顾，而以崇洋媚外是务，是岂中国同胞之幸，亦全球人类之福也。陈立公夫子曰："杀人方法愈少愈好，救人方法愈多愈好。中国医学自成完整之体系，西医不知加以研究而思毁之，其愚孰甚！"据此，兹再节录唐孔颖达论《阴阳五行与〈易〉理》，宋王安石论《阴阳五行与医理》两篇如次，以为今日爱好中国传统医学之一例，当知中国医学智慧宝藏无穷，仍有待于后之来者，继续深入研究开发创造也。

◎ 附录

一 孔颖达论《阴阳五行与〈易〉理》

言五者性异而味别，名为人之用。《书传》云："水火者，百姓之求饮食也；金木者，百姓之所兴作也；土者，万物之所资生也，是为人用。"五行，即五材也。《左传·襄公二十七年》云："天生五材，民并用之。"言五者，各有材干也；谓之行者，若在天，则五气流行，在地世所行用也。

《易·系辞》曰："天一地二，天三地四，天五地六，天七地八，天九地十。"此即是五行生、成之数。天一生水，地二生火，天三生木，地四生金，天五生土，此生数也。如此则阳无匹阴无偶，故地六成水，天七成火，地八成木，天九成金，地十成土，于是阴阳各有匹偶，而物得成焉，故谓之成数也。

《易·系辞》又曰："天数五，地数五,五位相得而各有合，此所以成变化而行鬼神。"谓此也。又数之所起，起于阴阳；阴阳往来，在于日道。十一月冬至日，南极阳来而阴生；冬，水位也，以一阳生为水数。五月夏至日，北极阴进而阳退。夏，火位也，当以一阴生为火数。但阴不名奇，数必以偶，故以六月二阴生为火数也。是故《易说》称"乾贞于十一月子，坤贞于六月未"，而皆左行，由此也。冬至以及于夏至，当为阳来。正月为春，木位也，三阳已生，故三为木数。夏至以及冬至，当为阴进。八月为秋，金位也，四阴已生，故四为金数。三月春之季，四季，土位也，五阳已生，故五为土数。此其生数之由也。

又万物之本，有生于无，著生于微；及其成形，亦以微著为渐，五行先后，亦以微著为次；五行之体，水最微为一，火渐著为二，木形实为三，金体固为四，土质大为五，亦是次之宜。大刘与顾氏，皆以为水、火、木、金得土数而成，故水成数六，火成数七，木成数八，金成数九，土成数十。义亦然也。

《易·文言》云："水流湿，火就燥。"王肃曰："水之性润万物而退下，火之性炎盛而升上。"是"润下""炎上"，言其自然之本性。此亦言其性也："揉曲直"者，为器有须曲直也；"可改更"者，可以销铸以为器也。木可以揉令曲直，金可以从人改更，言其可为人用之意也。由此而观，水则润下，可用以灌溉；火则炎上，可用以炊爨，亦可知也。水既纯阴，故润下趣阴；火是纯阳，故炎上趣阳；木金阴阳相杂，故可曲直，改更也。

郑玄《周礼注》云："种谷曰稼，若嫁女之有所生。"然则"稼"是惜也，言聚畜之可惜也；其为治田之事，分为"种""敛"二名耳。土上所为，故为土性。上文"润下""炎上""曲直""从革"，即是水、火、木、金体有本性，其稼穑以人事为名，非是土之本性；生物是土之本性，其稼穑非土本性也。"爰"亦"曰"也，变"曰"言"爰"，以见此异也。"六府"以"土""谷"为二，由其体异故也。

水性本甘，久浸其地，变而为卤，卤味乃咸。《说文》云："卤，西方咸地。东方谓之斥，西方谓之卤。"《禹贡》云："海滨广斥。"是海浸其旁地，使之咸也。《月令》冬云"其味咸，其臭朽"是也……火性炎上，焚物则焦，焦是苦气。《月令》夏云："其臭焦，其味苦。"苦为焦味，故云"焦气之味"也。臭之曰"气"，在口曰"味"。木生子实，其味多酸，五果之味虽殊，其为酸一也。是木实之性然也。《月令》春云"其味酸，其臭膻"是也。金之在火，别有腥气，非苦非酸，其味近辛，故辛为金之气味。《月令》秋云"其味辛，其臭腥"是也。"甘味生于百谷"，谷是土之所生，故甘为土之味也。《月令》中央云"其味甘，其臭香"是也。（录自《尚书正义·洪范篇》）

二　王安石论《阴阳五行与医理》

"五行，一曰水，二曰火，三曰木，四曰金，五曰土"，何也？五行也者，成变化而行鬼神，往来乎天地之间而不穷者，是故谓之行。

天一生水，其于物为精；精者，一之所生也。地二生火，其于物为神；神者，有精而后从之者也。天三生木，其于物为魂，魂从神者也。地四生金，其于物为魄；魄者，有魂而后从之者也。天五生土，其于物为意。精、神、魂、魄具，而后有意。

自天一至天五，五行之生数也。以奇生者成偶，以偶生者成奇，而成之者皆五；五者，天数之中也。盖中者，所以成物也。道立于两，成于三，变于五，而天地之数具其为十也，偶之而已。

盖五行之为物，其时其位，其材其气，其性其形，其事其情，其色其声，其臭其味，皆各有偶，推而散之，无所不通。一柔一刚，一晦一明，故有正有邪，有美有恶，有丑有好，有凶有吉，性命之理，道德之意，皆在是矣。偶之中又有偶焉，而万物之变，遂至于无穷。其相生也，所以相继也；其相克也，所以相治也。语器也，以相治，故序六府以相克；语时也，以相继，故序盛德所在以相生。

《洪范》语道与命，故其序与语、器，与时者异也。道者，万物莫不由之者也；器者，道之散，时者，命之运。由于道，听于命而不知者，百姓也；由于道，听于命而知之者，君子也。道万物而无所由，命万物而无所听，唯天下之至神，为能与于此。

夫火之于水，妻道也；其于土，母道也。故神从志，无志则从意。志致一之谓精，唯天下之至精，为能合天下之至神。精与神一而不离，则变化之所为在我而已。是故能道万物而无所由，命万物而无所听也。

"水曰润下，火曰炎上，木曰曲直，金曰从革，土爰稼穑"，何也？北方阴极而生寒，寒生水；南方阳极而生热，热生火。故水润而火炎，水下而火上。东方阳动以散而生风，风生木；木者，阳中也，故能变，能变故曲直。西方阴止以收而生燥，燥生金；金者，阴中也，故能化，能化故从革。中央阴阳交而生湿，湿生土；土者，阴阳冲气之所生也，故发之而为稼，敛之而为穑田者，所以命其物。爰者，言于之稼穑而已。

润者，性也；炎者，气也；上下者，位也；曲直者，形也；从革者，材也；稼穑者，人事也。冬，物之性复；复者，性之所，故于水言其性。夏，物气之交；交者，气之时，故于火言其气。阳极上，阴极下，而后各得其位，故于水火言其位。春，物之形者，故于木言其形。秋，物之材成，故于金言其材。中央，人之位也，故于土言人事。

水言润，则火燥、土溽、木敷、金敛，皆可知也。火言炎，则水洌、土烝、木温、金清，皆可知也。水言下，火言上，则木左，金右，土中央，皆可知也。推类而反之，则曰后、曰前、曰西、曰东、曰北、曰南，皆可知也。木言曲直，则土圜、金方、火锐、水平，皆可知也。金言从革，则木变、土化、水因、火革，皆可知也。土言稼穑，则水之井洳，火之爨冶，木、金之为械器，皆可知也。

所谓木变者何？灼之而为火，烂之而为土，此之谓变。所谓土化者何？能燥、能润、能敷、能敛，此之谓化。所谓水因者何？因甘而甘，因苦而苦，因苍而苍，因白而白，此之谓因。所谓火革者何？革生以为熟，革柔以为刚，革刚以为柔，此之谓革。金亦能化，而命之曰从革者？可以圜，可以平，可以锐，可以曲直，然非火革之，则不能自化也，故命之曰从革。夫金，阴精之纯也，是其所以不能自化也。

盖天地之用五行也，水施之，火化之，木生之，金成之，土和之。施生以柔，化成以刚。故木桡而水弱，金坚而火悍，悍坚而济以和，万物之所以成也。奈何终于桡弱，而欲以收成物之功哉！

"润下作咸，炎上作苦，曲直作酸，从革作辛，稼穑作甘"，何也？寒生水，水生咸，故润下作咸；热生火，火生苦，故炎上作苦；风生木，木生酸，故曲直作酸；燥生金，金生辛，故从革作辛；湿生土，土生甘，故稼穑作甘。

生物者，气也；成之者，味也。以奇生则成而偶，以偶生则成而奇。寒之气坚，故其味可用以绥；热之气耎（**音软，物之柔弱者**），故其味可用以坚。风之气散，故其味可用以收；燥之气收，故其味可用以散。土者，冲气之所生也。冲气，则无所不和，故其味可用以绥而已。气坚则壮，故苦可以养气；脉耎则和，故咸可以养脉；骨收则强，故酸可以养骨；筋散则不挛，故辛可以养筋；肉缓则不壅，故甘可以养肉。坚之而后可以奥，收之而后可以散。欲缓则用甘，不欲则弗用也。古之养生治疾者，必先通乎此；不通乎此，而能已人之疾者，盖寡矣。（录自《临川集·洪范传》）

三　五行植矿物表

五　　行		木	火	土	金	水
阳	一阳	杨柳	木火	砂	汞	涧水
	二阳	梅李	石火	石	银	井水
	三阳	松柏	雷火	玉	金	雨水
阴	一阴	竹苇	油火	土	铜	沟渠
	二阴	禾麦	蛊火	壤	铁	陂泽
	三阴	蕈	磷火	泥	铅	湖海

四　五行动物属表

五　　行		木	火	土	金	水
阳	一阳	鲛鲤	鸡	蟾蜍	虎	蟹
	二阳	蛇	雉	蚕	马	鲨
	三阳	龙	凤鹤	人	麟猴	龟
阴	一阴	鲤鲂	鹰隼	蜘蛛	虎	虾
	二阴	小鱼	燕雀	蚓	獭	蚌
	三阴	鳅	蟋蟀	鳗	毛虫	蛎

五　五行用物属表

五　行		木	火	土	金	水
阳	一阳	疏器 门窗	登器 梯棚	腹器 筐筥	方器 斧钺	平器 权衡
	二阳	琴瑟	文书	圭璧	印节	轮磨
	三阳	规	绳	量	矩	隼
阴	一阴	算筹	冠冕	舟车	弓矢	镜奁
	二阴	耒耜	台桌	盘盂	简册	研确
	三阴	网罟	履蹻	棺椁	械校	厕圂

六　五行事类吉表

五　行		木	火	土	金	水
阳	一阳	徽名	燕隼	工役	赐予	交易
	二阳	科名	文书	循常	按察	迁移
	三阳	恩赦	朝觐	盟钓	更革	征行
阴	一阴	婚姻	言语	田宅	军旅	酒食
	二阴	产孕	歌舞	福寿	钱货	田猎
	三阴	财帛	灯烛	坟墓	刑法	祭祀

七　五行事类凶表

五　行		木	火	土	金	水
阳	一阳	觥觥	公讼	反覆	征役	盗贼
	二阳	惊忧	颠狂	欺诈	罢免	囚狱
	三阳	丑恶	口舌	离散	责降	徒流
阴	一阴	压坠	炙灸	贫穷	争斗	淫乱
	二阴	夭折	灾焚	疾病	伤损	咒诅
	三阴	产死	震毁	死亡	杀戮	浸溺

八　五行人体性情表

五　　行		木	火	土	金	水
阳	一阳	喜	乐	欲	怒	哀
	二阳	魂	神	意	魄	精
	三阳	仁	礼	信	义	智
阴	一阴	臭	色	形	味	声
	二阴	肝	心	脾	肺	肾
	三阴	筋	毛	肉	骨	皮

九　五行配干支表

五　　行		木	火	土	金	水
阳	一阳	甲子 乙丑	丙子 丁丑	戊子 己丑	庚子 辛丑	壬子 癸丑
	二阳	甲寅 乙卯	丙寅 丁卯	戊寅 己卯	庚寅 辛卯	壬寅 癸卯
	三阳	甲辰 乙巳	丙辰 丁巳	戊辰 己巳	庚辰 辛巳	壬辰 癸巳
阴	一阴	甲午 乙未	丙午 丁未	戊午 己未	庚午 辛未	壬午 癸未
	二阴	甲申 乙酉	丙申 丁酉	戊申 己酉	庚申 辛酉	壬申 癸酉
	三阴	甲戌 乙亥	丙戌 丁亥	戊戌 己亥	庚戌 辛亥	壬戌 癸亥

第二节　陈立公"致中和说"

首言中和的意义

"中"为我国圣圣相传的道统思想。《论语·尧曰篇》载："尧曰：'咨！尔舜！天之历数在尔躬，允执其中！四海困穷，天禄永终。'"舜亦命禹。唐尧禅让天下予虞舜，告以治国平天下之道，为"允执其中"。舜禅让天下与大禹时，《尚书·大禹谟》曰："人心惟危，道心惟微；惟精惟一，允执厥中。"后儒称之为"十六字心传"。自是尔后，历代新帝登基，莫不以此十六字道统心传，列为誓词，昭告皇天后土、宗庙社稷，以为治国平天下之大经大法。

何谓"中"？说者不一。程子曰："不偏之谓中。"朱子云："中者，不偏不倚，无过与不及之名。"不偏不倚，重空间，笔者名之为"位中"。无过与不及，重时间，笔者称之为"时中"。然均未及"和"义。何谓"中和"，为免芜杂，兹以先秦诸子之言为准，摘要并释其义如次：

《周礼·春官·大司乐》："以乐德教国子：中、和、祗、庸、孝、友。"注："中，犹忠也。和，刚柔遍也。"忠，犹中心或心中也。谓音乐之德有六也。发自心中之乐，则中而且和顺也。《尚书·舜典》曰："诗言志，歌咏言，声依咏，律和声。"乐之所以中和者，以其言志有律也。律属律则、规律、有秩序，故能和而不乱。

《荀子·王制》："中和者，听之绳也。"注："中和，谓宽猛得中也。"绳，所以正曲直也。《尚书·洪范》曰："无偏无党，王道荡荡；无党无偏，王道平平；无反无侧，王道正直。"无偏私以行政事，以中正和平之心断事，则能宽猛得其中和也。

《礼记·中庸》："喜怒哀乐之未发，谓之中；发而皆中节，谓之和。中也者，天下之大本也；和也者，天下之达道也。致中和，天地位焉，万物育焉。"此章较之前引两则更为详尽。宋、明儒者好论已发、未发之"中"，纠缠不清，且多自相矛盾之语。《系辞上传》曰："《易》无思也，无为也，寂然不动，感而遂通天下之故。"无思无为，寂然不动，为"未发"之中，贤与不肖皆有之，故谓之为"天下之大本"。感而遂通天下之故，为"发而皆中节"之和，得人心之同然，故称之曰"天下之达道"，为圣人所独有，贤人次之，才智者又次之。宋、明儒者教人于定静中看已发、未发，不知一"看"字，即为执着的已发。陈立公夫子于此有其独到见解：

在吾国文字中，"中"作为名词时，其义为重心点；作为动词时，其义为射中鹄的；作为形容词，其义为恰到好处。词性不同，三义一贯……

"中"之启示于吾人者，大要言之，约有五点：

一、事理乃相对者。相对之事理各有两端，吾人不能仅固执一端，而忽略他端。

二、走向极端，即是趋相反之一端，即走往相反之方向。连续三次右转弯，便等于一次左转弯。继续不停向东飞，最后将到达西方。此即表示，走极端并不是进步，反是退步。走得太远，等于回头。最好"执中"，"中"可以产生缓慢然极稳定而真正之进步。

三、如果不知两端，便把握不到中点。惟有找到中点以后，方能执中。因此，"中"可以作物理学上物质之重心点。如果吾人能把握此点，便能永远保持稳定平衡状态，亦即把握住精神之重心点矣。

四、事之两端，经常在运动、在变化，故中点需要随时调整。如果吾人不能注意到两端之运动，不能适当辨别邪正，明察善恶；不作适切调整，使不能"执两用中"。所以说"极高明而道中庸"，"极"者指两极而言也。

五、"中"永远不走极端，绝无过度刺激，然能长期适用满足大多数人之需足。凡能长期适合大多数人之需要，绝非特殊怪异者，而是平凡无奇（庸）者。

人能随时致知，以辨别是非邪正，能意诚以集中力量，又能时中以正心之向，以肆应万事万物，则成己之功，大体已完成矣。（《人理学》第九章）

天体运行不中不和，则宇宙大乱，为世界末日之来临。地球生态不中不和，是为生态不平衡，不平衡之结果，则灾害并至。国际上，强凌弱，众暴寡，则战乱不已。一国之内，不民主，不自由，必起革命。一家之中，父不父，子不子，兄不友，弟不恭，夫妻反目，则支离破碎。从个人言，不知修身，不明存养之道，起居无时，饮食无节，则疾病丛生。

《易》卦六爻，言天、地、人三才相应中和之道，六十四卦共三百八十四爻，万有一千五百二十策，中则吉、利、亨、通，不中则悔、吝、厉、凶，莫不以中道为主。天体运行如此，地球生态如此，政治社会如此，吾人之喜怒哀乐、五脏六腑、十二经脉等等，亦复如此。

笔者多年前撰述《道统的由来与周易道统思想》一文时（刊《孔孟学报》三十八期），曾将中道思想分为四类，依据《易》卦申论。其一为"中"的原始义，其二为进化的"时中"，其三为动变的"位中"，其四为化育的"中和"。拉杂五万余言，然未论及吾人保健之道。自奉命至"中国医药学院"任教，耳濡目染，始得窥见宫庙之美。愿撮要说明如次：

第一，进化的时中。时指时间，例如春夏养阳，秋冬养阴，四季二十四节气之适应，重点在"时中"。每日适当运动，青壮年可增强体魄，中老年可促进身体各部位机能的新陈代谢，革故鼎新，抵抗意外灾害之侵袭，重点为"进化"二字。

第二，动变的位中。位指空间，亦即生活环境。例如空气污染、心理生理的污染等，吾人起居饮食于其间，五脏六腑、十二经脉等器官，当有调整因应其变化之道。

第三，化育的中和。化醇化生，为先天造化之机；养育保育，乃后天造化之本。修心养性，增进吾人体内精、气、神三宝，使之循环不息，生生不已，以致其中和之道焉。

前举三者，相互关联，然以"化育的中和"为本，故曰"大本达道"。后之各论，亦均以此为据也。

天体运行的中和

天体广大无穷，兹以太阳系为例，《礼记·中庸》曰："今夫天斯昭昭之多，及其无穷也，日月星辰系焉，万物覆焉。"以太阳为中心，凡感受太阳引力之诸行星、卫星等，皆绕之而行，成一系统，故曰太阳系。太阳系之成因，昔日学者，多宗星云假说，今则多宗旋涡星云说。太阳之温度极高，为全系光热之本原，九大行星中，绕日最近者为水星，次为金星、地球、火星、木星、土星、天王星、海王星、冥王星。据天文学家推测，各星直径、距离太阳哩①数，公、自转周期、卫星数等，兹表列如次：

太阳系行星表

名称	平均直径（哩）	距日数（哩）	公转周期	自转周期	卫星数
太阳	866000			24 日 15 时 36 分	
水星	3000	3600	87 日 23 时 15 分	87 日 23 时 15 分	
金星	7570	7620	224 日 16 时 48 分	23 时 21 分	
地球	7920	9289	365 日 5 时 49 分	23 时 56 分 4 秒	1
火星	4200	14150	686 日 23 时 21 分	24 时 37 分 23 秒	2
木星	86000	48330	4332 日 14 时 2 分	9 时 50 分	9

---

① 英里旧称哩，1 英里合 1.609344 公里。

名称	平均直径（哩）	距日数（哩）	公转周期	自转周期	卫星数
土星	71500	88610	10759 日 5 时 16 分	10 时 14 分	10
天王星	31700	178200	30688 日 7 时 12 分	10 时 49	4
海王星	34500	279200	60180 日 20 时 38 分	7 时 50 分	8
冥王星	19880	370000			
月球	2160		29 日 12 时 44 分		

众所周知，太阳为九大行星之中心，月球为地球之卫星，是则太阳与月球，均非行星，故行星之数为九。依八卦阴阳相对相待言，则为不平衡现象。据邹学熹《易学十讲》指出："四川刘子华先生于1940 年 11 月 1 日，在法国巴黎大学通过的一篇博士论文《八卦宇宙论与现代天文一颗新星球的预测》，推算出第十颗行星的存在，称之为木王星。"1981 年 1 月，美国海军天文台两位科学家预言，太阳系存在第十颗行星。是则刘氏之推算，早于美之科学家预言四十年矣。惜刘氏之论文流传不广，又未译成中文，以今日科技之突飞猛进，信在不久之未来，定可测出第十颗新行星也。①

天行健，大阳系九大行星（或十行星），以太阳为中心，各有其一定之常轨，环绕太阳运行不息，不能任其自由行动，天体中各星之运行亦同。又据 1989 年 8 月 24 日《联合报》载："美国所发射'旅行家二号'太空船传回照片，又发现二颗卫星，使海王星的卫星数增加到八颗。"

---

① 迄 2020 年，科学界公认太阳系为八大行星（冥王星被排除大行星，而与阋神星等称为矮行星），是则又符合八卦阴阳相对相待也。——编者注

《庄子》曰："有实而无乎处者，宇也；有长而无剽本者，宙也。"《列子》与《淮南子》曰："四方上下谓之宇，往古来今谓之宙。"换言之，"宇"为无穷大亦无穷小的空间，其大无外、其小无内之慧也。"宙"为无穷长亦无穷短的时间，其往无前、其来无后、其短至忽之意也。

太阳系为本银河系恒星之一，银河系恒星约有一千二百亿颗之多（或谓一千亿至四千亿）。本银河系附近已发现十座银河系，称之为本星群。本星群之外，名之为外银河系，又发现数百万座之多，尚有未被发现者。空间之大，岂非"其大无外"乎！空间又其小无内，如今之所谓电子、光子、质子、中子、量子……量子仍非最后最基础第一因。如此穷追不已，以求至乎其极，岂非"其小无内"乎！天文学家，好以光年推测宇宙之年龄。吾人已知光速为每秒 299800 公里，或 186300 哩。故 1 光年等于 86400（一日之秒数）乘以 365（一年之日数）乘 299800 公里，即约为 945450 万公里；或 86400 乘 365 乘 186300 哩，即约为 58752 万万哩，又约等于 63200 天文单位。天文家核算天体间距离时，常用光年为单位，如天狼星距地球约有八光年又十分之八，即天狼星发光射至地球，须历时八光年又九个月之久。换言之，吾人在地球望见天狼星之星光，已为八年又九个月前所发之光。

准此以言，本银河系直径约十万光年[①]，本太阳系距离银河系中心，约须二万七千光年。天文学家发现本星群有十座银河系。本星群之外，尚有数百万座之多外银河系。据 1983 年 1 月 5 日美联社波士顿报道称："波士顿大学詹恩士教授和耶鲁大学狄马克教授，在《天

---

① 2020 年，天文学家测定本银河系直径为 190 万光年（误差不超过 40 万光年）。——编者注

体物理学杂志》一月所发表之论文，谓宇宙年龄约为一百二十亿岁。剑桥'哈佛—史密松尼太空物理学中心'胡克拉则根据星球远离地球速率估计资料中指出，宇宙大约为一百二十亿至一百三十亿岁。"

《易》曰："阴阳不测之谓神。"宇宙之奥秘无穷，科学所测者有限，以有限测无穷，想当然耳之语也。然基督教所谓"宇宙末日"，亦宗教家之语也，均不可信。岂非时间之长，"其往无前，其来无后"乎！

古人形容人生如蜉蝣"朝生暮死"，譬之朝露，转眼即消。《庄子·齐物》则谓："方生方死，方死方生；方可方不可，方不可方可；因非因是，因是因非。是以圣人不由。"佛曰："刹那刹那，生生灭灭。"吾人一呼一吸之间，不知多少万亿生命在其间生生灭灭。如此言之，岂非时间又"何其短促"乎！

不论空间"语大，天下莫能载焉；语小，天下莫能破焉"（《礼记·中庸》），不论时间"语往，天下莫能追焉；语来，天下莫能止焉；语短，天下莫能形焉"，然人为万物之灵，人在无穷时空中，以有限追无限，长江后浪推前浪，历史文化承传，不断推向无穷。由点而线，由线而面，推出其普遍性真理。小至微生物与量子之存在，大至日月星群之运行，均在一阴一阳之谓道，一动一静之互根，一刚一柔之相约制，一离一向，一正一负，谓之为"致中和，天地位焉，万物育焉"可也，谓之为"太极一元相对论"亦可也。

地球生态的中和

吾人所居住之地球，万有万象。大分之，可别为动物、植物与矿物。细分之，虽集全球各类动物学家、植物学家、矿物学家，亦难以列举其万一，况其间仍有相互生克致中和之道乎！《礼记·中庸》曰："今夫地，一撮土之多，及其广厚，载华岳而不重，振河海而不泄，万物载焉。今夫山，一拳石之多，及其广大，草木生之，禽兽居之，宝藏兴焉。今夫水，一勺之多，及其不测，鼋鼍、蛟龙、鱼鳖生焉，货财殖焉。"笔者在《从〈易〉理探讨孔子天人一体的思想》论文中，对地球生态平衡致中和之道，曾有若干叙述，兹节录于后：

天地之大德曰生，若从"生态平衡"学立说，人类需要生，动物也要生，植物、矿物亦须生。人类固有赖动、植、矿物而生，动、植、矿物亦赖人类而显现其价值。同理，动物不能离开植、矿物；植物不能脱离动、矿物；矿物不能摆脱动、植物。彼此相互依存，缺一不可。从表象上看，动物是天生破坏者；人为万物之灵，破坏天然资源尤甚于其他动物。人类固为破坏者，同时亦为保护者与创造者。君不见人对动、植、矿物之保护、移植、品种改良乎？文人雅士之种花莳草歌颂乎？"我见青山多妩媚，料青山见我应如是，才与貌，浑相似。"辛稼轩最能描画物我一体之境界。鸢飞鱼跃，活活泼泼，"不除庭草留春意，养盆鱼儿活化机。"使动、植、矿物更显现其生命价值。人之所以为万物之灵者，不唯因其深知万物共生共存、共享共荣、彼此相互依存之理，且能赋予其他生物崇高之价值。此为《易》理，亦即哲理，非浅薄只知微观之科技学者所可与之言也。

《系辞上传》曰："《易》有太极，是生两仪，两仪生四象，四象生八卦，八卦定吉凶，吉凶生大业。"何谓大业？《易》曰："富有之谓大业。"何谓富有？即为宇宙万有也。元始之时，太极生两仪。阴、阳两仪，正如今日物理学所谓之正、负二力，以故孙中山先生云："太极动而生电子。"（《孙文学说》第四章）电子是由正负两电所构成，正电为阳仪，其性为散发的离心力；负电为阴仪，其性为凝聚的向心力。吾人祖先伏羲氏早在万年前即已发现此二力，用"▬""▬▬"

两个符号排列组合，推演出六十四卦。此六十四卦，既为宇宙自然现象，亦为人事现象；既为宇宙法则，亦为人事法则，历万古而常新。吾人不能不敬佩祖先智慧之崇高伟大。

阳、阴两仪，亦即"乾元"与"坤元"。阳仪为乾元，阴仪为坤元。元者，始也，万物之所由"生"也。

乾卦《彖》曰："大哉乾元，万物资始。"坤卦《彖》曰："至哉坤元，万物资生。""万物资始"者，谓乾元在宇宙大自然中，阳光普照，云行雨施，广布万物种子。"万物资生"者，谓坤元大地承受乾元之播种而生生不息，故曰：

天地之大德曰生，天地絪缊，万物化醇；男女构精，万物化生。（《系辞下传》）

有天地，然后万物生焉。盈天地之间者，唯万物，故受之以屯。屯者，盈也。屯者，物之始生也。（《序卦传》）

天地感，而万物化生。（咸卦《彖传》）

天施地生，其益无方。（益卦《彖传》）

乾施坤受，乾种坤生，阴阳和合，万物自此资化资生。以今日科学语言证之，是为"光合作用"。地球上之动、植、矿物，均赖光合作用，得以繁衍绵延，化醇、化生。

"生态平衡"，不论动物、植物与矿物，均须彼此相互依存，缺一不可。人为万物之灵，人类对于动、植、矿物界之依存，更有甚于他界。人类需氧气，植物要二氧化碳，人类栽培植物，粪便（矿物）灌溉植物；植物供给人类食物与宫室家具之用。《三字经》曰："稻粱菽，麦黍稷，此六谷，人所食。"人类需动物，旷野之飞禽走兽，水中之鼋鼍鱼鳖，家畜马牛羊、鸡犬豕，人类保护之、繁殖之、改良之，以利民生。矿物之金、银、铜、铁、锡等金属，为人类生活所必需，该等金属品，因人类之发扬而相得益彰。不特此也，在中国医药学中，区分为"植物药用学""动物药用学""矿物药用学"等三大类，以治人之百病，若非宇宙有先天太极之一本，何能有此气机相通？王阳明曰：

大人者，以天地万物为一体也。其视天下犹一家，中国犹一人焉。若夫间形骸而分尔我者，小人矣！大人之能以天地万物为一体也，非意之也，其心之仁若是，其与天地万物而为一也。是故见孺子之入井，而必有怵惕恻隐之心焉，是其仁之与孺子而为一体也。孺子犹同类也，见鸟兽之哀鸣觳觫，而有不忍之心焉，是其仁之与鸟兽而为一体也。鸟兽犹有知觉者也；见草木之摧折，而必有悯恤之心焉，是其仁与草木而为一体也。草木犹有生意者也，见瓦石之毁坏，而必有顾恤之心焉，是其仁与瓦石而为一体也。风雨露雷，日月星辰，草木山川，土石与人，原为一体，故五谷鸟兽之类，皆可以养人，药石之类，皆可以疗疾，只为同此一气，故能相通耳！

阳明从仁心论与鸟兽、草木、瓦石为一体，进而谓五谷、禽兽可以养人，药石可以疗疾，只因同气相通之故。此气为何？亦即笔者在第二章二节所言"先天一点元气之太极也"。此与张横渠《西铭》开宗明义所云："乾称父，坤称母，予兹藐焉，乃混然中处。故天地之塞，吾其体；天地之帅，吾其性。民，吾同胞；物，吾与也。"二者同其旨趣，此亦地球生态平衡致中和之谓也。

修身治国的中和

人有四肢五官、五脏六腑、骨骼系统、消化系统、神经筋中枢等，各司其职，各尽其能，分工合作，以致其中和。《礼记·大学》曰："古之欲明明德于天下者，先治其国；欲治其国者，先齐其家；欲齐其家者，先修其身；欲修其身者，先正其心；欲正其心者，先诚其意；欲诚其意者，先致其知；致知在格物。"格物者，格除外诱之私，去内心之邪，扶胸中之正气也。《抱朴子·养生论》曰：

> 一人之身，一国之象也。胃腹之设，犹官室也；支体之位，犹郊境也；骨节之分，犹百官也；腠理之间，犹四衢也。神犹君也，血犹臣也，炁犹民也。故至人能治其身，亦如明王能治其国。失爱其民，所以爱其国；爱其气，所以全其身。民弊国亡，气衰身谢……是故善养生者，免除六害。何者是耶？一曰薄名利，二曰禁声色，三曰廉货财，四曰损滋味，五曰除佞妄，六曰去沮嫉。

《大学》又曰："自天子以至于庶人，壹是皆以修身为本，其本乱而末治者，否矣。"修身之道，在于正心诚意，乾卦《文言》曰："闲邪存其诚。"防止外邪之入侵也。《左传·桓公二年》曰："国家之败，由官邪也；官之失德，宠赂彰也。"葛氏谓"先除六害"者，此六害，既为国害，亦为养生之害，去其外诱之邪，充吾身本然之元气，则身修而国治矣。《素问·灵兰秘典论》曰：

> 心者，君主之官也，神明出焉。肺者，相傅之官，治节出焉。肝者，将军之官，谋虑出焉。胆者，中正之官，决断出焉。膻中者，臣使之官，喜乐出焉。脾胃者，仓廪之官，五味出焉。大肠者，传道之官，变化出焉。小肠者，受盛之官，化物出焉。肾者，作强之官，伎巧出焉。三焦者，决渎之官，水道出焉。膀胱者，州都之官，津液藏焉，气化则能出矣。凡此十二官者，不得相失也。故主明则下安，

以此养生则寿，殁世不殆，以为天下则大昌。

《素问》将人体六脏六腑分为十二官，较之《抱朴子》更为详尽。选贤任能，设官分职，人尽其才，地尽其利，物尽其用，货畅其流，则民富国强。六脏六腑十二官相表里，各司其职，各尽其能不相失，预防重于治疗，为养生立命之本。《素问·四气调神大论》曰：

> 是故，圣人不治已病，治未病；不治已乱，治未乱。夫病已成而后药之，乱已成而后治之，犹临渴而穿井，斗而铸锥，不亦晚乎？

治身如是，治国亦如是也。今日西方医学大行其道之"免疫医学"，不知我国早于数千年前已行之有效矣。此言修身与治国致中和之谓也。

喜怒哀乐的中和

天有四时，春夏秋冬。人有四情，喜怒哀乐。董仲舒《春秋繁露·阴阳义》曰："天亦有喜怒之气，哀乐之心，与人相副，以类合一，天人一也。春，喜气也，故生。秋，怒气也，故杀。夏，乐气也，故养。冬，哀气也，故藏。四者，天人同有之。"

喜怒哀乐，人之常情。当喜则喜，当怒则怒，当哀则哀，当乐则乐，是谓发而中节也。若孔子"学而时习之，不亦说乎？有朋自远方来，不亦乐乎"（《论语·学而》），"饭疏食，饮水；曲肱而枕之，乐亦在其中矣"（《论语·述而》），恶郑声之乱雅乐，恶小人之道长，怒季氏之僭礼，怒聚敛之虐民，怒乡原（愿）之乱德，怒暴乱之犯义，哀死者之永诀，哀生者之无告，忧大道之不行，恸弟子之不寿（其**详请参阅拙著《孔子之喜怒哀乐》**）。若喜怒无常，哀乐失节，则如春、夏、秋、冬四时之失序，灾祸并至矣！过与不及，均非所宜也。《素问·上古天真论》曰：

> 恬淡虚无，真气从之，精神内守，病安从来？是以志闲而少欲，心安而不惧，形劳而不倦，气从以顺，各从其欲，皆得所愿。故美其食，任其服，乐其俗，高下不相慕，其民故曰朴。是以嗜欲不能劳其目，淫邪不能惑其心，愚、智、贤、不肖，不惧于物，故合于道，所以能年皆度百岁而动作不衰者，以其德全不危也。

"德全不危"者，以其能"恬淡虚无，真气从之，精神内守"之故也。文天祥《正气歌·序文》有云："予囚北庭，坐一土室，室广八尺，深可四寻，单扇低小。白间短窄，污下而幽暗。当此夏日，诸气萃然：雨潦四集，浮动床几，时则为水气；涂泥半潮，蒸沤沥澜，时则为土气；乍晴暴热，风道四塞，时则为日气；檐阴薪爨，助长炎虐，时则为火气；仓腐寄顿，陈陈逼人，时则为米气；骈肩杂遝，腥臊污垢，时则为人气；或圊溷、或毁尸、或腐鼠，恶气杂出，时则为秽气。叠是数气，当之者鲜不为厉。而予以孱弱俯仰其间，于兹二年矣，幸而无恙，是殆有养致然尔。然亦安知所养何哉？孟子曰：'吾善养吾浩然之气。'彼气有七，吾气有一，以一敌七，吾何患焉！况浩然者，乃天地之正气也。作《正气歌》一首。"文天祥以孱弱之身，囚土室二年，以一正气敌七邪气，而不为厉者，盖以正气至大至刚，无坚不摧，无敌不克，百邪难侵之故也。虽为北囚，不为利禄所诱，不为威胁所屈，恬淡虚无，真气从之，精神内守，以固之也。《抱朴子·养生论》曰：

> 所以保和全真者，乃少思、少念、少笑、少言、少喜、少怒、

少乐、少愁、少好、少恶、少事、少机。夫多思则神散，多念则心劳，多笑则脏腑上翻，多言则气海虚脱，多喜则膀胱纳客风，多怒则腠理奔血，多乐则心神邪荡，多愁则头鬓焦枯，多好则志气倾溢，多恶则精爽奔腾，多事则筋脉干急，多机则智虑沉迷。斯乃伐人之生，甚于斤斧……无久坐，无久行，无久视，无久听；不饥勿强食，不渴勿强饮。不饥强食则脾劳，不渴强饮则胃胀。体欲常劳，食欲常少；劳勿遇极，少勿至饥。冬朝勿空心，夏夜勿饱食。早起不在鸡鸣前，晚起不在日出后。心内澄，则真神守其位；气内定，则邪物去其身。行欺诈则神悲，行争竞则神沮。轻侮于人当减算，杀害于物必伤年。行一善则魂魄乐，构一恶则魂神悲。常以宽泰自居，恬淡自守，则身形安静，灾害不干；生录必书其名，死籍必削其咎。养生之理，尽于此矣。

葛氏所言十二少，为"恬淡虚无"之道，所谓十二多、四久、三强，则为自身内乱之由。喜、怒、哀、惧、爱、恶、欲七情，人所难免，况天有不测风云，人有旦夕祸福，吾人俯仰作息于其间，而不为外邪内伤所害者，在修心养性也。孟子曰："尽其心者，知其性也；知其性，则知天矣。存其心，养其性，所以事天也。夭寿不贰，修身以俟之，所以立命也。"(《孟子·尽心上》)又曰："养心莫善于寡欲。"(《孟子·尽心下》)《素问·举痛论》曰：

怒则气逆，甚则呕血及食泄，故气上矣。喜则气和志达，荣卫通利，故气缓矣。悲则心系急，肺布叶举，而上焦不通，荣卫不散，热气在中，故气消矣（悲哀伤气，故气消失也）。恐则精却，却则上焦闭，闭则气还，还则下焦胀，故气不行矣。寒则腠理闭，气不行，故气收矣。炅（同"炯"，热也）则腠理开，荣卫通，汗大泄，故气泄矣。惊则心无所倚，神无所归，虑无所定，故气乱矣。劳则喘息汗出，内外皆越（《马注》：喘则内气越，汗则外气越，故气以之而耗散也），故气耗矣。思则心有所存，神有所归，正气留而不行，故气结矣。

总其要义：怒则气上，喜则气缓，悲则气消，恐则气不行，寒则气收，炅则气泄，惊则气乱，劳则气耗，思则气结。九气之中，除"喜气"为祥和之气外，盖以"喜"为内喜内悦，无过与不及之差，其余八气则均过而不中，故不和。八气之中，寒与热为天地变化之气，可用人为之力以调整适应之，以补其不足。他若怒、悲、惊、劳、思等六气，则为静其心、养其性、寡其欲的内修功夫，明夫乎此，则知喜怒哀乐致其中和之道矣。

精气神的致中和

精、气、神三者，道家尊为生命之三宝，医家称为性命之根本。《灵枢·本藏篇》曰："人之气血精神者，所以奉生而周于性命者也。"《素问·上古天真论》曰："呼吸精气，独立守神，肌肉若一……积精全神。"可以却病延寿。

精、气、神三者，有先天与后天之分。先天之精、气、神与生俱来，后天之精、气、神，则有赖于饮食营养呼吸，继续不断补充滋生。"精"包括精、血、津液三者。"气"有元气、营气、卫气、宗气、真气之别。"神"含神、魂、魄、意志、思虑、智慧五种。兹略述之于次：

（一）**先天之精、气、神** 《灵枢·本神篇》曰："故生之来，谓之精；两精相搏，谓之神。"又曰："万物化生，必从精始。"《素问·金匮真言论》曰："夫精者，身之本也。"《难经·三十六难》曰："命门者，诸精神之所舍，原气（即元气）之所系也。"《三十九难》曰："命门者，精神之所舍也。男子以藏精，女子以系胞，其气与肾通。"又曰："精气神者，为五脏六腑之本，十二经脉之根，呼吸之门，三焦之原。"由此可知，先天之精气神，与生俱来，为生命之原，其重要性不言而喻。

（二）后天之精、气、神 先言精。《素问·上古天真论》曰："肾者主水，受五藏六府之精而藏之。故五藏盛，乃能泻。"肾精除先天之精外，又受之于五脏六腑者，则为后天之精可知也。血与津液二者，均由后天饮食而来。

次言气。"营气"生于水谷，源于脾胃，出于中焦，化而为血，以营养全身。《灵枢·营气篇》曰："营气之道，内谷为宝，谷入于胃，乃传之肺，流溢于中，布散于外。专者行于经髓，常营无已，终而复始。"又《邪客篇》曰："营气者，泌其津液，注之于脉，化以为血，以荣四末，内注五藏六府。"

"卫气"亦生于水谷，源于脾胃，出于上焦，其性栗疾滑利。游走窜透，不受脉道约束，行于脉外。内则熏于盲膜，散于胸腹；外则循于皮肤之中，分肉之间。其功用有如西医之白细胞，具抵抗外侮杀菌功能。然血为液体，可以目睹化验；卫气则为气体，视之而不见，听之而不闻，体物而不可移。《灵枢·本藏篇》曰："卫气者，所以温分肉、充皮肤、肥腠理、司开阖者也。"又曰："卫气和，则分肉解利，皮肤调柔，腠理密矣。"《内》《难》二经言营卫二气之论甚多，从缺不再引录。

"宗气"为水谷所化生之营卫二气，结合吸入大自然之气，积于胸中者，是为宗气。《灵枢·五味篇》曰："谷始入于胃，其精微者，先出于胃之两焦，以溉五藏，别出两行营、卫之道。其大气搏而不行者，积于胸中，命曰气海。出于肺，循喉咽，故呼则出，吸则入。"故气海中之气为"宗气"。

"真气"为宗气与先天之元气相结合之气。《灵枢·刺节真邪论》曰:"真气者,所受于天,与谷气并而充身者也。"《素问·离合真邪论》:"真气者,经气也。"故真气又名"经气"。真气为先天元气与水谷之气相结合而成也。

《内经》言气甚多且杂,惜无人为之整理分析。愚意以为气分内、外二类。内气为先天之"元气",乃与生俱来者;外气则为后天之气,为水谷之气所生者,如正气、营气、卫气、宗气等均属之。钟于未生之初者,曰先天之气;成于已生之后者,曰后天之气。在阴曰阴气,在阳为阳气;在表为卫气,在里为营气;在脾胃曰胃气;在上焦曰宗气,在中焦曰中气,在下焦曰元阴元阳之气。该等气均为受天地之六气与水谷之气合而产生者。其气合而和,则为真气与正气……气失其和,郁结于内而成疾,则为邪气。水谷之精与先天之元气合,是为宗气。宗气再与先天之元气合,则为真气或经气,或称正气,运行于五脏六腑、十二经脉、皮肤毛发之间,表里精粗无不到,以捍卫外邪之入侵。

分言之,气通于上者,为呼吸,故上之气海为"膻中",其治在肺,所谓"天气通于肺"是也。气通于中者,以养营卫之气,为水谷气血之海,曰"中气",其治在脾胃。气通于下者,化而为精,藏于命门,气海曰"丹田",其治在肾。总之,先天生后天,后天养先天。治未病者,若不知存养元气、真气,以及营卫宗气,以增强其免疫力,是犹缘木而求鱼也。

再言"神"。神为精神、意志、知觉、运动等生命活力最高统帅。《系辞上传》曰:"天地纲缊,万物化醇;男女构精,万物化生。"神虽生于先天,然有赖于后天之滋养。《灵枢·平人绝谷篇》曰:"故神者,水谷之精气也。"水谷之精气足,则五脏六腑始能中和相济;神之生机旺盛,则身强而生命活力旺。神存则生,神去则死。

（三）医与道言精气神　医家固极重视精、气、神三者，若言修炼之法，则以道家之论独详，因其为人生之本源，免疫医学、安内攘外之基础，兹选录数家之论，并附以己意，略加按语，以供保健益寿延年者之参考。

1. 白乐天曰："王乔、赤松吸阴阳之气，食天地之精，呼而出故，吸而入新。"

按：《论衡·无形》谓："赤松、王乔，好道为仙，度世不死。"《淮南子·齐俗训》《楚辞·远征》《文选·孙绰〈游天台赋〉》等均有同类记载。

2. 方扬曰："凡亡于中者，未有不取足于外者也。故善养物者，守其根；善养生者，守其息。"

按：白、方二氏以养气当从呼吸始也。

3. 曹真人曰："神是性兮炁是命，神不外驰炁自定。"
4. 张虚静曰："神若出，便收来，神返身中炁自回。"

按：曹、张二氏乃言守神以养气也。

5.《淮南子》曰："事其神者，神去之；休其神者，神居之。"

按：此言静可以养神，与曹、张二氏同，因神难收也。

6.《金丹大要》曰："炁聚则精盈，精盈则炁盛。"

按：此言精气之互根也。

7.《契秘图》曰："坎为水为月，在人为肾。肾藏精，精中有正阳之气，炎升于上。离为火为日，在人为心。心藏血，血中有真一之液，流降于下。"

按：此言坎、离二卦之交媾也。

8. 吕纯阳曰："精养灵根炁养神，此真之外更无真。"

按：此言修真之道，在于精、气、神也。

9.《胎息经》曰："胎从伏气中结，气从有胎中息。气入身来为之生，神去离形为之死。知神气可以长生，固守虚无以养神气。神行则气行，神住则气住。若欲长生，神气须注。心不动念，无来无去；不出不入，自然常住。勤而行之，是真道路。"

10.《胎息铭》曰："三十六咽，一咽为先。吐唯细细，纳唯绵绵，坐卧亦尔，行立坦然。戒于喧杂，忌以腥膻。假名胎息，实曰内丹。非只治病，决定延年。久久行之，名列上仙。"

按：以上二说，均言养生之道，在于存神养气也。

11. 张紫阳曰："心能役神，神亦役心。眼者神游之宅，神游于眼而役于心。心欲静，必先制眼。抑之于眼，使归于心，则心静而神亦静矣。"

又曰:"神有元神,气有元气,精得无元精乎! 盖精依气生,精实而气融,元精失则元气不生,元阳不见。元神见则元气生,元气生则元精产。"

按:前言存神于心,而静心在目也。亦即眼观鼻,鼻观心,心眼互观,静坐之法也。后言元精、元气、元神者,求精气神于化生之初也。

12. 李东垣《省言箴》曰:"气乃神之祖,精乃气之子。气者,精神之根蒂也。大矣哉,积气以成精,积精以全神。必清必静,御之以道,可以为天人矣,有道者能之。余何人哉,切宜省言而已。"

按:此言养身之道,以养气为本也。

13. 张介宾曰:"夫生化之道,以气为本,天地万物,莫不由之。故气在天地之外,则包罗天地;气在天地之内,则运行天地。日月星辰得以明,雷雨风云得以施,四时万物得以生长收藏,何非气之所为! 人之有生,全赖此气。故《天元纪大论》曰:'在天为气,在地为形,形气相感而万物化生矣。'惟是气义有二:曰先天气、后天气。先天者,真一之气,气化于虚,因气化形,此气自无中来。后天者,血气之气,气化于谷。因形化气,此气自调摄中来。此一形字,即精字也。盖精为天一所生,有形之祖。《龙虎经》曰:'水能生万物,圣人独知之。'《经脉篇》曰:'人始生,先成精。精成而脑髓生。'《阴阳应象大论》曰:'精化为气。'故先天之气,气化为精;后天之气,精化为气。精之与气,本自互生,精气既足,神自王矣。虽神由精气而生，然所以统驭精气，而为运用之主者，则又在吾心之神。三者合一，可以言道矣。今之人，但知禁欲即为养生。殊不知心有妄动，气随心散；气散不聚，精逐气亡。释氏有戒欲者曰：'断阴不如断心。心为功曹，若止功曹，从者都息。邪心不止，断阴何益！'此言深得制欲之要，亦足为入门之一助也。"

又曰："仙家咽气，令腹中鸣至脐下，子气见母元气，故曰'反本还元'。久饵之，令深根固蒂也。故咽气津者，名天池之水，资精气血，荡涤五藏，先溉元海。一名离宫之水，一名玉池，一名神水，不可唾之，但可饵之，以补精血，可益元海也。愚按：人生之本，精与气耳。精能生气，气亦生精，气聚精盈则神王，气散精衰则神去。故修真诸书，千言万语，无非发明精、气、神三字。然三者之用，尤先于气。故《悟真篇》曰：'道自虚无生一气，便从一气产阴阳。'又《古歌》曰：'气是添年药，津为续命芝，世上慢忙兼慢走，不知求我更求谁。'盖以天地万物，皆由气化，气存数亦存，气尽数亦尽。所以生者由乎此，所以死者亦由乎此，此气之不可不宝，能宝其气，则延年之道也。故晋道成论《长生养性》之旨曰：'其要在于存三，抱元、守一。三者，精、气、神，其名曰三宝。抱元者，抱守元阳真气也。守一者，神灵也。神在心，心有性，属阳，是为南方丙丁之火。肾者，能生元阳为真气。其泄为精，是为北方壬癸之水。水为命，命系于阴也。此之谓性命为三一之道。在于存想，下入丹田，抱守元阳。逾三五年，自然神定气和，功满行毕，其道成矣。'诸如此类，虽道家议论尽多，然无非祖述本经精气之义耳！此章言闭气者，即所以养气也。饵津者，即所以益精也。"

按：张氏畅论各家言精气神之旨要，确有独到之处，宜细体其精义。

14. 蒋氏《调元篇》曰："天地虚，空中皆气；人身虚，空处皆气。故呼出浊气，身中之气也；吸入清气，天地之气也。人在气中，如鱼游水中，鱼腹中不得水出入即死，人腹中不得气出入亦死，其理一也。善摄生者，必明调气之故。欲修调气之术者，当设密室，闭户安床，暖席偃卧，瞑目。先习闭气，以鼻吸入，渐渐腹满，及闭之久不可忍，乃从口细细吐出，不可一呼即尽。气定复如前闭之，始而十息，或二十息，不可忍，渐熟渐多，但能闭至七八十息以上，则藏府胸膈之间，皆清气之布护矣。至于纯熟，当其气闭之时，鼻中惟有短息一寸余，所闭之气，在中如火，蒸润肺宫，一纵则身如委蛇，神在身外，其快其美，有不可言之状。盖一气流通，表里上下，彻泽故也。其所闭之气渐消，则恍然复旧。此道以多为贵，以久为功，但能于日夜间行得一两度，久久耳目聪明，精神完固，体健身轻，百病消灭矣。凡调气之初，务要体安气和，无与气意争，若不安和且止，俟和乃为之，久而弗倦则善矣。闭气如降龙伏虎，须要达其神理，胸膈常宜虚空，不宜满，若气有结滞，不得宣流觉之，便当用吐法以除之。如呬、呵、呼、嘻、嘘、吹六字诀之类是也。不然，则泉源壅遏，恐致逆流，疮疡中满之患作矣。"

15. 苏氏《养生诀》曰："每夜于子时之后，寅时之前，披衣拥被，面东或南，盘足而坐，叩齿三十六通，两手握固，拄腰腹间。先须闭目静心，扫除妄念，即闭口并鼻，不令出气，谓之闭息，最是道家要妙。然后内观五脏，存想心为炎火，光明洞彻，降下丹田中，待腹满气极，则徐徐出气，不得令耳闻声。候出息匀调，即以舌搅唇齿内外，漱炼津液。津液满口，即低头咽下。令津液与气谷谷然有声，须用意精猛，以气送入丹田中。气定，又依前法为之，凡九闭气，三咽津而止。然后以左手擦摩两脚心，使涌泉之气，上彻顶门，及脐下腰脊间，皆令热彻。次以两手摩熨眼角耳项，皆令极热。仍按捏鼻梁左右五七次，梳头百余梳而卧，熟卧至明。"

16. 李氏《十六字诀》曰："一吸便提，气气归脐；一提便咽，水火相见。"注曰："右十六字，仙家名为十六锭金，乃至简至易之妙诀也。无分在官不妨政事，在俗不妨家务，在士不妨本业。只于二六时中，略得空闲，及行、住、坐、卧，意一到处，便可行之。口中先须漱及三五次，舌搅上下腭，仍以舌抵上腭，满口生津，连津咽下，汩然有声，随于鼻中吸清炁一口，以意会及心目，寂地直送至腹脐下一寸三分丹田炁海之中，略存一存，谓之一吸。随用下部轻轻如忍便状，以意力提起，使气归脐，连及夹脊双关、肾门，一路提上，直至后顶玉枕关，透入泥丸顶内，其升而上之，亦不觉气之上出，谓之一呼，谓之一息。炁即上升，随又似前汩然有声咽下，鼻吸清炁，送至丹田，稍存一存，又自下部如前轻轻提上，与脐相接而上，所谓气气归脐，寿与天齐矣。凡咽时口中有液愈妙，无液亦要汩然有声咽之。如是一咽一提，或三五口，或七九，或十二，或二十四口。要行即行，要止即止，只要不忘，作为正事，不使间断，方为精进。如有风疾，见效尤速。久久行之，却病延年。形体变，百疾不作，自然不饥不渴，安健胜常。行之一年，永绝感冒、痞积、逆滞，不生痈疽、疮毒等疾。耳聪目明，心力强记，宿疾俱瘳，长生可望。如亲房事，于欲泄未泄之际，亦能以此提呼咽吸，运而使之归于元海，把牢春汛，不放龙飞，甚有益处。所谓造化吾手，宇宙吾心，功莫能述也。"

　　道家与医家养气之法至多。自一至十三为论养气之理，十四至十六等三则，始为养气下手功夫。若依蒋氏，则卧亦可行，昼亦可行。依苏氏，则坐亦可，夜亦可。依李氏，则闲亦可，忙亦可。此三说者，唯苏氏稍烦，较难为力。然其中亦有可用者，但不当拘泥耳。故或用此，或用彼，取长舍短，任意为之，贵得自然，第无勉强，则一身皆道，何滞之有！久而精之，诚不止于却病已也。又观之彭祖曰："和气导气之道，密室闭户，安床暖席，枕高二寸半，正身偃卧，瞑目闭气，以鸿毛着鼻上不动，经三百息，耳无所闻，目无所见，心无所思。如此，则寒暑不能侵，蜂虿不能毒，寿百六十岁，邻于真人也，夫岂虚言哉？然总之，金丹之术百数，其要在神水华池；玉女之术百数，其要在还精采气。"斯言得之矣。此外有云"转辘辘，运河车，到玉关，上泥丸"者，皆言提气也。有云"进用武火，出用文火"者，谓进欲其壮，出欲其徐，皆言呼吸也。有云"赤龙搅水混，神水满口匀"者，皆言津液也。有云"想火入脐轮，放火烧遍身"者，皆言阳气欲其自下而升，以温元海三焦也。再如或曰"龙虎"，或曰"铅汞"，或曰"坎离"，或曰"夫妇"，或曰"导引"，或曰"栽接"，迹其宗旨，无非此耳。虽其名目极多，而可以一言蔽之者，则曰"出少入多"而已。医道通仙，斯其为最，闻者勿谓异端，因以资笑柄云。

综理各家之论点，则知精、气、神三者，虽均与生俱来，然有赖于后天水谷之精气予以滋养补充。三者之功用虽各有不同，实为一整体生命而不可分。精为神之宅，有精则有神，故积精可以全神，精伤则神无所舍，谓之为失守。精为气之母，精虚则无气，人无气则死，精脱者死，神亡者亦死。三位一体，不可分离。衰则俱衰，弱则俱弱，强则俱强，存则俱存，亡则俱亡。此人体精、气、神三者"致中和"之谓也。

五脏六腑的中和

脏为阴、腑为阳。五脏功能是藏精气，六腑功用为受纳与消化水谷。故《素问·五藏别论》曰："所谓五藏者，藏精气而不泻也，故满而不实。六府者，传化物而不藏，故实而不能满也。所以然者，水谷入口，则胃实而阳虚；食下，则胃虚而肠实。故曰：'实而不满，满而不实。'"一实一虚，中和之理，在其中矣。

（一）五脏的中和 五脏为心、肝、脾、肺、肾。其间关系，在生理功能上，为相互依存，又相互约制。例如，肝属木，为阳中之阴；肾属水，为阴中之阴。肝肾相交，为雷水解（䷧）之卦象，以解除困难。亦即肝木得肾水之滋养，肝阳始不上亢。反之，如肾水不足，不能以养肝木之阳，则为肝阴不足、肝阳有余之症，成为水雷屯（䷂）之卦象，屯卦《彖》曰"刚柔始交而难生，动乎险中"矣，震下坎上，震为阳木之故也。

心属火，为阳中之阳；肾属水，为阴中之阴。心肾相交，为水火既济（䷾）之卦象，互相和谐，则可维持正常生理活动。若火无水制，火则亢极而伤阴；水无火温，水则寒甚而伤阳，谓之心肾不交，阴阳升降失其常，是为水火未济（䷿）之卦象，则有心悸、失眠、遗精等诸多病症。

又如肺属金主气，心属火主血，气血是否协调？协调，则为革卦（䷰）之象。革为改革，革旧弊也。不协，则为睽卦（䷥）之象。再如肾为先天之本，主五脏之精气；脾为后天之源，输水谷之精微以养五脏。人体生命活力之维持，取决于先后天之相互合作和谐。和谐，则亲比（䷇）上下相应；不和谐，则兴师（䷆）动众以征伐。

《灵枢·阴阳系日月》云："心为阳中之太阳，肺为阳中之少阴，肝为阴中之少阳，脾为阴中之至阳，肾为阳中之太阴。"《春秋繁露》云："春者，少阳之选也；夏者，太阳之选也；秋者，少阴之选也；冬者，太阴之选也。"邵雍《观物篇》曰："春为生物之府，夏为长物之府，秋为收物之府，冬为藏之府。"四时之太少阴阳，为万物之根本。所以圣人春夏养阳者，使少阳之气生，太阳之气长；秋冬养阴者，使太阴之气收，少阴之气藏，以固其本也。心肝为阳，脾、肺、肾为阴，逆其根则伐其本矣。《神仙传》载魏武帝问养生大略，封君达对曰："圣人春夏养阳，秋冬养阴，以顺其根，以契造化之妙。"均本《素问·四气调神大论》而来。

总之，五脏之间，互相协调致其中和，始能确保正常生理活动，否则疾病丛生而不寿。

（二）六腑的中和　六腑为胆、胃、小肠、大肠、三焦、膀胱。其功能虽各有不同，然其均为水谷消化器官系统之一。胆为中精之腑，胃为五谷之腑，小肠为受盛之腑，大肠为传道之腑，膀胱为津液之腑，三焦为中渎之腑。举凡饮食之吸收、津液之输送、废物之排泄等，均有赖于六腑之分工合作，方能完成。六腑之间协调配合，始可达到《素问·五藏别论》所谓"实而不满""满而不实"之生理常态，否则，一腑不通，其他五腑均受其害而疾病生矣。

（三）脏腑的中和　五脏之间固需协调合作，六腑之间亦需调和配合。五脏与六腑间之关系，则为表里相合之关系。脏主藏精，腑主化物。五脏为阴，六腑为阳。阳者主表，阴者主里，亦即阳主外、阴主内之意也。一脏一腑，一阴一阳，一表一里，一外一内，相互配合，谓之脏腑表里分工合作之中和。

脏腑表里相合，是从经脉互通以完成。脏脉络于腑，腑脉络于脏。故脏与腑之功能，虽各有其职责，然相互之间的联络、依赖，则缺一不可。《灵枢·本输篇》曰：

肺合大肠。大肠者，传导之腑。

心合小肠。小肠者，受盛之腑。

肝合胆。胆者，中精之腑。

脾合胃。胃者，五谷之腑。

肾合膀胱。膀胱者，津液之腑。

小肠属肾，肾上连肺，故将两脏。

三焦者，中渎之腑也，水道出焉，属膀胱，是孤之腑也。

是六腑之所与合者。

由此观之，五脏之间、六腑之间、脏与腑之间，在人体生理活动过程中，必须密切相互配合协调，始为健康的人生。舍此而外，经脉之联系，宗营卫气血之运行，先后天精、气、神三者生命之泉源，饮食水谷之补给，五官诸窍之相通，何一非致其中和之道焉。

第三节　陈立公"安内攘外"论

不治已病治未病

《素问·四气调神大论》曰："圣人不治已病治未病，不治已乱治未乱……夫病已成而药之，乱已成而后治之，譬犹渴而穿井，斗而铸锥，不亦晚乎？"此言预防重于治疗也。豫卦《象传》曰："天地以顺动，故日月不过，而四时不忒（忒，变异也）。圣人以顺动，则刑罚清而民服。豫之时义大矣哉！"《四气调神大论》所言，正为豫卦《象》之理，以故《内经》言摄生之道，春夏养阳，秋冬养阴，四季四气调神之论，是以天地顺动，人应天地，合四时，防微杜渐为言也。扶正可以祛邪，谓之治未病，岂非安内攘外乎？

何谓已病？何谓未病？自良医言之，观其五官颜色，行止之动态，闻其言语之发音，则知其"已病"或"未病"，所谓"望""闻"二诊是也。在患者言之，既未发寒发热，亦无特殊异状，故自认为未病。《史记·扁鹊列传》曰：

扁鹊过齐，齐桓侯客之。入朝见曰："君有疾在腠理，不治将深。"桓侯曰："寡人无疾。"扁鹊出。桓侯谓左右曰："医之好利也，欲以不疾者为功。"后五日，扁鹊复见，曰："君有疾在血脉，不治恐深。"桓侯曰："寡人无疾。"扁鹊出，桓侯不悦。后五日，扁鹊复见，曰："君有疾在肠胃间，不治将深。"桓侯不应。扁鹊出，桓侯不悦。后五日，扁鹊复见，望桓侯而退走。桓侯使人问其故。扁鹊曰："疾之居腠理也，汤熨之所及也。在血脉，针石之所及也。其在肠胃，酒醪之所及也。其在骨髓，虽司命无奈之何！今在骨髓，臣是以无请也。"后五日，桓侯体病，使人召扁鹊，扁鹊已逃去，桓侯遂死。

《系辞下传》曰："知几其神乎？君子上交不谄，下交不渎，其知几乎！几者，动之微，吉凶之先见者也。君子见几而作，不俟终日。"准此以论，扁鹊有可议者二：

第一，扁鹊为良医，先后四次见齐桓侯，初病在腠理，次在血脉，三在肠胃，四在骨髓。为望、闻桓侯之形色声音而知者，然桓侯不自知也。

第二，桓侯以客礼待扁鹊，第一二次言其疾，桓侯不信，非不信也，不自知也。扁鹊既为见微知著之良医，三次复见，知其"疾在肠胃间，不治将深"，必有若干症状，何以吝言揭发，使其心悦诚服，接受治疗？君子爱人以德，况医者为父母之心乎？桓侯待之以礼，自亦应以礼报之，非"上交不谄"之谓也，见死不救，吾不知其可也。

扁鹊，古之名医良医也，后之医者，莫不津津乐道，我何人斯，安敢妄议昔贤？此乃据史卷之言，就事以论事耳！

（一）已病未病辨　扁鹊，有云为轩辕时人，然《内经》未载其人。王勃《难经序》则谓《难经》为"岐伯以授黄帝"，并记历代传授之次第。不知何据？《史记》所载者，为战国郑人，家于卢，世称卢医。

《难经》即其所著。然《汉书·艺文志》不载,《隋》(《隋书》)、《唐》(《旧唐书》)志始载之。

《难经·七十七难》曰:"所谓治未病者,见肝之病,则知肝当传之与脾,故先实其脾气,无令受肝之邪,故曰治未病焉。中工者,见肝之病,不晓相传,但一心治肝,故曰治已病也。"此为释《灵枢·逆顺篇》所言"上工治未病,不治已病"之语也。

《金匮·藏府经络先后病论篇》曰:"上工治未病。何也?夫治未病者,见肝之病,知肝传脾,当先实脾,四季脾旺不受邪,即勿补之。"此为五行生克理论之运用。肝属木,脾属土,肝木盛,则克脾土,故曰:"见肝之病,知肝传脾,当先实脾。"由此观之,"上工治未病"者,非无病也,是见肝已病,不令其再克脾,又传为脾病也。

《逆顺篇》所言者,为该篇刺法之结论;《难经》与《金匮》所论者,则为治疗之通论;张氏《类经》注此节,又径与《四气调神大论》"圣人不治已病,治未病"混合而言之。自理论立场观之,可兹讨论者有四:

第一,从正名言。"上工"非圣人。圣者,无所不适也,圣为仁智双修。"工"为专工,专工一种一业,似不能与圣人相提并论。此"工"当为《灵枢·小针解》所言:"上工十全九,行二者为中工。中工十全七,行一者为下工。"亦即《难经·十三难》所谓:"上工者十全九,中工者十全八,下工者十全六。"均为治"已病"而言也。

第二,从未病言。圣人治未病,意在"预防重于治疗",以故《素问·上古天真论》《素问·四气调神大论》等篇,均以法阴阳、和术数、养生摄生之道为主。"上工治未病"者,是医家治病之法,不得谓为"治未病"。是已见肝之病,不令再传之脾,二者截然不相同。综观《内经》全书,黄帝与岐伯等人之疑难问答,无不以摄养为先。治疗于有疾之后,不若摄养于有疾之前,有疾而后药之,不若预防于无疾，此为圣人治未病之本意，亦今之免疫医学也。

第三，从已病言。肝木盛之病，固能传之脾土而受克。肝虚之病，则不能克土。见肝虚之病以治肝，亦即所谓"治已病"，不知有何不可？

第四，从损益言。《素问》与《灵枢》均据《易经》损、益二卦之理，倡导"损其有余，以益不足"损益相从之法，后之医家因不明《易》，则依五行生克原则，而言"补泻法"。举例言之：肾属水，水生木，肾为生命之源，肝虚之病，固可补其母之肾，以益其子之肝；肝盛之病传脾，亦当实脾以防传克，然是否可泻其母之肾水，以弱其子肝木之盛？

孟子曰："夫人必自侮，然后人侮之；家必自毁，而后人毁之；国必自伐，而后人伐之。"（《孟子·离娄上》）故《内经》所论养生摄生之法，始为圣人治"未病"之道，非上工见肝病而实脾之治"已病"也。立公"安内攘外"理论，既治"未病"，亦可治"已病"。安内可使民富国强，外寇不敢侵犯，纵有侵犯，亦非富强国家之对手，人体亦然。

（二）法阴阳，和术数　扁鹊初见齐侯，谓其病在腠理，乃已病也。虽治之，亦为治已病，非治未病。如何治未病，意即如何防患于未然之前，亦"安内攘外"之道也。《素问·上古天真论》曰：

上古之人，其知道者，法于阴阳，和于术数，饮食有节，起居有常，不妄劳作，故能形与神俱，而尽终其天年，度百岁乃去。

所谓"知道"，乃指诚意、正心、修身、养性之道。修身养性之道者，不可须臾离也，可离非道也。诚正修养之道，乃以天地阴阳之"常道"为法也。术数者，调养精气神之法则也。《素问·四气调神大论》曰："阴阳四时者，万物之终始，死生之本，逆之则灾害生，从之则苛疾不起，是谓得道。"《灵枢·决气篇》曰："上焦开发，宣五谷味，熏肤充身，泽毛若雾露之溉，是谓气。"饮食有节，养其气也。《素问·生气通天论》曰："起居如惊，神气乃浮。"起居有常，养其神也；不妄劳作，养其精也。善摄生者，必先调养其精气神，始能"形与神俱，而尽终其天年，度百岁乃去"。《上古天真论》又曰：

夫上古圣人之教下也，皆谓之虚邪贼风，避之有时。恬惔虚无，真气从之；精神内守，病安从来？是以志闲而少欲，心安而不惧，形劳而不倦，气从以顺，各从其欲，皆得所愿。故美其食，任其服，乐其俗，高下不相慕，其民故曰朴。是以嗜欲不能劳其目，淫邪不能惑其心，愚、智、贤、不肖，不惧于物，故合于道。所以能年皆度百岁而动作不衰者，以其德全不危也。

本段"安内攘外"治未病之道有二：其一，"虚邪贼风，避之有时"；其二，"恬淡虚无，真气从之；精神内守，病安从来"以下诸语，则为教人"恬淡虚无"之要。"恬淡虚无""精神内守"，为"安内"之大本；"虚邪贼风"，避之有方，为"攘外"之大法。二者不可偏废。若颜回之用行舍藏，若无若虚，"恬淡虚无""精神内守"矣，而难免于不幸短命，何哉？安知其为不明避"虚邪贼风"之道乎！何谓"虚邪贼风"？《灵枢·九宫八风篇》曰：

凡从其所居之乡来，为实风，主生长，养万物。从其冲后来，为虚风，伤人者也，主杀、主害者。谨候虚风而避之，故圣人曰避虚邪之道，如避矢石然。

圣人避虚邪贼风，如避矢石，其严重性可知。春、夏、秋、冬四时之实风与虚风如何？请详研该篇可知也。

"恬淡虚无"，注释者各一其说。愚意应以《诗》《书》《礼》所言，始可得其正解。《礼记·大学》："知止而后能定，定而后能静，静而后能安，安而后能虑，虑而后能得。""定、静、安、虑、得"五者，首重"知止"。止于何处何时？《诗》云："缗蛮黄鸟，止于丘隅。"黄鸟可止于丘隅小山，大鹏则止于高山峻岭参天古木之所，盖因天之降材尔殊也。天降材殊，故其所止之地亦不一。《书》曰："安汝止，惟几惟康。""止"于各人心之所"安"之地。故"恬淡"以知止为要务，"虚无"以心安为理则。然如是，则志闲少欲，心安不惧，形劳不倦。日出而作，日入而息，气以顺从，各安其居。有食则美，不以酒为浆，有服则适，不求其异。敬老慈幼，出入相友，守望相助，疾病相扶持，各乐其俗。上不凌下，下不援上，思不出其位也。非礼勿视，非礼勿听，非礼勿言，非礼勿动，则"嗜欲不能劳其目，淫邪不能惑其心"，病安从来？以故上古之人"所以能年皆度百岁而动作不衰者"，以其不惧于物，各尽其能，各取所需以役物，而不为物所役也。

（三）重饮食，常运动　《周礼·天官冢宰》，"膳夫"高居第三位，自"膳夫"以次，有庖人、内饔、外饔、亨人、甸师、兽人、䱷人、鳖人、腊人等十种官府，分掌各种动、植、矿物饮食、烹饪、营养事宜，每一官府又设官分职，有上士、中士、下士、府、史、胥、徒等职位，均在百十人上下。由此可见，我国在三千多年前，如何重视"治未病"食物营养保健之法。

高居第四位者，则为"医政"。医师以次，设有食医，犹如今日医院之营养师。再次则为疾医、疡医、兽医、酒正、酒人、浆人、凌人、笾人、醢人、醯人等十三种官府，每一官府亦设官分职，有上士、中士、下士、府、史、徒等职位，约在百人左右。

前所举者，为"食"与"医"。至"治未病"体能训练，则为《周礼·夏官司马》"政官"之职。其下设官府凡七十。分设卿、中大夫、下大夫、上士、中士、下士、府、史、胥、徒等官守，约数万余人。盖天子六军、大国三军、次国二军、小国一军。军以下为师、旅、卒、两、伍等层次，伍长为下士。周制，全国皆兵；有外患，则人人可以执干戈以卫社稷，无事则解甲归田，但仍须于春、夏、秋、冬四季一定时间参与军事训练。《左氏春秋传》曰：

> 故春蒐、夏苗、秋狝、冬狩，皆于农隙以讲事也。三年而治兵，入而振旅，归而饮至，以数军实，昭文章，明贵贱，辨等列，顺少长，习威仪也。（《隐公五年》）

孔子曰："以不教民战，是谓弃之。"（《论语·子路》）《春秋》以尊王攘夷为训，以明耻教战为法。"子之所慎：齐（斋）、战、疾。"（《论语·述而》）战争，是残暴行为，以故古之圣人均厌战争，为保国卫民，又不得不随时准备抗击外患之侵害，此孔子之所"慎"也。况平时军事上之体能训练，亦为增进国民身体健康有效途径，且可于体能活动中，教民以礼。孔子曰："君子无所争，必也射乎！揖让而升，下而饮，其争也君子。"（《论语·八佾》）又曰："射有似乎君子，失诸正鹄，反求诸其身。"（《礼记·中庸》）教以备战，教以明耻，教以爱国，教以知礼，又能强身，一举而具五种深远之目的，有何不可？故平时军事体能活动，亦为强身"治未病"之一环。

前举《周礼·天官冢宰》及《夏官司马》各官府职掌，全文甚长，请阅原文，不再录举。总之，天生万物以养人，人为万物之灵，应知饮食营养之道；人体各种器官，皮肤毛发，各有其功能，为至中至和之组织，适度体能运动，一可保持其健全发展，二可促进其新陈代谢，三可增加血液循环，四可使高血压降低、低血压提升，五可减肥并使体重趋于平衡，六可增进消化功能和吸收营养，七可使脑神经系统松弛以保持清醒，八可使四肢筋骨灵活至反应敏捷，九可治疗胃下垂、痔疮、肠胃病、风湿、心脏衰弱、消化不良、高低血压、记忆衰退、流行性感冒等病症，十可加强体内自然免疫力。有此十者，诚如《素问·遗编刺法论》所谓"正气存内，邪不可干"、《上古天真论》所云"精神内守，病安从来……"，安内攘外治未病之效也。

立公十二句格言

1979年，陈立公八秩华诞，有人询其养生之道，曾手书十二句格言曰：

养身在动　养心在静

饮食有节　起居有时

物熟始食　水沸始饮

多食果菜　少食肉类

头部宜冷　足部宜热

知足常乐　无求常安

风动一时，争相传诵，至今未已。此十二句格言，始为《内经》所言"圣人不治已病治未病"之学之体系，愿就所感以申述之。

（一）养身在动，养心在静　乾卦《象》曰："天行健，君子以自强不息。"闲邪存其诚，养身在动也。坤卦《象》曰："地势坤，君子以厚德载物。"至静而德方，养心在静也。陈立公所著《我的创造、倡导与服务》一书中曰：

在美国时，一日见《华华日报》载有一段健身消息，称之曰"内八段"。我遂往访投稿者（秦太太），彼教我如何按摩方法：从眼部起，进至耳部、鼻部、颈前后、胸部、腹部、腰部、足心部，每一部分按摩一百次。按摩时，温水冲到该部，总共约需四十分钟。我行之五年，颇觉有益。回国后每晨与淋浴配合，更感有效，现已行之二十五年矣，信心更增，并时常教人仿行。"有恒为成功之本"，信矣哉！

陈立公健身按摩之法，有似苏氏，然不尽是；笔者保健之方，有似李氏，亦不全同（苏、李二氏之法均见前）。运用之妙，存乎一心，各取所需，可也。

"养心在静"，陈立公在其所著《人理学》一书中，言之甚详。谨节录其中数段如次：

七情之说，儒家、释家有同样之说法。《礼记》中有云："何谓人情？喜怒哀惧爱恶欲。七者弗学而能。""七情者，喜怒忧惧爱恶欲者也。"（《净住子·净行法门·涤除三业门》）

惟二家于七情之次第顺序，皆未思及其因果本末，盖笼统言之而已。吾国于多项事物之排列，常依《易》理之太极生两仪，两仪生四象，四象生八卦之顺序。如三者并列，其中之一为太极，其余二者则为两仪（如智、仁、勇三者，仁为太极）。四者并列，其关系当为两仪（例如礼、义、廉、耻，礼、义属积极的德行，廉、耻属消极的德行），进而分为四象。五者并列，其一为太极，其余四者为四象（例如五伦以夫妇为太极，其余四伦二内二外）。九事并列，则其中一事为太极，余为八卦（例如九经则以修身为太极）。七情之关系则为太极—两仪—四象，故其次序当调整如下图：

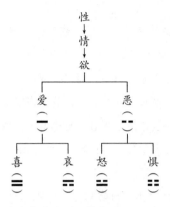

（▬）表示肯定，欲求者或达到目的者；（▬ ▬）表示否定，不要者或未达到目的者。人有求生存之本性，不能无欲，故由性经情而生。因情而欲有别者，有爱者（▬），有不爱者（▬ ▬）。所爱而得之，则喜（☳）；所爱而失之，则哀（☷）。所恶不欲其来而其竟来，则怒（☳）；所恶尚未来而恐其来，则惧（☷）。此谓七情。

西方人亦以为人有种种情绪，其中亲爱、喜乐、惧怕、愤怒、悲哀，与吾国固有之爱、哀、怒、惧相同，其他好奇、嫉妒、焦虑三项，则为吾国所未列。好奇应属于求知欲（其详见后），嫉妒在他人得而己未得时之心理状态，有近于恶。焦虑则在欲得或欲失未失之间之心理状态。称为情绪，亦无不可。

一己之私欲既伴随本能而生，为凡人所不免，然个人之欲望无穷，永无满足之时，所谓"欲壑难填"是也。若任其放纵恣肆，则资所以养生者，实足以害生……害一己之生，尚其小者。盖一人之欲望无穷，不加节制，势必影响他人之利益，势必发生争执斗争。社会之动乱败坏，实萌因于此……

故欲之放纵，小则害己之生，大则影响人群、社会、国家，是以正本清源，首当节欲。节欲之初，首当寡欲。寡欲所以增强内力之克制。孟子曰："养心莫善于寡欲。其为人也寡欲，虽有不存焉者，寡矣。其为人也多欲，虽有存焉者，寡矣。"（《孟子·尽心下》）

次当远欲。远欲所以减少外感人之引诱。《礼记·乐记》曰："奸声乱色，不留聪明。淫乐慝礼，不接心术。惰慢邪辟之气，不设于身体。使耳、目、鼻、口、心、知、百体皆由顺正，以行其义。"

然寡欲、远欲自非易事。尤其身居今日繁华之工商社会，五光十色，日见可欲，岂能无动于衷？故平时修养功夫最为重要。而修养之内容，即为礼义。义者，内心之正确判断于心者；礼者，行为之恰当表现于外者。吾人若能见可欲，先衡量之以义，再范围之以礼，自不至于放纵无节……

西人恒言：世上所有发明，所有成就，皆因饮食男女之欲望所激发者。此种以"唯性史观"为历史文明原动力之说，今日观之，固有一部分理由，然依吾人之观点，此理由并不充分。盖若人类文明的演进，全为满足食色欲望之需要，则与禽兽无异矣！禽兽之生存及繁殖，皆由食色而来，何以其不能创造文明？故知推动文明之力量多源于求仁之天性，食色仅其小部分耳。盖人类历史文明之所以演进，多半由于先知先觉的圣贤才智之士，忧人类之沉沦，促进人类之进化，乃起悲天悯人之怀，遂有精神方面与物质方面之种种创造发明，以解斯民之苦难，而使文明进步也。此种悲天悯人之怀，乃同情心也，亦即仁道也。

情欲为人人所必有，其发制之道安在？曰：在发而皆中节。如能发而皆中节，则不独可以养心，而且可以养生。吾祖先最早发明心理与生理之关系如下：在医学上有云"息妄念以养心，绝躁怒以养肝，寡忧虑以养肺，节饮食以养胃，淡色欲以养肾"。至若合于礼义，则有赖于学问德行之修养，始克臻此。一般小人，无学问德行之修养，以致或纵情于声色，或饱食于口味，或肆志玩物，或贪图于冶游，或困惑于哀惧，或放荡于淫佚，以致丧志丧德，遂遗臭于千载，终获小人之名。既不能立功成事，更不能立人达人，空负其所生，岂不哀哉？唯君子能进德修业，调节"色、声、香、味、触、法"之欲，和谐"喜、怒、哀、乐、爱、恶、惧"之情，使之致于中和，失然后能经纶天下之大经，立天下之大本，造万民之福利，开万世之太平，此调节情欲之功也。

夫物极必反者，天下之定理，事物之法则也。故乐不可极，乐极生悲；欲不可纵，欲纵丧命。而忧劳足以兴国，哀兵可以致胜，戒惧可以成事，此皆亘古不灭、颠扑不破之真理也。故吾人既知七情六欲之利害两端，又知其对于人之成败关键，则宜以"智慧"控制之，使冥合于大道。孔子曰："富与贵，是人之所欲也；不以其道得之，不处也。贫与贱，是人之所恶也；不以其道得之，不去也。君子去仁，恶乎成名？君子无终食之间违仁，造次必于是，颠沛必于是。"（《论语·里仁篇》）由是观之，情欲之发，除须以智慧调整控制外，尤宜以伦理道德为依归，庶能日进于君子贤人之域，而造万民之福矣！此乃吾人研究《人理学》所必须深切明晓者也。

前五节言"喜怒哀乐的中和"，偏重于医学方面立说，应与本节"养心在静"合而观之。养心之道，历代儒者之言，何可胜数？若《大学》之诚意、正心，《中庸》之慎独，曾子之自反，孟子之求放心……唯在力行而已耳！

静动之间，诚难言也。自全体言之，天行健，无一分一秒之间不在动也。天动地静，只见日往则月来，月往则日来，寒往则暑来，暑往则寒来也。地球公转一周三百六十五日十六时又四十九分，自转一周二十三时五十六分又四秒，吾人居于地球之中，而不自觉，地球动，吾人焉得不动乎？日出而作，动也；日入而息，静也。地球动，虽日入而息，亦在动也。

自个体言之，少壮之年，体力旺盛，运动场中，奔驰竞技，动也；中年老人，太极拳、外丹功，亦动也。野心家，日则忙于歌坛舞榭，应酬会议之中，夜则梦移神迁，精神外驰，动中之动也。学术家，斗室自处，不慕名利，静也；好学深思，力求突破，动也。知道者，恬淡虚无，精神内守，静也；呼吸精气，真气从之，动也。故凡有血气有生命者，无一不在动也。

陈立公所谓"养身在动"，静中之动也；"养心在静"，动中之静也。动中有静，静中有动，静动互根，此谓知本，此谓知之至也。

（二）饮食有节，起居有时　颐卦《象传》曰："君子以慎言语，节饮食。"君子养德养生，先从慎言语，节饮食始。孔子曰："君子食无求饱，居无求安。"（《论语·学而》）亦居安思危之意也。《素问·上古天真论》曰："食饮有节，起居有常，不妄作劳，故能形与神俱而尽终其天年，度百岁乃去。"节饮食以养其内，慎起居以养其外，此为养生之根本也。

古俗以"心宽体胖"为有福，今则以"肥胖"为病态。盖因中国素以农业为主，春秋战国之世，国家疆域仍在长江以北，地区寒冷，以五谷为主要食物。节衣缩食，耕读传家。孟子所谓："五母鸡、二母彘，无失其时，老者足以无失肉矣。"（《孟子·尽心下》）乃指养父母尊长者而言，若曾子之养曾皙也。老人体力衰退，必须酒肉以增加其热能。故孟子又曰："五十非帛不暖，七十非肉不饱。不暖不饱，谓之冻馁。"（同上）非如今日工商社会，人人富有，不分男女老幼，不论东南西北，餐必餍酒肉而后已，所可同日而语也。然孔子诫之曰："肉虽多，不使胜食气。唯酒无量，不及乱。"（《论语·乡党》）《素问·上古天真论》亦曰："以酒为浆，以妄为常，醉以入房，以欲竭其精，以耗其真，不知持满，不时御神，务快其心，逆于生乐，起居无节，故半百而衰也。"夏禹以旨酒为诫，商纣肉林酒池而亡身亡国，可不慎乎？

陈立公在其所著《孔子对于食物的指示》论文中曰：

孔子非常重视卫生，谨慎饮食：第一，要求食品的新鲜和清洁；第二，是注意烹调；第三，是饮食有节。有如下列《论语·乡党篇》所述：

一、"食不厌精，脍不厌细。"

二、"食饐而餲，鱼馁而肉败，不食；臭恶，不食；失饪，不食；不时，不食；割不正，不食；不得其酱，不食。"

三、"肉虽多，不使胜食气。唯酒无量，不及乱。"

四、"沽酒市脯，不食。不撤姜食，不多食。"

五、"祭肉不出三日；出三日，不食之矣。"

六、"食不语（指大声喧笑）。"

有健康的身体，才能负担重大的任务，所谓成己然后成物是也。《大学》中"修身"二字，岂仅指德与智二育而已，必须同时注意体育。六艺之教，礼、乐属德育，射、御属体育，书、数属智育，三育俱重，其义固极显明也。有病固应求治，然终不及防之于先，注重饮食卫生，使之不病之为智也。圣人之教，"致广大而尽精微"，于"食"岂有例外耶？中国菜受全世界人士的欢迎，而孙中山先生谓"食"是文化的重要一环，鉴于二千四百余年前的孔子，对于"食"是以有如此详尽的研究，更足以证明中华文化的崇高伟大。

《逸士传》曰："尧时，有八九十老人，《击壤歌》曰：'日出而作，日入而息；凿井而饮，耕田而食。帝力何有于我哉！'"固为国家太平、民生安乐之景象，亦为人民自由，生活起居有时，不似今日工商社会"晨昏颠倒"也。《素问·四气调神大论》曰：

夫四时阴阳者，万物之根本也。所以圣人春夏养阳，秋冬养阴，以从其根。故与四物沉浮于生长之所，逆其根则伐其本，坏其真矣。故阴阳四时者，万物之终始也，死生之本也。逆之则灾害生，从之则疴疾不起。

在不同四季之中，又有不同养生之法。同篇又曰：

春三月……夜卧早起，广步于庭，被发缓形，以使志生……此春气之应养生之道也。

夏三月……夜卧早起，无厌于日，使志无怒……此夏气之应养长之道也。

秋三月……早卧早起，鸡鸣俱兴，使志安宁……收敛神气，使秋气平……此秋气之应养收之道也。

冬三月……早卧晚起，必待日光，使志若伏若匿……去寒就温，无泄皮肤，此冬气之应养藏之道也。

质言之，春、夏两季，由寒转暖，由暖而暑，宇宙万物充满了生机，人亦应朝气蓬勃，早起运动，更可促进身体新陈代谢。谚谓："一年之计在于春，一日之计在于晨。"即此意也。秋、冬气候渐凉，万物收藏，人应防寒保暖，调整作息时间，使阴精潜藏于内，阳气不致妄泄，阴平阳秘。与四季气候相适应，自可却病延年。

《素问·上古天真论》曰："其知道者，法于阴阳，和于术数，饮食有节，起居有常，不妄劳作，故能形与神俱而尽终其天年，度百岁乃去。"此之谓也。

（三）物熟始食，水沸始饮　人类在穴居野处、茹毛饮血时代，饥则取食，饱则取余，几与禽兽无异。有巢氏始知架木为巢，然亦与飞禽猿猴同。燧人氏作，钻木取火，教民熟食，始与禽兽分道扬镳。《白虎通》曰："谓之燧人何？钻木燧取火，教民熟食，养人利性，避臭去毒，谓之燧人也。"就医学观点言，人类在茹毛饮血时期，信必瘟疫处处，接受天然淘汰，死亡率极高，故燧人知用火，发明火，控制火，使人远离禽兽生活，誉之为医家始祖，亦不为过。据裴文中氏参与北京周口店北京人考古记载：

北京人不但知道用火，而且能控制火。火使人类脱离茹毛饮血时代，减少瘟疫死亡的威胁。火也可以驱逐毒蛇猛兽，使人类得以安居。北京人还会运用树木制作标枪，运用石头制作刀叉与用具。科学家们从地层古生物研究，认为北京人距离现代，应在一百万年左右，最低也不至少于五十万年。（《远古史》）

由此可证我国历史记载"燧人氏钻木取火"之史实不虚，且可将燧人氏年代上溯至五十万年前。吾国祖先自知熟食后，可以免除不少疾病瘟疫，自古即奉为圭臬。陈立公在其《癌症成因之新理论》中，于此有独到见解，全文甚长，谨摘要录后：

天下之大患，种因于不被注意之处，常十居其九。例如人们认为人体有抗毒之本能，只须毒菌不进入口鼻，即可万全，其实造成大错之原因即在于此，盖人们认为：（一）饮水已经消毒可以生饮；（二）生菜洗净即可食；（三）海鲜未煮熟者可生食；（四）牛肉有血者可食;(五)水果洗净可带皮食之;(六)海水浴时,吞海水少许无碍。

殊不知人类经若干万年始发明熟食,以前死于生食者不计其数;熟食后始免去不少种疾病而免于死亡,此乃人类文明成果之一。盖宇宙间凡有水及空气之处即有生物,其能为人类察觉者日见其多,因在几十万倍显微镜下,人开始能见微细如 virus(病毒)者之存在,其不能察见者尚不知凡几。此类生物,有毒与无毒,仅于其在人体中发生作用时始可知之,若其本身微细至极点而又无毒,尚非今日人们所能察见及注意(**即几百万倍显微镜亦不可察见者**),及其进入人体后,觅得一角落或弱点而开始殖民,携其天生之求食、求偶之本能,就地取材而繁衍,可能经数十年后,始发生作用,反客为主。此一小王国在人体内,竟至成为侵略者时,吾人乃称之为瘤。幸而无毒,则免于死亡,如为有毒,则称之曰癌,有似宣告死刑。如被发现得早,则割治之可免于死。盖在此之前,而不知不觉,以其无毒故也。故吾祖先有言为诫曰:"不痒不痛,性命要送。"上述之理论如能成立,则进而作如下之说明:

(一)饮水虽已经过消毒,主要杀死了太阳球菌,但并未保证已杀死水中所有之极微生物,及其经过长距离之水管后,用时并接触空气,微菌早已侵入,否则何以打针时,针头犹待以酒精擦过或煮沸,始可称真正消毒呢?

(二)生菜上面之微生物仅用冷水洗过,绝不可能全被杀死,因冷水本身尚有问题如上述。

(三)有生命之海鲜如 clam(蚌、蛤)、oyster(牡蛎)等,其生命力极强而易于繁殖,其身上之寄生物不知凡几,一经入口,所有极微之生物,包裹在海鲜肉里,闯过口涎、扁桃体两道防线径入肠胃。如其中有一生物,有一蜡壳以资躲藏,如肺病菌者,并可抗拒菌酸碱之侵蚀,则其又可经过第三、四两道防线而进入血液系统,即可觅到一处不易被人体细胞所注意、所排拒，而开始殖民。

（四）牛肉有血者，亦可合有无毒之极微细生物，既未烤死，亦可随牛肉进入肠胃，而如上项所述进入血液，觅地殖民。

（五）水果本身之皮虽有抗菌本能，唯只能御之于皮外，若连皮食之，是人自身授予极微生物以入人体之机会，水果不能负其责也。迨入人体内后，其殖民方式之进行，与前各项同。

（六）海水中不知有多少极微细之生物存在，尽人知之（例如**珊瑚为极微细之海水中生物，竟可造成一海中小岛**），人到海边游泳，其能不吞海水乎？海水一经吞下，第一、二道防线，不复发生消毒作用，三、四道防线，亦被水分冲淡，作用大减。极微生物好比乘船只，顺流而下，直达血液系统，未遇大小抵抗，虽肝肾两脏，自身犹具若干抗毒能力，唯若极微生物本身无毒而且细不可察，则亦任其通过？不无可能。

以上六项之说明，指出所谓现代化之西方生活，即处处予极微无毒之生物以进入人体之机会，以造成癌症之可能因素。在我国以往习惯，水不煮沸不饮，动物肉类与植物不煮熟不食，水果非去皮不食，海鲜及肉类煮炒时必加葱、蒜、姜、酒以去腥兼消毒种种习惯，实出诸经验之教训无疑。有了以上种种预防措施，是于癌症之可怕性，未被医药学进化最早之吾国所注意发现。及西方生活方式传入中国而被采用之后，始感此一病症之震惊。或谓吾国医书中所称之瘤、疽、痈、症及无名肿毒等症，或即指癌，亦未可知，此则亦有可能。总之，由口鼻而入人体之病症，以小孩患者居多数，如蛔虫、钩虫。因小孩好玩泥沙，手污而不知洗，易于入口，若谓肠胃有杀虫之全能，何以有此？是则可以证明外物或其卵混入人体后仍可生长发展之事实也。

吾人今日所仅知者，为癌细胞为人体中不正常之细胞，依另一中心而发展者；及其发展至某程度时，人体本身之组织被其破坏，人体此一部分之营养被其吸收，喧宾夺主，不听"中央政府"之命令，独树一帜，成一割据之外力殖民地。苟其地段为要冲，可破坏"中央"与"地方"之交通，成为"叛乱"之集团。此一比喻，最足以形容癌症杀人之过程与结果。其初未见有毒，及至力量形成，足以篡夺"中央政权"，人们始称之谓有毒也。故不知防患未然或已然，而不及早处理，则终导致失败之结果，乃属必然者也……

苟余之新理论一旦为人们所接受，则西方人之生活方式，必须大大底改变如下：

（一）饮水必须煮沸始可饮，以饮水制成之冰块不能用。

（二）牛奶及其他一切饮料，凡用普通饮水和匀或其盛器用冷水洗濯者，都须改善。

（三）生的蔬菜及不去皮之水果均不能食。

（四）海鲜之生者绝对不能食。

（五）牛肉之有血者不能食。

（六）游泳时口中必须含有消毒药片始可获得保障。

（七）儿童在海滩玩沙时，须戴手套，事后应洗手。

（八）皮肤有破裂，不宜用冷水洗濯或游泳。

如此仍只能作消极的、防止极微生物由人口混入人体内之机会使之减少，尚不能包括鼻孔方面之进入（**由鼻孔之进入之机会究属较少**）。现在儿童之扁桃体不复割去，以其为人体之第一道防线之故，吸入之气体，经过之障碍黏体，较易发生作用，及其吸到肺部，本身又经一番抗毒，不若冷水之倾入体内之易于带入生物耳。

吾人除防御外，尤宜积极研究杀死混入体内之极微生物之有效方法，此则宜在中国医药方面求之。因中国医药首重培本，顾及人体全部，造成环境，使非属于人体内正在殖民之生物，自己萎缩或消灭，不从局部杀死细菌着眼，且重视忌口，使攻击与封锁同时兼施，以消灭"敌人"……故中西医苟能合作，抗癌工作势必成功，愿共图之，人类之幸福，将攸赖之也。

西风东渐，今仍甚多知识分子崇尚欧美生食习俗，引进日本吃生鱼片、生蚵、生虾的习惯。自来水公司甚且倡导饮用其不洁之生水，饮鸩止渴，戕害民众身体健康，罪莫大焉。

（四）多食果菜，少食肉类　水果可以生食，唯必须削去外皮，一可除农药之危害，二可去肥料之脏物，三可去其他虫类爬行之不洁物，四可避空气污染。或谓经洗濯后亦可食用，此为偷懒的说法，不论动、植、矿物，外层保护内部，外层有许多细孔，非洗濯所能尽除之者，非经煮熟杀菌过程，仍以去皮为上策。青菜则须熟食，以杀菌除害也。

"少食肉类"，非不食也。前既言人有后天之精、气、神三者，得自营、卫、宗、真之气，该等气之构成，则为水谷之气化合而成，以营卫于五脏六腑、十二经脉、皮肉毛发。《素问·藏气法时论》曰：

五谷为养，五果为助，五畜为益，五菜为充，气味合而服之，以补精益气。

五谷、五果、五畜、五菜四者，五畜仅居其一。以故孔子曰："肉虽多，不使胜食气。"食（shǐ）气者，以五谷为主也。动物之肉类，多为腥膻之气，为细菌之温床，中国庖厨之师炒煎煮食肉类时，多用生姜、葱蒜、胡椒、大火，或酒或醋，以杀其菌，以除其腥，况生食乎？

（五）头部宜冷，足部宜热　依《内经》言，人体上半身为阳，下半身为阴。头为手之三阳、足之三阳六阳聚会之地，腹为手之三阴、足之三阴六阴交会之所。《灵枢·逆顺肥瘦篇》曰：

> 手之三阴，从脏走手；手之三阳，从手走头。足之三阳，从头走足；足之三阴，从足走腹。

《说卦传》曰："乾为首，坤为腹，震为足，巽为股。"乾为众阳之卦，故手足之三阳均走头。头不畏冷，众阳聚也。阳极则亢，亢则病生，故"头部宜冷"。谚谓："头脑冷静，思虑周全。"亦此意也。

坤为纯阴之卦，故手足之三阴均走腹。腹为众阴集会之地。震为足为雷，由少阴所生，取其动也。巽为股为风，由少阳所生，取其入也。谚谓"寒从脚起"，而伤寒之症，又自足之六经始，故保腹宜先保足，未有足冷而不腹痛者，故曰"足部宜热"，此之谓也。

（六）知足常乐，无求常安　人欲无穷，故知足常乐。知足者，自知满足，安于所遇也。老子曰："自胜者强，知足者富。"又曰："知足不辱，知足不殆，可以长久。"故知足亦可释为"知止"。《书》曰："安汝止。"《礼记·大学》曰："知止而后有定，定而后能静，静而后能安，安而后能虑，虑而后能得。"故知足则无求，无求于人，为无欲。无欲则刚，俯仰无愧，可以免受他人之屈辱。故知足无求者，始能常安常乐也。

"养身在动，养心在静"二句为修身养性之总纲领，"饮食起居"至"头冷足热"为方法，旨在建立吾人健美的体魄，末二句则为教人具有优美的心灵。生理与心理的优美，始为生命的和谐。和谐的人生，即为最有价值、最有意义的人生。其始也，制其外以安其内；其继也，安其内以攘其外。内外皆养，天人理一，上下内外与天地同流，虽上古真人，亦莫过此。总之，陈立公十二句格言，其言虽简，其义至深。粗视之，浅近易晓；细思之，其味无穷。善读者，玩索而有得焉，则终身用之，有不能尽者矣。

总结本章所论"阴阳五行新义""致中和说""安内攘外论"等三节，免疫医学亦在其中矣。谨节录立公《中医之理论基础》（亦为**本书之序文**）其中一段，以为本章之结论。

五行者，宇宙间五种基本动向也。"火"代表向上，"水"代表向下，"木"代表由一点向多方面发展，"金"代表由多方面集中于一点，"土"代表向前进展。有此五者，达致中和之调度，乃克有济。中国医学，即本此最高生存原理——动的均衡（**致中和**）——而成者。余名之曰"中和育位原理"，为中医之科学理论基础。

中医视人为一小天地，凡宇宙一切风、雷、雨、寒、暑等种种大自然的变化，均可影响人类之健康，故称病症为伤寒、温症、风湿等名称。失去均衡则病，而以药物之五行生克之性，以使回复中和则愈。以整体治本为先，故先从安内入手。安内者，"致中和"之别称，盖在此情况之下，自身之抵抗力（**即免疫力**）自增，而病自消。故称中医治病之原理为"安内攘外"亦可，自成一完整之病理及医学体系，并不亚于西医学。昔人喻良医为良相者，以良相能尽"安内攘外"之力，医人医国，其义一也。

下　编

《医易义》今注今译

前　言

[原文]

　　宾[一]尝闻之孙真人[二]曰："不知《易》，不足以言太医[三]。"每窃疑焉。以谓《易》之为书，在开物成务[四]，知来藏往[五]，而医之为道，则调元赞化[六]，起死回生，其义似殊，其用似异。且以医有《内经》[七]，何藉于《易》？舍近求远，奚必其然。

　　而今也年逾不惑[八]，茅塞稍开[九]，学到知羞[十]，方克渐悟，乃知天地之道，以阴阳二气而造化万物；人生之理，以阴阳二气而长百骸[十一]。

[要旨]

　　本章言其问学，自四十以后，方知《易》理与医理关系之密不可分，乃本文之绪言。为使纲举目张，便利读者，以下各章节段落之名称，乃笔者按其文意所增补。

[注释]

　　〔一〕宾：张氏介宾，明山阴人，字惠卿，号景岳，又号通一子。精医，师金梦石，临诊以扶元气为主，喜用熟地黄，人呼为张熟地。

著有《景岳全书》《类经》及《类经图翼》等书。本篇摘自《图翼》《附翼》。《明史·列传》未载张氏。（见《会稽县志》）

〔二〕孙真人：《淮南子》云："精神反于至真，是谓真人。"换言之，即善于养生之人也。孙真人，即孙思邈，隋唐隐士，华原人。通百家，善言老、庄，精通阴阳，推步医药之学，居太白山，隋文帝召为国子博士，不拜。唐高宗显庆中，拜谏议大夫，固辞不就。永淳初卒，寿百余岁。著有《千金要方》《福禄论》《摄生录》《银海精微》等书。（见《新唐书》卷一百九十六、《旧唐书》卷一百九十一）

〔三〕太医：官名，供奉于宫廷内之医师也，俗称御医。《周官》（《周礼》）有医师、上士、下士，掌医之政令；秦汉有太医令，属少府，主医药，历代因之。隋置太医署，唐因之。宋改为太医局，元又改为太医院，明、清皆因之。世俗例称皇室之医为太医，亦曰御医。

〔四〕开物成务：言通晓万物之理，成就天下之务也。《系辞上传》曰："夫《易》，开物成务，冒天下之道，如斯而已者也。""开物"者，开通万物也。"成务"者，完成众务也。从人类思维言，则为开导人民思想，成就众人之要务。

〔五〕知来藏往：《系辞上传》曰："神以知来，知以藏往。"《易经》屡言天、帝、神、鬼。言天一百九十五，言帝有十，言神三十四，言鬼十，实则均指造化而言。所谓造化者，乃创造化育也，与今人言自然之意义同。天与帝，指造化之体；神与鬼，指造化之用。万物之生生化化，为阴阳二气交感，微妙运行于万物之间的潜能，使万物生生不息，化化不已。本书"神以知来，知以藏往"者，谓其神明足以逆料未来之事，其智慧足以鉴察往迹之得失，亦即彰往以察来也。

〔六〕调元赞化："调"为调和，"元"为元气。元气，指人体之精气。《旧唐书·柳公绰传》："公度善摄生，年八十余，步履轻便，或祈其术。曰：'吾初无术，但未尝以元气佐喜怒，气海常温耳。'"有谓元气，为人体内先天之真气，亦可。"赞化"，《礼记·中庸》："能尽物之性，则可以赞天地之化育。""赞"者，助也。"赞化"者，帮助大自然之化育工作也。故"调元"为固本培元，"赞化"为赞助生化机能。调和人体内之元气，帮助人体内生化机能，永保健康之道也。

〔七〕《内经》：包括《素问》和《灵枢》二篇，是中医文献中最古著作，阐述人体生理、病理、诊断、治疗等基本理论。非一人一时之手笔，是我国古代长期与疾病奋斗经验的总结，内容非常丰富。按《汉书·艺文志》：有《黄帝内经》十八卷、《外经》三十九（或谓三十七）卷，《扁鹊内经》九卷、《外经》十二卷，《白氏内经》三十八卷、《外经》三十八卷、《旁篇》二十五卷，凡二百一十六卷。其名"内""外"者，义取《易经》内、外卦之理，先成者为内卦，后成者为外卦也，亦即上、下卦之意。有谓：书之精蕴处为内，粗略处称外。非也。同一人所撰，何分精粗？秦汉前先贤著书立说，常分内外，如《淮南子》内外、《抱朴子》内外、《南华真经新传》内外、《黄庭经》内外、《春秋》内外传、《庄子》内外篇、《韩诗》内外传等是。据《论衡·书案》云："《国语》，《左传》之外传也。"《史通内篇·六家》曰："《国语》家者，其先亦出左丘明，即《春秋内传》。又稽其逸文，纂其别说，分周、鲁、齐、晋、郑、楚、吴、越八国，事起自周穆王，终于鲁悼公，列于《春秋外传·国语》，合为二十一篇。"《宋史·艺文志》："左丘明《春秋外传·国语》二十卷。"韦昭《国语》序："以其文不主于经，故号曰'外传'。"《释名》："《国语》又曰《外传》。《春秋》以鲁为内，以诸国为外，外国所传之事也。"《史记·儒林韩生传》："韩生推《诗》意，而为内、外传数十万言。"《汉书·艺文志》："《韩诗内传》（《内传》佚）四卷，《外传》六卷。"师古注《淮南内外》曰："内篇论道，外篇杂说。"

由此观之，内、外二字之义，可各概括为四种：内：一、先成者；二、其文为经；三、以本国为内；四、内论道。外：一、逸文别说；二、不主于经；三、以外国为外；四、外杂说。

汉前所录三家"内外经"，因三国之乱，均已亡佚。至晋皇甫谧收集残余，辑为《素问》九卷、《针经》九卷，合称为《黄帝内经》。至唐，又复残缺，经王冰补充，原文为朱书，补充者为墨书，并加注解，厥功甚伟。今朱、墨混然无别，不知孰为《内经》原文，孰为王氏补充者。按《汉书·艺文志》所载：《黄帝内经》十八卷、《外经》三十九卷，无《素问》《灵枢》之名。后因张机《伤寒论》引之，《素问》之名由是而有。晁公武《读书志》曰："王冰谓《灵枢》即《汉志》《黄帝内经》十八卷之九卷。按《首古堂集·灵枢经跋》：'王冰以《九灵》名《灵枢》。不知何本？'汉、隋、唐《志》，皆无《灵枢》，《隋志》有《黄帝九灵》十二卷，其文义浅短，为王冰伪托可知。"王冰为唐人，《隋志》所载与其何关？是亦不考之甚也。至《素问》之名，宋林亿曰："所以名《素问》者，全元起云：'素者，本也。问者，黄帝问岐伯也。方陈性情之源、五行之本，故曰《素问》。'全元起虽有此解，义未甚明。《乾凿度》云：'夫有形者，生于无形，故有太易，有太初，有太始，有太素。'太易者，未见气也；太初者，气之始也；太始者，形之始也；太素者，质之始也。气、形、质具而疴瘵由是萌生，故黄帝问此太素之始也。"《素问》之名，义或由此起。后人不明其由来，妄加推断，其愚诚不可及，故特笔之，以请益高明。

何谓《灵枢》？王应麟曰："王冰以《针经》为《灵枢》。"是《灵枢》之名，始于王冰也。张介宾曰："神灵之枢要，故曰《灵枢》。"言过于简略，义有未尽。清王九达曰："灵为至神至玄之称，枢为门户阖辟所系。《生气通天论》：'欲若运枢。'枢，天枢也。天运于上，枢机无一息之停，人身若天之运枢，所谓守神、守机是也。其初意在于据药而用针，故揭空中之机以示人。空者灵，枢者机也。既得其恒，则经度营卫，变化在我，何灵如之。"此段说话，可谓尽《灵枢》之义矣。

〔八〕年逾不惑：《论语·为政》："四十而不惑。"年逾四十，谓超过四十岁也。

〔九〕茅塞稍开："茅塞"，喻人心有所蔽塞也。《孟子·尽心下》："孟子谓高子曰：'山径之蹊间，介然用之而成路，为间而不用，则茅塞之矣。今茅塞子之心矣。'"《集注》："茅塞，茅草而塞之也。言义理之心，不可少间断也。"

〔十〕学到知羞：《孟子·公孙丑上》："无羞恶之心，非人也……羞恶之心，义之端也。"《告子上》："羞恶之心，人皆有之……羞恶之心，义也。""学到知羞"，谓学而后知不足，知不足，则为知耻。知耻近乎勇。从此而后，始知勇猛精进，努力向学，日新又新也。

〔十一〕天地之道……以阴阳二气而长百骸：《系辞上传》："一阴一阳之谓道""阴阳不测之谓神""阴阳之义配日月"。《系辞下传》："乾、坤，其《易》之门邪？乾，阳物也；坤，阴物也。阴阳合德而刚柔有体，以体天地之撰，以通神明之德。"《说卦传》："昔者圣人之作《易》也，将以顺性命之理。是以立天之道，曰阴与阳；立地之道，曰柔与刚；立人之道，曰仁与义。兼三才而两之，故《易》六画而成卦。分阴分阳，迭用刚柔，故《易》六位而成章。"阴、阳二气，犹如今日科学所谓正负、离向二力。因其间分子多寡排列组合之不同，而产生众多不同元素。谚谓："父母生九子，九子九样心。"乾称父，坤称母，而生震为长男，巽为长女，坎为中男，离为中女，艮为少男，兑为少女。震为雷，坎为水，艮为山，三男之性各不同；巽为风，离为火，兑为泽，三女之性亦迥异。因其卦爻之排列组合各不同也，推至六十四卦亦然。各卦之阴阳卦爻相交，错综互变，岂非以阴阳二气排列组合之不同而造化万物长百骸乎？"百骸"，谓人身之全体也。《庄子·齐物》："百骸九窍。"《列子·周穆王》："百骸六藏。"

[今译]

我曾经听孙思邈先生说："不明白《易经》这部书，就不能算是一位良医。"我对这句话，内心时常感到疑惑。总以为《易经》是讲开通万物，成就众务，能知过去、未来的书。医学所重视的，是要调和人体元气，帮助人体生化机能，使病患赖以起死回生。两者目的有别，功用不同，何况医师有《内经》可资遵循，为什么还要去研究《易经》呢？这岂不是舍近求远，多此一举吗？

现在因年龄增长，已有四十多岁，过去闭塞的心智也开朗了许多，为以往的无知感到惭愧，颖悟到"学而后知不足"的道理，继续努力精进，才明白宇宙间的道理，只是阴（向心力或负力）与阳（离心力或正力）正反两种不同元素排列组合，因而产生人类各种功用不同的器官。

第一章 《易经》与医理同原

[原文]

《易》者，易也[一]，具阴阳动静之妙[二]。医者，意也[三]，合阴阳消长之机[四]。虽阴阳已备于《内经》[五]，而变化莫大乎《周易》[六]。故曰："天人一理"者，此阴阳也[七]；医、《易》同原者，同此变化也[八]。岂非医、《易》相通，理无二致，可以医而不知《易》乎？

予默契[九]斯言，潜心[十]有日，管窥一得[十一]，罔敢自私，谨摭《易》理精义[十二]，用资医学变通，不揣鄙俚[十三]而为之论曰。

[要旨]

本段言"天人一理"为阴阳，医、《易》同源为变化，故学医者不可以不知《易》。

[注释]

〔一〕《易》者，易也：易有三义。《乾凿度》曰："《易》名而含三义：所谓'易'也，'变易'也，'不易'也。"郑玄亦曰："《易》一名而涵三义：简易，一也；变易，二也；不易，三也。"

〔二〕阴阳动静之妙：乾之《大象》曰："天行健，君子以自强不息。"谓阳为动态也。坤之《大象》曰："地势坤，君子以厚德载物。"谓阴为静态也。阳为动为辟，阴为静为翕。一动一静，一开一合，变化生矣。

〔三〕医者，意也：《中国医学大辞典》："医，依也，有身者所赖以生全也。又意也，治病贵乎临机应变，用意深远也。医之为道，非精不能明其理，非博不能致其约。能知天时运气之序，能明性命吉凶之数；处虚实之分，定顺逆之节；原疾病之轻重，量剂药之多少；贯微洞幽，不失细小，方为良医。""意"又通"臆"，如《后汉书·李通传》："臆则隐微。"作推理解，或较长。

〔四〕合阴阳消长之机：阴阳的动静，阳消则阴长，阴消则阳长，此消则彼长，彼长则此消。消长之机，亦即变化之机。以故泰之《象传》曰："君子道长，小人道消。"否之《象传》曰："小人道长，君子道消。"六十四卦之变化，均言阴阳消长之道。

〔五〕阴阳已备于《内经》：《内经》"阴阳"二字连称，几百有四，单言阴或阳诸多名词，则举目皆是，不胜枚举。《庄子·天下篇》曰："《易》以道阴阳。"《内经》所言阴阳，实源于《易》。

〔六〕变化莫大乎《周易》：《易经》直接言及变者，四十有八。实则六十四卦、三百八十四爻、一万一千五百二十策，无一不是言变。《易》有"三易"，即《连山》《归藏》《周易》是也。《周礼·春官·大卜》："掌三《易》之法，一曰《连山》，二曰《归藏》，三曰《周易》。"《周礼·春官·筮人》："掌三《易》以辨九筮之名，一曰《连山》，二曰《归藏》，三曰《周易》。"注曰："名曰'连山'，似山出内气也。'归藏'，万物莫不归而藏其中。"所谓《周易》，各家争论不休，计有：郑玄"周普"义、贾公彦"周匝"义、孔颖达"周朝"地名义，均似持之有故，言能成理，故并录之。然余则认为以孔说举证《易纬》"周代以题周"之地名朝代之号为胜。实则《周易》已涵盖《连山》《归藏》二《易》，孔子好古敏求，作《十翼》，三《易》之义，一以贯之矣。

〔七〕**天人一理，此阴阳也**：先秦诸子言"天"，乃以大自然为言，亦即宇宙之意。上下四方谓之宇，古往今来谓之宙，泛指空间与时间。老子曰："人法地，地法天，天法道，道法自然。"乾卦《象》曰："天行健，君子以自强不息。"法天也。坤卦《象》曰："地势坤，君子以厚德载物。"法地也。人为万物之灵，故原卦三画，代表天、地与人，称为三才，人居其中，可以贯通天地，故曰"为人当顶天立地"，又曰"人定胜天"。六画之卦，上两爻为天，中两爻为人，下两爻为地，亦为天、地、人。人为大自然界中之一分子，为太极生两仪、四象、八卦，生生不息而有此身，故又曰"人身即一小宇宙""宇宙即吾心，吾心即宇宙"，天人一理或天人一体，此之谓也。

〔八〕**医、《易》同原，同此变化也**：大自然有日月星辰之运行，春暖、夏热、秋凉、冬寒之更替，雷雨风雪之交作，变化莫测。人受大自然影响，而有七情六欲、生老病死、悲欢离合之变化，故医者治病，亦贵乎时地之不同以临机应变。不知天时，不明地理，不通人情，不分虚实，不解轻重，不依顺逆诸般变化，不得谓为良医。故曰"医、《易》同原者，同此变化也"。

〔九〕**默契**：谓不用言语而意志互通也。《名贤集》："真西山（*真德秀，南宋理学家，号西山*）越山新居成，名其斋曰'学易'。帖云：'坐看吴越两山秀，默契羲文千古心。'朱晦翁见之曰：'吾且当避此三舍。'"

〔十〕**潜心**：谓心静而专注也。《汉书·董仲舒传赞》："下帷发愤，潜心大业，令后学者有所统一，为群儒首。"《三国志·蜀志·秦宓传》："扬子云潜心著述，有称于世。"又《向朗传》："潜心典籍，孜孜不倦。"

〔十一〕管窥：以管窥天，喻所见之小也。《庄子·秋水》："直用管窥天，用锥指地，不亦小乎！"《汉书·东方朔传》："以筦窥天。"筦亦作管。《后汉书·章帝纪》："朕在弱冠，未知稼穑之艰难，区区管窥，岂能昭一隅？"

〔十二〕摭《易》理精义：摭（zhí），拾取也。拾取《易经》之精微义理也。

〔十三〕鄙俚：谓村俗，喻浅陋也。今人以鄙俚为鄙俗，非也。《苍颉篇》："国之下邑曰俚。"是俚亦都鄙之号，鄙俚之言，盖谓乡里之言耳。

[今译]

《易经》这部书，非常简单容易，它的内容是讲究阴与阳、动与静的妙理。医道，就是医者的心意活动，它的作用是要把握阴阳彼此消长变化的契机。虽然阴阳消长在《内经》中说得很清楚，但真正要了解它的千变万化，则有赖于《易经》这部书。所以大自然与人类同理的原因，是彼此都由阴阳二气所构成。医理与《易》理本来同出一源，是因彼此都要讲求变化。这样看来，岂不是医道与易道相通，《易》理与医理没有什么分别？如果要成为一位好医生，怎么可以不专心研究《易经》的道理呢？

我默默沉思"天人一理"的道理，专心一意研究不少的时间，发觉自己有些小小的心得，不敢自私隐藏，愿意采取《易经》精微的义理，用来帮助宏扬医学的变通，所以不考虑自己浅陋、是位村夫俗子，而愿意在此发表个人见解。

第一节 《系辞》精微撮要

[原文]

《易》有太极[一]，是生两仪[二]，两仪生四象[三]，四象生八卦[四]。

[要旨]

本段摘自《系辞上传》第十一章原文中一小段，言太极为宇宙本体，生生不息之道。

[注释]

〔一〕《易》有太极："太极"，是对宇宙本体的一种假定。犹如数学上的未知数，假定其为 X、Y 一样，与科学家所假定的原子、量子、光子同其理。德国哲学家康德的"星云假说"，解释太阳系的构成，后由法国天文学家拉普拉斯、英国天文学家霍伊尔等人，继续为之引申发扬。孔子所假定的"太极"，并未加以说明，故历代儒者争论甚多，兹略举数人。

郑玄曰："太极者，极中之道，淳和未分之气也。"

许慎《说文》曰："惟初太极，道立于一，造分天地，化成万物。"

魏孟康才曰："太极元气，含三为一。"

唐孔颖达曰："太极谓天地未分之前，元气混而为一，即太初、太一也。"

宋陆象山以太极为形而上极中之道。

宋朱熹以究竟至极释太极。

明儒来知德则谓："太极不过阴阳浑沦耳。"

张介宾《类经图翼》引《素问·天元纪大论》："太虚寥廓，肇基化元。"注曰："太虚者，太极也。太极本无极，张子（张载）所谓由太虚有天地之名也。寥廓，空而无际之谓。肇，始也。基，立也。造化之本原也。"

彼等所谓"中也，道也，太初也，太一也，至极也，太虚也"，若以"元气"释之，均可迎刃而解。孔子谓乾、坤为《易》之门，盛赞乾元、坤元。乾、坤二元，即阴、阳两仪。太极则为两仪之总"元"，即宇宙浑沦、阴阳未分前之"元气"也。

老子主"无"，他所谓的道，就是"无状之状，无物之象，是谓惚恍"（《老子》第十四章）。何谓"恍惚"？老子又曰："道之为物，惟恍惟惚。惚兮恍兮，其中有象；恍兮惚兮，其中有物；窈兮冥兮，其中有精；其精甚真，其中有信。"（《老子》第二十一章）观老子形容"道"为恍惚，毕竟还有状、有象、有物、有精、有信的。只是此状、象、物、精、信，仍是由"无"可名状而"有"可名状的假定。若用此意以言太极，必欲状之象之，则为下图"如环之无端"，以状象之。

《易》有太极

此环说明上下四方"无际无极"的空间；此环亦说明古往今来"无始无竟"的时间。

众人皆谓老子"道生一"，此一即太极。孔子亦言道："道也者，不可须臾离也，可离非道也。是故君子戒慎乎其所不睹，恐惧乎其所不闻。莫见乎隐，莫显乎微。"（《中庸》）此固为道德生活，实亦可释为道之本体。若须臾不闻、不睹，隐与微之间，又无所不在，岂非无状之状、无象之象、有精有信、充塞于宇宙间浩然之元气？但不能牵强附会"道生一"为太极。再具体地说，此无可名状之太极，亦可释为生命之机、造化之元。亦即孙中山先生所谓之"生元"或"元子"。孙中山先生解释"生元者，何物也"，曰："其为物也，精矣！微矣！神矣！妙矣！不可思议者矣！"（《孙文学说》第一章）与孔子、老子释道同其旨趣。总而言之，太极之名，是对宇宙本体的一种假定辞。

〔二〕太极生两仪：两仪即阴阳二气，阳代表刚健的动态，阴代表凝聚的静态。以今日科学语言来说，叫作正、反二力或离、向二力。是则阳为正、为离，阴为反、为向。周敦颐曰："太极动而生阳，静而生阴。"孙中山先生说："元始之时，太极动而生电子。"电子内含正、负二电荷。

前言太极为宇宙未分之前的元气，此元气推动太空气体运转，有运动必同时产生离心力与向心力，离、向二力，象征两股相对峙、相抵制、相矛盾，又是相平衡、相吸收、相补救、相维系、相发展的生命大流。这两股力量的震波不论谁大于谁，或其粒子谁多谁寡，不能维持平衡时，必然产生分裂或变体、变质现象。同理，宇宙现象，其实只有正、反两大类，正面称阳，反面称阴。以人体为例，以手的背面为正、为阳，则手掌心面为反、为阴，实属一体的两面。以左为正，则右为反；以右为正，则左为反。以前为正，则后为反；以后为正，则前为反。因为正面的反面为反面，所以反面的反面又为正面。故曰"物极必反"。

《易》卦在阴、阳两仪，两股正反大气流中，用两种不同的符号来假定。以连贯的奇画"▬"为阳爻，代表正，代表刚健、发扬……中分的偶画"▬▬"为阴爻，代表反，代表柔顺、凝聚……故曰"太极生两仪"。实则太极本体中已蕴涵有阴阳，故两仪又各有一太极。如附图：

太极图

阴阳交感，正反平衡。

〔三〕**两仪生四象**：两仪既立，四象即生。犹如男女相悦相配，生理与心理相互调和，从此子孙绵延，即为阴阳交感生生不息之象。人类如此，万物莫不皆然。

前注二言："太极本体中已蕴阴阳，故两仪各有一太极。"同理，两仪生四象，四象又各有一太极。朱熹曰："宇宙为一太极，万物各有一太极，人心亦为一太极。"许多人为此狐疑不解，其实道理很简单，略知遗传学者，即明此理，吾人体内有祖先遗传因子故也，中国人永远是中国人，外国人永远是外国人，纵使血统混合，亦难磨灭其遗传性。

两仪生四象。四象者：分别为太阳、少阴、少阳、太阴。其符号如下：

1. 太阳，其符号为 ☰，阳中之阳也。

2. 少阴，其符号为 ☲，阳中之阴也。

3. 少阳，其符号为 ☵，阴中之阳也。

4. 太阴，其符号为 ☷，阴中之阴也。

《易经》言四象，未有太、少阴阳之称谓，先秦诸子亦未言及。首言太、少阴阳者为《内经》，然多阳明与厥阴，称为三阴三阳。其个别意义为何？兹将《内经》有关说明录后：

甲　论太阳

《素问·阴阳离合论》曰："太冲之地，名曰少阴；少阴之上，名曰太阳。太阳根起于至阴，结于命门，名曰阴中之阳。"上言太阳与少阴相表。《类经》注："有少阴之里，则有太阳之表。阴气在下，阳气在上，故少阴经起于小指之下，太阳经起于小指之侧，故曰'少阴之上，名太阳也'。太阳之脉起于目，止于足；下者根，上者为结，故曰'根于至阴，结于命门'。命门者，目也。此以太阳而合于少阴，故为阴中之阳。然离则阴阳各经，合则表里同其气，是为水藏阴阳之离合也。"

《灵枢·根结篇》曰："太阳根于至阴，结于命门。命门者，目也。"《类经》注："足太阳下者，根于至阴穴，上者结于睛明穴，故曰'命门者，目也'。王氏曰：'命门者，藏精光照之所。'则两目也。"

乙　论阳明

《素问·阴阳离合论》曰："太阴之前，名曰阳明。阳明根起于厉兑，名曰阴中之阳。"《类经》注："太阴之表，阳明胃也。故太阴之前，名曰阳明。阳明脉止于足之次趾，与太阴为表里，故曰根起于厉兑，为阴中之阳。此土藏阴阳之离合也。"

《灵枢·根结篇》曰："阳明根于厉兑，结于颡大。颡大者，钳耳也。"《类经》注："足阳明下者，根于厉兑，上者结于承泣。今曰颡大者，意谓项颡之上，大迎穴也。大迎在颊下两耳之旁，故曰钳耳。"

《素问·至真要大论》曰："帝曰：'阳明，何谓也？'岐伯曰：'两阳合明也。'"《类经》注："两阳合明，阳之盛也。《灵枢·阴阳系日月篇》曰：'辰者，三月，主左足之阳明。巳者，四月，主右足之阳明。此两阳合于前，故曰阳明。丙主左手之阳明，丁主右手之阳明，此两火并合，故曰阳明。'"

丙　论少阳

《素问·阴阳离合论》曰："厥阴之表，名曰少阳。少阳根起于窍阴，名曰阴中之阳。是故三阳之离合也，太阳为开，阳明为阖，少阳为枢。"《类经》注："少阳与厥阴为表里，而少阳止于足之小趾，次趾端，故厥阴之表，为阴中之少阳也。所谓少者，以厥阴气尽，阴尽而阳始，故曰少阳。此本藏阴阳之离合也。（开、阖、枢三者）此总三阳为言也。太阳为开，言阳气于外，为三阳之表也。阳明为阖，谓阳气畜于内，为三阳之里也。少阳为枢，谓阳气在表里之间，可出可入如枢机也。"

《灵枢·根结篇》曰："少阳根于窍阴，结于窗笼。窗笼者，耳中也。太阳为开，阳明为阖，少阳为枢。"《类经》注："足少阳，下者根于窍阴，上者结于窗笼。耳中者，乃手太阳听宫穴也，为手足少阳、手太阳之会，故足少阳结于此。所谓开、阖、枢者，不过欲明内外，而分其办法之法也。"

丁　论太阴

《素问·阴阳离合论》曰："其冲在下，名曰太阴。太阴根起于隐白，名曰阴之中阴。"《类经》注："其冲在下，名曰太阴。以太阴居冲脉之上也。上文曰：'广明之下，名曰太阴。'广明以心为言，冲脉并肾为言。盖心、脾、肾三藏，心在南，脾在中，肾在北也。凡此三阳三阴，皆首言冲脉者，以冲脉为十二经脉之海，故先及之，以举其纲领也。太阴起于足大趾，故根于隐白，以太阴而居阴分，故曰阴中之阴。此下三阴表里离合之义，俱如前三阳经下，复准此。"

《灵枢·根结篇》曰："太阴根于隐白，结于太仓。"《类经》注："足太阳，下者根于隐白，上者结于太仓。太仓即中脘，任脉穴也。"

戊　论少阴

《素问·阴阳离合论》曰："太阴之后，名曰少阴。少阴根起于涌泉，名曰阴中之少阴。"《类经》注："脾之后，肾之位也，故太阴之后，名曰少阴。少阴脉起小指之下，斜趋足心，故根于涌泉穴。肾本少阴而居阴分，故为阴中之少阴。"

《灵枢·根结篇》曰："少阴根于涌泉，结于廉泉。"《类经》注："足少阴，下者根于涌泉，上者结于廉泉。任脉穴也。"

己　论厥阴

《素问·阴阳离合论》曰："少阴之前，名曰厥阴。厥阴根起于大敦，阴之绝阳，名曰阴之绝阴。是故三阴之离合也，太阴为开，厥阴为阖，少阴为枢。"《类经》注："肾前之上，肝之位也，故曰少阴之前，名曰厥阴。厥阴位于足大趾，故根于大敦。厥，尽也。绝，亦尽也。此阴极之经，故曰阴之绝阳，又曰阴之绝阴。（开、阖、枢三者）此总三阴为言，亦有内外之分也。太阴为开，居阴分之表也。厥阴为阖，居阴分之里也。少阴为枢，居阴分之中也。开者主出，阖者主入，枢者主出入之间，亦与三阳之义同。"

《灵枢·根结篇》曰："厥阴根于大敦，结于玉英，络于膻中。太阴为开，厥阴为阖，少阴为枢。"《类经》注："足厥阴，下者根于大敦，上者结于玉英。玉英即玉堂，任脉穴也。"

《素问·至真要大论》曰："帝曰：'厥阴，何也？'岐伯曰：'两阴交尽也。'"《类经》注："厥，尽也。两阴交尽，阴之极也。《阴阳系日月篇》曰：'戌者，九月，主右足之厥阴。头者，十月，主左足之厥阴。此两阴交尽，故曰厥阴。'"由此观之，阳明为阳之盛，即太阳之盛极也，厥阴为阴之尽与绝，即太阴之盛极也。所以设此二者，便于辨证论治也。

《类经》注阳明与厥阴，均引《灵枢·阴阳系日月篇》以言手足之阴阳，兹再摘录其文如次：

"寅者，正月之生阳也，主左足之少阳；未者，六月，主右足之少阳。卯者，二月，主左足之太阳；午者，五月，主右足之太阳。辰者，三月，主左足之阳明；巳者，四月，主右足之阳明。此两阳合于前，故曰阳明。申者，七月之生阴也，主右足之少阴；丑者，十二月，主左足之少阴；酉者，八月，主右足之太阴；子者，十一月，主左足之太阴；戌者，九月，主右足之厥阴；亥者，十月，主左足之厥阴；此两阴交尽，故曰厥阴。"《类经》注："此言十二支为阴，足亦为阴，故足经以应十二月也。然一岁之中，又以上半年为阳，故合于足之六阳；下半年为阴，故合于足之六阴。人之两足，亦有阴阳之分，则左为阳，右为阴。以上下半年之阴阳，而合于人之两足，则正、二、三为阳中之阳，阳之进也，故正月谓之生阳。阳先于左而后于右，故正月主左足之少阳，二月主左足之太阳，三月主左足之阳明。四、五、六为阳中之阴，阳渐退，阴渐生也。故四月主右足之阳明，五月主右足之太阳，六月主右足之少阳。然则一岁之阳，会于上半年之辰巳两月，是为两阳合于前，故曰阳明。阳明者，言阳盛之极也。

七、八、九为阴中之阴，阴之进也。故七月谓之生阴，阴先于右，而后于左，故七月主右足之少阴，八月主右足之太阴，九月主右足之厥阴。十月、十一月、十二月，为阴中之阳，阴渐退，阳渐生也。故十月主左足之厥阴，十一月主左足之太阴，十二月主左足之少阴。然则一岁之阴，会于下半年之戌亥两月，是为两阴交尽，故曰厥阴。厥者，尽也，阴极于是也。此总计一岁阴阳之盛衰。故正与六合，二与五合，三与四合，而阳明合于前也；七与十二合，八与十一合，九与十合，而厥阴合于后也。非如六气厥阴主风木，阳明主燥金者之谓。"

前所言者，为足之三阴三阳应十二地支。手之三阴三阳应十天干又如何？

《阴阳系日月篇》又曰："甲主左手之少阳，己主右手之少阳；乙主左手之太阳，戊主右手之太阳；丙主左手之阳明，丁主右手之阳明，此两火并合，故为阳明。庚主右手之少阴，癸主左手之少阴；辛主右手之太阴，壬主左手之太阴。"《类经》注："此言十干为阳，手亦为阳。故手经以应十日也。十日之中，居前者，木火土为阳；居后者，金水为阴。阳以应阳经，阴以应阴经，亦如足之与月也。故甲主左手之少阳，乙主右手之太阳，丙主左手之阳明。己主右手之少阳，戊主右手之太阳，丁主右手之阳明。十天干之火在于丙丁，此两火并合，故为阳明也。自己以后，则庚、辛、壬、癸，俱全水为阴。故庚主右手之少阴，辛主右手之太阴，癸主左手之少阴，壬主左手之太阴。第足言厥阴，而手不言者，盖足以岁言，岁气有六；手以旬言，旬惟五行而已；且手厥阴者，心包络也，其藏附心，故不言耳。"

手足阴阳如附图：

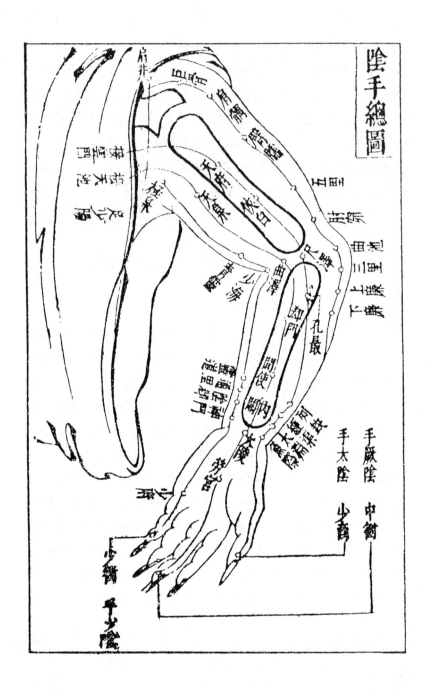

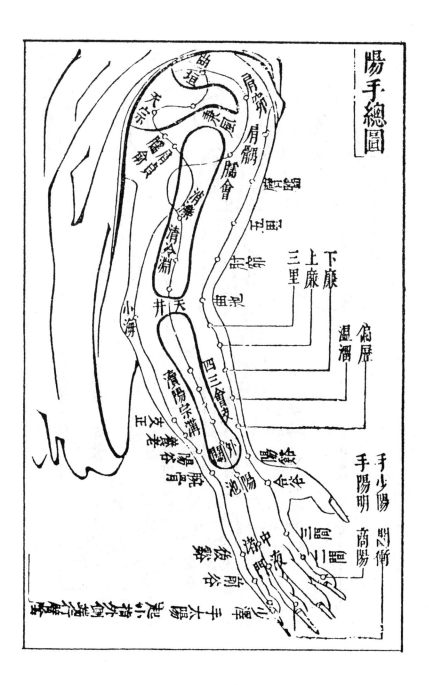

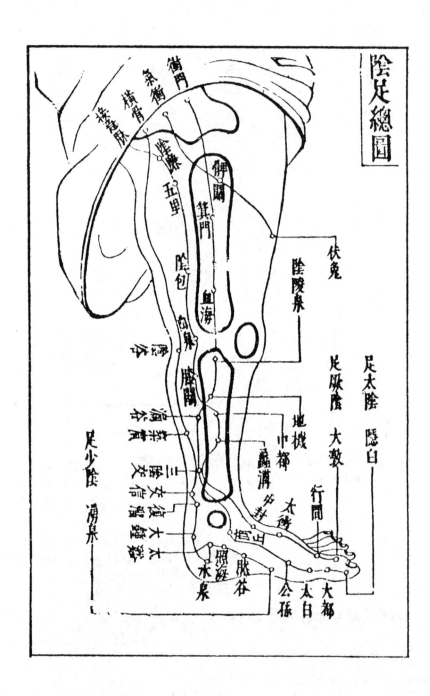

陰足總圖

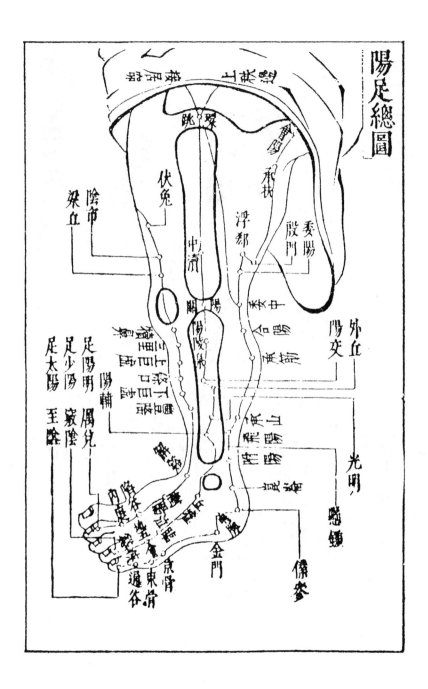

足陽總圖

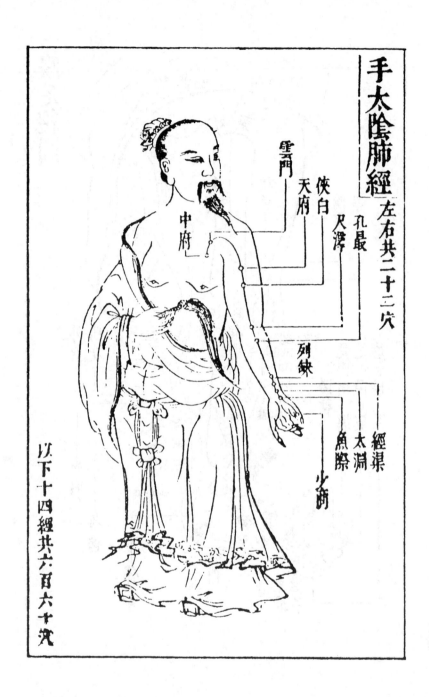

手太陰肺經 左右共二十二穴

雲門
中府
俠白
天府
孔最
尺澤
列缺
經渠
太淵
魚際
少商

以下十四經共六百六十穴

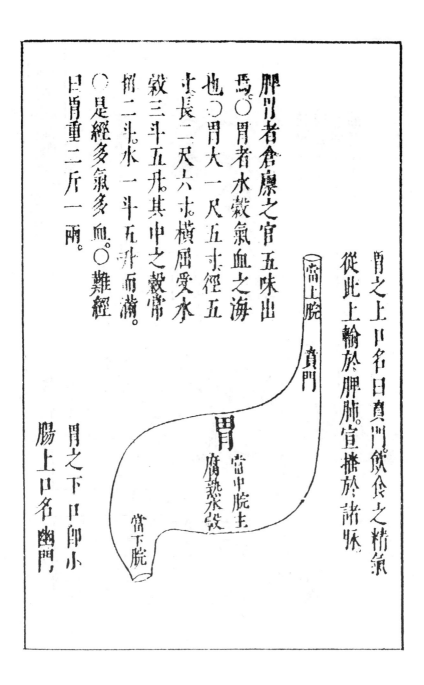

脾胃者倉廩之官五味出
焉。○胃者水穀氣血之海
也。○胃大一尺五寸徑五
寸長二尺六寸橫屈受水
穀三斗五升其中之穀常
留二斗水一斗五升而滿。
○是經多氣多血。○難經
曰胃重二斤一兩。

胃之上口名曰賁門飲食之精氣
從此上輸於脾肺宣播於諸脈

當上脘　賁門

胃　當中脘主
　　腐熟水穀

當下脘

胃之下口卽小
腸上口名幽門

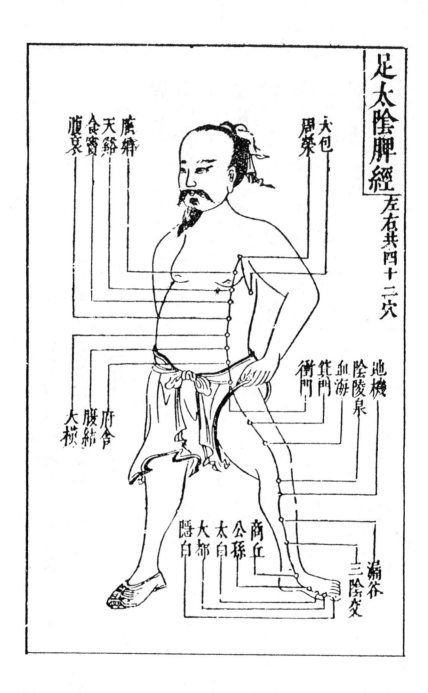

足太陰脾經 左右共四十二穴

周榮 大包

膺俞 天谿 食竇 順哀

地機 陰陵泉 血海 箕門 衝門

大橫 腹結 府舍

隠白 大都 太白 公孫 商丘

漏谷 三陰交

脾者倉廩之官五味出焉○

形如刀鐮與胃同膜而附其

上之左俞當十一椎下聞聲

則動動則磨胃而主運化其

合肉也其榮脣

也開竅於口是

經常多氣少血

○難經曰脾重

二斤三兩廣扁

三寸長五寸有散膏半斤主

裹血溫五藏主藏意與智○

滑氏曰掩乎太倉○華元化

曰脾主消磨五穀養於四傍

遺篇刺法論曰脾爲

諫議之官知周出焉

脾

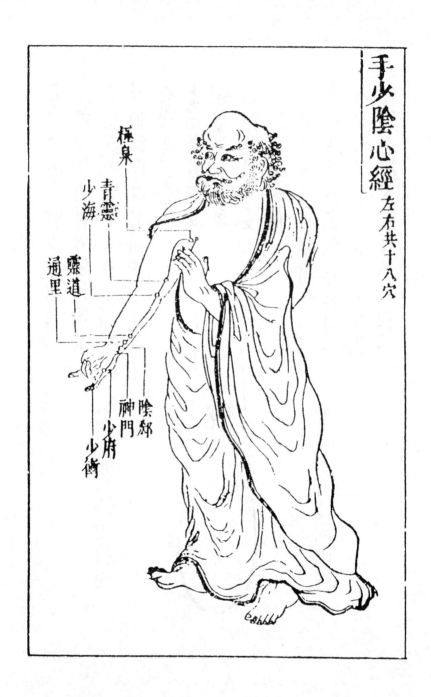

手少陰心經 左右共十八穴

極泉
青靈
少海
靈道
通里
陰郤
神門
少府
少衝

心者君主之官神明出焉○心居肺管
之下膈膜之上附着脊之第五椎是經
常少血多氣其合脉也其榮色也開竅
於耳又曰舌○難經曰
心重十二兩中有七孔
三毛盛精汁三合主藏
神○心象尖圓形如蓮
蕊其中有竅多竅不同。
以導引天真之氣下無
透竅上通乎舌共有四
系以通四藏心外有赤黄裹脂是爲心
包絡心下有膈膜與脊脇周迴相着遮
蔽濁氣使不得上薰心肺所謂膻中也。

肺系即肺管

心

腎系
肝系
脾系

四藏
皆系
於心

手太陽小腸經 左右共三十八穴

肩中俞
天窗
天容
顴髎
聽宮

肩外俞
曲垣
秉風
天宗
肩貞

支正
養老
陽谷
腕骨

臑俞
小海

後谿
前谷
少澤

小腸者受盛之官化物出焉，
○小腸後附於脊前附於臍
上左廻疊積十六曲大二寸
半徑八分分之少半長三丈
二尺受穀二斗四升水六升
三合合之大半○小腸上口
在臍上二寸近脊水穀由此
而入復下一寸外附於臍為
水分穴當小腸下口至是而
泌別清濁水液滲入膀胱滓
穢流入大腸○是經多血少
氣○難經曰小腸重二斤十
四兩。

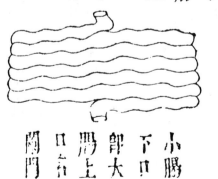

小腸上口即胃之下口

小腸
下口
即大
口上
闌門

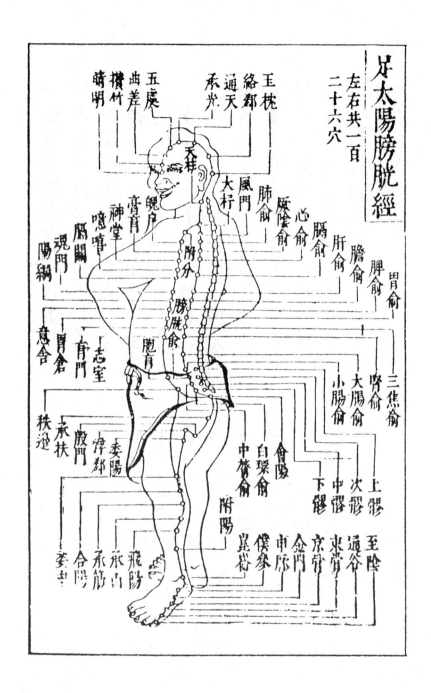

足太陽膀胱經
左右共一百
二十六穴

睛明 攢竹 曲差 五處 承光 通天 絡郄 玉枕 天柱 大杼 風門 肺俞 厥陰俞 心俞 膈俞 肝俞 膽俞 脾俞 胃俞 魄戶 膏肓 神堂 譩譆 膈關 魂門 陽綱 意舍 胃倉 肓門 志室 胞肓 秩邊 承扶 殷門 浮郄 委陽 附分 膀胱俞 腎俞 大腸俞 小腸俞 三焦俞 上髎 次髎 中髎 下髎 會陽 白環俞 中膂俞 至陰 通谷 束骨 京骨 金門 中膂 僕參 崑崙 委中 合陽 承筋 承山 飛揚 附陽

膀胱名州都之官津液藏焉氣化則
能出矣○膀胱當十九椎居腎之下
大腸之前有下口無上口當臍上一
寸水分穴處為小腸下口乃膀胱上
際水液出此別廻腸隨氣泌
滲而入其出其入皆由氣化
入氣不化則水歸大腸而為
泄瀉出氣不化則閉塞下竅
而為癃閉後世諸書有言其
有上口無下口有言上下俱
有口者皆非○是經多血少
氣○難經曰膀胱重九兩二銖縱廣
九寸盛溺九升九合曰廣二寸半

膀胱

下聯前陰
溺之所出

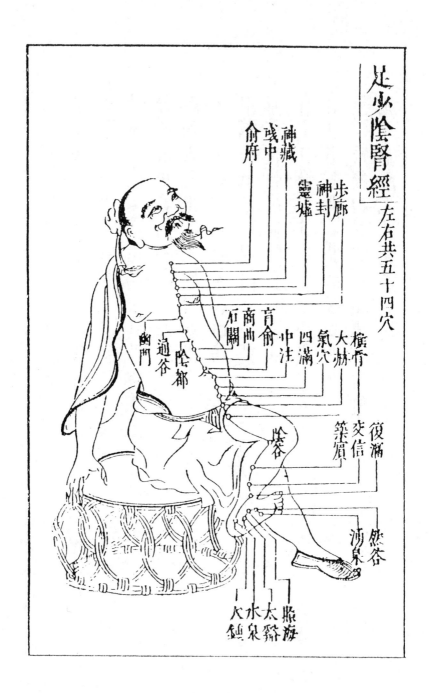

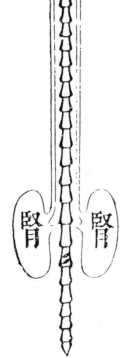

腎者作強之官，伎巧出焉。○腎附於脊之
十四椎下，是經常少血多氣，其合骨也，其
榮髮也，開竅於二陰。○難經曰腎有兩枚，
重一斤二兩，主藏精與志。○華元化曰腎
者精神之舍。
性命之根。○
腎有兩枚，形
如豇豆相並
而曲附於脊
之兩傍，相去各一寸五分，外有黃脂包裹
各有帶二條，上條繫於心，下條趨脊下大
骨在脊骨之端，如半手許，中有兩穴是腎
帶經過處，上行脊髓至腦中，連於髓海。

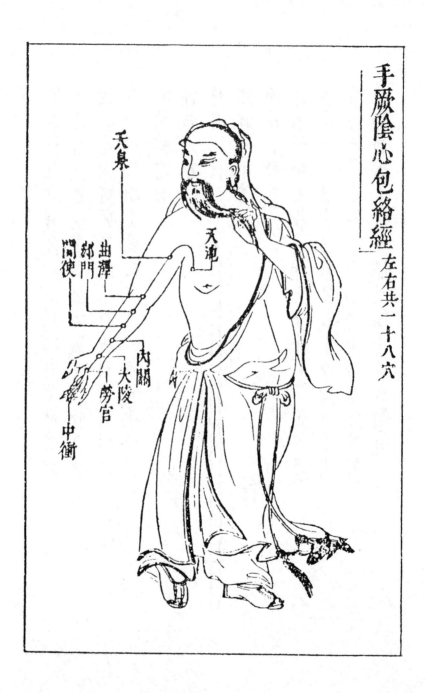

手厥陰心包絡經 左右共一十八穴

天泉

天池

曲澤
郄門
間使

內關
大陵
勞宮

中衝

心包一藏難經言其無形滑伯仁
曰心包一名手心主以藏象攷之。
在心下橫膜之上豎膜之下其奧
橫膜相粘而黃脂裹者心也脂漫
之外有細筋膜如絲與心
肺相連者心包也此說爲
是凡言無形者非〇又按
靈蘭秘典論有十二官獨
少心包一官而多膻中者
臣使之官喜樂出焉一節今攷心
包藏居膈上經始賢中正值膻中
之所位居相火代君行事實臣使
也此二官者其卽此經之謂歟。

心包絡

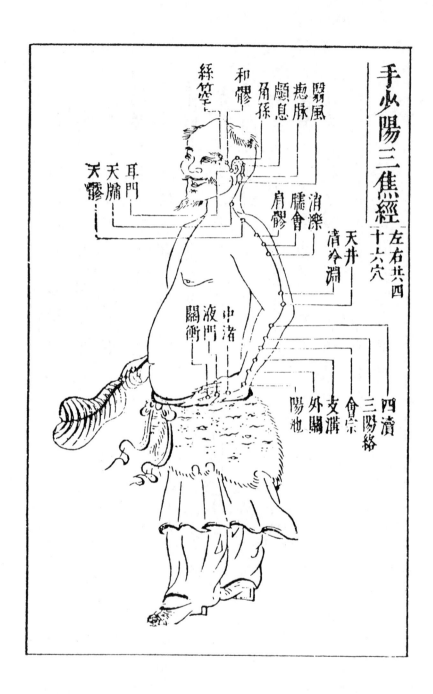

手少陽三焦經 左右共四十六穴

絲竹空
和髎
角孫
顱息
瘈脈
翳風

天牖
天髎
耳門

消濼
臑會
肩髎

天井
清冷淵

關衝
液門
中渚

四瀆
會宗
三陽絡

支溝
外關
陽池

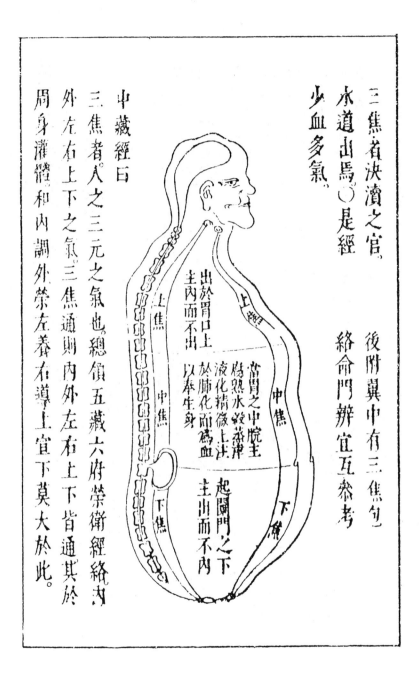

三焦者決瀆之官，

水道出焉○是經

少血多氣，

後附翼中有三焦句

絡命門辨宜互參考

中藏經曰

三焦者人之三元之氣也。總領五藏六府榮衛經絡內外左右上下之氣，三焦通則內外左右上下皆通其於

周身灌體和內調外榮左養右導上宣下莫大於此。

出於胃口上主內而不出以本生身

膻胃之中脘主腐熟水穀蒸津液化精微上注於肺化而為血

起闌門之下主出而不內

上焦

中焦

下焦

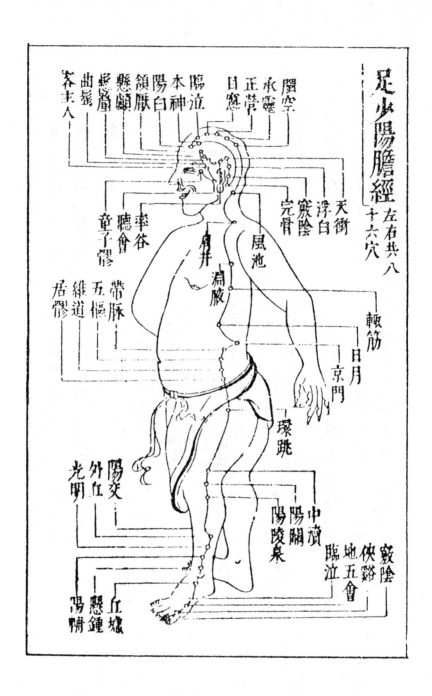

膽者中正之官決
斷出焉。○靈經曰。
膽在肝之短葉間。
重三兩三銖長三
寸盛精汁三合。○
是經多血少氣。○
華元化曰膽者中
清之府號曰將軍
○主藏而不寫。

六節藏象論曰凡十

膽

一藏皆取決於膽也

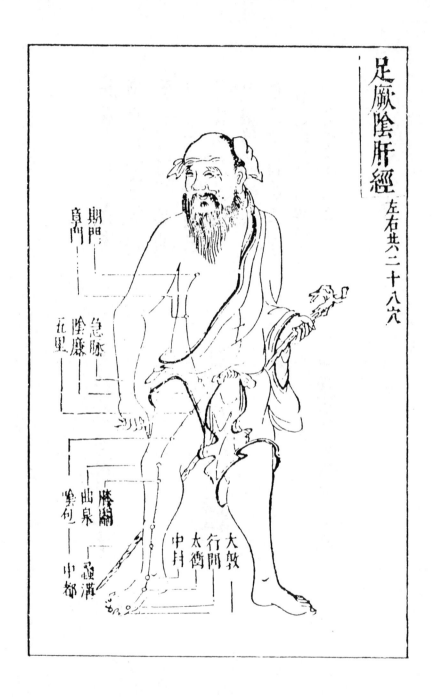

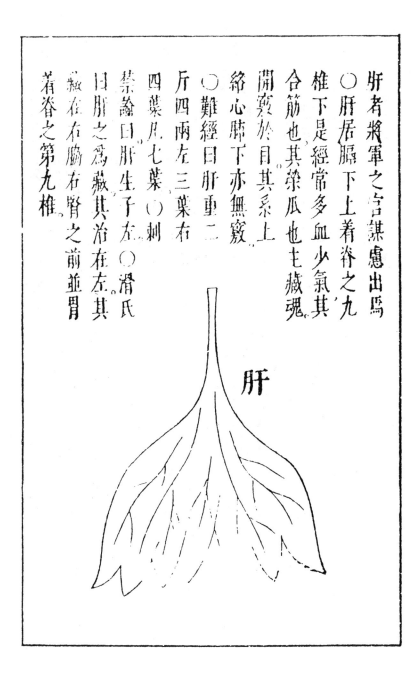

肝者將軍之官謀慮出焉
○肝居膈下上著脊之九
椎下是經常多血少氣其
合筋也其榮爪也七藏魂
開竅於目其系上
絡心肺下亦無竅
○難經曰肝重二
斤四兩左三葉右
四葉凡七葉○刺
禁論曰肝生于左○滑氏
曰肝之為藏其治在左其
藏在右脇右腎之前並胃
著脊之第九椎

肝

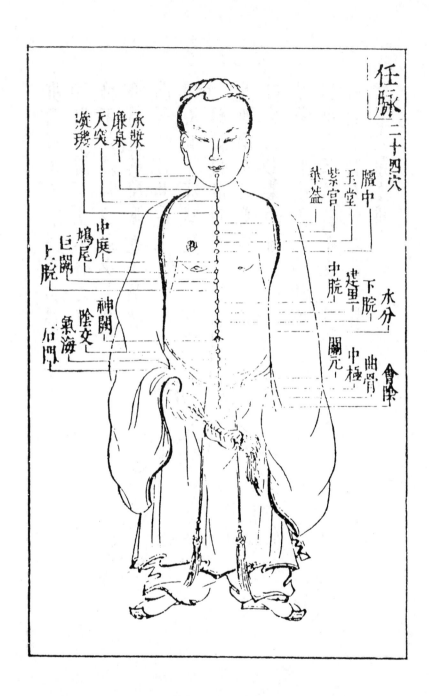

任脈二十四穴

承漿　廉泉　天突　璇璣

膻中　玉堂　紫宮　華蓋

中庭　鳩尾　巨闕　上脘

下脘　建里　中脘

水分　會陰

中極　曲骨

關元　中極

神闕　陰交　氣海　石門

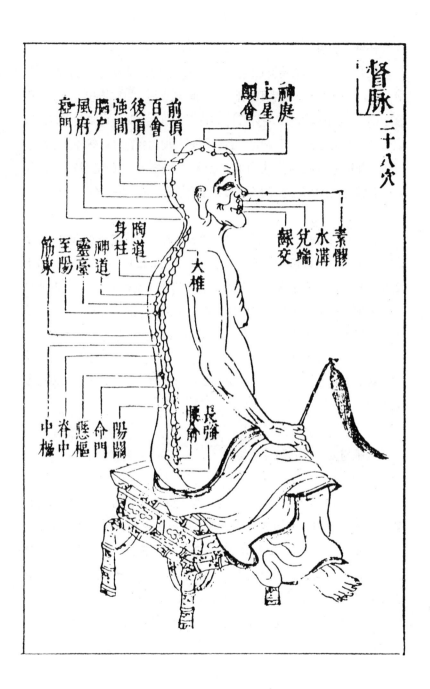

督脉二十八穴

神庭
上星
囟會

前頂
百會
後頂
強間
腦戶
風府
瘂門

素髎
水溝
兌端
齦交

陶道
身柱
神道
靈臺
至陽

筋束

大椎

長強
腰俞

陽關
命門
懸樞
脊中
中樞

任督二脉解

任督二脉，为人身阴阳之纲领。任行于腹，总诸阴之会，故为阴脉之海。督行于背，统诸阳之纲，故为阳脉之海。二脉皆起于会阴。启玄子曰："《甲乙经图》经以任脉循背者，谓之督脉。自少腹上者，谓之任脉，亦谓之督脉。"则是以背腹阴阳，别为名目耳。然冲脉亦起于胞中，并足少阴而上行，是任脉、督脉、冲脉，乃一源而三歧者。故人身之有腹背，犹天地之有子午；任督之有前后，犹二陆之分阴阳也。

《灵枢·阴阳系日月篇》又曰："故足之阳者，阴中之少阳也；足之阴者，阴中之太阴也。手之阳者，阳中之太阳也；手之阴者，阳中之少阴也。腰以上者为阳，腰以下者为阴。"《类经》注："此即两仪四象之道，阴中无太阳，阳中无太阴。故，足为阴，而阴中之阳惟少阳耳，阴中之阴则太阴也；手为阳，阳中之阴惟少阴耳，阳中之阳则太阳也。故，以腰之上下分阴阳，而手配十干，足配十二支，而三阴三阳各有所属焉。可见腰以上者，阳中亦有阴；腰以下者，阴中亦有阳也。"

五脏与太、少阴阳关系如何？

《灵枢·阴阳系日月篇》曰："其于五藏也，心为阳中之太阳，肺为阳中之少阴，肝为阴中之少阳，脾为阴中之至阴，肾为阴中之太阴。"《类经》注："五藏以心肺为阳，故居膈上，而属手经。肝脾肾为阴，故居膈下，而属足经，然阴阳之中，又有阴阳之分，亦如上即足手义。故《金匮真言论》曰：'阳中之阳，心也。阳中之阴，肺也。阴中之阴，肾也。阴中之阳，肝也。阴中之至阴，脾也。'义与此同。"

总括前引《易经》《内经》与《类经》之说，可得如下五点结论：

1. 太极为元气。元气运行，产生离（阳）、向（阴）二力，即两仪也，亦阴阳二气也。

2. 两仪运行，由阳仪生太阳与少阴，由阴仪生太阴与少阳，亦即阴阳二气运行，产生排列组合之多寡也。

3.《易经》言四象，即太阳、少阴、太阴与少阳。《内经》言三阴三阳，即厥阴、太阴、少阴、阳明、太阳与少阳也。

4.《内经》言阳明与厥阴，近代医家多不明其与《易经》之关系。人身由元气而生阴阳二气，由阴阳二气而有三阴三阳，由三阴三阳而分手足之三阴三阳。手足之三阴共六经，合于《易》坤卦六阴爻，手足之三阳共六经，合于《易》乾卦之六阳爻。

5. 阳明为阳盛之极，厥阴为阴盛之极。依"物极必反"或"阴阳互根"规律，阳极则阴生，阴极则阳生。故阳明之定义为"两阳合明"，谓阳盛至极。故乾至上九为"亢龙有悔"，一阴将生也。厥阴之定义为"两阴交尽"，谓阴至此而尽。故坤至上六为"龙战于野，其血玄黄"，一阳将复也。

〔四〕四象生八卦：四象既立，八卦即成。四象之气，再各生阴阳。其相生次序，若两仪之生四象，仍是一分为二：

1. 太阳生乾、兑二卦。其符号为：乾☰，兑☱。

2. 少阴生离、震二卦。其符号为：离☲，震☳。

3. 少阳生巽、坎二卦。其符号为：巽☴，坎☵。

4. 太阴生艮、坤二卦。其符号为：艮☶，坤☷。

为一目了然，兹将"太极生两仪，两仪生四象，四象生八卦"总图绘制于后：

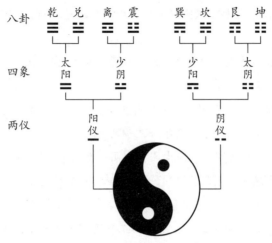

太极生两仪四象八卦图

此种倍数增加的分化现象，与人体细胞分裂现象一样自然，是非常合理的科学推论。同时八卦又代表八种基本现象。从家庭言，乾为父，坤为母，震为长男，巽为长女，坎为中男，离为中女，艮为少男，兑为少女。从自然界言，乾象天，坤象地，震象雷，巽象风，坎象水，离象火，艮象山，兑象泽。从其性质言之，乾为刚健，坤为柔顺，震为动力，巽为入，坎为陷，离为丽，艮为止，兑为悦。

［今译］

《易经》这部书，是根据宇宙自然法则演绎而成的。首先假定宇宙未分前有一太极，是先天无可名状浑然一元的元气，由于它的推动，进而研求其运行的变化。因为宇宙万有莫不两两相对，故再假定一正一反相对相生的阴阳两仪。由于阴阳两仪的运行，一分为二，又相生而为太阳、少阳、太阴、少阴，总称为宇宙四大现象。四象运行不息，故再相生而成乾、坤、震、巽、坎、离、艮、兑等八卦，可以说是宇宙万有八种最基本的自然现象。

[原文]

天尊地卑，乾坤定矣〔一〕。卑高以陈，贵贱位矣〔二〕。静动有常，刚柔断矣〔三〕。方以类聚，物以群分〔四〕，吉凶生矣。在天成象，在地成形〔五〕。乾坤设位，而易行乎其中矣。

[要旨]

本段言宇宙万有两两相对相生的大原则。易道是在相对相生中运行变化。全文摘自《系辞上传》第一章。"乾坤设位"两句为《系辞上传》第五章，唯原文为"天地设位"。

[注释]

〔一〕天尊地卑，乾坤定矣：何谓天？天指上下四方的大空间，古往今来，为无远弗届的时间，简言之即为宇宙。非人力所能为的大自然曰天。因人居于地球，故视天为包围地球之圆体，与地球为对待之称，实则地球亦运行宇宙之中，且是体积甚小之一部分。乾卦《象》曰"天行健"，谓天运行之力为健也；因其广大深远，故曰"天尊"。地球在宇宙诸天体中甚小，故曰"地卑"，亦对待语。"乾坤定矣"，乾象天而非天，坤象地而非地。天为体，乾为用，天体运行不息之力，则名为乾。自地言，则地为体，坤为用。坤卦《象》曰"地势坤"，谓地球厚载动植矿物，繁衍绵延，生生不息，故坤之用为形势。"定"，谓乾坤之"体"与"用"已分明也。

〔二〕卑高以陈，贵贱位矣："陈"，列也。"位"，可释为地位、身份、顺序、次第等义。"贱"者，卑也。《释名·释言语》："贱者，践也，卑下见践履也。"本句承上文，天尊以高贵，地卑而位贱也，相对相待，运行不息。

〔三〕**静动有常，刚柔断矣**：阳动阴静，阳刚阴柔，动者必刚，静者必柔。动非常动，静非常静，动中有静，静中有动。周敦颐《太极图说》曰："太极动而生阳，动极而静，静而生阴；静极复动，一动一静，互为其根。分阴分阳，两仪立焉。"宇宙为动体，动则生生不息；宇宙不动，则万物灭矣。所谓静者，非不动也，乃使生者以定其型也。故动为生生，静为定型；定型亦为动，大动小动之别耳。不明乎此，不足以言动静之道。从全体看个体，个体为动；从个体看全体，全体似静。从大体看小体为动；从小体看大体，大体似静。由内观外，外在动；由外观内，内似静。动极思静，静极思动。内省不疚，省亦动。笔者故曰："动为生生，静为定型。"生命之定型，生物之定型，思想之定型，行为之定型，定型亦为动。

〔四〕**方以类聚，物以群分**：方有道理、法则、方向等义，凡道理相同，法则相合，方向一致，志同道合者，则聚集在一起。物指万物，如动、植、矿物。动物中如人群、兽群、鸟群。人群中有君子与小人。孔子曰："鸟兽不可与同群。吾非斯人之徒与而谁与？天下有道，丘不与易也。"（《论语·微子》）亦即道不同不相为谋，物以群分之意。

〔五〕**在天成象，在地成形**：可望可感而不可及，谓天之象，故曰"见乃谓之象"（《系辞上传》）。可触可践有体积者，谓之形，故曰"形乃谓之器"（《系辞上传》）。在天有日、月、星、辰之象，在地有山、川、动、植、矿物之形。

[今译]

天以阳处上而尊，地以阴居下而卑。天体乾用，乾象天；地体坤用，坤象地。这是天尊地卑、乾坤体用的定分。观天地万物，或高或卑，依序陈列于上下，而《易》中卦爻位置，也是由下而上象征贵贱的等次。乾坤对待，乾动有常而刚，坤静有常而柔，卦爻的刚柔动静，有其一定规律，不可相互混淆。万物同类则相取，为善为恶，为同为异，各归其群，有如君子不入于小人之群，小人亦非君子之类。善则为吉，恶则为凶；吉凶的结果，便是从善恶之前而产生的。在天则有日、月、星、辰以成其象，在地则有山、川、动、植、矿物以成其形。天象之或明或晦、或昼或夜，地形之或荣或枯、或生或灭，造物的千变万化，是非常明显可以观察得到的。

[原文]

是故天生神物，圣人格（原文为"则"）之[一]。天地变化，圣人效之[二]。天垂象，见吉凶，圣人象之[三]。河出图，洛出书[四]，圣人则之。于是乎近取诸身，远取诸物[五]，作八卦以通神明之德，以顺性命之理[六]。

[要旨]

本段言古圣人仰观俯察，近取远求，画八卦以顺性命之理。原文摘自《系辞上传》第十一章与《系辞下传》第二章第二小节。

[注释]

[一] 天生神物，圣人格之：《系辞上传》第十一章两言"神物"，注疏者均谓为"蓍龟"。本章前文亦言"探赜索隐，钩深致远，以定天下之吉凶，成天下亹亹者，莫大乎蓍龟。是故天生神物……"等语。何谓蓍、龟？《说文》："蓍，蒿属，生千岁三百茎，易以为数。天子蓍九尺，诸侯蓍七尺，大夫蓍五尺，士蓍三尺。从艹，者声。"龟为四灵之一。《礼记·礼运》："麟、凤、龟、龙，谓之四灵。"《尔雅·释鱼》："一曰神龟，二曰灵龟，三曰摄龟，四曰宝龟，五曰文龟，六

曰筮龟，七曰山龟，八曰泽龟，九曰水龟，十曰火龟。"《大戴礼·曾子天圆篇》谓："介虫之精为龟。"龟性耐饥渴，寿至百岁之外，龟甲可作卜筮之用，故《周礼·春官》有龟人之官名，祭祀时奉龟以供卜事。《易》观卦《象》曰："圣人以神道设教，而天下服矣。"故蓍与龟，为古代民智未开蒙昧时期，以神道设教，供作卜筮之用的动、植物，所以称其为神物。"格"者，即物穷理也。

何谓圣人？子贡曰："仁且智，夫子既圣矣。"（《孟子·公孙丑上》）是指仁智双修为圣。孟子曰："大而化之之谓圣。"（《孟子·尽心下》）谓广大之德化为圣，是以道德为言。《尚书·大禹谟》："思曰睿，睿作圣。"《传》："无事不通，谓之圣。"睿者，通乎微也，是指智慧而言。《白虎通·圣人》："圣者，通也，道也，声也。道无所不通，明无不然，闻声知情，与天地合德、日月合明、四时合序、鬼神合吉凶。"亦指仁智双修言。其间所谓合德、合明、合序、合吉凶等语，均为形容圣人之伟大。孔子于此一再说圣人则之、效之、象之，当指伏羲氏、轩辕氏、夏禹王、周文王等作《易》之圣者而言。

〔二〕天地变化，圣人效之：《系辞下传》第二章曰："古者包牺氏之王天下也，仰则观象于天，俯则观法于地，观鸟兽之文，与地之宜。"效其运行变化，而为阴阳卦爻，以演绎生生不息之理。

〔三〕天垂象，见吉凶，圣人象之：天有春、夏、秋、冬、雷、雨、风、霜，人有生、老、病、死、悲、欢、离、合，吉凶互见。卦爻变化以天象推之于人事。

〔四〕河出图，洛出书，圣人则之：《尚书·顾命》："大玉、夷玉、天球、河图在东序。"孔安国《传》："《河图》、八卦：伏羲王天下，龙马出河，遂则其文，以画八卦，谓之《河图》。"至《河图》之文：一、六居下，二、七居上，三、八居左，四、九居右，五、十居中。元吴澄《易纂》言曰："《河图》者，羲皇时，河出龙马，背之旋毛后一、六，前二、七，左三、八，右四、九，中五、十，以象旋毛如星点，而谓之图。羲皇则其阳奇阴偶之数，以画卦生蓍。"

至于《洛书》，《尚书·洪范》："天乃锡禹《洪范九畴》，彝伦攸敍。"孔《传》："天与禹，洛出书，神龟负文而出，列于背，有数至九，禹遂因第之，以成九类，常道以次叙。"《汉书·五行志》："禹治水，赐《洛书》法，而陈之《洪范》是也。"兹将《尚书·洪范九畴》原文录后，以供参考：

王（周武王）访于箕子乃言曰："我闻在昔，鲧（大禹之父）陻洪水，汩陈其五行，帝（虞舜）乃震怒，不畀《洪范九畴》，彝伦攸敍。鲧则殛死，禹乃嗣兴。天乃锡禹《洪范九畴》，彝伦攸叙。

"初一曰五行，次二曰敬用五事，次三曰农用八政，次四曰协用五纪，次五曰建用皇极，次六曰乂用三德，次七曰明用稽疑，次八曰念用庶征，次九曰飨用五福、威用六极。

"一、五行：一曰水，二曰火，三曰木，四曰金，五曰土。水曰润下，火曰炎上，木曰曲直，金曰从革，土爰稼穑。润下作咸，炎上作苦，曲直作酸，从革作辛，稼穑作甘。

"二、五事：一曰貌，二曰言，三曰视，四曰听，五曰思。貌曰恭，言曰从，视曰明，听曰聪，思曰睿。恭作肃，从作乂，明作哲，聪作谋，睿作圣。

"三、八政：一曰食，二曰货，三曰祀，四曰司空，五曰司徒，六曰司寇，七曰宾，八曰师。

"四、五纪：一曰岁，二曰月，三曰日，四曰星辰，五曰历数。

"五、皇极：皇建其有极。敛时五福，用敷锡厥庶民。惟时厥庶民于汝极。锡汝保极：凡厥庶民，无有淫朋，人无有比德，惟皇作极。凡厥庶民，有猷有为有守，汝则念之。不协于极，不罹于咎，皇则受之。而康而色，曰：'予攸好德。'汝则锡之福，时人斯其惟皇之极。

无虐茕独，而畏高明。人之有能有为，使羞其行，而邦其昌。凡厥正人，既富方谷。汝弗能使有好于而家，时人斯其辜。于其无好德，汝虽锡之福，其作汝用咎。无偏无陂，遵王之义；无有作好，遵王之道；无有作恶，遵王之路。无偏无党，王道荡荡；无党无偏，王道平平；无反无侧，王道正直。会其有极，归其有极。曰：皇极之敷言，是彝是训，于帝其训。凡厥庶民，极之敷言，是训是行，以近天子之光。曰：天子作民父母，以为天下王。

"六、三德：一曰正直，二曰刚克，三曰柔克。平康，正直；强弗友，刚克；燮友，柔克。沉潜刚克，高明柔克。惟辟作福，惟辟作威，惟辟玉食。臣无有作福、作威、玉食。臣之有作福、作威、玉食，其害于而家，凶于而国，人用侧颇僻，民用僭忒。

"七、稽疑：择建立卜筮人，乃命卜筮。曰雨，曰霁，曰蒙，曰驿，曰克，曰贞，曰悔，凡七。卜五，占用二，衍忒。立时人作卜筮，三人占，则从二人之言。汝则有大疑，谋及乃心，谋及卿士，谋及庶人，谋及卜筮。汝则从、龟从、筮从、卿士从、庶民从，是之谓大同。身其康强，子孙其逢吉。汝则从、龟从、筮从、卿士逆、庶民逆，吉。卿士从、龟从、筮从、汝则逆、庶民逆，吉。庶民从、龟从、筮从、汝则逆、卿士逆，吉。汝则从、龟从、筮逆、卿士逆、庶民逆，作内吉，作外凶。龟筮共违于人，用静吉，用作凶。

"八、庶征：曰雨，曰旸，曰燠，曰寒，曰风，曰时。五者来备，各以其叙，庶草蕃庑。一极备，凶；一极无，凶。曰休征：曰肃，时雨若；曰乂，时旸若；曰哲，时燠若；曰谋，时寒若；曰圣，时风若。曰咎征：曰狂，恒雨若；曰僭，恒旸若；曰豫，恒燠若；曰急，恒寒若；曰蒙，恒风若。曰王省惟岁，卿士惟月，师尹惟日。岁、月、日时无易，百谷用成，乂用明，俊民用章，家用平康。日月岁时既易，百谷用不成，乂用昏不明，俊民用微，家用不宁。庶民惟星，星有好风，星有好雨。日月之行，则有冬有夏。月之从星，则以风雨。

"九、五福：一曰寿，二曰富，三曰康宁，四曰攸好德，五曰考终命。六极：一曰凶、短、折，二曰疾，三曰忧，四曰贫，五曰恶，六曰弱。"

伏羲则《河图》而作八卦，大禹则《洛书》而作《洪范九畴》，如何法象取则，并无详细说明。然《系辞上传》曰："天一地二，天三地四，天五地六，天七地八，天九地十。天数五，地数五，五位相得而各有合。天数二十有五，地数三十，凡天地之数五十有五，此所以成变化而行鬼神也。"已将《河图》《洛书》之义尽含其中。初学《易》者，首应了解：

第一，天数即阳数，阳数即奇数，即一、三、五、七、九是也。地数为阴数，阴数为偶数，即二、四、六、八、十是也。

第二，天数五，为一至九等五个数；地数五，为二至十等五个数。

第三，五个阳（天数）相加（合）起来的和是二十五，五个阴数相加的和是三十。阴阳二数的总和，则为五十有五。

第四，"五"是天的中心数，"六"是地的中心数，但天地的中心数则以天之中心数"五"为准，以天统地也。所以《河图》《洛书》之中心数均为"五"。

第五，《河图》曰："天一生水，地六成之。地二生火，天七成之。天三生木，地八成之。地四生金，天九成之。天五生土，地十成之。"故一、二、三、四、五为生数，六、七、八、九、十为成数。

第六，《河图》生数在内，成数在外。成数的由来，是以中心数"五"为基数，一加五得六，故曰："天一生水，地六成之。"二加五得七，故曰："地二生火，天七成之。"三加五得八，故曰："天三生木，地八成之。"四加五得九，故曰："地四生金，天九成之。"五加五得十，故曰："天五生土，地十成之。"亦即孔子所谓"五位相得而各有合"也。程伊川讲倍数，不知有此合数。五可上可下，可左可右，故五为中心的重心。反之，成数减生数，均还原为五，故五又为半数。生数得之其体备，成数得之其用全。东南方奇数与奇数相加，偶数相加，均为十，西北方亦同。天数与地数配，即阴阳之相合，而衍生万物也。至于天水地火……之由来，请待第三章"伏羲先天六十四卦六圆图"再加说明。

第七，《河图》之数，自一至十。《洛书》之数，自一至九。《河图》数五十有五，《洛书》数四十有五，《河》《洛》之数相加为一百，是天地之全数。

第八，《洛书》"戴九履一，左三右七，五居于中"，均为奇数居东、南、西、北。中五正位。"二、四为肩，六、八为足"，四偶数分居四隅，盖以阳统领阴也。

第九，《洛书》之中无十数，然其上下相加，左右相加，东南角与西北角相加，西南角与东北角相加，均为十数，如与中五相加，均为十五之数。

第十，《河图》中有《洛书》，《洛书》中有《河图》。换言之，《河图》为有先天八卦，亦有后天八卦；《洛书》固为后天八卦，亦有先天八卦。两者均含金、木、水、火、土五行之义。

清江永曰："《河图》《洛书》，本同根源，因已分而推未分，因已变而推未变，天、地、人、物莫不皆然。如人始胎，五官百骸之位置已先具；鸟之方卵，头足尾翼之形已先生。一粒之粟，而根茎苗穗，含于布种之初；一核之仁，而本干枝叶，肇于方萌之始。由是而推，天之日月星辰，地之岳渎湖海，不有默定于冯冯翼翼之先者乎？此皆《河》《洛》未分未变之理也。既分既变，而万事万物，又有无穷之变化，皆包括其中。先儒言《易》之蕴，未推及此。"明王纬曰："《洛书》

之奇偶相对，即《河图》之数，散而未合。《河图》生成之数，即《洛书》之数，合而有数。二者盖名虽异而实同。谓之实同者，盖皆本于天一至地十之数。谓之名异者，《河图》之十，《洛书》之九，其指各有所在。是故一至五者，五行也。自六至九者，四象也。四象即水火金木，土为分旺，故不言老少，而五之外无十，此《洛书》所以止于九。”

〔五〕近取诸身，远取诸物：“近取诸身”，如五官四肢、七情六欲。“远取诸物”，如山泽风雷、生物荣枯等现象。

〔六〕以通神明之德，以顺性命之理：“通”，融会贯通也。变化莫测谓之神，事物昭著谓之明。意谓阴阳变化之观测，阴阳现象又极显著。故“神明”乃指自然造化之妙。“以顺性命之理”，原文为“以类万物之情”。“性”，生之谓性也。“命”为环境。动、植、矿物各有其性，人为万物之灵，其性自亦异于其他动物。同以人类言之，亦有贤与不肖之别，非如孟子与告子之辩也。环境不同，其性亦异，如橘逾淮为枳之理同。

[今译]

因为天生蓍草与灵龟之类神奇的动植物，古之圣人因此研究倡导一种占卜的方法，用以管理众人的事务。天地日夜运行诸般变化，圣人则效之而为阴阳卦爻，演绎天地生生不息之理。自然现象的千变万化，最显著的，如久晴防旱灾，久雨而防水灾，日晕而风，月晕而雨。风调雨顺，则人民安居乐业。圣人观察到这种变化的天象，教人趋吉避凶。相传伏羲之世，有龙马背负图文出于黄河；夏禹治水时，有灵龟负文篆出于洛水。往古圣人，观象悟理。近取象于人有五官四肢、七情六欲，远取象于万物有山泽风雷、生死荣枯等现象，因而创作八卦，以融会贯通自然造化之神妙，以顺应万物各安其居、各得其所、各遂所生之情理。

[原文]

八卦成列，象在其中矣〔一〕。因而重之，爻在其中矣〔二〕。刚柔相摩，八卦相荡〔三〕，变在其中矣。系辞焉而命之，动在其中矣〔四〕。吉、凶、悔、吝生乎动〔五〕，而天地鬼神之为德〔六〕，万物一体之为能〔七〕，森乎昭著而无所遁乎《易》矣〔八〕！

[要旨]

本段为糅合《系辞上下传》之文而成。言卦爻相摩相荡、动变之道，吉凶悔吝因动而生之理，宇宙万有之变化莫测，在《易经》中都记载得很清楚。

[注释]

〔一〕八卦成列，象在其中矣：《系辞下传》第一章原文。八卦成列，谓其两两相对也。乾（☰）与坤（☷）对，震（☳）与艮（☶）对，离（☲）与坎（☵）对，兑（☱）与巽（☴）对。其圆图则为乾一、兑二、离三、震四、巽五、坎六、艮七、坤八。老少阴阳一切的现象均在其中。其详见第二章第四节"四分为八"注〔一〕附图一、二。

〔二〕因而重之，爻在其中矣：《系辞下传》第一章之文。三画之八卦为原卦，两两相重叠之，是为成卦，亦称重卦，而成六画之卦。例如乾与坤重叠（䷋），坤下乾上，则为否卦；乾下坤上（䷊），则为泰卦。六画之卦，称为六爻，亦为六位。爻者，效也，交也，变也（其义详第三章"注三"）。位者，谓其时间与地位之不同也。依封建时代的说法：初为元士，二为大夫，三为诸侯，四为公卿，五为天子，上为师傅。六爻称谓：阳爻称九，阴爻称六。兹以泰、否二卦为例，如附图：

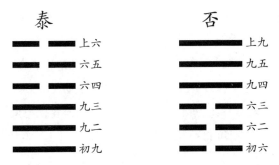

〔三〕**刚柔相摩，八卦相荡**：《系辞上传》第一章之文。"摩"，摩擦也。"荡"，推移也。阳爻（—）称刚，阴爻（- -）称柔，阴、阳二爻相摩交感，而成八卦，如前注"太极生两仪四象八卦图"，八卦又相荡推移，每卦各生八卦，而成六十四卦、三百八十四爻，一切的变化都在其中。

〔四〕**系辞焉而命之，动在其中矣**：《系辞下传》第一章之文。《周易正义》曰："谓之系辞者，凡有二义：论字取系属之义。圣人系属此辞于卦爻之下，故此篇第六章云：'系辞焉以断其吉凶。'第十二章云：'系辞焉以尽其言。'是系属其辞于卦爻之下，则上下二篇经辞是也。文取系（繫）属之义，故字体从系（繫），又音为系（係）者，取纲系（係）之义。卦之与爻各有其辞，以释其义，则卦之与爻各有纲系（係），所以音谓之系（係）也。"二说并存不悖。"命"，确定也，指出也。是谓各卦各爻，系之以文辞，分别指出其吉凶的象征。是则卦爻之一切动态变化得失之理，尽在其中矣。

〔五〕**吉、凶、悔、吝生乎动**：《系辞下传》第一章原文为："吉凶悔吝者，生乎动者也。"吉、凶、悔、吝四者，为各卦爻得失主要断语。除此四者之外，仍有危、厉、咎、无咎、眚、无眚、利等。吝为隐忍、委屈。危与厉为有危险之象。眚为灾难；无眚，无灾。咎为有过，无咎为无过。王弼《周易略例》曰："凡言'无咎者'本皆有咎，防得其道，故无咎。'吉无咎'者，本亦有咎，由吉得免。'无咎吉'者，先免于咎，而后吉从。"宇宙是动体，人是动物。动必有得失、是非、善恶，不论一言一语、一举一动，势非影响他人，波及周遭环境不可，故曰"吉、凶、悔、吝生乎动"。

〔六〕天地鬼神之为德：《文言》曰："大人者，与天地合其德，与日月合其明，与四时合其序，与鬼神合其吉凶。"（"鬼神"二字注，详见第四章十二节）

〔七〕万物一体之为能：太极生两仪、四象、八卦……天地之大德曰生，万物均由太极生生不息而来。以故张载《西铭》曰："乾称父，坤称母……民，吾同胞；物，吾与也。"物物有一太极，太极为万物的本体。如人类不与万物为一体，是则动、植、矿物何可以养人？树、皮、草、根、瓦砾何可以疗人之病？若非其间有"生机"的本体相通，何能及此？（其详请阅拙作《从〈易经〉探讨孔子天人一体的思想》）

〔八〕森乎昭著而无所遁乎《易》矣："森乎"，形容《易》理之广大精微。"昭著"，谓明显。"遁"者，逃也。"无所遁乎《易》"，不能逃离《易》之理也。

［今译］

乾与坤对，震与艮对，离与坎对，兑与巽对，八卦对待成列，老少阴阳的现象，尽在其中了。八卦两两相重叠而成六位的成卦，八八六十四卦，三百八十四爻，尽在其中了。阳刚阴柔两爻，相摩相感，交递变易，乾、坤、震、艮、离、坎、兑、巽等八卦相互推移，而成六十四卦，一切造物的变化，尽在其中了。宇宙是动体，人是动物，动必有得失，所以是吉抑凶，有悔或吝，都是因动而发生的。天地鬼神的大公无私，宇宙万物本为一体，这些道理，广大精微的理论与体系，都非常明显而具体地载在《易经》里。

第二节　天人一体之义

[原文]

伟哉人生，禀二五之精，为万物之灵〔一〕，得天地之中和，参乾坤之化育〔二〕，四象应天，四体应地〔三〕。天地之合辟，即吾身之呼吸也〔四〕；昼夜之潮汐，即吾身之脉息也〔五〕。天之北辰，为群动之本〔六〕；人之一心，为全体之君也〔七〕。由是观之，天之气，即人之气；人之体，即天之体。故康节〔八〕曰："思虑未起，鬼神未知，不由乎我，更由乎谁？"盖谓一念方萌，便达乎气；神随气见，便与天地鬼神相感通〔九〕。然则天人相与之际，精哉妙矣，诚可畏矣〔十〕！人身小天地，真无一毫之相间矣！

[要旨]

总结全章言天人一体之由与人身为一小天地之义。

[注释]

〔一〕禀二五之精，为万物之灵："禀"，天性所赋曰禀。两句均指人而言。"二五之精"语，出自周敦颐《太极图说》："太极本无极也。五行之生也，各一其性。无极之真，二五之精，妙合而凝，乾道成男，坤道成女，二气交感，化生万物……惟人也，得其秀而最灵。"二五之精，当有两解。其一，依周敦颐辞意："二"，指阴阳二气，"五"指水、火、木、金、土。人得阴阳二气与五行之精英，非常巧妙化合凝聚而成形也。其二，依卦象义，每卦六爻，二、五两爻分居上下卦之中，一、三、五为阳位，阳爻居之为当位，二、四、六为阴位，阴爻居之为当位。阴居阳位，阳居阴位，谓之不中与不当位。如既济（☲☵）六爻均为当位，未济（☵☲）六爻均不当位。当位者得中而吉，不当位者失中而凶。既济六二、九五两爻为上下卦体之中爻，人得其二、五之精，当位而为万物之灵，其他万有品类，各得其他卦位之偏，而为飞禽、走兽、鱼虫、植物与矿物。

《内经·素问·宝命全形论》黄帝曰："天覆地载，万物悉备，莫贵于人。人以天地之气生，四时之法成……"岐伯曰："夫人生于地，悬命于天，天地合气，命之曰人。人应四时，天地为之父母……"张载《西铭》所谓乾父坤母，导源于此，周敦颐"二气交感，万物化生……惟人也，得其秀而最灵"，亦由此出。

《类经》曰："天地之间，唯人为贵。乾称乎父，坤称乎母，故为天地之气生。春应肝而养生，夏应心而养长，长夏应脾而养化，秋应肺而养收，冬应肾而养藏，故以四时之法成。"又曰："形以地成，故生于地，命为天赋，故悬于天。天，阳也。地，阴也。阴精阳气，合而成人，故人位乎中而为三才之一。人能合于阴阳，调于四时，处天地之和以养生者，天必育之寿之，故为父母。《四气调神论》曰：'夫四时阴阳者，万物之根本也，所以圣人春夏养阳，秋冬养阴，以从其根，故与万物沉浮于生长之门。'此之谓也。设有逆天之道，失时于和，以妄为常者，虽为天地为父母，亦焉得而庇之哉！"

阴根于阳，阳亦根于阴；阴以阳生，阳以阴长。阴阳二气不可离也。春夏养阳者，为秋冬也；秋冬养阴者，为春夏也。今有人春夏不知养阳，贪风凉，食生冷，伤其阳气，故秋冬多患疟泻，此阴胜之为病也。有秋冬不知养阴者，纵色欲，烤热火，伤其阴气，故春夏多患火证，此阳胜之为病也。善养生者，应顺阴阳之性，守阴阳之根，则能沉浮于生长之门矣。

"万物之灵"，语出自《尚书·泰誓上》："惟天地，万物父母；惟人，万物之灵。"《传》："灵，神也。天地所生，惟人为贵。"由此观之，人即神也，神即人也。我国自古对神的观念，即无迷信色彩。

〔二〕**得天地之中和，参乾坤之化育**：《礼记·中庸》："中也者，天下之大本也。和也者，天下之达道也。致中和，天地位焉，万物育焉。"又曰："能尽物之性，则可以赞天地之化育；可以赞天地之化育，则可以与天地参矣。"

〔三〕**四象应天，四体应地**：《易》之四象有四说：一曰太阳、少阳、太阴、少阴。二曰阴、阳、刚、柔。三曰实象、假象、义象、用象。四曰金、木、水、火。四者之中，以第一说为是。人体亦有四象。邵子曰："日为心，月为胆，星为脾，辰为肾，藏也。石为肺，土为肝，火为胃，水为膀胱，府也。"又曰："天地并行，则藏府配。四藏，天也；四府，地也。"天有日、月、星、辰四象，人有心、胆、脾、肾以为配。地有石、土、火、水四体，人有肺、肝、胃、膀胱以为配。

《素问·阴阳离合论》与《灵枢·根结篇》，均谓太阳为小肠、膀胱两经；太阴为脾、肺两经；少阳为三焦、胆两经；少阴为心、肾两经。四体，谓两手两足四肢也。（其详请阅第二章三节"注三、注四"）

〔四〕**天地之合辟，即吾身之呼吸也**：合，关闭也。辟，开放也。《系辞上传》第五章："夫乾，其静也专，其动也直，是以大生焉。夫坤，其静也翕，其动也辟，是以广生焉。"《系辞上传》第十章："是故阖户谓之坤，辟户谓之乾。一阖一辟谓之变，往来不穷谓之通。"翕与阖，均合义。乾、坤为《易》之门，乾阳辟，犹如人呼气；坤阴阖，犹如人吸气。邵康节《观物外篇下》曰："冬至之后为呼，夏至之后为吸，此天地一岁之呼吸也。"因十一月冬至为一阳初复（䷗）之卦，五月夏至，为一阴始生之姤（䷫）卦。

〔五〕**昼夜之潮汐，即吾身之脉息也**：潮汐，为地理学之名词，海洋之水，受日月球引力，生定时之潮汐。分别言之：早潮曰潮，晚潮曰汐。潮汐高涨之后，渐次低落，迄于再行高涨之期，平均为二十四小时五十一分，此与月球二次经过子午线之时间适合，历久不变，可知潮汐受月球引力之影响较日球尤大。一日之中，潮涨至最高者曰满潮，退至最低者曰落潮。一月之中，涨至最高者曰大潮，多在朔、望左右，因此时日月两引力相合也。最低者曰小潮，多在上、下弦左右，因此时日月两引力相消也。

"脉息"，《中国医学大辞典》载："脉来五十动而不止者，身无病。四十动而一止者，一脏气绝，四年后死。三十动而一止者，二脏气绝，三年后死。二十动而一止者，三脏气绝，二年后死。十动一止者，四脏气绝，一年后死。五六动一止者，七八日死。三四动一止者，六七日死。两动一止者，三四日死。"

〔六〕天之北辰，为群动之本：《论语·为政》："为政以德，譬如北辰，居其所而众星共之。"《集注》："北辰，北极，天之枢也。共，向也。"《尔雅·释天》："北极谓之北辰。"《公羊传·昭公十七年》："北辰亦为大辰。"注："北极，天之中也。"故北辰即北极星。

〔七〕人之一心，为全体之君："君"，主也。此心非解剖学所谓之肉体心，而为哲学上的心。《荀子·解蔽篇》："心者，形之君，明之主也。"故心为神明与形体之主。《素问·灵兰秘典论》亦曰："心者，君主之官，神明出焉。"《六节藏象论》："心者，生之本，神之变也。其华在面，其充在血脉。为阳中之太阳，通于夏气。"

《类经》曰："心为一身之君主，禀虚灵而合造化，具一理以应万机，藏府，百骸，惟所是命，聪明智慧，莫不由之。故曰'神明出焉'。"又云："心为君主而属阳，阳主生，万物系之以存亡，故曰'生之本'。心藏神，神明由之变化，故曰'神之变'。心主血脉，血足则面容光彩，脉络满盈，故曰'其华在面'、'其充在血脉'。心属火，以阳藏而通于夏气，故为气阳中之太阳。'"

〔八〕**康节**：即邵雍。宋范阳人，字尧夫，卒谥康节先生。深于《易》理，著有《皇极经世》《击壤集》，本文所引者见《击壤集》。文意简明，言一切操之在我也。张介宾氏《易》理受其影响最深。

〔九〕**与天地鬼神相感通**：本段前所言者，均为天人一体义。现所言者，为总结语。人如何与天地鬼神相感通？"鬼神"二字，作者在第四章十三节"从鬼神言"发挥甚详，请阅注释外，本段邵子所谓"思虑未起，鬼神未知"、作者所谓"一念方萌，便达乎气，神随气见"等语，则已不言而喻矣。至天地与人之义，《说卦传》第二章曰："立天之道，曰阴与阳。立地之道，曰柔与刚。立人之道，曰仁与义。兼三才而两之，故《易》六画而成卦。分阴分阳，迭用刚柔，故《易》六位而成章。"天之阴、地之柔与人之仁，一也；天之阳、地之刚与人之义，亦一也。每卦六爻，分为三才，即天、地与人也。上两爻为天，下两爻为地，中两爻为人。人居天与地之中，唯人可以贯通天地也。人"禀二五之精，为万物之灵，得天地中和之气，参乾坤之化育"，岂非"与天地鬼神相感通"乎？

〔十〕**天人相与之际，诚可畏矣**：天人相与，有何可畏？孔子曰："畏天命。"（《论语·季氏》）前注天为宇宙，为大自然；而大自然有春、夏、秋、冬，有风、霜、雨、露，有大风、大雨、大旱、大灾……变化莫测，诚可畏也。命为环境。环境有大小之别，家庭环境、学校环境、机关环境、乡镇县市环境、国家环境、民族环境、世界环境、社会环境，各个环境均不尽相同，人在各种不同环境中生存，要适应各种不同环境之生活方式，诚可畏也。人有生老病死苦，有七情六欲，有五脏六腑之变化，既要配合大自然，又要适应各种大小不同之现实环境，是诚"精哉妙矣，诚可畏矣"！此孔子所以言"畏天命"者在此。今人多不明"畏天命"之义，谨献愚者千虑一得之见。

伟大的人生啊！你得天独厚，禀受宇宙阴、阳二气的精华，接受大地水、火、金、木、土五行的精英，成为宇宙万有中最神灵的人。你不但得到大自然最美妙的中和之气，并且能够帮助天地创造万物，使他们生生不息。天有日、月、星、辰四象，人有目、耳、鼻、口；地有水、火、土、石四体，人有血、气、肉、骨。在一年四季，天地有呼吸，冬至以后为呼，夏至以后为吸，和人的一呼一吸是同样道理。海洋早潮晚汐，高涨低落，和人脉息的起伏也是一般的。天上的北极星，是群星动向的中心枢纽；我们人的心，是五官百骸与神明的主体。这样看来，天气就是人气，人体就是天体了。所以邵康节先生说："当你没有任何思虑的时候，连最精灵的鬼神，也不知道你将会想些什么、想要做些什么，根据这一道理来推断，一切为善为恶，成功或失败，不是自己掌握自己的命运，难道还会掌握在他人的手中吗？"这话的意思是说，思念就是气，思虑一萌生，便会随着我们的精神表现在外面，这精神很快就和大自然精神交相感应、相互沟通。所以宇宙和人的结合关系，真是精微美妙得难以想象。因为我们人的身体，就是一个小天地，是没有丝毫间隔、分毫不同的地方啊！

[原文]

今夫天地之理具乎《易》，而身心之理独不具乎《易》乎〔一〕？矧天地之《易》，外《易》也；身心之《易》，内《易》也〔二〕。内外孰亲？天人孰近？故必求诸己，而后可以求诸人；先乎内，而后可以及乎外。是物理之《易》犹可缓，而身心之《易》不容忽〔三〕。医之为道，身心之《易》也；医而不《易》，其何以行之哉〔四〕？

[要旨]

本段总结天地与人类身心之理均具于《易》，进而强调天与人内外孰亲孰近之道，认为医者研究身心之《易》，为不容暂缓的事情。

[注释]

〔一〕"天地之《易》"与"身心之《易》"：《系辞上传》曰："《易》与天地准，故能经纶天地之道。仰以观于天文，俯以察于地理，是故知幽明之故。原始反终，故知生死之说。"幽明之故，生死之说，身心之《易》也。

〔二〕外《易》与内《易》：《易》既与天地准，举凡日月所照，四季所推，风雨所移，无不见于《易》。以人类身心为内《易》言，则《说卦传》曰："乾为首，坤为腹，震为足，巽为股，坎为耳，离为目，艮为手，兑为口。"人身外形之《易》也。邵康节曰："乾为心，兑为脾，离为胆，震为肾，坤为血，艮为肉，坎为髓，巽为骨，泰为目，中孚为鼻，既济为耳，颐为口，大过为肝，否为膀胱。"人有十六象之《易》也。由外形八象而内外十六象，由是推而广之，人之生理与心理，均涵盖于《易》理矣。

〔三〕内外孰亲……不容忽：凡此数语，均为勉医者应正心诚意研究《易》理，使人体身心之《易》理与医者密切相结合。

〔四〕医而不《易》，其何以行之哉：是谓医者如不通《易》理，是为庸医，医道因之亦难以昌明。

[今译]

我们既然了解宇宙大自然的现象，都涵盖在《易》理之中，难道人类身心活动的现象，会在《易》理之外吗？况且天地自然的《易》

理，是外在的《易》理；人体身心的《易》理，是内在的《易》理。内《易》和外《易》，哪样最亲切？自然界和我们人类，哪种最亲近？所以我们必须先要明了自己身心的《易》理，而后再进一步研究自然的《易》理；先研究身心健康的内《易》，再探讨自然的外《易》。自然的《易》，是物理的《易》，可以慢一点研读，研究人体身心之《易》，则是刻不容缓，而且不能忽视的。因为医学的理论，就是以人为对象身心的《易》理，身为医生，如果不懂得《易》理，怎么可以行得通呢？

第二章　先天八卦与医理

扫一扫，
进入课程

[原文]

　　然易道无穷，而万生于一[一]，一分为二，二分为四，四分为八，八分为十六。自十六而三十二，三十二而六十四[二]，以至三百八十四爻，万有一千五百二十策[三]，而交感之妙，生化之机[四]，万物之数，皆从此出矣![五]

[要旨]

　　本段为本章之前言，说明"生生之谓易"，生生不息之理，在于阴阳交感而生化也。

[注释]

　　[一]易道无穷，而万生于一："无穷"，谓不可穷尽。从数之大小言，是无穷大，亦为无穷小。从空间言，指上下东南西北四方无穷其大；小如粒子、电子、光子……无穷其小。从时间言，指古往今来，长远如生命的起源，宇宙、星球的形成，无穷其长远。短如分、秒，如刹那、如光速……之短暂，而无穷其短。也就是说，《易》的道理无所不包，无所不具。"万生于一"，宇宙万有，都是由易道之

太极而生，盖谓"万殊一本，一本万殊"之意也。

〔二〕一分为二……三十二而六十四：由太极生两仪，两仪生四象，四象生八卦，都是倍数相生。本段语意出邵子《皇极经世·观物外篇上》："是故一分为二，二分为四，四分为八，八分为十六，十六分为三十二，三十二分为六十四。故曰'分阴分阳，迭用刚柔，故《易》六位而成章'也。"（《说卦传》）如第一章所注"太极生两仪四象八卦图"，因八卦是三画的原卦，由原卦演为六爻的成卦，亦须一阴一阳次第上升，每一原卦均可产生八个成卦，演为八八六十四卦。而且六十四卦各有归属，不得混淆，兹列举如次：

1. 由乾原卦产生者：乾、夬、大有、大壮、小畜、需、大畜、泰等八成卦。

2. 由兑原卦产生者：履、兑、睽、归妹、中孚、节、损、临等八成卦。

3. 由离原卦产生者：同人、革、离、丰、家人、既济、贲、明夷等八成卦。

4. 由震原卦产生者：无妄、随、噬嗑、震、益、屯、颐、复等八成卦。

以上是由乾至复，共三十二卦，属于阳仪系统。因其初爻均为阳爻之故也。乾起于复，故曰"复见天地之心"。向左行，至夬而成乾，故又曰"乾出夬"。

5. 由巽原卦产生者：姤、大过、鼎、恒、巽、井、蛊、升等八成卦。

6. 由坎原卦产生者：讼、困、未济、解、涣、坎、蒙、师等八成卦。

7. 由艮原卦产生者：遁、咸、旅、小过、渐、蹇、艮、谦等八成卦。

8. 由坤原卦产生者：否、萃、晋、豫、观、比、剥、坤等八成卦。

以上由姤至坤，共三十二卦，属于阴仪的系统，因其初爻均为阴爻之故也。坤始于姤，向右行，终于剥而入于坤，故曰"坤入剥"。

此一法则，不但说明六十四卦产生之次第，如由六十四卦每卦再产生八卦，则为五百一十二卦，如此位数增加，永无止境。凡一切生物，莫不循此法则向前演进。人类人口之繁殖，亦不外此例。或谓："后人何以不循此法则继续推演成为五百一十二卦，或再倍数增加？"盖以《易》理弥纶天地之道，六十四卦，万有一千五百二十策，已尽之矣（详"注三"）。

前言六十四卦之产生，各有归属，兹以乾原卦为例，其产生次序绘图如次：

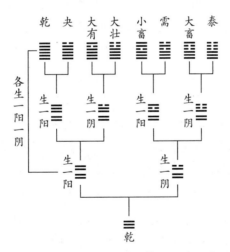

说明：何以先生阳，后生阴？因阳动阴静，阴随阳动；阳先动，阴随之而动故也。学者于此，宜注意之。

乾卦如此，其他七卦莫不皆然。其中泰宫为乾所生，损宫为兑所生，益宫为震所生，既济宫为离所生，以上三十二卦，属阳仪系统。另否宫为坤所生，咸宫为艮所生，恒宫为巽所生，未济宫为坎所生，以上三十二卦，属阴仪系统。一观即知。

〔三〕三百八十四爻，万有一千五百二十策：每卦六爻，六十四卦则为三百八十四爻。策，为蓍数之称。《系辞上传》第九章曰："乾之策二百一十有六，坤之策百四十有四，凡三百有六十，当期（年）之日。二篇之策，万有一千五百二十，当万物之数也。"乾为阳，阳的代表数为九；每爻以四（象征四时）乘九，得三十六策；每卦六爻，共为二百一十六策。坤为阴，阴之代表数为六；每爻以四乘六，得二十四策；每卦六爻，共为一百四十四策。乾策两百一十六加坤策一百四十四，计为三百六十策，相当于一年之日数。《易经》分上、下两篇，上经起于乾卦，终于离卦；下经起于咸卦，终于未济卦。两篇凡六十四卦，三百八十四爻，奇（阳爻）、偶（阴爻）各半，共得一万一千五百二十策，用以比拟物类的繁多，故统称为万物。阳策每卦二百一十六，以三十二卦乘二百一十六，得六千九百一十二策。阴策每卦一百四十四，以三十二乘一百四十四，得四千六百零八策。六千九百一十二策加四千六百零八策，共为一万一千五百二十策。

〔四〕交感之妙，生化之机：周敦颐《太极图说》曰："二气交感，化生万物。"《系辞下传》第五章："天地绸缦，万物化醇；男女构精，万物化生。"咸卦《象》："天地感而万物化生。"益卦《象》："天施地生，其益无方。"举凡言天地、乾坤、阴阳、雌雄、牡牝、男女等，均以"一阴一阳之谓道"为义，阴阳交感，始能生生不息，非唯动植物如此，即有机物如矿物，亦不能离此法则。

〔五〕万物之数，皆从此出："万物"，形容其众多，非止于万数也。如万生于一本之太极，衍生为"万有一千五百二十策"，即已超出万数。又如六十四卦每卦再生八卦，则为五百一十二卦，三千零七十二爻，五十五万二千八百六十策。如此生生不息，以至于无穷。

[今译]

《易经》的内容，简单地说，包括理、数、象三大内涵。理为哲学，数为科学，象为现象。宇宙万有虽然千变万化，但都离不开这三大范畴。因此说，《易经》所讲的道理，是无穷无尽的。不过这些千变万化的理、象、数，都是根据一个原理而产生，这个原理就是"太极"。太极动而生阴、阳两仪，两仪动而生太阳、少阳、太阴、少阴等四种现象，四象动而有乾（天）、坤（地）上下之分，震（雷）、巽（风）、坎（水）、离（火）、艮（山）、兑（泽）等八种宇宙万有不可或缺的基本动力，我们名之为八卦。这八大基本动力再一分为二而为十六，十六分为三十二，三十二分为六十四，可以名之为宇宙六十四类基本理则，我们称之为六十四卦，每卦六爻，六十四卦共三百八十四爻，阴阳爻各半，阳爻每爻三十六策，共六千九百一十二策，阴爻每爻二十四策，共四千六百零八策，阴阳二策相加，则为一万一千五百二十策。这些数目的来由，是从阴阳交相感应，相互结合而化生，宇宙万有种类的繁多，都是由太极生生不息而出来的。

第一节　何谓一

[原文]

详言之，则所谓一者，《易》有太极也[一]。太极本无极，无极即太极[二]。象、数未形，理已具，万物所生之化原[三]，故曰："五行不到处，父母未生前。"[四]又曰："杳杳冥冥，其中有精；其精甚真，其中有信。"是为造物之初[五]。因虚以化气，因气以造形，而为先天一气之祖也〔六〕。医如明此？乃知生生化化，皆有所原〔七〕。则凡吾身于未有之初，便可因之以知其肇基于父母，而预占其禀受之象矣〔八〕！

［要旨］

本节言一为太极；太极为宇宙万有生化之原，先天一气之祖。人身未有之前，亦可推知为肇基于父母，接父母先天遗传之现象。兼采儒、道两家之说。

［注释］

〔一〕《易》有太极：乃《系辞上传》第十二章语。第一章注之甚详，今因其连接"太极本无极，无极即太极"二语，愿就"《易》有太极"之"有"字，再作举证。王弼注《易》，历代学者均认其以道家之"虚"为主。然在有无之辩，亦不能自圆其说。《世说新语·文学》："王辅嗣弱冠诣裴徽。徽问曰：'夫无者，诚万物之所资，圣人莫肯致言，而老子申之无已，何耶？'弼曰：'圣人体无，无又不可以为训，故言必及有。'"是则"《易》有太极"之"有"可知矣！

〔二〕太极本无极，无极即太极："太极本无极，无极即太极"，确较周敦颐《太极图说》语"无极而太极"高明，避免许多无谓争执。（其详请参阅上编第三章第二节）

〔三〕象、数未形，理已具，万物所生之化原：《易》有三大内涵，理、数、象是也。太极只是一个"理"，太极动而生两仪，两仪是阴与阳，"两"为"数"，阴与阳为"象"。两仪动而生老少阴阳四象，"四"为数，太阳、少阳、太阴、少阴为"象"；八卦、六十四卦之理同，八与六十四为"数"，各卦之卦名则为"象"。凡动者必有现象，有现象必有数之别。换言之，象与数未形成之前，其所以能形成象数的"理"早已存在，而此理即为太极，此太极即为万物生化之根源，亦即宇宙之本体。

〔四〕**五行不到处，父母未生前**：语出邵子《击壤集》。五行为水、火、金、木、土。陈立公曰："水润下，火炎上，金凝聚，木伸展，土平衡。"水与火相对待，金与木相对待，唯土可使水、火、金、木四者产生平衡作用。盖金与木赖土以生存发展，土可以收水蓄水，又可以灭火蓄火。水为液体，火为气体，金、木、土为固体，"行"为动态，故五行既相生又相克，万物均赖五行而形成，无五行亦无万物。

首无极，次太极，再五行，四乾坤，五万物。"父母未生前"者，指乾、坤二元仍未形成。五行未有，乾、坤未生，宇宙仍为一片莫可名状的混沌。

〔五〕**杳、冥、精、真、信，造物之初**：语出《老子》第二十五章："有物混成，先天地生，寂兮寥兮，独立而不改，周行而不殆，可以为天下母，吾不知其名，字之曰'道'，强为之名曰'大'。"即"大道"之意。又第二十一章："道之为物，惟恍惟惚。惚兮恍兮，其中有象；恍兮惚兮，其中有物；窈兮冥兮，其中有精；其精甚真，其中有信。""杳"与"窈"同义。"杳""冥"，吴澄曰："窈冥则昏昏昧昧，全不见矣，此道之无也。"严灵峰先生曰："窈，微不可见；冥，深不可测。"精，信者，伸也，伸屈往来也。最细微之精原。《庄子·秋水》："夫精，水之微也。"《管子·内业》："精，气之极也；精也者，气之精也。凡人之生也，天出其精。"与此精之意义相合。恍惚窈冥的大道难以形容，但此大道在运行之时，又确有象有物，有精有信，无可名状，孔子名之为"太极"。太者，大也；极者，中道也。名虽不同，其理则一。造物者，指创造万物的太极也。

〔六〕**虚以化气……先天一气之祖**：《系辞下传》曰："《易》之为书也不可远，为道也屡迁。变动不居，周流六虚，上下无常，刚柔相易，不可为典要，唯变所适。"因虚以化气，此"虚"字，当指"周流六虚"之虚。《易》卦六爻，下二爻言地道，中二爻言人道，上二爻言天道。依《庄子·知北游》之言，太初之前为"太虚"，然其认为道"不游太虚"，可见太虚为空虚寂寞之境。《易》有太极，则为天地未分之前即有。故太极是"先天一气之祖"。《素问·上古天真论》："恬淡虚无，真气从之。"《文子·守弱》曰："形者，生之舍也。气者，生之元也。"笔者前注太极为假设，为天地未分前之"二气"。由此元气之动，生阴阳二气，阴阳两仪运转之动与静，再生太阳、少阳、太阴、少阴等四象。太、少阴阳之动静凝聚，而有天、地、水、火、雷、风、山、泽等八种形而下之物质世界，故曰"因气以造形"。先天者，天地未分之前也。祖者，始也。

〔七〕生生化化，皆有所原：《系辞下传》曰："天地絪缊，万物化醇；男女构精，万物化生。"《列子·天端》："有生不生，有化不化。不生者能生生，不化者能化化。生者不能不生，化者不能不化，故常生常化。常生常化者，无时不生，无时不化。阴阳尔！四时尔！不生者凝独，不化者往复。往复，其际不可终；凝独，其道不可穷。"列子之意，所谓"生者化者"，乃指有形之万物，生生不已，化化无穷，动变不居。所谓"不生不化者"，是指宇宙不变之本体，即其后文所称之"太易"，而为"生者化者"之主宰，亦即吾人所谓之"太极"。阴阳四时之运行，故万物常生常化。天地絪缊，男女构精，万物化生，其原为太极也。

〔八〕吾身未有之初……预占禀受之象："吾身未有"，可二指：一指未出母胎前，二指父母未受孕前。"肇"，始也。"肇基于父母"，始基于父母也。"占"，候也，视也。"预占"，事前预见征兆以知吉凶也。"禀受"，可作禀赋承传或遗传解。俗谓："龙生龙，凤生凤，老鼠生来会打洞。"此指形体、性格、疾病三者之遗传言，形体与疾病固无论矣，性格则随父母受精前性格之变化而变化，受孕后之胎教所影响。此点，近代遗传学已获明证。请阅第四章第五节"注九"所摘录《宜鳞策》。

[今译]

什么叫作"一"？详细地说，是根据易学自然法则的演绎。首先假定未有宇宙之前，先有无可名状、浑然一元的"太极"，也是宇宙的本体。太极本来是无可名状、浑然一元的假定，因其无可名状，所以又称这太极就是"无极"，故曰"太极本无极，无极即太极"。两者异名同义，只不过类彼名词不同而已。

易学包括数、理、象三大内容，两仪、四象未形成前，太极之理即早已存在，它是宇宙万有生化的根源。所以邵康节先生说："太极是水、火、金、木、土等五种基本动态，元素还没有形成，乾父坤母犹未确立以前就有了。那时的宇宙尚混沌未开。"老子说："在宇宙未分、深远暗昧的时空中，有一种最细微精原的元气；这精原的元气是非常真实的，它并且在宇宙太空中伸屈往来，运转不息。"它就是宇宙万有创造者——太极。这位创造者，在空虚寂寞的太虚，首先创造出阴、阳两种元素，由于这两种元素运转速度快慢不一，内部分子排列组合发生差异，进而产生太阳、少阳、太阴、少阴等四种基本现象。四种现象运转不息，相互感应，相生相克，相补相制，再分裂、再组合，产生天、地、水、火、风、雷、山、泽等八种有形的物质世界。所以"太极"是天地未分前的先天元气。我们做医生的人，如果能够明白这层道理，则知宇宙万物常生常化，都是根源于太极。从此也可以了解，我们人类的心性生命在未形成之前，即知是父母孕我生我，而且也可预知我们的性格行为，有些部分定直接受到父母遗传的影响。

第二节　一分为二

[原文]

　　所谓"一分为二"者，是生两仪也。太极动而生阳，静而生阴[一]。天生于动，地生于静[二]。阳为阴之偶，阴为阳之基[三]。以体而言，为天地；以用而言，为乾坤；以道而言，为阴阳[四]。一动一静，互为其根[五]。分阴分阳，两仪立焉，是为有象之始[六]。因形以寓气，因气以化神，而为后天体象之祖也[七]。医而明此，乃知阴阳血气，皆有所钟。则凡吾之形体、气质，可因之以知其纯驳、偏正，而然会其禀赋之刚柔矣[八]！

[要旨]

　　本节从太极生两仪，阴阳之体用与道的相互关系，进而直指其与吾人形体之纯驳，气质之偏正，禀赋之刚柔同其理趣。以周敦颐《太极图》为其立论之依据。

[注释]

　　[一]太极动而生阳，静而生阴：语出周敦颐《太极图说》。邵子《皇极经世·观物内篇》之一曰："动之始则阳生，动之极则阴生焉。一阴一阳交，而天之用尽之矣。静之始则柔生，静之极则刚生焉。一刚一柔交，而地之用尽之矣。"

　　[二]天生于动，地生于静：语出邵子《皇极经世·观物内篇》之一曰："天生于动者也，地生于静者也。一动一静交，而天地之道尽之矣。"宇宙为动体，地球为宇宙中一分子，自亦为动体。动则生，静止则死。气体动则成液体，液体动则成胶体，胶体动则成固体，

各个阶段均因动的摩擦压缩而产生高温，不断爆炸分裂，分裂出许多小行星。地球之形成，自亦经过上述阶段。宇宙万有虽动变不居，但必有暂止之时，不止则不能成物成象。坤初六《象》曰："履霜坚冰，阴始凝也；驯至其道，至坚冰也。"凝为凝聚、凝结、凝固，即为暂止之意。乾卦《象》曰："天行健，君子以自强不息。"永无止境，动而不息，万物何以生存发展？坤卦《象》曰："地势坤，君子以厚德载物。"地球形势能载万物，动中之静也。因动中有静，故万物生焉。

〔三〕阳为阴偶，阴为阳基：《皇极经世·观物外篇上》："阳得阴而生，阴得阳而成。"又曰："阳用阴，阴用阳。以阳为用，则尊阴；以阴为用，则尊阳。"又曰："阳不能独立，必得阴而后立，故阳以阴为基；阴不能自见，必待阳而后见，故阴以阳为唱。阳知其始，而享其成；阴效其法，而终其劳。"故张氏语意，仍出自邵子。阳刚阴柔，阳施阴受；孤阴不生，独阳不长。阴阳虽相反，实为相辅相成，相补相生，笔者故曰："阳为阴之偶，阳施也；阴为阳之基，阴受也。"

〔四〕体为天地……道为阴阳：前注一再言及宇宙本体为"太极"，今又谓"体为天地"，岂非多元论而为三体？非也。太极为宇宙万有之本体，是宇宙的中心点，是万物的根源，是生命的核心。因其生生不息，始创造生命的万有与万象。"物物有一太极"者，是从其本体而言也。太极运转而生万物，万物又各有其性能与作用。谚谓："父母生九子，九子九样心。"此之谓也。万物之万象，不论其如何千变万化，皆不出一正（阳）一反（阴）阴阳相生相克、相辅相成之道。乾义代表刚健散发，天体则包括日月星辰诸天体，故曰："天体乾用。"天体，非乾义所可得而尽也。坤义代表柔顺凝聚，地体则包括山、川、动、植、矿物。地体，非坤义所能尽涵也，故曰："地体坤用。"

"以道言，为阴阳"，《说卦传》曰："立天之道，曰阴与阳。立地之道，曰柔与刚。立人之道，曰仁与义。"《系辞上传》曰："一阴一阳之谓道。"是言道内有阴阳，包含阴阳二者，非先有阴与阳，而后有道也。孔子曰："吾道一以贯之。"（《论语·里仁》）是谓道贯通天、地、人三才之道，故道即太极。何谓道？从字面言，为有来有往的"道路"。孟子曰："夫道，若大路然。"（《孟子·告子下》）此之谓也。从哲学言，乃指造化所循的轨辙，人生所由的途径。照易学理解，即日月星辰诸天体的运行，春夏秋冬四时的往来。

〔五〕一动一静，互为其根：语出《太极图说》。邵子《皇极经世·观物内篇》："动之大者，谓之太阳；动之小者，谓之少阳；静之大者，谓之太阴；静之小者，谓之少阴……静之大者，谓之太柔；静之小者，谓之少柔；动之大者，谓之太刚；动之小者，谓之少刚。"故阴阳、刚柔之大小，均由动静之大小以为判。两仪、四象、八卦、六十四卦，以至宇宙万有之产生，均不离乎一动一静。《庄子·天道篇》曰："虚则静，静则动，动则得矣。"与此义同。阳生阴，阴补阳，阳去则阴竭，阴尽则阳灭，是故动静互为其根，请连前注一、二、三、四合而观之，即可得其奥义。

〔六〕分阴分阳，两仪立焉，是为有象之始：《系辞上传》曰："见乃谓之象，形乃谓之器。"又曰："形而上者谓之道，形而下者谓之器。"今之研究哲学者，多谓阴阳一分，则为形下之器，非也。"形"作形体解，例如长、阔、高之形，色、香、味、嗅、触之觉等，均为有形之物体。一阴一阳两仪，非形体，谓之为现象界可，谓之物质界形而下之器则不可。现象界有象可寻，本体界无象可寻，故曰"《易》有太极，是生两仪"。仪者，容也。故两仪为有"象"之始。

〔七〕因形以寓气，因气以化神，为后天体象之祖：《皇极经世·观物外篇上》曰："气变而形化，形可分而神不可分。"又曰："气者，神之宅也；体者，气之宅也。"《庄子·至乐篇》曰："杂乎芒芴之间，变而有气，气变而有形，形变而有生，今又变而之死。"气阳属天变，天之气以时变；形阴属地化，地之形以物化。故曰：日、月、星、辰之成象于天，皆应气之变；水、火、土、石之成质于地，皆从形之化，此为伏羲之先天八卦。阳生阴，乾之上九曰："亢龙有悔。"为先天之"气变而形化"；阴亦生阳，坤之上六曰："龙战于野，其血玄黄。"则为后天"因形以寓气"。今之研《易》者，鲜有明此先天与后天之分也。人形因气以生，气绝则形死，形灭则气亦无所依托，故曰："体者，气之宅。"亦为后天而言也。《庄子·知北游》曰："人之生，气之聚；聚则为生，散则为死。"张氏此节是从后天以立言，故曰："为后天体象之祖也。"

"因气以化神者"，此神何所指？《系辞上传》曰："阴阳不测之谓神。"意谓阴阳二气交感，其千变万化之灵妙处也，故曰："气者，神之宅。"因阴阳二气流动，充塞于天地之间，无所不在，无远弗届，神之变化亦无所不在，无远弗届，故又曰"形可分而神不可分"。所以气化即神化，神化即气化。

〔八〕形体……刚柔：此为医道望闻问切之功夫，亦为诚于中，形于外，对人之观察能力。纯一不杂谓之"纯"，不纯则为"驳"，故"纯驳"二字乃指人之"形体"言。不"正"为"偏"，正则不偏，故"偏正"二字，是指人之"气质"言。禀赋，谓人所禀受之性，亦有以人之体魄资质为言，故禀赋重气质，刚柔重形体。实则禀赋与刚柔，兼言人之形体与气质也。

[今译]

什么叫作"一分为二"呢？简单地说，是由于太极运行不息，分阴阳两仪而来。大家知道，任何物体的运动，都会有正负二力的发生。同理，太极运行也同样会产生向外发散之离心力，名为阳仪，当离心力过大的时候，凝聚的向心力亦同时加大，具有降低离心力运行速度的能力，这种向心力，我们名之为阴仪。太空中各种星球，也是由动而静，凝聚各种物质元素组合成功的。所以离心力的阳仪，是以向心力阴仪为配偶；向心力的阴仪，是以离心力阳仪为根基。

乾代表天，坤代表地。为何不直接称天与地，而要用乾坤为代名词？乾的意义，为刚健发散，天体则包括日、月、星、辰诸天体，春、夏、秋、冬四时之气象，不是乾的意义所能涵盖的，所以以天为体，以乾为用。坤的意义是柔顺凝聚，地体则包括山、川、动、植、矿物的繁衍绵延，生生不息。简单地说，就是刚与柔之互换。人道为仁、义、礼、智四德之推行，喜、怒、哀、乐等七情六欲的流露。简单地说，仁与义二字即可包含人伦一切道德行为。天道涵盖地道与人道，故举天道的阴阳变化以为代表。

我们知道，天道的阴阳变化，地道之刚柔转换，人道的仁义推行，都是由一动一静而来，动则阳与刚生，静则阴与柔生，动静互为因果。亦正因为有动必有静，有静必有动的因果关系，才能分别出阴仪与阳仪两种现象，也是说明宇宙由无可名状的本体界，进入到分阴分阳的现象界，是为宇宙有现象的开始。

阳静则阴生，是先天气象的变化。阴的凝聚力，使许多元素结合而有形体。阴动则阳生，是后天形体的运动，使凝聚的元素再转化而为气体，故曰"因形以寓气"。不论其为气以化形，或形以寓气，都是阴阳二气一动一静的交感而千变万化。这种气化的神妙，事前固深不可测，事后也难以了解，故气化即神化，神化即气化。这是研究后天八卦领悟外象之基本要件。我们做医生的人，如果能够明白这层道理，就可以知道人们身体的血路与气路分阴分阳，有其一定的原则。因此，可以从我们形体的长短、肥瘦、肤色、骨骼和谈吐、感情、行为、风度、浮隐等气质的表现，就能判知这个人是否纯良或驳杂，正直或偏邪，进而在内心感应上体会到这个人的天赋性格是阳刚或者是温柔。

第三节　二分为四

[原文]

所谓"二分为四"者，两仪生四象也。谓动之始则阳生，动之极则阴生[一]；静之始则柔生，静之极则刚生[二]。太、少阴阳，为天四象；太、少刚柔，为地四体[三]。耳、目、口、鼻以应天，血、气、骨、肉以应地[四]。医而明此，乃知阳中有阴，阴中有阳。则凡人之似阳非阳，似阴非阴[五]，可因之以知其真假、逆顺，而察其互藏之幽显矣[六]！

[要旨]

本节言人之耳、目、口、鼻以应天之太、少阴阳之象；人之血、气、骨、肉以应地之太少刚柔四体。

[注释]

〔一〕动始阳生，动极阴生：邵子《皇极经世·观物内篇》之语。乾卦《文言》释初九"潜龙勿用"曰"阳气潜藏"。复卦《象》曰："复其见天地之心乎！"阳气虽然潜藏于下，然一阳复始，因动而阳始生也。"动极阴生"，乾之上九曰"亢龙有悔"。由初阳之动发展至第六爻，已为动之极而高亢，不能再向上发展，因此"有悔"，悔则阴生。

〔二〕静始柔生，静极刚生：二语同出邵子《皇极经世·观物内篇》之一。坤之初六《象》曰："履霜坚冰至，阴始凝也。"坤卦《文言》曰："履霜坚冰至，盖言顺也。"是为静之始则柔生所由出。"静极刚生"，坤之上六曰："龙战于野，其血玄黄。"坤卦《文言》曰："坤至柔而动也刚。"是说坤本至柔至顺之性，但发展至第六爻，已为坚冰静极之象而刚生焉。坤卦《文言》又曰："阴疑于阳，必战。"阳动阴顺，然阴盛则逼阳，犹如夫妻之间，本该"夫唱妇随"，若夫纲不振，势必演为牝鸡司晨而河东狮吼，其结果则为互殴与离异，导致两败俱伤。血属阴类，玄为天之正色，黄为地之正色。玄黄并称，乃极言天地交战，天地之气混杂不分之象也。

〔三〕**天四象，地四体**：董仲舒《春秋繁露·天辨古人》曰："金、木、水、火各奉其主，以从阴阳，相与一力而并功，其实非独阴阳也。然而阴阳因之以起，助其所主。故少阳因木而起，助春之生也；太阳因火而起，助夏之养也；少阴因金而起，助秋之成也；太阴因水而起，助冬之藏也。"太、少阴阳配金、木、水、火及四时，其说源于董仲舒。邵子《皇极经世·观物内篇》之一曰："动之大者，谓之太阳；动之小者，谓之少阳；静之大者，谓之太阴；静之小者，谓之少阴。太阳为日，太阴为月，少阳为星，少阴为辰，日、月、星、辰交，而天之体尽矣。静之大者，谓之太柔；静之小者，谓之少柔；动之大者，谓之太刚；动之小者，谓之少刚。太柔为水，太刚为火，少柔为土，少刚为石。水、火、土、石交，而地之体尽之矣。"由此观之，张氏所谓"太、少阴阳，为天四象"，是指日、月、星、辰以为言。又曰"太、少刚柔，为地四体"，则为水、火、土、石四者也。

〔四〕**耳目口鼻应天，血气骨肉应地**：如前注天有太、少阴阳四象，地有太、少刚柔四体。天人一体，人何以应天地？邵子未明言，张氏未说由来。据明儒黄粤洲注"善耳目口鼻之性"曰："耳者月，比通。目者日，比明。口者辰，比默。鼻者星，比中。"又据其注"善色声气味之辨"曰："色者火，应肉。声者水，应血。气者石，应骨。味者土，应髓。"所不同者，气、石、骨三者相连，且以土应"髓"。若以气为火，肉为土，骨为石，则符张氏之意矣。黄氏又将之配合八卦，即乾目、兑耳、离鼻、震口、坤声、坎色、艮味、巽气等是。兹试制四象四体相应表如次：

四象应天	四体应地
耳—月—兑—太阴	血—水—坎—太柔
目—日—乾—太阳	气—火—巽—太刚
口—星—震—少阴	肉—土—坤—少柔
鼻—辰—离—少阳	骨—石—艮—少刚

〔五〕似阳非阳，似阴非阴：世俗称"阴阳人"，医书名之为"人痾"。据《中国医学大辞典》载："体兼男女，俗名二形，其类有：有值男即女，值女即男者；有半月为男，半月为女者；有可妻不可夫者。虽具男女之形，亦无生殖之能力，其生理之构造既乱，故性情亦多乖僻。"此种人痾之病例，今亦时有所闻。

〔六〕五藏之幽显：指前文"似阴非阴，似阳非阳"之阴阳人而言。揆张氏之意，依"阳中有阴，阴中有阳"之理，可以察知阴阳人是真抑假，其病状为逆或顺之道，在十二脏腑阴阳交感之明暗处，寻出其病根之所在。

[今译]

什么叫作"二分为四"呢？简单地说，是因阴、阳两仪运行不息，阳仪（—）产生太阳（☰）与少阴（☲），阴仪（‐‐）产生太阴（☷）与少阳（☵）。两仪所生的太阳、少阴、少阳、太阴，名为"四象"。

前面曾经说过，任何物体的运动，必有离、向二力，我们称离心力为阳，向心力为阴。也就是说，运动一开始，离心力（阳）首先发生作用，所以说"动之始则阳生"。动力过大，制衡的向心力（阴）也同时加大，所以说"动之极则阴生"。同理，静态物体性柔，如水性太柔，一遇外力，柔即转变为刚，水加热则气化，冷却不已则成坚冰，加风力则怒涛澎湃，遇阻力则泛滥成灾。人性也是一样，古人话说得好："静极思动，动极思静。"静为柔，动则刚，所以说："静之始则柔生，静之极则刚生。"天空里的日为太阳，月为太阴，星为少阳，辰为少阴，称为天之"四象"。地球上的水为太柔，火为太刚，石为少刚，土为少柔，称为地的"四体"。我们人类有耳、目、口、鼻。耳为太阴，像月；目为太阳，像日；口为少阴，像辰；鼻为少阳，像星；和天的四象相配合。人有血、气、骨、肉。血为太柔，像水；气为太刚，像火；骨为少刚，像石；肉为少柔，像土；和地的四体相呼应。我们做医生的人，如果能够明白这层道理，就当知道：阳非纯阳，其中有阴的成分，如男性体内有女性荷尔蒙；阴非纯阴，其中有阳的成分，如女性体内有男性荷尔蒙一样。因此有些人像女性又不是女性，像男人又不是男人，世俗叫这种人为"阴阳人"，医学上名之为"人痾"。只要了解阳有阴、阴有阳的道理，就可以诊断出这种病症，是真是假，是阴阳的逆气还是顺气。从其十二脏腑内阴阳交感或明或暗处，就可以寻找出病源的所在了！

第四节　四分为八

[原文]

所谓"四分为八"者，四象生八卦也。谓乾一、兑二、离三、震四、巽五、坎六、艮七、坤八也〔一〕。乾，健也。坤，顺也。震，动也。巽，入也。坎，陷也。离，丽也。艮，土也。兑，说也〔二〕。伏羲八卦，分阴阳之体象；文王八卦，明五行之精微〔三〕。医而明此，方知阴阳之中，复有阴阳；刚柔之中，复有刚柔〔四〕。而其对待之体，消息之机〔五〕，交感之妙，错综之义〔六〕，昭乎已备，则凡人之性理神机〔七〕，形情病治，可因之以得其纲领，而会通其变化之多矣！

[要旨]

本节重点，谓伏羲八卦为分阴阳之体象，文王八卦乃明五行之精微。进而说明阴阳之中复有阴阳，刚柔之中复有刚柔之义。

[注释]

〔一〕乾一、兑二……艮七、坤八：八卦之数，有先天与后天之分，此所言乾一、兑二、离三、震四、巽五、坎六、艮七、坤八者，乃邵子所传八卦次序横图也（如图一）。盖乾一与坤八、兑二与艮七、离三与坎六、震四与巽五，两两相加，皆合为九。阳爻一画，阴爻二画，以之论两两相错，亦皆合而为九。九为数之极，故合皆九。一为数之始，以当乾元之始。万物之生也，本于天，故为一。八者数之终，以当坤元之盛。万物生于地，皆繁盛也，犹未极未终者，示天地之变，皆未极未终也。故《易》终于未济，此八卦之数，悉出于自然。朱子以为"直是精微"是也。

《说卦传》曰："天地定位，山泽通气，雷风相薄，水火不相射。八卦相错，数往者顺，知来者逆，是故《易》逆数也。"邵子以为此节可得而明伏羲之先天八卦。其言曰："乾南坤北，离东坎西，震东北、兑东南，巽西南、艮西北。自震至乾为顺，自巽至坤为逆。数往者顺，若顺天而行，是左旋也，皆已生之卦也。知来者逆，是右行也，皆未生之卦也。夫阳之数，由逆而成矣。"（《皇极经世》与朱子《易学启蒙》）明儒来知德本其手而发挥之，在图中画一圈，以象太极。又在八卦下依邵子乾一兑二之序，标明其数，稍不同于邵子、伏羲《八卦方位》原图（如图二）。

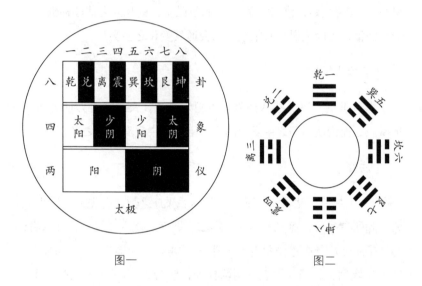

图一　　　　　　　　　　　　　　　　图二

〔二〕乾，健也……兑，说（悦）也：此为《说卦传》中一段，其义如次：乾（☰）爻纯阳，为刚健之象。坤（☷）爻纯阴，为柔顺之象。震（☳）阳生于二阴之下，阳性亢进，象征动荡。巽（☴）阴伏于二阳之下，阴性柔顺，其象顺势则易入。坎（☵）阳陷于二阴之间，为陷溺之象。离（☲）阴附于二阳之间，为附丽之象，丽字为顺附义。艮（☶）阳进至极位，无可更进，为终止之象。兑（☱）阴在二阳之上，阳刚阴柔，爻位在上为外，在下为内，内体刚健而外貌柔顺，为和悦之象。

〔三〕伏羲八卦……明五行之精微："体"，指"本体"而言，孔子曰："《易》有太极，是生两仪，两仪生四象，四象生八卦。"太极为本体。"仪"者，容也。严格言之，阴阳两仪既有仪容可观，即为有"象之始"，不必待两仪生太、少阴阳四象而始谓为"象"也。故《易》每卦有《大象》；一卦六爻，每爻均有《小象》。

"文王八卦，明五行之精微"，文王八卦为后天八卦，《说卦传》曰："帝出乎震，齐乎巽，相见乎离，致役乎坤，说言乎兑，战乎乾，劳乎坎，成言乎艮。"其方位亦如《说卦传》所云："万物出乎震，震东方也。齐乎巽，巽东南也；齐也者，言万物之洁齐也。离也者，明也；万物皆相见，南方之卦也；圣人南面而听天下，向明而治，盖取诸此也。坤也者，地也；万物皆致养焉，故曰致役乎坤（未载明时位，恐有缺漏。于时，当为农产将近收成之时，约为夏秋之交。方位，则应属于西南。如于"坤也者，地也"下加"西南之卦，夏秋之交也"，即可补此缺失）。兑，正秋也，万物之所说也，故曰'说言乎兑'（亦缺言方位，时在正秋，方位应属西方，似可于"兑，正秋也"下加"西

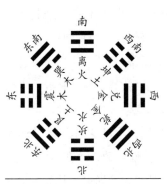

《易传》曰："帝出乎震，齐乎巽，相见乎离，致役乎坤，说言乎兑，战乎乾，劳乎坎，成言乎艮。"

文王八卦方位图

乾父			坤母		
艮坎震			兑离巽		
震为长男得乾初爻	坎为中男得乾中爻	艮为少男得乾上爻	巽为长女得坤初爻	离为中女得坤中爻	兑为少女得坤上爻

文王八卦次序图

方之卦也"五字，则圆满无缺）。战乎乾，乾西北之卦也；言阴阳相薄也。坎者，水也；正北方之卦也，劳卦也，万物之所归也，故曰劳乎坎。艮，东北之卦也；万物之所终而所成始也，故曰成言乎艮。"

何谓五行？"五"指金、木、水、火、土等五种元素，"行"为运行与变化。故五行为金、木、水、火、土五者相生相克之变化关系。《素问·天元纪大论》："天有五行御五位，以生寒、暑、燥、湿、风。人有五藏，化五气以生喜、怒、思、忧、恐。"《类经》注曰："御，临御也。位，方位也。化，生化也。天有五行，以临五位。故，东方生风，木也；南方生暑，火也；中央生湿，土也；西方生燥，金也；北方生寒，水也。人有五藏以化五气，故，心化火，其志喜；肝化木，其志怒；脾化土，其志思；肺化金，其志忧；肾化水，其志恐。而天人相应也。"故本论及《五运行大论》俱言："心在志为喜，肝在志为怒，脾在志为思，肺在志为忧，肾在志为恐。"《藏气法时论》曰："五行者，金、木、水、火、土也。"《素问·五常政大论》论五行之性："帝曰：'愿闻平气。'岐伯曰：'木曰敷和，火曰升明，土曰备化，金曰审平，水曰静顺。'帝曰：'其不及，奈何？'岐伯曰：'木曰委和，火曰伏明，土曰卑监，金曰从革，水曰涸流。'帝曰：'太过如何？'岐伯曰：'木曰发生，水曰赫曦，土曰敦阜，金曰坚成，水曰流衍。'"又《宝命全形论》曰："木得金而伐，火得水而灭，土得木而达，金得火而缺，水得土而绝。万物尽然，不可胜竭。"若从儒家经典言：最早记录为《尚书·大禹谟》："德惟善政，政在养民。水、火、金、木、土，谷惟修。"谓之六腑。其次为《尚书·甘誓》："有扈氏威侮五行。"注家多指为金、木、水、火、土，其实未尝不可作"仁、义、礼、智、信"五常解。再次则为《尚书·洪范》："我闻在昔，鲧堙洪水；汩陈其五行……初一曰五行……一曰水，二曰火，三曰木，四曰金，五曰土。水曰润下，火曰炎上，木曰曲直，金曰从革，土爰稼穑。润下作咸，炎上作苦，曲直作酸，从革作辛，稼穑作甘。"为《洪范九畴》中之一畴，且以咸、苦、酸、辛、甘等五味配水、火、木、金、土五行。《尚书大传》曰："水火者，百姓所饮食也；金木者，百姓之所与生也；土者，万物之所资生也。是为人用。"上举各点，均从金、木、水、火、土之物性为民生日用常行以为生。《国语·郑语》更从物性引申为宇宙和谐："夫和实生物，同则不继。以他平他谓之和，故能丰长而物生之；若以同裨同，尽乃弃之。故先王以土与金、木、水、火，杂以成百物……声一无听，色一无文，味一无果，物一不讲。"以今语释之，意谓"和谐"为创造事物之大原则。凡是同一的事与物，是不能连续不断永远常存的，一定要结合许多不同的东西在一起，使它们得到平衡和谐，才能够使万物万事丰盛起来，进而产生新生代。如果在相同的东西再加相同的东西，加到不能再加时，便全被抛弃了。所以先王以"土"为主，与金、木、水、火相互结合起来，造成各种不同的东西……因为同一种声音，没有什么可听；同一种色彩，不能配成文彩；同一种味道，引不起人的嗜欲；同一件事物，就无从比较。由此观之，五行之物性，对宇宙自然界之协调性与和谐性，不言而喻。

陈立公夫子对五行性能，有更进一步发扬。他在《新医学展望》一文中说："一切在动变的宇宙中，人体好比一小宇宙，无时无刻不在变动，亦无时无刻不需要调整——致中和。一旦失去中和，即称为病。使之回复中和，即称为康复。因此，对于体内相关之'部门'，研究其相生相克之关系，遂有阴阳消长之阐明，更有五种基本动态——五行——之发明，即谓此种继续不断调整'时中'之行动；有时须向上，以'火'有炎上之性做代表；有时须向下，以'水'有润下之性做代表；有时须伸展，以'木'有向四方伸展之性做代表；有时须凝敛，以'金'有凝聚之性做代表；有时须中和，以'土'有平而不倾之性做代表。五行者，合而言之为一正弦弧之波，分而析之则为用以调整各种不同之力也。每一种药物，在人体内走何种经脉，对某部门生何种力量，均须做详尽之研究，具物理、化学二者之功能，以治疾病者也。其为植物，则其根、其茎、其叶、其花，各依其性质而分别其用途，毋使稍有差错，中医药之理论基础如此，谓其不合科学，得乎！"陈师之创意是按《易》理两两相对，以土为中和平衡其他四行。《尚书·洪范》仅水、火二行相对，"木曰曲直"与"金曰从革"则不对，"土爰稼穑"，既无相对作用，亦无平衡调和作用。咸、苦、酸、辛、甘五者，甘与苦对，辛与酸对，咸亦无调和作用。陈师之火炎上与水润下对，采《洪范》之说，木伸展与金凝聚相对，土平衡其他四行，则为其独创见解，合于自然法则。张氏谓："文王八卦，明五行之精微。"查《周易》全书，无"五行"二字合记之文。在文王卦辞中，亦无一卦言及金、木、水、火、土之字样。在周公爻辞中有下列各卦提及：

噬嗑卦九四："得金矢。"六五："得黄金。"

姤卦初六："系于金柅。"

困卦初六："臀困于株木。"九四："困于金车。"

鼎卦六五："鼎黄耳，金铉。"

渐卦六四："鸿渐于木。"

在孔子《十翼》中言及者，有下列各条：

乾卦《文言》："水流湿，火就燥。"

坎卦《象》："水流而不盈""水洊至"。

离卦《象》："百谷草木丽乎土。"

睽卦《彖》：“火动而上。”

益卦《彖》：“木道乃行。”

井卦《彖》：“巽乎水而上水。”

革卦《彖》：“水火相息”。

鼎卦《彖》：“以木巽火，亨（烹）饪也。”

涣卦《彖》：“乘木有功也。”

中孚卦《彖》：“乘木舟虚也。”

讼卦《大象》：“天与水违行。”

比卦《大象》：“地上有水。”

同人《大象》：“天与火。”

大有《大象》：“火在天上。”

贲卦《大象》：“山下有火。”

大过《大象》：“泽灭木。”

家人《大象》：“风自火出。”

蹇卦《大象》：“山上有火。”

升卦《大象》：“地中生木。”

困卦《大象》：“泽无水。”

井卦《大象》：“木上有水。”

革卦《大象》：“泽中有火。”

鼎卦《大象》：“木上有火。”

渐卦《大象》：“山中有木。”

旅卦《大象》：“山中有火。”

节卦《大象》：“泽上有水。”

既济卦《大象》：“水在火上。”

未济卦《大象》：“火在水上。”

《系辞上传》：“二人同心，其利断金。”

《系辞下传》："神农氏作，斫木为耜，揉木为耒""刳木为舟，剡木为楫""断木为杵""弦木为弧，剡木为矢"。

《说卦传》："水火不相射""燥万物者，莫熯（hàn，使干燥也）乎火；润万物者，莫润乎水……故水火相逮""乾为金……为木果""巽为木""坎为水，其于木也为坚多心""离为火……其于木也为科上槁""艮为山……其于木也为坚多节"。

《序卦》及《杂卦》两传，无金、木、水、火、土五字。总结上举诸例，仅离卦《彖》一言及"土"。坤为地，艮为山，"土"当为"地""山"之正名。不如此，"五行相生相胜"之说，其于《周易》，则无理论依据。

笔者考证，五行之名，渊源甚古。其详，请参阅上编第四章第一节。五行之名，在伏羲之世虽未明言，起源于轩辕黄帝则斑斑可考。《吕氏春秋·尊师篇》曰："黄帝师大挠。"注："大挠作甲子。"《勿躬篇》曰："大挠作甲子。"《黄帝内传》曰："帝既斩蚩尤，命大挠作甲子，正时。"《帝王世纪》曰："黄帝命大挠作甲子。"《世本》："大挠作甲子。"蔡邕《月令章句》曰："大挠探五行之情，占刚斗所建，于是始作甲乙以名日，谓之干；作子丑以名月，谓之支。支干相配，以成六旬。"自是尔后，而有五行之官。殷商之世，历代帝王且以天干为其名。

众皆以阴阳五行为朴质之学。所谓"朴质"或"质朴"者，美言之，为尚未开发之学；丑化之，为食古不化之学。他人厚道，未便直斥其非，今之医家竟以此辞为荣，不知研究突破，不亦大可哀哉？

阴阳固难言也。《易》曰："立天之道，曰阴与阳。"又曰："一阴一阳之谓道。"换言之，有阴无阳，或有阳无阴，均不得谓之道。

孤阴则不生，独阳则不长，阴阳相待相对。有对待则有变，无对待则死寂。阴阳有对待，不论其为阴多阳寡，或阳多阴寡，均属有对待。周子《太极图说》曰："太极动而生阳，动极而静，静而生阴，静极复动。一动一静，互为其根。分阴分阳，两仪立焉"，众皆知之。然不知太极未动之前为无形，即《易》"形而上者谓之道"，内蕴阴阳。太极为宇宙未分之前无形的"元气"，元气本能之性是动体。动固可分出阴阳，在其由静接动的瞬间，阴、阳二仪即已显现矣。

"互根"二字，实堪玩味。意即静为动之根，动为静之根，不可截然划分为二。动静互根，即动中有静，静中有动，静动一体也。以今日科学言之，任何元素或原子均有离、向二力。离心力为阳为动，向心力为阴为静，元素或原子，在离、向二力中，不论失去任何一力，均不能构成此元素或原子。同理，太极为元气内蕴二仪之理同，动静互根，动静一体之理亦同。

据此以论，太极动而有阴阳两仪之对待，阴阳两仪静动互根而有四象。四象立，五行即在其中。太阳为火，阳中之阳也。少阳为金，阴中之阳也。太阴为水，阴中之阴也。少阴为木，阳中之阴也。《河图》之序则为："天一生水，地六成之。地二生火，天七成之。天三生木，地八成之。地四生金，天九成之。天五生土，地十成之。"水为宇宙万有之先，无水则无生命现象，故水数一。即有天一之阳水，必有地二之阴火。水为氢氧二气之化合（H_2O），火为氢氧二气之气化。水质阴，其性本阳，故曰"天一"；火质阳，其性本阴，故曰"地二"，故火数二。水火为气，其形质不定，经常互相转化。因有水之滋润，火之温发，而植物生焉，故木次水火，其数为三。既有水火之气发生植物，则生命现象之形质定矣。有生命必有收藏死亡，故燥气生金，金属为结晶体，故金又次之，其数为四。至若"天五生土，地十成之"者，似乎土生最后，明儒戴廷槐《学易举隅》曰："有地即有土矣。若土生后，则天三之木，地四之金，将何所附？且水火木金无不赖土，土岂后生者哉？然土之所以五与十者，盖五为全数之中，十为成数之极。中者，言上之不偏而总统乎四方；极者，言物之归宿而包藏乎万有，皆非所以言后也。"确有至理。

《系辞上传》曰："阴阳不测之谓神。"今日量子物理学"不确定原理"已证明其为颠扑不破之真理。《易》理重变化，变化之道在于阴阳为对待之定体。阴中有阳，阳中有阴，阴阳之中复有阴阳。六十四卦为三十二对的对待体。三百八十四爻，即为一百九十二对的对待体。万有一千五百二十策，即为五千七百六十对的对待体。以故《系辞下传》曰："《易》之为书也，不可远，为道也屡迁，变动不居，周流六虚，上下无常，刚柔相易，不可为典要，唯变所适。"因其变化莫测，而探求其可以测者，使之与人类生活相结合，以故大桡作甲子，探五行之情，作甲乙以名日，作子丑以名月，天、地、人三才之道，赖以统合。

干者，干也；支者，枝也。五行一阴阳也，天干一阴阳也，地支亦一阴阳也。五行、天干、地支相合，而定四季四方，以说明阴阳变化之理。今之学者弃之如敝屣，即医学大家亦不愿深究，其将何以作育后进？何以振兴中医药学？

五行、干支配阴阳，六十日、六十年一周配花甲，是则阴阳互藏变化之妙，已尽之矣。若再配以二十四向八刻二十分，每日气数百刻六千分，则每时每刻每分，均有阴阳五行排列组合之不同矣。为使读者易于了解，兹将张介宾氏所有《类经图翼》"五行生成数图""干支所属五行图""六十花甲纳音图""二十四向八刻二十分图""每日气数百刻六千分图""每日气数百刻六千分解"，附录于后：

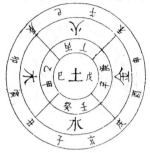

五行生成数图和干支所属五行图

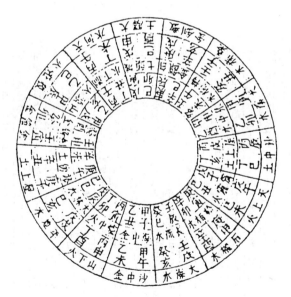

六十花甲纳音图

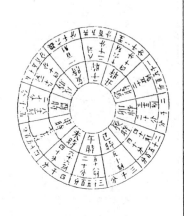

圖分千六刻百數氣日每　　二十四向八刻二十分圖

每日十二時每時
得八刻二十分每
刻分為六十分分
八刻為前後前
四刻為初四刻後
四刻為正四刻則
二十分為初初初
二十分為正初刻
前十分為初初刻
六十分者即每日
也。

二十四向八刻二十分图和每日气数百刻六千分图

每日氣數百刻六千分解

按周禮總義每刻分為六十分正合天元紀大論
所謂天以六為節也今遵此數推衍之則每日百
刻總計六千分又以分六千分於十二時則每時各得
五百分又分六刻於十二時即每時各得八刻二
十分總計歲有六步二十四氣則每氣得十五日
二時五刻十二分又半計數得九萬一千三百一十
二分半積四氣而成步每步得六十日七時四十
刻一十分計數得三十六萬五千二百五十分即
六做音大論所謂六十日八十七刻半者是也又
積六步而成歲則每歲得三百六十五日二十五
刻計數得二百二十九萬一千五百分為一歲
之定數然以每月三十日計之則每歲正三百六
十日又除小月六日則止三百五十四日共少於
前數者十一日乃積餘日大約六十五氣有零當
得一閏統十九年以成七閏而朔氣虛盈故六節
藏象論曰大小月三百六十五日而成歲積氣餘
而盈閏矣

每日气数百刻六千分解

"五行"与天地变化对人体密不可分关系如何？兹将《内经》重要言论摘要说明如次：

《素问·玉机真藏论》曰：

> 春脉者，肝也，东方木也，万物之所以生也……夏脉者，心也，南方火也，万物之所以盛长也……秋脉者，肺也，西方金也，万物之所以收成也……冬脉者，肾也，北方水也，万物之所以合藏也……脾脉者，土也，孤藏以灌四傍者也。

《素问·阴阳应象大论》曰：

> 东方生风，风生木，木生酸，酸生肝，肝生筋，筋生心，肝主目。其在天为玄，在人为道，在地为化。化生五味，道生智，玄生神；神在天为风，在地为木，在体为筋，在藏为肝，在色为苍，在音为角，在声为呼，在变动为握，在窍为目，在味为酸，在志为怒。怒伤肝，悲胜怒；风伤筋，燥胜风；酸伤筋，辛胜酸。
>
> 南方生热，热生火，火生苦，苦生心，心生血，血生脾，心主舌。其在天为热，在地为火，在体为脉，在藏为心，在色为赤，在音为徵，在声为笑，在变动为忧，在窍为舌，在味为苦，在志为喜。喜伤心，恐胜喜；热伤气，寒胜热；苦伤气，咸胜苦。
>
> 中央生湿，湿生土，土生甘，甘生脾，脾生肉，肉生肺，脾主口。其在天为湿，在地为土，在体为肉，在藏为脾，在色为黄，在音为宫，在声为歌，在变动为哕，在窍为口，在味为甘，在志为思。思伤脾，怒胜思；湿伤肉，风胜湿；甘伤肉，酸胜甘。
>
> 西方生燥，燥生金，金生辛，辛生肺，肺生皮毛，皮毛生肾，肺主鼻。其在天为燥，在地为金，在体为皮毛，在藏为肺，在色为白，

在音为商，在声为哭，在变动为咳，在窍为鼻，在味为辛，在志为忧。忧伤肺，喜胜忧；热伤皮毛，寒胜热；辛伤皮毛，苦胜辛。

北方生寒，寒生水，水生咸，咸生肾，肾生骨髓，髓生肝，肾主耳。其在天为寒，在地为水，在体为骨，在藏为肾，在色为黑，在音为羽，在声为呻，在变动为栗，在窍为耳，在味为咸，在志为恐。恐伤肾，思胜恐；寒伤血，燥胜寒；咸伤血，甘胜咸。

故曰：天地者，万物之上下也；阴阳者，血气之男女也；左右者，阴阳之道路也；水火者，阴阳之征兆也；阴阳者，万物之能始也。故曰：阴在内，阳之守也；阳在外，阴之使也。

《素问·五运行大论》曰：

东方生风，风生木，木生酸，酸生肝，肝生筋，筋生心。其在天为玄，在人为道，在地为化；化生五味，道生智，玄生神，化生气。神在天为风，在地为木，在体为筋，在气为柔，在藏为肝。其性为喧，其德为和，其用为动，其色为苍，其化为荣，其虫毛，其政为散，其令宣发，其变摧拉，其眚为陨，其味为酸，其志为怒。怒伤肝，悲胜怒；风伤肝，燥胜风；酸伤筋，辛胜酸。

南方生热，热生火，火生苦，苦生心，心生血，血生脾。其在天为热，在地为火，在体为脉，在气为息，在藏为心。其性为暑，其德为湿，其用为燥，其色为赤，其化为茂，其虫羽，其政为明，其令郁蒸，其变炎烁，其眚燔焫，其味为苦，其志为喜。喜伤心，恐胜喜；热伤气，寒胜热；苦伤气，咸胜苦。

中央生湿，湿生土，土生甘，甘生脾，脾生肉，肉生肺。其在天为湿，在地为土，在体为肉，在气为充，在藏为脾。其性静兼，其德为濡，其用为化，其色为黄，其化为盈，其虫倮，其政为谧，其令云雨，其变动注，其眚淫溃，其味为甘，其志为思。思伤脾，怒胜思；湿伤肉，风胜湿；甘伤脾，酸胜甘。

西方生燥，燥生金，金生辛，辛生肺，肺生皮毛，皮毛生肾。其在天为燥，在地为金，在体为皮毛，在气为成，在藏为肺。其性为凉，其德为清，其用为固，其色为白，其化为敛，其虫介，其政为劲，其令雾露，其变肃杀，其眚苍落，其味为辛，其志为忧。忧伤肺，喜胜忧；热伤皮毛，寒胜热；辛伤皮毛，苦胜辛。

北方生寒，寒生水，水生咸，咸生肾，肾生骨髓，髓生肝。其在天为寒，在地为水，在体为骨，在气为坚，在藏为肾。其性为凛，其德为寒，其用为藏，其色为黑，其化为肃，其虫鳞，其政为静，其令闭塞，其变凝冽，其眚冰雹，其味为咸，其志为恐。恐伤肾，思胜恐；寒伤血，燥胜寒；咸伤血，甘胜咸。（"其用为藏"之"藏"、"其令闭塞"之"闭塞"，古本缺，兹据张氏《类经》之文以补之。）

五气更立，各有所先，非其位则邪，当其位则正。

凡此，乃统言天地之气对人体之影响。东方风木之气对肺，南方火热之气对心，中央湿土之气对脾，西方燥金之气对肝，北方寒水之气对肾。五气更立，当位则止，非位则邪，与《易》卦爻位之理同。

至于五行与五脏五窍、五方五色、五谷五味、五畜五臭之关系如何，据《素问·金匮真言论》云：

东方青色，入通于肝，开窍于目，藏精于肝，其病发惊骇。其味酸，其类草木，其畜鸡，其谷麦；其应四时，上为岁星。是以春气在头也，是以知病之在筋也。其音角，其数八，其臭臊。

南方赤色，入通于心，开窍于耳，藏精于心，故病在五藏。其味苦，其类火，其畜羊，其谷黍；其应四时，上为荧惑星。是以知病之在脉也。其音徵，其数七，其臭焦。

中央黄色，入通于脾，开窍于口，藏精于脾，故病在舌本。其味甘，其类土，其畜牛，其谷稷，其应四时，上为镇星。是以知病之在肉也。其音宫，其数五，其臭香。

西方白色，入通于肺，开窍于鼻，藏精于肺，故病背。其味辛，其类金，其畜马，其谷稻；其应四时，上为太白星。是以知病之在皮毛也。其音商，其数九，其臭腥。

北方黑色，入通于肾，开窍于二阴，藏精于肾，故病在谿。其味咸，其类水，其畜彘，其谷豆；其应四时，上为辰星。是以知病之在骨也。其音羽，其数六，其臭腐。

故善为脉者，谨察五藏六府，一逆一从，阴阳表里雌雄之纪，藏之心意，合心于精，非其人勿教，非其真勿授，是谓得道。

兹将《河》《洛》卦象，综合《内经》之说，重新排列组合，五行配类表列于后，此表异于昔贤，望详察之。

《灵枢·阴阳二十五人篇》曰："天地之间，六合之间，不离于五。"从《河图》《洛书》言，五为天地之中数，亦生数之故也。此表《河图》《洛书》、卦象、五行，将自然界与人体脏腑百体作一综合归纳。自然界为一大宇宙，人身为一小宇宙；人体内五脏、五腑、五官、五体、五生、五情、五常相互感应，自然界五行、五色、五方、五时、五味、五谷、五臭等，亦相互感应。今人所谓之"生态平衡""相应律"，实则《易经》早言之矣！咸卦《彖》曰："咸，感也……天地感而万物化生，圣人感人心而天下和平。观其所感，而天地万物之情可见矣。"《系辞上传》曰："《易》无思也，无为也，寂然不动，感而遂通天下之故，非天下之神，其孰能与于此！"人为万物之灵，宇宙间自然界变化，其不与人息息相关。《文言》曰："同声相应，同气相求。水流

五行配类表

	五常	五情	五生	五官	五体	五腑	五脏	五行	卦象	洛书	河图	五数	五臭	五味	五畜	五谷	五声	五方	五时	五色	五地	五气	五星
	仁	怒	筋	目	魂	胆	肝	木	震	左三	三八为朋	八	臊	酸	鸡	麦	角	东	春	青	山林	春气	木星
	礼	喜	脉	耳	神	小肠	心	火	离	戴九	二七同道	七	焦	苦	羊	黍	徵	南	夏	赤	丘陵	夏气	火星
	信	思	肉	口	意	胃	脾	土	坤艮	中五	五十相守	五	香	甘	牛	稷	宫	中央	长夏	黄	原隰	中气	土星
	义	忧	皮毛	鼻	魄	大肠	肺	金	兑	右七	四九为友	九	腥	辛	马	稻	商	西	秋	白	坟衍	秋气	金星
	智	恐	骨	二阴	精	膀胱	肾	水	坎	履一	三六共宗	六	腐	咸	彘	豆	羽	北	冬	黑	川泽	冬气	水星

（人体：五常、五情、五生、五官、五体、五腑、五脏；自然界：五数、五臭、五味、五畜、五谷、五声、五方、五时、五色、五地、五气、五星）

湿，火就燥；云从龙，风从虎。圣人作而万物睹。本乎天者亲上，本乎地者亲下，则各从其类也。"以自然界之风为例，春风可使枯木再发，春风风人，精神抖擞。然风对人体侵害，引发肝、胆、筋、目之病变，亦为同类相应之故也。《素问·阴阳应象大论》曰："在天为风，在地为木，在藏为肝，在体为筋。"因其为同类也。明乎此，则知人身为一小天地，天人一体之理，可以不知自然界之五行与人体之五行乎？

张介宾氏迈越前贤，其五行统论，确有独到之处，兹将其《类经·五行统论》全文录后，以供参研：

五行者，水、火、木、金、土也。五行即阴阳之质，阴阳即五行之气。气非质不立，质非气不行。行也者，所以行阴阳之气也。

朱子曰："五行质具于地，而气行于天。"其实元初，只一太极。一分为二，二分为四。天得一个四，地得一个四，又各有一个太极行乎其中，便是两其五行而已。故《河》《洛》图书具阴阳之象，分左、右、中、前、后，以列五行生成之数焉。先儒曰："天地者，阴阳对待之定体；一、二、三、四、五、六、七、八、九、十者，阴阳流行之次序。对待非流行不能变化，流行非对待不能自行。此五行所以流行于天地中而为用也。"

故大桡察天地之阴阳，立十干、十二支以著日月之象，十干以应日，天之五行也。甲阳、乙阴为木，丙阳、丁阴为火，戊阳、己阴为土，庚阳、辛阴为金，壬阳、癸阴为水。十二支以应月，地之五行也。子阳、亥阴曰水，午阳、巳阴曰火，寅阳、卯阴曰木，申阳、酉阴曰金，辰戌阳、丑未阴曰土。干支出而六甲成，运气分而时序定。所谓天地相临、阴阳相合，而生成之道存乎其中。

故五行之化无乎不在，精浮于天，则为五星。火曰辰星，水曰荧惑，木曰岁星，金曰太白，土曰镇星。形成于地则为五方，水位于北，火位于南，木位于东，金位于西，土位于中。其为四时，则木王于春，火王于夏，金王于秋，水王于冬，土王于四季。其为六气，则木之化风，火之化暑与热，土之化湿，金之化燥，水之化寒。其为名目，则水曰润下，火曰炎上，木曰曲直，金曰从革，土爱稼穑。其为功用，则水主润，火主熯，木主敷，金主敛，土主溽。其为形体，则水质平，火质锐，木质长，金质方，土质圆。其为赋性，则水性寒，火性热，木性温，金性清，土性蒸。其为五帝，则木曰太皞，火曰炎帝，土曰黄帝，金曰少皞，水曰颛顼。其为五神，则木曰句芒，火曰祝融，土曰后土，金曰蓐收，水曰玄冥。其为五则，则火以应衡，水以应权，木以应规，金以应矩，土以应绳。至若五谷、五果、五畜、五音、五色、五臭、五味、五藏之类，无非属于五行也。

又如五行气数之异，阴阳之辨亦有所不同者。若以气言时之序，则曰木、火、土、金、水。如木当春令为阳稺，火当夏令为阳盛，金当秋令为阴稺，水当冬令为阴盛。是木火为阳，金水为阴也。若以数言生之序，则曰水、火、木、金、土。如天一生水为阳稺，天三生木为阳盛，地二生火为阴稺，地四生金为阴盛。是水木为阳，而火金为阴也。

此外如《洛书》《乐律》、刘向、班固等义，序各不同，无非变化之道，而运用之机，亦无过生克之理耳！故自其相生者言，则水以生木、木以生火、火以生土、土以生金、金以生水。自其相克者言，则水能克火，火能克金，金能克木，木能克土，土能克水。自其胜负者言，则凡有所胜，必有所败；有所败，必有所复。母之败也，子必救之。如水之太过，火受伤矣，火之子土，出而制焉；火之太过，金受伤矣，金之子水，出而制焉；金之太过，木受伤矣，木之子火，出而制焉；木之太过，土受伤矣，土之子金，出而制焉；土之太过，水受伤矣，水之子木，出而制焉。盖造化之机，不可无生，亦不可无制；无生则发育无由，无制则亢而为害。生克循环，运行不息，而天地之道，斯无穷已。

第人知夫生之为生，而不知生中有克；知克之为克，而不知克中有用。知五之为五，而不知五者之中，五五二十五，而复有互藏之妙焉。

所谓生中有克者，如木以生火，火胜则木乃灰烬；火以生土，土胜则火为扑灭；土以生金，金胜则土无发生；金以生水，水胜则金为沉溺；水以生木，木胜则水为壅滞。此其所以相生者，实亦有所相残也。

所谓克中之用者，如火之炎炽，得水克而成既济之功；金之顽钝，得火克而成煅炼之器；木之曲直，得金克而成芟削之材；土之旷墚，得木克而见发生之化；水之泛滥，得土克而成堤障之用。此其所以相克者，实又所以相成也。

而五常之德亦然，如木德为仁，金德为义，火德为礼，水德为智，土德为信。仁或失于柔，故以义断之。义或失于刚，故以礼节之。礼或失于拘，故以智通之。智或失于诈，故以信正之。是皆生克反用之道也。

所谓五者之中有互藏者，如：木之有津，木中水也；土之有泉，土中水也；金之有液，金中水也；火之熔物，火中水也。失水为造化之原，万物之生，其初皆水，而五行之中，一无水之不可也。火之互藏，木钻之而见，金击之而见，石凿之而见。惟是水中之火，人多不知，而油能生火，酒能生火，雨大生雷，湿多成热，皆是也。且火为阳生之本，虽若无形，而实无往不在，凡属气化之物，非火不足以生，故五行之中，一无火之不可也。土之互藏，木非土不长，火非土不荣，金非土不生，水非土不畜，万物生成，无不赖土。而五行之中，一无土之不可也。木之互藏，生于水，植于土，荣于火，成于金，凡发生之气，其化在木。即以人生而言，所衣、所食皆木也，得木则生，失木则无。故曰人生于寅，寅者阳木之位也。由人而推，则凡动植之类，何非阳气，而又何非木化？此五行万物之中，一无木之不可也。金之互藏，产于山石，生诸土也；淘于河沙，隐诸水也；草有秉、木有镬，藏于木也；散可结，柔可刚，化于火也。然金之为用，坚而不毁，故《易》曰："乾为金。"夫乾象正圆，形如瓜卵，柔居于中，刚包乎外。是以天愈高而愈刚，地愈下而愈刚。故始皇起坟骊山，深入黄泉三百丈，凿之不入，烧之不毁，使非至刚之气，真金之体，乃能若是其健而通行不息乎？故凡气化之物，不得金气，无以坚强，所以皮谷在外而为捍卫者，皆得乾金之气以固其形。此五行万物之中，一无金之不可也。

由此而观，则五行之理，交互无穷。故甲、丙、戊、庚、壬，天之阳干也，而交于地之子、寅、辰、午、申、戌。乙、丁、己、辛、癸，天之阴干也，而交于地之丑、亥、酉、未、巳、卯。天地五行挨相交配，以天之十而交于地之十二，是于五行之中，各具五行，乃成六十花甲。由六十花甲，而推于天地万物，其变可胜言哉？然而变虽无穷，总不出乎阴阳，阴阳之用，总不离乎水火。所以天地之间，无往而非水火之用，欲以一言而蔽五行之理者，曰乾坤付正性于坎离，坎离为乾坤之用耳。

〔四〕阴阳之中……复有刚柔：太极浑沦一元，内蕴阴阳两仪，犹如今日之电子，内含阴阳二电荷之理论。太极生两仪，阴阳始分。阳仪生太阳，阳中之阳也；阳仪又生少阴，阳中之阴也。阴仪生少阳，阴中之阳也；阴仪又生太阴，阴中之阴也。太阳生乾天，阳中之阳也；又生兑泽，阳中之阴也。同理，少阴生离日与震雷，少阳生巽风与坎水，太阴生艮山与坤地，以故《系辞下传》曰："阳卦多阴，阴卦多阳。"震☳、坎☵、艮☶，三男而多阴，巽☴、离☲、兑☱，三女而多阳。阳仪生一男而二女，阴仪生一女而二男，均为说明"阴阳之中复有阴阳"之理。阳刚阴柔，阴阳之中既复有阴阳，是亦"刚柔之中复有刚柔"也。

〔五〕对待之体，消息之机：对待言体用之关系，消息言机契之奥妙。阴与阳为对待关系，各有其体用。阴为体则阳为用，阳为体则阴为用。《皇极经世·观物外篇》曰："阳用阴，阴用阳。以阳为用则尊阴，以阴为用则尊阳也。"言阴阳互为体用也。宇宙万有莫不两两相对，两仪、四象、八卦、六十四卦。"天地絪缊，万物化醇；男女构精，万物化生。"言万物两两对待而有变化也。

何谓"消息"？《九家易》注泰卦曰："阳息而升，阴消而降。"故消为下降，息为上升。乾卦六爻虽均为阳，理宜散发升之不已，然阳中有阴，升至上九而"亢龙有悔"，七变为姤（☴）阴又生。坤卦六爻虽皆为阴，理宜下降凝聚不已，然阴中有阳，故至上六而有"龙战于野，其血玄黄"之象，七变为复（☳）阳又生。其余六十二卦，阴阳二爻之多寡，其所居之时位升降互见，以定其吉凶悔吝之机。有消吉息凶，有息吉消凶，有时消位息，有时息位消，亦有时位均消与时位均息。必须观其卦象之轻重，明其阴阳之顺逆。或以时言，或以位论，不可泥于一端，此为言消息卦，必言其机契，其理在此。若复、姤等十二消息卦，从略不举。

〔六〕交感之妙，错综之义："交感之妙"，详见本章前言"注四"。错与综，为两种卦变之方法。《系辞下传》曰："错综其数，通其变，遂成天地之文。"何谓"错卦"？简言之，有如犬牙相错，以虚对实、以实对虚之谓也，虞翻称之为"旁通卦"。以履卦（☲）为例，错则为谦卦（☷），履与谦上下卦爻之阴阳两两相对。换言之，履、谦二卦为互错卦。履为前进之象，谦有谦虚之德，谦为履之内在德性，支持履之前进。履卦卦辞曰："履虎尾，不咥人。"内有谦德之故也。履以六三为主爻，虽不当位，然其错谦，谦以九三为主爻，故能补履之不足。

何谓"综卦"？简言之，即将全卦颠倒过来，故又称为"反覆卦"。为便于说明，仍以履卦为例：履（☰）为下兑上乾，综则为小畜（☰），变为下乾上巽。履前进，为外在的卦象；小畜代表畜养，是内在。前进不已，必感疲劳而休息；饥则思食，以补充其营养。故小畜有如履之休息所、营养供应站。人类如此，万物莫不皆然。

〔七〕人之理性神机："理性"为哲学上名词，因用法不同而有四解：一、泛指思考能力，其义与"知性"同，有别于感情、意志、想象力等而言，此为广义解释；二、指纯粹思考力，有别于"感性"，即不由感觉、知觉而起者；三、就行为上以为言，则与感性、欲望为对峙，例如从良心之命而行者，谓之"理性"行为，是其义也；四、以"理性""悟性"为知识界中两大区别，康德认为"悟性"欲营相对之统一作用，而"理性"乃位于"悟性"之上者，譬如有人方适用因果律，彼见两现象之关系，而知其一为因，其一为果，此"悟性"之用也，对此现象而求其第一之因，则是"理性"之用，康德名之曰"理性观念"，故有别于"悟性"以为言。（原著如此。编者注）

"神机"，《素问·五常政大论》："根于中者，命曰神机，神去则机息。"又《六微旨大论》曰："出入废，则神机化灭。"张氏《类经》注："凡动物之有血气、心知者，其生气之本，皆藏于五内，以神气为主，故曰中根……而其知觉运动，即神机之所发也。故神去则机亦随而息矣。"又曰："凡物之动者，血气之属也。皆生气根于身之中，以神为生死之主，故曰神机。然神之存亡，由于饮食、呼吸之出入；出入废，则神机化灭，而动者息矣。"故"神机"二字，当为精神之机括。

[今译]

什么叫作"四分为八"？就是太阳、少阴、少阳、太阴等四象再生出八卦。它相生先后的次序，太阳生乾☰一、兑☱二；少阴生离☲三、震☳四；少阳生巽☴五、坎☵六；太阴生艮☶七、坤☷八。乾三爻都是阳爻，代表刚健的现象。坤三爻都是阴爻，代表柔顺的现象。震一阳生在二阴的下面，阳性向上向退，象征动荡前进。巽一阴伏居于二阳之下，阴性柔顺，象征顺势而易入。坎一阳陷在二阴之间，所以是陷溺的现象。离一阴附丽于二阳之间，丽字意义为光明美丽，所以代表光明之象。艮一阳进至极位，无可更进，故为终止之象。兑一阴在二阳之上，爻位在上为外，在下为内；内阳外阴，内体刚健而外貌柔，故为和悦之象。

伏羲八卦，乾一、兑二、离三、震四，由阳仪所演生居左；巽五、坎六、艮七、坤八，由阴仪所演生居右，乾南坤北，体象分明。文王八卦，离南坎北，震东兑西，巽东南，坤西南，乾西北，艮东北。离为火，坎为水，震巽为木，兑乾为金，坤艮为土，说明五行生克之道。我们做医生的人，如果能够了解这层道理，就当知道阴阳之中，还有阴阳；刚柔之中，还有刚柔。它们之间两两相对，此消彼长、此长彼消的机契，相互交感的奥妙，以虚对实、以实对虚的相错，上下颠倒的作用，就已非常明显了。因此我们人的精神表现，病情状况，可以从这得到它的要领，了解它病情变化了！

第五节　八分为六十四

[原文]

自兹而四象相交，成十六事[一]；八卦相荡，为六十四[二]。分内外以配六爻[三]，推九六以成蓍数[四]，人物由之而大成，万象因之以毕具。前阅圆图，即其精义。

[要旨]

本段言伏羲先天六十四卦圆图（见上编第三章或下编第三章），包含宇宙万象、人物之大成。以下各节，均为发挥此义。

[注释]

〔一〕四象相交，成十六事：四象，据《皇极经世·观物篇》所言，太阳、太阴、少阳、少阴，为天之四象；太刚、太柔、少刚、少柔，为地之四象。太阳为日，太阴为月，少阳为星，少阴为辰；日为暑，月为寒，星为昼，辰为夜，四者天之所以变也。太刚为火，太柔为水，少刚为石，少柔为土；火为风，水为雨，石为雷，土为露，四者地之所以化也。换言之，天之太、少阴阳，地之太、少刚柔相交，在天为日、月、星、辰、暑、寒、昼、夜，在地为火、水、石、土、风、雨、雷、露，凡十六事也。

〔二〕八卦相荡，为六十四："荡"，推也。"相荡"，相互推移而相生也。言八卦相生而成六十四卦也，其相生之序如前注。

〔三〕分内外以配六爻：三画之卦为原卦，六画之卦为成卦，亦即由两个原卦相叠而为一个成卦。每卦六爻，上两爻为天位，下两爻为地位，中两爻为人位，言人居于天地之中，顶天立地，以贯通天地也。

何以要两卦组为一成卦，两爻合并为一位？盖以宇宙现象，均为两，有正必有反，有阴必有阳，正反交而后有合，阴阳交而后万物化生。故天时有昼夜对待，地球有水陆对待，人事有男女对待，动物有牝牡对待，植物有雌雄对待。两两相生又相克，张横渠曰：

"两不立，则一不可见；一不可见，则两之用息。两者，虚实也，动静也，聚散也，清浊也，其究一也。"（《正蒙》）以此推演卦象，始能极尽宇宙变化无穷之妙用。爻位次序，由下而上，亦即由内而外，是表示一切生物莫不由下向上长，由内向外长，绝无由上向下倒长，由外反长向内。例如，植物由根部向上发，动物由幼小到高大。起先所占空间小逐渐占领空间大。故每一爻其所代表之地位与时间均各不同。六爻各有其名称，每爻含义亦各不同，最下一位称"初"；初者，始也，即开始。依次为二、三、四、五，均依数字顺称。至第六位则称"上"，亦即最高一位。所以称上，意指无可再进，再进则变为另一卦。初、二、三爻为内卦，亦称下卦与基础卦，四、五、上爻称外卦，亦称上卦与发展卦。兹以泰卦为例，则为乾下坤上。

〔四〕推九六以成蓍数：何以称九、称六？前以泰卦为例，乾下称初九、九二、九三，坤上称六四、六五、上六。盖以《易传》用"六"与"九"两个数字区分阴阳爻画。"六"指阴爻，"九"指阳爻。初位阴爻称"初六"，初位阳爻称"初九"，上位阴爻称"上六"，上位阳爻称"上九"。

初与上为两极的边缘，由初而上，标明所当位次。初与上之外，更无爻位。阳数何以为"九"，阴数何以为"六"？数分奇偶，因奇数是生数，以其代表阳之刚健向上，生生不息。奇数一、三、五、七、九，至九而止，九是奇数最大数。偶数代表阴，阴主柔顺，主退象，主凝聚，偶数为二、四、六、八、十。何以用"六"不用"十"？十是偶数的满数，万物不可满，满招损，谦受益。阴极则生物息矣！阴为退象，退不可退至二，故取其中间数"六"。

阳爻称九，阴爻称六，说者甚多，使人如堕云雾之中，莫明其理。兹介绍两种简明易懂方法：

其一，依《河图》《洛书》之生数，皆以一、二、三、四、五为基数。一、三、五为阳，该三数相加则为九，故阳爻称"九"。二、四为阴，二四相加为六，故阴爻称"六"。其二，即《大戴礼记》谓"天圆地方"，并非说天是圆的，地是方的，而是一种"以圆规方""以方矩圆"的计算方法，出于自然之数理。观奇圆偶方、阳九阴六之数，不言而喻。如图：

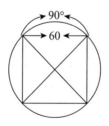

说明：周围三百六十度，分为四象，每一象之弧线，各得九十，则其弦必为六十。四九三十六，四六得二十四，即尽方圆之度。所以乾策为三十六，坤策为二十四，用九用六，以御方圆各度，天地之理之数，不外乎此。

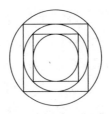

说明：方圆五层，三圆二方，假定圆径方边同属十寸，则方面积为百，圆面积为七十八寸五三九一八一六。圆内容方之面积五十寸，则其方边为七寸七一六七八，可见方有定形，圆无尽数。

杭辛斋根据"参天两地而倚数"作"圆三方二互答图"，由数推理，更参悟邵子"心意方圆"说，兹录于后：

甲、圆容方：圆为心，内容方，以一涵四。心体无为无不为，自然具四象，备万理，以圆容方之象。

乙、方容圆：感于物而动，有性有欲，根于心而生。动而得中，天君泰然，心之本体，安然无事，如未动一般，此方又容圆之象。

丙、圆容方：象在感物而动之后，发现于外之前。

丁、方容圆：象于乍当发之际，所谓物交物引，如览镜一般，真面目悉在其中，是以君子素其位而行，安守本分与岗位。孟子说："不以规矩，不能成方圆。"可相互参证。

何谓"蓍数"？蓍龟，在"天生神物"条中已注明其由来与意义。蓍数则为古人卜筮所用蓍草之数。《系辞上传》第九章言及此法，兹摘录其原文并释之于后：

天一地二，天三地四，天五地六，天七地八，天九地十。天数五，地数五，五位相得而各有合。天数二十有五，地数三十，凡天地之数五十有五，此所以成变化而行鬼神也。

此言天地之数为五十有五。天为阳，阳气轻清而上浮于天，故以一、三、五、七、九之奇数为天。地为阴，阴气重浊而下凝于地，故以二、四、六、八、十之偶数为地。"天数五、地数五"，乃指《河图》《洛书》之中心数均为"五"而言。五为十之中数。天数二十有五，是合一、三、五、七、九之和数而成。地数三十，是合二、四、六、八、十之和数而成。二十五加三十，则为五十五，是天地之总数。以"五为十之中数"言，天与地相对待，地六减天一，天七减地二，地八减天三，天九减地四，地十减天五，其数各为五。五五二十有五，亦为天数。前言《河图》与《洛书》中心数均为五。若以"五行"言，则为中央戊己属土之数，亦为"天数五，地数五"之数（其详见前注《河》《洛》图）。

大衍（与"演义"通）之数五十，其用四十有九。分而为二以象两，挂一以象三，揲（shé，传还）之以四，以象四时。归奇于扐（lè，挟持），以象闰，五岁再闰，故再扐而后挂。

古人以蓍草为灵物，所以尊称其为"大衍"。天地之数，始于一，中于五，盈于十。把三个数字相乘，一乘五仍为五，五乘十为五十。故所用蓍草为五十茎。留起一茎不用，以象太极。其余四十九茎，信手分出一撮，放在右面，如此左右两撮对列，以象两仪。再从右面的一撮内取出一茎，放在中央，以象三才，这便是所谓"挂一以象三"。然后从左右两撮各四茎、四茎地数出来，先用右手从左撮中数出，移置其右并入中央的一茎合为一撮；再用左手从右撮中数出，放在原来左撮之外，另成一撮。如此共为四撮，以象四时。原来的左右两撮，各四茎、四茎地数出来，数至最后，必有奇零的余数，如果恰余四茎，即以这四茎为余数，先将左撮余数夹在二、三两指间，继将右撮余数夹在三、四两指间，以象三年一闰，五年再闰。两撮的余数全捡起之后，四撮复成两撮，于是再挂，再揲、再扐，如历法的再闰，又从积分而起。

[今译]

如果我们了解阴阳之中，还有阴阳；刚柔之中，还有刚柔，就可以知道太空中的太、少阴阳四象相交，而为日、月、星、辰，暑、寒、昼、夜；地球上的太、少刚柔相交，而为火、水、石、土、风、雨、雷、露。两者相合，则为十六种具体的事物。乾天、坤地、震雷、坎水、艮山、巽风、离日、兑泽，该等八卦相互推移激荡相生，就演变成为六十四卦。八卦是每卦三爻的原卦，由八原卦彼此推移相生，而成六爻的成卦。在六爻的成卦中，又有内卦与外卦的分别，下三爻为内卦，又名为下卦或基础卦；上三爻为外卦，又名为上卦或发展卦。卦爻有阴阳的不同，阳爻称九，阴爻称六。乾卦六爻都是阳，所以称九，坤卦六爻都是阴，所以称六。其他六十二卦阴阳爻不一。以泰卦为例，内卦为乾，故其第一爻称初九，二爻为九二，三爻为九三；外卦为坤，故其第四爻为六四，五爻为六五，六爻为上六。阳爻的九和阴爻的六，相互衍生，成为大衍之数五十（阅"蓍草注"）。举凡人事与万物，都是从这演化出来的，宇宙的万事万物，都可以在六十四卦里找到答案。我们只要仔细研究，彻底了解伏羲先天六十四卦的圆图，就能够知道他道理的所在。

第三章　六十四卦方圆图与人生

第一节　先天卦与人生

［原文］

是图虽象乎万有，尤切乎人身。故曰："先天圆图者，环中也。环中者，天之象也。"〔一〕六十四卦列于外，昭阴阳交变之理也〔二〕；太极独运乎其中，象心为一身之主也〔三〕。乾南坤北者，象首、腹之上下也〔四〕；离东坎西者，象耳、目之左右也〔五〕。（其间似有脱漏，据《说卦传》仍有"震为足，巽为股，艮为手，兑为口"，愿代补文如后：）震雷巽风者，象足、股之动作也；艮山兑泽者，象手、口之居上也〔六〕。

［要旨］

本段言伏羲先天六十四卦圆图（下简称"伏羲先天圆图"或"圆图"）虽然包含宇宙万有，而尤切乎吾人之一身。

〔一〕**先天圆图者，环中也**：语出《皇极经世·先天圆图卦数》。谓先天图者，指天亦不离乎中也。圈以环之者，如环之无端，谓时间与空间无始无终也。《说卦传》曰："乾为天，为圜。"此之谓也。

〔二〕**六十四卦列于外，昭阴阳交变之理**：请阅圆图自北而南各卦，由复（☷☳）之一阳始生，至乾（☰☰）而为老阳共三十二卦，均为阴阳交替之象。自南而北各卦，由姤（☰☴）之一阴始生，至坤（☷☷）而成老阴，共为三十二卦，说明交相变化之理。

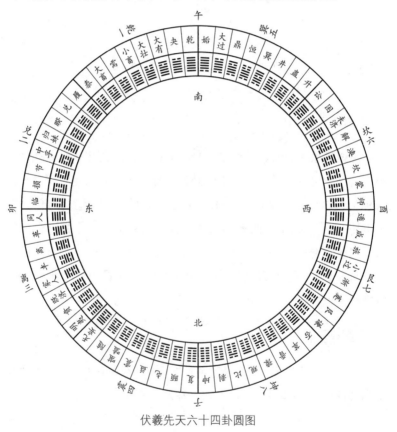

伏羲先天六十四卦圆图

〔三〕太极独运其中，象心为一身之主：太极为宇宙之本体，万有从太极之动而生生不息，犹如人之七情六欲、言语作为，心为之主宰一样。

〔四〕乾南坤北，象首、腹之上下：《说卦传》曰："乾为首，坤为腹。"乾南居上，乾为天，天在上，象征人的头部；坤北居下，坤为地，地中蕴藏财富，象征人之腹部，能容纳食物，使之生化不已。

〔五〕离东坎西，象耳、目之左右：先天八卦方位图离居东，坎居西。《说卦传》曰："坎为耳，离为目。"坎（☵）一阳居中，象征耳之听觉在内。离（☲）上下二阳，阳明在外，象征目之明察外物。中医耳科与八卦之关系，笔者学识有限，未得闻道。中医眼科，则有"八廓"之说。笔者同时发现，《内经》凡言八者，均与八卦有关。八卦言乾、坤生六子，乾、坤为阴阳之纲领，八卦又以乾、坤为总纲，以故《内经》凡言有八宫、八正，气有八止，治有八法，方有八阵，他如八风、八候、八略、八间、八会、八农、八节等，莫不与乾、坤生六子纲领息息相关。

〔六〕震雷巽风者……象手、口之居上也：《说卦传》曰："震为足，巽为手，兑为口。"震（☳）一阳在下，二阴在上。阳动于下，象征足。巽（☴）下一阴爻中折，象征胫股柔和，可以曲折。艮（☶）一阳在上，阳动已止于极位，无可再进，象征手的动作，能执持物件，有制止作用。兑（☱）上一偶爻中分，象征口在上体，两唇张开。

［今译］

伏羲先天卦位圆图，虽然象征宇宙的万有万象，对我们人来说，更是密切结合在一起。所以邵康节曾说："伏羲的先天圆图，从大的方面来说，则为宇宙诸星球的运行；从细微的方面说，则为人身各部分的机能脉息，都不能离开中道。环的意义为圆，如环之无端。这个圆环，既指空间，也是代表时间。上下四方叫作宇，古往今来叫作宙。空间无限大，大到其大无外；空间也无限小，小到其小无内。时间无限长，长到其往无前，其来无后；时间无限短，短到像光速一秒钟绕行地球七周半般刹那的飞逝。这圆图，就是说明宇宙万有万象，在时空上是无始无终的。"

圆图自北而南，由复卦一阳始生，阳气渐长，至乾卦而六爻皆阳，共计三十二卦，说明阴阳变化的道理。自南而北，由姤卦一阴始凝，阴气渐升，至坤卦而六爻全阴，共计三十二卦，说明阴阳交替的现象。这六十四卦环列在圆图外层，都是由于太极在其中心运作而产生出来的，就像我们人类的七情六欲、言语动作，都是由人心做主宰的道理一样。

所谓乾南坤北，乾为天，天在上，象征人的头部；坤为地，地中蕴藏许多财富，象征人的腹部，能容纳食物，又不断地消化。离东坎西，离为日、为火、为目，上下二阳，阳明在外，象征目能明察事物。坎为月，为水，为耳，一阳居中，象征人的两耳，表示听觉在内。离、坎二卦，就像我们人的耳、目分居左右一样。震足巽股，震为雷、为龙、为足，一阳在二阴的下面，阳气刚健主动，有奋起之势，象脚。巽为风、为木、为股，一阴在二阳之下，风无孔不入，木根安静而枝叶浮，象脚上双股，随脚而动。艮为手，兑为口，艮为山、为止、为手，一阳进至极，无可再进，象征手的动作，能把握住物件，有制止作用。兑为泽、为悦、为口，一阴爻中分，象征口在上体，两唇张开的笑悦。

[原文]

自复至同人，当内卦震、离之地〔一〕，为阴中少阳之十六〔二〕，在人为二八〔三〕。

[要旨]

本段言伏羲先天圆图，自复卦至同人卦，共十六卦，均少阳（张氏可能笔误，少阳符号为 ⚎，应为"少阴 ⚏"始对）所生之卦。在人事现象为十六岁上下。

[注释]

〔一〕复至同人，内卦震、离之地：自复卦（䷗）至无妄卦（䷘），共八个卦。计有复（䷗）、颐（䷚）、屯（䷂）、益（䷩）、震（䷲）、噬嗑（䷔）、随（䷐）、无妄（䷘），都是以震卦为内卦。自明夷卦（䷣）至同人卦（䷌），共八个卦，计为明夷（䷣）、贲（䷕）、既济（䷾）、家人（䷤）、丰（䷶）、离（䷝）、革（䷰）、同人（䷌），都是以离卦为内卦。两者合起来，所以说是"当内卦震、离之地"。

〔二〕为阴中少阳之十六：张氏于此可能笔误，本句应改为"为阳中少阴之十六"。亦即自复一阳始生下，至同人等十六卦，均为由阳仪（⚊）而少阴（⚏），由少阴而生离三、震四。盖自复（䷗）至同人（䷌），其内卦初、二两爻，均为初九、六二少阴（⚏）之故也。

〔三〕在人为二八：从圆图方位（空间）上看，为东北之卦，时间上则当子、丑、寅、卯之间。人事现象为二八。二八一十六，约为十四五六岁之间。离三、震四，因卦爻为少阴，当以离为中女为断。女生十六而天癸（月经）至，有女怀春，虽曰"女子二十而嫁"，然已有室人之道焉。《灵枢·天年篇》曰："人生十岁，五藏始定，血气已通，其气在下，故好走。"

《素问·上古天真论》曰："女子七岁肾气盛，齿更发长，二七而天癸至，任脉通，太冲脉盛，月事以时下，故有子。三七肾气平均，故真牙生而长极。"

《类经》注曰："七为少阳之数。女本阴体而阳数者，阴中有阳也。人之初生，先从肾始，女至七岁，肾气稍盛。肾主骨，齿者，骨之余，故更齿。肾为精血之藏。发者，精血之余，故发长。

"愚按：男子属阳，当合阳数；女子属阴，当合阴数。而今女反合七，男反合八，何也？盖天地万物之道，唯阴阳二气而已，阴阳作合，原不相离，所以阳中必有阴，阴中必有阳。儒家谓之'互根'，道家谓之'颠倒'，皆所以发明此理也。如离火属阳，居南，而其中则偶（☲），是外阳而内阴也。震（☳）、坎（☵）、艮（☶）是为三男，而阴多于阳，巽（☴）、离（☲）、兑（☱）是为三女，而阳多于阴。《悟真篇》曰：'日居离位反为女，坎配蟾宫却是男。'是皆阴阳'颠倒'之义。故女子外为阴体而内合阳数，男子外为阳体而内合阴数（此两句措辞不妥，应改为'故女子虽为阴体而阳爻多，男子虽为阳体而阴爻多'，非内外之谓也），如《左传·昭公元年》医和云：'女，阳物而晦时。'乃亦以女为阳矣。此皆医家当察也。

"天癸者，天一之气也；任冲者，奇经之二也。任主胎胞，冲为血海。气盛通脉，故月事下而有子。月事者，言女子经水，按月而至，其盈虚消长，应于月象。经以应月者，阴之所生也。

"愚按：天癸之义，诸家俱以精血为解，然详玩本篇，谓女子'二七天癸至，月事以时下'，男子'二八天癸至，精气溢焉'。是皆天癸在先，而后精血继之。分明先至后至，各有其义，焉得谓天癸即精血、精血即天癸？本末混淆，殊失之矣。

"天癸者，天之水，干名也。干者，支之阳，阳所以言气。癸者，壬之偶，偶所以言阴。故天癸者，言天一之阴气耳。气化为水，因名天癸。此先圣命名之精，而诸贤所未察者。其在人身，是谓元阴，亦曰元气。人之未生，则此气蕴于父母，是为先天之元气；人之既生，则此气化于吾身，是为后天之元气。第气之初生，真阴甚微，及其既盛，精血乃王，故女必二七、男必二八，而后天癸至。天癸既至，在女子，则月事以时下；在男子，则精气溢焉。盖必阴气足而后精血化耳！阴气阴精，譬之云雨。云者，阴精之气也；雨者，阴气之精也。未有云雾不布而雨雪至者，亦未有云雾不浓而雨雪足者。然则精生于气，而天癸者，其即天一之气乎？可无疑矣！列子曰：'气有生者，有生生者；有形者，有形形者。'其斯之谓。"

《本草·妇人·月水》李时珍曰："月有盈亏，潮有朝夕。月事一月一行，与之相符，故谓之月信、月水、月经。经者，常也，有常轨也。"本段言女子"二七而天癸至"，此为常数，若印度等热带地区，男女早熟，十一二岁亦可以为人父母，须就地理环境而言也。

《素问·上古天真论》曰："丈夫八岁肾气实，发长齿更。二八肾气盛，天癸至，精气溢焉，阴阳和，故能有子。三八肾气平均，筋骨劲强，故真牙生而长极。"

《类经》注曰："八为少阴之数，另本阳体，而得阴数者，阳中有阴也。发长齿更，义同前。男女真阴，皆称天癸，天癸既充，精乃溢焉，阴阳和合，故能生子。子者，统男女而言，男曰男子，女曰女子。

"愚按：有子之道，必阴阳合而后胎孕成。故天一生水，而成于地之六。地二生火，而成于天之七。所以万物之生，未有不因阴阳相感而能成其形者，此'一阴一阳之谓道'也。

"至于成男、成女之说，按北齐褚澄曰：'男女之合，二情交畅，阴血先至，阳精后冲，血开裹精，精入为骨而男形成矣。阳精先入，女血后参，精开裹血，血入为水，而女形成矣。'启玄子曰：'男女有阴阳之质不同，天癸则精血之形亦异，故自后医家皆宗其说。'而近者玄台马氏驳之曰：'男女之精，皆可以天癸称。今王注以女子之天癸为血，则男子之天癸亦为血耶？《易》曰："男女构精，万物化生。"故交构之时，各有其精，而行经之时，方有其血。未闻交构之时，可以血言。《广嗣》诸书，皆言精裹血、血裹精者，亦非。'此马氏之说诚是也。又按李东垣曰：'经水断后一二日，血海始净，精胜其血，感者成男。四五日后，血脉已王，精不胜血，感者成女。'朱丹溪曰：'夫乾坤，阴阳之情性也；左右，阴阳之道路也；男女，阴阳之仪象也。阴阳交构，胎孕乃凝。所藏之处，名曰子宫。一系在下，上有两歧，中分为二，形如合钵。一达于左，一达于右。精胜其血，则阳为之主，受气于左子宫而男形成；精不胜血，则阴为之主，受气于右子宫而女形成。'

"若此诸说不同，未必皆为确论。然以愚见，亦有谓焉。如王氏以精血为天癸，盖以经文言女子之血、男子之精，皆随天癸而至故也。此虽未得其真，而其义犹不相远。至于褚氏之说，则必所不然。盖男女相合，两精和畅，本无血至之事，惟是结胎之后，男以精而肇其元，女以血而成其体。此以男精女血而谓之构，自是正理。若以交会之际，而言其精裹血、血裹精者，诚然谬矣。此不若丹家以'阳精为天壬，壬裹癸则成女子。壬癸齐至，则成双胎。一迟一速，俱不成胎'。天壬、地癸者，乃天地元精、元气也。虽然，此固一说也，但亦涉于渺茫耳！若东垣之说，则以数日之后，感必成女。第以近验求男者，每用三十时辰两日半之法，而有必不免于女者，有在二十日以外而得男者，此皆与东垣相反矣。若丹溪以左右者，阴阳之道路一句为论，乃指既受之后为言，而亦未明其所以然。且左右者，言阴阳升降之理，岂此两歧之谓，尤属太奇。若必欲得其实理，则乾道成男，坤道成女，阳胜阴者为男，阴胜阳者为女，此为不易之至论。然阴阳盛衰之说固如此，而亦何以见其详？如老阳少阴，强弱判矣；嬴阳壮阴，盛衰分矣。壮而不畜，同乎弱矣；老而知养，同于少矣。期候有阴阳，忽之者其气衰；起居有消长，得之者其气盛。两军相对，气可夺于先声；一静自持，机待时而后动。以寡击众，孰谓无方；转弱为强，果由妙用。受与不受，在阖辟，不在浅深，言迟疾者殊谬。男与不男，在盈虚，不在冲襄，道先后者尤差。凡寡欲而得之男女，贵而寿；多欲而得之男女，浊而夭。何莫非乾坤之道乎？知之者，岂惟擅璋、瓦之权，而蓝田久无烟焰者，不外此也。子女生而夭弱者，不外此也。有子女之念者，其留意于是焉。"

[今译]

从复卦到同人卦，在伏羲先天圆图卦位上，是属于东北方，为离三、震四的位置。在时间上，是子、壬、寅、卯之间。在人事现象方面来说，该是少女十六岁月经刚来怀春的时期了。

[原文]

自临至乾，当内卦兑、乾之地[一]，为阳中太阳之十六[二]，在人为四八[三]。

[要旨]

本段继前言自临卦至乾卦，亦共十六卦，均为太阳所生之卦。在人事现象上则为三十二岁之间。

[注释]

[一] 临至乾，当内卦兑、乾之地：自临卦（☱）至履卦（☰），共八卦，计有临（☱）、损（☱）、节（☱）、中孚（☱）、归妹（☱）、睽（☱）、兑（☱）、履（☰）等八卦，都是以兑（☱）为内卦。从泰卦（☱）到乾卦（☰），共八卦，计有泰（☱）、大畜（☱）、需（☱）、

小畜（䷈）、大壮（䷡）、大有（䷍）、夬（䷪）、乾（䷀）等八卦，都是以乾（☰）为内卦。两者合起来，所以说是"当内卦兑、乾之地"。

〔二〕**为阳中太阳之十六**：自临卦至乾卦，共十六卦均由阳仪而太阳（⚌），由太阳而生乾一、兑二。盖自临（䷒）至乾（䷀），其内卦初、二两爻，均为初九、九二太阳（⚌）之故也。

〔三〕**在人为四八**：从圆图方位言，为东南方之卦，时间上则当卯、辰、巳、午之间。人事现象为四八，四八三十二岁的时候。卦爻为太阳，乾一、兑二，当以乾卦为断。乾为父，男子三十而娶，三十曰壮，壮而有室也。故当有子为人父矣。

《灵枢·天年篇》曰："二十岁，血气始盛，肌肉方长，故好趋。三十岁，五藏大定，肌肉坚固，血脉盛满，故好步。"

《素问·上古天真论》曰：女子"四七筋骨坚，发长极，身体盛壮。五七阳明脉衰，面始焦，发始堕"，男子"四八筋骨隆盛，肌肉满壮。五八肾气衰，发堕齿槁"。

《类经》注曰："女子天癸之数，七七而止，年当四七，正及材力之中，故身体盛壮，发长极矣……男子气数至四八，盛之极也。男为阳体，不足于阴，故其衰也，自五八肾始，而发齿其微也。"

[今译]

从临卦到乾卦，在伏羲先天圆图卦位上，是属于东南方，为乾一、兑二的位置。在时间上，是卯、辰、巳、午之间。在人事现象方面来说，该是长男三十二岁的时候。男子三十是壮年，所以男子三十岁就应该结婚，现在已经是三十二岁，照常理推论，该当生男育女，已做父亲了。

[原文]

自姤至师,当内卦巽、坎之地[一],为阳中少阴之十六[二],在人为六八[三]。

[要旨]

本段继前言,自姤卦至师卦,共十六卦,均为少阴(张氏可能笔误,与前误"少阴"为"少阳",今又误"少阳"为"少阴")所生之卦。在人事现象为四十八岁之间。

[注释]

〔一〕姤至师,当内卦巽、坎之地:自姤卦至升卦,共八卦,计有姤(☴)、大过(☴)、鼎(☴)、恒(☴)、巽(☴)、井(☴)、蛊(☴)、升(☴)等八卦,都是以巽(☴)为内卦。从讼卦至师卦,共八卦,计有讼(☵)、困(☵)、未济(☵)、解(☵)、涣(☵)、坎(☵)、蒙(☵)、师(☵)等八卦,都是以坎(☵)为内卦。巽五、坎六合起来,所以说是"当内卦巽、坎之地"。

〔二〕为阳中少阴之十六:张氏笔误,应改为"为阴中少阳之十六"。亦即自姤一阴始生于下,至师卦第十六卦,均由阴仪(⚋)而少阳(☳),由少阳而生巽五、坎六。自姤(☴)至师(☷),其内卦之初、二两爻,均为初六、九二少阳之故也。

〔三〕在人为六八:自复之一阳始升,犹如太阳之东升,至乾而极。自姤之一阴始生,有如太阳之西降,至坤而止。自姤至师,从圆图方位言,为西南方之卦。时间上则当午、未、申、酉之间,人事方面为六八,六八四十八岁的时候,卦爻为少阳,巽五、坎六,当以巽卦为断。

《素问·上古天真论》：女子"六七，三阳脉衰于上，面皆焦发始白"，男子"六八，阳气衰竭于上，面焦，发鬓颁白"。此言女四十二岁、男四十八岁，三阳脉皆盛于面而衰也，故宜修身守道，以保养其天年。《灵枢·天年篇》曰："四十岁，五藏、六府、十二经脉，皆大盛以平定，腠理始疏，荣华颓落，发颁白，平盛不摇，故好坐。"

[今译]

从姤卦到师卦，在伏羲先天圆图卦位上，是属于西南方，为巽五、坎六的位置。在时间上，是午、未、申、酉之间。在人事现象方面来说，该是长女四十八岁的时候。女子到了四十八岁，按一般生理常态言，该是月经将要停止时期。也就是说，是衰老的开始，所以要好好地保养自己的身体，不能再像年轻期般的纵欲。

[原文]

自遁至坤，当内卦艮、坤之地〔一〕，为阴中太阴之十六〔二〕，在人为八八〔三〕。

[要旨]

本段继前言，自遁卦至坤卦，共十六卦，均为太阴所生之卦。在人事现象为六十四岁之间。

[注释]

〔一〕遁至坤，当内卦艮、坤之地：自遁卦至谦卦，共八卦，计有遁（䷠）、咸（䷞）、旅（䷷）、小过（䷽）、渐（䷴）、蹇（䷦）、艮（䷳）、谦（☷☶）等八卦，都是以艮（☶）为内卦。从否卦至坤卦，计有否（☷☰）、萃（☱☷）、晋（☲☷）、豫（☳☷）、观（☴☷）、比（☵☷）、剥（☶☷）、坤（☷☷）等八卦，都是以坤（☷）为内卦。艮七、坤八合起来，所以说是"当内卦艮、坤之地"。

〔二〕为阴中太阴之十六：自遁卦至坤卦，共十六卦，均由阴仪而太阴（☷），由太阴而生艮七、坤八。自遁至坤，其内卦初、二两爻，均为初六、六二太阴之故也。

〔三〕在人为八八：从圆图方位言，为西北方之卦，时间上则当酉、戌、亥、子之间。人事现象为八八，八八六十四岁的时候。卦爻为太阴，艮七坤八，当以艮卦为断。艮者，止也。《素问·上古天真论》：女子"七七任脉虚，太冲衰少，天癸竭，地道不通，故形坏而无子也"，男子"七八肝气衰，筋不能动，天癸竭，精少，肾藏衰，形体皆极。八八，则齿发去。肾者主水，受五藏六府之精而藏之，故五藏盛乃能写（'写'与'泻'通）。今五藏皆衰，筋骨解堕，天癸尽矣。故发鬓白，身体重，行步不正，而无子耳"。又曰："男不过尽八八，女不过尽七七，而天地之精气皆竭矣。帝曰：'夫道者，年皆百数，能有子乎？'岐伯曰：'夫道者，能却老而全形，身年虽寿，能生子也。'"故男子应于耳顺之年，女子应于知命之年，即当清心寡欲，守道养身。

《类经》注曰：女子七七"则冲任血少，阴气竭，故经水止绝，而坤道不通也。天癸绝，故形体坏，而不能有子也"，男子七八"肝气衰，肝主筋，肝衰，故筋不能动。肾主骨，肾衰，故形体疲极"。年百而有之道，因"道者，言合道之人也。既能道合天地，则其材力天数自是非常，却老全形，寿而生子，固有出人之表，而不可以常数限者矣。此篇大意，帝以材力天数为问，而岐伯之答，如天癸盛衰者，言材力也。七七、八八者，言天数也。虽材力之强者，若出于限数之外，而其所以能出者，又何莫非天禀之数乎！其有积精全神，而能以人力胜天者，惟法则天地而合同于道者，为能及之也"。

《灵枢·天年篇》曰："五十岁，肝始衰，肝叶始薄，胆汁始减，目始不明。六十岁，心气始衰，苦忧悲，血气懈惰，故好卧。七十岁，脾气虚，皮肤枯。八十岁，肺气衰，魄离，故言善误。九十岁，肾气焦，四藏经脉空虚。百岁，五藏皆虚，神气皆去，形骸独居而终矣。"《上古天真论》以七、八言，谓男尽八八，女尽七七。《灵枢·天年篇》则以十言，且寿至百岁，是指人生之全数。盖引人之寿命，长短不齐，有出于先天之禀受，有因后天之人为。唯上智不以人欲害其天年，且能以后天培养其天年，故能寿至百岁，以终其天年也。两篇应合而观之，其理一也。

[今译]

自遁卦到坤卦，在伏羲先天圆图卦位上，是属于西北方，为艮七、坤八的位置。在时间上，是酉、戌、亥、子之间。在人事现象方面来说，该是男子六十四岁的衰老时期。以一般生理常态言，男子六十四五岁而精绝，目前一般公务人员也是六十五岁退休，是守道养身的时候了。

[原文]

阳生于子而极于午，故复曰"天根"〔一〕，至乾为三十二卦，以应前之一世〔二〕。阴生于午而极于子，故姤曰"月窟"〔三〕，至坤三十二卦，以应后之半生〔四〕。前一世，始于复之一阳，渐次增添，至乾而阳盛已极，乃象人之自少至壮。后半生，始于姤之一阴，渐次耗减，至坤而阳尽以终，乃象人之自衰至老。

[**要旨**]

本段承前，总论伏羲六十四卦圆图与人生自少壮至衰老阴阳消长之理。

[**注释**]

〔一〕阳生于子而极于午，故复曰"天根"：《尔雅·释天》："天根，氐也。"氐，星宿名，二十八宿之一，苍龙七宿之第三宿。《史记·天官书》："氐，四星，东方之宿。氐者，言万物皆至也。"张氏《易经》思想多取自邵康节先生，邵子《击壤集·观物吟》曰：

> 耳目聪明男子身，洪钧赋与不为贫。
> 因探月窟方知物，未蹑天根岂识人。
> 乾遇巽时观月窟，地逢雷处看天根。
> 天根月窟间来往，三十六宫都是春。

"地逢雷处看天根"语，即震下坤上之复卦（䷗）。震为雷，一阳刚反。复卦《象》曰："雷在地中，复。"复之卦德，为乾元"万物资始"。《系辞下传》曰："复，德之本也。"老子亦曰："万物并作，吾以观复。"（《老子》第十六章）又曰："玄牝之门，是谓天地根。"（《老子》第六章）复为天地生生之德，为天地之心。

何谓"阳生于子而极于午"？阅伏羲六十四卦圆图，剥变为坤，由坤而复刹那之间，一阳刚反，为一岁子时之开始。以故邵子《击壤集》又曰：

> 冬至子之半，天心无改移。

一阳初动处，万物未生时。

玄酒味方淡，太音声正希。

此言如不信，更请阅包羲。

此"一阳初动处"，即天地之心，亦即所谓"阳生于子"也。再由复之一阳始生，至乾共三十二卦，由子之半，历丑、寅、卯、辰、巳，至午之半，阳已极盛，故曰"极于午"。

〔二〕至乾为三十二卦，以应前之一世：由复至乾三十二卦之卦序，阅圆图及本节所注"自复至同人""自临至乾"。复至同人共十六卦，一卦一岁，亦即一岁至十六岁。自临至乾共十六卦，一卦一岁，亦即自十七岁至三十二岁。从出生至壮年，为人之一生前半段发育生长期。

〔三〕阴生于午而极于子，故姤曰"月窟"：《汉书·扬雄传》："西厌月蟾，东震日域。"注：服虔曰："蟾，音窟，穴之窟。月蟾，月所生也。"梁简文帝《大法颂》："西逾月窟，东渐扶桑。"均指月出于极西之地。前面注一所引邵子《击壤集》"乾遇巽时观月窟"，乃指巽下乾上之姤卦，《说卦传》："乾为天……巽为风。"姤卦《象》曰："天下有风，姤。后以施命诰四方。"风力流行于天空之下，凡暴露在空间之物体，莫不与之遭遇。君后体会此一理象，以施行其命令文诰，传达四方。姤之初六一阴在下，有渐次上长之势，阴长则阳消也。

何谓"阴生于午而极于子"？伏羲六十四卦圆图，正当乾之上九"亢龙有悔，盈不可久"。阳极于上不能持久，一阴始生于下而为姤也。

〔四〕至坤三十二卦，以应后之半生：自姤之一阴始生，阴气上升，阳气渐消，至师共十六卦。从人事方面来说，自三十三岁起到四十八岁止，是阳气衰退时时期。由遁至坤，共十六卦，从人事方面来说，自四十九岁起至六十四岁止，是人衰老时期。换言之，自姤至坤，共三十二卦，正好说明人生由壮年到老年，后半生的衰老现象。

[今译]

一年十二个月，配地支（子、丑、寅、卯、辰、巳、午、未、申、酉、戌、亥）相合。周朝以"建子"（夏建寅，商建丑，周建子）为正月，等于现在通用农历（夏历）十一月，在六十四卦为复卦当令，一阳复始的期间，邵雍说："地（☷）逢雷（☳）处看天根。"他把这一阳初动时名之为"天根"，也是"冬至子之半"的时刻。从复之一阳始生，经历丑（十二月）、寅（正月）、卯（二月）、辰（三月）、巳（四月）、午（五月，夏至）等六月，阳气已发展到极点。从一年节气来说，自复卦至乾卦，一共三十二卦。从人的年龄来说，一岁一卦，则为自童年到壮年三十二岁的成长时期，正好说明了我们人的前半生。

物极必反，这是宇宙的自然律。阳气发展到午之半，已经到了极点，不能再上升，不上升则阴生。从此以后，则为阴长阳消的时期。从农历五月中起历经未（六月）、申（七月）、酉（八月）、戌（九月）、亥（十月）、子（十一月中冬至），阴气已发展到了极点。邵雍说："乾遇巽时观月窟。"他把姤卦一阴始生于下名之为"月窟"，也是阳气不能上长，阴气方起之时。从一年节气来说，自姤卦至坤卦，一共三十二卦。从人的年龄上说，一岁一卦，则为自三十二岁壮年到六十四岁衰老时期，正好说明我们人的后半生。

前半生，是复卦一阳开始，阳气逐渐增加，到乾卦阳气已上升至极限，就像我们人类从少年到壮年一样。后半生，是自姤卦一阴开始，阳气逐渐消耗，到坤卦阳气已经被消耗完了，就像我们人类精力衰退到老年一样。

第二节　阴阳消长之理

[原文]

纵观之，则象在初爻[一]，其乾尽于午，坤尽于子，当二至之令[二]，为天地之中而左右以判。左主升而右主降[三]。升则阳居东南，主春、夏之发生，以应人之渐长[四]。降则阴居西北，主秋、冬之收敛，以应人之渐消[五]。

[要旨]

本段言纵观圆图以子、午二至为天地之中，说明左阳右阴升降之理。

[注释]

〔一〕象在初爻：纵观象在初爻，是以子午为垂直的中分线，自复至乾，共三十二卦，其初爻皆为阳爻。自姤至坤，共三十二卦，其初爻皆为阴爻。换言之，由复至乾为升，属于"息卦"。由姤至坤为降，属于"消卦"。

〔二〕乾尽于午……当二至之令：乾尽于午，是说以乾为下卦，自泰至乾，六爻皆阳，至"上九"已尽，"亢龙有悔"。亦"夏至"一阴生之时，当农历五月中，阳历六月二十一或二十二日。北半球日长夜短，南半球则日短夜长。坤尽于子，是说以坤为下卦，自否至坤，六爻皆阴，至"上六"已竭，"龙战于野，其血玄黄"。亦"冬至"一阳生之时，当农历十一月中，阳历十二月二十二或二十三日。北半球夜长日短，南半球日长夜短。

〔三〕天地之中……右主降：子午线，是天地之中线。左边为阳卦，自复至乾，阳爻逐渐增多而上升。右边是阴卦，自姤至坤，阴气上升而阳气逐渐消失。左边三十二卦，阳爻一百一十二，阴爻八十。右边三十二卦，阴爻一百一十二，阳爻八十，亦可以说明左阳右阴之理。

〔四〕升则阳居东南……以应人之渐长：注详见前节"天根"，"自复至同人""自临至乾"等三十二卦之阳长阴消。

〔五〕降则阴居西北……以应人之渐消：注详见前节"月窟"，"自姤至师""自遯至坤"等三十二卦之阴长阳消。

〔今译〕

我们看伏羲六十四卦圆图，先从纵的垂直方面研究，以"子午"为中线，左边自复卦至乾卦，共三十二卦，卦象的初爻都是阳爻。右边自姤卦至坤卦，共三十二卦，卦象初爻都是阴爻。左边的阳爻从复卦一阳在下起，发展至乾卦上九，六爻皆阳，正当"夏至"五月一阴生之时。盛极必衰，一阴方生，则为姤卦。右边自姤卦一阴生于下起，阴长阳消，至坤卦上六，六又皆阴，阳爻消尽，正当"冬至"十一月，又是一阳初复之时，所以"子午线"是天地的中线。天为阳，阳卦在左边；地为阴，阴卦在右边。左边的阳爻向上升，右边的阳爻逐渐消失。左边三十二卦中，阳爻一百一十二，阴爻八十。右边三十二卦中，阴爻一百一十二，阳爻八十，正好相反，也可以说明左阳升、右阳消之理。阳爻上升的方位在东南，它的作用是春生夏长，和我们人类由少年到壮年，逐渐长大到成年相配合；阴长阳消的方位在西北，它的作用是秋收冬藏，和我们人类由中年到老年，精力体力都在逐渐衰退相符合。

〔原文〕

横观之，则象在二爻〔一〕，其离尽于卯，坎尽于酉，当二分之中〔二〕为阴阳之半，而上下以分，上为阳而下为阴〔三〕。阳则日出于卯，以应昼之为寤^{〔四〕}；阴则日入于酉，以应夜之寐焉^{〔五〕}。即此一图，而天人之妙，运气之理，无不具矣！

[要旨]

本段言横观圆图，以春分、秋分为线，说明上阳下阴消长之理。

[注释]

〔一〕象在二爻：横观象在二爻，以卯、酉为横断线。上半段自临卦至师卦，共三十二卦，其第二爻均为阳爻九二。下半段自遁卦至同人卦，共三十二卦，其第二爻均为阴爻。

〔二〕离尽于卯……当二分之中：离尽于卯，离为日，是说以离为下卦，自明夷至同人之上九为止。亦为卯月"春分"之时，当农历二月中，阳历三月二十一或二十二日，日夜长短平均各为十二小时。坎尽于酉，坎为水，是说以坎为下卦，自讼至师之上六为止，亦为酉月"秋分"之时，当农历八月中，阳历九月二十三或二十四日，日夜长短正如春分，平均各十二小时。

〔三〕上为阳，下为阴：上为阳，由"春分"的临卦起，至"秋分"的师卦止，共三十二卦为阳爻居多，计阳爻一百一十二，阴爻八十。下为阴，由"秋分"的遁卦起，至"春分"的同人卦止，共三十二卦，计阳爻八十，阴爻一百一十二。上下阴爻与阳爻之数恰正相反。

〔四〕阳则日出于卯，以应昼之为寤：寅、卯不同光，日初出，当清晨五点钟至七点钟为卯时。寤，睡醒觉也。谓日已升而为白昼，是起而工作之时刻。

〔五〕阴则日入于酉，以应夜之寐焉：酉为下午五点钟至七点钟。日已西沉而为阴，指黑夜之来临。寐，休息，睡卧也。谓夜已至，是休息睡眠之时刻。

再从六十四卦圆图横断面来观察，它的卦象则在第二爻。先以卯、酉为中线，上半段自临卦至师卦，共三十二卦，其第二爻都是阳爻九二。下半段自遁卦至同人卦，共三十二卦，其第二爻都是阴爻六二。用离卦做下卦的，从明夷到同人上九为止。换句话说，同人卦是卯月"春分"的时刻。当农历二月之中，阳历为三月二十一或二十二日，这时日夜长短平均各十二小时。用坎卦做下卦的，从讼到师之上六为止。换句话说，师卦是酉月"秋分"的时刻。当农历八月之中，阳历为九月二十三或二十四日，这时日夜长短和"春分"一样，平均各十二小时。卯、酉线从中划分，上下阴、阳各一半。上面三十二卦中，阳爻一百一十二，阴爻八十。下面三十二卦中，阳爻八十，阴爻一百一十二，正好上下的阴阳相反，也同时说明上为阳、下为阴的道理。离为日、为阳，是太阳初出，睡醒之时，日出而作，白天的时候。坎为水、为月，是日西沉而为阴，日入而息，为夜晚休息睡眠的时候了！从六十四卦圆图上看，宇宙造化和人生交相感应、相互契合的奥妙，阴阳二气运行的道理，都可以从这里得到答案。

第三节　方圆图之关系

［原文］

再阅方图，其义象地[一]。乾始于西北，坤尽于东南[二]。天不足西北，故圆图之阳在东南；地不满东南，故方图之刚在西北[三]，是皆伏羲之卦也。

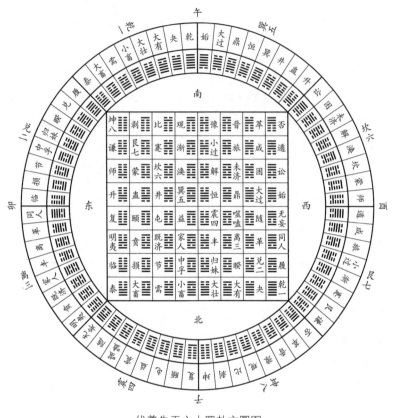

伏羲先天六十四卦方圆图

[要旨]

本节言伏羲圆图与方图之相互关系。

[注释]

〔一〕方图义象地:《说卦传》曰:"坤为地,为母,为布。"坤卦取象于地,地能孕育万物,像母之能生育子女,像布匹之有经有纬;南北为经,东西为纬,有经纬则为方义。天圆地方,古人说者甚多,兹略举数例如次：

1.《大戴礼·天圆篇》：曾子曰："天之所生上首，地之所生下首。上首之谓圆，下首之谓方。如诚天圆而地方，则是四角之不揜也（揜即掩，蔽也）。参尝闻之夫子曰：'天道曰圆，地道曰方（道曰方圆，非形体也）。方曰幽，圆曰明。'明者，吐气也，是故外景（景与影，古通用。《周礼》曰"正日景以求地中"是也）；幽者，含气者也，是故内景。故火曰外景，而金水内景。吐气者施，而含气者化，是以阳气而阴化也。"

2.庄子《说剑》："上法圆天，以顺三光；下法方地，以顺四时。"

3.《吕览·季春纪》："天道圆，地道方，圣王法之，所以立上下也。何以说天道之圆也？精气一上一下，圆周复杂，无所稽留，故曰天道圆。何以说地道方也？万物殊类，皆有分职，不能相为，故曰地道方。"

他如《淮南子》："天圆之圆，不中规；地方之方，不中矩。"《白虎通》："天，镇也，其道曰圆；地，谛也，其道曰方。圆谓水也，方谓土也。"今之理、工、法、商学博士者流，一闻固有"天圆地方"学说，莫不嗤之以鼻，不知此为"哲学"语意，更不明天道之"道"何所指？邵子《观物吟》有云：

地以静而方，天以动而圆。
既正方圆体，还有动静权。
静久必成润，动极遂成燃。
润则水体具，燃则火用全。
水体以气受，火用以薪传。
体在天地后，用起天地先。

人居地球之上，未感地球之动，虽知其动，亦以静名。若地球以光速运行，则非地球矣。动与静，是从比较上说。从常识上讲，运动率大者，其热度必高，则无生物之可言。吾人仰视天象，只见天体日月星辰之运行，以地球为坐标，以测天体（太阳系），亦即曾子所谓"外景"与"内景"。古人谓之"日晷"。太阳是火球模型，火为气体，水为液体；热火遇冷则变为水，故曰"水体以气受"，"体在天地后，用起天地先"。攻读理工法商者，不研读固有文学，始有此种误解。兹再从科学之祖——数学——举例以为言，丁超五先生所著《科学的易》言伏羲先天八卦小圆图与六十四卦大圆图有两种现象：其一，含有几何级数；其二，整个相反相成。可以用数学证明其为圆，亦可以成方，兹节录于后：

（一）证明方法之一

即各线（直径）均为8，则可以成圆。外切可以成正方，内切亦可以成正方。（如图一）

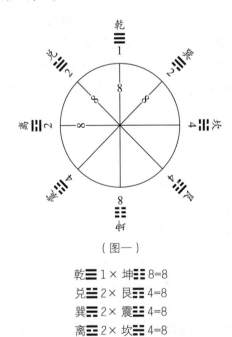

（图一）

乾☰ 1 × 坤☷ 8＝8

兑☱ 2 × 艮☶ 4＝8

巽☴ 2 × 震☳ 4＝8

离☲ 2 × 坎☵ 4＝8

a 线和 b 线既相等又系斜角线（正方形线斜角线垂直又相等），以其方向为东南或西南，故知垂直，所以 A 是正方形。外面是圆的，里面是方的，这就是外圆为天，内方为地，天地相函的道理。（如图二）

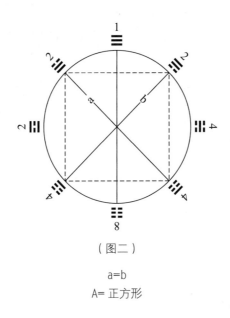

（图二）

a=b

A= 正方形

（二）证明方法之二

乾、坤系子午线，可以用之为径。

《皇极经世·观物外篇》曰："天地之本，其起于中乎？是以乾、坤交变，而不离乎中。"

"天地定位，起南北子午之中。"双湖胡氏一桂曰："愚按程氏（直方）此论甚的。"（《易图明辨》）

（a）

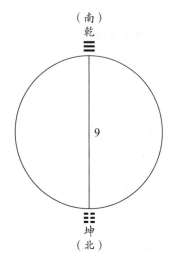

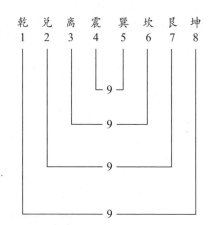

阴（ ▬▬ ）=2　阳（ ━ ）=1

乾（☰）=1×1×1=1

坤（☷）=2×2×2=8

　　　　　1+8=9

（b）｜乾（☰）=1+1+1=3
　　　｜坤（☷）=2+2+2=6　　　/9

　　　｜兑（☱）=2+1+1=4
　　　｜艮（☶）=1+2+2=5　　　/9

　　　｜离（☲）=1+2+1=4
　　　｜坎（☵）=2+1+2=5　　　/9

　　　｜震（☳）=2+2+1=5
　　　｜巽（☴）=1+1+2=4　　　/9

各线相加，亦均为九，4×9=36

（图三）

以上即为邵子三十六宫春之说（如图三、四、五，见黄梨洲《易学象数论》)。

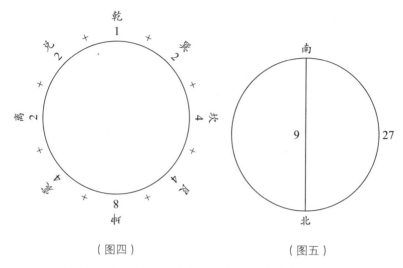

（图四）　　　　　（图五）

《周髀算经》上册说："圆者径一而围三，方者径一而匝四。"

朱子说："阳之象圆：圆者径一围三。阴之象方：方者径一围四。"（《周易折中·启蒙上》）"π=3的第一近似值，这个在《旧约》也看得见。"（《自然科学史》）

π3×9径=27圆周。圆周27÷π3=9径。

又如先天圆周是（坤+艮+坎+巽+震+离+兑+乾）成立的，则它的径是（乾+坤），（坤+艮+坎+巽+震+离+兑+乾）即得。

图六内圆周的三条线（a、b、c）既都是相等，可以做直径（圆周内直径相等），所以可成圆的。径6×π3=18，而C圆圈边六个卦（兑、离、震、艮、坎、巽）相加起来，亦正是18。

C圆周外切可以做成正方形。则是A圆周为天，B正方形为地，亦是天地相函的道理。（如图六）

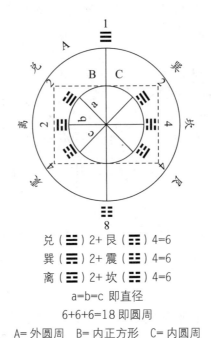

兑（☱）2+ 艮（☶）4=6

巽（☴）2+ 震（☳）4=6

离（☲）2+ 坎（☵）4=6

a=b=c 即直径

6+6+6=18 即圆周

A= 外圆周　B= 内正方形　C= 内圆周

（图六）

（三）证明方法之三

乾、坤、坎、离四个是正卦，两线相交成直角，可成圆的亦可成方。

邵子说："乾、坤，天地之本；坎、离，天地之用。是以《易》始于乾坤，中于坎离，终于既济未济……四正者，乾、坤、坎、离也。观其象，无反复之变，所以为正也。"

张行成说："乾、坤、坎、离，不变者也，天之质也。震、巽、艮、兑，变者也，人之质也。乾、坤定上出入。春、夏、秋、冬，晦、朔、弦、望、昼、夜、长、短，行星盈缩，莫不由此矣。"（《观物外篇衍义》）

《周易折中·启蒙附论》说："造化所以为造化者，天地，水、火而已矣……道家言天地日月，释家言地水火风，西人言水火土气，可见造化之不离乎四物也。故先天以南北为经，而天地居之，体也；以东西为纬，而水火居之，用也。"

两线相交成四个直角，既然是四个直角，那圆周是三百六十度，是圆的，亦可成方。因正方形其边与径相等，即a、b线可做左右的边，而c、d线可做上下的边。故先天图为圆，又可成方。（如图七）天是圆，天又可以创造地，故又可成方。张行成说："伏羲八卦，天位也，兼天上地下而言。"如此始可得其正解。

乾 =a 坤 =b 离 =c 坎 =d

（图七）

《周易折中·启蒙附论》说："凡有数则有象，象不离乎数也。万象起于方圆……圆者，天象；方者，地象……天之道如环无端，故其象圆。地之道，奠定有常，故其象方。"

蔡元定说："……天下之万象，出于一方一圆，尽起于乾、坤二画。"（《周易折中·纲领二》）

"大圆图中之方图，又所以象天地之相涵也。"（《周易折中·启蒙上》）

"先天图外圆为天，内方为地。"（《皇极经世·观物外篇衍义》）

按算术，古人早亦知"圆出于方，方出于矩"（《周髀算经》）。若按造化说：圆为天，方为地，地出于天，方出于圆。圆为自然，方是人为。圆是先天，方是后天。圆为一切形状之母，日、月、星、辰，及地球均为圆，其轨道亦多属圆。"地球是一个自转的星体，但地球与其他大行星之轨道，差不多是圆的。"（许烺光译《天文浅说》）

光线是圆，水珠是圆，血球是圆，各种草木的种子或核仁，各种鸟类、昆虫类、鱼类之蛋，或卵黄（蛋在母鸡肚里未成熟时候还是圆的）均为圆。人类胎珠，亦为圆，所以叫作"珠"。

根据胚胎学解剖观察所得结论，不论是雄性生殖细胞，或雌性生殖细胞，它们都是圆形。当雄性精子穿透卵母细胞，迅即与雌原核融合成一体时，亦为圆形。约三十小时后，则一分为二，二分为四，四分为八，再分为十六。约在三四天后，则为桑椹胚（Morula）期，桑椹胚期分裂成多少，胚胎学者无正确统计数字。此一说明，可实证两个问题：

第一，一切生命的起始，均为圆形。

第二，生命的分化现象，与"太极生两仪，两仪生四象，四象生八卦"，生生不息，有异曲同工之妙。

受孕后第三周开始，外胚层头部较尾部宽，和脊索形成同时，产生中枢神经系统。三周末期有耳板。二十二天，前脑两侧现出浅沟，神经管封闭后，此沟浅变成眼泡。二十七天有脑泡。五星期后，出现软骨，亦脑骨先形成膜性骨。此时内外鼻隆起，额及上下唇均已显现，五官俱全。发育至七周，四肢的长骨成为透明软骨。换言之，头部先形成，后再及于其他。正合"乾为首"，乾一头先成之理。

唐宗海所著《医易通说》曰："推衍八卦之序，而知人之初胎在母腹中，第一月只是一点元阳之气，以应乾一，有气即有液。第二月气又化液，以应兑二，主津液。第三月气泽化合为热，以应离三。

第四月震震而动，以应震四。既震且动，则有呼吸，象风气。第五月子随母而有呼吸，以应巽五。第六月胎水始盛，以应坎六。第七月子之肠胃已具，以应艮七，主中土。第八月肌肉皆成，以应坤八，形体俱全。"唐氏书成于清光绪年间，西方科技之风已传入中国，故其书内容多为牵强附会之臆说，录此一则以备一格。

笔者认为，圆为动体，无定点、无方向，故其空间为无限大，亦无限小；时间为无限长，亦无限短。方有定点，有定向，故其体积不论为长形、方形、三角形、多角形、菱形，都可以测知。圆中有方，可以测圆；方中有圆，亦可以测圆。有圆无方，深不可测；有方无圆，终为死物。圆方相涵，始能生生不息。宇宙万物，圆中有方，方中有圆。有外圆内方者，亦有外方内圆者。如天体为圆，各星球为方；地球为圆，山川为方之理同。圆动方静，圆令方动，方使圆静，此为"静动互根"之义，学者于此宜三思之。

〔二〕乾始于西北，坤尽于东南：请阅方图，以卯、酉为线，分上下两半，乾一、兑二、离三、震四等三十二卦居下半，为天卦，乾居西北方，故曰"乾始于西北"。巽五、坎六、艮七、坤八等三十二卦居上半，为地卦，坤居东南方，故曰"坤尽于东南"。

〔三〕天不足西北……方图之刚在西北：此说由来已久，请参考上编第三章。

按伏羲方圆图相互配合，一言以蔽之，则为"天地交泰"。邵子曰："天圆而地方，天南交而北下，是以望之如倚盖，然地东南下，西北高，是以东南多水，西北多山地。天覆地，地载天，天地相涵。天上有地，地上有天，天奇而地偶，是以占天文者，观星而已，察地理者，观山水而已。观星而天体见矣，观山水而地体见矣。天体容物，地体负物，是故体几于道矣。"（《皇极经世·以会经运生物用数》）又曰："天之阳在南，而阴在北；地之阴在南，而阳在北。"

（《皇极经世·先天方圆卦数》）天高，圆图之阳在东南，日月所照；地卑，方图之阴在东南而多水，水火既济。"地不满东南"，而天为之补不足乎？天之阴在西北，地之阳正居西北而多山，阴阳和合。"天不足西北"，而地为之补不足乎？此即所谓"天覆地，地载天，天地相涵"。天上有地，地上有天，天奇而地偶之意也。

[今译]

我们再看方图，它的卦象有如地球。乾卦从西北方开始，阴阳推演到东南方，至坤卦而止。方图与圆图的方位正好相反，圆图的阴卦在西北，自正北坤至否等八卦，下卦都是坤。由谦至师等八卦，下卦都是艮，所以说"天不足西北"。圆图的阳卦在东南，从正南的乾至泰等八卦，下卦都是乾。由履至临等八卦，下卦都是兑。所以说"圆图之阳在东南"。方图的阴卦在东南，故东南多水，所以说"地不满东南"。方图的阳卦在西北，故西北多山，所以说"方图之刚在西北"。圆图阴在西北，方图阳可以补其不足。方图阴在东南，圆图阳可以补其不足。天地交泰，方圆二图，都是伏羲氏所画的先天六十四卦象图。

第四章　文王后天八卦与医理

第一节　先、后天卦理之异同

[原文]

又若文王八卦，位有不同〔一〕。伏羲出自然之象，故乾上坤下，离左坎右〔二〕。文王合《河图》之数，故火南水北，木东金西（此节自方图以下并《河》《洛》数义，详《方》《隅》气数二论"注三"）。质诸人身、天地，形体也；乾坤，情性也；阴阳，血气也〔四〕。左右逢源，纤毫无间〔五〕，详求其道，无往不然。

[要旨]

本节说明文王八卦与伏羲八卦方位之不同，二者与人体又无不合，以下诸节均为列举以证其所云。

[注释]

〔一〕文王八卦，位有不同：《说卦传》曰："帝出乎震，齐乎巽，相见乎离，致役乎坤，说言乎兑，战乎乾，劳乎坎，成言乎艮。"
又曰："万物'出乎震'，震东方也。'齐乎巽'，巽东南也，言万物
之洁齐也。离也者，明也，万物相见，南方之卦也。圣人南面而听
天下，向明而治，盖取诸此也。坤也者，地也，万物皆致养焉，故
曰'致役乎坤'。兑，正秋也，万物之所说（悦）也，故曰'说言
乎兑'。'战乎乾'，乾西北之卦也，言阴阳相薄也。坎者，水也，
正北方之卦也，劳卦也，万物之所归也，故曰'劳乎坎'。艮，东
北之卦也，万物之所成终而成始也，故曰'成言乎艮'。"其方位如
附图：

《易经》常言"帝"与"神"，其实均指"造化"而言。帝为造
化之体，神为造化之用。帝为无形的主宰，是造化之迹；神为运行于
万物之间的潜能。所谓"帝出乎震"者，谓震卦一阳动于二阴之下，
象征生机的主宰。巽卦一阴伏顺于二阳之下，以顺情入理为象，象
征调和万物，使之平衡齐一。离卦虚画于乾体之中，上下阳明，象
征日丽中天，阳光普照万物。坤卦三爻皆阴，地广博厚，载育万物，
象征造化，致其劳役。兑卦一偶在二阳之上，象征嘴唇呼吸欢乐舒

适之象，万物各遂其生。乾卦三爻皆阳，至刚至健，足以战胜一切邪魔外道。坎卦阳爻居中，象征胜利后休息之状。艮卦一阳进至极位，无可再进，象征发展至此而止，大功告成之象。

〔二〕伏羲出自然之象……离左坎右：《说卦传》曰："天地定位，山泽通气，雷风相薄，水火不相射，八卦相错。"如第二章第四节所注"伏羲八卦次序与方位图"，乾一、兑二、离三、震四、巽五、坎六、艮七、坤八。其中仍需说明者，何以伏羲八卦为自然之象？《系辞下传》曰："古者包牺氏之王天下也，仰则观象于天，俯则观法于地。"天上地下，是为"天地定位"，万物生生化化于其间。"山泽通气"，艮为山，兑为泽，有山必有泽，山始不至为秃山，山泽调节水旱，是以疏通气候为作用。"雷风相薄"，震为雷、为阳，是万物生生不息之元气。巽为风，能助长万物，相互为用。"水火不相射"，坎为水，离为火，水大则火灭，火大则水消。射者，相攻也。"不相射"，不相互攻击，而以相济为用也。八卦两相对又相错，如乾天☰与坤地☷，艮山☶与兑泽☱，震雷☳与巽风☴，离火☲与坎水☵，岂非相对又相错乎？

〔三〕文王合《河图》之数……木东金西：请阅上编第一章第一节《河图》《洛书》注译四。因张氏自注得《方隅气数》二论。今需补充说明者，为《河图》与《洛书》，均用"点"以示其组织结构，奇数用白点，偶数用黑点；奇数代表阳，偶数代表阴。《河图》从一点到十点，构成图形组合，一与六居北，二与七居南，三与八居东，四与九居西，五与十居中央。每一方位均为一奇一偶，以示阴阳相配，正万有变化之由也。

《系辞上传》："天一、地二，天三、地四，天五、地六，天七、地八，天九、地十。天数五、地数五，五位相得而各有合。天数二十有五，地数三十。凡天地之数五十有五，此所以成变化而行鬼神也。"

初学《易》者，多为此章迷惑裹足而不敢前，兹分释如次：

"天数"：即一、三、五、七、九等五个数字，为奇数，代表阳。

"地数"：即二、四、六、八、十等五个数字，为偶数，代表阴。

"天数五、地数五"：即前列天五个奇数和地五个偶数。

"五位相得而各有合"：昔程伊川听邵子演《易》卦曰"加一倍而已"，知其"倍数"，而不知奇（阳）偶（阴）相加（多寡配合变化）的"合数"。例如"天一生水"为冬，盖以复（☷）之一阳生于子，是因坤（☷）阴之坚冰而来，无阳则坚冰不能化为水也。"地二生火"为夏，则必须与天七相配合始能成火，盖以火无乾阳之气则不生。"天三生木"为春，则必须地八与之配合始能成木。"地四生金"为秋，必须天九与之配合始能成金。"天五生土"，五居其中，地十成之。盖以一、二、三、四、五是"生数"，六、七、八、九、十是成数，故一配六、二配七、三配八、四配九、五配十。土居中央，故五行唯土旺于四时，总其大成。陈师立公夫子曰"土平衡"，平衡水、火、木、金四行也。

"天数二十五"：1+3+5+7+9=25

"地数三十"：2+4+6+8+10=30

"凡天地之数五十有五"：天数 25+ 地数 30=55

明乎天一生水为冬，则知一、六居北为坎；地二生火为夏，则知二、七居南为离；天三生木为春，则知三、八居东为震；地四生金，则知四、九居西为兑。既知震为春，则知"齐乎巽"，风和日丽，鲜明整洁，时在春夏之交也。既知离为夏，则知"致役乎坤"，草木畅茂，象征造化之劳役，时在夏秋之间也。既知兑为秋，则知"战乎乾"，万物臻于成熟，阴阳交战，气候转变，时在秋冬之期也。既知坎为冬，则知"成言乎艮"，大功告成之象，今岁已为终局，来年又将开始，时在冬春之交也。

离为日，坎为水，阳光普照，以今日科学理论言之，则为"光合作用"，万物赖以生生不息，进而发育成熟也。震为雷、为春，兑为泽、为秋，一年四季，春耕、夏耘、秋收、冬藏之次第，尽于是矣。

◎ 附：张介宾著《卦气方隅论》

天地之气，始于子中。子居正北，其名朔方。又曰"幽都"，幽者，隐也，微也。谓万物未生，幽隐未可察也。朔者，尽也，初也，谓阴气之极、阳气之始也。邵子曰："阳气自北方而生，至北方而尽。"故《尧典》谓北方为"朔易"。朔易者，除旧更新之谓也。盖其自子至亥，周而复始，以成东、西、南、北，春、夏、秋、冬之位。子、午为阴阳之极，卯、酉为阴阳之中，是为四正。四正定而每隅间之以二，是为十二宫。每隅间之以五，是为二十四向。

再按《洛书》九宫，位分八卦。伏羲八卦曰"先天"，其次则乾南坤北，离东坎西，以左右分数之，自南而东者，曰乾一兑二，离三震四，自西而北者，曰巽五坎六，艮七坤八也。文王八卦曰"后天"，离象火而居南，坎象水而居北，震象木而居东，兑象金而居西。以次而数，则乾起西北，顺而左旋，曰乾、坎、艮、震、巽、离、坤、兑。以周八宫也。先天以乾、坤分天地而定上下之位。后天以坎、离分水火而定南北之方。先天以乾居正南，坤居正北，其阳在南，其阴在北。后天以乾居西北，坤居西南，其阳在北，其阴在南。故先天以巽、离、兑，虽为阴卦而本乎乾体，故位于上。震、坎、艮虽为阳卦而本乎坤体，故位于下。后天以乾来交坤，化为坎水而居北；坤去交乾，变为离火而居南。天体倚北而偏于西，故乾之退位于西北。地体属土而继乎火，故坤之寄位于西南。巽居东南，木先火地。艮止东北，因对坤方。乾父在北，故坎、艮、震三子，随之而居下。坤母在南，故巽、离、兑三女随之而向前。先天以上下分左右，故以乾、坤为纵，六子为横。后天以东西界阴阳，故以震、兑为横，六卦为纵。先天以乾、坤之末交二至，离为日，故升于东，坎为月，故生于西。后天以震、兑之中当二分，自震而南，巽、离为木火之地；自兑而北，乾、坎为金水之乡。故《易传》曰："帝出乎震，齐乎巽，相见乎离，致役乎坤，说言乎兑，战乎乾，劳乎坎，成言乎艮。"正以明东南春夏之盛，西北秋冬之衰。是先天者，所以言六合之象。后天者，所以明气候之详。故邵子曰："先天为《易》之体，后天为《易》之用也。"夫天体正圆，面南背北，南北两极，乃其运转之枢。北极居上而为尊，南极居下而为对。

邵子曰："天之阳在南，阴在北；地之阴在南，阳在北。天阳在南，故日处之；地刚在北，故山处之。"《河图·括地象》曰："西北为天门，东南为地户。"《内经》曰："天不足西北，地不满东南。故曰天门无上，地户无下。"又曰："东南方，阳也；阳者，其精降于下。西北方，阴也；阴者，其精奉于上。故阳降于下，则阳盛阴微，而东南之方常多热。阴奉于上，则阴盛阳微，而西北之地常多寒。昆仑峙于西北，故西方高而多山；沧海浴于东南，故东南下而多水。高者多寒，下者多热。东南阳微动，则气为薰蒸，而春夏之气多烟雾。西北阴胜，则气为凛冽，而秋冬之气多风霾。中国形胜，居昆仑之东南，故天下之山脉皆起于昆仑。山脉之所起，即水源之所发。是以中国之山，自西北而来；中国之水，亦自西北而发。朱子曰："大凡两水夹行，中间必有山；两山夹行，中间必有水。"试考中国舆图，其山脉发自昆仑，委蛇二万四千三百余里而入中国，分大龙为三障于外，大河为两川于中，以成中国河山之胜概。由是四方立，而有十二辰之会；二十八宿辨，而有分野之详。三代分为九州，虞舜分为十二州，周末分为十二国，秦为三十六郡，汉为十三部，晋为十九州，宋（南朝）为二十二州，唐为十道，宋为二十三路，元为十二省二十二道。至我朝（明），则分为两直隶十三省，而天象舆图古今一致矣。

◎ 附：张介宾著《气数统论》

气者，天地之气候。数者，天地之定数。天地之道，一阴一阳而尽之。升降有期而气候行，阴阳有数而次第立。次第既立，则先后因之而定；气候既行，则节序由之而成。节序之所以分者，由寒暑之再更。寒暑之所以更者，由日行之度异。每岁之气，阳生于子，而极于午。阴生于午，而极于子。阳之进者阴之退，阳之退者阴之生。一往一来，以成一岁。

朱子曰："冬至前四十五日属今年，后四十五日属明年。子时前四刻属今日，后四刻属明日。"邵子曰："冬至之半，天心无改移。"是俱言一岁之气，终始皆在于子半。而冬至之日，正当斗柄建于子中，是为一岁之首尾也。岁有三百六十五日二十五刻者，以周天之度，凡三百六十五度四分度之一也。天之行速，故于一昼一夜，行尽一周而过日一度。日行稍迟，每日少天一度，凡行三百六十五日二十五刻，少天一周，复至旧处而与天会是为一岁。故岁之日数，由天之度数而定。天之度数，实由于日之行数而见也。岁有十二月者，以月之行天，又迟于日。每日少天十三度十九分度之七（又曰：百分度之三十七）。积二十九日九百四十分日之四百九十九与日合朔而为一月。岁有十二会，故为十二月。斗有十二建，故为十二辰。斗之所建地上辰，辰之所会天上次。斗与辰合，而月建昭然矣。

故十一月建在子，一阳卦复。十二月建在丑，二阳卦临。正月建在寅，三阳卦泰。二月建在卯，四阳卦大壮。三月建在辰，五阳卦夬。四月建在巳，六阳卦乾。五月建在午，一阴卦姤。六月建在未，二阴卦遁。七月建在申，三阴卦否。八月建在酉，四阴卦观。九月建在戌，五阴卦剥。十月建在亥，六阴卦坤。是为一岁之气而统言其月日也。

月日既定，时序乃分。四而分之，是为四季，曰春、曰夏、曰秋、曰冬。春为阳始，阳始则温，故曰少阳。少阳数七，阴中阳也。其气木，自东而西，其令生，自下而上。春者，蠢也，言万物之蠢动也。夏为阳极，阳极则热，故曰老阳。老阳数九，阳中阳也。其气火，自南而北，其令长，自长而茂。夏者，大也，言万物之盛大也。秋为阴始，阴始则凉，故曰少阴。少阴数八，阳中阴也。其气金，自西而东，其令收，自上而下。秋者，收也，言万物之收敛也。冬为阴极，阴极则寒，故曰老阴。老阴数六，阴中阴也。其气水，自北而南，其令藏，自下而闭。冬者，终也，言万物之尽藏也。土为充气，其位象君，故不主时，分王四季。各一十八日，以五分而分四季。每分各得七十二日，以成一岁之数。

然而一岁之气始于子。四季之春始于寅者，何也？盖以建子之月，阳气虽始于黄钟，然犹潜伏地下，未见发生之功。及其历丑转寅，三阳始备，于是和风至而万物生，萌芽动而蛰藏振，遍满寰区，无非生意。故阳虽始于子，而春必起于寅。是以寅、卯、辰为春，巳、午、未为夏，申、酉、戌为秋，亥、子、壬为冬，而各分其孟、仲、季焉。

由四季而分为八节，则春、秋有立而有分，夏、冬有立而有至。四季何以言立？立者，建也，谓一季之气，建立于此也。春、秋何以言分？分者，半也，谓阴阳气数，中分于此也。故以刻数多寡言，则此时昼夜各得五十刻，是为昼夜百刻之中分。以阴阳之寒暄言，则春分前寒而后热，秋分前热而后寒，是为阴阳寒热之中分。以日行之度数言，则春分后，日就赤道之北（赤道者，天之平线，居两极之中，各去九十一度三分度之一，横络天腹，以纪经纬之度数也。

日行之路，谓之黄道。月行之路，谓之白道）。秋分后，日就赤道之南，是为日行南北之中分。故春分日阳中，秋分日阴中也。夏、冬何以言至？至者，极也，言阴阳气数，消长之极也。故以刻数之多寡言，则夏至昼长五十九刻，夜长四十一刻；冬至昼长四十一刻，夜长五十九刻，是为昼夜长短之至极。以阴阳之寒暄言，则冬至阴极而阳生，夏至阳极而阴生，是为阴阳寒热之至极。以日行之度数言，则冬至日南极而北返，夏至日北极而南返，是为日行南北之至极。故冬至日阳始，夏至日阴始也。

《至真要大论》曰："气分谓之分，气至谓之至。至则气同，分则气异者是也。"由四季而分为二十四气，则每季各得六气。如立春、雨水、惊蛰、春分、清明、谷雨，为春之六气，而四季各六也。由二十四气分为七十二候，则每气各得三候。如《礼记 月令》及《吕氏春秋》云："立春节，初五日，东风解冻为初候。次五日，蛰虫始振，为二候。后五日，鱼陟负冰为三候也。"候之所以五日者，天数五，以竟五行之气也。《六节藏象论》曰："五日谓之候，三候谓之气，六气谓之时，四时谓之藏也。"然而一岁之中，复又有大六气以统之者，曰风、热、暑、湿、燥、寒，分司天在泉，左右间气，以行客主之，令斯天地之气，如环无端，周而复始，而亿万斯年，运行不息矣。

然而既有其气，亦必有其数；数非气不行，气非数不立。故《易传》曰："天地之数，所以成变化而行鬼神者。"然太极未动，气未见也，数何有焉？及自动而生阳，便有一数。自动而静便是二数。静极复动，便是三数。动极复静，便是四数。朱子曰："两仪者，始为一昼以分阴阳。四象者，次为二画以分太少也。是数之所起，亦惟阴阳而已。"（老子曰："一生二，二生三，三生万物。"夫一者，太极也。二者，阴阳也。三者，阴阳交而万物生矣。）阳数奇而属天，阴数偶而属地。天圆径一而围三。三各一奇，故曰"参天"。三三而九，阳数从此而流行。地方径一而围四，四为二偶，故曰"两地"。二四合六，阴数从此而凝定。三二相合，是为五数。故《图》《书》之数，皆以五居中也。

《河图》，以"天一生水"，一得五而六，故地以六成之而居北。"地二生火"，二得五而七，故天以七成之而居南。"天三生木"，三得五而八，故地以八成之而居东。"地四生金"，四得五而九，故天以九成之而居西。"天以五生土"，五得五为十，故地以十成之而居中。生数为主而居内，成数为配而居外，此则《河图》之定数也。若以阴阳之次第老少参之，则老阳位一而数九，少阴位二而数八，少阳位三而数七，老阴位四而数六。阳主进，故由少阳之七，逾八至九而其进已极，故曰老阳；阴主退，故由少阴之八，逾七至六而其退已极，故曰老阴。阳数长，故少阳之七长于六，老阳之九长于八；阴数消，故少阴之八消于九，老阴之六消于七。此阴阳老少、消长进退之理也。故《河图》以老阳之位一，而配老阴之数六；少阴之位二，而配少阳之数七；少阳之位三，而配少阴之数八；老阴之位四，而配老阳之数九。是又《河图》阴阳互藏之妙也。故伏羲则之以画八卦。孔子推之而为大衍，而三百八十四爻，一万一千五百二十策，而乾坤万物数备矣。

《洛书》之数，则阳为君而阴为臣，君居正而臣居侧。故戴九履一，左三右七，二四为肩，六八为足，五居于中，而纵横之数皆十五。一居正北，得中为六，而合南方之九为十五。三居正东，得中为八，而合西方之七为十五。二居西南，得中为七，而合东北之八为十五。四居东南，得中为九，而合西北之六为十五。故大禹则之以叙九畴，一曰五行，二曰五事，三曰八政，四曰五纪，五曰皇极，六曰三德，七曰稽疑，八曰庶征，九曰福德，皇极居中，而八者环列于外。

《河图》之数，分生、成而言其全，以生数为主，而以成数合之，故《河图》之位十，而数凡五十五。《洛书》之数，分奇、偶而言其变，以四正之阳，而统四隅之阴，故《洛书》之位九，而数凡四十五。合《河》《洛》二数，共成一百，乃为天地自然之全数。然二数虽有异同，而理则相为迭用。是以天地之数，始于一而全于十。天数五，一、三、五、七、九是也；地数五，二、四、六、八、十是也。天数二十五，五其五也；地数三十，六其五也。小衍为十，两其五也；大衍五十，十其五也。故又曰：五为数祖。邵子曰："天地之本起于中。夫数之中者，五与六也。"五居一、三、七、九之中，故曰五居天中为生数之主；六居二、四、八、十之中，故曰六居地中为成数之主。《天元纪大论曰》："天以六为节，地以五为制。"是以万候之数，总不离于五与六也。而五六之用，其变见于昭著者，尤有显证。如初春之桃，五其瓣，天之所生也；深冬之雪，六其出，地之所成也。造化之妙，夫岂偶然？

故以五而言，则天有五星，地有五岳，人有五常，以至五色五味、五畜五谷之类，无非五也；而十根于一，百根于十；小之而厘毫尘秒，大之而亿兆无量，总属五之所化，而皆统于天之五中也。以六而言，则天有六合，岁有六气，卦有六爻，以至六律、六吕、六甲、六艺之类，无非六也；而老阳之数三十六，老阴之数二十四，合之而为六十；少阳之数二十八，少阴之数三十二，合之亦为六十，总属六之所化，而皆统于地之六中也。总之，五为阳也，而五实统乎阴之六；六为阴也，而六实节于阳之五。

《天元纪大论》曰："所以欲知天地之阴阳者，应天之气，动而不息，故五岁而右迁。应地之气，静而守位，故六期而环会。五六相合，而七百二十气为一纪。得非天地之气，总皆五、六之所生成者欤！"试举一岁之气及干支之数而言。从天用干，则五日一候，五阴五阳而天之所以有十干，甲、戊以阳变，己、癸以阴变，五之变也。从地用支，则六日一变，六刚六柔而地之所以有十二支，子、巳以阳变，午、亥以阴变，六之变也。十干以应日，十二支以应月，故一年之月两其六，一月之日六其五。一年之气四其六，一气之候三其五。总计一年之数，三十六甲而周以天之五，三十子而周以地之六，故为十二月（以二因六，得此）。二十四气（以十五日，归三百六十，得此），七十二候（以五日，归三百六十，得此），三百六十日（以三十日，因十二月，得此），四千三百二十辰（以十二辰，因三百六十日，得此），十二万九千六百分（以三百六十日，因三百六十分，得此），何非五、六之所化！一岁之数如此，而元、会、运、世之数亦如此。如一岁之统十二月，一月之统三十日，一日之统十二时，一时之统三十分。故一元之统十二会，一会之统三十运，一运之统十二世，一世之统三十年。而天地气运之道，概乎此矣。

惟是数之为学，圆通万变，大则弥纶宇宙，小则纤悉秋毫。若夫拆一为二，拆二为四，拆四为八，拆八而十六，拆之到底，何有穷已！譬之因根而干，因干而枝，愈多则愈细，愈细则愈繁，固茫然不可测其微，而实则各得其一耳！故凡象之在天下，形之在地上，鬼神居幽冥之间，无不丽乎数。而先王所以察《河》《洛》之图书，垂奇、偶之名目，数天以度，数地以里，数神鬼以阴阳，数气候以律吕。轻重者，数以权衡；方圆者，数以规矩；长短者，数之以度；浅深者，数之以量。归、除可以数消，因、乘可以数长。然则仰而观，俯而察，上而苍天，下而黄泉，大含元气，细入无伦，亦有能逃于数之外者否乎？故以天地而观人，则人实太仓之一粟；以数而观天地，则天地特数中之一物耳。数之为学，岂易言哉？苟能通之，则幽显高下，无不会通。而天地之大，象数之多，可因一而推矣！明乎此者，自列圣而下，惟康节先生一人哉！

◎ 附：元会运世总数（邵雍《皇极经世》）

十干起子歌

甲巳还加甲，乙庚丙作初，丙
辛从戊起，丁壬庚子居，戊癸
何方始，壬子是直途。

求正月建寅法，于子上进二
位，如甲子至寅，即丙寅也。
余仿此。

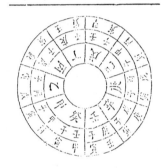

十干起子建寅图

一分统十二秒。

一时统三十分，三百六十秒。

一日统十二时，三百六十分，四千三百二十秒。

一月统三十日，三百六十辰（三十个十二辰），一万八百分，
十二万九千六百秒。

一年统十二月，三百六十日（十二个三十日），四千三百二十辰，
十二万九千六百分。

一世统三十年，三百六十月（三十个十二月），四千三百二十日，
十二万九千六百辰。

一运统十二世，三百六十年（十二个三十年），四千三百二十月，
十二万九千六百日。

一会统三十运，三百六十世（三十个十二世），一万八百年，

十二万九千六百月。

一元统十二会，三百六十运（十二个三十运），四千三百二十世，十二万九千六百年。

〔四〕质诸人身……阴阳血气也：《说卦传》曰："乾为首，坤为腹，震为足，巽为股，坎为耳，离为目，艮为手，兑为口。"故曰："质诸人身，天地，形体也（如《说卦传》外景图）；乾坤，性情也。"乾之卦辞曰："乾，元亨利贞。"坤之卦辞曰："坤，元亨利牝马之贞。"《文言》曰："利贞者，性情也。"非唯乾、坤之"元亨利贞"四字同解，即六十四卦，不论其为一字、二字或三四字，均作同解。兹先说明"利贞"。"利"为"顺利"与"适宜"，"贞"为"端正"与"稳固"。《系辞下传》曰："天地之大德曰生。""性"指先天生生之理，"情"为后天生生之德。《易经》之经文，或称性情，或称性命，二者有何差别？"命"为后天生命之自然环境。从气象言，有寒、热、温、燠之不同，有春、夏、秋、冬之差异；从地质言，有高原、山区、盆地、港湾、沙漠之迥异，土地有肥沃、贫瘠、坚厚、薄软之分别。动、植、矿物所生存之自然环境、时间与空间既不相同，其性与情自亦随之而变异。以故我国医学论治，首为明辨阴阳二气之运行、五运六气之顺逆，按天时、地理以类病，依人之性情、职业以诊断，一部《内经》反复阐扬者，均此理也。非西方医学之一权衡、统法度、齐物性所可得而尽也。笔者故曰："西医为物界单纯之科学，中医为精神与物质一体之宇宙哲学，是哲学中之科学。"

"阴阳，血气也"，从自然界言，乾为阳为天，坤为阴为地。从人身言，阴为骨络，为血液；阳为精神，为气息。然阴中有阳，阳中有阴；阴阳之中，复有阴阳。犹如黑格尔辩证法"正中有反，反中有正；合中有正亦有反，正正之中有反，反反之中有正"之理同。非千百言可尽，请详阅以下诸章节。

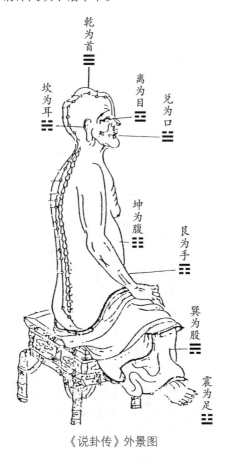

《说卦传》外景图

邵子《皇极经世》卷八下曰："阳与刚交而生心、肺，阴与柔交而生肝、胆，柔与阳交而生肾与膀胱，刚与阳交而生脾、胃。心生目，胆生耳，脾生鼻，肾生口，肺生骨，肝生肉，胃生髓，膀胱生血。故乾为心，兑为脾，离为胆，震为肾，坤为血，艮为肉，坎为髓，巽为骨，泰为目，中孚为鼻，既济为耳，颐为口，大过为肺，未济为胃，小过为肝，否为膀胱。天地有八象，人有十六象，何也？合天地而生人，合父母而生子，故有十六象也。心居胆、胆居肺，何也？言性者，必归于天，言体者，必归于地。地中有天，石中有火，是心胆象之也。心胆之倒垂，何也？草木者，地之体也，人与草木皆反生，是以倒垂也。"兹试绘邵子《人体十六卦象图》于后：

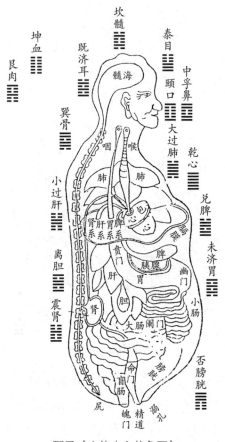

邵子《人体十六卦象图》

　　〔五〕**左右逢源，纤毫无间**：两句之上，似有脱漏，如加"上下交感"再连"左右逢源，纤毫无间"，不特于措辞遣句一气呵成，且与前文"火南水北，木东金西"句先后呼应。上下为火水不相射，左右为震木兑泽以相生。离日高照坎水，始能产生"光合作用"，万物赖以生生化化之故也。尚祈读者明鉴。

[今译]

现在再说周文王的后天八卦，它的方位和先天的卦位则完全不同。因为伏羲氏的卦位，是顺乎大自然的现象来安排，所以把乾天安排在上位，坤地则安排在下位。日出东方，因此离在左；水源于西，因此坎卦在右。文王八卦是依据《河图》的数字来决定的。天一与地六相配是冬天，冬季一阳生，化解地之坚冰而生水，所以坎卦在下居正北。地二与天七相配合是夏天，因有乾阳之气而生火，所以离卦在上而居正南，和现在"光合作用"原理完全相符。天三与地八相配合是春天，枯木逢春而再发，所以震卦在左居东方。地四与天九相配合是秋天，为万物成熟收割时期，所以兑卦右居西方。这正和一年四季春生、夏长、秋收、冬藏的气节相同。

同样的道理，八卦和我们人类的身体也是一样。乾天在上，象征人的头部。坤地在下，藏无穷的财富，象征人的肚腹容纳各种食物营养。震卦一阳发动在下，象征人的脚能行动。巽卦下柔中折，象征人的胫股可以弯曲。坎卦阳明居中，象征人耳听觉在内。离卦上下两阳，象征人的眼睛明察外物。艮卦一阳在上，象征人手能控制物质。兑卦一阴在上，象征人嘴两唇的张开。所以说，天地就像我们人的形体。

乾天坤地，天地的大德，为生生不息，就像我们人有先天爱心的性、有后天喜怒哀乐的情一般。天地有阴阳，就像我们人有血有肉，有精神思想一样。不论从先天或后天八卦的理论来求证，真可以说是上下交相感应，左右逢源，没有丝毫的差错，如果要再进一步研究其中所以然的道理，也处处是相通的。

第二节　从爻象言

［原文］

故以爻象[一]言之，则天地之道，以六为节，三才为两，是为六爻[二]。六奇六偶，是为十二[三]，故天有十二月，人有十二藏[四]；天有十二会，人有十二经[五]；天有十二辰，人有十二节[六]。知乎此，则营卫之周流[七]，经络之表里[八]，象在其中矣。

［要旨］

本节爻象言卦有六奇六偶，是为十二，说明天人一体之道。

［注释］

〔一〕爻象：详见上编第三章第二节。简言之，爻者，交也，效也，变也。本段意指天、地、人三才相交、相感，其变化亦相互会通也。

〔二〕天地之道……是为六爻："天地之道，以六为节"，是言上乾天，中人道，下坤地，至六爻而止。何以至六爻而止？经传与先儒均未言及其理。兹以复卦（䷗）为例，试释其理，以请益于高明。

复之卦辞曰："反复其道，七日来复，利有攸往。"

复卦《彖》曰："反复其道，七日来复，天行也。利有攸往，刚长也。复其见天地之心乎！"

复卦《象》曰："雷在地中，复。先王以至日闭关，商旅不行，后不省方。"

复卦六二曰："休复，吉"。

复自剥（䷖）至坤（䷁）演变而来（其详请参阅拙作《复圣与易复》，刊《孔孟学报》四十二期），所谓"七日来复，天行也"，乃伏羲仰观俯察宇宙万有自然现象所得的结论，故六十四卦之卦爻止于六爻。止于六爻之意，谓万有生灭，均可分为六阶段，至七则变。笔者特名之曰："逢六而止，遇七则变。"其详请阅上编第三章第二节"六止七变说"。

由此可知，宇宙万有之生、老、病、死，均不离"逢六而止，遇七则变"之规律。"三才为两，是为六爻"：何谓三才？《系辞下传》曰："《易》之为书也，广大悉备。有天道焉，有人道焉，有地道焉。兼三才两之，故六。六者非它也，三才之道也。"原卦三画，如乾卦☰，上爻为天道，中爻为人道，初爻为地道，谓之为天、地、人三才。成卦为六画，即两个原卦为一成卦。如两个原乾卦☰，则为六画之成卦。初九、九二两爻为地道，九三、九四为人道，九五、上九为天道。故曰："三才为两，是为六爻。"

三才之道与医学关系如何？《素问·三部九候论》曰："上部天，两额之动脉。上部地，两颊之动脉。上部人，耳前之动脉。天以候头角之气，地以候口齿之气，人以候耳目之气。中部天，手太阴也。中部地，手阳明也。中部人，手少阴也。天以候肺，地以候胸中之气，人以候心。下部天，足厥阴也。下部地，足少阴也。下部人，足太阴也。天以候肝，地以候肾，人以候脾胃之气。"上中下三部整体，为天、人、地三才，上部头再分天、地、人三才，中部手又分天、地、人三才，下部足亦分天、地、人三才。故曰"三部九候"。此与《易》之三才论为法也。

〔三〕**六奇六偶，是为十二**：指乾、坤二卦而言，乾☰为六奇画，坤☷为六偶画。乾、坤两卦各六画，共十二画。

〔四〕**天有十二月，人有十二藏**："天有十二月"，中外皆同，人皆知之。"人有十二藏"，藏者，脏也。"十二藏"即心、肺、肝、胆、膻中、脾、胃、大肠、小肠、肾、三焦、膀胱是也。天人相符也。

〔五〕天有十二会，人有十二经："天有十二会"，为一日夜有子、丑、寅、卯、辰、巳、午、未、申、酉、戌、亥等十二时也。推而言之，则为一年十二月，每月有二气，共二十四气。子十一月，有大雪与冬至；丑十二月，有小寒与大寒；寅正月，有立春与雨水；卯二月，有惊蛰与春分；辰三月，有清明与谷雨；巳四月，有立夏与小满；午五月，有芒种与夏至；未六月，有小暑与大暑；申七月，有立秋与处暑；酉八月，有白露与秋分；戌九月，有寒露与霜降；亥十月，有立冬与小雪。如《二十四气斗纲图》《十二次会中星图》。至邵子《皇极经世》所谓"元会运世"之说，为一分统十二秒，一时统三十分，一日统十二时，一月统三十日，一年统十二月，一世统三十年，一运统十二世，一会统三十运，一元统十二会，则又当别论。

"人有十二经"，据《灵枢·逆顺肥瘦篇》曰："手之三阴，从藏走手；手之三阳，从手走头。足之三阴，从腹走足；足之三阳，从足走头。"此为十二经脉走向规律。《中国医学大辞典》："大经有手足之别，分为十二经，其脉皆互相衔接。起于中焦，注乎太阴、阳明。手阳明注足阳明、太阴。足太阴注手少阴、太阳。手太阳注足太阳、少阴。足少阴注手厥阴、少阳。手少阳注足少阳、厥阳。足厥阴复还注于手太阴。气行一万三千五百息，脉行八百一十丈，一昼夜而运行全身，营卫之气适一周焉。"此段言论，可助理解张氏二图。又《灵枢·经水篇》曰："足太阳，外合于清水，内属于膀胱，而通水道焉。足少阳，外合于海水，内属于渭水。足阳明，外合于海水，内属于胃。足太阴，外合于湖水，内属于脾。足少阴，外合于汝水，内属于肾。足厥阴，外合于渑水，内属于肝。手太阳，外合于淮水，内属于小肠，而水道出焉。手少阳，外合于漯水，内属于三焦。手阳明，外合于江水，内属于大肠。手太阴，外合于河水，内属于肺。

手少阴，外合于济水，内属于心。手心主（即手厥阴），外合于漳水，内属于心包。凡此五藏六府、十二经水者，外有源泉，而内有所禀，此皆内外相贯，如环无端，人经亦然。"是人十二经脉非唯与五脏六俯相贯，且与地十二经水相应。其说"外合"虽不无牵强附会之，然以中国在春秋战国之世，疆域及于此也。从此亦可窥知，我国天人一体思想，在医学上至为重视也。

〔六〕天有十二辰，人有十二节：十二辰为子、丑、寅、卯、辰、巳、午、未、申、酉、戌、亥等十二地支。《周礼·春官》冯相氏："掌……十有二辰……以会天位。"疏："谓子、丑、寅、卯之等。"《周礼·秋官》碧蔟氏："十有二辰之号。"注："辰，谓从子至亥。"《汉书·律历志》："六律、六吕，而十二辰立矣。"《国语·楚语下》："十日十二辰。"注："十二辰，子至亥也。"《淮南子·天文训》："月从左行十二辰。"故十二辰、十二月、十二会、十二时等均以地支为记也。

《灵枢·邪客篇》曰："辰有十二，人有足十指，茎、垂应之。女子不足二节，以抱人形。"《类经》注曰："十二辰者，子、丑、寅、卯、辰、巳、午、未、申、酉、戌、亥，是谓地支，故应之足指。足指惟十，并茎、垂为十二。茎，宗筋也（阴茎）；垂，睾丸也。女子少此二节，故能以抱人形。抱者，怀胎之义。如西北称伏鸡为'抱'（指西北人之谚语，实则东南谚语亦同）者，是也。"《灵枢·官针篇》曰："凡刺有十二节，以应十二经。一曰偶刺。偶刺者，以手直心若背，直痛所。一刺前，一刺后，以治心痹……二曰报刺……刺痛无常处也……三曰恢刺……恢筋急以冶筋痹也。四曰齐刺……以治寒气小深者。五曰扬刺……以治寒气之博大者。六曰直针刺……以治寒气之浅者也。七曰输刺……以治气盛而热者也。八曰短刺……以上下摩骨也。九曰浮刺……以治饥急而寒者也。十曰阴刺……以治寒厥、中寒厥。十一曰傍针刺……以治留痹久居者也。十二曰赞刺……是谓治痈肿者也。"

〔七〕营卫之周流：据《中国医学大辞典》："营指脉营而言，以其为人体血液所藏，犹如营舍，故名。《灵枢·经脉篇》：'脉为营。'按：'营'，古医书多与'荣'字通用。一指血液所贮藏处而言，一指血液所发现处而言，其义一也。'卫'，卫气之简称，言其祛御诸邪，捍卫诸部也。《素问·阴阳类论》：'二阳为卫。'《痹论》：'卫者，水谷之悍气也。其气慓疾滑利，不能入于脉也。故循皮肤之中，分肉之间，薰于盲膜，散于胸膜，逆其气则病，从其气则愈。'《灵枢·营卫生会篇》：'谷气入于藏府，清者为营（即人体发血管中之血，亦称动脉血，以其初经肺中之新空滤过，经心房之排动而出，故澄澈鲜红也），浊者为卫（即人体回血管中之血，亦称静脉血，当其尚未回入肺脏之前，浊质多存于血中，故脉管亦青黯而不鲜明也）。营在脉中（发血管均在人体血脉之里层），卫在脉外（回血管均在人体血脉之外层）。营周不休，五十而复大会，阴阳相贯，如环无端。卫气行于阴二十五度，行于阳二十五度，分为昼夜，故气至阳而起，至阴而止（又：营出中焦，卫出于下焦）。'"

名医黄维三先生所著《难经知要》曰："《内经》谓营气、卫气、宗气皆生于胃中谷气，及将后天水谷之精华，敷布于全身之二大机能：一、营气行于十二经脉，一日一夜一周于身，专司输送全身营养。二、卫气不循经脉，夜行五脏之阴，昼行六经之阳，主充实皮毛分肉之间，卫外以为固。三、宗气积于胸中，贯心脉而行呼吸，为心与肺之主宰。营气、卫气又同受宗气之支配，相偕而行，循二十八脉运行全身，一日一夜，行五十度，至寅时复大会于手太阴，周而复始，如环无端。"纲举目张，条理分明，将《内经》与《难经》所言，前人未明其旨者，实有画龙点睛之妙。

◎ 附:《宗营卫三气图》说（张介宾著）

宗营卫三气图

宗气积于胸中，出于喉咙，以贯心脉而行呼吸。《决气篇》曰："上焦开发，宣五谷味，熏肤充身泽毛，若雾露之溉者，是谓宗气。"宗之为言，大也。

营气者，阴气也，水谷之精气也。其精气之行于经者，为营气。营气出于中焦，并胃中出上焦之后，上注于肺。受气取汁化为血，以奉生身，莫贵于此。其行始于太阴肺经，渐降而下，而终于厥阴肝经，随宗气而行于十二经隧之中，故曰"清者为营，营行脉中"。

卫气者，阳气也，水谷之气也。其浮气之慓疾滑利，而不循于经者，为卫气。卫气出于下焦，渐升而上。每日平旦阴尽，阳气出于目之睛明穴，上行于头。昼自足太阳始，行于六阳经以下阴分。

夜自足少阴始，行于六阴经，复注于肾。昼夜各二十五周，不随宗气，而自行于各经皮肤分肉之间。故曰"浊者为卫，卫行脉外"。

〔八〕经络之表里：《素问·血气形志篇》："足太阴与少阴表里，少阳与厥阴为表里，阳明与太阴为表里，是为手之阴阳也。"手足三阴三阳十二经脉，内系六脏（包括心包络）六腑，阴经系脏，阳经系腑。在内脏循行上，脏脉属络脏腑，腑脉属腑络脏，从而构成脏腑阴阳表里相合的关系。由于阴阳手足十二经脉存在着这种经络表里的关系，所以在生理功能上彼此相通，在疾病发展过程中，亦可相互影响。

[今译]

从卦爻的现象来说，乾天坤地的大道，是以六个阶段为准则，所以每卦分为六爻。在六爻之中，区分天、地、人三才；上两爻是天，中两爻是人，下两爻为地。乾卦六位阳爻，称为六奇；坤卦六位阴爻，称为六偶。天地人相互感应，总数计为十二。

所以天时一年四季分为十二个月，人的体内有心、肺、肝、胆、膻中、脾、胃、大肠、小肠、肾、三焦、膀胱等十二脏。天时每日有子、丑、寅、卯、辰、巳、午、未、申、酉、戌、亥等十二时，与每年十二个月相配合；人手三阴三阳、足三阴三阳等十二经。天时有自子至亥十二个时辰。所谓人有十二节，据《灵枢·官针》载：是指九针的刺法，以应十二经。一为偶刺，用斜针以治心痹之病。二为报刺，重刺其痛无常处。三为恢刺，为治筋痹使舒之方。四为齐刺，为治寒痹稍深的方法。五为扬刺，是治博大的寒气。六为直针刺，治浅微的寒气。七为输刺，治盛热气。八为短刺，治迫切的骨痹。九为浮刺，治肌肤的寒。十为阴刺，治寒厥、中寒厥。十一为傍针刺，治留痹和久居的留痹。十二为赞刺，治痈肿。也就是说，天有十二辰和人有十二节，是相互结合的。如果能够了解这层天人相应的道理，那么我们人体内输送营养的"营气"和充实皮肤毛发肌肉的"卫气"，是循环依存的。手、足三阴三阳十二经络，与营、卫二气，又是如环之无端，在生理功能上的转相灌溉，彼此相互影响，就好像卦爻就初至上，爻与爻之间的现象变化是可以诊断得出来的。

第三节　从藏象言

[原文]

以藏象[一]言之，则自初六至上六，为阴为藏[二]：初六次命门，六二次肾，六三次肝，六四次脾，六五次心，上六次肺[三]。初九至上九，为阳为府[四]：初九当膀胱，九二当大肠，九三当小肠，九四当胆，九五当胃，上九当三焦[五]。知乎此，而藏府之阴阳，内景之高下[六]，象在其中矣。

[要旨]

本节从藏象言人体内在六脏六腑各种生理器官与乾坤二卦之卦爻相结合，彼此之间密不可分，以明天人相应之理。

[注释]

〔一〕藏象：人体五脏六腑生理功能，病理变化，及其相互关系。脏者，藏也，谓其藏于人体之内也。象者，像也，谓其形见于外也。

〔二〕初六至上六，为阴为藏：《难经·五十一难》曰："藏者，阴也。"是以坤卦立言，盖坤之六爻皆阴，故以六爻配六脏。常人言五脏，张氏依《难经》增"命门"一脏，言六脏皆阴。

〔三〕初六次命门……上六次肺：《难经·三十九难》曰："五藏亦有六藏者，谓肾有两藏也。其左为肾，右为命门。命门者，谓精神之所舍也。男子以藏精，女子以系胞，其气与肾通，故言藏有六也。"故命门职司全身性命之门户，因其为藏精之所也。初六次命门，其上爻六二次肾，言其关系之密切，卦爻亲比之道也。

〔四〕初九至上九，为阳为府：《难经·五十一难》曰："府者，阳也。"是以乾卦立言，盖乾之六爻皆阳，故以六爻配六腑。

〔五〕初九当膀胱……上九当三焦：依卦爻之理，自下而上，为膀胱、大肠、小肠、胆、胃、三焦等，合称六腑。其功能为受纳消化水谷，吸收营养，输出糟粕，疏通水道，运利水津。《灵枢·本输篇》谓膀胱为津液之府，大肠为传道之府，小肠为受盛之府，胆为中精之府，胃为五谷之府，三焦为中渎之府（六脏配坤，六腑配乾，其图详见上编第三章第二节三段）。

〔六〕内景之高下："内景"有二说：其一为《大戴礼·曾子天圆篇》："天道曰圆，地道曰方。方曰幽，而圆曰明。明者，吐气者也，是故外景；幽者，含气者也，是故内景。故火曰外景，而金水内景……阳之精气曰神，阴之精气曰灵。"注："景，古通以为影字。外景者，阴道施也；内景者，阴道舍藏也。"《淮南子·天文训》："水曰内景。"金生水，是同以水为内景。其二为道家语，《云笈七签》："阳为外景，为外神也；阴为内景，为内神也。"《黄庭内景经》注释："景者，神也。"《尚书·泰誓》："惟人万物之灵。"《传》曰："灵，神也。"故神即灵也，灵亦神也。儒、道二家是均以神释也。此言"内景上下"，是指人体内上、中、下六脏六腑紧密相结合，致其中和则健康，偏则疾病生焉，谓其构造生化之神妙也。

◎ 附：张介宾著《内景赋》

尝计夫人生根本兮由乎元气，表里阴阳兮升降沉浮，出入运行兮周而复始，神机气立兮生化无休。经络兮行乎肌表，藏府兮通于咽喉。喉在前，其形坚健；咽在后，其质和柔。喉通呼吸之气，气行五藏；咽为饮食之道，六府源头。气、食兮何能不乱，主宰者会厌分流。从此兮下咽入膈，藏府兮阴阳不侔。

五藏者，肺为华盖而上连喉管。肺之下，心包所护，而君主可求。此即膻中，宗气所从；膈膜周蔽，清虚上宫。脾居膈下，中州胃同；膜联胃左，运化乃功。肝叶障于脾后，胆府附于叶东。两肾又居脊下，腰间有脉相通，主闭蛰，封藏之本，为二阴天一之宗。此属喉之前窍，精神须赖气充。

又如六府，阳明胃先，熟腐水谷，胃脘通咽，上口称为贲门。谷气从而散宣，输脾经而达肺，诚藏府之大源。历幽门之下口，联小肠而盘旋。再小肠之下际，有阑门者焉，此泌别之关隘，分清浊于后前。大肠接其右，导渣秽于大便，膀胱无上窍，由渗泄而通泉，羡二阴之和畅，皆气化之自然。

再详夫藏府略备，三焦未言，号孤独之府，擅总司之权，体三才而定位，法六合而象天。上焦如雾兮，靄氲氲之天气。中焦如沤兮，化营血之新鲜。下焦如渎兮，主宣通乎雍滞。此所以上焦主内而不出，下焦主出而如川。

又总诸藏之所居，膈高低之非类，求脉气之往来，果何如而相济，以心主之为君，朝诸经之维系。是故怒动于心，肝从而炽；欲念方萌，肾经精沸。拘难释之苦思，枯脾中之生意；肺脉濇而气沉，为悲忧于心内。惟脉络有以相通，故气得从心而至。虽诸藏之归心，实上系之联肺。肺气何生？根从脾胃。赖水谷于敖仓，化精微而为气。气旺则精盈，精盈则气盛，此是化源根，坎里藏真命。虽内景之缘由，尚根苗之当究。既云两肾之前，又曰膀胱之后；出大肠之上左，居小肠之下右。其中果何所藏？畜坎离之交妮。为生气之海，为元阳之窦；闻精血于子官，司人生之夭寿，称命门者是也。号天根者非谬，使能知地下有雷声，方悟得春光弥宇宙。

[今译]

从六脏六腑的现象来说，坤卦六爻皆阴，配合人体内的六脏：初六为命门，是精神舍藏的地方；六二为肾，是生命的根源；六三为肝，是调节血量的所在；六四为脾，是意志的发源地；六五为心，是神明主宰；上六为肺，是呼吸的枢纽。乾卦六爻都是阳，配合人的六腑：初九为膀胱，是排泄小便和贮存津液的地方；九二为大肠，是传送糟粕粪便的通道；九三为小肠，是接受胃消化过的食物，再加筛选，分别清浊的过程；九四为胆，是维持和控制血气的正常运行，确保脏器相互间的协调关系；九五为胃，是接纳食物主要的消化器官；上九为三焦，上焦主敷布食物之气以温养全身，中焦主蒸发食物营养传输以化生营气，下焦主泌别清浊以排泄废物。如果能够了解这层道理，那么对于阴脏阳腑相互配合的关系，它们之间结构生化的神妙，是有现象可循的。

第四节　从形体言

[原文]

以形体言之，则乾为首，阳尊居上也。坤为腹，阴广容物也。坎为耳，阳聪于内也。离为目，阳明在外也。兑为口，折开于上也。巽为股，两垂而下也。艮为手，阳居于前也。震为足，刚动在下也。〔一〕

天不足西北，故耳目之左明于右；地不满东南，故手足之右强于左〔二〕，知乎此，而人身之体用〔三〕，象在其中矣。

[要旨]

本节系以《说卦传》第九章及《素问·阴阳应象大论》中一段为主，以八卦说明人之形体与天地之形体为一体也。

[注释]

〔一〕乾为首……刚动在下也：本段以八卦之意义，说明人之形体与天地之形体为一体。其详请阅上编第二章第三节第四段。

〔二〕天不足西北……手足之右强于左：此段思想，乃因袭《素问·阴阳应象大论》黄帝与岐伯一段对答，兹录如次，并将《类经》注一并附于原文段落之后，以明张氏之思想。

——岐伯曰："天不足西北，故西北方阴也，而人右耳目不如左明也。地不满东南，故东南方阳也，而人左手足不如右强也。"

《类经》注："天为阳，西北阴方，故天不足西北；地为阴，东南阳方，故地不满东南。日月星辰，天之四象，犹人之有耳目口鼻，故耳目之左明于右，以阳胜于东南也。水火土石，地之四体，犹人之有皮肉筋骨，故手足之右强于左，以阴强于西北也。"

——帝曰："何以然？"岐伯曰："东方，阳也。阳者，其精并于上；并于上，则上明而下虚，故使耳目聪明，而手足不便也。西方，阴也。阴者，其精并于下；并于下，则下盛而上虚，故其耳目不聪明，而手足便也。"

《类经》注："并，聚也。天地之道，东升则西降。升者为阳，降者为阴。阳气生于子中，极于午中，从左升而并于上，故耳目之明亦在左，而左手之手足不便也。阴气升于午中，极于子中，从右降而并于下，故手足之强亦在右，而右之耳目不聪也。"

——（续上"岐伯曰"）："故俱感于邪，其在上则右甚，在下则左甚，此天地阴阳，所不能全也，故邪居之。"

《类经》注："俱，兼上下而言也。夫邪之所凑，必因其虚。故在上则右者甚，在下则左者甚，盖以天之阳不全于上之右，地之阴，不全于下之左，故邪得居之，而病独甚也。"

张氏深明伏羲先天八卦之理与文王后天八卦之义，故对此章阐述甚详。民国以降之注释《内经》者，均对此章略而不言，是皆不明《易经》先天与后天方圆卦图之故也。其详请参阅上编第三章"伏羲六十四方圆图与人生"各节所注，不再赘举。

〔三〕人身之体用：从八卦言，则乾为"体"，坤、坎、离、兑、巽、艮、震等七卦均为"用"。从人形体言，则首为"体"，腹、耳、目、口、股、手、足等均为"用"也。

[今译]

从人的外表形体来说，乾天象头，因为乾卦六爻都是阳，高高在上。坤地象腹，因为坤卦六爻都是阴，能容纳万物。坎水象两耳，因为坎卦一阳在内，所以听觉特别敏锐。离日象双目，因为离卦二阳在外，所以观察得很清楚。兑悦象口，因为兑卦一阴在上，有饮食欢乐之状。巽股象大腿，因为巽卦一阴在下，像两腿垂直在下。艮象手，因为艮卦一阳居上，象征手能控制物质。震雷象足，因为震卦一阳在下，刚健的行动靠双足。

"天不足西北"这句话，是因天为阳，乾阳在东南，如旭日之东升。西北阴，坤阴在西北方，如夕阳之西沉。东南方阳多，西北方阴多，所以说"天不足西北"。我们人的耳目，左边比右边更聪（耳日聪）明（目曰明）的理由，是因阳气（精神）从东方（左边）向上升起，升到正南为止，我们的耳目在上，是因人的阳气也是由左上升，所以左边的耳目接受了这精神的精华，比较耳聪目明。有升必降，阳气升到正南，已至极限，就逐渐西下，阳气衰退，因此右边的耳聪目明，就比左边的差一点。

"地不满东南"这句话，是因地为阴。阳气向西（右边）下降，阴的精华集中在右下，我们人的双手双脚定向下垂的，所以右边的手和脚，比左边的强。如果我们能了解这一层道理，那么对于人身的头为体，腹与耳、目、手、足为用的原因，一切现象非常明显摆在面前了。

第五节　从生育言

[原文]

以生育言之，则天地絪缊，万物化醇[一]；男女构精，万物化生[二]。天尊地卑，乾父坤母[三]，乾道成男，坤道成女。震、坎、艮是为三男，巽、离、兑是为三女[四]。

欲知子强弱，则震、巽进而前，艮、兑退而止[五]。欲辨脉息候，则乾健在东南，坤顺向西北[六]，欲为广嗣谋，则畜坎填离宫[七]，借兑为乾计[八]。欲明布种法，则天时与地利[九]，亏盈果由气[十]；冬至始阳强，阴胜须回避[十一]。知乎此，而胎孕交感之道，存乎其中矣。

[要旨]

本节前段乃集《系辞传》《说卦传》精要而成。后段言生育子女，多为道《周易参同契》之旨，故均引用以注释之。

[注释]

〔一〕天地纲缊，万物化醇："纲"为麻缕，"缊"为棉絮，"醇"作厚重解。此两语出自《系辞下传》。意谓天地之道，以气相交纲缊浑和，万物感其气，化育醇厚完固也。《素问·阴阳应象大论》曰："清阳为天，浊阴为地。地气上为云，天气下为雨。雨出地气，云出天气。"此言阴阳精气之升降，以见天人一理之义。天地者，阴阳之形体也；云雨者，天地之精气也。阴在下者为精，精者，水也。精升则化为气，云因雨而出也。阳在上者为气，气者，云也。气降则化为精，雨由云而生也。自下而上者，地交于天也，故地气上升则为云。"云出天气"，自上而下者，天交于地也，故地气上升则为云，故又曰"雨出地气"。《素问·六微旨大论》曰："升已而降，降者谓天；降已而升，升者谓地。天气下降，气流于地；地气上升，气腾于天。"可见天地之升降者，谓之云雨；人身之升降者，谓之精气。天人一理，此其为最也。亦"天地纲缊，万物化醇"之意也。

〔二〕男女构精，万物化生：语出《系辞下传》。男女，指万物的雌雄、牝牡。天地以气相交，男女构精，以形相交，即万物之精血构聚，一切生物化生于无穷也。

〔三〕天尊地卑，乾父坤母：前句见《系辞上传》，下句出《说卦传》。"天尊地卑"，意谓天在上，象征尊贵；地在下，象征低微。天广大，难以形容，故以乾为代表；地渊博，难以尽说，故以坤为代表。乾体坤用，从人事言，则以乾为父，以坤为母。

〔四〕乾道成男，坤道成女：语出《系辞上传》。乾坤为父母卦，乾坤生六子，其子女如何产生？即乾的卦爻渗入坤体，而成巽长女，离中女，兑少女（如附图）。

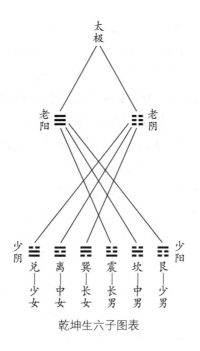

乾坤生六子图表

　　《系辞上传》曰："乾坤，其《易》之缊耶！乾坤成列，而易立乎其中矣。乾坤毁，则无以见易；易不可见，则乾坤或几乎息矣！"《系辞下传》亦曰："乾坤，其《易》之门耶！乾，阳物也；坤，阴物也。阴阳合德，而刚柔有体，以体天地之撰，以通神明之德。"

　　〔五〕欲知子强弱，则震、巽进而前，艮、兑退而止："强弱"当指子女之健康情形而言。震、巽为长男与长女，艮、兑为少男与少女。父母年轻力壮时，所生子女身体必较健康；晚年精力衰退，所生子女身体必较单弱。《礼记》以"男子三十而娶，女子二十而嫁"为准绳，一岁生一子，为三十六岁。隔岁生一子，则为四十二岁。据《素问·上古天真论》："五七（五七三十五），阳明脉衰，面始焦，发始堕。六七（六七四十二），三阳脉衰于上，面皆焦，发始白。"也就是说，年轻时生长男长女，可以继续前进再生，至艮、兑少男、少女时，则应"退而止"不能再生，再生则子女不健康。古时地广人稀，以多子多孙为贵。华封人祝唐尧三多："多福、多寿、多男子。"从《易》卦乾、坤生六子观之，犹如今日人口政策，亦为"质量并重"的理论。

〔六〕**欲辨脉息候，则乾健在东南，坤顺向西北**：请参阅第三章第一节各段所注。详研伏羲《六十四卦方圆图》，则知"乾健在东南"居左，"坤顺向西北"居右之理。若以临床经验言之，凡妊娠之脉，左手先见强者为男，右手先见强者为女。

〔七〕**欲为广嗣谋，则畜坎填离宫**：张氏《宜麟策》云："乾道成男，坤道成女，此固生成之至……然乾、坤不用，用在坎、离；坎、离之用，阴阳而已。夫离本居阳，何以为女？以阳之中而阴之动也。坎本居阴，何以为男？以阴之中而阳之动也。盖中盛于上，盛者必渐消，动者生于下，生者必渐长，故阳生于坎，从左而渐升，升则为阳而就明。阴生于离，从右而渐降，降则为阴而就晦，此即阴阳之用也（此乃文王后天八卦之意也）……由之推广，则凡冬至、夏至，一岁之阴阳也（冬至一阳生，是以日暮初长，夏至一阴生，是以天时渐短）。有节有中，月令之阴阳也。或明或晦，时气之阴阳也。月光潮泛，盈虚之阴阳也。知之，而从阳避阴，则乾道成男；不知，而背阳向阴，则坤道成女矣。"笔者认为，伏羲先天八卦乾南坤北，文王后天八卦离南坎北，何以有此变化？后人鲜有言之者，在先天之时，本无地球与日、月、星、辰。坤本虚无，天体之日、月、星、辰，亦一无所有。因太极运行，而有阴、阳两仪，阳仪乾天一点元阳下交于阴仪坤地之中，而有坎水，故曰"天一生水"；坤阴因元阳之入侵，坤阴之精元上升于乾阳，而有离火，故曰"地二生火"。坎为水为月，离为火为日，水火不相射，日往则月来，月往则日来。日为太阳，离中阴爻为水；月为太阴，坎中阳爻为火。阴中藏阳，阳中藏阴，唯坎、离二卦得乾、坤之正气。故文王后天八卦用离南坎北也。

由水火不相射之未济（䷿），而水火相济之既济（䷾）。由日往则月来，而日月相望，产生光合作用，万物赖以生生化化。日月为易，以此。悬象著明，莫大乎月月，亦以此。畜坎中一点元阳，填离中一点精阴，其理亦在于此。坎中爻之元阳，离中爻之精阴，其间有至理存焉，非虚构也。

坎本中男，而居阴北，阴中之阳也；离本中女，而居阳南，阳中之阴也。坎在自然界为"北一生水"，阳化阴而为水也，在人体内则为"肾藏精"之精水。离在自然界为"南二生火"，阳始衰，地二阴始生也，在人体内则为"心藏神"之心火。故乾坤生六子，而阳卦多阴，阴卦多阳。阳仪生长男、中女与少女；阴仪生长女、中男与少男。是则背向，从避之道，亦阴阳不测之谓神乎！

〔八〕借兑为乾计：《周易参同契》卷上二十六云："闭塞其兑，筑固灵株。"阴真人注："株者，根本也。兑者，器口也。根本者，金水也。金水为还丹之根源，故曰灵株。闭塞口器，勿失毫厘，金水虽灵，不能流逸。"朱元育《阐幽》曰："兑为口，系一身之门户。凡元气漏泄处，悉谓之兑，而总持于方寸之窍。《黄庭经》曰：'方寸之中仅盖藏'，即闭塞之意。即此方寸中间，有一点至灵之物，为生生化化之根株，故曰灵株。筑固者，不漏不摇也。"陆潜虚《疏》曰："司马真人《坐忘论》云：'养己者，以安静虚无为本焉。安静虚无云者，无劳尔形，无操尔精。一念不起，万缘皆空。心若太虚，一物不著。'虚靖天师云：'若得身中神不出，莫向灵台留一物。物在心中神不清，耗消真精损筋骨。'学者试能穷究本初，回光而内照之，则知清净之中，一物无有，而所谓安静虚无者，我得之矣。由是闭塞其兑，而筑固乎灵株……灵株者何？灵根是也。《黄庭经》云：'玉池清水溉灵根。'……盖兑塞，则气不上泄，故柢固而根深。"张氏医学出入于儒道之门，故特引《周易参同契》诸道家之注，以伸其"借兑为乾计"之义。何以知张氏为出入于儒道之门？观其《类经》注多引道家之文可知也，谨此附志。老子曰："塞其兑，闭其门，终身不勤。开其兑，济其事，终身不救。"（《老子》第五十二章》）《参同契》"闭塞其兑，筑固灵株"，义或由此。

兑为泽，二阳在下，一阴在上，象口，故曰"器口"。位居正西，属金水。由兑之正西而西北，则为乾金。《说卦传》曰："兑，正秋也，万物之所说（悦）也，故曰'说言乎兑'。战乎乾，西北之卦也，言阴阳相薄也。"又曰："兑为口舌，为毁折，为附决（有所附决而去之也）。"道家房中术，有"闭口缩阴固精"之法，是否从此衍生其义理，不得而知。

〔九〕欲明布种法，则天时与地利：《素问·上古天真论篇》有段岐伯答黄帝问摄生法，可为"布种法"之总纲，兹将原文与《类经》注摘要录后：

——今时之人不然也。以酒为浆（甘于酒也），以妄为常（肆乎行也），醉以入房（酒色并行也），以欲竭其精，以耗散其真。

《类经》注：欲不可纵，纵则精竭，竭则精散。盖精能生气，气能生神，营卫一身，莫大乎此。故善养生者，必实其精。精盈则气盈，气盛则神全，神全则身健，身健则病少。神气坚强，老而益壮，皆本乎精也。广成子曰："必静必清，无劳女形，无摇女精，乃可必长生。"正此之谓。

——不知持满，不时御神，务快其心。逆于生乐，起居无节，故半百而衰也。

《类经》注：持，执持也。御，统御也。不知持满，满必倾覆；不时御神，神必外驰。快心事过，终必为殃，是逆于乐也。起居无节，半百而衰，皆以新丧精神，事事违道，故不能如上古之尽其天年也。

老子曰："生之徒，十有三；死之徒，十有三；民之生，动之死也，亦十有三。"（《老子》第五十章）其今人之谓欤！

不特此也，张氏于《宜麟策》对天时与地利，更有详尽的说明。他说：

宜择……天日清明，光风霁月，时和气爽，及情思清宁、精神闲裕之况，则随行随止……于斯得子，非惟少病，而必且聪慧贤明，胎元禀赋，实基于此。至有不知避忌者，犯天地之晦冥大雾，则受愚蠢逆蒙之气；犯日月星辰之薄蚀，则受残缺刑克之气；犯雷霆风雨之惨暴，则受犯怒惊狂之气；犯不阴不阳、倏热倏寒之变幻，则受奸险诡诈之气。（上言天时）

地利关于子嗣，非不重也……如寝室交会之所，亦最当知宜忌。凡神前庙社之侧，井灶冢枢之旁，及日月火光照临，阴沉危险之地，但觉神魂不安之处，皆不可犯。倘有不谨，则天柱残贼，飞灾横祸，及不忠不孝之流从而出。

又云：

盖种植者，必先择地……求子者，必先择母……妇人之质，贵静而贱动，贵重而贱轻，贵苍而贱嫩。故凡唇短嘴小者不堪，此子处之部位也。耳小轮薄者不堪，此肾气之外候也。腰细而不振者不堪，此丹田之气本也。形体薄弱者不堪，此藏畜之宫城也。饮食纤细者不堪，此仓廪血海之源也。发黑齿豁者不堪，肝亏血而肾亏精也。睛露臀削者不堪，藏不藏而后无后也。颜色娇嫩者不堪，与其华者去其实也。肉肥膘骨者不堪，子宫隘而肾气刑也。袅娜柔脆，筋不束骨者不堪，肾肝亏而根干不坚也。山根、唇口多青气者不堪，阳不胜阴，必多肝、脾之滞逆也。脉见紧数弦清者不堪，必真阴亏弱，经候不调而生气杳然者。此外如虎头熊项、枯面竖眉，及声如豺狼之质，必多刑克不吉……又若刚狠阴恶、奸险刻薄之气，尤为种类源流。子孙命脉所系，乌可近之。

上言"地利"与体质，一为下种时之环境，一为其女之形相也，能明天时、地利与体质，布种之法，尽在其中矣。

〔十〕**亏盈果由气**：《宜麟策》曰："气盈则盈，乘之则多寿；气缩则缩，犯之则多夭。凡生、壮、老、死，何非受气于成；而智、愚、贤、不肖，又孰非禀质于天地？此感兆元始之大本，苟思造命而赞化育，则当以此为首务。"此段乃总结"欲明布种法，则天时与地利"之语也。

〔十一〕**冬至始阳强，阴胜须回避**：以一岁言之，请参阅第三章第一节天根、月窟"注一"和"注三"。冬至一阳生，而阳始强，约农历十一月中旬，阳历则为十二月二十二或二十三日。夏至一阴生，阴胜而阳渐降，约农历五月中旬，阳历则为六月二十一或二十二日。以一日言之，十二地支为夜半子时，子时为自上一日下午十一时至第二日上午一时。准确地说，为零时起，阳始渐升，至上午十一时而极。午时为上午十一时，至下午一时，阴升则为中午十二时起，阳降阴长。吾人若欲子女身体强壮，则须把握阳强之时。

[今译]

从生育男女来说，是感受天地阴阳二气，缠绵交密而互相和合。万物都是受其感应，而化育醇固。不论雌雄、牝牡、男女，由于形体相感交接，得以生生不息。天尊在上，地卑在下，所以称乾天为父，坤地为母。在八卦之中，乾坤走父母卦，乾生震为长男，坎为中男，艮为少男；坤生巽为长女，离为中女，兑为少女。也就是所谓"乾、坤生六子"的说法。

如果想要知道所生子女身体的强弱，按常理说，震是长男，巽是长女，为父母年轻力壮时所生，身体应该较强健。艮为少男，兑为少女，是父母年岁较大、体力衰退时所生，身体自然会比较差一点。

如果想要从人的脉息来判断是生男或生女，依据卦埋来说：乾卦阳爻在东南方左边，坤卦阴爻向西北方在右边。所以妇女怀孕，她的左手脉息先发现有孕，就是生男，右手先发现有孕，就是生女。

如果想要多子多孙，就需要了解文王后天八卦的道理。坎卦在正北方，离卦在正南方，坎为肾，肾藏精；离为心，心藏神。也就是说，培养坎之肾精，使之充实，供给离的心火，使之圆满；紧闭元气漏泄的兑口，固肾精水之本，培乾阳之元气，这是修身养生的方法，也是多子女的先决条件。

如果想要子女健康贤惠，就必须注意天时和地利两个条件。先从"天时"说：男女构精，应该选择天气清明、风和月丽、时和气爽的时候，男女双方要在彼此心情愉快、精神闲暇、情投意合的状况下进行。

这个时候种植所怀孕的子女，不但将来病痛少，而且一定非常聪明孝顺。在受孕一开始，父母所给予子女的天赋，就已决定他未来一生的基础。有些人不知道迷忌，喝醉后行房事，或者在大风、大雷、大雨、大雾，或者在天黑如墨、日食月食等情形之下行房事，在这些时候所种下的子女，不是残废，就是愚蠢，不是好犯上，就是凶狠狡诈。这在现代遗传学和生理、心理学已经得到证明。

再从"地利"一方面来说：夫妇交合的地方，更应当知道避忌。凡是在庙宇、祖先神位旁边，水井、厨灶、坟墓、停棺附近，日火、月光、火光直接照射的地方，或者是阴气沉沉觉得有危险的处所，使我们感到神魂不安，都不可以勉强去犯它。稍一不谨慎，这时所种下的子女，不是死胎，就会中途夭折；不是残缺，就会贼性难改；不是为家庭惹来飞灾横祸，就会做出不忠不孝的事情。这在心理学、生理学与遗传学上，也有明证。

所以，一个人的聪明或愚蠢、好人或坏人，都是受先天阴阳二气多寡的影响。因此，我们就当明了"冬至一阳生"，阳气渐渐强盛，"夏至一阴生"，阴气开始上长，这是从一年的阴阳消长来说。在一天之中，半夜子时，阳气逐渐上升，日正当中午时，阴气逐渐上长。如果要生育身体健康、聪明贤能的好子女，则该回避阴气上升的时刻，选择阳气上长的时候。

我们如果能够了解这层道理，那么夫妇交媾，种植下一代的方法，就都在这里面了！

第六节　从精神言

［原文］

以精神言之，则北一水，我之精，故曰"肾藏精"〔一〕。南二火，我之神，故曰"心藏神"〔二〕。东三木，我之魂，故曰"肝藏魂"〔三〕。西四金，我之魄，故曰"肺藏魄"〔四〕。中五土，我之意，故曰"脾藏意"〔五〕。

欲知魂魄之阴阳，须识精神之有类〔六〕。木火同气，故神魂藏于东南，而二八、三七同为十〔七〕。金水同原，故精魄藏于西北，而一九、四六同为十〔八〕。土统四气，故意独居中，其数为五〔九〕。而藏府五行之象，存乎其中矣！

本节前段系从《河图》与文王后天八卦方位以立言，说明人体五脏配五行之道。后段则言人之精、神、魂、魄、意五者所属之方位。读者宜连同上编《河图》《洛书》一并研阅。

［注释］

〔一〕北一水，我之精，故曰"肾藏精"："北一水"者，当《河图》与伏羲六十四卦圆图之正北方。一者，由坤（☷）而复（䷗），一阳始生于下，化坤之坚冰而为水也，《河图》则为天一（阳复）地六（坤阴），天以一阳化地之坚冰而成水也。在五行之中，水故先成。从今日科学言之，无水，则无生物。从文王后天八卦方位言，则此水乃坎（☵）水也。《说卦传》曰："坎者，水也，正北方之卦也。劳卦也，万物之所归也。""万物之所归"者，万物皆赖以为生而劳也。邵子曰："阳生阴，故水先成。"（《皇极经世》卷七上）万物之初生，皆因有水，无水则无有机物，故水为万物生命之精，故曰"我之精"。

精与生俱来，为生命之起源。《灵枢·本神篇》曰："故生之来，谓之精。"万物化生由精始。《系辞下传》曰："男女构精，万物化生。"男女之精相合，构成身形，是精先身而有之明证，称为先天之精。人体（或生命）既成之后，此精则赖饮食营养以滋生，《内经》亦称之为精，是为后天之精。从人体言，先、后天之精，构成人之五脏六腑、筋骨皮毛，由发展而充盈，下归于肾，化为有生殖能力之精。《素问·上古天真论》曰："肾者主水，受五藏六府之精而藏之，故五藏盛，乃能泻。"《素问·六节藏象论》曰："肾者，主蛰，封藏之本，精之处也。"《灵枢·本神篇》《难经·三十四难》

均曰"肾藏精"。

〔二〕**南二火，我之神，故日"心藏神"**：从《河图》言之，正南地二、天七为火。文王后天八卦正南方，则为离（☲）日火。《说卦传》曰："离也者，明也。万物皆相见，南方之卦也。圣人南面而听天下，向明而治，盖取诸此也。"如日之光、火之明，正大光明以治天下也。

"我之神"者，精神、意志、知觉、运动等生命活动之统帅也。《灵枢·本神篇》曰："故生之来，谓之精，两精（阴与阳也）相搏（交结也），谓之神。"《素问·气交变大论》曰："善言化言变者，通神明之理。"《八正神明论》曰："神乎神，耳不闻，目明心开而志先，慧然独悟。口弗能言，俱视独见，适若昏，昭然独明。若风吹云，故曰神。"《系辞上传》曰："阴阳不测之谓神。"又曰："知变化之道者，其知神之所为乎！"《素问·阴阳应象大论》曰："阴阳者，天地之道也，万物之纲纪，变化之父母，生杀之本始，神明之府也。"神，变化不测也。明，日月星三光之象也。府，所以化物也。神明出于阴阳，故阴阳为神明之府。《类经》曰："道者，阴阳之理也。阴阳者，一分为二也。太极动而生阳，静而生阴；天生于动，地生于静，故阴阳为天地之道。"《易》曰："一阴一阳之谓道。"又曰："立天之道，曰阴与阳；立地之道，曰柔与刚；立人之道，曰仁与义。"柔与刚，地道之阴阳也；仁与义，人道之阴阳也。是皆"我之神"为义也。

"心藏神"者，人身之神，心为之主。《素问·灵兰秘典论》曰："心者，君主之官，神明出焉。"《素问·六节藏象论》曰："心者，生之本，神之变也。"即人身之元神也。《灵枢·邪客篇》曰："心者，五藏六府之大主也，精神之所舍也。其藏坚固，邪弗能容也。容之则心伤，心伤则神去，神去则死矣。"神由先天之精所生，当胚胎形成之际，生命之神亦同时产生。先天之精为神之基，后天之精为神之养。神充则身强，神衰则身弱，神存则生，神去则死。唯心能藏之。故《素问·宣明五气篇》《素问·调经论篇》及《难经·三十四难》均曰"心藏神"。邵子《皇极经世》卷八下昌明之曰："心藏神……天之神，栖乎日；人之神，发乎目。人之神，寤则栖心，寐则栖肾。神者，人之主，将寐在脾，熟寐在肾；将寤在肝，正寤在心。天之大寤在夏，人之神存乎心。"心神之于人大矣哉！

〔三〕东三木，我之魂，故曰"肝藏魂"：《河图》天三地八居左为木。文王后天八卦则东为震（☳），震为雷、为足、为木，雷以动之。《说卦传》曰："帝出乎震，震，东方也。"象征春阳初动，枯木逢春再发，为人人所目睹之现象，故曰"东三木"。

"我之魂"者，《灵枢·本神篇》曰："随神往来者，谓之魂。"神为阳，魂随神往来，故神与魂皆阳也。魂随神，是以神为主，魂为附；神散，则魂不能自主。由此推而论之，神为阳中之阳，而魂则为阳中之阴也。

"肝藏魂"者，肝属木，生命之魂也。《本神篇》曰："肝藏血，血含魂，肝气虚则恐，实则怒。"《素问·六节藏象论》曰："肝者，罢极之本，魂之居也。"《素问·宣明五气篇》曰："肝藏魂。"《素问·五藏生成篇》曰："人卧则归于肝。"《调经论》曰："肝藏血，血有余则怒，不足则恐。"《难经·三十四难》曰："肝藏魂。"何谓魂？随神往来，谓之魂。故魂为精神活动之一。肝火旺盛则易怒，"肝悲哀动中，则伤魂；魂伤则狂妄不精，不精则不正"。据此可知，肝若病，则失其藏血之职，易怒易恐，幻想梦游，多梦不宁，精神恍惚。神昏则魂荡，所谓"魂不守舍"是也，故曰"肝藏魂"。

〔四〕西四金，我之魄，故曰"肺藏魄"：《河图》地四与天九相合居右，为金。文王后天八卦则正西为兑（☱）。《说卦传》曰："兑，正秋也，万物之所说（悦）也。"秋属金，是万物由开花而结果，成熟收藏之时。故曰"西四金"。

"我之魄"者，何谓魄？《灵枢·本神篇》曰："并精出入，谓之魄。"何谓"精出入"？《类经》注曰："精对神而言，则神为阳，而精为阴；魂对魄而言，则魂为阳，而魄为阴。故魂则随神而往来，魄则并精而出入。盖精之为物，重浊有质，形体因之而成也。魄之为用，能动能作，痛痒由之而觉也。精生于气，故气聚则精盈；魄并于精，故形强则魄壮。"故魄为精神活动之一部分。耳之听觉，目之视觉，鼻之嗅觉，皮肤冷热痛痒之感觉，手足四肢之动作，初生儿吸乳和啼笑等动作，均为"魄"的范围。

肺主气，《素问·五藏生成篇》曰："诸气者，皆属于肺。"《六节藏象论》曰："肺者，气之本，魄之处也。"气有先天与后天之分，先天之气与生俱来，后天之气为饮食水谷之精气与呼吸自然之气。两者结合积于胸中气海，中医称之为"宗气"。故肺主之含义，不仅为主呼吸自然界之空气，而为整个人体上下、表里、内外之气，均为肺所主。《素问·灵兰秘典论》曰："肺者，相傅之官，治节出焉。""相傅"者，辅助心"君主"也。"治节"者，协调五脏六腑各种组织器官，保持正常生理活动之谓也。《素问·调经论篇》曰："肺藏气。"人无气则死，故《素问·宣明五气篇》与《难经·三十四难》皆曰"肺藏魄"。

〔五〕中五土，我之意，故曰"脾藏意"：《河图》天五地十居中央。五行唯土寄旺于四时，位居五行之中，总合水、火、木、金四行之大成。亦即《系辞上传》所谓"五位相得而各有合"之意也。《素问·太阴阳明论》亦曰："脾者，土也。治中央，常以四时长四藏，各十八日寄治，不得独于时也。"《类经》注："五藏所主，如肝木主春而王于东，心火主夏而王于南，肺金主秋而王于西，肾水主冬而王于北。惟脾属上而蓄养万物，故位居中央，寄王于四时。各十八日，为四藏之长，而不得独主于时也。考之历法：凡辰、戌、丑、未四季月，当立春、立夏、立秋、立冬之前，各土王用事十八日，一岁共计七十二日。凡每季三月各得九十日，于九十日中除去十八日，别每季亦止七十二日，而为五行分王之数。总之，七五三十五，二五一十，共得三百六十日，以成岁之常数也。"现代青年多不明地球自转一圈，恰为我国农历十二地支自子至亥，与阳历一日一夜二十四小时如何计算？十二宫名、二十四节气与阳历时间又如何配合？此与我国医药学，尤其是针灸学术关系至为密切，兹绘二表于后，以供参考。

农历十二地支与阳历一月二十四小时候照表

地球自转一圈分成 12 时辰	时刻
子时	自上一日下午 11 时至上午 1 时
丑时	自上午 1 时至上午 3 时
寅时	自上午 3 时至上午 5 时
卯时	自上午 5 时至上午 7 时
辰时	自上午 7 时至上午 9 时
巳时	自上午 9 时至上午 11 时
午时	自上午 11 时至下午 1 时
未时	至下午 1 时至下午 3 时
申时	自下午 3 时至下午 5 时
酉时	自下午 5 时至下午 7 时
戌时	自下午 7 时至下午 9 时
亥时	自下午 9 时至下午 11 时

节气的决定完全根据地球运转的时空位置而定几乎不变

黄道十二宫名	虚、女、牛	斗、箕	尾、心、房	氐、亢	角、轸	翼、张	星、柳、鬼	井	参、觜、毕	昴、胃、娄	奎、壁	室、危
宫名	子宫	丑宫	黄宫	卯宫	辰宫	巳宫	午宫	未宫	申宫	酉宫	戌宫	亥宫
西方星座名称	摩羯座	宝瓶座	双鱼座	牡羊座	金牛座	双子座	巨蟹座	狮子座	处女座	天秤座	天蝎座	人马座
二十四节气	大雪经冬至至小寒	小寒经大寒至立春	立春经雨水至惊蛰	惊蛰经春分至清明	清明经谷雨至立夏	立夏经小满至芒种	芒种经夏至至小暑	小暑经大暑至立秋	立秋经处暑至白露	白露经秋分至寒露	寒露经霜降至立冬	立冬经小雪至大雪
阳历时间固定	12月7日至1月6日	1月6日至2月4日	2月4日至3月6日	3月6日至4月5日	4月5日至5月6日	5月6日至6月6日	6月6日至7月7日	7月7日至8月8日	8月8日至9月8日	9月8日至10月8日	10月8日至11月8日	11月8日至12月7日

《素问·太阴阳明论》又曰："脾藏者，常着胃土之精也。土者，生万物而法天地，故上下至头足，不得主时也。"既云脾为土，又曰胃为土之精，盖以脾为六脏之一，胃为六腑之一。脏主藏精，腑主化物。脏为阴，腑为阳。阳者主表，阴者主里。一脏一腑，一阴一阳，一表一里。阴阳相合，表里一致，谓之脏腑、阴阳、表里相互配合也。《灵枢·本输篇》曰："肺合大肠，大肠者，传导之府。心合小肠，小肠者，受盛之府。肝合胆，胆者，中精之府。脾合胃，胃者，五谷之府。肾合膀胱，膀胱者，津液之府。少阳属肾，肾上连肺，故将两藏。三焦者，中渎之府也，水道出焉，属膀胱，是孤之府也。是六府之所与合者。"

由此可见，脏腑之间脉络相连，为生理活动相互协调，至中至和之健康状况。此外，尚有更为重要之营卫血气运行于其间，使之生生化化神妙难测之故也。亦《易》理与医理贯通之处也。张氏注曰："土为万物之本，脾胃为藏府之本，故上至头，下至足，无所不及，又岂得独主一时而已哉？"《素问·平人气象论篇》："人无胃气则逆，逆者死。脉无胃气亦死。"此所以四时五脏，皆不可一日无土气也。《素问·六节藏象论》曰："脾、胃、太阳、小肠、三焦、膀胱者，仓廪之本，营之居也。名曰器，能化糟粕转味而入出者也……通于土气。"

古今言五行生克者，皆谓"木克土"，不知金、木、水、火四行均可克土，更不知四行对土之克，不如土对四行之生，尤不知其相互生克也。何以言之？其理至为简明，兹条举如次：

金属可以掘土，金克土也。金属本原生于土中，土生金也。金生水，又润土也。

木根伸展土中，木克土也。木根脱离土地则死，土生木也。叶落千重，木枯腐朽，木又生土也。

水遇土则浸入，水克土也。水来土掩，土克水也。水滋润大地，水又润土也。

火焚草木成灰，火生土也。土可灭火，土克火也。雷在地中复，土养火也。烈日赤地千里，土则无法生木，火弱土也。火山爆发，火又克土也。

土对其他四行有相互生克之功能，五行之间均有相互生克之作用。五行能致中和则相生，偏则相克。此为中医中药学不易之至理，不可拘泥偏执一端。

〔六〕**魂魄阴阳，精神有类**：类者，别也。精与神，魂与魄，其阴与阳各有类别之谓也。此段总结前文，谓五脏六腑均有精神阴阳也。《灵枢·本神篇》曰："故生之来，谓之精；两精相搏，谓之神。"《灵枢·决气篇》曰："两神相搏，合而成形，常先身生，是谓精。"一言两精相搏为神，一言两神相搏为精，有何分别？搏者，交结也。即《系辞下传》所谓"男女构精，万物化生"之意也。两精者，阴阳之精也；两神者，亦阴阳之神也。精之与神，孰先孰后？两篇均明指"生来谓之精""常先身生，是谓精"，乃为精以化神，神以化精，阴阳互用，精体神用，体用不分之意也。

何谓"魂魄之阴阳"？《灵枢·本神篇》曰："随神往来者，谓之魂；并精出入者，谓之魄。"《类经》曰："精对神而言，则神为阳，而精为阴；魄对魄而言，则魂为阳，而魄为阴。故魂则随神而往来，魄则并精而出入。"又曰："精神魂魄，虽有阴阳之别，而阴阳之中，复有阴阳之别焉。如神之与魂，皆阳也。何谓魂随神而往来？盖神之为德，如光明爽朗、聪慧灵通之类皆是也。魂之为言，如梦寐恍惚、变幻游行之境皆是也。神藏于心，故心静则神清；魂随乎神，故神昏则魂荡，此则神魂之义，可想象而悟矣。精之与魄，皆阴也。何谓魄并精而出入？盖精之为物，重浊有质，形体因之而成也。魄之为用，能动能作，痛痒由之而觉也。精生于气，故气聚则精盈；魄并于精，故形强则魄壮，此则精魄之状，亦可默会而知也。然则神为阳中之阳，而魂则阳中之阴也；精为阴中之阴，而魄则阴中之阳者乎？虽然，此特其阴阳之别耳。至若魂魄真境，犹有显然可掬者，则在梦寐之际，如梦有作为，而身不应者，乃魂魄之动静，动在魂而静魄也。梦能变化而寤不能者，乃阴阳之离合，离从虚而合从实也。此虽皆魂魄之证，而实即生死之几，苟能致心如太虚，而必清必静，则梦觉生死之间，知必有洞达者矣。"

《灵枢·天年篇》曰："血气已和，荣卫已通，五藏已成，神气舍心，魂魄毕具，乃成为人。"邵子《皇极经世》卷八下曰："人之神，则存乎心。气形盛则魂魄盛，气形衰则魂魄亦从而衰矣。魂随气而变，魄随形而生，故形在则魄存，形化则魄散。"由此观之，神者，阴阳合德之谓也。精虽为阴，然"精生于气"，气有清浊，气之轻清者，上浮于天，为阳中之阳；气之重浊者，下凝于地，为阳中之阴。气既有阴阳，是精亦有阴阳也。"男女构精，万物化生。"若男精为阳中之阳，则女精为阳中之阴；若男精为阳中之阴，则女精为阴中之阳也。魂随神，精并魄，岂非精、神、魂、魄相互依存，一而二，二而一，不可分割者乎？虽然，神魂之阳强，而精魄之阴胜，二者互为体用，互为主从。二者正反平衡，心身均衡，中和育位，始得称为健康之人也。

〔七〕木火同气，故神魂藏于东南，而二八、三七同为十：先从《河图》言，偶数之阴二八为十居东南，奇数之阳三七为十亦居东南。再从文王后天八卦方位言，震东离南，震木离火，震春离夏，震为雷、为阳，离为日、为火，阳生木，木生火，故曰："木火同气，故神魂藏于东南。"

〔八〕金水同原，故精魄藏于西北，而一九、四六同为十：先从《河图》言，奇数之阳一九为十居西北，偶数之阴四六为十亦居西北。

再从文王后天八卦方位言，兑西坎北，兑金坎水，兑秋坎冬；兑为泽为悦，坎为陷为劳。金生水，水濯金。水先成，金后归，故曰："金水同原，故精魄藏于西北。"

〔九〕土统四气，故意独居中，其数为五：不论从《河图》与《洛书》言，其中间数均为五。盖因天数之中数为五，地数之中数亦为五。《系辞上传》曰："天数五，地数五，五位相得而各有合也。"震东为春，属木。离南为夏，属火。兑西为秋，属金。坎北为冬，属水。东南西北四方，春夏秋冬四季，木火金水四行，震离兑坎四正，土居中央，合为五行。土居其中，调和四气。土位于中，以正四方。太极运行于中，以统八卦。故曰："土统四气，故意独居中。"

［今译］

从精神方面来说，"北一水"的意义，据《河图》说"天一生水"，因其与地六相合，居正北方。文王后天八卦的方位，是坎水。《易经·说卦传》曰："坎者，水也。正北方之卦也。"从人的生理来说，是五脏中的"肾"，位在腹部下，左右各一（包括中央的命门），是人的生命线，是男女构精、生育繁殖、传宗接代的根本。《素问·灵兰秘典论》称它是"作强之官，伎巧出焉"，所以说"肾藏精"。

"南二火"的意义，据《河图》说"地二生火"，在正南方。文王后天八卦的方位，是离火。《易经·说卦传》曰："离也者，明也。物皆相见，南方之卦也。"从人的生理来说，是五脏中的"心"，位居胸的中央，它的功能为十二宫的主宰，是人的情感、意志、思维活动的中枢，《素问·灵兰秘典论》称它是"君主之官，神明出焉"，主神明，所以说"心藏神"。

"东三木"的意义，据《河图》说"天三生木"，在正东方。文王后天八卦的方位，是震木。《易经·说卦传》曰："帝出乎震，震，东方也。"从人的生理来说，是五脏中的"肝"，位居下，它的功能主全身血液贮藏和调节作用，主全身筋骨关节运动、精神情志的调整。《素问·灵兰秘典论》称它是"将军之官，谋虑出焉"，像人的灵魂一般，所以说"肝藏魂"。

"西四金"的意义，据《河图》说"地四生金"，在正西方。文王后天八卦的方位，是兑金。《易经·说卦传》曰："兑，正秋也，万物之所说也。"从人的生理来说，是五脏中的"肺"，位于胸腔之中，它的功能是主气的呼吸，是体内外气体交换的通道，朝百脉以充全身，主皮毛肌肤的润泽。《素问·灵兰秘典论》称它是"相傅之官，治节出焉"，相傅的意思为辅助心之君，人无气则死，医学尊它是人魂魄的"魄"，所以说"肺藏魄"。

"中五土"的意义，据《河图》说"天五生土"，与地十相合，位居五行之中央。《易经·系辞上传》曰："五位相得而各有合也"，总合水、火、金、木等四行的大成。从人的生理来说，是五脏中的"脾"，位于腹中，它的功能主运化输送营养的精华至全身各种器官，升清降浊，益气统血，化痰化湿，四肢赖以活动，医学家尊它是"后天之本"，所以说"脾藏意"。

如果我们要了解魂阳魄阴的道理，就必须知道精先神随，精阴神阳，精体神用，精的阴中有阳，神的阳中有阴，阴阳一体，精神一体，是一而二，二而一，不可分割，既是相互为体，也是相互为用，这是类别主从的关系。

震东离南，震木离火，震春离夏；震为雷为阳，离为日为火。肝属木，肝藏魂；心属火，心藏神。木逢春再发，木生火，春耕夏耘，因为《河图》二、八为十，三、七也是十，又都是在东南方，所以说"木火同气，因此神阳、魂阳藏东南方"。

兑西坎东，兑金坎水，兑秋坎冬；兑为泽为悦，坎为陷为劳。肺属金，肺藏魄；肾属水，肾藏精。金生水，水泽金，秋收冬藏，因为《河图》一、九为十，四、六也是十，又都是在西北方，所以说："金水同原，因此精阴、魄阴藏在西北方。"

在五行里面，木、火、金、水四行各主一季，各占一方，只有土独居中央，调和春、夏、秋、冬四季，平衡木、火、金、水四行，确定东、南、西、北四方，就像太极位居中央运行，统合八卦一样。在我们人体内，则为脾胃，脾胃属土，土藏意。因为《河图》和《洛书》的中间数，都是五。五是天数，也是地数。换句话说，是天和地的中数。所以说："土统合四气四行、四方四卦，因此，意独居中央。"

如果彻底明白这些理论系统，那么我们人类五脏六腑的运作现象，就包括在里面了！

第七节　从动静言

[原文]

以动静言之，则阳主乎动，阴主乎静。天圆而动，地方而静。静者动之基，动者静之机。刚柔推荡，《易》之动静也〔一〕；阴阳升降，气之动静也〔二〕；形气消息，物之动静也〔三〕；昼夜兴寝，身之动静也〔四〕。

欲详求夫动静，须精察乎阴阳。动极者，镇之以静；阴亢者，胜之以阳〔五〕。病治脉药，须识动中有静〔六〕；声色气味，当知柔里藏刚〔七〕。知刚柔、动静之精微，而医中运用之玄妙，思过半矣！

[要旨]

本节言阳刚阴柔，动静、升降，消息之道，进而说明医者必须明察病治脉药、声色气味之理。

[注释]

〔一〕**刚柔推荡，《易》之动静也**：《易》言刚柔，可谓无卦无之、无爻无之。单言"刚"者，计四十有八；仅称"柔"者，二十有二；"刚柔"并称者，四十有四。实则只言刚，则谓其柔缺，但言柔则意指刚之少也。此指刚柔言。

〔二〕**阴阳升降，气之动静也**：阳升阴降，为自然现象。气之轻清者，上升；气之重浊者，下降。观氢、碳二气之升降，可知矣。此指气体言。

〔三〕**形气消息，物之动静也**：有气则化而为形，有形则凝聚而为物。物有风化、氧化、腐化、变化、新陈代谢等诸现象。何谓"消息"？《九家易注·泰卦》曰："阳息而升，阴消而降。"言消为下降，息为上升也。

乾、坤为《易》之门，乾、坤是父母卦。乾阳代表精神动能，为息；坤阴代表形质之静能，为消。众皆知"十二消息卦"，即复（䷗）十一月建子为卦主，临（䷒）十二月建丑为卦主，泰（䷊）正月建寅为卦主，大壮（䷡）二月建卯为卦主，夬（䷪）三月建辰为卦主，乾（䷀）四月建巳为卦主，姤（䷫）五月建午为卦主，遁（䷠）六月建未为卦主，否（䷋）七月建申为卦主，观（䷓）八月建酉为卦主，剥（䷖）九月建戌为卦主，坤（䷁）十月建亥为卦主。阳生于子，自复至乾为息卦。阴生于午，自姤至坤为消卦。实则其他五十二卦中，亦各有消有息。何者为消？何者为息？笔者在《爻之对错法答客问》（《孔孟月刊》二十五卷七期）一文中，创发泰、否、咸、恒、损、益、既济、未济等八宫，说明泰、损、益、既济四宫为"息卦"。否、咸、恒、未济四宫为"消卦"。为免读者查阅之苦，兹节录如次：

息卦四宫：

　泰卦䷊　大壮卦䷡　需卦䷄　大畜卦䷙　小畜卦䷈　大有卦䷍　夬卦䷪　乾卦䷀

　损卦䷨　归妹卦䷵　节卦䷴　中孚卦䷼　睽卦䷥　兑卦䷹　履卦䷓　临卦䷒

　益卦䷩　震卦䷲　屯卦䷂　颐卦䷚　噬嗑卦䷔　无妄卦䷘　复卦䷗

　既济卦䷾　丰卦䷶　贲卦䷕　家人卦䷤　离卦䷝　革卦䷰　同人卦䷌　明夷卦䷣

消卦四宫：

　否卦䷋　豫卦䷏　比卦䷇　剥卦䷖　观卦䷓　晋卦䷢　萃卦䷬　坤卦䷁

　咸卦䷞　小过卦䷽　蹇卦䷦　艮卦䷳　渐卦䷤　旅卦䷶　遁卦䷠　谦卦䷎

　恒卦䷟　井卦䷯　蛊卦䷑　巽卦䷸　鼎卦䷱　大过卦䷛　姤卦䷫　升卦䷭

　未济卦䷿　解卦䷧　坎卦䷜　蒙卦䷃　涣卦䷺　困卦䷮　讼卦䷅　师卦䷆

在上举三十二"消卦"与三十二"息卦"中，又"消"中有"息"，若未济宫八卦，则为消中之息也。"息"中有"消"，若既济宫八卦，则为息中之消也。息升并非善，有时反是以助其为恶，若助纣为虐之类是；消降并非祸，有时反是以助其向善，若勾践卧薪尝胆，十年生聚教训之类是。阴阳二气，周流消息，万物化生，"形气消息，物之动静"，亦同此理。

〔四〕昼夜兴寝，身之动静也：宇宙万有，作息时间，不尽相同，然不外兴与寝二途。日出而作、日入而息为正常之动静，日出而息、日入而作为异常之动静，若鼠猫之类是也。

〔五〕动极者，镇之以静；阴亢者，胜之以阳：物极必反，为宇宙自然之理；亢阴亢阳，灾必及于其身。乾卦之上九《象》曰："亢龙有悔，盈不可久也。"《文言》曰："亢龙有悔，穷之灾也。"坤卦之上六曰："龙战于野，其血玄黄。"《象》曰："龙战于野，其道穷也。"均为亢阳亢阴之说明。以动求动，求之不已，必遭灭顶之祸；以静助静，求之不已，必成槁木死灰。均为违反自然，必须以静制动，以动制静，使之趋于平衡，始为生命之至理。

〔六〕病治脉药，须识动中有静：此言出于张仲景《伤寒论》。仲景名机，涅阳人（今河南省邓州市穰东镇），生于东汉之末，受业于张伯祖，曾为长沙太守，著有《伤寒论》《金匮方》《五藏论》（该等书失传已久，余近从《敦煌宝藏》中见其残本）等书，为南方医学家之巨擘（南北朝时，南方以仲景为主，北方以《内经》为宗）。隋、唐统一后，孙思邈欲求其书而不可得（因南方医家秘不示人故也），故其在《千金方》中所言伤寒，仍守北方窠臼；及著《千金翼方》，始得录其全文，然与王叔和所著之《伤寒论》为简略。明代医学家列仲景为医学四大家之首（张仲景、李东垣、刘守真、朱丹溪），至清，陈修园以为不伦，始易张从正为金元四大家，而尊崇张仲景为医宗之孔子。

仲景在《伤寒论》中理论，系以凭脉辨证，凭证施治为主。"药"字，在古时作动词"治疗"解。如《诗经》"不可救药"（《大雅·板》），即不可救治之意。至汉，许慎《说文》始引申为凡可用作治疗用之动、植、矿物，一律称之为药，改作名词解，后世因之。人身本静，不应有振掉之象，若有之，皆为病变使然。如《素问·阴阳应象大论》所谓"风胜则动"。治风，则还其本然之静矣。动，又为脉象，见于两手关中，其象如豆粒，厥厥动摇。寻之有而举之无，不住不来，不离其处。见此脉者，大抵阴阳相搏之候。阳动则汗出，阴动则发热，处以调和阴阳之剂，则病豁然而愈矣。在临床上，左动则为心下停水，治以"苓桂术甘汤"；右动则为胃酸过多，治以二陈汤加牡蛎乌贼骨。女子见之者必有子，左动为男，右动为女。总之，凡见动病，则处以镇静之剂；意志颓唐者，必予以兴奋之方。而方药动静之效，亦可见矣。老子曰："重为轻根，静为躁（动也）君（主也），是以圣人终日行，不离辎重……轻则失根，躁则失君。"（《老子》第二十六章》又曰："躁胜寒，静胜热，清静为天下正。"（《第子》第四十五章）动中有静，以调和其阴阳也。

〔七〕声色气味，当知柔里藏刚：人有五声、五色，药有五气、五味，性有太、少刚柔。五声者，谓人发声必合乎宫、商、角、徵、羽五音也。若五脏之有病，则心为"噫"，肺为"咳"，肝为"语"，脾为"吞"，肾为"欠"，胃为"嚏"。五气有二说：一谓五种不同天气，寒、暑、燥、湿、风是也。此五种不同天气，本所以调节人体之气而有益于人者，若或过度，亦能伤人，此即所谓"柔里藏刚"也。加火则成六气，过则伤人，故称六淫。淫者，过也。一谓食物中所含之气。《素问·六节藏象论》曰："天食人以五气，地食人以五味。"五气者，膻、焦、香、腥、腐也。膻气凑肝，焦气凑心，香气凑脾，腥气凑肺，腐气凑肾。五味者，酸、苦、甘、辛、咸也。《灵枢·五味篇》云："五味入口，各有所走，各有所病。"《灵枢·九针论》曰："酸走筋，辛走气，苦走骨，咸走血，甘走肉。"各有所病者，五味本以寿人，过则伤人。《素问·生气通天论》曰："阴（指五脏）之所生，本在五味。阴之五宫，伤在五味。"五宫者，五脏藏第之室也。五味虽有益于五脏，然必摄取适量，若或过食多食，则生人者反是以伤人矣。故《素问·生气通天论》又曰："味过于酸，肝气以津，脾气乃绝。味过于咸，大骨气劳，短肌，心气抑。味过于甘，心气喘满，色黑，肾气不冲。味过于苦，脾气不濡，胃气乃厚。味过于辛，筋脉阻弛，精神乃央。"《素问·五藏生成篇》曰："故多食咸，则脉凝泣而色变。多食苦，则皮槁而毛拔。多食辛，则筋急而爪枯。多食酸，则肉胝胎而唇揭。多食甘，则骨痛而发落。"此五味之所伤也。五味属阴，其性本柔，然摄取过量，久而气增，则柔反为刚矣。老子曰："天下莫柔弱于水，而攻坚强者，莫之能胜，以其无以易之。弱之胜强，柔之胜刚，天下莫不知，莫能行。"（《老子》第七十八章）第三十六章又曰："柔弱胜刚强。"又曰："天下之至柔，驰骋天下之至坚。"（《老子》第四十三章）明乎此，亦可以知柔里藏刚之道矣。

[今译]

从动静方面来说，阳气是动态的，阴气是静态的。天体像圆而为动，地体像方而为静。静是动的根基，动是静的机契。阳刚阴柔相互推荡，这就是《易经》中所讲的动静关系。阳气上升，阴气下降，这是说阴阳二气的动静关系。气有动静，则由无形化为有形，有形则凝聚而为物，阳气轻清息而上升，阴气重浊消而下降，这是说万物的动静关系。日出而作，日入而息，这是人身的动静关系。

如果要详细了解动静的道理，就必须精密观察阴阳动静的情形。阳动太过，则以阴静制之；阴静太过，则以阳动胜之，也就是以静制动、以动制静，使之趋于平衡的原则。张仲景说："病治脉药，须识动中有静。"意指治病要先了解他的脉象，凭脉象明辨其症状，再用药施治。在脉象之中应该知道动态中有静的一面，在静态中有动的一面，然后处以调和阴阳之药剂，则病豁然可愈。同时人有五声、五色、五气、五味，在"望、闻、问"诊时，明辨其声、色、气、味为柔为刚，是刚中有柔，或者是柔里藏刚？以柔制刚，以刚制柔。如果我们能够把刚柔、动静的病象分析得很清楚，医学理论虽然玄妙难懂，也已经算是达到高明的境界了！

第八节　从升降言

[原文]

以升降言之，则阳主乎升，阴主乎降。升者阳之生，降者阴之死[一]。故日在于子，夜半方升；升则向生，海宇俱清[二]。日在于午，午后为降；降则向死，万物皆鬼[三]。死生之儿，升降而已。欲知升降之要[四]，则宜降不宜升者，须防剥之再进[五]，宜升不宜降者，当培复之始生。畏剥所从衰，须从观始，求复之渐进，宜向临行[六]。此中有个肯綮，最在形情气味[七]，欲明消长之道，求诸此而得之矣。

[要旨]

本节承前"阳动阴静"之旨，而言阳升阴降之道。前节言天时日夜之升降，本节从卦理说剥与观、复与临之动向。

[注释]

〔一〕阳升阴降，升生降死：张氏医学，素主"扶阳抑阴"，本节言论，可明其概要。或有据此以病之者。愚意：阳升，固为生生不息，升之不已，亢阳亦死；阴降，固为暮气沉沉，降之不已，亦死。然生气较暮气强，则为不易之理，观其后段"灭剥求复"之道，亦可以知张氏之天心矣。

《素问·阴阳应象大论》曰："阳生阴长，阳杀阴藏。"是谓阴亦能长物，阳亦能杀物也。若秋菊冬梅，是阴能长物也；若赤地千里，寸草不生，是阳能杀物也。《类经》注曰："阳生阴长，言阳中阴阳也；阳杀阴藏，言阴中之阴阳也。盖阳不独立，必得阴而后成，如发生于阳和，而长养由乎雨露，是阳生阴长也。阴不自专，必因阳而后行，如闭藏于寒冽，而肃杀乎风霜，是阳杀阴藏也。此于对待之中，复有互藏之道，所谓独阳不生、独阴不成也。如《天元纪大论》曰：'天以阳生阴长，地以阳杀阴藏。'实同此义……曰阳之和者为发生，阴之和者为成实，故曰阳生阴长。阳之亢者为焦枯，阴之凝者为固闭，故曰阳杀阴藏。此以阴阳淑慝言，于义亦通。"

〔二〕**日在于子……海宇俱清**："日在于子，夜半方升。"邵子《击壤集》曰："冬至子之半，天心无改移。一阳初动处，万物未生时。"为"天根"。岁为冬至子之半，日则为子夜半。按阳历一日二十四小时推算，子时为上一日下午十一时正起，至次日上午一时正止，夜半则为十二时正零一分，为次日一阳初动处（**详本章第六节"注五"**）。"升则向生，海宇俱清"，在一阳初动时，此时河清海晏，由万籁俱寂而生机萌芽，欣欣向荣。

〔三〕**日在于午……万物皆鬼**："日在于午，午后为降。"夏至一阴生为姤（☰），为"月窟"。岁为夏至午后，日则为正午后。按阳历一日二十四小时推算，午时为自上午十一时正起，至下午一时正止，午后则为十二时零一分，为一阴始生之时。

"降则向死，万物皆鬼。"何谓"鬼"？《说文》："人所归为鬼。"《段注》："《释言》曰：'鬼之为言，归也。'《郭注》引《尸子》：'古者谓死人为归人。'"《礼记·祭义》："众生必死，死必归土，此之谓鬼。"阳气逐渐下降，至子时则归藏于土，人则藏气于脾胃。谚谓："养身莫失子夜眠。"盖整日劳累，晚应养气休息之谓也。

《素问·金匮真言论》曰："平旦至日中，天之阳，阳中之阳也。日中至黄昏，天之阳，阳中之阴也。合夜至鸡鸣，天之阴，阴中之阴也。鸡鸣至平旦，天之阴，阴中之阳也，故人亦应之。"《类经》注曰："一日之气，自卯时日出地上为昼，天之阳也。自酉时日入地中为夜，天之阴也。然于阴阳之中，复有阴阳，如午前为阳中之阳，午后则为阳中之阴也。子前为阴中之阴，子后为阴中之阳也。故以一日分为四时，则子、午当二至（冬至与夏至）之中，卯、酉当二分（春分与秋分）之令。日出为春，日中为夏，日入为秋，夜半为冬也。人之阴阳，亦与一日四时之气同。故子后则气升，午后则气降，子后则阳升，午后则阳衰矣。"张氏此段注解，可为前注一、二、三注之总结，故特录之。

〔四〕欲知升降之要：《内经》言升降，必兼言上下。上为升，下为降。上升下降，其中界线如何区分？《素问·六微旨大论》曰："上下之位，气交之中，人之居也。故曰天枢之上，天气主之；天枢之下，地气主之。气交之分，人气从之，万物由之，此之谓也……升已而降，降者谓天。降已而升，升者谓地。天气下降，气流于地；地气上升，气腾于天。故高下相召，升降相因而变作矣。"本段首应分释之者，何谓"气交"与"天枢"？《类经》注曰："上者谓天，天气下降；下者谓地，地气上升。一升一降，则气交于中也，而人居之，而生化变易，则无非气交之使然。"又曰："枢，枢机也。居阴阳升降之中，是谓天枢。故天枢之义，当以中字为解。中之上，天气主之；中之下，地气主之。气交之分，即中之位也。而形气之相感，上下之相临，皆中宫应之而为之市。故人气从之，万物由之，变化于兹乎见矣。愚按：王太仆（唐王冰）曰：'天枢当齐（脐）之两傍也，所谓身半矣。伸臂指天，则天枢正当身之半，三分折之，则上分应天，下分应地，中分应气交。'此单以人身之天枢穴为言。盖因《至真要大论》曰：'身半以上，天之分也，天气主之；身半以下，地之分也，地气主之。半，所谓天枢也。'故王氏之注如此。然在彼篇，本以人身为言，而此节云'人气从之，万物由之'二句，又岂止以人身为言哉？是其言虽同，而所指有不同也。夫所谓枢者，开阖之机也。开则从阳而主上，阖则从阴而主下，枢则司升降而主乎中者也。故其在人，则天枢穴居身之中，是固然矣。其在于天地，则卯酉居上下之中，为阴阳之开阖，为辰宿之出入，非所谓天枢乎？盖子午为左右之轴，卯酉为上下之枢（**参阅上编伏羲六十四卦方圆图子午、卯酉两线**），无所疑也。第以卯酉一线之平，而谓为气交，殊不足以尽之。夫枢者，言分界也；交者，言参合也。此则有取于王氏三折之说，然必以卦象求之，庶得其义。凡卦有六爻，否（☲）上卦象天，下卦象地，中象天枢之界。此以两分言之，则中唯一线之谓也。若以三分言之，则二三四爻成一卦，此自内卦而一爻升，地交于天也；五四三爻成一卦，此自外卦而一爻降，天交于地也。然则上二爻主乎天，下二爻主乎地，皆不易者也。惟中二爻，则可以天，亦可以地，斯真气交之象。《易·系辞传》曰：'六爻之动，三极之道也。'其斯之谓。由此观之，则'司天在泉'之义亦然。如《至真要大论》曰：'初气终三气，天气主之；四气尽终气，地气主之。'此即上下卦之义，然则三气、四气，则一岁之气交也。故自四月中以至八月中，总计四个月、一百二十日之间，而岁之旱、潦、丰、俭，物之生长成收，皆系乎此，故曰'气交之分，人气从之，万物由之'也。"

张氏极论天地上下升降气交，天枢之理，辩则辩矣，然王氏三折之说，确有其至理存焉，张氏之辩，仍不能推翻其立论。何故？其误有四：

其一，两篇所指不同：张氏意，《六微旨大论》以天地之气下降，以天地为言。《至真要大论》以人身为言。断以"岂止人身为言哉"，是其言虽同，而所指不同也。张氏注《至真要大论》"气之上下"曰："气之上下，司天在泉也，而人身应之。"又作何解？天地人相应，为《内经》不易之至理，张氏亦反复申明其理。

其二，三极之道：张氏引《系辞上传》曰："六爻之动，三极之道也。"三极者，天、地与人也。《系辞下传》曰："有天道焉，有人道焉，有地道焉，兼三才而两之，故六。六者非它也，三才之道也。"三才者，天、地与人也。《说卦传》曰："昔者圣人之作《易》也，将以顺性命之理。是以立天之道，曰阴与阳；立地之道，曰柔与刚；立人之道，曰仁与义。兼三才而两之，故《易》六画而成卦。分阴分阳，迭用刚柔，故《易》六位而成章。"明乎此，则知六画之卦，上二爻为天位，中二爻为人位，下二爻为地位。天气下降，地气上升，人气从之，即人身应之，岂非三折之说乎？在人身为天枢穴；在天地与人，则以人为天枢也。人为万物之灵，人为天地"二五之精"所化生，位于天地之中，唯人能顶天立地，沟通天地，改造天地，化腐朽为神奇，天地之枢，唯人足以当之而无愧。

其三，引用错误：张氏以否（䷋）之卦象为例，二、三、四爻成一卦，是说其成卦为艮（☶）体。此自内卦一爻升，地交于天也，乃指否之六三上升而为艮也。五、四、三成一卦，是说其成卦为巽（☴）体。此外卦一爻降，天交于地也，乃指否之九五下降而为巽也。张氏所言者，为"互体法"，非"升降法"也。互体之法犹有进者，仍以否卦为例，内有艮、巽二体，然艮下巽上则为渐卦（䷴），其所以致否之由，换言之，否之来乃积渐变而来也。此虽笔者所初创之互体法，舍乾、坤二卦为父母卦外，其余六十二卦，无一不可释其理。

其四，何谓升降：本节言"升降"，自应以升降法释之。仍以张氏所举否卦为例，否卦（䷋）一卦，可以变为七卦，连同本卦（否）

共八卦，兹说明如次。

否之六三与上九交，则变为咸（䷞）。否之六二与九五交，则变为未济（䷿）。否之初六与九四交，则变为益（䷩）。否之初六、六二与九四、九五交则变为损（䷨）。否之六二、六三与九五、上九交则变为恒（䷟）。否之初六、六三与九四、上九交则变为既济（䷾）。否之初六、六二、六三与九四、九五、上九俱进相交，则变为泰（䷊）。此从地气上升言。地气上升，则天气下降；天气下降，则地气上升。阳生于阴，阴生于阳，《系辞下传》曰："《易》之为书也不可远，为道也屡迁，变动不居，周流六虚，上下无常，刚柔相易，不可为典要，唯变所适。"其斯之谓乎！

若以十二消息卦为言，否则当七月建辛之卦主，进则消上卦九四而为八月之观（䷓）卦主。由观再进，又消上卦之九五而为九月之剥（䷖）卦主。由剥更进，又消上卦之上九而十月之坤（䷁）卦主矣。是为一岁之地气上升。至坤则乾阳消尽，无可再消，故坤卦之上六《象》曰："龙战于野，其道穷也。"穷则变，变则化。剥极必复（䷗），则为十一月建子之卦主，由复之一阳始生。二进而临（䷒），为十二月之卦主。三进为泰（䷊），为正月之卦主。四进为大壮（䷡），为二月之卦主。五进为夬（䷪），为五月之卦主，六进为乾（䷀），为六月之卦主。是为一岁之天气下降。

张氏若用"升降法"或"消息法"，均可说明"气交"与"天枢"之义，用"互体法"亦可，然非其言之粗漏与简略也。笔者不敏，妄论前贤，此亦伸王太仆而求全于张氏之意也。殷望时贤有以教我。

〔五〕宜降不宜升者，须防剥之再进：宜降者，谓天之阳气下降也，不宜升者，谓地之三阴气不宜上升也。防剥再进者，谓剥再进则坤，阳气被消尽也。防剥之道，须从观始，何谓也？张氏未言，愚意观（䷓）之二、三、四爻为坤体，三、四、五爻为艮体，下坤上艮，仍为剥（䷖）。故防剥之道，一是从观始，尚有二阳在上，阳气仍充实，以培其阳。此为张氏之本意。然地气甚旺，上升之象难制。二是变观为临（䷒），亦即《易》之"正反法"，由观之正，变为临之反，由观之二阳在上，变为临之二阳在下之突变，若浪子之回头，淫妇变贞妇。用药之道，例如肺若失其降肃之性，则气上冲，而喘嗽痰饮诸疾作矣，故必以子降气试剂以治之，肺气宁而下行矣。

〔六〕**宜升不宜降者，当培复之始生……求复之渐进，宜向临行**：如前所言，观消为剥，剥消为坤。防剥再消之道，亦唯有用"正反法"，倒剥（䷖）为复（䷗），使剥之一阳在上，转变为复之一阳在下，剥极必复。如严冬之天寒地冻，飞者伏，走者蛰，游者潜，草木枯，一点元阳之生机藏于根荄之中，以待"雷在地中，复"（复卦《象传》）。其伏、蛰、潜、藏者，即为"培复"之道也。道家练气有"龟息之法"，医家有"固本培元"之方，均此法也。复即得矣，自此生生不息，进而为临（䷒），再进为泰（䷊），更进则为大壮（䷡），苗壮不已，此即培复宜升不宜降之道也。例如肾气不上腾，则津液不潮于口、舌。故医无降肾之法，必用肾气丸，温暖命门，使水气蒸腾而上潮。

〔七〕**此中有个肯綮，最在形情气味**："肯綮"，《庄子·养生主》曰："技经肯綮之未尝，而况大軱乎！"注："肯綮，筋骨结处也。大軱，大骨也。"后人谓说理中窍者，曰深入肯綮，亦曰中肯。"形情气味"，详见前第七节"从动静言"注六、七，不再赘举。

［今译］

从气的上升下降方面来说，阳气轻浮，所以会上升；阴气重浊，所以会下降。这是从气性能上说。从阴阳学上来说，阳气升能生物，阴气降能死物。所以在一天二十四小时，夜半子时，阴气已降到极点，阳气接着就要慢慢升起来，由万籁俱寂，死气沉沉的大地，而鸢飞鱼跃，鸡鸣狗吠，鸟语花香，格外显得生气蓬勃。在日正当中午时以后，太阳渐渐下降，万物就显得精神疲乏不堪，暮气沉沉，昏昏欲睡，像快死亡的人一样没精打采。所谓鬼，《说文》说："人所归为鬼。"归是归宿、休息。俗话说得好："大睡如小死。"万物到夜晚都要睡眠休息，正是"降则向死，万物皆鬼"最好的注解。我们人的生与死，只不过是阴阳二气的升降罢了。

我们如果想要明白阳升阴降的道理，先要把握住一个原则，有些时候，阳气应该下降，不应该上升，因《易经》里有一名叫剥卦䷖的，剥卦一阳在顶上面，五阴在下面，再上升，阳气就没有了，变成全是阴气了，因此预防剥卦的一阳再升，所以说"宜降不宜升"。有些时候，阳气应该上升，不应该下降，因为《易经》里有一名叫复卦䷗的，复卦一阳在最下面，五阴在上，阳气如果不上升，水这被重重阴气压制在下面，因此要帮助复卦一阳上升，所以说"宜升不宜降"。

阳的性能是上升的，阴的性能是下降的。我们恐怕剥卦最上一阳上升，就没有了阳，但阳一定要升，所以预防的方法，要提早从观卦䷓开始着手，因为观卦二阳在上，阳气还很充实，也就是俗语所说："平时不烧香，急时抱佛脚。"不要临阵磨枪的意思。同样的道理，如果希望复卦在下的一阳，能够渐渐上升，就要引导它朝着临卦䷒的方向发展。在这中间，有一个非常重要的关键，就是要看病患形诸于外的壮弱、肥瘦、声色、气味，生活的起居、作息，脉诊的浮、沉、滞、速等要件来作决定。想要了解人体内阴阳消息的道理，从这里面去探求，即可得到其中的原因。

第九节 从神机言

[原文]

以神机言之，则存乎中者，神也；发而中节者，机也〔一〕。寂然不动者，神也；感而遂通者，机也〔二〕。蕴于一心者，神也；散之万殊者，机也〔三〕。知乎此，则财原其始，直要其终〔四〕，我之神也；挥邪如匠石之斤，忌器若郢人之鼻〔五〕，我之机也。见可而进，知难而退〔六〕，我之神也；疾徐如轮扁之手，轻重若庖丁之刀〔七〕，我之机也。神之与机，互相倚伏〔八〕。故神有所主，机有所从；神有所决，机有所断。神为机之主，机为神之使〔九〕。知神知机，执而运之，是即医之神也。

[要旨]

本节亟言神机之理，剖释神与机之相互关系，医者如能知神知机，执而运之，亦足以称神医矣。

[注释]

〔一〕存乎中者，神也；发而中节者，机也：《礼记·中庸》曰："喜怒哀乐之未发，谓之中；发而皆中节，谓之和。""存乎中者"，知其所止也。知止而后能定，定而后能静，静而后能安也。"发而中节者"，安而后能虑，虑而后能得也。知止、定、安为神，虑、得为机。此为一得之愚，尚祈高明有以教我。

〔二〕寂然不动者，神也；感而遂通者，机也：《系辞上传》曰："《易》无思也，无为也，寂然不动，感而遂通天下之故。非天下之至神，其孰能与于此？"历代注释家注释此节者，难以枚举，愚意以经解经，则更稳当。无思无为，寂然不动者，犹如《论语·子罕篇》"子绝四：毋意、毋必、毋固、毋我"四"毋"之义同。同篇孔子曰："吾有知乎哉？无知也。有鄙夫问于我。空空如也。我叩其两端而竭焉。"意即事前不猜测、不安排、不固执、不私见，始能做到寂然不动"空空"二字。故"寂然不动者"，良知也，体也；"感而遂通者"，而知之作用也。张氏以"神机"二字释之，亦得其旨。

〔三〕**蕴于一心者，神也；散之万殊者，机也**："蕴"者，藏也。"心"者，神明、智慧、意志、形体之主也。《荀子·解蔽篇》曰："心者，形之君，而神明之主也。"《管子·心术上》曰："心者，智之舍也。"《春秋繁露·循天之道》曰："心者，气之君也。"谚谓："二人同心，其利断金。"此之谓也。"万殊者"，万种不同之现象与事物也。朱熹注《中庸章句》序曰："其书始言一理，中散为万事，末复合为一理。"朱熹《易·传序》曰："散之在理，则有万殊；统之在道，则无二致。"《淮南子·本经训》曰："包裹风俗，斟酌万殊。"故心为主，扩而充之，则广被于万事万物也。

〔四〕**财原其始，直要其终**："财"，与"才"通用。《汉书·李陵传》曰："初，上遣贰师大军出，财令陵为助兵。"师古曰："财，与才同，谓浅也、仅也。"原始要终，语出《系辞下传》："《易》之为书也，原始要终，以为质也。"《系辞上传》亦曰："原始反终，故知死生之说。"原始者，推究其开始也；要终者，研求其结果也。

〔五〕**挥邪如匠石之斤，忌器若郢人之鼻**："挥"，《释文》："散也。"除也。"邪"，指四时不正之气，伤人致病者曰邪。《急就篇》曰："灸刺和药，逐去邪。"《素问·阴阳应象大论》曰："其有邪者。"注："邪，谓风邪之气。""挥邪"，即除去风邪之气也。

"匠石之斤"，"匠石"，古之名工，名石，字伯。"斤"，斫木斧也。《庄子·人间世》曰："匠石之齐。"《释文》："匠，是工人之通称，石乃巧者之私名。"《文选·嵇康·琴赋》:"匠石奋斤。"本句乃指去除风邪之气,要有匠石一般的技巧。

"忌器若郢人之鼻","忌器",为"投鼠忌器"成语之简称。《汉书·贾谊传》云:"里谚曰:'欲投鼠而忌器',此善喻也。鼠近于器,尚惮不投,恐伤其器,况于贵臣之近主乎!"意谓做事有所顾忌也。"郢人之鼻",《庄子·徐无鬼》曰:"郢(楚都也)人垩漫(垩音恶,涂也,以白土涂之也。漫,污也)其鼻端若蝇翼,使匠石斫之。匠石运斤成风,听而断之,瞑目恣手,尽垩而鼻不伤,郢人立不失容。"服虔云:"郢人,古之善涂墍者,施广领大袖以仰涂,而领袖不污;有小飞泥误着其鼻,因令匠石挥手而斫之。"

〔六〕见可而进,知难而退:乾卦《文言》曰:"亢之为言也,知进而不知退,知存而不知亡,知得而不知丧。其为圣人乎?知进退存亡而不失其正者,其唯圣人乎?"平常人只知进不知退、知存不知亡、知得不知丧。唯有圣人能"知进退存亡而不失其正"。《淮南子·人间训》曰:"知进不知退,不量力而轻敝。"《盐铁论·非鞅》曰:"知利不知害,知进不知退。"皆其义也。

〔七〕疾徐如轮扁之手,轻重若庖丁之刀:"轮扁",《释文》引司马云:"斫轮人也。"成疏:"轮,车轮也。扁,匠人名也。"《周礼·考工·轮人》:"轮人为轮,轮人为盖。"据此可知。轮扁,亦即制造车轮之人,名扁。"庖丁",《释文》:"庖丁,丁其名也。管子有屠牛坦,一朝解九牛,刀可剃毛。"成疏:"庖丁,谓掌厨丁役之人。今之供膳是也。亦言,丁,名也。"意即名叫丁的掌理膳食者。《周礼·天官·庖人》曰:"庖人掌共六畜、六兽、六禽,辨其名物。"《孟子·万章下》:"庖人继肉。"《墨子·尚贤中》:"亲为庖人。"等可证。

《庄子·天道》曰:"桓公读书于堂上,轮扁斫轮于堂下,释椎凿而上,问于桓公曰:'敢问公之所读者,为何言邪?'公曰:'圣人之言也。'曰：'人在乎？'曰：'已死矣！'曰：'然则君之所读者，古人之糟魄（粕之借字）已夫！'桓公曰：'寡人读书，轮人安得议乎！有说则可，无说则死。'轮扁曰：'臣也，以臣之事观之。斫轮，徐则甘而不固，疾则苦而不入（《释文》：甘，缓也。苦，急也。是徐与缓、疾与苦为同义，《今注今译》曰：甘，滑。苦，涩。其义尤顺），不徐不疾，得之于手而应于心，口不能言，有数（术也）存焉于其间。臣不能以喻臣之子，臣之子亦不能受之于臣，是以行年七十，老而斫轮。古之人与其不可传也死矣，然则君之所读者，古人糟魄已夫！'"《淮南子·道应训》亦有此记。以故后世之人，均谓大匠为轮扁。《齐书·陆厥传》曰："韵与不韵，复有精粗；轮扁不能言，老夫亦不能尽辨此也。"

"庖丁"，《庄子·养生主》曰："庖丁为文惠君解牛，手之所触，肩之所倚，足之所履，膝之所踦（屈一膝以案之），砉然（骨肉相离之声音）向然，举刀騞然（形容刀斫硬物之声音），莫不中音；合于《桑林》（商汤乐名）之舞，乃中《经首》（尧乐，咸池乐章名）之会（节奏也）。文惠君曰：'嘻，善哉！技盖至此乎？'"《淮南子·齐俗训》："庖丁用刀十九年。"

〔八〕互相倚伏："倚"者，依也。"伏"者，潜藏也。老子曰："祸兮福所倚，福兮祸所伏。"《汉书·叙传》："北叟颇识其倚伏。"《后汉书·张衡传》："吉凶倚伏，幽微难明。"骆宾王《帝京篇》："古来名利如浮云，人生倚伏信难分。"《素问·六微旨大论》："帝曰：'成败倚伏游乎中，何也？'岐伯曰：'成败倚伏生乎动，动而不已，则变作矣！'"《类经》注曰："倚伏者，祸福之萌也。夫物盛则衰，乐极则哀，是福之极而祸之倚也；未济（未济卦☷☵）而既济（既济卦☵☲），否（否卦☰☷）极而泰（泰卦☷☰），是祸之极而福所伏也。故当其成也，败实倚之；当其败也，成实伏之。此成败倚伏，游于变化之中者也。

本节特以为言者，盖示人处变处常是道耳。《易》曰：'知进退存亡而不失其正者，其唯圣人乎？'又曰：'动静者，阴阳之用也。'所谓动者，即形气相感也，即上下相召也，即往复迟速也，即升降出入也。由是而成败倚伏，无非由动而生也。故《易》曰：'吉凶悔吝者，生乎动者也。'然而天下之动，其变无穷，但动而正则吉，不正则凶，动而不已，则灾变由之而作矣。"

〔九〕**神主机从，神决机断，神主机使**：何谓神机？张氏于前段所举五者，均为反复说明"神"与"机"之理。总而言之，《素问·五常政大论》曰："根于中者，命曰神机，神去则机息。根于外者，命曰气立，气止则化绝。"《素问·六微旨大论》曰："出入废，则机化灭；升降息，则气立孤危。"何谓"根于中，根于外"？《类经》注曰："物之根于中者，以神为之主，而其知觉运动，即神机之所发也。故神去则机亦随而息矣。物之根于外者，必假外气以成立，而其生长收藏，即气化之所立也。故气止则化亦随而绝矣。所以动物之神去即死，植物之皮剥即死，此其生化之根，动、植之有异也……故非出入，则无以生、长、壮、老、已，非升降，则无以生、长、收、藏，即根于中外之谓。"又曰："凡物之动者，血气之属也，皆生气根于身之中，以神为生死之主，故曰神机。然神之存亡，由于饮食、呼吸之出入；出入废，则神机化灭，而动者息矣。物之植者，草木金石之属也，皆生气根于形之外，以气为荣枯之主，故曰气立。然气之盛衰，由于阴阳之升降；升降息，则气立孤危，而植者败矣。"由此观之，所谓根中、根外者，所谓神机、气立者，可知矣。为使读者一目了然其分类，兹约其旨如次：

其一，神机——根于中者为动物，凡有血气者属之，有饮食、呼吸出入，有知觉运动。以神为生死之主，神去则机息，出入废，则神机化灭，非出入，则无以生、长、壮、老、已，故曰神机。

其二，气血——根于外者为植、矿物，草、木、金、石属之，皆生气根于形之外，必假外气以成立，以气为荣枯之主，而其生、长、收、藏，即气化之所立，如植物皮剥则死，此其生化之根。然气之盛衰，由于阴阳升降，升降息，则气立孤危，而植者败矣，故曰气立。

总之，"神机"为有血气者，有饮食呼吸出入者，有知觉运动者，生气根于身体之中，以有"生长壮老"之动物言。"气立"为假外气以成立，如春夏秋冬阴阳之升降，生气根于形体之外，以气为荣枯之主，以"生长收藏"之植、矿物为言。故神机"神主机从，神决机断，神主机使"也。

[今译]

从神机方面说，潜藏在里面的，叫作神；形于外而又恰到好处的，叫作机。不为外物所引诱，叫作神；一有反应，即能了解其中的道理，叫作机。蕴藏在心里的，叫作神；表现在行为上，处理万事万物，叫作机。我们如果了解这个原则，即应知道，才开始做一件事，就研究它未来可能的结果，这就是我们的"神"。在行动的过程中，扫除工作上的障碍，就像巧匠匠石的刀斧一样，一刀一斧斫去，有的时候，又要顾虑投鼠忌器，不可伤害到根本，要像匠石帮助别人削除他鼻上的石灰一样的谨慎，这就是我们的"机"。对任何事物，事前要详加研究分析。可以做的，则奋斗前进；不可以做的，就要退守保泰。这就是我们的"神"。或快或慢，要像做车轮的轮扁手艺一般；用刀的轻重，要像庖丁杀牛一样。这就是我们的"机"。

"神"和"机"是相辅相成，分不开的。神有所主张，机必随而从之；神有所决定，机必为它判断；神是机的主人，机是神的使者。能够了解神和机的道理，进而掌握运用它，就可以算是神医了。

第十节 从伸屈言

[原文]

以伸屈〔一〕言之，如寒往则暑来，昼往则夜来，壮往则衰来，正往则邪来〔二〕。故难易相成，是非相倾，刚柔相制，冰炭相刑〔三〕。知乎此，则微者甚之基，盛者衰之渐〔四〕；大由小而成，远由近而遍〔五〕。

故安不可以忘危，治不可以忘乱〔六〕；积羽可以沉舟，群轻可以折轴〔七〕。是小事不可轻，小人不可慢〔八〕，而调和相济，以一成功之道〔九〕，存乎其中矣。

[要旨]

本节从往来、正反、安危、轻重、小大，两两对待而生变化，反复申明伸屈之理。

[注释]

〔一〕伸屈：《系辞下传》曰："往者，屈也；来者，信（同伸）也。屈信相感而利生焉。尺蠖（蛾类虫，土名托虫）之屈，以求信也。"往为藏，其义为屈；来为出，其义为伸。犹如尺蠖之虫，其进行时，必先屈其身而后伸之也。

〔二〕往来：本文连言寒暑、昼夜、壮衰、正邪之往来。《系辞下传》曰："日往则月来，月往则日来，日月相推而明生焉。寒往则暑来，暑往则寒来，寒暑相推而岁生焉。"又曰："夫《易》，彰往而察而来。"《系辞上传》曰："神以知来，知以藏往。"《说卦传》曰："数往者顺，知来者逆，是故《易》逆数也。""往"，固可作"过去"解，但《易》中所言之往，仍应着重"现象"解。现象变化不定，此一现象与周遭现象有紧密关系。例如，吾人一言一行，无不影响他人，谚谓："一言使人笑，一言使人跳。""言者无心，听者有意。"一种现象往，常招致另一现象来。言语如此，行动亦然，宇宙万象莫不如是。"往"的现象昭著易明，其所招致"来"的结果如何，则难以逆料，故曰："数往者顺，知来者逆。"

〔三〕难易、是非、刚柔、冰炭：承前文之寒暑、昼夜、壮衰、正邪往来，两两对待以立言，有两始有变化。在其变化中，有相生相成，如老子所谓"有无相生，难易相成"是也。有相形相比，如老子谓"长短相形，高下相倾"是也。有相和相随，如老子谓"声音相和，先后相随"（以上均《老子》第二章）是也。有相制相克，如本文所言"刚柔相制，冰炭相刑"是也。

〔四〕微者甚之基，盛者衰之渐：莫以病微而不治，莫以恶小而为之，老子曰："为之于未有，治之于未乱。"（《老子》第六十四章）大生于小，多起于少。"微者甚之基"也。月盈则亏，日中则昃，《书》曰："满招损，谦受益。"（《尚书·大禹谟》）"盛者衰之渐"也。

〔五〕大由小而成，远由近而遍：老子曰："图难于易，为大于其细：天下难事，必作于易；天下大事，必作于细。"（《老子》第六十三章）"合抱之木，生于毫末；九层之台，起于累土。"（《老子》第六十四章）大由小而成也。若登高，必自卑；若涉远，必自迩。老子曰："千里之行，始于足下。"（《老子》第六十四章）远由近而遍也。

〔六〕安不可忘危，治不可忘乱：语出《系辞下传》，孔子曰："危者，安其位者也。亡者，保其存者也，有其治者也。是故君子安而不忘危，存而不忘亡，治而不忘乱，是以身安而国家可保也。《易》曰：'其亡其亡，系于苞桑。'（否卦九五爻辞）"居安思危，为《易经》六十四卦之忧患意识。唯上智者，能防危患于未生之前，治乱于未萌之先。不治已病，治未病，常保健康，预防重于治疗，亦此理也。

〔七〕积羽沉舟，群轻折轴：语出《战国策·魏策》："臣闻：积羽沉舟，群轻折轴，众口铄金，故愿大王之熟计之。"《淮南子·缪称训》亦曰："小不善积而为大不善，是故积羽沉舟，群轻折轴，故君禁于微。"《史记·张仪列传》曰："积羽沉舟，群轻折轴，众口铄金，积毁销骨。"因其上下文语句稍异，故并录之，以供读者参考。

〔八〕小事不可轻，小人不可慢：《孔子》曰："知几其神乎！"（《系辞下传》）《系辞上传》曰："夫《易》，圣人之所以极深而研几也。"小事不可轻也。谚曰："宁可得罪君子，不可得罪小人。"小人怀恨，小人之心不可测，小人不可慢也。

〔九〕调和相济，以一成功之道：综观本节全文，均以两两对待为言。此言"调和相济"，乃指前文寒暑、昼夜、壮衰、正邪、难易、是非、刚柔、冰炭、微甚、盛衰、大小、远近、安危、治乱之"两"也。

老子曰："道生一，一生二，二生三，三生万物。"（《老子》第四十二章）古今学者言道与太极者，均谓"道生一"之"一"为太极，意谓太极之先仍有一个高高在上之"道"也。而不探求道为何只生一个"一"，而非生"二"？此与宇宙本体不合。盖以"道本混成，独立无偶"，没有对待。有对待则为"二"矣！故"道生一"应释为"道即一"，混而为一也。道即太极，犹如西人所言"真理只有一个"之谓也。一生二，二为一阴一阳之两仪，两仪为道体之现象。二生三，太极加两仪而为三，太极即道体而不变也。三生万物，太极运行，一动一静，使两仪至此生生不息，而生万物也。老子又曰："是以圣人抱一为天下式。"（《老子》第二十二章）"昔之得一者：天得一以清，地得一以宁，神得一以灵，谷得一以盈，万物得一以生，侯王得一以天下贞。其致之，一也。"（《老子》第三十九章）一也者，太极之道也。一本散为万殊，万殊又复归于一本，物物有一太极之谓也。"以一成功之道"，其斯之谓欤！

从伸屈方面说，就如同寒冷的冬天过去了，炎热的夏天也就快
要来临；白天过去了，黑夜就要来临；壮年时代过去了，衰老时期就
要来临；正人君子不在其位了，邪恶小人就要乘机窃位。所以处理任
何事物，难和易，是比较出来的；是与非，是相互倾轧的；刚和柔，
是彼此牵制的；冰与炭，是不会相容的。

如果我们能够了解这层道理，就该明白，细微小事，是大事的
基础；事业尖锋时代，也就是逐渐衰弱的开端。因为大事是由小事累
积而来；长远目标，是从最近的第一步开始。所以真正有智慧的人，
懂得安不忘危，治不忘乱。古人说："积羽可以沉舟，群轻可以折
轴。"虽处理细微小事，不会掉以轻心，遇到邪恶小人，也会以礼相
待，不敢怠慢，使彼此和谐协调，相辅相济。原则不变，目标确定，
成功的道路，就包括在这里面。

第十一节　从变化言

[原文]

以变化言之，则物生谓之化，物极谓之变〔一〕。阴可以变为阳，
阳可以变为阴〔二〕，只此一二，交感生成。气有不齐，物当其会〔三〕，
而变化之由，所从出矣。

故阳始则温，阳极则热；阴始则凉，阴极则寒。温则生物，热则
长物；凉则收物，寒则杀物〔四〕。而变化之盛，于斯著矣。

至若夷父羌母，蛮男苗女，子之肖形，虬髯短股〔五〕。杏之接桃，

梨之接李，实必异常，多甘少苦^{〔六〕}。迨夫以阴孕阳，以柔孕刚^{〔七〕}，以小孕大，以圆孕方^{〔八〕}，以水孕火，以紫孕黄，以曲孕直，以短孕长。

知乎此，则可以和甘苦，可以平膻香^{〔九〕}，可以分经纬，可以调宫商^{〔十〕}。可以为蛇蝎，可以为鸾凰^{〔十一〕}。可以为尧桀，可以为彭殇^{〔十二〕}。庶胸次化同大象，而应用可以无方^{〔十三〕}矣。

[要旨]

本节首言变化之由，次言阳生物、阴杀物之理，三言异种之交感，终言正反之相辅相成，为善为恶，操之在我，虚怀若谷，则可以应用无方矣。

[注释]

〔一〕物生谓之化，物极谓之变：语出《素问·天元纪大论》曰："物生谓之化，物极谓之变。"物之生为化，因化而生也。物之极为变，由极而变也。《易》曰："在天成象，在地成形，变化见矣。"朱子曰："变者化之渐，化者变之成。"由物生至物极，由物极至另一物生，除旧布新，发展不已。盖以盛极必衰，衰极必变，变则又生矣。故《素问·六微旨大论》曰："夫物之生，从于化；物之极，由乎变。变化相薄，成败之所由也。成败倚伏生乎动，动而不已，则变作矣。"《素问·五常政大论》曰："气始而生化，气散而有形，气布而蕃育，气终而象变。"何谓气有始、散、布、终？因天地之气，始则肇万有之生机，散则施之万物，布则使其畅茂，终则收其成功也。此言万物生长收成之变化，此为天地之气始终散布有以致之也。张氏谓"变化莫大乎《周易》"。《易经》直接言及"变化"二字者计十一，言"变"者三十有八，言"化"者十有五。实则言变即有化，言化即有变。六十四卦，三百八十四爻，一万一千五百二十策，均以变化为言。

变有潜变、渐变、常变、权变、极变、突变、蜕变之分，故卦有卦体、卦德、卦象、卦数、卦气、卦用之别。所以卦有内外、阴阳、贞悔、消息、相对、反复、交易、反易，爻之互卦、辟卦等之变化。

言变化之道者多矣，有曰："阴阳运行为化，春生秋落为变。"有曰："万物生息为化，寒暑相易为变。"有曰："离形而易谓之化，因形而易谓之变。"有曰："自无而有，自有而无，则为化；自少而壮，自壮而老，则为变。"是皆言变化之道者。愚意以为生由化成，其气进也，败由变致，其气退也。

《中庸》曰："诚则形，形则著，著则明，明则动，动则变，变则化。"诚为原动力，形、著、明、动等四者，均为"变"的过程，变至其极，则"化"矣。试以十月怀孕胎儿为例：一、二月为胎胞雏形期，三、四月为胎胞形著期，五、六月为胎儿明显期，七、八月为胎儿动作期，九、十月为胎儿发育完成期。由发育完成到呱呱出生，谓之化（**注参阅第四章第三节"注一"**），故曰"物生谓之化"。再由婴儿之"形"，儿童之"著"，青少年之"明"，壮年之"动"，中年之"变"，老年之"化"，循人类如此，万事万物莫不皆然。兹绘图说明如次：

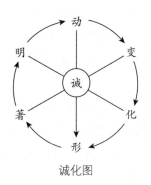

诚化图

何谓"诚"？诚为原动力。《中庸》曰："诚者，天之道也。"天之道，大自然法则之谓也。

〔二〕阴可变阳，阳可变阴：从《易》理言，乾为阳，乾阳发展至上九已极，则曰"亢龙有悔"。悔者，阴始生也，阳中之阴始生于下，变而为姤也。坤为阴，坤阴发展至上六已极，则曰"龙战于野，其血玄黄"。龙战，谓坤阴中之阳，起而与坤阴交战也。血为阴，天玄而地黄，坤阴战败，一阳始生于下，变而为复也。《素问·阴阳应象大论》曰："故重阴必阳，重阳必阴；寒极生热，热极生寒。"《素问·六元正纪大论》曰："动极则静，阳极反阴。"此为"阴可以变为阳，阳可以变为阴"之一例。

从自然界言之：水为阴，火为阳。水为液体，火为气体。水加热变为气体，则为阳矣；气体冷却，又变为雨水，又为阴矣。水的化学成分为 H_2O，氢、氧二元素均为易燃之物，因其排列组合之不同，而构成水，故水之外性为寒凉之液体，其本质则为易燃之气体，此为"阴可以变为阳，阳可以变为阴"之二例。

《素问·金匮真言论》曰："阴中有阴，阳中有阳。平旦至日中，天之阳，阳中之阳也。日中至黄昏，天之阳，阳中之阴也。合夜至鸡鸣，天之阴，阴中之阴也。鸡鸣至平旦，天之阴，阴中之阳也。"似此阴中有阴，阳中有阳，阳中有阴，阴中有阳，因为太极动而生阳，静而生阴，静极复动，动极复静，一动一静，相互为根，以故阴之与阳，非绝对之对立体，而是相对之互为倚伏，此而不明，不足以言宇宙之大自然。此其三。

再以坎、离二卦为言：坎为中男应为阳，然坎为水、为月，又为阴矣。离为中女应为阴，然离为火、为日，又为阳矣。以故《系辞下传》曰："阳卦多阴，阴卦多阳。"此为自然之象，前所举水与火例证之，可得其理。此其四。

《类经》注："九窍为水注之气。"论水气同类曰："阴阳合一之妙，于水气而见之矣。夫气者，阳也，气主升。水者，阴也，水主降。然水中藏气，水即气也；气中藏水，气即水也。升降虽分阴阳，气水实为同类，何也？请以釜观，得其象矣。夫水在釜中，下得阳火则水干，非水干也，水化气而去也。上加覆固则水生，非水生也，气化水而流也。故，无水则气从何来？无气则水从何而至？水气一体，于斯见矣。而人之精气，亦犹是也。故言气注之水亦可，而水注之气亦可。然不曰'气注之水'，而'水注之气'者，至哉妙哉！此神圣发微之妙，于颠倒中而见其真矣。九窍，上七窍、下二窍，如目之泪、鼻之涕、口之津、二阴之尿秽者皆是也。虽耳无水，而耳中津气湿而成垢，是即水气所致。气至水必至，水至气必至。故言'水注之气'。"此其五。

至人体病理变化，如何明辨其阴阳？兹附录张介宾所著《景岳全书·阴阳篇》于后，以供参考。

凡诊病施治，必须先审阴阳，乃为医道之纲领。阴阳无谬，治焉有差！医道虽繁，而可以一言蔽之者，曰阴阳而已。故证有阴阳，脉有阴阳，药有阴阳。

以证而言，则表为阳，里为阴；热为阳，寒为阴；上为阳，下为阴；气为阳，血为阴；动为阳，静为阴；多言者为阳，无声者为阴；喜明者为阳，欲暗者为阴。阳微者不能呼，阴微者不能吸；阳病者不能俯，阴病者不能仰。

以脉而言，则浮、大、滑、数之类皆阳也，沉、微、细、涩之类皆阴也。

以药而言，则升散者为阳，敛降者为阴；辛热者为阳，苦寒者为阴；行气分者为阳，行血分者为阴；性动而走者为阳，性静而守者为阴。

此皆医中之大法。至于阴中复有阳，阳中复有阴，疑似之间，辨须的确。此而不识，极易差讹，是又最为紧要，然总不离于前之数者。

但两气相兼，则此少彼多，其中便有变化，一皆以理测之，自有显然可见者。若阳有余，而更施阳治，则阳愈炽阴愈消；阳不足而更用阴方，则阴愈盛而阳斯灭矣。设能明彻阴阳，则医理虽玄，思过半矣。

一、道产阴阳，原同一气。火为木之主，水即火之源，水火原不相离也。何以见之？如水为阴，火为阳，象分冰炭，何谓同原？盖火性本热，使火中无水，其热必极，热极则亡阴，而万物焦枯矣。水性本寒，使水中无火，其寒必极，寒极则亡阳，而万物寂灭矣。此水火之气，果可呼吸相离乎！其在人身，是即元阴元阳，所谓先天之元气也。欲得先天，当思根柢命门，为受生之窍，为水火之家，此即先天之北阙也。舍此他求，如涉海问津矣！学者宜识之。

二、凡人之阴阳，但知以气、血、脏、腑、寒、热为言，此特后天有形之阴阳耳，至若先天无形之阴阳，则阳曰元阳，阴曰元阴。元阳者，即无形之火，以生以化，神机是也，性命系之，故亦曰元气。元阴者，即无形之水，以长以立，天癸是也，强弱系之，故亦曰元精。元精元气者，即化生精气之元神也。生气通天，惟赖乎此。经曰："得神者昌，失神者亡。"即此之谓。今之人，多以后天劳欲，戕及先天；今之医，只知有形邪气，不知无形元气。失有形者，迹也；盛衰昭著，体认无难。无形者，神也；变幻倏忽，挽回非易。故经曰："粗守形，上守神。"嗟乎！又安得有通神明而见无形者，与之共谈斯道哉！

三、天地阴阳之道，本贵和平，则气令调而万物生，此造化生成之理也。然阳为生之本，阴实死之基。故道家曰："分阴未尽则不仙，分阳未尽则不死。"华元化曰："得其阳者生，得其阴者死。"故凡欲保生重命者，尤当爱惜阳气，此即以生以化之元神，不可忽也。曩自刘河间出，以暑火立论，峕用寒凉，伐此阳气，其害已甚。赖东垣先生论脾胃之火，必须温养，然尚未能尽斥一偏之谬。而丹溪复出，又主阴虚火动之论，制补阴大补等丸，俱以黄柏、知母为君，寒凉之弊，又复盛行。夫先受其害者，既去而不返；后习而用者，犹迷而不悟。嗟乎，法高一尺，魔高一丈。若二子者，谓非轩、岐之魔乎？余深悼之，故直削于此，实冀夫尽洗积陋，以苏生民之厄，诚不得不然也。观者其谅之察之，勿以诽谤先辈为责也，幸甚。

四、阴阳虚实。经曰："阳虚则外寒，阴虚则内热；阳盛则外热，阴盛则内寒。"

五、《经》曰："阳气有余，为身热无汗。"此言表邪之实也。又曰："阴气有余，为多汗身寒。"此言阳气之虚也。仲景曰："发热恶寒，发于阳；无热恶寒，发于阴。"又曰："极寒反汗出，身必冷如冰。"此与经旨义相上下。

六、《经》曰："阴胜则阳病，阳胜则阴疾。阳胜则热，阴胜则寒。"阴根于阳，阳根于阴。几病有不可正治者，当从阳以引阴，从阴以引阳，各求其属而衰之。如求汗于血，生气于精，从阳引阴也。又如引火归源，纳气归肾，从阴引阳也。此即水中取火、火中取水之义。

七、阴之病也，来亦缓而去亦缓；阳之病也，来亦速而去亦速。阳生于热，热则舒缓；阴生于寒，寒则拳急。寒邪中于下，热邪中于上，饮食之邪中于中。

八、考之《中藏经》曰："阳病则旦静，阴病则夜宁。阳虚则暮乱，阴虚则朝争。"盖阳虚喜阳助，所以朝轻而暮重；阴虚喜阴助，所以朝重而暮轻。此言阴阳之虚也。若实邪之候，则与此相反。凡阳邪盛者，必朝重暮轻；阴邪盛者，必朝轻暮重。此阳逢阳王，阴得阴强也。其有或昼或夜，时作时止，不时而动者，以正气不能主持，则阴阳胜负交相错乱，当以培养正气为主，则阴阳将自和矣。但或水或火，宜因虚实以求之。

〔三〕**气有不齐，物当其会**：孟子曰："夫物之不齐，物之情也。或相倍蓰，或相什佰，或相千万。"（《孟子·滕文公下》）朱子注曰："倍，一倍也。蓰，五倍也。什、佰、千、万，皆倍数也。"同理，物性不齐，气性亦千万类，各类气性之精粗、大小、多寡之排列组合之不同，因而产生宇宙万有品汇之迥异。

〔四〕**温生热长，凉收寒杀**：《礼记·月令》及《吕氏春秋·四季纪》对春生、夏长、秋收、冬杀等四季记载甚详，兹依《月令》节录数段如次：

子、孟春之月，东风解冻，蛰虫始振，鱼上冰，獭祭鱼，鸿雁来。

丑、仲春之月，始雨水，桃始华，仓庚鸣，鹰化为鸠。

寅、季春之月，桐始华，田鼠化为鴽，虹始见，萍始生。

卯、孟夏之月，蝼蝈始鸣，蚯蚓出，王瓜生，苦菜秀。

辰、仲夏之月，小暑至，螳螂生，鵙始鸣，反舌无声。

巳、季夏之月，温风始至，蟋蟀居壁，鹰乃学习，腐草为萤。

午、孟秋之月，凉风至，白露降，寒蝉鸣，鹰乃祭鸟，用始行戮。

未、仲秋之月，盲风至，鸿雁来，玄鸟归，群鸟养。

申、季秋之月，鸿雁来宾，爵入大水为蛤，鞠有黄华，豺乃祭兽戮禽。

酉、孟冬之月，水始冰，始冻，雉入大水为蜃，虹藏不见。

戌、仲冬之月，冰益壮，地始坼，鹖旦不鸣，虎始交。

亥、季冬之月，雁北乡，鹊始巢，雉雊鸡乳。

〔五〕夷父羌母，蛮男苗女，子形虬髯短股：夷、羌、蛮、苗等四者，均指未开化种族之名也。兹分言如次：

"夷"，《说文》："平也。从大从弓。东方之人也。唯东夷从大，人也。夷俗仁，仁者寿。有君子不死之国。孔子曰：'道不行，欲之九夷，乘桴浮于海。'（《论语·公冶长篇》与《子罕篇》之连文）有以也。"

《礼记·王制》："东方曰夷，被发文身，有不火食者矣。"《大戴礼·千乘》："东辟之民曰夷。"

《论语·子罕》："子欲居九夷。"注：马曰："九夷，东方之夷有九种。"《尔雅·释地》："九夷。"注："九夷在东。"

何谓东方之九夷？

《后汉书·东夷传》："夷有九种：曰畎夷、曰千夷、曰方夷、曰黄夷、曰白夷、曰赤夷、曰元夷、曰风夷、曰阳夷。"

经传又有屡载四夷者，何谓也？

《周礼·职方氏》："辨其邦国都鄙，四夷、八蛮、七闽、九貉、五戎、六狄之人民。"注："东方曰夷。"

范甯《春秋·穀梁传序》："四夷六侵。"注："东夷、西戎、南蛮、北狄之总号也。"

《孟子·梁惠王上》："抚四夷。"《梁惠王下》："东面而征，西夷怨；南面而征，北狄怨。"《赵注》："东向征，西夷怨者，去王城四千里，夷服之国也，故谓之四夷。"

《孟子·离娄下》：孟子曰："舜生于诸冯，迁于负夏，卒于鸣条，东夷之人也。文王生于岐周，卒于毕郢，西夷之人也。"《赵注》："诸冯、负夏、鸣条，皆地名也，负海也。在东方夷服之地，故曰东夷之人也。岐山下，周旧邑，近畎夷。畎夷在西，故曰西夷之人也。"

"羌"，《说文》："西戎，羊种也。从羊儿，羊亦声。"《段注》："羊穜也，各本作'从羊人也'。《广韵》《韵会》《史记·索隐》作'牧羊人也'，学者多言'牧羊人'为是，其实非也，今正从羊儿。各本作从人从羊，误也。今正羊儿者，羊穜而人胻也。"

《尚书·牧誓》："及庸蜀羌髳。"《传》："羌在西蜀。"《后汉书·西羌传》："西羌之本，出自三苗，姜姓之别也。及武王伐商，羌髳率师，会于牧野。"

《大清会典·户部·正天下之户籍》："有羌户，甘肃阶州，四川茂州，所属有羌戎。"

"蛮"，《说文》："蛮，南蛮，它穜。从虫，䜌声。"《五篇》："蛮，南夷也。"《礼记·王制》："南方曰蛮，雕题交趾，有不火食者矣。"

《春秋·昭公十六年》："楚子诱戎蛮子杀之。"《正义》："杜言：河南新城县东南有蛮城，是则内地之戎，在楚北也。戎是种号，蛮是国名；子，爵也。"《尚书·旅獒》："通道于九夷、入蛮。"《尔雅·释地》曰"六蛮在南"，《周礼·职方氏》曰"八蛮"，《尚书·旅獒》同，其故何也？

《尔雅·释地疏》曰："蛮，慢也。其类有八。李巡曰：'一曰天竺，二曰咳首，三曰焦侥，四曰跛踵，五曰穿胸，六曰儋耳，七曰狗轵，八曰旁春。'"《小学绀珠·地理类·八蛮》，与李巡所云同。

"苗"，《正字通》："苗，苗人。古三苗之裔。自长沙以南，尽夜郎之境，皆有之，与氐、夷混杂，通曰南蛮。"《尚书·舜典》："窜三苗于三危。"《孔传》："三苗，国名。缙云氏之后，为诸侯，号饕餮。"《蔡传》："三苗，国名，在江南荆、扬之间。"

《史记·五帝本纪》注：《正义》曰："吴起云'三苗之国，左洞庭而右彭蠡'云云，今江州、鄂州、岳州，三苗之地也。"

《文献通考·封建考·周封建之制》："有苗氏、缙云氏之后，作五虐之刑，杀戮无辜，尧遏绝其世，舜摄政，放之三危，又命禹祖征，七句而格。"《六部成语·户部·苗子》注："贵州山中之野人也。"《古欢堂集》："古称三苗之国，左洞庭右彭蠡，则鄢郢以上皆苗也。《诗》云'蠢与蛮荆为仇'，则三楚之间皆蛮也。黔僻处西南，穷山深菁所在，无非苗蛮，其种各殊，而部落亦不一矣。爰稽其概，莫大于卢鹿，莫悍于犵家，莫恶于生苗。何谓卢鹿？水西之罗鬼是也。族众地广，故力亦强。所辖四十八之下，又有九扯十纵，百二十夜所，皆黑种为之，而白者，则其部落也。"

《说蛮》："自沅以西，即多苗氏，至滇、黔更繁，曰黑脚苗、曰花苗、曰犵狫、曰犵家，皆苗裔也。犵家以帛束首，蹁屣，好楼居。妇女多纤好，而勤于织。青布蒙髻，若帽絮。长裙褶多者二十余幅，拖腰以彩布一幅，若绥，以青布袭之，短仅及腰。蹀屣。姓字、衣饰，多与汉同，不用苗饰也。"

《中文大辞典》："古曰三苗，亦曰有苗。居今四川、云南、西藏、贵州、湖南、广西及琼州等地。曰獞、曰猺、曰黎，皆其支派。更有生苗、熟苗之别。"又曰："三苗，种族名。谓浑敦、穷奇、饕餮三族之苗裔。"《神异经》："西荒中有人，面目手足皆人形，而胳下有翼不能飞，为人饕餮，淫逸无理，名曰苗民。"

"虬髯"，"虬"，"虯"之俗字。"虬髯"，谓鬓髯蜷曲也。

张氏所谓："夷父羌母，蛮男苗女。"经考证如前。其意乃指异族异性相结合，所生子女之形象，必鬓髯蜷曲而短股也。若今之国人与西方白种人结合所生子女多碧眼黄毛、鬓发蜷曲之理同，此为吾人所目睹者，乃指遗传学而言也。

〔六〕杏接桃，梨接李，实必异常，多甘少苦：此为我国古时"移花接木"之术，西人谓为"嫁接木术"（Grafting veredelung），植物学名词。我国行之久矣。兹摘录汉扬雄《方言杂释草木》数则如次。

甲、谷树上接桑，其叶肥大；桑上接梨，脆美而甘。

乙、桃树接李枝，则红而甘。

丙、葡萄欲其肉实，当栽于枣树之旁，于春赞枣树上作窍子，引葡萄枝入窍中透出，至二三年，其枝既长大塞满树窍，便可斩去葡萄根，托枣树以生，便得肉食如枣。北地皆如此法种。

丁、桑树接梅，梅则不酸。

戊、柿子接及三次，则全无核。

己、木樨接石榴，开花必红。

庚、苦楝树上接梅花，则成墨梅。

辛、柿树接桃枝，则为金桃。

壬、梅树接桃则脆，桃树接杏则大。

癸、撒子种桑，不若压条而分根茎。

〔七〕以阴孕阳，以柔孕刚：泰卦《彖》曰："内阳而外阴，内健而外顺。"以阴孕阳也。《系辞下传》曰"阳卦多阴"，阴孕阳也，"阴卦多阳"，阳孕阴也。"以柔孕刚"，《易》卦屡见不鲜。坤卦《文言》曰："坤至柔，而动也刚"。同人卦《彖》曰："柔得位得中而应乎乾"。噬嗑卦《彖》曰："柔得位而上行"。贲卦《彖》曰："柔来而文刚，故亨。"剥卦《彖》曰："柔变刚也"。离卦《彖》曰："柔丽乎中正，故亨。"咸卦《彖》曰："柔上而刚下，二气感应以相与，止而说，男下女，是以亨利贞，取女吉也。"兑、鼎、晋三卦之《彖》曰："柔进而上行。"明夷卦《彖》曰："内文明而外柔顺。"损卦《彖》曰："损刚益柔有时。"升卦《彖》曰："柔以时升。"兑卦《彖》曰："刚中而外柔，说以利贞。"涣卦《彖》曰："柔得位乎外而上同。"既济卦《彖》曰："刚柔正而位当也。初吉，柔得中也。"均谓以柔孕刚也。老子曰："柔弱胜刚强""天下之至柔，驰骋天下之至坚""守柔曰强""天下莫柔弱于水,而攻坚强者,莫之能胜,似其无以易之。弱之胜强,柔之胜刚,天下莫不知之,莫能行"。是谓柔胜刚也。

〔八〕以小孕大……以短孕长:孔子曰:"小不忍,则乱大谋。"(《论语·卫灵公》)小忍成大谋,小孕大也。又曰:"知几其神乎!君子上交不谄,下交不渎,其知几乎?几者,动之微,吉凶之先见者也。君子见机而作。"(《系辞下传》)几微,小事也,但为吉凶之先兆。孟子曰:"惟仁者,为能以大事小,是故汤事葛,文王事昆夷。惟智者,为能以小事大,故大王事獯鬻,句践事吴。以大事小者,乐天者也;以小事大者,畏天者也。乐天者,保天下;畏天者,保其国。"(《孟子·梁惠王下》)商汤、周文初以大事小,结果得天下;太王、句践以小事大,结果灭其大。其犹老子所谓"大国以下小国,则取小国;小国以下大国,则取大国"(《老子》第六十一章)之谓乎!大生于小,多起于少,老子曰:"图难于其易,为大于其细"(《老子》第六十三章)、"合抱之木,生于毫末;九层之台,起于累土;千里之行,始于足下。"(《老子》第六十四章)旨哉,斯言。

"以圆孕方"者,方有定体、定点,而圆无定体定点之故也。《系辞下传》曰:"是故蓍之德,圆而神;卦之德,方以智。"又曰:"《易》无思也,无为也。寂然不动,感而遂通天下之故。非天下之至神,其孰能与于此?"盖因"神无方而易无体",故能弥纶天地之道也。

老子曰:"大白若辱,大辩若讷,大直若诎,大方无隅,大制无割,大象无形,大音希声,大器晚成。大成若缺,其用不蔽;大巧若拙,其用不屈;大盈若冲,其用不穷。"(《老子》第四十一章)明乎此,亦可以知所谓"以水孕火,以紫孕黄,以曲孕直,以短孕长"之理矣。

〔九〕平膻香:《说文》《广韵》均谓:"膻,羊臭也。"《匡谬正俗三》则谓:"膻,脂气也。"《礼记·月令》:"其臭膻。"注:"木之臭味也。"疏:"凡草木所生,其气膻也。是则引申为凡草木所生之气均为膻也。"似不类，草木亦有香气，如香草、檀木之类。若谓草木腐朽所生之气为膻，则可，仍以《说文》与《广韵》之说为正。揆张氏之意，膻与香对。《周礼·天官·内饔》："辨腥、臊、膻、香之不可食者。"疏："膻谓羊也，香谓牛也。"所谓"不可食者"，是则此四味为可食，再辨其不可食者也。

〔十〕**调宫商**：中国音乐分五音十二律，以合五行十二月，五音为宫、商、角、徵、羽是也。五音配五行四时，宫为"土"在中央，为五音之首。商为"金"在西方，为"秋"。角为"木"在东方，为"春"。徵为"火"在南方，为"夏"。羽为"水"在北方，为"冬"。《礼记·乐记》曰："宫为君，商为臣，角为民，徵为事，羽为物。"调宫商者，谓君臣二音调和，可以应上下之音也。

〔十一〕**鸾凤**：《初学记·三十》："雄曰凤，雌曰凰。其雏为鸾。"《说文》谓鸾："赤色五采，鸡形。鸣中音，颂声作则至。"《毛诗》、陆玑《毛诗广要》则曰"多青色者鸾"。总之，此谓其为祥瑞之鸟也。

〔十二〕**尧桀、彭殇**：唐尧为古时圣君，不杀一人，垂拱而天下治。夏桀为夏朝末代暴君，诛戮无度，为商汤所灭。彭为彭祖，高寿。其说甚多，兹列如次：

《史记·楚世家》："陆终生六子，三曰彭祖。"《集解》：虞翻曰："名剪，为彭姓，封于大彭。"

《荀子·修身》："扁善之度，以治气养生，则后彭祖。"注："彭祖，尧臣，经虞、夏、商、周，寿七百岁。"

《庄子·逍遥游》："彭祖乃今以久特闻。"《李注》："彭祖，名铿，尧臣。封彭城，历虞、夏至商，年七百岁，故以久寿见闻。"

《世本》："在商为守藏吏，在周为下柱吏，年八百岁。一云即老子。"

《列仙传》："彭祖，讳铿。帝颛顼玄孙，至殷之末世，年已七百余岁而不衰。少好恬静，惟以养神治世为事。王闻之，以为大夫，称疾不与政，专善于补导之术。"

《楚辞·天问》："彭铿斟雉帝何飨？受寿永多，夫何久长？"注："彭铿，彭祖也。彭祖，姓篯名铿，帝颛顼之玄孙，善养性，能调鼎，进雉羹于尧，尧封于彭城，历夏经殷至周，年七百六十七岁而不衰。"

"殇"，《庄子·齐物篇》："莫寿乎殇子，而彭祖为夭。"成疏："人生在襁褓而亡，谓之殇子。"《说文》曰："殇，不成人也。人年十九至十六死，为长殇。十五至十二死，为中殇。十一至八岁死，为下殇。"《释名·释丧制》："未二十而死，曰殇。死，伤也，可哀伤也。"《仪礼·丧服》："年十九至十六，为长殇。十五至十二，为中殇。十一至八岁，为下殇。不满八岁以下，皆为无服之殇。"《逸周书·谥法解》："短折不成曰殇，未家短折曰殇。"

〔十三〕胸次同大象："胸次"，胸中也。《庄子·田子方》曰："喜怒哀乐，不入于胸次。"朱子答刘子澄书："虚心观理，令一日之间胸次同然，则随事随物，无不各有一理之理。""大象"，《易》六十四卦，每卦有《大象》；一卦六爻，每爻有《小象》。象者，像也。老子曰："大象无形。"（《老子》第四十一章）"胸次化同大象"者，谓胸怀广厚，能容万物也。

[今译]

从变化方面说，凡刚刚诞生的事物，叫作化；事情发展到极端，非变不可，叫作变。所以阴可以变为阳，阳也可以变为阴。变与化、阴与阳，相交相感，而发生万事万物，因为阴阳二气的精粗、大小、多寡排列组合之不同，因此产生宇宙万有品类迥异。

阳气开始时，是温和的，发展到极点时，就会热；阴气开始时，是凉爽的，发展到极点时，就会寒冷。温气可以生万物，热气可以成长万物；气凉则为万物收敛时期，气冷则为万物埋藏时期。我们从这里也可以看到万物的变化，是异常明显地排在面前。

至于夷人是父亲，羌人是母亲；或者蛮族男的和苗族女的结为夫妻，他们所生儿子的相貌，多半是须发蜷曲。杏树接上桃树的枝，梨树接上李树的枝，它们所结的果实一定比过去的肥大，而且会甘的多、苦的少。进一步说，阴气中合有阳气，柔弱合有刚强；细微的小事，蕴藏着大的问题；圆融的外表，内在蕴藏着方正；水中有火，紫含黄；曲中有直，短里有长。都是同一道理。

如果能够了解这点，就可以调整甘与苦，也可以调剂臭与香。可以分清经线和纬线，也可以调和宫音与商音。可以成为毒蛇毒蝎，也可以成为吉祥的鸾凤。可以成为圣君唐尧，或者暴君夏桀，也可以成为寿高八百的彭祖，或者短命的殇子。只要我们有广阔的胸襟怀抱，包容万物，就可以和大自然同样应用无方了。

第十二节　从常变言

［原文］

以常变言之，则常易不易，太极之理也〔一〕；变易常易，造化之动也〔二〕。常易不变，而能应变；变易不常，靡不体常〔三〕。是常者《易》之体，变者《易》之用；古今不易，《易》之体；随时变易，《易》之用〔四〕。人心未动，常之体；物欲一生，常之用〔五〕。

由是以推，则属阴属阳者，禀受之常也；或寒或热者，病生之变也〔六〕。素大素小者，脉赋之常也；忽浮忽沉者，脉应之变也〔七〕。恒劳恒逸者，居处之常也；乍荣乍辱者，盛衰之变也〔八〕。瘦肥无改者，体貌之常也；声色顿异者，形容之变也〔九〕。常者易以知，变者应难识。

故以寒治热，得其常，热因热用为何物〔十〕？痛随利减，得其常，塞因塞用为何物〔十一〕？检方疗病，得其常，圆底方盖为何物〔十二〕？见病治病，得其常，不治之治为何物〔十三〕？是以圣人仰观俯察，远求近取，体其常也〔十四〕；进德修业，因事制宜，通其变也〔十五〕。故曰："不通变，不足以知常；不知常，不足以通变。"〔十六〕知常变之道者，庶免乎依样画瓢芦，而可与语医中之权矣〔十七〕。

[要旨]

本节首言常易与变易之体用，次言人体之阴阳、脉理、劳逸、荣辱、瘦肥，终言病理治疗之要义。

[注释]

〔一〕**常易不易，太极之理**：常者，恒也，久也。《系辞上传》曰"动静有常"，是谓乾象刚健，以动为常性，坤象柔顺，以静为常性。乾卦《文言》九四："子曰：'上下无常，非常邪也；进退无恒，非离群也；君子进德修业，欲及时也。'"故"常"又可作常式、常法讲。

〔二〕**变易常易，造化之动**："变易常易"者，是言"变易之中有常易也"。也就是说，常中有变，变中有常。不变为本体之常，变为本体之功用。

"造化"，创造化育也。《淮南子·览冥训》："怀万物而友造化。"注："阴阳也。"又《本经训》："与造化者相雌雄。"注："天地也。"又《原道训》："乘云陵霄，与造化者俱。"注："天地一曰道也。"按造化之义与天同，含义至广，故注释家亦随文训诂。天为大自然，天行健，为乾之常理。天体运行不息，故万物亦生生化化，言其变也。

《景岳全书·传忠录》有云："夫医者，一心也。病者，万变也……以我之一心，应病之万变……岂不甚易哉？"医以一心为常，应万病之变为变，病情有变，用药自亦随之而变。

〔三〕常易不变，而能应变；变易不常，靡不体常：谚谓"以不变应万变"，最足以说明"常易不变，而能应变"之理。"万变不离其宗"，亦为"变易不常，靡不体常"的最佳注解。

〔四〕常者《易》之体……随时变易，《易》之用：太极是《易》之体，本体历万古而不变。太极只是一个理，如西人所说的"真理永远不变"。太极有生生之德，生生不息，随时变易，则为太极之功用。

〔五〕人心未动，常之体；物欲一生，常之用：太极在自然界为道、为理。在人为心、为性，禀受于自然。《中庸》云："天命之谓性，率性之谓道。"心性为内涵，表现于外，则为情，喜、怒、哀、乐是也。《中庸》又云："喜怒哀乐之未发，谓之中。"此未发之中，即人未动之心性也。发而中节与否，情之作用也。喜怒哀乐为物欲，故曰"物欲一生，常之用"以此。

〔六〕属阴属阳者，禀受之常也；或寒或热者，病生之变也：生来怕冷的人俗称阴体，生来怕热的人俗谓阳体，这是先天性的禀受不同，属于常态。如果一个正常的人，忽然觉得恶寒，或者发热，则为感受邪气的影响，形成病理上的变化。

〔七〕素大素小者，脉赋之常也；忽浮忽沉者，脉应之变也："素"作平素解。平素脉象的大小，是由于脉管阔狭所形成。壮实者，脉多洪大；虚弱者，脉多细小。如因病变而形成脉象之大小，自不在此例。因其或大或小，是受先天禀赋所形成，所以是常态现象。何谓"脉应"？《素问·热论篇》帝曰："其病两感于寒者，其脉应与病形何如？"脉象呈现浮者，其病在表；沉者，其病在里；两感者，表里同病也。此为受病后，脉象应之而变也。

〔八〕**恒劳恒逸者，居处之常也；乍荣乍辱者，盛衰之变也**：恒者，久也，常也。乍者，忽也。社会上劳逸不均者，比比皆是，有终年劳碌者，有毕生逸乐者，多为环境所造成。有朝为田舍郎，暮登天子堂者；有昨为显达贵，今为阶下囚者。有不义而富且贵之暴发户，亦有清高而贫且贱狷介之士。社会人士，或尊崇之，受者固以为荣；或挫折之，受者不胜其辱。世态炎凉，良可慨也。

〔九〕**瘦肥无改者，体貌之常也；声色顿异者，形容之变也**：人有生而瘦弱者，亦有生而肥胖者，均为先天禀赋之常态。若其声音、气色突然改变常态，必其生理产生变化，或为成年，或已老年，或已有病，所谓"诚于中，形于外"是也。

〔十〕**以寒治热，得其常，热因热用为何物**：《素问·阴阳应象大论》："寒极生热，热极生寒。"阴寒阳热，乃阴阳之正气。寒极生热，阴变为阳也；热极生寒，阳变为阴也。邵子曰："动之始则阳生，动之极则阴生；静之始则柔生，静之极则刚生。"此《周易》老变而少不变之义。如人伤于寒，则病为热，本寒而变热也。内热已极，而反寒栗，本热而变寒也。故阴阳之理，极则必变。

《阴阳应象大论》又曰："寒气生浊，热气生清。清气在下，则生飧泄；浊气在上，则生膜胀。"寒气凝滞，故生浊阴；热气升散，故生清阳。清阳主升，阳衰于下而不能升，故为飧泄。浊阴主降，阴滞于上而不能降，故为膜胀。飧泄，完谷而泄也。膜胀，胸膈满也。又曰："阴阳反作，病之逆从也。"治病必求其本。如阳杀阴长，寒生热，热生寒，清在下，浊在上，皆阴阳之反作，病之逆从也。顺则为从，反则为逆。逆、从虽殊，皆有其本，故必求其本而治之。

《素问·至真要大论》云："热因寒用，寒因热用。"即以寒治热，以热治寒为正常之意。《类经》注曰："热因寒用者，如大寒内结，当治以热。然寒甚格热，热不得前，则以热药冷服，下嗌之后，冷既消，热性使发，情且不违，而致大益，此热因寒用之法也。寒因热用者，如大热在中，以寒攻治则不入，以热攻治则病增，乃寒药热服，入腹之后，热气既消，寒性遂行，情且协和，而病以减，此寒因热用之法也。如《五常政大论》云：'治热以寒，温而行之；治寒以热，凉而行之。'亦寒因热用、热因寒用之义。"

张氏谓此注从王冰及《新校正》等注。《素问·阴阳应象大论》云："阳胜则热。"指阳气偏胜，机能亢进，产生热性的病变。治法宜用寒凉之物清热，即《素问·至真要大论》所云"热者寒之"者是也。其病在表者，当用辛凉解表法以透邪；属于里者，宜用清法。阴虚而热甚者，宜用滋阴退热法，或用甘温除大热法，亦即张氏所谓"热因热用"之意也。以寒治热，是常治法，热因热用，属反治法。例如，病人四肢逆冷，下利清谷，脉沉细，颜面浮红，烦躁，口渴，欲冷饮。其中手足逆冷，下利、脉沉细，是真寒。面红、烦躁、渴欲冷饮，是假热。宜用白通汤（葱白、干姜、附子），煎成冷服。

《素问·至真要大论》曰："逆者正治，从者反治，从少从多，观其事也。"《类经》注曰："以寒治热，以热治寒，逆其病者，谓之正治。以寒治寒，以热治热，从其病者，谓之反治。从少，谓一同而异；从多，谓二同而一异，必观其事之轻重而为之增损，然则宜于全反者，自当属同无疑矣。

◎ 附：张介宾著《病有真假辨》

治有逆从者，以病有微甚；病有微甚者，以证有真假也。寒热有真假，虚实亦有真假。真者正治，知之无难；假者反治，乃为难耳。

如寒热之真假者，真寒则脉沉而细，或弱而迟。为厥逆、为呕吐、为腹痛、为飧泄下利、为小便清频，即有发热必欲衣，此浮热在外而沉寒在内也。

真热则脉数有力，滑大而实，为烦躁喘满，为声音壮厉，或大便秘结，或小水赤涩，或发热掀衣，或胀疼热渴，此皆真病。真寒者，宜温其寒，真热者直解其热，是当正治者。

至若假寒者，阳证似阴，火极似水也。外虽寒而内则热，脉数而有力，或沉而鼓击，或身寒而恶衣，或便热秘结，或烦渴引饮，或肠垢臭秽，此则恶寒非寒，明是热证。所谓热极反兼寒化，亦曰阳盛格阴也。

假热者，阴热似阳，水极似火也。外虽热而内则寒，脉微而弱，或数而虚，或浮大无根，或弦芤断续；身虽炽热而神则静，语虽谵妄而声则微，或虚狂热起倒而禁之即止，或蚊迹假斑而浅红细碎，或喜冷水而所用不多，或舌胎面赤而衣被不撤，或小水多利，或大便不结。此则恶热非热，明是寒热，所谓寒极反兼热化，亦曰阴盛格阳也，此皆假病。假寒者，清其内热，内清则浮阴退舍矣。假热者，温其真阳，中温则虚火归原矣。是当治者也。

又如虚实之治，实则泻之，虚则补之，此不易之治也。然至虚有盛候，则有假实矣；大实有羸状，则有假虚矣。总之，虚者，正气虚也。为色惨形疲，为神衰气怯，或自汗不收，或二便失禁，或梦遗滑，或呕吐隔塞，或病久攻多，或气短似喘，或劳伤过度，或暴因失志，虽外证似实，而脉弱无神者，皆虚证之当补也。

实者，邪气实也。或外气闭于经络，或内结于藏府，或气壅而不行，或血流而凝滞，必脉病俱盛者，乃实证之当攻也。

然而虚实之间，最多疑似，有不可不辨其真耳。如《通评虚实论》曰："邪气盛则实，精气夺则虚。"此虚实之大法也。设有人焉，正已夺而邪方盛者，将顾其正而补之乎？抑先其邪而攻之乎？见有不的，则死生系之，此其所以宜慎也。夫正者，本也。邪者，标也。若正气既虚，则邪气虽盛，亦不可攻，盖恐邪未去而正先脱，呼吸变生，则措手无及。故治虚邪者，当先顾正气，正气存则不致于害，且补中自有攻意，盖补阴即所以攻热，补阳即所以攻寒，世未有正气复而邪不退者，亦未有正气竭而命不倾者。如必不得已，亦当酌量缓急，暂从权宜；从多从少，寓战于守，斯可矣。此治虚之道也。若正气无损者，邪气虽微，自不宜补，盖补之则正无与而邪反盛，适足藉寇兵而资盗粮。故治实证者，当宜去其邪，邪去则身安。但法贵精专，使臻速效。此治实之道也。

　　要之，能胜攻者，方是实证。实者可攻，何虑之有？不能胜攻者，便是虚证，气去不返，可不寒心！此正邪之本末，有不可不知也。惟是假虚之证不多见，而假实之证最多也，假寒之证不难治，而假热之治多误也。然实者多热，虚者多寒。如丹溪曰："气有多余，便是火，故实能受寒。"余续之曰："气不足，便是寒，故虚能受热。"世有不明真假本末，而曰知医者，余则未敢许也。

　　〔十一〕痛随利减，得其常，塞因塞用为何物：痛随利减，为医家之常法。通则不痛，痛则不通。《中国医学大辞典》论痛曰："痛，身有所苦楚而不能忍也。《素问·阴阳应象大论》曰：'寒伤形，热伤气；气伤痛，形伤睡。故先痛而后肿者，气伤形也。先肿而后痛者，形伤气也。'又《举痛论》曰：'寒气客于脉外，则脉寒。脉寒则缩蜷，缩蜷则脉绌急，绌急则外引小络，故卒然而痛，得炅则痛立止；因重中于寒，则痛久矣。寒气客于经脉之中，与炅气相薄，则脉满，满则痛而不可按也。寒气稽留，炅气从上，则脉充大而血气乱，故痛甚不可按也。寒气客于肠胃之间，膜原之下，血不得散，小络急引故痛。按之则血气散，故按之痛止。寒气客于挟脊之脉，则深按之不能及，故按之无益也。寒气客于冲脉，冲脉起于关元，随腹直上，寒气客则脉不通，脉不通则气因之，故喘动应手矣。寒气客于背俞之脉，则血脉泣，脉泣则血虚，血虚则痛，其俞注于心，故相引而痛，按之则热气至，热气至则痛止矣。寒气客于厥阴之脉，厥阴之脉者，络阴气，系于肝；寒气客于脉中，则血泣脉急，故胁肋与少腹相引痛矣。厥气客于阴股，寒气上及少腹，血泣在下相引，故腹痛引阴股。寒气客于小肠膜原之间，络血之中，血泣不得注于大经，血气稽留不得行，故宿昔而成积矣。寒气客于五藏，厥逆上泄，阴气竭，阳气未入，故卒然痛，死不知人，气复反则生矣。寒气客于肠胃，厥逆上出，故痛而呕也。寒气客于小肠，小肠不得成聚，故后泄腹痛矣。热气留于小肠，肠中痛，瘅热焦渴，则坚干不得出，故痛而闭不通矣。'

"按：此证有虚实之分，治法有补泻之别，大抵痛而胀闭者多实，不胀不闭者多虚。拒按者为实，可按者为虚；喜寒者多实，爱热者多虚；饱则甚者多实，饥则甚者多虚。脉实气粗者多实，脉虚气少者多虚。新病年壮者多实，久病年衰者多虚；补而不效者多实，攻而愈剧者多虚。痛在经者，脉多弦大；痛在脏者，脉多沉微。表虚而痛者，阳不足也，非温经不可。虚而痛者，阴不足也，非营养不可。上虚而痛者，心脾伤也，非补中不可。下虚而痛者，肝肾败也，非温补命门不可。若泥痛无补法，或坚守'通则不痛、痛随利减'之说，而不问病情之虚实，则鲜有不杀人者矣！凡痛家不可食厚味与肉，大能助火，若食之而痛愈甚者，则并鱼、腥、面、酱、酒、醋，皆宜断绝。"

《中国医学大辞典》之按语，乃抄袭张介宾氏《类经·注·诸卒痛》节所附《诸痛治法》，然略而不全，兹再录之于后：

后世治痛之法，有曰痛无补法者，有曰通则不痛、痛则不通者，有曰痛随利减者。人相传诵，皆以此为不易之法，凡是痛证，无不执而用之。不知痛而闭者，固可通之，如本节即云"热结小肠，闭而不通"之类是也。痛而泄者，不可通也。如上节云"寒客小肠，后泄腹痛"之类是也。观王荆公解"痛利"二字曰："治法云：诸痛为实，痛随利减。世俗以利为下也。假令痛在表者，实也；痛在里者，实也；痛在血气者，亦实也。故在表者，汗之则愈；在里者，下之则愈；在血气者，散之行之则愈。岂可以利为下乎？宜作'通'字训，则可。"此说甚善，已得治实之法矣。然痛证亦有虚实，治法亦有补泻，其辨之之法，不可不详。凡痛而胀闭者多实，不胀不闭者多虚；痛而拒按者为实，可按者为虚；喜寒者多实，爱热者多虚；饱而甚者多实，饥而甚者多虚；脉实气粗者多实，脉虚气少者多虚；新病壮年者多实，愈攻愈剧者多虚。痛在经者，脉多弦大，痛在藏者，脉多沉微。必兼脉证而察之，则虚实自有明辨。实者可利，虚者亦可利乎！不当利而利之，则为害不浅。故凡治表虚而痛者，阳不足也，非温经不可；里虚而痛者，阴不足也，非营养不可；上虚而痛者，心脾受伤也，非补中不可；下虚而痛者，脱泄亡阴也，非速救脾肾，温补命门不可。失以温补而治痛者，古人非不多也，惟近代薛立斋、汪石山辈尤得之，奈何明似丹溪而亦曰"诸痛不可补气"，局人意见岂良法哉？

"塞因塞用"，语出《素问·至真要大论》。塞有阻塞、壅塞、积聚、留滞等义。《类经》注曰："塞因塞用者，如下气虚乏，中焦气壅。欲散满则更虚其下，欲补下则满甚于中。治不知本，而先攻其满，药入或减，药过依然，气必更虚，病必渐甚。乃不知少服则资壅，多服则宣通；峻补其下，以疏启其中，则下虚自实，中满自除，此塞因塞用之法也。"

《中国医学大辞典》曰："塞因塞用，譬如脾虚中焦作胀，肾虚气不归元，致上焦逆满，用人参之甘以补元气，五味子之酸以收虚气，则脾得补而胀自消，肾得补而气自归元，上焦清泰，而逆满自平也。"

本院医学大师魏受田先生曰："塞因塞用，属反治法之一，谓补益药治疗阻塞假象的方法。例如：患者胸脘痞满，时胀时减，喜按。得热则减，食欲不振，时呕吐，舌淡，脉虚而大。这种痞满，并非实证，而为脾胃虚弱所引起，可用六君子汤去甘草与服（党参、白术、半夏、广皮、茯苓）。余尝治大便结硬，数日不解，腹部无胀痛症状，用菟丝子、肉苁蓉、当归、生地、栀子等药治之，辄得大便通畅。若粪如羊矢者，加马齿苋。

〔十二〕检方疗病，得其常，圆底方盖为何物："检方疗病"者，谓医家遇疑难大证，必须检阅方书，选用适证之方剂以治之，此为医家常情。圆象天，方象地，"圆底方盖"者，即天地交泰之泰卦（䷊）是也。此言医者不特须慎选方剂以治之，使之天人交泰也，除药物治疗外，更须用心理治疗法，驱其疑虑，使体内之气，升降上下，流行无碍，庶可心身交泰，大病得除。

〔十三〕见病治病，得其常，不治之治为何物：人之病也，恒由正气不充，故外感与内伤乘隙而入，入则病作矣。何谓外感？《素问·评热病》云："邪之所凑，其气必虚。"故其防外感也，诚如《上古天真论》所云："虚邪贼风，避之有时。"何谓内伤？《灵枢·邪气藏府病形》曰："愁忧恐惧则伤心，形寒饮冷则伤肺，以其两寒相感，中外皆伤，故气道上行。有所堕坠，恶血留内。若有所大怒，气上而不下，积于胁下，则伤肝。有所击仆，若醉入房，汗出当风，则伤脾。有所用举重，若入房过瘦，汗出浴水，则伤肾。"《百病始生》亦曰："若内伤于忧愁，则气上游；气上逆，则六输不适，温气不行，凝血蕴里而不散，津液涩渗而不去，而积皆成矣。忧思伤心，重寒伤肺，忿怒伤肝。醉以入房，汗出当风伤脾；用力过度，若入房汗出浴水，则伤肾。"凡此，皆由正气不充于内，加之生活违节，故致内伤而病。必须养生有法，正气内充，表里坚固，则内外之病，无由而作，此即"不治之治"也。《素问·上古天真论》曰："恬淡虚无，真气从之，精神内守，病安从来！"又云："不治已病，治未病。"其是之谓也。

〔十四〕仰观俯察，远求近取：《系辞下传》曰："古者包牺氏之王天下也，仰则观象于天，俯则观法于地，观鸟兽之文，与地之宜，近取诸身，远取诸物，于是始作八卦，以通神明之德，以类万物之情。"通神明、类万物，体其常也。

〔十五〕进德修业，因事制宜：乾卦《文言》九三曰："'君子终日乾乾，夕惕若，厉无咎'，何谓也？子曰：'君子进德修业。忠信，所以进德也；修辞立其诚，所以居业也。知至至之，可与几也；知终终之，可与有义也。是故居上位而不骄，在下位而不忧，故乾乾，因其时而惕，虽危无咎矣。'""因事制宜"者，谓根据事实，因时因地制订出一套可行办法，以通其变也。

〔十六〕不通变，不足以知常；不知常，不足以通变：常与变，为两个对待名词。如能确知"常为体，变为用"之理，则万"变"不离其"体"。常者不变，变者非常，当守"常"窒疑难行之时，则非"变"通不足以返常，故"变"仍为守"常"也。谚云："穷则变，变则通。"通变以守常也。亦唯知常者，始足以言变也。

〔十七〕知常变之道者……可与语医中之权矣：知常、明变，可免"依样画瓠芦"之讥。权者，知权达变之谓也。儒家如此，医家亦如此。能知医中之权者，即可由医而进于儒矣。然儒有不知权变之腐儒，医有不知权变之庸医。腐儒误己误人，腐儒言医治病则足以杀人。腐儒之智不足以学医，庸医不通儒，不足以言医家矣。故我国历代重儒医，名医多从儒家出。

[今译]

从常变方面来说，太极是本体，是不变的常道；自然现象，则动变无常。常道不变，能应万变；万变非常，但变不离常。所以不变是《易》的本体，变化是《易》的功用。从远古到现在，经千百亿万年，《易》的本体永远未变，刹那间的千变万化，都是《易》的妙用。当人心静止的时候，是本体；七情六欲的物欲一发生，则为人心的功用。

由此推论，那么虚弱的人属于阴体，强壮的人属于阳体，此为先天禀赋的常态；假使忽然发冷，忽然发热，那就是有病的象征，生理上产生变化。平素脉大或脉小，因受脉管阔狭的影响，是先天生成的，无法改变；如果脉象忽浮忽沉，则为生病所发生的变化。有人终生劳碌，有人经常闲散，是家庭环境所造成；暴发户式的富且贵，正人君子贫且贱，则为时代变迁所产生盛衰的现象。有的生来瘦弱，也有生来壮实，此为身体的常态；假使说话的声音、脸上的气色，突然改变的话，则为因病而生变化。常体、常脉、常情与常态，可以很容易观察出来，变体、变脉、变情和变态，就非常难以识别了。

所以用寒性药物，治疗热性的病，是医生所用的常法，但是治疗热性的病，要用热性药物来治疗，在医家的术语上，叫作"热因热用"。问题在于究竟要用哪些热性的药物呢？胃肠闭塞不通，腹部剧痛，用些泻性药物，使它下利，胃肠闭塞的病痛，随着下利而减除，这是医生常用的方法；但是也有用温补的药物，来治疗胃肠闭塞症的，在医家术语上叫作"塞因塞用"。究竟要用哪些温补的药物呢？医生碰到疑难杂症，往往检阅古代名医的方书，选择适当的药方，以求疗效，这是医家常用的方法；天象圆，地象方，天地交泰，天人交感，医家术语叫作"圆底方盖"。但是究竟要用哪些药物，才能达到疗效呢？医生治病，要对症下药，这是常理，但是"不治之治"，又要用什么方法呢？因此，古代圣人，一方面要仰观天象，俯法地理，了解自己，远察万物，研究分析宇宙万有生生化化的常理。另一方面要言忠信以修身进德，行笃敬以修辞修业，根据事实，因时因地，制订一套可行的办法，来适应各种变化。所以说："不懂得变态，就不知道什么是常态；不识常态，就不知道要如何应付变态。"懂得常态和变态的道理，才可以免受依样画葫芦、人云亦云的讥笑，才可以算得是位知权达变的医师了！

第十三节　从鬼神言

［原文］

以鬼神言之，则阳之灵曰神；神者，伸也〔一〕。阴之灵曰鬼；鬼者，归也〔二〕。鬼神往来，都只是气，故曰："鬼神者，二气之良能也。"〔三〕

阳为天地之神，阴为天地之鬼〔四〕。春、夏为岁候之神，秋、冬为岁候之鬼〔五〕；昼午为时日之神，暮夜为时日之鬼〔六〕。

推之于人，则仁、义、礼、智，为君子之神〔七〕；奸、盗、诈、伪，为小人之鬼〔八〕。乐天知命，道德之神〔九〕；阿谀谄容，势利之鬼〔十〕。

推之于医，神、圣、工、巧，得其神也〔十一〕；凡、庸、浅、陋，类乎鬼也〔十二〕。精进日新，志惟神也；苟且殃人，心犹鬼也〔十三〕。察之形声，则坚凝深邃，形之神也；轻薄娇柔，形之鬼也〔十四〕。长洪圆亮，声之神也；短促轻微，声之鬼也〔十五〕。诊之脉色，则绵长和缓，脉之神也；细急休囚，脉之鬼也〔十六〕。清苍明净，色之神也；浅嫩灰颡，色之鬼也〔十七〕。是皆鬼神之征兆也。

至若鬼神之原，尚有所谓天地之鬼神〔十八〕，既不能出乎天地之外，而人物之鬼神，又安能外乎人心〔十九〕！是以在天地，则有天地之鬼神；在人物，则有人物之鬼神。善恶出之吾衷，良心自然难泯。强弱皆由阳气，神鬼判乎其中〔二十〕。以故多阳多善者，神强而鬼灭；多阴多恶者，气戾而鬼生〔二十一〕。然则鬼神从心，皆由我造；灵通变幻，匪在他求。知乎此，而吉凶祸福之机，求诸心而尽之矣！

[要旨]

本节系借鬼神为喻，借以说明天地、四时、昼夜，莫不有阴阳鬼神。推及于人，则以禀性之正直与狡诈，行为之公忠与私蔽，以断其为鬼为神，一念之善，即为吉凶祸福之机。推之于医，则为良医与庸医之分野，而望、闻、问、切四诊，亦有阴阳鬼神存乎其间，救人杀人之所由判也。

[注释]

〔一〕阳之灵曰神，神者，伸也：《易经》言神，共三十四次，然均非迷信之神，约言之，可归为五类：

第一类，发明创作之神：《系辞上传》曰："见乃谓之象，形乃谓之器，制而用之谓之法，利用出入，民咸用之谓神。"《说卦传》曰："神也者，妙万物而为言者也。"燧人氏发明火；伏羲氏制嫁娶，作网罟，日中为市之交易；神农氏教民稼穑，尝百草以治病；轩辕氏之世创作更多。均为改善人类生活而发明者。"民咸用之谓之神"，吾人称之为发明创作之神。

第二类，先知先觉之神：《系辞下传》曰："古者包牺氏之王天下也，仰则观象于天，俯则观法于地，观鸟兽之文，与地之宜，近取诸身，远取诸物，于是始作八卦，以通神明之德，以类万物之情。"又曰："知几其神乎……几者动之微，吉凶之先见者也。君子见几而作，不俟终日。""知几"，为"极深研几"。"极深"，是推究事物所以然之理，为先知；"研几"，是研究几微细小之事，为先觉。伏羲仰观俯察，近取远取，作八卦，类万物，预知凶吉祸福之来临，启迪世人避凶远祸，就吉迎福，以先知觉后知，以先觉觉后觉，岂非"圣而不可知之之谓神"（《孟子·尽心下》）、"知几其神乎"？吾人称之为先知先觉之神。

第三类，变化莫测之神：《系辞上传》曰："阴阳不测之谓神。"又曰："知变化之道者，其神之所为乎！"又曰："神无方而《易》无体。"人类知识有限，宇宙奥秘无穷。以今日尖端科学而论，可以登月球、探火星，然对地球气象之变化，亦感天道神秘莫测。以今日最进步医学而论，可以肢解人体，而又重新组合，但不能还给人的整体生命。人体构造之复杂，各种器官相互变化之多端，仅能了解其千万分之一二，况宇宙万有乎！在中国哲学中，无以名之，名之曰神。

第四类，尊天祭祀之神：或问："观卦《彖传》所谓'圣人以神道设教，而天下服矣'，神道设教，是否为迷信？"祭祀，在中国相传甚久，构成文化之一部分。自天子以至于庶人，莫不祭祀天地、山川、圣贤、豪杰、宗庙。不明中国文化者，以其为多神教。《左氏春秋传·成公十三年》曰："国之大事，在祀与戎。"祭祀之所以成为国之大事，一言以蔽之，效法与崇拜而已。崇拜效法天行健，天无私覆，君子以自强不息也。地之博厚而无私载，君子以厚德载物也。山之高峻，宝藏兴焉；川之不息，货财殖焉。效法崇拜古之圣贤豪杰，以为自己立身处世之典范，以之教育后世子孙，为人当如是也。祭祀祖先宗庙，为慎终追远，民德归厚，不忘本也。是伦理教育，亦为社会教育，何迷信之有！

再从神、伸二字本义言，《说文》："申，神也。"《段注》："当是从丨，以象其申，从臼，以象其束。"又引宋毛晃曰："古申字，后加立人以别之。"为伸字。《说文》："伸，屈伸也。从人、申声。"《说文·通训定声》："神，假借为申。"《风俗通·怊神》："神者，申也。"故神、申、伸三字同声同义。

《史记·太史公自序》："神者，生之本也。"《淮南子·俶真训》："神者，智之渊也。"又《兵略训》："知人所不知，谓之神。"又《原道训》："神者，生之制也。"《孟子·尽心上》："夫君子所过者化，所存者神。"又《孟子·尽心下》："大而化之之谓圣，圣而不可知之之谓神。"《法言·修身》："圣人曰神。"注："神，德行也。"《素问·八正神明论》："何谓神？"注："神智通悟也。"《吕氏春秋·禁塞》："费神伤魂。"注："神，人之神也。"均以人之"精神与智慧"为训，亦无迷信色彩。

第五类，人神一体之神：《庄子·逍遥游》："至人无己，神人无功，圣人无名……藐姑射之山，有神人居焉。"又《天下篇》："不离于精，谓之神人。"《史记·田单列传》："当有神人为我师。"《史记·武帝本纪》："以客礼待之，勿卑，使各配其印信，乃可使通言于神人。神人尚邪不邪！"《后汉书·马援传》："马将军诚神人也。"如前所述，创造发明之神，先知先觉之神，圣而不可知之谓神，在生人即尊之为神。古之圣贤、豪杰、正人君子，因人格伟大，或功业彪炳，造福社会，死后人亦以神祀之。即平凡人死后，其子孙亦以神祀之宗庙与家庭，曰"天地君亲师之神位"，或曰"某氏历代祖先考妣之神位"。自文化观点言之，在中国，人人可以为神，不似西方基督教，只有上帝和上帝独生子耶稣是神，其余的人都犯有原罪。在中国，是"人造神"，神由人设；在耶教，是"神造人"，亚当、夏娃是上帝用土捏出来的。所以中国文化自远古即非常自由、民主与平等，升华人格为神格，提高人性为神性，孰高孰低，不言而喻。

〔二〕阴之灵曰鬼，鬼者，归也：《易经》言鬼有七，然多鬼神并称（详后）。单言鬼二，睽卦上九"载鬼一车"，《系辞下传》"人谋鬼谋"。鬼，从儿，❀象鬼头，从厶。《段注》："以叠音为韵。《郭注》引《尸子》云：'古者死为归人。'《左传》子产曰：'鬼有所归，乃不为厉。'《礼运》：'魂气归于天，形魄归于地。'自儿而归于鬼也。"儿，古兒字。谓人从出生至死亡为归也。《礼记·祭法》："人死曰鬼。"《正字通》："鬼，人死，魂魄为鬼。凡人具阴阳之气成形，阴阳散而人死。初死则前阴已绝，后阴未来，谓之中阴，通谓之鬼。"前阴、后阴，乃指人之形体为言。盖人之生也，精神与形体合而为一，及其死也，神与形分离，神化为气，形归于地，故曰"鬼者，归也"。

中国文化对人死后是否有鬼魂一事？古圣先贤多存而不论。若孔子曰："非其鬼而祭之，谄也。"（《论语·为政》）此鬼仍可解作非祖先、亲人死后为归之鬼而不祭。《论语·述而篇》："敬鬼神而远之，可谓知矣。"《论语·泰伯篇》："禹，吾无间然矣，菲饮食，而致孝乎鬼神。"《论语·先进篇》："季路问事鬼神。子曰：'未能事人，焉能事鬼！'曰：'敢问死。'曰：'未知生，焉知死。'"这三章语意，则为存而不论。孔子素称子产，谓其行己恭，事上敬，养民惠，使民义，古之遗爱。子产有段论鬼精辟言论，前《段注》所引过于简略，兹再节录以供参考：

《左传·昭公七年》：郑人相惊伯有……子产立公孙泄及良止以抚之，乃止。子太叔问其故？子产曰："鬼有所归，乃不为厉。吾为之归也。"……及子产适晋，赵景子问焉，曰："伯有能为鬼乎？"子产曰："能。人生始化曰魄，既生魄，阳曰魂。用物精多，则魂魄强，是以有精爽，至于神明。匹夫匹妇强死，其魂魄犹能冯（凭）依于人以为淫厉。况良霄（即伯有），我先君穆公之胄、子良之孙、子耳之子、敝邑之卿，从政三世矣。郑虽无腆，抑谚曰：'蕞尔国，而三世执其政柄。'其用物也弘矣，其取精也多矣；其族又大，所冯（凭）厚矣，而强死，能为鬼，不亦宜乎？"

襄公三十年，伯有主郑政，嗜酒不理朝政，其政乱。驷带、公孙段攻杀之。昭公七年，伯有为鬼，先后杀带与段。故子产谓"强死"者，能凭于人以为厉鬼。其说与今日基督耶稣教会所创办之神学院，列有"灵魂学"相似。欧美各国致力研究"超心理学"与催眠术，佛教唯识论第七识"末那识"、第八识"阿赖耶识"，哲学界三谜之"灵魂之谜"，均有异曲同工之妙。此孔子所以"不语怪、力、乱、神"也（《论语·述而》）。人类知识有限，宇宙之奥秘无穷，故孔子曰："知之为知之，不知为不知，是知也。"（《论语·为政》）

〔三〕鬼神者，二气之良能也：前注一、二，是从"鬼"与"神"分别言，本注是从"鬼神"合而言之，《易经》"鬼神"并称，计有四章，兹摘录如次，以供参考。

乾卦《文言》："夫大人者，与天地合其德，与日月合其明，与四时合其序，与鬼神合其吉凶。先天而天弗违，后天而奉天时。天且弗违，而况于人乎？况于鬼神乎？"

谦卦《象传》："天道下济而光明，地道卑而上行。天道亏盈而益谦，地道变盈而流谦，鬼神害盈而福谦，人道恶盈而好谦。谦尊而光，卑而不可逾，君子之终也。"

《系辞上传》："精气为物，游魂为变，是故知鬼神之情状。"

《系辞上传》："天数五，地数五，五位相得而各有合。天数二十有五，地数三十，凡天地之数，五十有五，此所以成变化而行鬼神也。"

《文言》所言者，为法天而行，以为人事之准则，自可与鬼神合其吉凶。谦卦《彖》以谦虚为主，不论天道、地道、人道与鬼神之道，均"恶盈而好谦"，故谦之六爻皆吉。游魂为卦变方法之一，推而广之，可以知鬼神之情状。天地之数，乃指《河图》《洛书》之衍化，由八卦演为六十四卦，亦为卜筮方法之一，请参阅前二、三、四有关章节所注。

鬼神为二气之良能，语出张载《易传》。朱子注《中庸》"鬼神之为德，其盛矣乎！视之而不见，听之而不闻，体而不可遗……"章句，连引程子与张子之语："程子曰：'天地之功，而造化之迹也。'张子曰：'鬼神者，二气之良能也。'愚谓以二气言，则鬼者阴之灵也，神者阳之灵也。以一气言，则至而伸者为神，反而归者为鬼，其实一物而已。"是谓天地创造之神，造化玄妙之理，借鬼神以为喻，以明阴阳不测之机。《礼记·礼运》"鬼神之会"疏："鬼神之会者，鬼谓形体，神谓精灵，必形体与精灵相合，然后物生。"是言形体之灵与精神之灵，合为魂魄也。《说苑》："阳神为魂，阴魄为鬼；气之伸者为神，屈者为鬼。"顾炎武《日知录》云："死人之灵魂，祖先之神灵也。"《正字通》："阳魂为神，阴魄为鬼；气之伸者为神，屈者为鬼。"与《说苑》所言同。盖人之生也，神（气）与形合，若神（气）形分离，人则死矣！人死之后，其气之伸者不可见，名之曰神，其形体屈缩，或火化，或埋藏于地，名之曰鬼。其能感于人者，莫非此阴阳二气自然之功能也。

〔四〕阳为天地之神，阴为天地之鬼：天地之气，亦有伸有屈，伸则为天地之神，屈则为天地之鬼。

〔五〕春、夏为岁候之神，秋、冬为岁候之鬼：岁候，指一年之中气候变化而言。一年有四季，春、夏、秋、冬是也。一年十二月，二十四节气，上半月为节，下半月为气。五日一候，一月计六候，一年共七十二候，故曰岁候。春、夏为阳，主生长化育，故为岁候之神。秋、冬为阴，主杀灭伏藏，故为岁候之鬼。古之圣人，仰观天象，俯察地理，顺四时之阴阳，察岁候之变化，以为摄生之依据，故春夏宜养阳，秋冬宜养阴也。

〔六〕昼午为时日之神，暮夜为时日之鬼：一日之中，则昼午为阳，故为时日之神；暮为阴，故为时日之鬼。《素问·生气通天论》云："平旦人气生，日中而阳气隆，日西而阳气虚，气门乃闭。是故暮而收闭，无扰筋骨，无见雾露……"又云："平旦至日中，天之阳，阳中之阳也；日中至黄昏，天之阳，阳中之阴也。合夜至鸡鸣，天之阴，阴中之阴也；鸡鸣至平旦，天之阴，阴中之阳也。"

〔七〕仁、义、礼、智，为君子之神：语出《孟子·尽心下》："君子所性，仁、义、礼、智根于心。其生于色也，睟然见于面，盎于背，施于四体，四体不言而喻。"又《孟子·公孙丑下》："无恻隐之心，非人也；无羞恶之心，非人也；无辞让之心，非人也；无是非之心，非人也。恻隐之心，仁之端也；羞恶之心，义之端也；辞让之心，礼之端也；是非之心，智之端也。人之有是四端也，犹其有四体也；有是四端，而自谓不能者，自贼者也……"又《孟子·告子上》："恻隐之心，人皆有之；羞恶之心，人皆有之；辞让之心，人皆有之；是非之心，人皆有之。恻隐之心，仁也；羞恶之心，义也；辞让之心，礼也；是非之心，智也。仁、义、礼、智，非由外铄我也，我固有之也，弗思耳矣！"

〔八〕奸、盗、诈、伪，为小人之鬼：人人所固有之仁、义、礼、智四端而不为，奸、盗、诈、伪四者非我有而为之，故曰小人。肝与干通。非我所应有之名分，而干冒之，谓之干名犯分。非我所有之财物，而据有之，或强夺之，谓之盗贼。言不顾行，行不顾言，说话不诚实，是为诈伪。似此只知有己而不知有人之自私自利之人，是为小人之鬼。

〔九〕乐天知命，道德之神：《系辞上传》曰："乐天知命，故不忧。"何谓天？天有何可乐？何谓命？命又从何可知？简言之，天为自然法则，命为社会环境。孔子曰："天何言哉？四时行焉，百物生焉，天何言哉？"（《论语·阳货》）老子曰："人法地，地法天，天法道，道法自然。"（《老子》第二十五章）庄子曰："天地有大美而不言，四时有成法而不议，万物有成理而不说。圣人者，原天地之美，而达万物之理，是故至人无为，大圣不作，观于天地之谓也。"（《庄子·知北游》）均以天为自然法则。乐天者，效法天之自然秩序也。故乾卦《象》曰："天行健，君子以自强不息。"能自强不息，反身而诚，则乐莫大焉。

何谓命？《说文》曰："命，使也。从口从令。"是为被动接受。推广其义，则为受环境限制。环境有大小，小环境如家庭环境、家族环境、服务单位的环境，一村一乡一县，有村乡县的环境；大环境如国家环境、社会环境、自然环境，天命则为宇宙大自然环境。环境又有合理与不合理。合理的环境要发扬光大，不合理的环境要改革废除。小环境又受制于大环境。换言之，即大环境影响小环境。举例言之，家族影响家庭，国家影响县市，大自然的天灾，则影响国家社会。合不合理的环境，如孙中山先生推翻清朝，建立民国，就是打破不合理的环境。袁世凯不明世界潮流为民主自由的世界环境，全国人民已知民主自由的可贵，他仍妄想称帝，是为"逆天"而行，其失败亦是必然。

目前"宿命论"者，相信"命运"安排，因其不知"命"为环境，是空间；运为趋势，是时间。所谓命运者，环境的趋势也。既不了解环境的趋势，又不能适应环境，自然会遭遇到失意或失败的后果。孟子说："虽有智慧，不如乘势；虽有镃基，不如待时。"（《孟子·公孙丑上》）"子罕言利，与命，与仁。"（《论语·子罕》）其实孔子屡言命。孔、孟言命，都是指"环境"而言，不同于一般宿命论者，兹举例如次。

"见利思义，见危授命。"（《论语·宪问》）

"道之将行也与？命也！道之将废也与？命也！"（同前）

"不知命，无以为君子也。"（《论语·尧曰》）

哀公问："弟子孰为好学？"孔子对曰："有颜回者好学，不迁怒，不贰过。不幸短命死矣！"（《论语·雍也》）

伯牛有疾，子问之，自牖执其手。曰："亡之，命矣夫！斯人也而有斯疾也！斯人也而有斯疾也！"（同前）

万章问曰："或谓'孔子于卫主痈疽，于齐主侍人瘠环，有诸乎？'"孟子曰："否，不然也；好事者为之也。于卫主颜雠由。弥子之妻与子路之妻，兄弟也。弥子谓子路曰：'孔子主我，卫卿可得也。'子路以告。孔子曰：'有命。'孔子进以礼，退以义，得之不得曰'有命'。而主痈疽与侍人瘠环，是无义无命也。孔子不悦于鲁、卫，遭宋桓司马将要而杀之，微服而过宋。是时孔子当厄，主司城贞子，为陈侯周臣。吾闻观近臣，以其所为主；观远臣，以其所主。若孔子主痈疽与侍人瘠环，何以为孔子？"（《孟子·万章上》）

孟子曰："殀寿不贰，修身以俟之，所以立命也。"（《孟子·尽心上》）

孟子曰："莫非命也，顺受其正。是故知命者，不立乎岩墙之下。尽其道而死者，正命也；桎梏死者，非正命也。"（同前）

孟子曰：“求则得之，舍则失之，是求有益于得也，求在我者也。求之有道，得之有命，是求无益于得也，求在外者也。”（同前）

孟子曰：“口之于味也，目之于色也，耳之于声也，鼻之于臭也，四体之于安佚也，性也，有命焉；君子不谓性也。仁之于父子也，义之于君臣也，礼之于宾主也，智之于贤者也，圣人之于天道也，命也，有性焉，君子不谓命也。”（《孟子·尽心下》）

乐天知命，有两层次，一为“乐天”，一为“知命”。能“乐天”而不“知命”者，则易流于放荡，玩世不恭，如孔子所谓狂者。能“知命”而不能“乐天”，则其思想观念狭隘，愤世嫉俗，如孔子所谓狷者。隘与不恭，都是有其“隐忧”的。唯孔子可以仕则仕，可以止则止，可以久则久，可以速则速，毫无牵挂于其心，无入而不自得，始能“乐天知命而不忧”。

观孔子与孟子所言殀与寿、生与死、道行与不行之命，都是指“环境限制”而言。如果孔子“求之无道”，在卫国住痈疽或弥子瑕家中，在齐国住瘠环家中，则卫、齐相之位可得，是为物以类聚，“何以为孔子”？当时“环境”如此，所以孔子有“道不行，乘桴浮于海”（《论语·公冶长》）之叹。“欲居九夷”（《论语·子罕》）蛮貊之邦，而不枉道以求行，是谓之“知天命”。

春秋之世，强国急于争霸，弱国但求苟安，各国政治环境，均不欲行王道。小人道长，君子道消，非“天命”如何？孟子曰：“莫之为而为者，天也；莫之致而至者，命也。”（《孟子·万章上》）孔子虽欲挽救人类之浩劫，明“知其不可为而为之”（《论语·宪问》）。畏于匡，微服过宋，绝粮于陈蔡，以身殉道。时势所趋，孔子亦莫如之何！因此急流勇退，退而删《诗》《书》，订《礼》《乐》，赞《周易》。既不能救世救民于当时，退而教育弟子，立言以为后世法。孔子固无此心，但已达其道。故曰："天不生仲尼，万古如长夜。"

"子谓颜渊曰：'用之则行，舍之则藏，唯我与尔有是夫！'"（《论语·述而》）此言固为赞颜回不欲仕，有先见之明，又称颜子安于箪瓢陋巷而不改乐。时势如此，有何可言？孔子之忧民如此，故"乐天知命而不忧"。《易》曰："圣人之大宝曰位。"孔子未得救斯民于水火、措天下于衽席之上的高位，非人之所能为也。故曰："君子素其位而行，不愿乎其外。素富贵，行乎富贵；素贫贱，行乎贫贱；素夷狄，行乎夷狄；素患难，行乎患难。君子无入而不自得焉。"（《礼记·中庸》）这种"无入而不自得"，随遇而安的主要因素，就是"反身而诚，乐莫大焉"，无愧我心的怡然之乐，亦即道德之神。

〔十〕阿谀诣容，势利之鬼：孔子曰："巧言令色，鲜矣仁。"（《论语·学而》）又曰："巧言、令色、足恭，左丘明耻之，丘亦耻之。匿怨而友其人，左丘明耻之，丘亦耻之。"（《论语·公冶长》）子夏曰："胁肩谄笑，病于夏畦。"（《孟子·滕文公下》）小人唯利是图，故为阿谀之言、谄媚之容，以取悦于对方，损人利己，是为势利之鬼。

〔十一〕神、圣、工、巧，得其神也：《灵枢·邪气藏府病形篇》："见其色，知其病，命曰明。按其脉，知其病，命曰神。问其病，知其处，命曰工……故知一则为工，知二则为神，知三则神且明矣。"《难经·六十一难》曰："《经》言：望而知之谓之神，闻而知之谓之圣，问而知之谓之工，切脉而知之谓之巧。何谓也？然望而知之者，望见其五色以知其病。闻而知之者，闻其五音以知其病。问而知之者，问其所欲五味，以知其病所起所在。切脉而知之者，诊其寸口，视其虚实，以知其病在何藏府也。医而能此，是诚神且明矣！"

〔十二〕凡、庸、浅、陋，类乎鬼也：学问浅薄，又不力求上进，资质凡庸，又自以为是，何可为司命之医？苟不自量力、唯利是图而为医，则是以生人之术，沦为杀人之具矣！语云："庸医杀人不用刀。"即指此辈而言，欲不谓之为鬼，得乎！

〔十三〕**精进日新，志惟神也；苟且殃人，心犹鬼也**：为良医者，精进不已，钻研所业，以求日新其德，志在达到神明目的。若夫庸医，则草率敷衍，不读经典，不研医案，不检病方，必致病者后患无穷。夭人寿命，是其居心犹鬼蜮也。

〔十四〕**察之形声，则坚凝深邃……轻薄娇柔，形之鬼也**：望诊，有察形之法，即观其人之形态，而知其状况。以体质坚固，精神凝聚而深远者，为得其神。若举动轻薄，声音娇柔，则为形体之鬼也。以声音娇柔言之，是又兼闻诊矣。

〔十五〕**长洪圆亮，声之神也；短促轻微，声之鬼也**：讲话声音，长而洪亮且圆润者，足见其体力充沛，内气实足，为健康的象征，故为声音之神；若其中气短促，声音轻微者，其体虚气弱可见，故为声音之鬼。此为专言闻诊。

〔十六〕**绵长和缓……细急休囚，脉之鬼也**："绵长和缓"，俱指脉象而言。"绵"，即老子所谓"绵绵若存"之绵，亦即和缓之意。"缓"，谓脉来和缓均匀。脉见"绵长和缓"，是谓有神，主健康长寿。

"细"，谓脉细如丝，必须重按才能够察觉得到，见于血气两虚或阴津亏损之病症。"急"，犹疾也，谓脉来异常急数，往往一息七八至，由于阳热极盛，阴气将竭所致，见于热邪极盛阶段，或严重的结核病，或心肌炎等，产妇临产时，亦可见此脉象。

"休囚"，系五行家术语。《淮南子·地形训》云："木壮水老，火生金囚，土死火壮，木老土生，水囚金死，土壮火老，金生木囚，水死金生，土老水生，火囚木死，水壮金老，水生土囚。"又《通俗篇》："得时为王相，失时为休囚。"举例言之，如木王于春，脉见弦象为王，见沉脉为相，因水能生木也；见洪脉为囚，谓其能泄木气也；见浮脉为休，金克木也。故脉见休囚，谓之为鬼，不亦宜乎！

〔十七〕**清苍明净，色之神也；浅嫩灰颓，色之鬼也**：以望诊言之，则色之清厚而光明者，则得其神。若见容颜浅嫩，或面色灰青，其气颓丧者，则为色之鬼矣！

〔十八〕**天地之鬼神**：推求鬼神之本始，在宇宙间，则有天地之鬼神。《系辞上传》云："仰以观于天文，俯以察于地理，是故知幽明之故。原始反终，故知生死之说。精气为物，游魂为变，是故知鬼神之情状。"又曰："天数五，地数五，五位相得而各有合。天数二十有五，地数三十，凡天地之数，五十有五，此所以成变化而行鬼神也。"孔子曰："鬼神之为德，其盛已乎！视之而不见，听之而不闻，体物而不可遗。使天下之人，齐明盛服，以承祭祀，洋洋乎如在其上，如在其左右。《诗》曰：'神之格思，不可度思，矧可射思。'夫微之显，诚之不可掩如此夫。"（《礼记·中庸》）此皆指天地之鬼神而言。天地之鬼神，固不出乎天地之外也。

〔十九〕**人物之鬼神，又安能外乎人心**：俗语云："疑心生暗鬼。"杯弓蛇影，风声鹤唳，草木皆兵，均足说明人物之鬼神，皆由心造。人心之中，本无鬼神，其所以有鬼神者，必因其人平日之素行，为善抑作恶。善为阳，恶为阴。阳善光明正大，故为"显行"，若为善不欲人知，则曰"隐德"，隐德则心安理得。阴恶之人，怕人指责，见不得人。或阴谋计算他人，或暗中加以陷害，形同鬼祟。杀人越货者，更似幽灵躲藏，怕其行踪被人发现，谚谓："为人不做亏心事，夜半敲门心不惊。"所以人物之鬼神，端视其行为之善恶以为断。

〔二十〕**善恶出之吾衷，良心自然难泯**：孟子曰："人之所不学而能者，其良能也；所不虑而知者，其良知也。"（《孟子·尽心上》）前述恻隐、善恶、辞让、是非四端之心，非由外铄，乃人之所固有。人之所以为恶者，乃因为外界物欲所蒙蔽，把良知泯灭了。一旦醒觉，或深夜扪心自问，良心定觉难安，若不自动投案，或自此改过迁善，以赎前愆，势必终生接受良心谴责，疑神疑鬼，以挫以折以死。

〔二十一〕神强鬼灭，气馁鬼生：多阳多善者，光明磊落，理直气壮，俯仰无愧，则神强鬼灭。多阴多恶者，心怀鬼胎，色厉内荏。孔子曰："色厉而内荏，譬诸小人，其犹穿窬之盗也与！"（《论语·阳货》）其外表虽现暴戾之气，其内心却柔弱不堪而鬼生。

◎ 附一：张介宾著祝由、鬼神二说

"内伤五藏，外逆四时，则表里俱伤，为病必甚，故不能以祝由治之也。"愚按：祝由者，即符咒禁禳之法，用符咒以治病，谓非鬼神而何？故《贼风篇》："黄帝曰：'其毋所遇邪气，又毋怵惕之所志，卒然而病者，其故何也？唯有因鬼神之事乎！'岐伯曰：'此亦有故邪，留而未发，因而志有所恶，及有所慕，血气内乱，两气相搏，其所从来者微。视之不见，听而不闻，故似鬼神。'帝又问曰：'其祝而已者，其故何也？'岐伯曰：'先巫因知百病之胜，先知其病所从生者，可祝而已也。'"只此数语，而祝由鬼神之道尽之矣，愚请竟其义焉。夫曰"似鬼神者"，言似是而实非也。曰"所恶所慕者"，言鬼生于心也。曰"知其胜，知其所从生，可祝而已者"，言求其致病之由，而释去其心中之鬼也。何也？凡人之七情，生于好恶。好恶偏用，则气有偏并，有偏并则有胜负，而神志易乱。神志既有所偏，而邪复居之，则鬼生于心。故有素恶之者，则恶者见；素慕之者，则慕者见；素疑之者，则疑者见；素畏忌之者，则畏忌者见。不惟疾病，梦寐亦然。是所谓志有所恶，及有所慕，血气内乱，故似鬼神也。又若神气失守，因而致邪。如《补遗刺法》等论曰："人虚即神游失守，邪鬼外干。故人病肝虚，又遇厥阴，岁气不及，则白尸鬼犯之。人病心虚，又遇二火，岁气不及，则黑尸鬼犯之。人病脾虚，又遇太阴，岁气不及，则青尸鬼犯之。人病肺虚，又遇阳明，岁气不及，则赤尸鬼犯之。人病肾虚，又遇太阳，岁气不及，则黄尸鬼犯之。非但尸鬼，凡一切邪犯者，皆走神失守位故也。"此言正气虚而邪胜之，故五鬼生焉，是所谓故邪也，亦所谓因知百病之胜也。

又如关尹子曰："心蔽吉凶者，灵鬼摄之。心蔽男女者，淫鬼摄之。心蔽幽忧者，沉鬼摄之。心蔽放逸者，狂鬼摄之。心蔽盟诅者，奇鬼摄之。心蔽药饵者，物鬼摄之。"此言心有所法，则神有所依，依而不正，则邪鬼生矣！是所谓知其病所从生也。既得其本，则治有其注。故察其恶，察其慕，察其胜，察其所促生，则祝无不效矣。

如王中阳治一妇，疑其夫有外好，因病失心狂惑，虽投药稍愈，终不脱然。乃阴令人伴言："其妇暴死，殊为可怜。"患者忻然，由是遂愈。此虽非巫，然亦以法而去其所恶之谓也。

又如韩世良治一女，母子甚是相爱，既嫁而母死，遂思念成疾，诸药罔效。韩曰："此病得之于思，药不易愈，当以术治之。"乃贿一巫妇，授以秘语。一日夫谓其妻曰："汝之念母如此，不识彼在地下，亦念汝否？吾当他往，汝盍求巫妇卜之。"妻忻诺。遂召巫至，焚香礼拜，而母降矣。一言一默，宛然其母之生前也。女遂大泣，母叱之曰："勿泣。汝之生命克我，我遂蚤亡。我之死，皆汝之故。今在阴司，欲报汝仇，汝病恹恹，实我所为。我生则与尔母子，死则与尔寇雠矣。"言讫，女改容大怒曰："我因母病，母反害我，我何药而思之！"自是而病愈矣。此去其慕之谓也。

又如《阴阳应象大论》曰："怒伤肝，悲胜怒，喜伤心，恐胜喜，思伤脾，怒胜思，忧伤肺，喜胜忧，恐伤肾，思胜恐。"此因其情志之胜，而更求其胜以制之之法也。

又如《外台秘要》载"祝由"一科，丹溪谓："符水惟膈上热痰，一呷凉水，胃热得之，岂不清快，亦可取效。若内伤涉虚之人，及严冬天寒之时，符水下咽，胃气受伤，反致害者多矣。"此因其热而胜以寒也。

又如近有患疟者，厌以符物，每多取效。何也？盖以疟之轻者，日发一次，多在半表半里少阳胆经，当其邪正相争，迭为胜负之际，但得一厌，则胆气若有所恃，故正胜邪而病退矣。此藉其相胜之气，以移易其邪正也。

又余尝治一少年姻妇，以热邪乘胃，依附鬼神，殴詈惊狂，举家恐怖，欲召巫以治，谋之于余。余曰："不必，余能治之。"因令人高声先导，首慑其气，余即整容，随而突入，病者亵衣不恭，瞠视相向。余施怒目胜之。面对良人，见其赧生神怯，忽尔潜遁。余益令人索之，惧不敢出。乃进以白虎汤一剂，诸邪悉退。此以威仪胜其亵渎，寒凉胜其邪火也。

又治一儒生，以伤寒后，金水二藏不足，忽一日正午，对余叹曰："生平业儒，无所欺害。何有白须老者，素服持扇，守余不去者三日矣，意必宿冤所致也。奈之何哉？"余笑曰："所持者非白纸扇邪？"生惊曰："公亦见乎？"余曰："非也。"因对以《刺法论》"人神失守，五鬼外干"之义，且解之曰："君以肺气不足，眼多白花，故见白鬼。若肾水不足者，眼多黑花，当见黑鬼矣。此皆正气不足，神魂不附于体，而外见本藏之色也。亦何冤之有哉？"生大喜曰："有是哉，妙理也。余之床侧，尚有一黑鬼在，余心虽不惧而甚恶之，但不堪言耳。今得救，可释然矣。"遂连进金水两藏之药而愈。此知其病所从生，而微言以释之也。

诸如此类，皆鬼从心生，而实非鬼神所为。故曰"似鬼神也"。然鬼既在心，则诚有难以药石奏效，而非祝由不可者矣。使祝由家能因岐伯之言而推广其妙，则功无不奏，术无不神，无怪其列于十三科之一。又岂近代惑世诬民者流，所可同日语哉？

又按鬼神之谓，虽属渺茫，然《易》曰："精气为物，游魂为变，是故知鬼神之情状。"孔子曰："鬼神之为德，其盛矣乎！"然则鬼神之道，其可忽哉。故《周官》之有大祝者："掌六祝之辞以事鬼神。示祈福祥，求永贞也。"注曰："告神之辞曰祝号者，尊其名为美称也。"又有："男巫者，春招弭以除疾病。"注曰："招吉祥，弭祸祟，而疾病可除矣。"又有："女祝者，掌王后之内祭祀，以时招梗禬禳之事。"注曰："招以召祥，梗以御疠，禬以除灾害，禳以弭变异。四者所以除疾殃也。"

以此观之，则巫祝之用，虽先王大圣，未始或废。盖藉以宣诚恫、通鬼神而消灾害，实亦先巫祝由之意也，故其法至今流传。如时瘟、骨鲠、邪祟、神志等疾，间或取效，然必其轻浅小疾，乃可用之。设果内有虚邪，少有实邪，苟舍正大之法，而崇尚虚无，鲜不误事。奈何末世奸徒，借神鬼为妖祥，假符祝为欺诳。今之人，既不知祝由之法，自有一种当用之处，乃欲动辄赖之，信为实然，致有妄言祸福而惑乱人心者，有禁止医药而坐失机宜者，有当忌寒凉而误吞符水者，有作为怪诞而荡人神气者。本以治病，而适以惧病；本以去鬼，而适以致鬼。此之为害，未可枚举。其不为奸巫所窃笑者，几希矣。故曰："拘于鬼神者，不可与言至德。"又曰："信巫不信医，一不治也。"吁，人生于地，悬命于天。彼鬼神者，以天地之至德，二气之良能，既不得逆天命以祸福私人，又焉得乐谄媚以祝禳免患。尼父曰："获罪于天，无所祷也。"又曰："敬鬼神而远之。"此则吾心之所谓祝由也。苟有事于斯者，幸鉴余之迂论。

◎ 附二：叶丰次教授著《手相与健康》

甲　前言

手相学起源很早，尤其秘藏在古代印度遗迹的洞窟里，婆罗门教徒很巧妙地印在人皮上的三部手相书。印度手相学由于亚力山大大帝远征印度而传到西方，又随着佛教而传到东方。

在《旧约圣经》的"箴言书"第三章十六篇中有"右手有长寿，左手有富贵"的说法。

在中国医学与手相的关系非常密切，黄帝时代的医书《素问》，晋代王叔和的《脉经》，都可用手摸脉诊病。

《论语》中有："伯牛有疾，子问之，自牖执其手曰：'亡之，命矣夫！斯人也而有斯疾也！斯人也而有斯疾也！'"孔子看了学生冉伯牛的手，而知他害了不治之症，由此可知孔子是精于手相，比起西方手相学的始祖亚里士多德（Aristotle，前384—前322）还早一百七十九年。亚氏曾说："手是人的器官中最重要的器官。"又说："手相并非无缘无故地显现出来，而是自然的感化力与个性的产物。"他编一本《亚里士多德手相术》，现尚存于英国国立伦敦图书馆内。

乙　东西方医学家之论证

东西方医学家在原则上几乎都承认人类身体各部健康情形都反映在手上。根据夏鼎的《幼科铁镜》认为：男女的心、肝、肾和各脉部在左手上，大拇指上节属脾，食指上节属大肠，下节属小肠，中指上节即属心，无名指上节属肺和肝，小指上节属肾。美国现代手相家哈钦森（Beryl B.Hutchinson）所著《你的生命在你的手中》（*Your life in your hands*）一书中，综合各家的说法得到下列结论：

1. 大拇指代表生命活力。

2. 食指上节代表脑下垂体，下节代表胃或肝，食指根部的木星丘代表肺。

3. 中指上节即代表松果腺。

4. 无名指上节代表胸腺。

5. 小指上节代表甲状腺，中节代表副甲状腺。

6. 生命线与头脑线的起点代表支气管，生命线的上半段代表肺，下半段代表脊椎神经。

7. 中指下的心线代表耳，有岛纹者主耳聋，无名指下的情感线代表眼，有岛纹者主眼疾，有链状者主体内矿物质不平衡。

8. 小指下水星丘代表牙龈。

9. 上火星丘和下火星丘代表肾上腺。

10. 月丘代表脾脏。

11. 中指下的命运线代表营养，头脑线与命运线交叉，近月丘边形成的锐角地带代表泌尿器官。

12. 月丘下靠近腕线部分代表生殖器官或膀胱。

13. 金星丘下靠近腕线部分与脑下垂体有关。

斯皮尔的《小儿的手》（*The hands of children*）也提到：

1. 其他的指甲正常，只有拇指甲发灰暗或发青，主血液成分不佳，是否由于缺乏磷、钙或铁质，或是红血球与白血球供应失常，仍须验血确定。

2. 食指与肝、胆、脾各脏有关，若食指歪向中指且指甲显现暗灰色，表示上述各器官中必有一个是衰弱或有病。食指下节即比其他各指下节显得粗大者是患有风湿、痛风或坐骨神经痛的倾向。

3. 中指与肠的敏感有关，中指上节歪向无名指，下节特别粗，掌上又出现明确的线，可以断其人有肠疾。

4. 无名指代表心脏生理或心理的机能，此指弯曲及各指甲根部无新月者是神经与器官的心脏病的征兆。

5. 小指与性机能有关，其代表下腹部的子宫、卵巢、睾丸、膀胱和肾脏。中节凹陷者主子宫疾患，下节特别粗者主卵巢有病，上节内屈及小指甲根部独无新月者主膀胱和肾脏的疾病。

英国心理学家贾昆也著有《手在说话》(*The hand speaks*)一书，确认皮纹"模样"(Pattern)破裂是疾病的警报，皮纹"模样"是由数千的神经末梢结合而成，当"模样"分裂时，就看得出某些手上线圈已经掉了，造成这种原因可能是内分泌有毛病，而内分泌有毛病，可能是由于自律神经系统紧张，或是细菌、毒品引起的某种方式的中毒，或是矿物质营养素失去平衡。

丙　手掌纹与健康

近年来有些医师用科学的解释来研究手相和疾病的关系，期早期发现，及早治疗。兹就以手掌线来判断一个人的健康与否。

（一）生命线上表现之健康情形

（1）生命线之起点：其出发点最标准的位置在食指指根和拇指指根线中央部位，即界于木星丘和第一火星丘之间（如图一），生命线之起点是表现精神之平衡，如果生命线起点偏向上方，表示其人有决断和勇气，争夺心旺盛，身体也健康；如起点偏下方，力争上游之心强盛，但欠缺斗争心和克己心，致使生命线细弱，而欠缺活力。（如图二）

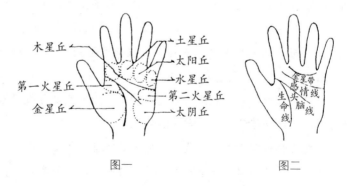

图一　　　　　　　　　　　图二

（2）生命线之意义：表示一个人之冲劲、欲望及精力。生命线向手掌中央伸张，形成半月形，如果圆弧中央伸到中指中央线上时，此人性格外向，顽强而富活力，其人寿命也长；相反的，若是一点也不弯出，性格较内向，精力不足，容易患不孕症；若女性之生命线中途流向月丘，暗示体质虚弱，或子宫发育不佳，可能难以怀孕。

（3）生命线之粗细深浅：粗大深刻之生命线代表其人身体强壮，遇有劳累，也会很快复原，再看其双手类型，掌线中绝少表示神经质性格的杂线，其长度很长，线之末端渐形变细，进而消失，这暗示其人寿命长；如线之末端突然消失，表示其人一生当中虽无大病缠身，可能会因脑溢血而突然倒地。生命线细而浅，比头脑线和感情线要显得纤细，一定是身体健康不佳，虚弱，欠缺精力和活力，容易疲劳，对疾病抵抗力很弱。如果本人了解这种情形，便要注意去锻炼自己之身体，在念书或工作上避免过于劳累，要多休息，照样可享长寿之乐，用不着恐惧。生命线整条呈锁状线，便证明其人体质虚弱，命中注定会因慢性病一生在痛苦中，某一线段呈锁状时，只表示在那段时间内健康情况欠佳，如果仅在生命线起点呈锁状，表示孩童时期身体虚弱，曾患大病。生命线如呈绳状时，仍表示体质虚弱，神经质，或表示其人患有恐惧症，从幼年开始，在心理上会形成性方面的恐惧或羞耻，自以为生殖器官太小或没来月经，不生体毛，或以为个子较别人小，长此以往，会变成病态，只要注意饮食和运动，使身体强健，也会改变生命线之状态。事实上，也有人左右手掌线不同，左手表示遗传，因此，左手掌线较佳，右手掌线较恶时，表示其人必定是生活无节制，不懂养生之道，才使健康受损。右手如果也有较佳之掌线，表示在遗传而自然的寿命上，配合后天的努力，才有此种掌线的出现。

（4）生命线上的裂缝（如图三），为生命线上出现之各种裂缝，A中途断裂，表示会因疾病、意外事件使生活情形或环境有所变化，但并不意味寿命之长短，同时双手在同一地方出现裂缝，便要特别注意。如 B 中裂缝向金星丘延伸，代表死亡之手相应特别注意。如C 中裂缝处成重叠状，D 中重叠处又有一条短线连结，或裂缝处有四角纹来弥补裂缝（如 E），这些均表示疾病不重。生命线之裂缝有多处，如图 F 中呈虚线状，代表其人身体健康欠佳，得慢性病，由裂缝之数目表示病状之恶化情形。

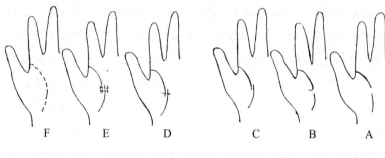

图三

（5）生命线上的支线：生命线上出现许多短而细之毛状支线，如方向全部朝下（如图四 A）或生命线末端呈毛状支线（如图四 B）均表示体力衰退，尤其是图 B 活力已终，是死亡标志，应善加保护。

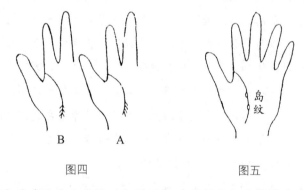

图四   图五

（6）生命线上之岛纹（如图五）：多数是象征患慢性病，在过去患呼吸器官疾病，如肺结核等，可能患喉头癌，在手掌当中出现，可能属肺癌、乳癌或胃癌，如位于底部时，男性为前列腺癌，女性可能为子宫癌。另外如岛纹位于生命线起点三分之一处，可能脊椎有病。

（7）生命线上之斑点：代表生命线之活力减弱，如为十分明显的斑点，其颜色又为红色，表示患了热病，如为绿色，表示患了急性病，靠近生命线起点；在小孩言，表示其人接受过扁桃体手术，或急性肺炎。较短的生命线，其末端以斑点作为终止时，表示其人会突然死亡，好比先染上感冒，后变成肺炎而不治死亡。

〔8〕生命线上之十字纹（如图六）：其代表会带来灾难和意外事故，如位于生命线起点，表示在孩提时代，会因灾害而破产，使家人分散。如生命线短，其末端又以十字纹为终点时，此人十之八九会因事故而身亡。如十字纹看起来很大，又位于生命线末端，一定逃不出死神的魔掌。如在生命线支线，以此纹为终结时，表示突然死亡或碰上意外事故。

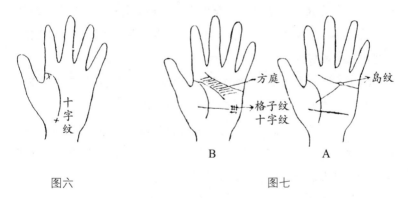

图六   图七

（9）生命线上之障碍线：横切生命线之掌线叫障碍线，会因生病而造成精神之负担，如"图七A"，障碍位于无名指下方，或延到感情线，再以岛纹或斑点终结，一定是心脏病之记号。如"图七B"在月丘下方出现格子纹和十字纹，面对障碍线，表示患肾脏病或妇人病。在头脑线和感情线之间称为方庭显得狭小，障碍线也止于该处，是患有喘息。

（二）头脑线上表现之健康情形：以此线来判断疾病，应偏重于精神方面，如眼睛、耳、鼻、喉等头部疾病或受伤等。

（1）头脑线之锁状和波状纹：这证明其人精神活动迟钝而衰弱。非常朝下而又有锁状纹时，即表示其人神经不正常，或一时想不开而自杀。呈波状纹时，表示其人精神散漫，偶尔患肝病，或烟酒过度及性生活过度而得病。

（2）头脑线中途切断：表示其人头部负伤。如在中指下方附近，而双手又同时中断，则会有因脑震荡等引起死亡之虞，尤其要注意乘坐车船，或在建筑工事下方行走，保护自己头部。

（3）头脑线上的岛纹：因精神过度紧张引起的，尤其小孩不听话，逃学离家出走，使父母生气，及中年以后之推销员，为完成上级安排之任务和为收入之增加，拼命加班，精神受到压力。如果上述情形出现在极度下垂之头脑线前端时，表示其人神经紧张已达到极限，是患神经病之前兆。

（4）头脑线上之岛纹：如在无名指下方，头脑线出现岛纹，多数表示患有眼疾，轻则近视，重则如老人易患白内障。

（5）头脑线上之斑点：一般头脑线出现斑点，有可能会常头痛。如出现在起点处或中指下方应属眼疾，但许多人以为视力衰退并不注意，自以为是由于所配眼镜度数不合所引发。

（6）头脑线上之十字纹：一般和头脑线接触之十字纹，大多暗示车祸或运动时头部之碰伤。

（三）感情线上表现之健康情形：和感情线最密切的就是心脏。

（1）感情线上出现裂缝、岛纹和杂乱无章时，先得考虑是否患心脏病。平时身体肥胖、胆固醇太高、高血压及喜欢夜生活的人要特别注意。

（2）感情线上，或在无名指下方，出现岛纹，得考虑是否患有眼疾或肾脏病。

（3）双重感情线的人多会患肾脏病，耳朵情形不好的人也要注意。

（四）健康线上表现之健康情形：健康线出现在小指根下方之水星丘上，最好是延伸到月丘下方（如图八），健康线是在生病时才出现。

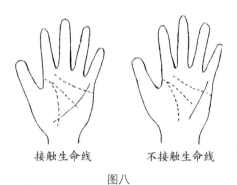

接触生命线　　　　不接触生命线

图八

（1）健康线穿过生命线、健康线之支线切断生命线或二条线相交，而在生命线又出现岛纹，均表示因疾病而相当危险。

（2）健康线没有接触到生命线，表示和大病无关，只是便秘、食欲不振、失眠、胃病等。

（3）健康线不清晰，由断线连续，或呈波状，或由较细之线组合而成，表示消化系统有问题。

（4）健康线出现岛纹，多表示患有慢性病或胃溃疡，但岛纹要仔细观察才能看出。

（五）放纵线上表现之健康情形：放纵线和金星带相对，出现手掌底部，又名情感线或淫荡线。如果耽于享乐、烟酒过度（如图九）、吸食麻醉药品和纵欲等，均会出现此线。

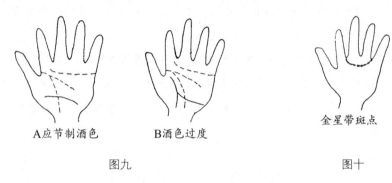

A应节制酒色　　　　　　B酒色过度　　　　　　　　金星带斑点

图九　　　　　　　　　　　　　　　　　　　　图十

（六）金星带上表现之健康情形：如图十，金星带象征强烈之感性和性欲，用金星带来判断疾病，便应先想到是性欲之不满足所引发的。如果在金星带上出现黑色斑点，或针点大之斑点，表示其人感染性病，有可能会转成慢性病，在社交场合，如发现异性有此手相，千万不可直接作性器之接触，以防感染。

丁　小结

手掌纹是一个人生理和心理状况的反映。手相并不决定你的命运。你得自己去创造命运，改变命运，手相上的反映，就证明了你的努力和成就。切勿迷信。

◎ 附三：张嘉桂教授著《手相看疾病》

我有一位姨表弟，是台北市颇负盛名的小儿科医师，某次在他的诊所为其分析手相，我告诉他应该注意饮食的调理，因为他的掌纹中健康线呈现断断续续，表示消化不良，已患有胃肠病征。他见我从掌纹上可以看出疾病，颇感觉惊奇，要我搜集这方面的资料，给他做参考。

手相看疾病，应该先看指甲，尤其是大拇指的指甲，它对内脏的坚强与否，反映特别明显，如果指甲的颜色淡红，尤滑平整无杂纹无杂色，就可以表示内脏正常无病态。在指甲的下端，很多人都有半圆形的白月（第一图 A），如果你的生日在阴历月初或月尾，没有月亮的日子，指甲上的白月可能很少或没有，这不要紧；如果你的生日定在阴历月中，月亮圆的日子，可是在指甲上却看不见白月，那你的心脏可能有问题，尤其是指甲短小型的，更易患心脏病，所以你应该在后天上注意养生，以补助心脏的不正常，而减少这种病态的倾向。

大的白月表示心脏坚强，血液循环迅速，但是亦不宜过大，要防止心脏压力太大及跳动太快，而出危险。小的白月，代表贫血或心脏作用较为衰弱。妇女的小指，如有明显的白月，则性的需要较为强烈。

指甲的形状，有长、短、宽、狭。长形的指甲（第一图 B）容易感染呼吸器官方面的疾病，如咽喉炎、鼻炎、支气管炎；如果其指甲呈过度的凸起（第一图 C），可能已染有肺病，应该去作 X 线及痰的检查。

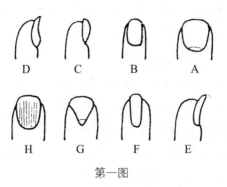

第一图

指甲从指端弯曲向上，好像蝴蝶的翅膀（第一图 D），尤其是妇女较多这类的指甲，其生殖机能或肝或肾，易有患病的可能，应该注意营养，不宜疲劳过度。

指甲作低凹状的（第一图 E），多有神经衰弱的倾向，低凹的程度可以表示神经衰弱的程度。如果指甲的底部嵌入肉中，那病态更为严重。

指甲细长（第一图 F），表示脊髓颇弱，如果极端地弯曲而且很细时，表示脊髓屈曲，健康非常的衰弱。

指甲的形状上大下尖（第一图 G），呈贝壳形，表示易罹很危险的麻痹症。如果指甲上没有白月，指甲的颜色青白，脆而易断，表示麻痹症在进展中，其病已深。

指甲上有直纹（第一图 H），主消耗性疾病，并应注意肝脏机能的保养。指甲上出现白斑，为罹病之朕兆。如指甲全面到处有白斑点缀着时，表示全体神经组织的不健全。

指甲色黄，可能有肠胃病。

指甲色白，乃贫血之征兆。

指甲色蓝，表示血液循环发生障碍。

指甲色黑，表示其人已接近死亡。

看了指甲之后，次看手掌，手掌的颜色以粉红、黄明为最佳。

掌色特红的，注意肠胃病或血压。

掌色黄暗的，注意肝脏病。

掌色青暗的，可能神经过敏或心脏衰弱。

掌色蓝紫的，注意血液循环及心脏可能有毛病。

掌纹以明了真切为贵。如青黑藏于纹脉之内，五脏不坚，身体不健，且表明缺乏精神及决断力。纹呈黄色，胆质性之人，易患肝脏病，且表示性质高傲，抑郁寡欢。

生命纹断断续续或呈锁链状时（第二图A），胃阳和消化器官系统必然薄弱，健康不良，多灾多病。如果手掌坚硬，身体亦比较结实，如手掌全体柔软，疾病的倾向愈多。

生命纹向下岔出之细纹（第二图B），表示身体衰弱，生命纹外部接近处有星纹（第二图C），表示届时有暴病。

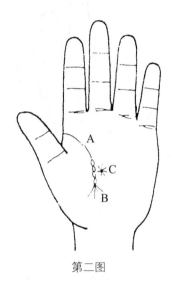

第二图

生命纹的上部，有多条细横线（第三图A），表示神经过敏且多劳碌与波折，生命纹上起斑点，主当年疾病，斑点大而黑的，则主重病。

头脑线杂乱重叠，成链形（第三图B），表示脑力衰弱，思想不集中，记忆力差，头脑线上有岛纹，若位首端，主幼年脑力薄弱；如位于中指之下，主时患剧烈头痛之病，或头部意外受伤，或系聋哑之人；如位在无名指下，主易感染眼疾，目力衰弱；如位于小指之下，晚年有患精神分裂症的可能。

头脑线上出现赤色斑点，或"×"十字纹，或花星，皆主头部受伤，如出现黑色斑点，主患热病，这黑斑点在中指部位的下方，主牙齿痛病，在无名指或小指部位下方，主患眼疾。

　　头脑线之中部向上弯成弧形，接近情感线的，易患喘息症或肺病。

　　头脑线上如满布细线，或满布向下细毛（第三图C），主其人有患癫痫或自杀的可能，头脑线斜下垂的情形更为严重。

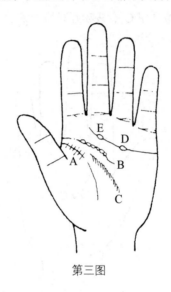

第三图

　　情感纹如链状，表示慢性疾病，心脏衰弱，或血液循环不正常，如有中断，倘非爱情方面的打击，即表示健康上的缺陷。

　　情感纹上有黑点，主有心痛之病，心脏可能有问题，如果是白点，在妇女为妊娠之象。

　　情感纹在无名指下发现岛纹（第三图D），主其人的眼睛有毛病，在中指之下发现岛纹（第三图E），患静脉瘤。如在小指之下发现岛纹，主其人之呼吸循环器官有疾病之象征。

　　情感线贫弱，金星丘不发达，且手颈纹成凸形者（第四图A），在男子主性病，在妇女为表示难产，或妇科病。该项手颈纹不作弧形的凸出，而是链形线，这种人一生劳碌，事无幸致，但劳苦之波，终能有不少的收获。

金星带断断续续，易患"歇斯的里"症，二重或三重不完整的金星带（第四图 B），乃表示性欲陷于不自然的倾向，年轻时有自渎癖，如果二重或三重的金星带上出现黑的斑点，表示已患有性病，现出星形纹，更是花柳病的表征。太阳线与情感线交叉处如有黑点亦表示有梅毒。

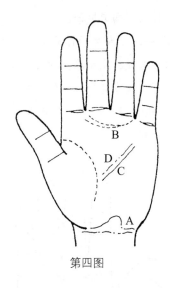

第四图

健康线（第四图 C），通常起自小指下，斜穿过掌，而达于生命线的附近，健康线与水星线差不多（吉普赛手相所谓的贵人线，似即系水星线，水星线是代表果断力及灵敏的头脑，表示其人正迈向成功并能获得名利，它与贵人线是事业上的助力意义颇为接近。但西方相法又说：没有健康线的人最顽强也最健康，据笔者个人研究认为，水星线、贵人线、健康线可能就是三而一的线，可以做事业成功，有人帮忙，容易影响健康的解释）。

健康线是最易变化的线，因此被称为健康寒暑表，表示此人的健康情况，它与神经组织有关，如果头脑过度地使用，这线会渐渐的变深，身体健康时，这线会淡薄而消失，所以完全没有健康线的人表示身体非常顽强，不易生病。

健康线弯曲如水波形的（第五图A），体质欠佳，呈黄色，可能肝胆有病，颜色若灰暗，更为有病的象征。

健康线断断续续（第五图D），主消化不良，胃肠多病。如系深浅不匀，表示有间歇性的胃病或肝病。

健康线粗阔或深刻，其人有心悸倾向，该线颜色赤红时尤甚，粗短的健康线如穿过头脑线，主患剧烈的头痛病症。

健康线的末端郊近太阴丘处出现岛纹（第五图B），主神经衰弱，失眠、多噩梦，或膀胱有病，如在头脑线和情感线之间出现岛纹，主心脏或神经系统有毛病。

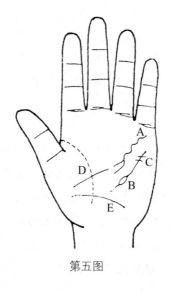

第五图

健康线如有满布小岛如链形，主呼吸器官有病。健康线上有斑点或有两条短小之横线穿过（第五图C），主有热病或其他毛病，如线上有三角形，可能系心理变态的病态。

　　健康线上有点点的赤色斑点，而且线很深时，表示患神经麻痹症。

　　健康线窜入生命线之内（第五图 E），主有危险。

　　由太阴丘趋向金星丘的弧形线，称为纵欲线（第五图 E），表示纵情色欲，身体精力过度消耗。如穿过命运线和生命线而入金星丘，系不知自制，发生危险。直的弧形纵欲线穿过手颈线（第六图 A），或横的短短一条线穿过生命线（第六图 B），或成链形下垂太阴丘（第六图 C），都可能染上吸毒或酗酒等恶习而中毒，影响健康甚至生命。

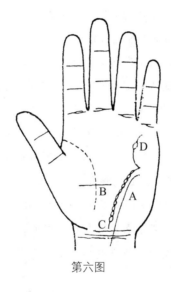

第六图

　　起自水星丘而逢太阴丘的弧形直觉线上如出现岛纹（第六图 D），这种人易得梦幻的怪病。

◎ 附四：张嘉桂教授著《疾病与面相》

　　山根，为鼻之根，位置在两眼之间，相法称为疾之官，也就是健康厄官，象征疾病的抵抗力与灾难的应变力。所以，山根平满的，一生少有疾病。而象征疾病的气色也先起于山根，如果山根有多条的皱纹，或鼻子弯曲的，鼻头经常发红不褪，而眼睛却无神而没有光彩，这种人可能患呼吸器官的毛病，或气喘症；而鼻子细小，皮肉单薄，鼻梁上有很多斑点，而经常两颊微微发红，则可能为肺结核症，应去结核防治中心，作肺部 X 线检查及验痰，可以获得适当的治疗。

眼睛红肿，眼神衰弱，睡着时瞳孔常闪，面部似有肿胀，面颊与耳朵发红，脉搏跳动快速，走楼梯会感到气喘，这是心脏衰弱，因此容易得心脏病，在眉毛与眼睛之间的上眼睑，靠眉头部分有小黑痣的，也要特别注意心脏的保养。

面黄肌瘦，眼睑凹陷，两颊无肉，皮肤缺乏光泽，脸上经常出现面疱或荨麻疹，是胃肠病的特征。山根的两侧，围绕着青色，更是发病的预兆。鼻子上有疵疤或黑痣，定是便秘或有痔疮，要治痔疮，最好将鼻子上的黑痣也电疗除去。面颊出现斑点湿疹，而嘴唇皮裂开的，可能系胃酸过多。下巴的下唇下面有黑痣的，虽然会喝酒，但一生之中必有一次很严重的肠胃中毒，或急性胃肠炎，而受惊吓。

下眼睑肿大，眼睑周围有很多小皱纹，眉毛附近，或左右面颊、上唇，出现脏黑疱，身体有些部分亦患出血性的大斑点，全身常发生荨麻疹痒，腋下发臭，阴毛脱落，指甲变形，这些都是肝脏方面的病征。

下眼睑发红，面部及全身肿胀、皮肤粗糙干燥，面颊瘦削，鼻子的两鼻翼特别小，皮肤常会过敏，奇痒难耐，腰部无力，说话与走路都像泄了气似的，这是肾脏方面的问题，体内的水分可能无法获得正常的排泄。

鼻子经常发红，皮肤有化脓性的面疗，嘴的粘膜发黑，有时乳头、性器也会发黑，这是胰脏与副肾的功能衰退，并应注意糖尿病。

男人的胡须又浓又密，这是男性荷尔蒙过多，所以俗语说"十个胡子九个骚"，他的性欲可能比较强烈，但是胡须过浓的要防腰椎故障。女人的副肾也会产生荷尔蒙，如果分泌不正常而过多，嘴唇上方会长出稀疏的细毛，并且行为动作会有男性化的趋向。而男人的副肾，却会产生女性荷尔蒙——卵巢荷尔蒙，如果摄取过多，面部的皮下脂肪会发育，渐而圆润细腻，乳房也会膨胀，说话声音啾啾的像娘娘腔，行为动作也变得忸怩女性化。可以说这些都是有点病态。

鼻子细小或弯曲，他人的脊髓也同样的细小或弯曲，因此自律神经非常敏感，这种人很容易发生神经性的疾病或慢性病。所以，一个人的鼻子非常重要，它代表健康、寿命、气量、精力。鼻子歪斜的人，到了中年之后，什么意外的问题都会发生，所以要提早预防，除了修心养性，重视道德之外，更特别要注意保健。

法令纹弯入口角，古称螣蛇入口，主饿死，要谨防咽喉、食道、胃肠等疾病，严重的是现代所谓的癌症，如能及早检查治疗，仍然可救。倘能积大的功德，螣蛇会生角，即法令纹下端近口角之处，另生出两条小纹，形如两角，螣蛇生角变成龙入大海，则主大贵。

《神相铁关刀》有首疾病的歌诀，虽然庸俗拗口，但可供参考："肾亏眼肚黑，肺热准头红，肝盛双眉赤，寒喘两颧乌，多风蓝眼白，痰湿眼中黄，多痰眼肚肿，胃寒口唇青，肾绝耳槁黑，湿盛面皮黄，肝燥皮毛燥，血热眼颧红，夹色眼昏暗，足伤月牵沉，尖血乌年寿（年寿指鼻梁），遗泄面青黄，气虚面黄肿，多汗唇面青，痛甚眉心绉，面黑月字（月字指山根，但别的相书，有的以月字称人中，有的以月字称右眉，也有以月字代表鼻子，所以教人难以理解，相法不易学习此为一例）青，忽病忙何急，面红又须红，额乌宜补水，唇白忽尝寒，颧赤宜清肺，肥盛要除痰，瘦人肝火盛，赢弱虚气防，困喉因噎食，血燥而疵红，泄漏面黄白，腹痛白面唇，面黑蓝防蛊，眼仰突防狂，人瘦面筋现，似鹤状成痨，面蓝青鬼昧，绝胃口门蓝，服毒白人口，鼻暗身将亡，痰盛面光亮，气急瘦痨亡。"

［今译］

从鬼神方面说，阳气的精英，叫作"神"，所以神的意义为明朗舒展、不屈不挠。阴气的精英，叫作"鬼"，所以鬼的意义为返回原处，万物皆归于土。鬼神是没有形体的，是看不见的，它的来来往往，只是阴阳气流，所以张横渠先生说："鬼神，是阴阳二气的自然现象。"

阳气主舒展，向上向前，故为天地之神；阴气主屈伏收藏，退缩凝聚，故为天地之鬼。春生夏长，气候温暖，万物畅茂，故为岁候之神；秋收冬藏，由凉转寒，草木凋零，故为岁候之鬼。在一天之中，从日出到中午，大地光明，故为时日之神；从日落到深夜，大地黑暗，故为时日之鬼。

推衍到人事方面说，仁、义、礼、智，是君子之神；奸、盗、诈、伪，是小人之鬼。乐天知命，是道德最高境界，所以是道德之神；阿谀谄容，是势利卑鄙行为，所以是势利之鬼。

推广到医事方面说，凡是能够精研望、闻、问、切四诊，仔细探讨病理变化，从而疏方施治，得到十全效果，那就是神医。假使是一个普通平凡人，见识浅陋，既无自知之明，又不求上进，偏要以医师为职业，那便成为杀人不用刀的庸医，和鬼又有什么分别呢？能够不断研究，精益求精，发展新理论、新方法以济世活人，他的志业，就算是当代神医。如果不知上进，马马虎虎为人看病，为了自己糊口，不管病人死活，那么他的居心就同鬼一样。

再从诊断来说，必须观察病患的形态和他的声音，如果体态庄重，精神凝聚，志虑深远，那便得形体之神；假使举动轻浮，又气弱声微，这便是形态上的鬼。说话的声音洪亮，韵味悠长，这是声音之神；假使是气息短促，语音细微，那便是声音之鬼。从脉色上说，大凡脉来绵绵不断，长过尺位，而且和缓，是胃气充实，为得脉之神；如果脉细如丝，必须重按才能察觉，是气血两虚之象。或脉来七八至，是阳盛热极，或阴虚将竭，若再加上五行克贼的"休囚"之象，便是鬼脉了。以望诊来说，若面部气色，光明清净，没有杂色，便是神色；如果色浅灰暗，精神颓丧，便是鬼色。这些象征，都是神鬼的预兆，医者、患者必须加以注意。

至于鬼神的根本，在宇宙之间，则有宇宙的鬼神。宇宙的鬼神，离不开阴阳二气范围之外，人物的鬼神，又哪能超出人心？所以在宇宙，有宇宙的鬼神，在人物，有人物的鬼神。为善为恶，操之在我，自己的良心会有明确的判断。阳气的强盛或微弱，就是鬼神的分别。所以阳气强盛、多行善事的人，一定精神旺盛，心地光明正大，没有鬼魂的存在；阴气凝重、经常做坏事的人，虽然外表非常凶狠，可是他内心却异常柔懦恐惧，疑心生暗鬼。因此鬼神的事情，都是从自己心里造出来的，一切的感应、变化和幻想，既然都是自己，那又何必要杯弓蛇影、疑神疑鬼呢？我们如果明白这层道理，那么人生的吉与凶、祸与福的机契，只要在自己内心深处去寻找，就可以完全获得了。

第十四节　从死生言

[原文]

以死生言之，则人受天地之气以生[一]。聚则为生，散则为死[二]。

故气之为物，聚而有形；物之为气，散归无象[三]。《丹经》[四]云："分阴未尽则不仙，分阳未尽则不死。"[五]故原始而来属乎阳，是生必生于复。阳生而至乾，反终而归属阴，是死必死于坤，阳尽而归土[六]。得其阳者生，故阳无十，阳无终也；得其阴者死，故阴无一，阴无始也[七]。是以阳候多语，阴证无声；无声者死，多语者生[八]。魂强者多寤，魄强者多眠；多眠者少吉，多寤者易安[九]。故善操斯柄者，欲拯其死，勿害其生；将逐其寇，勿伤其君[十]。阴阳聚散，是其理；剥复消长，是其机[十一]。而生死之道，尽乎其中矣。

[要旨]

本节以气言生死，气聚则生，散则死。进而论及阳生阴死，阳候多语者生，阴证无声者死。阴阳聚散是其理，剥复消长是其机也。

[注释]

〔一〕人受天地之气以生：太极是宇宙未分时一团元气，而生生不息，演化万物。人于受孕之初，得父母精元之气以生，母体死则元气绝，胎儿亦死，故曰天施地生。胎儿出生以后，自行呼吸，亦赖先天之元气以生。《系辞上传》曰："仰以观于天文，俯以察于地理，是故知幽明之故，原始反终，故知生死之说。"宇宙之间，阴阳二气之流行而已。阴盛则幽暗，阳盛则光明，故曰"知幽明之故"。人物之始终，亦阴阳之气也。始则气聚而理随，故生；终则气散而理尽，故死。故曰"知生死之说"。《素问·宝命全形篇》云："天覆地载，莫贵于人。人以天地之气生，四时之法成。"又云："夫人生于地，悬命于天；天地合气，命之曰人。人能应四时者，天地为之父母。"《素问·四气调神大论》云："故阴阳、四时者，万物之终始也，死生之本也。"总之，人为"二五之精"灵气以生。

〔二〕**聚则为生，散则为死**：人之精神，寓于形体之中，即为生命现象。一旦精神离开形体，人即死矣。《素问·上古天真论》云："上古之人，其知道者，法于阴阳，和于术数，饮食有常，起居有节，不妄劳作，故能形与神俱，而尽终其天年，度百岁乃去。"《灵枢·百病始生篇》："人百岁，五藏皆虚，神气皆去，形骸独居而终矣。"均为聚生散死之由也。

〔三〕**气聚而有形，散归无象**：生命另一现象，是正气充聚于形体之中，以行呼吸，以营动作，始能保有健康身体，正气散失，则生命现象归于无有矣。

〔四〕**《丹经》**：《正字通》曰："丹，赤心无伪曰丹。"《丹经》，言仙人之书也。江淹《从冠军建平王登庐山香炉堂》诗曰："广成爱神鼎，淮南好《丹经》。"《善注》："《神仙传》曰：淮南王刘安者，汉高皇之孙也，好道术之士，于是八公乃往，遂授以《丹经》。"《隋书·经籍志》："《杂神·仙丹经》十卷，太极真人《九转还丹经》一卷，《太山八景神丹经》一卷。"故《丹经》为概括名称，在《正统道藏》中，有关炼丹经典甚多，不赘举。

〔五〕**分阴未尽则不仙，分阳未尽则不死**：炼丹之法，不论炼内丹或外丹，其目的均在驱除体内阴气，且须驱除净尽，使身体成为纯阳之体，始能羽化轻举而上升，成为仙人。故曰"分阴未尽则不仙"。此唐之吕洞宾所以自号纯阳子也。阳主生，人体之中，只要有一分阳气，即不至于死，故又曰："分阳未尽，则不死。"

〔六〕**生必生于复……死必死于坤**：复卦《象》曰："复其见天地之心乎！"天地之大德曰生，故生生之德为复。复卦（䷗）一阳初生于下，为宇宙万有生命之本原，时为十一月，节为冬至。一进而为临（䷒），再进为泰（䷊），三进为大壮（䷡），四进为夬（䷪），五进为乾（䷀）。乾卦六爻皆阳，阳气至此，极乎盛矣。物极必反，反终又归属乎阴。时为五月，一阴始生于下，在卦象为姤（䷫），节交夏至。自此阳消阴长一进为遁（䷠），再进为否（䷋），三进为观（䷓），四进为剥（䷖），五进为坤（䷁）。坤卦六爻皆阴，于时为十月，节为冬令，天寒地冻，万物凋零，大地呈现肃杀之气，一片萧条景象。坤属土，故曰"阳尽而归土"。人身阳尽为纯阴必死，故曰"死必死于坤"。且人之死也，则神魂升于天，体魄藏诸地，是亦归乎土也。土能蓄阳，坤阴藏阳，故有复生之机。

〔七〕阳无十，阳无终也；阴无一，阴无始也：《系辞上传》曰："天一、地二、天三、地四、天五、地六、天七、地八、天九、地十。"数从个数一为数之"始"，十为数之"终"。终者，满也，尽也。一、三、五、七、九，为天数，其数皆奇，奇数为阳。二、四、六、八、十，为地数，其数皆偶，偶数为阴。天数阳，有始数而无终数；地数阴，有终数而无始数。故始必始于阳，终必终于阴，亦即"生必生于复、死必死于坤"之意也。《系辞传》所言天地之数，乃指《河图》《洛书》之数也。请参阅前注各章节。

〔八〕阳候多语……多语者生：阴阳者，虚实也。阳病多实，实者多热；阴病多虚，虚症多寒。兹举伤寒以明之，伤寒外寒束表，病属太阳，其证发热恶寒。所谓发热恶寒者，患者身发高烧，然患者不觉发热，但感恶寒耳！伤寒恶寒者，犹伤食之恶食，此其病也。若夫发热，则身体之抗力使然，若不及时解表，病入阳明，则身热恶热矣。曰阳明者，言阳症已明白也。及其入腑，则腹满硬痛，神昏谵语，用"大承气汤"攻其实热，热去则生矣，故曰："多语者生。"伤寒病又三阴，以其正气内虚，抗力不足，轻则恶寒下利，甚则语言无力，发言轻微，使听者几至无法辨别，病至于此，又何能免死？

〔九〕魂强多窹……多窹易安：《内经》多篇屡言："肝藏魂，肺藏魄。"肝属木，于时为春，主生。肺属金，于时为秋，主杀。生长为阳，肃杀为阴，故魂为阳，魄为阴。阳强则精神充沛，所以多寤。即使生病，苟治之得法，亦必身体易于平安。阴强则精神昏寐，所以多眠，苟阴不已，必至于死，所以少吉。

〔十〕善操斯柄者……勿伤其君："操斯柄者"，指医师而言。医师治病之当否，吉凶立见，生死攸关，故曰"医司人命"，为医师者可不善用其术乎？故善操斯柄者，在拯救危亡而勿伤其生也。病邪如寇，将欲逐之，千万不可伤及君主。君主系指心而言也。《素问·灵兰秘典论》云："心者，君主之官也，神明出焉……故主明则下安，以此养生则寿……主不明，则十二官危，使道闭塞而不通，形乃大伤，以此养生则殃。"

〔十一〕阴阳聚散是其理，剥复消长是其机：阴指形体，气指精神。精神聚合于形体之中则生，精神与形体分离则死。形、神之聚散，必有其预兆，然人多疏忽而不及察觉耳。察觉之法，其为剥、复之机乎！复为一阳始生于下之卦，其在人也，则当呱呱堕地之时。人生三十曰强，四十曰壮。强壮之时，体固阳盛，然盛必衰，一阴潜生于下而为姤、为遁、为否、为观、为剥矣，复为阳初长，剥为阳将尽。故人年四十以后，视力渐衰，即其预兆也。坤之初六曰："履霜，坚冰至。"其预警人也深矣。善养生者，能于此时知所戒惧，清心寡欲，预服固本培元，扶阳抑阴之药，则生之权在我而不在天，故曰："生死之道，尽乎其中矣！"

[今译]

从死生方面来说，人的精神是禀受天地的正气而有，天地阴阳之气聚结在我们身体里面，才有生命的现象，一旦精神离开身体，那么形体就是死物了。所以阴阳的正气聚结在一起，就有形体，正气散失，就没有生命现象。

《丹经》说："人体当中，有一分阴气不净尽，就不能羽化成仙；有一分阳气存在，就不会死的。"推本人物生命的原始，应该是阳气，所以生命的原始，该是《易经》中所说的复卦。因复卦一阳初动在下，孔子说复是天地之心。由复到临卦，则有二阳；由临到泰卦，则为三阳；由泰而大壮卦，则有四阳；由大壮到夬卦，则有五阳；由夬至乾卦，则六爻都是阳。物极必反，是宇宙自然法则。所以由乾的阳极，变为一阴始生于下的姤卦，从此阴气上长，阳气渐消，由姤而遁，而否，而观，而剥，而坤，所以生命的死亡，应该是死于坤卦。因为坤当冬令，大地一片凄凉肃杀的景象，坤为土，万物死后必归于土。因此说，有阳气就有生命现象。依照《易经》孔子的说法，阳是奇数，阴是偶数。数是从个数起，一、三、五、七、九，是奇数阳数，二、四、六、八、十，是偶数阴数。阳没有"十"的终数，有"一"的开始数；阴没有开始的"一"数，而有"十"的终数。这话的意思是说，阳是生命的开始，阴是生命的终结。因为这个缘故，凡是阳症的病患，会神志昏迷而自言自语；阴症的病患，则默默无声，发声亦语言无力。沉默无声，音如游丝的病患，就已接近死亡的边缘。神志昏迷而自言自语的病患，是可以诊治回生的。阳魂强则精神充沛而清醒，即使生病，也容易治疗；阴魄强则精神昏沉，喜欢睡眠，如果生病，就非常危险。所以医师治病，要对症下药，拯救病患的危亡，不要伤害到他的生机。病邪像寇贼一样，无孔不入，一方面要驱逐病邪寇贼，另一方面不能伤害到病患主要的心理机能。前面说过，阴阳二气聚结在人身则生，离开人体则死，这是铁定不移的真理；阳长阴消则生，阴盛阳衰则死，这是生和死的关键。生与死的道理，都在这里面了。

第十五节 从疾病言

[原文]

以疾病言之，则泰为上下之交通，否为上下之隔绝〔一〕。既济为心肾相谐，未济为阴阳各别〔二〕。大过、小过，入则阴寒渐深，而出为症瘕之象〔三〕。中孚、颐卦，中如土藏不足，而颐为膜胀之象〔四〕。剥、复如隔阳脱阳，夬、姤如隔阴脱阴〔五〕。观是阳衰之渐，遁藏阴长之因〔六〕。姑象其概，无能赘陈〔七〕。

又若离火临乾，非头即藏〔八〕；若逢兑卦，口肺相连〔九〕。交坎互相利害，入东木火防灾〔十〕；坤、艮虽然喜暖，太过亦恐枯干〔十一〕。坎为木母，震、巽相便，若逢土位，反克最嫌〔十二〕。金水本为同气，失常燥湿相干〔十三〕。坤、艮居中，怕逢东旺；若当乾、兑，稍见安然〔十四〕。

此虽以卦象而测病情，以坎、离而分水火。惟是坎本属水，而阳居乎中；离本属火，而阴藏乎内〔十五〕。故北方水地，一反存焉；南是火乡，二偏居上。东方阳木，八在其中；西方阴金，九当其位〔十六〕。可见离阳属火，半为假热难猜；坎水是阴，岂尽真寒易识〔十七〕！

云从龙，风从虎，消长之机；水流湿，火就燥，死生之窍〔十八〕。倘知逆顺堪忧，须识真假颠倒〔十九〕，是以事变之多。譬诸人面，面人人殊，而天下之面皆相殊，古今之面无不殊。人面之殊，即如人心之殊；人心之殊，所以人病亦皆殊。此疾患之生，有不可以数计，今姑举其大纲，而书不尽言，言不尽意〔二十〕，神而明之，存乎人耳！

[要旨]

本节为张氏论《医易义》精华所在，先后举证《易经》二十卦与病疾关系，然均从卦象以立言，以《河图》方位，五行生克为基础，与《说卦传》、邵子《人体十六卦象图》（详见本章第一节"注四"）不同其趣，虽有发展，为其独到之处，然解说不清，难免导人"以文害意"之嫌。故张氏亦自谓："姑象其概，无能赘陈。"至希读者善为玩索。

[**注释**]

〔一〕泰为上下之交通，否为上下之隔绝：泰卦（☰☷）之卦体为乾下坤上，中爻互兑☱、互震☳。天气下降，地气上升，为天地交泰之象。否卦（☷☰）之卦体反是，为坤下乾上、中爻互艮☶、互巽☴，天地不交，故为闭塞之象，所以名为否卦。

泰卦《彖》曰："泰，小往大来，吉亨。则是天地交而万物通也，上下交而其志同也。内阳而外阴，内健而外顺，内君子而外小人，君子道长，小人道消也。"否卦《彖》曰："否之匪人，不利君子贞。大往小来，则是天地不交而万物不通也，上下不交而天下无邦也。内阴而外阳，内柔而外刚，内小人而外君子，小人道长，君子道消也。"彖者，断也，断定此卦之吉凶祸福也。泰、否二卦《彖传》恰相反。

"小往大来"，系指宇宙言，泰则天地之气相交，为万物通泰之象。否则天地之气不交流，为万物生机不能畅达。"上下之交"，系指人事现象，上下以心相交，为志同道合之象。否则上下之情闭塞不通。

从疾病而言，《素问·四时调神论》曰："交通不表，万物命故不施。不施，故名木多死。"王冰注："夫云雾不化其精微于原泽，是为天气不降，地气不腾。变化之道既亏，生育之源斯泯。故万物之命无禀而生。然其死者，则名木先应，故云名木多死也。"在人身，则肝为木。近年以来，患肝病者独多，读此，亦可以悟其治法矣。又《生气通天论》曰："故病久则传化，上下不并，良医弗为。"

王冰注："并，谓气交通也。然病之深入，变化相传，上下不通，阴阳否隔，虽良医妙法，亦何以为之。"所以"升降息，则气立孤危"（《素问·六微旨大论》）循至"阴阳离决，精气乃绝"（《素问·生气通天论》），可不慎之早乎！凡此均为泰、否二卦《象》分别所言"天地交，泰""天地不交，否"之谓也。

内外阴阳，若以人体健康言之，人身阴阳二气，相守而不相离。阳气欲上脱而升，则阴气下吸之不使离去；阴气欲下脱而降，则阳气上吸之不使降违。犹如今日科技所谓"阴阳二电子""正负二力"之理同。泰则阴阳二气中和平衡，否则阴阳二气不均，有内外脱离之虞，脱则死矣。脱阴，为阳盛之极，而阴血不荣。《难经·二十难》曰："脱阴者目盲。"脱阳，为阴盛之极，阳气不守也。又曰："脱阳者见鬼。"上下俱脱者，此证多由上盛下虚，精华外越所致。平素嗜肥甘、好酒色、体肥、痰盛者多患之，且常颠仆、遗尿、喘息、大汗。宜于未脱之先，寻其罅漏以缄固之，使其阴平阳秘，精神乃治。

谚谓："天无绝人之路。"否虽闭塞隔绝，然否之九五为"休否，大人吉"，上九为"倾否，先否后喜"，均为先凶后吉之象。以疾病言，亦当如是。

〔二〕既济为心肾相谐，未济为阴阳各别：既济（䷾）卦体为离下坎上，中爻互坎☵、互离☲。济的意义为"过渡"。从事物言，为两两相互相成，例如"宽猛相济""刚柔相济""相济为用"之类。卦体上卦为坎水，下卦是离火；火炎上，水润下，水火相交，可成烹饪之功用，故曰水火既济。未济（䷿）卦体为坎下离上，中爻互离☲、互坎☵，离火在上，坎水在下。水性向下，火性向上，水火不交，与既济卦恰好相对相反，故曰未济。既济卦《象》曰："既济，亨小者，亨也。利贞，刚柔正而当位也。初吉，柔得中也。终止则乱，其道穷也。"未济卦《象》曰："未济，亨，柔得中也。小狐汔济，未出中也。濡其尾，无攸利，不续终也。虽不当位，刚柔应也。"既济、未济两卦的卦爻，均为三柔三刚，上下刚柔爻位，又都相互呼应，故未济卦虽曰未济，然因其刚柔相应而又柔得中也。谈两卦所不同者，在于刚柔爻位之当否。一、三、五为阳位，阳爻居之为当位；二、四、六为阴位，阴爻居之为当位。反之，阳居阴位，阴居阳位，均为不当位。又下卦与上卦各爻位要相互呼应，即初与四、二与五、三与上的相应。在"同性相斥，异性相吸"的原则下，既济卦三刚三柔均当位而又相应，未济卦三刚三柔均不当位，但能相应，故亦亨，唯初六、六三、上九等三爻，则应戒慎恐惧。

既济何以"为心肾相谐"？《说卦传》曰："坎为水……为加忧，为心病，为耳痛。"既济为水火相济，故为心肾相谐，未济水火各别，虽相应亦当防"心病"与"耳痛"也。《内经》故言"肾窍在耳"。以人身脏器言之，则心、脾、肝、肺皆一，独肾脏有左右两枚，左为肾，右为命门。肾主水，命门主火。若命门火衰，不能蒸发肾水上腾，使人患热中口渴，小水频数，而成消渴之病，故张仲景主以"桂附八味丸"补命门之火，使肾水得以上腾，而疾可愈也。

〔三〕大过、小过，入则阴寒渐深，而出为症瘕之象：大过（☱）卦体为巽下兑上，中爻互乾☰。小过（☳）卦体艮下震上，中爻互巽☴、互兑☱。"过"与"不及"相对，都不好。"子贡问：'师与商也，孰贤？'子曰：'师也过，商也不及。'曰：'然则师愈与？'子曰：'过犹不及。'"（《论语·先进》）一卦六爻，阴阳各占三位，是为均衡，大过卦四阳二阴，阳爻多阴爻一倍，且阴又居初与上两极之位，故名大过。小过卦四阴二阳，阴爻多阳爻一倍，但阳爻居整个卦体三与四之中位，仍有可为，故曰小过。

大过卦《彖》曰："大过，大者过也。栋桡，本末弱也。刚过而中，巽而说行，利有攸往，乃亨。大过之时大矣哉！"小过卦《彖》

曰："小过，小者过而亨也。过以利贞，与时行也。柔得中，是以小事吉也。刚失之而不中，是以不可大事也。有飞鸟之象焉，飞鸟遗之音。不宜上，宜下，大吉，上逆而下顺也。"大过，栋桡，若房屋的中梁，比喻中间四阳爻，四根结实屋梁，可是初上两阴爻力弱不支，势必摧折，但扶危救倾，事在人为，仍可撑持补救。小过，以"飞鸟遗之音"相比，戒不可好高骛远，能成小事，不能成大事。九三、九四像鸟身，初六、六二、六五、上六像鸟之两翼，鸟向上飞，遗音因风而留于下。好高骛远，非其力之所及，必反掉落，故曰"不宜上，宜下"。

何谓"大过、小过，入则阴寒渐深"？大过卦《象》曰："泽灭木，大过。"大过，巽下兑上，巽为木，兑为泽。沼泽本当润木，今兑泽在巽木之上，反淹灭了木，为水势大过之象，故曰"入则阴寒渐深"。小过中爻互巽☴、互兑☱，又为大过☱。即以小过本卦而言，《象》曰："山上有雷，小过。君子以行过乎恭，丧过乎哀，用过乎俭。"过恭、过哀、过俭，均不合乎人情，不合人情谓之"伪"。因其过于恭哀俭，亦为"入则阴寒渐深"。孔子曰"过犹不及"，虽为小过，亦为"过"也。

何谓"出为症瘕之象"？《字汇》曰："症，阳病。"《中国医学大辞典》曰：

积聚之有形可征者，此证由饮食失节，脾胃虚弱，积于腹中，牢固不动，按之应手，治法如下：

（一）由脾胃虚者，宜六君子汤加消积散。

（二）由肝脾虚者，宜归脾汤加消积散。

（三）由肝火郁者，宜芦荟丸。

"瘕"，《说文》："瘕，痛也。从疒，叚声。"《玉篇》："腹内结病。"

《广韵》："腹内结痛。"《增韵》："气隔不通。"《集韵》："弦病。"《中文大辞典》并载有痞疾、痞胀、痞结、痞块、痞积等病名，均以腹病为言。《中国医学大辞典》则举证较详，兹录之如次：

痞，积聚之成块者。此证因伤于饮食，脾胃亏损，邪积胸中，阻塞气道，气不宣通，而与痰食血相搏，遂结而成块，伏于皮里膜外，在左者为血积，在右者为食积，在中者为痰饮。治法如下：

（一）因惊恐而成者，宜妙应丸、猪牛类蹄甲各三钱。玄胡索、蓬术各四钱。

（二）因忧思郁结而成者，宜六郁汤。

（三）气分之火壅遏而成者，宜解郁调胃汤。

（四）心腹块痛，臁胀寒热而成者，宜柴香散。

（五）三焦关格，胸膈楚闷，气不流通，蕴结而成者，宜助气丸。

（六）日耽曲蘖，脾湿气滞成者，多见胸中满闷，气促不安，呕吐清水，宜胜红丸加茯苓、白术、葛根。

（七）不能移而类于症，或上下能移而类于瘕者，俱宜溃坚丸或溃坚汤。

（八）如连萝丸、消块丸、开怀散、消积保中丸之属，均可酌用。

（九）松香二两、阿魏二钱、皮硝五钱、蓖麻子一两，共捣成膏，照痞形大小，摊于布上，贴时加麝香五厘。痞消则膏自落。

痞气：脾之积气也。《难经·五十六难》曰："脾之积，名曰痞气，在胃脘，覆大如盘，久不愈，令人四肢不收，发黄疸，饮食不为肌肤，以冬壬癸日得之。何以言之？肝病传脾，脾当传肾，肾以冬适王，王者不受邪，脾复欲还肝，肝不肯受，故留结为积。故知痞气以冬壬癸日得之。"按：此证宜健脾散滞，如痞气丸、增损五积丸之属，皆可酌用。

痞饮：腹中闭塞，饮食不下也。《素问·六元正纪大论》："体重胕肿痞饮。"

痞满：心下阻满而无实质可指也。《素问·异法方宜论》："北方之民，乐野处而乳食，藏寒生满病，其治宜灸炳。"《素问·五常政大论》："备化之纪，其病痞。"又曰："卑监之纪，其病留满痞塞。"

按：此证乃阴伏阳蓄，气血不运，脾之清气不升而下行，胃之浊气不降而上逆。内觉痞满，而外无脉急之形，当用补中益气汤，加猪苓、泽泻。其中升麻、柴胡升其清，猪苓、泽泻降其浊，则上下交而泰矣。亦有中气久虚，不能运行精微而成者，有过服消克，不能舒化饮食而成者，有湿热太甚，痰气上逆阳位而成者，宜用黄连、黄芩、枳实之苦以泄之，厚朴、生姜、半夏之辛以散之，人参、白术之甘以补之，茯苓、泽泻之淡以渗之。果有实证，始可略与消导。如用利药以求速效，虽暂时通快，痞若再作，危殆滋甚。痞满之脉，弦急而滑，胸中骤然痞闷者，此肝气与食滞而成，为实。脉弦或沉弦或涩，或虚大无力，气口为甚者，此日久脾胃受伤，或过服克伐药所致，为虚。胸膈痞闷，寸口脉沉滑或迟滑者，此停滞也。治法如下：

（一）痰为气激而上，气由痰腻而滞，痰气相搏，不得流通而成者，宜连理汤、干姜黄连黄芩人参汤、黄连汤、诸泻心汤，并可选用。或用二陈汤加枳实、缩砂仁、木香，及木香流气饮，入竹沥、姜汁服。

（二）气滞痞闷者，用五膈宽中散；不应，用丁沉透膈汤，或四七汤、导痰汤，加木香五分或下来复丹。若胸中气塞短气者，宜橘皮枳实生姜汤。

（三）郁怒暴痞，面目浮肿，心腹胁满，二便秘涩，四肢胀大者，宜增损流气饮。

（四）大怒之后成痞，或气中见血，或口中作血腥者，此瘀血也。宜丹皮、红曲、香附、桔梗、降香、红花、苏木、山楂、麦芽、童便之属。甚者加大黄、韭汁、桃仁泥。

（五）肥人心下痞闷者，此湿瘦也。宜二陈汤加枳实、芩连。或用小陷胸汤尤捷。若痰痞风闷、大便不通者，宜木香槟榔丸疏解之。

（九）瘦人心下痞闷者，此郁热在中焦也。宜三黄加枳实以导之。兼寒热者，小柴胡汤加枳谷、桔梗。

（七）饮食后感冒风寒，致食物不消，或食冷物而作痞闷者，宜温中化滞，用二陈汤加缩砂、紫苏、藿香，或平胃散加藿香、草豆蔻。

（八）因饮食伤脾而痞满者，轻者宜大消痞丸、枳术丸、回金丸之属。甚者用槟榔丸或煮黄丸以下之，二陈汤或瓜蒂散以吐之。

（九）脾胃虚弱，转运不调而痞者，宜四君子汤。伤于劳倦，或大病后元气未复者，宜补中益气汤。

（十）酒积杂病，下之太过，致脾虚不运作痞者，宜养胃兼和血，用人参、白术、当归、芍药，兼升麻、柴胡，稍佐陈皮、枳壳之属。

（十一）老人、虚人，脾胃虚弱，转运不及，饮食不化而作痞者，宜九味资生丸。饱闷时常嚼一丸，或六君子汤加木香、砂仁、山楂、神曲、麦蘖之属，若停滞心下不散，或宽或急，常喜热物者，宜枳实理中汤。

（十二）悲郁过度，痰挟瘀血成窠囊作痞，六脉沉涩，日久不愈者，宜从血郁治，用桃仁、红花、香附、丹皮、韭汁之属。

（十三）因热而烦渴溺赤者，以苦寒泄之，宜大消痞丸，用黄连、葛根、升麻煎汤下，使结者即利之。

（十四）因寒而中清者，以辛甘散之，宜枳实理中丸、挝脾汤加丁香，或丁沉透膈汤。

（十五）因湿而四肢困重、小便短涩者，宜平胃和五苓以渗之。

（十六）因肝木克脾土，气郁结于脏腑，嗳闷不舒，心下坚，右关多弦，或弦而迟者，宜木香顺气汤，或越曲丸。

（十七）伤寒五六日，以下痞满者，不论已下未下，泻心汤、小柴胡汤加枳壳、桔梗。

（十八）少阴面赤不利，心下痞者，宜泻心汤加减，或单用泻心汤。烦躁者加山栀、豆豉，呕者加半夏，满者加枳实、厚朴，腹痛者加芍药，脉迟者加附子，下焦寒者加干姜，小便硬者加大黄，如用姜附，宜先煎成，后加黄连，使热不僭。

（十九）痞塞胀满，胸膈不利，或腹上逆，或腹疼痛者，并宜指迷七气汤。胃虚者加人参、白术，气滞者加木香，大便秘者加槟榔，面目浮肿者加苏叶，四肢肿者加木瓜。虚痞者，用局方七气汤、乌沉汤最妙。属于无形之气者，以苦泄之，宜枳实、黄连之类，如大消痞丸、黄连消痞丸、失笑丸之属，均可酌用。属于有形之血者，以辛甘散之，如枳实理中丸、人参汤、半夏泻心汤之属，均可酌用。

（二十）痞满诸药不效，小便不适，脉数实者，宜小陷胸汤、三黄汤选用。甚者用宝鉴木香槟榔丸通利之。凡中满痞胀之证，属实满者，禁用甘草。若自觉满而外无腹胀之形者，又当以甘治之。

从上述所引症痞诸病症观之，多为饮食失调，脾胃受伤有以致之。据本院儒医魏受田先生考证，则较《中国医学大辞典》尤为详尽，兹录如次：

阳为大，阴为小。阳过乎阴，故名大过☰☴。阴过乎阳，故名小过☳☶。然堪注意者，大过、小过，皆阳爻居中而阴爻在其上下，明其阳寒自外而入，故谓入则阴寒渐深也。以卦象观之，则大过为阴寒初出，小过则入深矣。阴寒入深，所发出的疾病，则为症瘕之症。症，腹内结病也，谓五脏内气结而为病也。即腹内之结块病，以其有形状可征，故名曰症。《史记·扁鹊仓公列传》："以此视病，尽见一藏症结。"《抱朴子》云："夫症瘕不除。"瘕，亦腹中积块病。《正字通》云："瘕，症瘕。腹中积块，坚曰症，有物曰瘕。《引方书》云：'腹中虽硬，忽聚忽散，无有常准，谓之瘕。'言病瘕而未及症也。《素问》云：'小肠移热于肠为伏瘕（注：小肠热已入大肠，两热相搏，故血溢而为伏瘕也）。'"《巢氏病源》云："症瘕者，皆由寒温不调，饮食不化，与藏气相搏结所生也。其病不动者，直名为症。若病虽有结症而可推移者，名为症瘕。瘕者，假也，谓虚假可动也。"又曰："症者，由寒温失节，致府藏之气虚弱，而饮食不消，聚结在内，染渐生长，块瘕盘牢不移动者，是症，言其形状可征验也。若聚引岁月，人则柴瘦，腹转大，遂致死。"其言诊候之法，则曰："脉弦紧而细，症也。若在心下，则寸口脉弦紧。在胃脘，则关上脉弦紧。在脐，则尺中弦紧。脉症法：左手脉横，症在左。右手脉横，症在右。脉头大，在上。头小，在下。脉来逆而牢者，为病症也。肾脉小急，肝脉小急，心脉若鼓，皆为瘕。寸口脉结者，症瘕。脉小而伏，腹中有症，不可转动，必死不治也。"《病源》又有食症、发症等候。兹分述于后。

《病源》云："有人卒能大食，乖其常分，固饥，值生葱，便大食之，乃生一肉块，绕畔有口，其病则难愈，故谓食症。"又云："候其人，发语声嘶，中声浊，而后语之气，拖舌，语而不出。此人食结在腹，病寒，口里常水出，四体洒洒，常如发疟，饮食不能常，自冈冈而痛，此食症病也。诊其脉沉而中散者，寒食症也。"又云："发症之候，有人因食饮内误有头发，随食而入，成症。胸喉间，为有虫上下来去者，是也。"又有暴症，其死尤速。《病源》云："暴症者，由府藏虚弱，食生冷之物。藏既虚弱，不能消之，结聚成块，卒然而起，其生无渐，名曰暴症。本由藏虚，其症暴生，至于成病，死人尤速。"又有寻常嗜好而成病者，则鳖症、虱症、米症是也。《病源》云："鳖症者，谓腹内症结为鳖之形状。有食鳖，触冷不消，生症者；有食诸杂物，薄冷不消，变化而作者。此皆脾胃气虚而遇冷，不能克消故也。症瘕结成，推之不移动，是也。"又有虱症。《病源》云："虱症之候，人有多虱，而性好啮之，所啮既多，藏府虚弱，不能消之，变化成症。而患者亦少。俗云：'虱症人……虱生长在腹内，时有从下部出者，亦能毙人。'方言有治虱症法：用陈（旧作千）年木梳，烧灰服之，可愈。"又云："米症之候，人有好吃米，转入弥嗜吃之，若不得米，则胸中落水出，得米水便止。米不消化，遂成症结。其人常嗜米，不能饮食，久则毙。"症瘕，一名积聚。《难经·五十四难》曰："……积者，阴气也。聚者，阳气也。故阴沉而伏，阳浮而动。气之所积，名曰积；气之所聚，名曰聚。故积者，五藏所生；聚者，六府所成。积者，阴气也，为发有常处，其痛不离其部，上下有所终始，左右有所处。聚者，阳气也，其始发无根本，上下有所留止，其痛无常处，谓之众。"《五十六难》则详言积之名称及其形状，其言曰："肝之积，名曰肥气。在左胁下，如覆杯，有头足。久不愈，令人发咳逆，痎疟，连岁不已……心之积，名曰伏梁，在脐上，大如臂，上至心下。久不愈，令人病烦心……脾之积，名曰痞气，在胃脘，覆大为盘。久不愈，令人四肢不收，发黄疸，饮食不为肌肤……肺之积，名曰息贲，在右胁下，覆大如杯。久不愈，令人洒淅寒热，喘咳，发肺壅……肾之积，名曰贲豚，发于少腹，上至心下，如豚壮，或上或下无时。久不已，令人喘逆，骨痿少气……"此即《巢氏病源》积聚、症瘕合为一门之所由也。《病源》言瘕，有因瘕之形状而命者，如鳖瘕，是也。瘕者，假也，谓其有形假而推移也。又有饮不节而得者，如鱼瘕、蛇瘕、肉瘕、酒瘕、谷瘕是也。其言鱼瘕之候曰："有人胃气虚弱，食生鱼，为冷气所搏，不能消之，使成鱼瘕，揣之有形状，如鱼是也。亦有饮食陂湖之水，误有小鱼入腹，不幸即便生长，亦有形状如鱼也。《养生方》云：'鱼赤目，作脍食之，生瘕。'"其言蛇瘕之候，则曰："人有食蛇不消，因腹内生蛇瘕也。亦有蛇之精液，误入饮食内，亦令病之。其状常若饥，而食则不下喉，噎塞，食至胸内，即吐出，其病在腹，揣摸亦有蛇状，谓蛇瘕也。"其言肉瘕之候曰："人有常思食肉，将肉食讫，又思之，名曰肉瘕也。"其言酒瘕之候曰："有人性嗜酒，饮酒既多，而食谷常少，积久渐瘦，其病遂常思酒，不得酒，即吐，多睡，不复饮食，云是胃中有虫使之然，名为酒瘕。"至于言谷瘕之候，则曰："有人能食而不大便，初亦不觉而患，久则腹内成块结，推之不动，故名谷瘕也。"又有疝瘕，《病源》云："疝者，痛也。瘕者，假也。其病虽有结瘕，而虚假可推移，故谓之疝瘕也。由于寒邪与藏府相搏所成。其病腹内急痛，腹背相引痛，亦引小腹痛，其脉沉细而滑者，曰症瘕。紧急而滑者，亦曰疝瘕。方云：'干脯，曝之不燥者，食之成疝瘕。瘕聚之病，女子独多。'"《素问·大奇论》云："任脉为病，男子内结七疝，女子带下瘕聚。"《外台秘要》方引黄帝《素女经》，论女子瘕聚，多至八种，各有名称、证状，以及针灸之法、外导、内服诸方法。兹附录于后，以供研究。

总之，症瘕为血则病，痞为气则病也。症瘕为实证，而痞为虚证也。痞，谓心下阻满，而无实质指。即《伤寒论》谓"心下满，按之濡"者，是也。《素问·异法方宜论》云："北方之方，乐野处而乳食，藏寒生满病，其治宜灸炳。"又《素问·五常政大论》云："北方之方，乐野处而乳食，藏寒生满病，其治宜灸炳。"又《五常政大论》云："备化之纪，其病痞。"又云："卑监之纪，其病留满痞塞。"
说者云："此证乃阴伏阳蓄，气血不运，脾之清气不升而下行，胃之
浊气不降而上逆，内觉痞满，而外无腹急之形。"《巢氏病源·八否论》
云："夫八否者，荣卫不和，阴阳隔绝，而风邪外入，与卫气相搏，
血气壅塞不通而成否也。否者，塞也。言藏府否塞不宣通也。由忧
患积气，或坠堕内损所致。其病腹内结气胀满，时时壮热。其名有八，
故云八否，而方家不的显其病状。"

◎ 附：《外台秘要》"八瘕方" 一十二首

《素女经》论妇人"八瘕"积聚，无子。断绝不主，令有子受胎
养法。并曾伤落，依月服桑法。及阴闭生息肉，阴痒生疮。阴痒生疮，
带下阴子藏不正，阴门挺出，阴肿坚隐疾方。

黄帝问于素女曰：吾闻天下妇人产乳有子而病者，未曾生子而
病者，又产乳后而中绝不复产者。何也？诸病作生，而令妇人腹中
有积聚，胃胁腰背挛而痛，久而生八瘕之聚。病深可畏，不在肠胃，
疗之或已复作，其状宁可得闻之乎？

对曰：妇人之病，皆由于月病生产所致，又从胞胎所起，其病不
同，针灸食药，不得其方也。

黄帝曰：安心其要易，闻之为宝。受之良久，详思念其事。曰善
哉！疗将奈何？

素女曰：诚为主说。妇人胞胎之数，皆在阴里。万物皆从生渊
深，血脉精气所从行。肾为阴，阴主开闭，左为胞门，右为子户，
主定月水，生子之道，胞门生于子精，精神气所出入，合于中黄门、
玉门四边，主持关元，禁闭子精。脐下三寸，名曰关元，主藏魂魄。
妇人之胞，三焦之府，常所从上。然妇人经脉俞络合调，则月水如

时来至，故能生子而无病。妇人荣卫经络不通，其人思惟邪气便得往来。入合于子藏，若生后恶露未已，合阴阳，即令妇人经脉挛急，令人少腹里急支满，胸胁腰背相引痛苦，四肢酸削，饮食不调，结牢恶血不除，月水不如时，或在前或在后，乍叉不止，因生积聚如怀胎状。邪气盛甚，令人恍惚多梦。寒热、四肢不欲时动，阴中生气，肿肉生风，甚者小便不利，苦痛如淋状。面目黄黑，岁月病即不复生子。

黄帝曰：吾深所忧也，疗之奈何！可得愈病，令人有子，愿拜受，非其人不敢妄传。何以神良耳？

素女曰：今详面图。

一曰黄瘕。黄瘕者，妇人月水始下，若新伤堕，血气未止，卧寝未定，五脏六腑虚羸，精神不足，因向大风便利，阴阳开闭，关节四边，中于风湿，气从下上，入于阴中，稽留不去，名为阴虚，则生黄瘕之聚。令人病苦四肢寒热，身重淋露，卧不欲食，左胁下有气结牢，不可得抑。若病腰背相引痛，月水不利，令人不产，少腹急，下引阴中如刺，不得小便，或时寒热，下赤黄汁，病苦如此，令人无子。疗当刺关元气冲，行以毒药，有法疗治，瘕当下即愈矣。

又疗黄瘕皂荚散导之方：

皂荚一两炙，去皮子 蜀椒一两，汗 细辛六分

上三味捣散，以三角囊大如指长二寸贮之，取内（纳）阴中，闷则出之，已则复内之，恶血毕出，乃洗以温汤。三日勿近男子，忌生菜等。

二曰青瘕。青瘕者，妇人新生未满十日，起行，以汤浣洗太早，阴阳虚，玉门四边皆解散，子户未安定，骨肉皆痛，手臂不举，饮食未复，五内吸吸，又当风卧，不自隐障，若居湿地及湿席，令人苦寒，洒洒入腹中，心腹烦闷沉淖，恶血不除，结热不得散，则生

青瘕之聚，在左右胁下，藏于背脊，上与肩甲腰下，挛急两足，腹下有气起，喜唾，不可多食，四肢不欲动摇，恍惚善梦，手足肿，面目黄，大小便难，其候月水不通利，或不复禁，状如崩中，此自过所致，令人少子。疗之当刺胃管，行以毒药有法，瘕当下即愈矣。

又疗青瘕导药方：

戎盐一升 皂荚半两，去皮子，炙 细辛一两六铢

上三味捣散。以三角囊大如指，长三寸贮之，内阴中。但卧瘕当下，青如葵汁，养之如产法。

三曰燥瘕。燥瘕者，妇人月水下，恶血未尽，其人虚惫。而以夏月热、行疾步，若举重移轻，汗出交流，气力未平，而卒以恚怒，致腹中猥咽不泄，经脉挛急，内结不舒，烦潢少力，气上达胸膈背脊，少腹壅急，月水与气俱不通利，而反以饮清水快心，月水横流，溢入他藏不去，有热则生燥瘕之聚，大如半杯，上下腹中，苦痛在两胁下，上引心而烦，害饮食。欲呕吐，胸及腹中不得太息，腰背重，喜卧盗汗，足酸削，久立而痛，小便失时，忽然自出若失精，月水闭塞，大便涩难。有此病者，令人少子。疗之以长针，按而刺之法度，行以毒药，瘕当下即愈矣。

又疗燥瘕方：

大黄如鸡子许 干姜二两 鸡膍胵中黄膜一枚，炙 黄连二两 桂心一尺 䗪虫三枚，熬 厚朴十铢，炙 郁李人一两，去皮尖，熬

上八味捣散。早朝空腹，以温酒一盏和三钱匕，顿服，瘕当下。下毕，养之如产妇法，三月无子者，当有子，三日勿合阴阳。

四曰血瘕。血瘕者，妇人月水新下，未满日数而中止，因饮食过度，五谷气盛，溢入他藏，若大肌寒，吸吸不足，呼吸未调，而自劳动，血下未定，左上走肠胃之间，留络不去，内有寒热，与月水合会，则生血瘕之聚。令人腰痛不可以俯仰，横胁下有积气，牢

如石，少腹里急苦痛，背脊疼，腰腹下痛，阴里若生子风冷，子门僻，月水不时，乍来乍去。有此病者，令人无子。疗之，瘕之，瘕当下如愈矣。（方阙）

崔氏疗妇人血瘕痛方：

干姜　乌贼鱼骨各一两，炙　桃人一两，去皮尖，熬

上三味捣散，酒服二方寸匕，日二。

又方：取古铁秤锤，或大斧头，或铁杵，以炭火烧令赤，投好酒三升中，稍稍饮之。

又方：桂末，温酒服方寸匕佳，日二。（并出第十下卷中）

《古今录验》疗妇人血瘕攻刺腹胁时痛，导药方：

大黄　当归各半分　山茱萸一两　皂荚一两，去皮子，炙　细辛　戎盐二两六铢

上六味捣，以香脂丸如指大。每以绵裹纳阴中，正坐良久，瘕当下。养如乳妇之法。

五曰脂瘕。脂瘕者，妇人月水新下，若生未满三十日，其人未复，以合阴阳，络脉分，胞门伤，子户失禁，关节散，五藏六府津液流行，阴道瞤动，百脉关枢四解，外不见其形，子精与血气相遇犯禁，子精化不足成子，则生脂瘕之聚。令人支满里急痛痹，引少腹重，腰背如刺，四肢不举，饮食不甘，卧不安席，左右走，腹中切痛，时瘥时甚，或时少气，头眩，身体疼解，苦寒恶风，膀胱胀，月水乍来乍去，不如常度，大小便血不止。有此病者，令人无子。疗之当刺以长针，行以毒药，瘕当下即愈矣。

又疗脂瘕方：

皂荚十八铢、去皮，炙　矾石六铢，烧　五味子　蜀椒汗　细辛　干姜各半两

上六味捣散，以香脂和如豆大，着男子阴头以合阴阳，不三行

其瘕乃愈。

又疗妇人绝不复生，及未曾生，皆以脂瘕，腹中有块，以汤煎自下，尚不受子，导散方：

皂荚炙，去子皮 吴茱萸 当归各一两 蜀椒汗，各二两 细辛熬 矾石烧 五味子各三分，大黄 戎盐各二两 干姜二两

上十味捣散，以轻绢袋如指大长三寸盛药令满，内阴中，坐卧随意，勿行走，小便时去之，别换新者。

六曰狐瘕。狐瘕者，妇人月水当日数来，而反悲哀自恐，若似远行，逢暴风疾雨电雷惊恐，衣被湿沉，罢（音疲）倦少气，心中恍惚未定，四肢懈惰振寒，若瘟痜脉气绝，精神游亡，邪气入于阴里不去，则生狐瘕之聚。食人子藏，令人月水闭不通，少腹瘀滞，胸肋腰背痛，阴中肿，小便难，胞门子户不受男精。五藏气盛，令人嗜食，欲呕喜唾，多所思，如有身状，四肢不举。有此病者，终身无子，其瘕有手足，卒成形者杀人，未成者可疗，以长针急持刺之，行以毒药有法，瘕当下即愈矣。

又疗狐瘕方：

取新死鼠一枚，裹以新絮，涂以黄土，穿地坎，足没鼠形，置其中，桑薪灼其上。一日一夜出，分去絮，内桂心末六铢，酒服二方寸匕，病当下。甚者不过再服，瘥止。

七曰蛇瘕。蛇瘕者，妇人月水已下新止，适闭未复，胞门子户劳伤，阴阳未平，营卫分行，若其中风，暴病赢劣，饮食未调，若起行当风，及度泥涂，因冲寒太早，若坐湿地，名曰阴阳乱，腹中虚，若远行道路，伏饮污井之水，食不洁之食，吞蛇鼠之精，留络不去，则生蛇瘕之聚。上食人之肝心，若病长大，其行如膝，条条在脐下，上还绞左右胁，不得吐气，两股胫间苦疼，少腹多热，小便赤黄，膀胱引阴中挛急，腰背俱痛，难以动作，喜发寒热，月水或多或少。

有此病者，不复生子。其瘕手足成形者杀人，未者可治之，疗有法度，行以毒药，瘕当下即愈矣。

又疗蛇瘕方：

大黄 黄芩 芒硝各半两 甘草大如指一尺、炙 乌贼鱼骨二枚 皂荚六枚，去皮子尖

上六味捣，以水六升煮之三沸，下绞去滓，下硝，适寒温服之，十日一剂，空腹服之，当下。

八曰鳖瘕。鳖瘕者，妇人月水新至，其人剧作罢（音疲）劳，汗出衣服润湿，不以时去之，若当风睡，足践湿地，恍惚觉悟，蹶立未安，颜色未平，复见所好，心为开荡，魂魄感动，五内脱消，若入水浣洗沐浴，不以时出，而神不守，水气与邪气俱入至三焦之中，又暮出入，玉门先闭，津液妄行留落不去，则生鳖瘕之聚。大如小杯，令人少腹内切痛，恶气左右走，上下腹中苦痛，若存若亡，持之跃手，下引阴里，腰背亦痛，不可以息，月水不通，面目黄黑，脱声少气。有此病者，令人绝子。其瘕有手足，成形者杀人，未者可治之，疗有法度，以长针按疗。

又疗鳖瘕方：

大黄六分 干姜 侧子各半分 附子 人参各九铢 䗪虫一寸匕熬 桂心一两六铢 细辛 土䘏各十八铢 白术一两

上十味捣散，以酒服方寸匕，日三。（以上八般瘕疾，出《古今录验》第三十卷中）

〔四〕中孚、颐卦，中如土藏不足，颐为膪胀之象：中孚（䷼）卦体为兑下巽上，中爻互震☳、互艮☶，孚为"诚信昭著"。《说卦传》曰："巽为木为风……兑为泽。"风在泽上，六三、六四两中爻，中心为虚爻，一则代表水面空旷，风力无阻；二为象征虚心不妄，张氏

谓"如土藏不足"，此或因不明互卦之义，始有此语。中孚中爻互艮，艮为山石之高大者，亦为说明其诚信内蕴，且"信"在五行中为"中五土"，故其言似应再加斟酌。

颐（☶）卦体为震下艮上，中爻互坤☷。《说文》："颐，颔也。"即口腔。初九、上九为唇，中间偶爻排列象牙齿，形如口腔，故名颐，取其饮食宴乐之象。古人称"颐养"即此义。然饮食之道，得其正则吉，饮食当节制，过则凶，谚谓"祸从口入"。其中爻又互坤，《说卦传》曰"坤为腹"，若耽于口腹之欲，则过矣！故张氏曰："颐为臌胀之象。"故六二为"征凶"，六三为"贞凶"，戒贪食也。兹将《中国医学大辞典》有关臌胀（也作鼓胀）之症状及治法录之于后：

腹皮绷急如鼓，中空无物，以手按之，而不即起者。《素问·至真要大论》："诸腹胀大，皆属于热。诸病有声，鼓之如鼓，皆属于热。"《腹中论》："有病心腹满，旦食则不能暮食，名为鼓胀。治之以鸡矢醴，一剂知，二剂已。其有时复发者，何也？此因饮食不节，故时有病气聚于腹也。"《灵枢·经脉篇》："实则肠中切痛，虚则鼓胀。"《水胀篇》："鼓胀者，腹胀身皆大，大与肤胀等也。色苍黄。腹筋起，此其候也。先写其胀之血络，后调其经，刺去其血络也。"

按：此证由脾阴受伤，胃虽纳谷，脾不运化，或由怒气伤肝，渐蚀其脾，脾气虚极，故阴阳不交，清浊相混，隧道不通，郁而为热；热留为湿，湿热相生，故其腹胀大，中空无物，外皮绷急，状似肤胀。而腹有筋起为异，若肚脐突出，皮光如油者不治，脉浮大者生，脉虚小者危。治法如下：

（一）脾虽损而无热以扰之者，则补脾可以获效。热虽有而脾未损者，则清热可以奏功。惟二者兼有，即属难治。宜用补削以培其本，少加消导以祛其积，次当顺气以通其滞。挟热者加清凉以荡其邪，使清气上升，浊气下降。清者出头面而入四肢，浊者化水液而行小便。则腹日消而神日旺，病自易愈。

（二）先胀后喘者，宜二陈汤。先喘后胀者，宜宁肺汤。余如调中健脾汤，及苏梗、厚朴、木通、陈皮、柴胡、白芍、大腹皮、延胡索之属，均可酌用。

（三）下焦虚寒，因而腹胀者，宜壮原汤。

（四）公鸡一只，用大麦连喂四五日，取下鸡粪一升，炒黄色。好酒一瓶，浸鸡粪作一碗，沥去渣，服之。少时腹中气大转舒作鸣，从大便而出，其肿渐消。如利未尽，再服一二次，必然尽消。如泄利不止，用田螺四个，酒淬煮吃，即以温粥食之。俟肿消尽，再用肾气丸、六君子汤之属，调理之。

（五）轻粉二钱，巴豆四钱（去油），生硫磺一钱，共研成饼。先以新棉一片放脐上，次以药饼当脐按之，外用布捆紧。如人行五六里自泻下。候泻三五度，去药饼，以温粥食之。久患者，隔日方去药饼，愈后忌饮凉水。

（六）用晒干猪尿胞一个，高粱烧酒六两，生大黄、胆矾各三钱，共研为末，同装胞内，用线扎口，绵带紧悬项下，贴于当脐，将布缚住，五昼夜一换。轻者三个，重者六个全消。

（七）独头蒜，一岁一个，去皮。入顶好甜酒六七成，兑入烧酒二三成，以酒盖过蒜为度，蒸熟。如夏月露一宿仍温热用。冬月乘热连酒服完，虚气从大便出，即下秽物，其肿即消，一服除根，不忌盐酱。

（八）取盖屋稻草，煎汤，倾入盆内。先坐盆上熏之，待汤温方洗其腹。小便随下黄水，熏洗数次，永不再发。

（九）乌鱼二斤一条者，去肠净，入皂矾二两，外用粗纸打湿包好，入谷壳火内煨，午时起，子时止，取出去纸灰骨，只用净鱼皂矾，研末收贮，每服三钱，老米汤下。

（十）西瓜一个，切去顶，挖去瓢三成。以蒜瓣填满，将原顶盖上，放新砂锅内，再用新砂锅合上蒸熟，瓜蒜与汤作二三次食尽，不忌盐酱。

（十一）雄猪肚一个，洗净。装入大蒜头四两，放砂锅内，河水煮熟，不放盐。空腹时食之甚效。

（十二）黄牛粪阴干，每服一两，酒煎，滤去渣服，三服即效。

（十三）多食野水鸭最妙。又有气逆胀、气虚胀、血虚胀、血热胀、蓄血胀、湿热胀、六气胀、单腹胀、虚胀、实胀、寒胀、热胀、谷胀、水胀、火胀、酒胀、气胀之别。

◎ 附：张介宾氏肿胀治法

肿胀一证，观本篇（《灵枢·胀论》）之义，则五藏六府，无不有之。再考诸篇，如《脉要精微论》曰："胃脉实，气有余则胀。"《邪气藏府病形篇》曰："胃病者，腹䐜胀，胃脘当心而痛。"《本神篇》曰："脾气实，则腹胀泾溲不利。"《阴阳应象大论》曰："浊气在上，则生䐜胀。"此皆实胀也。

《太阴阳明论》曰："饮食起居失节，入五藏则腹满闭塞。"《师傅篇》曰："足太阴之别公孙虚则鼓胀。"此皆虚胀。

《经脉篇》曰："胃中寒则胀满。"《异法方宜论》曰："藏寒生满病。"《风论》曰："胃风鬲塞不通，腹善胀。失衣则䐜胀。"此皆寒胀也。

《阴阳别论》曰："二阴一阳发病，善胀心满。"《诊要经络论》曰："手少阴终者，腹胀闭。足太阴终者，腹胀闭。"此心脾受伤之胀也。

此外如《六元正纪》《至真要》等论有云："太阴所至为重胕肿，

及土郁之发，太阴之初气，太阴之胜复，皆湿胜之肿胀也。"有曰"水运之太过"，有曰"寒胜则浮"，有曰"太阳之司天，太阳之胜复，皆寒胜之肿胀也"，有曰"少阴之司天，少阴之胜复，少阳之司天，少阳之胜复"，有曰"热胜则肿，皆火胜之肿胀也"，有曰"厥阴之司天在泉，厥阴之复"，有曰"阳明之复，是皆木邪侮土及金气反胜之肿胀也"。

观此，则不惟五藏六府，即五运六气，亦无不皆有是病。然《至真要大论》曰："诸湿肿满，皆属于脾。"《水热穴论》曰："其本在肾，其末在肺，皆聚水也。"又曰："肾者，胃之关也。关门不利，故聚水而从其类也。"由此言之，则诸经虽皆有胀，然无不干于脾、肺、肾三藏。盖脾属土，其主运化；肺属金，其主气；肾属水，其主五液，凡五气所化之液，悉属于肾；五液所行之气，悉属于肺；转输于二藏之中，以制水生金者，悉属于脾。所以肿胀之生，无不由此三者。

但证有阴阳虚实，如诸论之所云者，不可不辨。大都阳证多热，热者多实。阴证多寒，寒者多虚；先胀于内而后及于外者多实，先肿于表而后甚于里者多虚；小便黄赤，大便秘结者多实。小水清白，大便稀溏者多虚；脉滑数有力者多实，弦浮微细者多虚；形色红黄，气息粗长者多实，容颜憔悴，音声短促者多虚。

凡是实证，必以六淫有余伤其外，或饮食怒气伤其内，故致气道不行，三焦壅闭。又此则多在气分，无处不到，故不分部位，而多通身浮肿。又或气实于中，则为单腹胀急。然阳邪急速，其至必暴，每成于旬日数日之间，此惟少壮者多有之。但破其结气，利其壅滞，则病无不愈。此治实之道也。

若是虚证，必以五志积劳，或酒色过度，伤其脾。日积月累，其来有渐。此等病候，多染于中年之外，其形证脉气，必有虚寒之候，显然可察，非若实证之暴至，而邪热壅结，肝气悍逆之有因也。治实者本无所难，最难者在治虚耳。然虚有在气者，有在水者。在气者，以脾气虚寒，不能运化，所谓气虚中满者是也。在水者，以脾虚不能制水，则寒水反伤脾土，泛滥为邪。其始也必从阴分，渐次而升，按肉如泥，肿有分界，所谓水臌水胀者是也。

然水虽制于脾，而实主于肾。盖肾本水藏，而元阳生气所由出。若肾中阳虚，则命门火衰，既不能自制阴寒，又不能温养脾土。阴阳不得其正，则化而为邪。夫气即火也，精即水也。气之与水，本为同类，但在于化与不化耳。故阳王则化，而精能为气。阳衰则不化，而水即为邪。凡火盛水亏则病燥，水盛火亏则病湿。故火不能化，则阴不从阳，而精气皆化为水。所以水肿之证，多属阳虚。故曰"寒胀多，热胀少也"。

然观丹溪之治肿胀云："清浊相混，坠道壅塞而为热。热留为湿，湿热相生，遂成胀满。治宜补其脾，人须各肺金以制木，使脾无贼邪之患。滋肾水以制火，使肺得清化之令。"其说重在湿热，而犹以制火为言。夫制火固可保金，独不虑其不生土乎？若以此法施于阳实而热者则可；若以治阳虚而气不化者，岂不反助阴邪而益其病哉？故予之治此，必察其果系实邪，则直清阳明，除之极易。凡属虚劳内损者，多从温补脾肾而愈，俱得复元。或临证之际，有虚实未明，疑似难决者，则宁先以治不足之法，采治有余。若果未投而病反加甚，是不宜补也；不妨易辙，自无大害。倘药未及病，而病自甚者，其轻重真假，仍宜详察。若误以治有余之法治不足，而曾经峻攻者，真气复伤，虽神丹不能疗矣。或从清利，暂见平复，使不大补脾肾以培根本，虽愈目前，未有不危亡踵至者。此治虚之道也。夫肿胀之病，多有标实本虚，最为危候，若辨之不明，则祸人非浅。

〔五〕剥、复如隔阳脱阳，夬、姤如隔阴脱阴：剥（䷖）卦体坤下艮上，中爻互坤☷。剥有剥削、耗蚀之义。六爻自初至五皆阴，仅上九一阳，为阴长阳消，乃"脱阳"之象。复（☷☳）卦体为震下坤上，中爻亦互坤☷。复作循环、往复、生机解。剥卦一阳跻于极位，前无可往，故剥尽为坤（☷）。复卦《象》曰："反复其道，七日来复，天行也。"所谓"七日来复"者，指剥六爻中间经坤，至第七日，则变为复也。"天行"，指复之初九，谓生机始生也，在岁为冬十一月，一阳初动，生机萌动，然气候仍甚严寒，故为"隔阳"之象。

夬（☰☱）卦体为乾下兑上，中爻互乾☰。夬卦《象》《序卦》与《杂卦传》均谓："夬者，决也。"故夬为决断或排除义。然夬之六爻，自初至五皆阳，五阳盛长，势必排除上六一阴而为乾，故有"脱阴"之象。姤（☰☴）卦体巽下乾上，中爻互乾☰。姤卦《象》《序卦》与《杂卦传》均释姤为"遇"，有相逢、遭遇之义，男女相交为姤。乾天在上，巽风在下，凡暴露在天空下之物体，无不与之遭遇者。因姤之六爻自二至上皆阳，姤卦卦辞及《象传》均曰"勿用取女"，盖阴长阳消，阴盛逼阳。然张氏则曰有"隔阴"之象。关于脱阴脱阳病症，在《中国医学大辞典》中，有如下记载：

脱：一、阴中风之剧者。此证由于元气素弱，劳役嗜欲过度，以致卒然倒仆。上无痰，下失禁，瞑目昏沉，气息若有若无。《内经》谓："口开者心绝，手撒者脾绝，眼合者肝绝，遗尿者肾绝，声如鼾者肺绝，皆由虚极而阳脱，与风邪无涉。"如五证不全现者，急宜用大剂参耆术附及地黄饮子之属进之，兼灸脐下，或可得生。亦有痰鸣不语，绝类闭证者，惟当辨其脉之虚大以为别。二、阴阳离绝而死者，人身阴阳二气，相守而不相离，阳欲上脱，则阴下吸之，阴欲下脱，则阳上吸之，不能脱也。即病因非一，阴阳时有亢战，旋必两协其平。惟大醉大劳，乱其常度，魂魄不能自主，则精神上下离绝矣。

脱阴：阳盛之极，而阴血不荣也。《难经·二十难》曰："脱阴者目盲。"

脱阳：一、阴盛之极，阳气不守也。《难经·二十难》曰："脱阳者见鬼。"二、男子因交媾精脱而死者。

上脱：此证多由思虑伤神所致，多见自汗不已。面如渥丹，妄闻妄见，如有神灵，闭目转盼，即觉身非己有，恍若离魂。甚有素日无病，一笑而逝者。宜于未脱之先，寻其罅漏缄固之，使阴平阳秘，精神乃治。

下脱：此证由房劳伤精所致。多见翕翕少气，不能饮食，大便滑泄无度，小便清利悄常，或梦寐走泄，昼夜遗精，或精血并脱，不能自主。甚有少年交合，一注而倾者。宜于未脱之先，寻其罅漏缄固之，使阴平阳秘，精神乃治。

上下俱脱：此证由上盛下虚，精神外越所致。素嗜肥甘、好酒色，体肥痰盛者多患之。必颠仆遗尿，喘鸣大汗。宜于未脱之先，寻其罅漏缄固之，使阴平阳秘，精神乃治。

〔六〕观是阳衰之渐，遁藏阴长之因：观（☷☴）卦体坤下巽上，中爻互坤☷、互艮☶。观作观瞻、观光或示范解。《说卦传》曰："坤为地……巽为风，艮为门阙。"巽风行于大地之上，有周游历览之象。若"流连忘返"，则不足以为训。中爻互坤艮，坤下艮上（☶☷）则为剥。遁（☰☶）卦体艮下乾上，中爻互巽☴、互乾☰。遁作退隐、逃避解。《序卦传》："遁者，退也。"《杂卦传》："遁则退也。"《说卦传》："乾为天……艮为山。"古谓："不登高山，不知天之高也。"登高山，又犹如平地望天一样遥远。且遁二阴在下，为阴长阳消之象。《象》曰："君子以远小人，不恶而严。"故张氏谓："遁藏阴长之因。"

〔七〕姑象其概，无能赘陈：此为本段结语，言前所举十四卦之卦象，与人体健康关系，只是个大概，如要说得很详尽，则没有那种学养能耐。

〔八〕离火临乾，非头即藏：本段全文以论"离火"为主。先从乾卦言，《说卦传》曰："乾为首……离为目。"又曰："燥万物者，莫熯乎火……离为火，为日……其于人也，为大腹，为乾卦。"离为南方之卦。《灵枢·大惑论》曰："五藏六府之精气，皆上注于目，而为之精。精之窠为眼，骨之精为瞳子，筋之精为黑眼，血之精为络，其窠之精为白眼，肌肉之精为约束。"《灵枢·癫狂病》："头重痛，视举目，赤甚作极，已而烦心。"《灵枢·论疾诊尺》："目赤色者，病在心。"《素问·五常政大论》："阳明司天，燥气下临……胁痛目赤。"《素问·六元正纪大论》："少阳司天之政……其病气怫于上，血溢目赤，咳逆头痛血崩。"又曰："目赤心热……善暴死。"又曰："少阴司天之政……民病咳喘，血溢血泄，鼽嚏目赤皆疡。"《素问·气交变大论》曰："岁金大过……肝木受邪……目赤痛皆疡。"《素问·至真要大论》："少阳之胜……烦心心痛，目赤欲呕。"凡此皆为"离火临乾，非头即藏"之病证也。

〔九〕若逢兑卦，口肺相连：承前段"离火"，次逢兑卦。《说卦传》曰："兑，说（悦）也……兑为口……兑为泽。"又曰："兑，正秋也。"方位在西，属金。肺主气，气窍在鼻。口虽饮食器官，口与鼻亦同为呼吸器官，故曰"口肺相连"。《素问·热论》："伤寒五日，少阴受之，少阴脉贯肾络于肺，系舌本，故口干而渴。"离为火，兑为口，为泽（津液），丙、丁属火，《素问·平人气象论》曰："肺见丙、丁死。"庚、辛属金，肺也。以故《灵枢·经脉》曰："太阴者，行气温于皮毛者也……毛折者，则毛先死，丙笃丁死，火胜金也。"所以离火若逢兑泽，因口肺相连，则必须降火强肺，金生水，使之水火相济，始为治本之道。

〔十〕交坎互相利害，入东木火防灾：《说卦传》曰："坎者，水也，正北方之卦也。"离心属火，坎肾属水。火盛则水灭，水盛则火灭，此为水火未济，相克之害。火性热，水性凉，故火温则水温，此为水火相互相成，水火既济之利。故曰"交坎互相利害"。

东三木为震，《说卦传》曰："万物出乎震，震，东方也……震为雷。"离为火、震为雷，离火与雷火相遇。肝属木，木又生火，离火、雷火、木火三火相逢，焉有不成灾之理。故曰"入东木火防灾"。

〔十一〕坤、艮虽然喜暖，太过亦恐枯干：干，干燥也。《说卦传》曰："坤也者，地也，万物皆致养焉，故曰'致役乎坤'……艮，东北之卦也，万物之所成终而所成始也，故曰'成言乎艮'。"坤为地，艮为山，二者均为土。土平衡而王于四季，盖以土能养火蓄火故也。若"汤有七年之旱灾"，离日高照不雨。赤地千里，万物不生，故曰"太过亦恐枯干"。

〔十二〕坎为木母，震、巽相便，若逢土位，反克最嫌：本段全文以坎水为主。坎为水，水生木，故曰"坎为木母"。《说卦传》曰："万物出乎震。震，东方也。齐乎巽。巽，东南也。齐也者，言万物之洁齐也。"又曰："震为雷……巽为木。"故知震为春，巽为春夏之交，坎水滋润大地，草木畅茂，故曰"震、巽相便"。土居中央，土固养木，然木又克土，土固木母，然土又克水，故曰"反克最嫌"。

〔十三〕金、水本为同气，失常燥湿相干：承"坎水"前文，西方属金，为兑卦。金生水，与北方坎水为同气，若金不生水，坎水不济，则干燥；如金生水，坎水泛滥，则成灾，均为"失常"，故曰"失常燥湿相干"。

〔十四〕坤、艮居中，怕逢东旺；若当乾、兑，稍见安然：本段以"坤地"为言。坤地艮山同为土；东三木，木盛则克土，故曰"怕逢东旺"。《说卦传》曰："乾为玉，为金。"兑为泽为金，土生金。

同时乾健坤顺，兑泽润土，故曰"若当乾、兑，稍见安然"。

〔十五〕**坎本属水，阳居乎中；离本属火，阴藏乎内**：从三画之八卦言，仅乾为三阳爻，坤为三阴爻，其余六卦均阴阳互见。乾坤相交，始有其他六卦，故称乾、坤为父母卦。从六画之六十四卦言，亦仅乾为六阳爻，坤为六阴爻，其余六十二卦亦每卦阴阳互见。《系辞上传》曰："乾坤，其易之缊邪？乾坤成列，而易立乎其中矣。乾坤毁，则无以见易；易不可见，则乾坤或几乎息矣。"

坎虽属水，然为中男；离虽属火，然为中女。《系辞下传》曰："阳卦多阴，阴卦多阳。"故坎☵二阴一阳，离☲则二阳一阴。此与今日科学阴阳二电荷排列组合之不同，产生多种不同之元素，其理相同。

〔十六〕**北方水地……九当其位**：此为《河图》数，前已言之甚详。《系辞上传》曰："天一、地二，天三、地四，天五、地六，天七、地八，天九、地十。"《河图》曰："天一生水，地六成之。地二生火，天七成之。天三生木，地八成之。地四生金，天九成之。天五生土，地十成之。"天数阳而奇，一、三、五、七、九是也。地数偶而阴，二、四、六、八、十是也。以天数配地数，配五方、五行、四季、天干、地支如下附表。

天数	1	3	5	7	9
地数	6	8	10	2	4
五方	北	东	中央	南	西
五行	水	木	土	火	金
四季	冬	春	四季	夏	秋
天干	甲、己	丙、辛	戊、癸	乙、庚	丁、壬
地支	子、亥	寅、卯	辰、戌、丑、未	午、巳	申、酉

本表与昔贤所制不同，请读者继续研究改进。如前表，十天干有阴阳，十二地支亦有阴阳。天干有五行，地支亦有五行。天干应日，地支应月。兹再说明如次（见下表）：

天干应日	地支应月
甲阳乙阴曰木	子阳亥阴曰水
丙阳丁阴曰火	午阳巳阴曰火
戊阳己阴曰土	寅阳卯阴曰木
庚阳辛阴曰金	申阳酉阴曰金
壬阳癸阴曰水	辰戌阳丑未阴曰土

〔十七〕离阳属火……岂尽真寒易识：天有阴有阳，地亦有阴有阳，人体亦有阴有阳，宇宙万有莫不有阴亦有阳。阴与阳不能分离，离则死矣。不论其为正负、离向，其相反相成之二力，其排列组合之多寡，不能认其多为正、为真，寡为负、为假，应从其核心，以断其谁为真、谁为假。在《易》卦中，以中爻为真，以外爻为假。如三画之离卦☲，则以六二之中爻为真，六画之离卦☲，则以上下卦体之中爻六三、六五为真。离本中女为阴，故其阳爻虽多阴爻一倍，然其热半为假热。又如三画之坎卦☵，则以中爻九二为真，六画之坎卦☵，则以上下卦体之中爻九二、九五为真。坎本中男，故阴爻虽多阳爻一倍，然其寒当非真寒。故"真"与"假"，应从其核心加以论断。医家诊断用药亦然，去其外诱之"假"，还其本然之"真"，使之阴阳和谐协调，则豁然而愈矣！

〔十八〕云从龙……死生之窍："云从龙，风从虎；水流湿，火就燥"等四句，为乾卦《文言》孔子解释九五语，其全文为："九五曰'飞龙在天，利见大人'，何谓也？子曰：'同声相应，同气相求；水流湿，火就燥；云从龙，风从虎。圣人作而万物睹。本乎天者亲上，本乎地者亲下，则各从其类也。'"龙腾而云从，虎跃而风生，水向低湿流，火就干燥烧。张氏之意，以"龙腾虎跃"为长，"不腾不跃"为消，以喻人身之健康与否。"水流湿"，则应扶其阳，以抑其阴；"火就燥"，则应扶其阴，以降其阳，使人体阴阳趋于平衡。

〔十九〕倘知逆顺堪忧，须识真假颠倒：病情变化万千，最难辨别真假。以寒治热，以热治寒，是常道，因其寒为真寒，热为真热。若以寒治寒，以热治热，则其寒为假寒，热为假热。《红楼梦》中有两句名言，可为医学大家辨症治病、对症下药之参考：

假作真兮真亦假，无为有处有还无。

反之，何尝不可说"真变假兮假乱真，有变无兮无还有"？顺逆、真假、有无之道，全赖医家学养经验以为断。

〔二十〕书不尽言，言不尽意：此语出《系辞上传》孔子之言。圣人仍有难书难言之叹，况疾患之生，有因时地、气候变化，体质各异、生活习惯之不同者乎？

［今译］

从疾病方面来说，泰卦可以上下交通，否卦则为上下隔离。既济卦是心与肾相互和谐，未济卦则为阴与阳有所分别。大过卦和小过卦都是过，知过不改，在病理上是阴寒之气逐渐加深，要把它驱逐出去，就好像肠胃积食，不消化，不是短时间可以完全治好的。中孚卦和颐卦，中孚在五行之中，土性似乎不够，颐卦有点像贪吃，肚皮鼓胀了起来。剥卦有脱的症状，复卦有阳气不足的象征；夬卦有脱阴的症状，姤卦有阴气不足的象征。观卦阳气在逐渐衰弱，遁卦含有阴气加强的原因。上举十四个卦例，只是从卦象上讲一个大概，至于详细情形，我就没有办法说得更清楚明白了。

再像离卦和乾卦，离为火、为日，乾为寒、为头。方位在南，时在夏季，头脑是要保持冷静清醒的，若离火使头脑发高烧，眼睛发赤，如果不是头上的毛病，就是五脏里有问题。假使离火在秋季，方位在西，病患口干舌苦，那就是兑卦的问题，因为兑代表口舌里的津液。口舌里的津液，是和肺部相连接的，所以病因是在肺部。离火在冬季，方位在北，和坎卦相互交往，则利弊互见。因坎为水，水大则火灭，火大则水干；水火相济，则水由寒冷保持温暖。肾属水，要注意肾病。离火返入到东方，时在春季，则为震和巽的卦位。震为雷，为决躁，巽为木、为风。雷火锐发，木生火，风又助火，三火相连，扇风助火，所以要慎防火灾。肝属木，要注意肝病。离火进入中央，则为坤卦和艮卦的地方。坤为地，艮为山，都是土，土旺四季，土能养火蓄火，在人为脾胃。土虽喜温暖，但离火过于旺盛，脾胃也会干枯的。

坎卦代表水，水生木，在人则为肾水。坎水进入东方，则春季震卦，东南为春夏之交的巽卦。震为雷，万物生机勃发，巽为木为风，草木畅茂，动物繁殖。于人则为肝，肾水和肝木，有相辅相成的功效。坎水进入到中央的土位，则为脾胃，水本可以润土，但土会克水，必须小心防患。坎水进入西方，则为秋季兑卦之位，兑为泽，于人为肺，肺属金，金生水，同气相求，本来是好事。如果肾水不足，秋干气燥，金不生水，则有干枯之象，肾水旺盛，金水又生生不已，则又潮湿失常，既不利肾水又伤害到肺。

坤、艮两卦为土，正居在中央，可以平衡调和四季，唯一要注意的，就是怕东方的春季，草木过于旺盛，这是因为木可克土，土中营养被草木大量吸收，后继无力，影响到未来；等到进入乾夏、兑秋的季节，就会稍许平安无恙。以上所讲的，是从《河图》五方四季的卦象来推测病情的变化，以坎水离火为主来论断的。

但是，坎卦本来是属水，水为阴，却有一阳爻在中间；离卦本来属火，火为阳，却有一阴爻藏在里面。所以我们从《河图》的方位上看，北方是"地六"的水都，而有"天一"的配合；南方是"天七"的热带，而有"地二"的配合。东方是"三阳开泰"的木地，而有"地八"的配合；西方是"四阴金"的地区，而有"天九"的配合。从此可见，离阳虽然是火，在病理上可能是假热，也可能是真热，需要仔细地去考量；坎水虽然是阴，在病理上可能不是真寒，但也可能是真寒，有时候是很难辨症论治的。

乾卦《文言》讲："云从龙，风从虎。"是说龙腾虎跃，风云际会，是人生最得意的一段时光；龙不腾是爬虫，虎不跃是病猫，是人生最失意的时间。得意时为长，失意时为消；健康时期为长，生病时候为消。乾卦《文言》又说："水流湿，火就燥。"水是向低洼潮湿地区先流去的，火是向干燥处先燃烧的，这就说明了我们人五脏六腑的病理和四季、五行生克的关系，是医家辨证论治，对症下药的生死关键所在。如果知道病变化的逆与顺不易判断，则当先从病理的真假颠倒着手。

宇宙万有的变化，是多方面的。姑举一例来说，譬如我们人类脸孔，不但每个人都不是一样，就是全世界人的脸孔都不会是一样，甚至从远古到现在，人类的脸孔都是不一样的。人面不一样，等于人心也不会相同；人心不相同，所以人的病情变化也都不会相同。这就说明了疾病发生的种类，有时代病，有地区病，有职业病，有气象变化病，是非常难用数字来统计的。这里只是列举病的大概，要用文字写出来，是很难表达所要讲的，就是想用语言来说明，也无法将内心所想说的意见完全发挥。这全看各人自己的聪明才智，去领悟了解了。

〔笔者按〕本章计十五节，为《医易义》精华所在。医理与《易》理融会贯通，理论与实践相互结合，出入于儒、道易学之门，周游于儒、道思想之中。博览群籍，师古而不泥古；由博而约，创新而不立异，诚千古之儒医也。何正史不传其名？此为修《明史》者一大缺失。

本章所言动静、升降、神机、伸屈、变化、常变、死生诸节，多采自元朝李道纯氏所著《中和集》。李氏仪真人，字元素，号莹蟾子，又号青庵道人。其书成于至元年间，见《四库提要》，然《四库全书·集部》则缺。今《道统大全》有其文，谨此附闻。

第五章 《易经》为医学指南

第一节 道曰阴阳

[原文]

　　然神莫神于《易》，易莫易于医；欲该医《易》，理只阴阳。故天下之万声，出于一阖一辟[一]；天下之万数，出于一偶一奇[二]。天下之万理，出于一动一静[三]；天下之万象，出于一方一圆[四]。方圆也，动静也，奇偶也，阖辟也，总不出于一与二也[五]。故曰："天地，形也，其交也以乾坤；乾坤不用，其交也以坎离。"坎离之道，曰阴曰阳而尽之[六]。

[要旨]

　　本节从万声、万数、万理、万象，总括于阖辟、奇偶、动静、方圆之内，以阐明"一阴一阳之谓道"之理。

[注释]

　　[一]天下之万声，出于一阖一辟：阖者，合也，关闭意。辟者，

开也，开启意。《系辞上传》曰："夫乾，其静也专，其动也直，是以大生焉。夫坤，其静也翕（合），其动也辟，是以广生焉。"又曰："是故阖户谓之坤，辟户谓之乾。一阖一辟谓之变，往来不穷谓之道。"伏羲仰观俯察，近取远取，《易》理阴阳，随处可见。例如，把门关起来，即为阴暗的坤象；把门打开，便是阳明的乾象。关门，隔绝外界声音；开门，可以听见外界的音响。说话歌唱时要开口；不说话、不歌唱时多闭口。推而广之，风吹草动，波涛起伏，万籁齐鸣，其声无不发于一开一合之间。

〔二〕**天下之万数，出于一偶一奇**：《系辞下传》曰："阳卦奇，阴卦偶。"自古至今，无人对此合理说明。其病在于"卦"字，因为阳卦的画数不一定奇，阴卦的画数也不一定是偶。其实，一言以蔽之，将"卦"字改作"爻"字解，即豁然矣。阳爻为"━"是奇爻，阴爻为"━ ━"是偶爻。爻者，交也，变也，效也。一爻不能相交，二爻以上始能相交；交则变，变则化。古人说："伏羲一画而定天地。"故以"━"画为阳。有阳必有阴，有男必有女，有奇必有偶，故有二画"━ ━"之偶。阴阳相交而产生变化，卦爻彼此相交，即"效"此阴阳之变化也。卦由阴"━ ━"、阳"━"两爻组合而成，故爻即卦也。

一之前为零，一之后则有无量数，故一为万数之原。此为"一本万殊，万殊复归于一本"之义。有一必有二，故以二为偶，故凡双数均为偶数。一为奇数，二为偶数，故曰："天下万数，出于一奇一偶"。

〔三〕**天下之万理，出于一动一静**：《系辞上传》曰："动静有常，刚柔断矣。"艮卦《象》曰："动静不失其时，其道光明。"《易经》言静六，言动则五十有八，盖以吉、凶、悔、吝，生乎动，此亦老、庄主静之故也。宇宙为动体，本体在动，万有亦无一不在动。所谓动静，乃指群体与个体而言，静极思动，动极思静，万物皆然，动静之当否，则为万理之所由出。

〔四〕**天下之万象，出于一方一圆**：《系辞上传》曰："蓍之德圆而神，卦之德方以知。"是说蓍占则变化循环，圆通神妙；卦体六爻，每爻各有一定的现象（方），一定的理则（知）。不论其为圆周，半圆、圆心角、圆分角、圆周角，立体或平面之大圆、小圆……都是圆。方，不论其为等边与不等边的四方或三角、多角、立体或平面……都归类于方。方矩圆或圆规方，宇宙万有之万象，莫不出于一方一圆。

〔五〕**总不出于一与二也**：张横渠曰："两不立，则一不可见；一不可见，则两之用息。两者，虚实也，静动也，聚散也，清浊也，其究一也。"（《正蒙》）方与圆、动与静、奇与偶、阖与辟，都是两两相对，一正一负，相反相生，相互相成。宇宙万有，莫不皆然。

〔六〕**故曰：天地，形也……日阴曰阳而尽之**："故曰"一段，不知张氏何所据？《参同契》以文王后天八卦为主，以坎、离为用，张氏之意可能在此。《参同契》曰："天地设位，而《易》行乎其中矣。天地者，乾坤之象。设位者，列阴阳配合之位，《易》谓坎、离。坎、离者，乾、坤二用。二用无爻位，周流六虚，往来既不定，上下无常，幽潜沦匿，变化于中，包囊万物，为道化纲。"《系辞上传》："见乃谓之象，形乃谓之器。"《参同契》以乾、坤为天地之象，张氏以天地为形。《参同契》以坎、离为乾、坤之二用，张氏则曰："乾、坤不用，其交也以坎、离。"二用者，乾元用九、坤元用六之谓也。因坎为乾之用九，离为坤之用六，故无爻位，可以周流六虚，上下无常，往来不定。此《参同契》用坎、离的理论基础，张氏则径言"乾、坤不用"，以其中爻互交之坎、离为用。在《参同契》理论系统中，乾、坤中爻为元阳、元阴。坎本坤体，因乾元下交于坤阴，而生水，为坎、为月、为中男；离本乾体，因坤元上交于乾阳，而生火，为离、为日、为中女。换言之，坎、离二卦之中爻，独得乾、坤之正体，震、巽、艮、兑四卦，所得则为乾、坤之偏体。《易》曰："悬象著明莫大乎日月。"（《系辞上传》）离日坎月，故曰"乾、坤不用，其交也以坎、离"。然乾、坤为《易》之门户，在丹道为炉鼎；坎、离为匡廓，在丹道为药物，火候出于其中，此其所以用坎、离也。故曰："坎离之道，曰阴曰阳而尽之"。

[**今译**]

讲神妙无方、变化莫测的书，只有《易经》，从《易》理推衍出来的医道，就比较容易得多了。想要明白医道和《易经》的关系，只要把握住阴阳变化的基本理论就可以。所以说，宇宙虽有千千万万的不同声音，都是从一开一合里发出来的；宇宙虽有无穷无尽的万数，都是由奇数和偶数衍生出来的；宇宙万有虽有许许多多的道理，都是从动和静的相互转换中推论出来的；宇宙虽有众多千奇百怪的现象，都是从各种不同的方形和各种不同的圆形，相互组合出来的。

因此，不论是方圆也好，动静也好，奇偶也好，开合也好，总括起来讲，都是一和两的关系。所以说："天体中的许多星球，和我们人类所居住的地球，都是有形体，可以看得见的现象界，这些现象的产生，我们以乾卦代表天体，以坤卦代表地球。乾为阳，坤为阴，阴阳相交，所以才有这些现象界。用乾、坤两个名词做代表，可能范围太广泛，因此缩小范围，不用乾、坤，用坎、离二卦来说。离日坎月，是大家天天看得到的，坎水离火，是人人随时随地都会接触到的。"其实不论是坎月或坎水，不论是离日或离火，总而言之一句，就是"阴"和"阳"二字而已！

第二节　阳为阴主

[原文]

然合而言之，则阴以阳为主，而天地之大德曰生。夫生也者，阳也，奇也，一也，丹也〔一〕。《易》有万象，而欲以一字统之者，曰阳而已矣。生死大事，而欲以一字蔽之者，亦曰阳而已矣。虽曰阳为阴偶，而乾阳健运；阴为阳基，而坤静常宁。然坤之所以得宁者，何其非乾阳之所为！

故曰"如艮其止"。止是静，所以止之，便是动。是以阴性虽狡，未尝不听命乎阳，而因其强弱以为进退也〔二〕。所以元贯四德，春贯四时〔三〕，而天地之道，阳常盛，阴常亏，以为万物生生之本，此先天造化之自然也〔四〕。

[要旨]

阴之所以以阳为主者，一言以蔽之，曰阳为生生之德。阳之所以为生生之德，亦一言以蔽之曰：乾阳健运而坤静常宁之故也。

[注释]

〔一〕生也者，阳也，奇也，一也，丹也：何谓阳？《释文》曰："阳，谓生也。"阳能生物也。

何谓奇？《系辞下传》曰："阳卦奇，阴卦偶。"《白虎通·嫁娶》："阳数，奇；阴数，偶。"一、三、五、七、九等均为奇数。

何谓一？《说文》："一，惟初太极，道立于一，造分天地，化成万物。"老子曰："道生一，一生二，二生三，三生万物。"（《老子》第四十二章）《广韵》："一，数之始也。"朱熹《易本义·乾》："一者，奇也，阳之数也。"故一有生、阳、道、奇数、始数诸义。

何谓丹？清朱元育《参同契阐幽》曰："一阴一阳之道，不出乾坤范围也。盖天地间只此一阴一阳，其本体则谓之道，其化机则谓之易，其神用则谓之丹。易道之阴阳，不外乾坤；丹道之阴阳，不出性命；乾坤，即性命也……乾坤门户，在丹道为炉鼎；坎离匡廓，在丹道为药物，火候出其中矣。"一言以蔽之，所谓"丹道"者，在吸取坎☵中一点真阳，还补离☲中之阴，使之复为乾☰之纯阳，故吕洞宾自称为纯阳子，始能飞升，成仙之意也。据前所引，则知阳、奇、一、丹四者，皆以"生"为吉也。

〔二〕"艮其止"……因其强弱以为进退也：《说卦传》："艮，止也。"艮卦《彖》曰："艮，止也。时止则止，时行则行，动静不失其时，其道光明。艮其止，止其所也。"卦体上下皆艮☶。从互爻言，中爻互坎☵、互震☳。坎下震上为解☵，雷雨交作，天地之气得舒解也。从卦体上下皆艮言，上体上九已至极位，则当"止"也，下体九三，仍可"行"也。故曰："时止则止，时行则行，动静不失其时。"

止为安定、安静，并非停止、寂灭。止为行的段落，行为止的途程；止为体力休息站，营养的补给站，行是止的再出发、再战斗，静动亦然。《礼记·大学》曰："知止，而后能定；定，而后能静；静，而后能安；安，而后能虑；虑，而后能得。"故"止"之目的在"行"的"得"。阳动阴静，阳一动，阴不得不随之而动；动极则动成强弩之末，故曰动极则阴生，所以时止则止，止而后能定、静、安、虑也。

〔三〕元贯四德，春贯四时：乾卦卦辞曰："乾，元亨利贞。"坤卦卦辞曰："坤，元亨，利牝马（母马也）之贞。"六十四卦，只乾、坤、屯、随、临、无妄、革等七卦具备"元亨利贞"四德。其他各卦，或一或二或三不等。乾、坤为《易》之门，乾、坤生六子，乾、坤为父母卦，屯为人道之始卦。乾卦《彖》曰："大哉乾元，万物资始，乃统天。"坤卦《彖》曰："至哉坤元,万物资生,乃顺承天。"屯卦《彖》曰："刚柔始交而难生。"有乾元之资始,有坤元之资生,万物自此而"始生"也。

何谓"元、亨、利、贞"?乾卦《文言传》曰："元者,善之长也。亨者,嘉之会也。利者,义之和也。贞者,事之干也。"此为单字解释,亦有两字连解。《文言传》又曰："乾元者,始而亨也。利贞者,性情也。"简言之,元为原始、浩大;亨为通达、流畅;利为和谐、适宜;贞为端正、稳固。历代解《易》者,均称此为四德。元既为原始,没有开始,何来亨、利、贞三德?故曰"元贯四德"。

"春贯四时"者,春为四季之首,春为生生之德,枯木逢春能再发,春生、夏长、秋收、冬藏。以春生配元始,以夏长配亨会,以秋收配利和,以冬藏配贞干。四德四时,"春元"可贯,因其为阳而始有生生之德也。

〔四〕天地之道……此先天造化之自然:春生夏长,阳生也;秋收冬藏,阴杀也。春生夏长,草木畅茂,禽兽繁殖,阳常盛也;秋收冬藏,草木枯槁,禽兽潜伏,阴常亏也。一年四季,生长收藏,循环不息,亦生生不已,是为天地之道,亦为万物生生之本。此"本"为何?曰先天阴阳二气之化育而已。

[今译]

总括阴和阳的相互关系来说,就是阳为主人,阴为随从。因为天地的大恩大德,能使万物生生不息。"生"字的意义,就是阳可以生物,奇是阳的数,一是阳数的开始,丹是元阳真阳。《易经》六十四卦,每卦有《大象》,每卦六爻,共三百八十四爻,每爻有《小象》。爻中有策,其一万一千五百二十策,策又有象,故曰"《易》有万象"。在这万象当中,要想用一个字来说明它,那只有"阳"这个字。宇宙万物的生和死，是件大事，要想用一个字来说明它，那也只有一个"阳"字。

虽然说，阳是阴的和合对偶，但乾阳刚健运行不息；阴是阳的基础，但坤阴常宁静而退守。坤阴所以能够得到宁静的原因，真正推究其中道理，还是因为阳动到了极点，需要休息，所以坤阴才会有宁静的时刻。

艮卦《象传》说："艮其止。"止的意义，就是静。谁可使它静止？便是动极思静的缘故。所以，阴性虽然很狡猾，但结果还是要顺从阳性，阳要动，就随从它动，阳要静，就跟着它静。因为阳强而动，阳弱而静，阴性完全依照阳性的强弱，来作为它动进或静退的准则。

《易》有"元、亨、利、贞"四种德行。元的意义，是原始、浩大。亨的意义，是通达、流畅。利的意义，是和谐、适宜。贞的意义，是端正、稳固。没有"元"的开始，何来"亨、利、贞"三德？所以说"元贯四德"。一年四季，春、夏、秋、冬。春生、夏长、秋收、冬藏。春为四时的开头，没有春生，何来夏长、秋收、冬藏？所以说"春贯四时"。宇宙间的大道，阳气经常是强盛的，阴气经常是亏损的，一年四季，阳生阴收，循环不已，是宇宙万物生生不息的根本，这是在宇宙没有成形前，阴阳二气生生化化的自然现象。

第三节　扶阳抑阴

[原文]

惟是阳如君子，阴如小人。君子则正大光明，独立不倚，而留之难；小人则乘衅伺隙，无所不为，而进之易[一]。安得春光长不去，君子长不死〔二〕！惜乎哉！阳盛必变，逝者如斯〔三〕。故日中则昃，月盛则亏，亦象夫阳一而阴二，反觉阴多于阳〔四〕。所以治世少而乱世多，君子少而小人多，期颐少而夭折多，此后天人欲之日滋也〔五〕。是以持满捧盈〔六〕，君子惧之。故圣人作《易》，至消长之际，淑慝之分〔七〕，则未尝不致其扶阳抑阴之意。非故恶夫阴也，亦畏其败坏阳德，而戕伐乾、坤之生意耳！以故一阴之生，譬如一贼，履霜坚冰至，贵在谨乎微〔八〕，此诚医学之纲领，生命之枢机也。

［要旨］

本节以阳如君子、阴如小人喻，说明其扶阳抑阴之理论基础。

［注释］

〔一〕君子则正大光明……小人无所不为而进之易：历代诸子百家、经史子集，无不喜言君子与小人之分，可谓举目皆是。仅以《易经》与《四书》为言，则已洋洋大观。《易经》退小人之言十五，誉君子之言一百，君子与小人并举之言十七。《论语》言君子百有一十，言小人二十有四，君子与小人并举十九。《大学》君子与小人并举四，言君子十一。《中庸》言君子三十，君子与小人并举五。《孟子》言君子七十有七，言小人十二，君子与小人并举三。惜《内经》未言小人，举君子只有四次。本书为《医易义》，兹就《易经》言君子与小人并举者，节录如次：

泰卦《象传》：内君子而外小人；君子道长，小人道消。

否卦卦辞：否之匪人，不利君子。

否卦《象传》：内小人而外君子；小人道长，君子道消。

观卦初六：童观，小人无咎，君子吝。

剥卦《象传》：小人长也……君子尚消息盈虚。

剥卦上九：君子得舆，小人剥庐。

剥卦上九《象传》：君子得舆，民所载也；小人剥庐，终不可用也。

遁卦《象传》：君子以远小人，不恶而严。

遁卦九四：君子吉，小人否。

大壮卦九三：小人用壮，君子用罔也。

解卦六五：君子维有解，吉。有孚于小人。

解卦六五《象传》：君子有解，小人退也。

革卦上六：君子豹变，小人革面。

革卦上六《象传》：君子豹变，其文蔚也；小人革面，顺以从君也。

《系辞上传》：负也者，小人之事也；乘也者，君子之器也。小人而乘君子之器，盗思夺之矣。

《系辞下传》：阳一君而二民，君子之道也；阴二君而一民，小人之道也。

《杂卦传》：夬，决也，刚决柔也，君子道长，小人道忧也。

　　本节重点，以阳如君子、阴如小人为喻，故单举《易》言君子与小人同时兼及者，以供参考。

　　〔二〕安得春光长不去，君子长不死：为张氏悲歌慷慨，感伤时事之言，与医《易》生死循环之理不合。春光长不去，何来夏长秋收？君子长不死，固所愿也，唯难能耳！

　　〔三〕阳盛必变，逝者如斯：“逝者如斯”，语出《论语·子罕》："子在川上曰：'逝者如斯夫，不舍昼夜。'"以一岁言之，春生夏长为阳盛，过则衰；以一日言之，日出至中午为阳盛，过则衰。以人生言之，日月逝矣，岁不我与，岂无“逝者如斯夫”之叹？

　　〔四〕日中则昃……反觉阴多于阳：丰卦《彖》曰："日中则昃

（昃，偏斜也），月盈则食，天地盈虚，与时消息（息，生长也），而况于人乎？况于鬼神乎？”《孔子家语·六本》亦曰：“日中则昃，月盈则食，天地盈虚，与时消息。”《史记·蔡泽列传》曰：“日中则移，月满则亏。”时有春夏秋冬，日有阴晴风霜，月有昏暗圆缺，人有生老病死，岁月推移，盛极必衰，此为自然现象。此为张氏悲天悯人，感伤之语也。

〔五〕治世少而乱世多……此后天人欲之日滋也：治世与乱世，君子与小人，期颐与夭折，乃眼前社会现象而言，并无精确资料分析统计比较。例如，中华文化五千年，则治世多乱世少，其间战乱时间最长者，为春秋战国时代约五百年，三国时期约五十年，五胡乱华南北朝约三百年，五代十六国约五十五年，南宋战乱约一百六十年，其他改朝换代战争，每次十年计，约六十年，自鸦片战争迄公元一九四九年，为一百零九年，总计约一千二百三十年之间，较之五千年，仅占三分之一弱。君子与小人之比较，多以为政者区分，沉默大多数则未计算在内，公道自在人心，则难数计。期颐与夭折，《礼记·曲礼上》：“百年曰期颐。”夭折，《左传·昭公四年》：“民不夭折。”疏：“折，未三十。”即年未过三十岁也。《素问·上古天真论》曰：“上古之人，其知道者，法于阴阳，和于术数，食饮有常，不妄劳作，故能神与形俱，而尽终其天年，度百岁乃去。今时之人不然也。以酒为浆，以妄为常，醉以入房，以欲竭其精，以耗散其真，不知持满，不时御神，务快其心，逆生于乐，起居无节，故半百而衰也。”张氏谓“此后天人欲之日滋也”，确为的论。

〔六〕持满捧盈：《尚书·大禹谟》曰：“满招损，谦受益。”谦卦《象》曰：“天道亏盈而益谦，地道变盈而流谦，鬼神害盈而福谦，人道恶盈而好谦。谦尊而光，卑而不可逾，君子之终也。”“变”作“崩塌”解，“流”作“归聚”解，“鬼神”作“自然之理”解。全文的大意是说：天道对盈满者，则亏之损之；对谦虚者，则补之益之。此乃以日月运行，日中则昃、月盈则亏来取象的。地道对高凸的部分，常崩之塌之，使其归聚于低凹之处，故有沧海桑田之变迁。自然理则对过于刚强自负自夸的，必易招惹损害，对谦虚自守的，必可得到福佑。人道恶盈而好谦，乃为人同此心，心同此理的。所以谦虚的，多能身居尊位，其道德事业，得以光明昭著，虽在下位，而其人格的高尚，学养的成就还是难以逾越的。孔子曰："劳而不伐，有功而不德，厚之至也，语以其功下人者也。"（《系辞下传》）有德不居，谦以自处；有功不夸，退让不矜，自卑而人益尊之，自晦而德益光显。程子曰："他卦皆有悔、凶、咎，唯谦未尝有；他卦有待而亨，唯谦则便亨。"（《理性大全》）故谦之六爻皆吉。王阳明曰："地不谦，不足以载物；天不谦，不足以覆物；人不谦，不足以受天下之益。"

何谓"满招损，谦受益"？《韩诗外传》曰："孔子观于周庙，有欹器焉。孔子问于守庙者曰：'此何器也？'对曰：'此盖为宥坐之器。'孔子曰：'闻宥坐器，满则覆，虚则欹，中则正，有之乎？'对曰：'然。'孔子使子路取水试之，满则覆，中则正，虚则欹。孔子喟然而叹曰：'呜呼！恶有满而不覆哉！'子路曰：'敢问持满有道乎？'孔子曰：'持满之道，抑而损之。'子路曰：'损之有道乎？'孔子曰：'德行宽裕者，守之以恭；土地广大者，守之以俭；禄位尊盛者，守之以卑；人众兵强者，守之以畏；聪明睿知者，守之以愚；博闻强识者，守之以浅。夫是之谓抑而损之。《诗》曰："汤降不迟，圣敬日跻。"'"欹器，倾斜之物器也。宥坐，宥，右也；宥坐，乃指将此倾斜的物器，放在座位的右边，以戒自满也。并见《荀子·宥坐》与《说苑·敬慎》二书。持满之道如此，捧盈之理亦然。"医生"者，使病者复健，危者复安。医生操病患生死之权，可不戒慎恐惧，持满捧盈乎！否则，非"医生"而为"医死"矣！

〔七〕淑慝之分：《尚书·毕命》曰："旌别淑慝，表其宅里。"《传》："言当识别顽民之善恶，表异其居里。"《疏》："淑，善也。慝，恶也。"《宋史·赵善传》曰："赏罚匪当，淑慝莫分，朝廷纲纪，渐致隳紊。"意均扬善罚恶。

〔八〕履霜坚冰至，贵在谨乎微：坤卦初六曰："履霜，坚冰至。"《象》曰："履霜坚冰，阴始凝也；驯至其道，至坚冰也。""履"为"践踏"，"驯"作"渐次"解。践踏到地面的霜，就该警觉坚冰的季节快要来临。坤之六爻皆阴，其初爻为五月，亦十二地支的午月，在十二消息卦为一阴始生之姤☰。从此阴长至六二为六月，地支为未，卦为遁☰。阴长至六三为七月，地支为申，卦为否☰。阴长至六四为八月，地支为酉，卦为观☰。阴长至六五为九月，地支为戌，卦为剥☰。阴长至上六为十月，地支为亥，卦为坤☰。六爻皆阴，故为履霜之卦象。阴寒之气，把空间水分凝结成霜，阴气逐渐强盛，势必由霜进至"坚冰"阶段，告诫人对事物的观察与处理，小自一身，大至治国、平天下，要见微知著，进而防微杜渐，亦即张氏所谓"贵在谨乎微"也。

[今译]

因为阳气像正人君子，阴气像邪恶小人。君子的行为光明正大，始终把握着正义公理，无所偏倚，合则留，不合则去，很难留得住他。小人的行为投机取巧，心怀鬼胎，无所不为，只要对他有利，不论是什么卑鄙下流的事情，他都会去做的。春光虽然明媚动人，但是没有办法把它长期留住；大公无私的君子，偏偏好人不长命！

真可惜啊！正大光明的阳气，变到盛极必衰的限制，已经过去了的，就这样过去了。太阳到了中午，就开始偏斜，月亮圆满了，就开始要亏缺，这也好像卦爻中的阳爻是"━"，阴爻是"━ ━"，让我们反而觉得阴比阳多。所以世间的事情，善治平安的时期少，战乱不安的时期多，正大光明的君子很少，败德乱行的小人很多。这可能是因为人类自出生以后，利欲熏心，天天在滋长的缘故。

　　因此，凡是有道德的君子，就经常警告自己，不可自高自大，要恭敬谦虚待人处世。所以圣人著述《易经》，对于阴阳消长、善恶分辨的时候，在有意无意之间，多半是"扶阳抑阴"。阴、阳二气本身，是不分善恶的，不是故意不喜欢阴气，而是怕它破坏阳气生生之德，杀害乾、坤的生机罢了！因此，在卦爻当中，生出一阴爻，就像有一盗贼一般。坤卦的六阴，是由姤卦的一阴始生于下，姤卦《象》说："勿用取女，不可与长也。"因为这一阴，将逐渐使阳气消失。所以坤卦的初六爻辞是"履霜，坚冰至"，目的在警告我们要防微杜渐。这的确是研究医学的大纲领，是人民生命的关键所在啊！

第四节　《易》医同理

[原文]

　　是以《易》之为书，一言一字，皆藏医学之指南，一象一爻，咸寓尊生之心鉴[一]。故圣人立象以尽意，设卦以尽情伪，系辞焉以尽言，变而通之以尽利，鼓之舞之以尽神[二]，虽不言医，而义尽其中矣。

　　故天之变化，观《易》可见；人之情状，于象可验；病之阴阳，有法可按[三]。丽于形者，不能无偶；施于色者，不能无辨[四]。是以君子将有为也，察之以理，其应如向，神以知来，知以藏往。参伍以变，错综其数，通其变，极其数，寂然不动，感而遂通天下之故，非天下之至精至神，其孰能与于此〔五〕？

与于此者，大其道以合天地，廓其心以合至真，融其气以生万物，和其心以接兆民〔六〕。是谓得天地之纲，知阴阳之房，见精神之窟，搜隐秘之藏。然而易天地之《易》诚难，未敢曰斡旋造化；易身心之《易》还易，岂不可燮理阴阳〔七〕？

［要旨］

本节首言《易》之为书，一言一字皆藏医学指南。次言《易》医同理之要。终为张氏自述其胸怀。

［注释］

〔一〕一言一字……咸寓尊生之心鉴：《汉书·艺文志》称"《易》为经中之原"，经中之经也。《易》言天、地与人之道，宇宙万有、阴阳变化均在其中，医学自亦不能例外。西方医学，无此文化瑰宝，不懂《易》理，犹可言也；今之中医，得天独厚，有此文化遗产，不知钻研，畏难苟安，欲求其医道高明，无异缘木求鱼。孟子曰："缘木求鱼，虽不得鱼，无后灾。以若所为，求若所欲，尽心力而为之，后必有灾！"（《孟子·梁惠王上》）医生司人生死，可不戒慎恐惧，自求精进，穷究《易》学乎！

《易》卦每卦有卦辞、《象传》与《大象》，每卦六爻，每爻有爻辞与《小象》。《象传》有一惯例，先言天地之象，次言人事现象。张氏谓："一象一爻，咸寓尊生之心鉴。"《管子·戒》："无翼而飞者，声也；无根而固者，情也；无方而富者，生也。公亦固情谨声，以严尊生，此谓道之荣。"《吕氏春秋·审为》："太王亶父，可谓尊生矣。能尊生，虽富贵不以养伤身，虽贫贱不以利累形。"尊生者，谓尊重生命也。鉴，镜也；心鉴即心镜也。《晋书·王湛等传》论曰："混暗识于心镜，开险路于情田。"《圆觉经》："慧目肃清，照耀心镜，圆悟如来无上知见。"心鉴者，谓心能烛照万象犹如明镜也。张氏之意，谓卦之爻象，尊重生命之天心也。卦爻虽吉，亦示以戒慎恐惧之忧患意识。兹以乾、坤、否、泰、剥、复、既济、未济等八卦为例，略作说明如次。

乾、坤为父母卦，是相对卦，兹先述之。

乾（☰）：初九、九二、九五等三爻，均吉。九三、九四戒慎，上九为悔，用九则吉。

坤（☷）：初六为戒慎，六二、六五为吉，上六凶，用六则吉。

泰、否两卦，是正反卦，所谓"否极泰来"是也。

泰（䷊）：初九、九二、九五为吉，九三、六四、上六则为戒慎之爻。

否（䷋）：初六、九五、上九为吉，六二、六三、九四为戒慎。

剥、复两卦，是正反卦，所谓"剥极必复"是也。

剥（䷖）：初六、六二、六四为凶，六三、上九为戒慎，六五则吉。

复（䷗）：初九、六二、六四为吉，六三、六五为戒慎，上六则凶。

既济与未济两卦，是正反卦。既济六爻之位均得其体，未济六爻之位均不当其位。

既济（䷾）：初九、六二、九三、六四为戒慎，九五为吉，上六为厉。

未济（䷿）：初六、上九为戒慎，九二、九四、九五为吉，六三为凶。

据前述卦例可知，虽凶卦亦有吉爻，谚谓"天无绝人之路"，此亦天地之心，为生生之德也。吉卦亦有戒慎，悔凶厉，故曰"《易》为寡过之书"，使人常怀忧患意识也。

〔二〕圣人立象以尽意……鼓之舞之以尽神：此段为《系辞上传》孔子之言。孔子因"书不尽言，言不尽意"（本段上文），故圣人仰观俯察，近取远取，见天地有阴阳、日月之象，宇宙万有莫不两两相对，故画一奇一偶以立象，以尽文字语言所难曲尽之意。以泰、否二卦为例，天地交为泰象，不交则为否象，泰通否塞之象立，治与乱之意亦尽之矣。以爻象为例，乾卦初为"潜龙勿用"之象，九五则为"飞龙在天"之象，上下之象既立，隐与显之意尽乎其中矣。

"设卦以尽情伪"者，卦有六爻，奇偶交错，一虚一实，一正一反，象征有男必有女，有真必有伪，六十四卦成，不但天地万物的情况可见，鬼神的情状可知，何况于人事的真情与虚伪乎？

"系辞焉以尽言"者，卦象既立，更系以文辞，以阐发其含义，教人趋吉避凶，或隐藏以吝，或改过自新以悔，以尽其言也。

《易》穷则变，变则通，通则久。如由剥而复，由否而泰，均为推阴阳之变化，会通于事物之理则，裁宜制便，以尽天下之利。

有巢氏教民架木为巢，燧人氏教民用火，伏羲氏教民佃猎，神农氏教民耕种，轩辕氏教民宫室、舟车、衣服，凡此种种发明创作，均为启发鼓舞天下之民，人人研究创新，以极尽其神而明之、日新其德之运用。

〔三〕病之阴阳，有法可按：张氏《传忠录·阴阳篇》曰：

医道虽繁，而可以一言蔽之者，曰阴阳而已！故证有阴阳，脉有阴阳，药有阴阳。以证而言，则表为阳，里为阴；热为阳，寒为阴；上为阳，下为阴；气为阳，血为阴；多言者为阳，无声者为阴；善明者为阳，欲暗者为阴；阳微者不能呼，阴微者不能吸；阳病者不能俯，阴病者不能仰。以脉而言，则浮、大、滑、数之类，皆阳也；沉、微、细、涩之类，皆阴也。以药而言，则升散者为阳，敛降者为阴；辛热者为阳，苦寒者为阴；行气分者为阳，行血分者为阴；性动而走者为阳，性静而守者为阴。此皆书中之大法。至于阴中复有阳，阳中复有静，疑似之间，须辨的确，此而不识，极易差讹，是又最为紧要，然总不离于前之数者。但两气相兼，则此少彼多，其中便有变化，一皆以理测之，自有显然可见者。若阳有余，而更施阳治，则阳愈炽而阴愈清；阳不足，而更用阴方，则阴愈盛而阳斯灭矣。设能明澈阴阳，则医理虽玄，思过半矣。

张氏且依《内经》之旨，提出五原则三要诀，以供医家借镜（**其详请阅第四章附录，不再列举**）。

〔四〕丽于形者……不能无辨：离卦《彖》曰："离者，丽也。日月丽乎天，百谷草木丽乎土，重明以丽乎正，乃化成天下。"注："丽，犹着也。"《太玄经应》："五枝离如。"注："离，附丽也。"《素问·五运行大论》："五行丽地。"王冰注："丽，着也。"离与丽又均可释为"两"与"偶"。《礼记·曲礼上》："离坐离立，毋往参焉。"注："离，两也。"《礼记·月令》："司天日月星辰之行，宿离不贷。"注："离读如俪偶之俪。"《释文》："离，偶也。"《周礼·夏官·校人》："丽马一圉。"注："丽，偶也。"又："束帛丽皮。"注："两皮也。"《世纪》云："太昊始制嫁娶，丽皮为礼。"《释义》："丽，偶数也。"《小尔雅·广言》："丽，两也。""丽"之一字，张氏义盖两取。言附着于形体者，皆不能无偶也，如两眉、两目、两耳、鼻有两窍、两手、两足之类是也。外形之五官，口为脾之官，舌为心之官，耳为肾之官。

五脏与六腑亦相偶相联。脏为阴，腑为阳；阳主表，阴主里。一脏一腑，一阴一阳，一表一里，相互配合。其相联关系如何？《灵枢·本输篇》云："肺合大肠，大肠者，传导之府。心合小肠，小肠者，受盛之府。肝合胆，胆者，中精之府。脾合胃，胃者，五谷之府。肾合膀胱，膀胱者，津液之府。少阳属肾，肾上连肺，故将两藏。三焦者，中渎之府也，水道出焉，属膀胱，是孤之府也。是六府之所与合者。"

"施于色者，不能无辨"，"施"，设也。《广韵》与《集韵》均释施为"设"。施于色者，谓施设于面部之五色也，喜光辉，忌晦暗。盖以五脏存于内，色脉显于外，而外显之色脉，无不由于五脏之所生成也。故五脏正常，所生成的色和脉亦必正常，如果五脏发生病变，脉之与色亦必随之发生种种变化。五脏与色脉之所以如影相随，而不能分离者，全以血气流行于中之故。《素问·五藏生成篇》云："心之合脉也，其荣色也，其主肾也。肺之合皮也，其荣毛也，其主心也。肝之合筋也，其荣爪也，其主肺也。脾之合肉也，其荣唇也，其主肝也。肾之合骨也，其荣发也，其主脾也。"又曰："五藏之气，故色见青如草兹者死，黄如枳实者死，黑如炲者死，赤如衃血者死，白如枯骨者死。此五色之见，死也。青如翠羽者生，赤如鸡冠者生，黄如蟹腹者生，白如豕膏者生，黑如乌羽者生。此五色之见，生也。生于心，如以缟裹朱；生于肺，如以缟裹红；生于肝，如以缟裹绀；生于脾，如以缟裹栝楼实；生于肾，如以缟裹紫。此五藏所生之外荣也。色味当五藏：白当肺，辛；赤当心，苦；青当肝，酸；黄当脾，甘；黑当肾，咸。故白当皮，赤当脉，青当筋，黄当肉，黑当骨。故曰：五色微诊，可以目察。"又《素问·脉要精微论》曰："夫精明（目之精光也）五色者，气之华也。赤欲如白裹朱，不欲如赭；白欲如鹅羽，不欲如盐；青欲如苍璧之泽，不欲如蓝；黄欲如罗裹雄黄，不欲如黄土；黑欲如重漆色，不欲如地苍。五色精微象见矣，其寿不久也。夫精明者，所以视万物，别黑白，审短长。以长为短，以白为黑，如是则精衰矣。"王冰注曰："赭色、盐色、蓝色、黄土色、地苍色见者，乃精微之败象，故其寿不久。"本篇又云："头者，精明之府，头颐（**头，俗称天柱，天柱倒，为必死之候**）视深，精神将夺矣。背者胸中之府，背曲肩随，府将坏矣。腰者，肾之府，转摇不能，肾将惫矣。膝者筋之府，屈伸不能，行则偻附，筋将惫矣。骨者髓之府，不能久立，行则振掉，骨将惫矣。得强则生，失强则死。"此又如前述，丽于形之偶也，且当脉色相参，在治疗上，庶可以收万全之效。《素问·五藏生成篇》云："能合脉色，可以万全。赤脉之至也喘而坚，诊曰有积气在中，时害于食，名曰心痹，得之外疾，思虑而心虚，故邪从之。白脉之至也喘而浮，上虚下实，惊，有积气在胸中，喘而虚，名曰肺痹寒热，得之醉而使内也。青脉之至也长而左右弹，有积气在心下支肤，名曰肝痹，得之寒湿，与疝同法，腰痛足清头痛。黄脉之至也大而虚，有积气在腹中，有厥气名曰厥疝，女子同法，得之疾使四支汗出当风。黑脉之至也上坚而大，有积气在小腹与阴，名曰肾痹，得之沐浴清水而卧。凡相五色之奇脉，面黄目青、面黄目赤、面黄目白、面黄目黑者，皆不死也。面青目赤、面赤目白、面青目黑、面黑目白、面赤目青，皆死也。"王冰注云："凡色见黄，乃为有胃气，故不死也。无黄色而皆死者，以无胃气也。五藏以胃气为本，故无黄色，皆曰死也。"

〔五〕是以君子将有为也……其孰能与于此：本段摘自《系辞上传》九、十两章，重新排列组合而成。兹分释如次。

"是以君子将有为也，察之以理，其应如向"，"向"通"响"。

是说君子将要有所作为，必先察之以理，绝不盲目冲动，结果如响斯应，应心得手。道如此，医道亦然。

"神以知来，知以藏往"，其神智可以预测未来将会发生的事，其智慧足以包藏万象，鉴察过去的得失。

"参伍以变，错综其数"，"参"作"间杂"解，"伍"作"排列"解，"错"作"交互"解，"综"作"反复"或"颠倒"解。卦有奇偶，奇爻偶爻排列组合而成卦。每卦六爻，除乾、坤二卦外，其他各卦阴爻阳爻排列组合不一。阴可变为阳，阳可变成阴，因阴非纯阴，阴中有阳也；阳非纯阳，阳中有阴也。例如乾之上九曰"亢龙有悔"，阳盛至极，其下必有阴生，故乾☰阳之后为姤卦☴。姤之初六曰"系于金柅"，制止车轮的木杆，外用金属包裹，谓之金柅。《说卦传》："乾为圜……为金。"圜状轮，金性凝止，象征刹车的金柅。乾之初六为"潜龙勿用"，均以暂停前进为言。此为"参伍以变"的第一例。

六爻之卦，为两个三爻的原卦所组成，下卦又称内卦、基础卦，上卦又称外卦、发展卦（如图例一）。上下卦爻关系，至为密切，相互牵制，爻动则变，有时本卦爻动，连同本卦可以成为八个卦。卦变之法，为二、五先行，初、四次之，三、上又次之。兹以泰卦为例，如附图例二、三、四、五、六、七、八、九各爻变化法则：

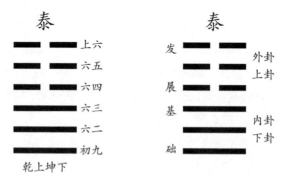

图例一　卦爻称谓

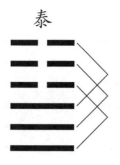

图例二　上下爻关系

说明：初九与六四相交，九二与六五相交，九三与上六相交。

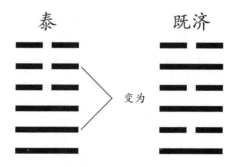

变为

图例三　九二与六五相交

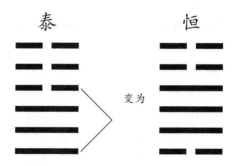

变为

图例四　初九与六四相交

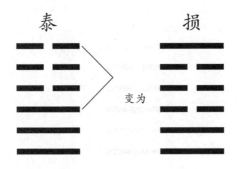

图例五　九三与上六相交

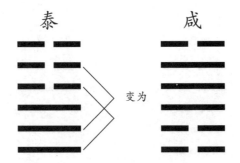

图例六　九二与六五、初九与六四同时相交

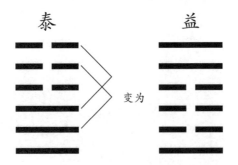

图例七　九二与六五、九三与上六同时相交

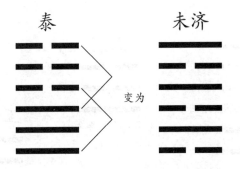

图例八　初九与六四、九三与上六同时相交

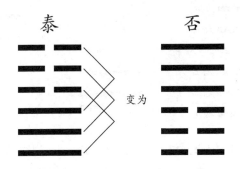

图例九　九二与六五、初九与六四、九三与上六同时相交

因泰卦为下乾上坤，阴阳相配，故六爻均可变，由泰之一卦，变而为既济、恒、损、咸、益、未济、否等七卦，连同本卦（泰）共八个卦，此为"参伍以变"之第二例。

卦有互体，亦称"互卦"。六爻之中，除上下两爻外，其中二、三、四、五等爻，可以互成两原卦、一成卦，仍以泰卦为例，一卦变两原卦、一成卦。即泰中有兑、震、归妹三体，此为"参伍以变"之第三例。如下页附图。

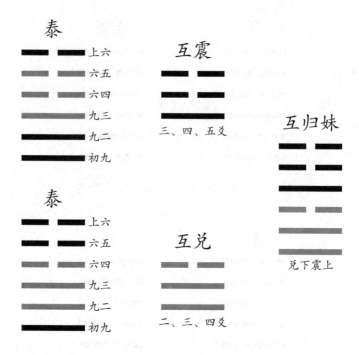

卦与卦之间相遇，如人与人之间相逢，此一化学元素与彼一化学元素相合，均会产生千变万化。以乾、坤两卦为例，用前"爻之对错法"，则两卦可变为六十二卦，连同乾、坤二卦为六十四卦，因乾坤为父母卦，为"《易》之门"故也。例如，乾二之坤五，如下页附图。

何以乾、坤二卦可变六十二卦？请阅拙作《从爻之对错法论乾坤为易之门》一文（刊《孔孟月刊》二十五卷二、三两期），全文过长，不再列举。此为"参伍以变"第四例。

"错综其数"者，谓"错卦"与"综卦"也。所谓"错卦"者，有如犬牙相错，阳变为阴，阴变为阳。仍以乾、坤为例，乾变为否，坤变为泰。同理，否泰相错，则否变为泰，泰变为否矣。如下页图。

乾变同人　　坤变比

乾变否　　　坤变泰

所谓"综卦"者，即一卦可以看成两卦，有称为"反覆卦"或"颠倒卦"。在六十四卦中，除乾、坤、坎、离、颐、大过、小过、中孚等八卦纯正不反外，其余五十六卦，皆一卦两体，以示任何事物有正必有反，正反相合而宇宙万有生矣。例如，复与剥、夬与姤、否与泰，如附图：

其他尚有阴阳相生、卦位相交、上半覆、下半覆等卦变之法，其详请参阅拙作《道统的由来与周易道统思想》一文（刊《孔孟学报》三十八期）。

"通其变，极其数"，《系辞上传》原文为："通其变，遂成天下之文；极其数，遂成天下之象。""通其变"者，通"参伍以变"也。"极其数"者，极"错综其数"也。"参伍以变"，为奇偶卦爻排列组合而成乾天、坤地、震雷、巽风、坎水、离火、艮山、兑泽等宇宙之文，八卦、六十四卦由是以构成。"极其数"，则卦爻之上体、下体、互体、错卦、综卦等卦爻大小象之相互关系，一切事物之现象，尽在其中。

"寂然不动，感而遂通天下之故"，《易》理医理，均无幻想玄想，亦非刻意造作，未有所感，则寂然不动，一有所感，则如响斯应，豁然贯通天下事物所以然的缘故。

"非天下之至精至神，其孰能与于此"，"至精"，《庄子·秋水》："至精无形。"《孔丛子·公孙龙》："理之至精者，则自得。"《周易正义》疏："非天下万事之内至极精妙，谁能参与此？"故至精，为至极精妙而无形。"至神",《吕氏春秋·审分》:"故至神逍遥,倏忽而不见其容。"《白虎通·封公侯》:"天虽至神,必因日月之光。"故至神,为极其灵妙也。"至精至神",至极精灵神妙,自得于心,只可意会,难以言说。

〔六〕**大其道以合天地……和其心以接兆民**:《系辞上传》曰:"天地之大德曰生。"生生不息,为天地之大道。《礼记·礼运》曰:"大道之行也,天下为公。"人之大道,大公而无私。《说文》:"廓者,空也。"至真者,纯净无瑕也。"廓其心以合至真"者,即虚怀若谷,无欺、偏、私、疑之心,始能合于返真归朴,纯净无瑕之至真也。

"融其气以生万物"者,"融",和也,化也。即调和化合阴阳二气,阴阳和而万物生也。"兆民",谓众民也。万万曰亿,十亿曰兆,谓众多也。天子曰兆民,诸侯曰万民。谓医家治病,不可心神烦躁,必须和其神志,始可以诊治众病。

〔七〕**斡旋造化,燮理阴阳**:"斡旋",谓挽回事势,弥缝缺失也。"造化",为创造化育,亦《中庸》所谓:"赞天地之化育。"今皆以"自然"释造化。"燮理阴阳",语出《尚书·周官》,《传》:"和理阴阳。"燮者,和也。

[今译]

所以《易经》这部书,每一句话,每一个字,都包含着医学,都是医学的指南针。《易》的每一个卦象,每一爻的辞象,纵有悔、吝、咎、凶等不吉利的断语,其中都有引导人民趋吉避凶的道理,走向光明,尊重生命的道路。《系辞上传》说:"圣人特别画卦立象,以尽文字语言所难表达出来的意见。设为卦爻,奇偶交错,一虚一实,象征有正必有反,有真必有伪,来表明人情事物的状态。

卦和象齐备了，还怕人不能理解，再用文辞来阐发每卦每爻的含义，以说明意犹未尽的言论。进而推究阴阳的变化，会通在事物上的道理，裁宜制便，使人人乐于接受，以尽天下之利。启发鼓舞天下的人，都能趋善就吉，因势利导，用以极尽其神而明之的运用。"这些话，虽然没有谈到医学，但医学的精义，都被包含进去了。

天地的变化，在《易经》可以看得见，人们喜怒哀乐的情状，从他形诸在外的现象可以知道，病人是阴症或阳症，有一定的方法可以遵循。凡是在外形上表现出来的，定和他五脏六腑有连带关系，五官四肢显现不同的颜色，一定要详加辨明。所以君子将要有所行动作为的时候，必先仔细审查，推究其中的道理，结果定可如响斯应，应心得手。是因为他的神智可以预测未来将会发生的事情，他的智慧包藏万象，可以鉴察过去的得失。以《易》卦为例，阳奇阴偶的爻画，间杂排列在各卦里面，有上体、下体、中体的分别，有错卦、综卦、互卦的不同，千变万化。我们要会通它的变化，推究它的理数。在没有会通推究之前，是静寂不动的，经过穷究会通以后，一旦豁然，就可以贯通天下事物所以然的道理了。若不是极尽精灵神妙，谁又能参与这事？

要参与这至精至神事业的研究，先要有悲天悯人、能与天地相合的大道，有虚怀若谷、真纯无瑕的心灵，能调和阴阳以生万物的胸怀，不可心浮气躁，要神志清明，来诊治众多的病患。能够具备这条件，就可以算是把握到天地的纲纪了，就可以知道阴阳的所在，就可以看得见精神的窟穴，就可以搜出隐秘的蕴藏。

但是，治理天地变化之《易》，的确很难，我不敢说能够参赞天地的创造化育；治理我们人类身体心理的《易》，则比较容易，相信还可以做到调和人身心的阴阳。

第五节 《易》理医用

[原文]

　　故以《易》之变化参乎医，则有象莫非医，医尽回天之造化；以医之运用赞乎《易》，则一身都是《易》，《易》真系我之安危。予故曰："《易》具医之理，医得《易》之用。"学医不学《易》，必谓医无难，如斯而已也！抑孰知目视者，有所不见，耳听者，有所不闻，终不免一曲之陋[一]。知《易》不知医，必谓《易》理深玄，渺茫难用也！又何异畏寒者得裘不衣，畏饥者得羹不食，可惜了错过此生。

　　然则医不可以无《易》，《易》不可以无医。设能兼而有之，则《易》之变化出乎天，医之运用由乎我。运一寻之木，转万斛之舟[二]；拨一寸之机，发千钧之弩[三]。为虚为实者易之，为寒为热者易之，为刚为柔者易之，为动为静者易之。高下者，易其升降；表里者，易其浮沉；缓急者，易其先后；逆顺者，易其真假[四]。

　　知机之道者，机触其目，神应于心[五]。无能见有，虚能见实；前知所向，后知所居。故可以易危为安，易乱为治，易亡为存，易祸为福[六]。致心于玄境，致身于寿域[七]；气数可以挽回，天地可以反覆[八]。固无往而非医，亦无往而非《易》。《易》之与医，宁有二哉！

[要旨]

　　本节重点以"《易》理医用"为主。强调学医不学《易》，不免一曲之陋；知《易》不知医，则难以致其用。次言知机之道，《易》医非二之理。

［注释］

〔一〕终不免一曲之陋：《庄子·天道》："此之谓辩士，一曲之人也。"疏："一节曲见，偏执之人，未可以识通方，悟于大道者也。"又《庄子·天下》："虽然，不该不偏，一曲之士也。"《荀子·解蔽》："凡人之患，蔽于一曲，而暗于大理，治则复经，两疑则惑矣。"《盐铁论·论邹》："邹子疾晚世之儒、墨，不知天地之弘、昭旷之道，将一曲而欲道九折，一隅而欲知万方。"《淮南子·俶真训》："然而羿仲不能为逢蒙，造父不能为伯乐者，是曰谕于一曲，而不能通于万方之际也。"《叔苴子·内篇》："其余离朱之窍于目，师旷之窍于耳，易牙之窍于口，各得一察，而不符于大道，此一曲之士也。"《象山全书·语录上》："不顺时制宜者，一方一曲之士，非盛德之士事也。"凡此，均为瞎子摸象、扪烛扣盘之类也。

〔二〕运一寻之木，转万斛之舟："一寻"，《说文》："八尺也。""一斛"，量器，《说文》："十斗。"《颜氏家训·归心》："不信有二万斛船。"谓以小运大也。

〔三〕拨一寸之机，发千钧之弩：《说文》："弩，弓有臂者，设有机括以发矢者也。"《释名·释兵》："其柄臂，曰似人臂也。钩弦曰守，似牙齿。牙外曰郭，为牙之规郭也。下曰悬刀，其形然也。合名曰机，言如机之巧也；亦言如门户，枢机开阖有节也。""钧"，《说文》："一钧三十斤也。"《列子·仲尼》："发引千钧。"《淮南子·主术训》："十围之木，持千钧之屋。"韩愈《与孟尚书书》："一发引千钧。""拨一寸之机"，"机"，指弩上之机括。犹如今日武术所谓"四两拨千钧"之意也。

〔四〕高下者，易其升降……逆顺者，易其真假：《伤寒论》曰："寸口卫气盛，名曰高。"何谓寸口？《素问·六节藏象论》："寸口一盛，病在厥阴。"按：寸口在两手关部前，为脉之大会，居手太阴鱼际，却行一寸三分，尺泽穴之前。凡肝、心、脾、肺、肾之脉，皆于此见（一说但指右手寸部而言）。"卫气"注详见第四章第二节"宗、营、卫三气图说"。"下"指下焦或导腹中积滞。《素问·至真要大论》："诸厥固泄，皆属于下。一指导腹中积滞使下行也。若当下而不下，则心腹胀满，烦乱鼓肿。不当下而下，则开肠荡胃，洞泄不禁。"

"升"与"降"，均为治病法之一。据《中国医学大辞典》载："升，治病法之一。含有疏散之义，如饮食劳倦，阳气下陷，宜升阳益气。泻利不止，宜升阳益胃。郁火内伏，宜升阳散火。滞下不休，宜升阳解毒。开胃除热，因湿洞泄，宜升阳除湿。肝木郁于地中，以致少腹作胀作痛，宜升阳调气之类是。降，治法之一，含有收敛之义。如阴虚火炎，为咳嗽、痰多、吐血、鼻衄、齿衄、头痛、齿痛、腹痛、眼痛、头晕、眼花、恶心、口苦、舌干、寒热、骨蒸等证，皆上盛下虚之侯，治宜以降气为主。气降则火降，而气亦归元。再益以滋水添精，以救其本，则诸证自瘳。"

何谓"表里"？据《中国医学大辞典》云："表，指皮毛肌腠而言，病之在表者宜疏散，不可攻其里。有二指：一指经脉之行于里者。如手太阴肺经，自中府至少商是。《灵枢·脉度篇》：'经脉为里。'二指肠胃等内脏而言。病之在里者宜荡涤，勿疏散以虚其表。"

何谓"浮沉"？浮谓浮脉，沉谓沉脉。《中国医学大辞典》曰：

浮脉：《难经·十八难》："浮者，脉在肉上行也。"按：浮脉之象，动跃于肌肉之表，轻按之方得，重按反不见。其证主表病、风病、上焦病。如左寸浮者，为伤风发热、头疼、目眩、风痰。兼虚迟者，心气不足，心神不安；兼散者，心血耗，易虚烦；兼洪散者，心热；

左关浮者，腹胀；兼数者，风热入肝经；兼促者，怒气伤肝，心胸满逆。左尺浮者，膀胱风热，小便赤涩；兼芤者，男子尿血，女子崩漏；兼迟者，冷疝、脐下痛。右寸浮者，肺感风寒，鼻塞清涕出，自汗体倦；兼洪者，肺热而咳；兼迟者，肺寒喘嗽。右关浮者，脾虚中满不能食；兼大涩者，有宿食；兼迟者，脾胃虚；兼滑者，有痰饮。右尺浮者，风邪客于下焦，大便秘；兼数者，下焦有风热；兼虚者，元气不足。阴脉浮者，表热；阳脉浮者，表虚。平时此脉秋季得之为正，肺病得之为宜，久病者忌之。

沉脉：脉象之沉者，在肌肉之下，筋骨之间，轻手不见，重按方得，为阴盛阳虚之候。脉之见此者，属阴属气属水属寒属骨。为停饮，为癖瘕，为胁胀，为厥逆，为洞泄。兼细则少气；兼滑则宿食停滞；兼迟则痼冷门寒；兼伏则霍乱吐泻；兼数则内热重；兼弦则心腹冷痛。在左寸者，主心内寒邪痛，胸胁寒饮作痛。左关则伏寒在经，两胁刺痛；兼弦则疝癖内痛；左尺则肾藏寒，腰背冷痛，小便浊而频。男为精冷，女为血结；兼细则胻酸阴痒，溺有余沥。右寸则肺中虚冷，寒痰停蓄，虚喘少气。兼紧滑则咳嗽；兼细滑则骨蒸寒热，皮毛焦干。左关则胃中寒积，中满吐酸。兼紧必有悬饮。右尺则有水气，或腰足痛；兼细则下痢，小便滑，脐下冷痛。大抵冬令沉脉为正，女寸男尺为宜。太过病在外，不及病在内。

何谓"缓急"？据《中国医学大辞典》所载，缓有缓脉、缓方之目，急无急脉之目，只有急方之说，兹并录之于次：

"缓"，《伤寒论》："阳脉浮大而濡，阴脉浮大而濡，阴脉与阳脉同等者，名曰缓也。"又："寸口卫气和，名曰缓。"

"缓方"，方剂之缓和者，其类如下：一、品味众多，互相监制，使无单独直达之力者；二、无毒治病，使之徐徐而去，免伤正气者；三、气味俱薄，不求速效者；四、甘以缓之，使峻急之药，减其猛烈之性者；五、以丸药缓缓攻之，而不求旦夕之效者；六、缓以治本，以养成其正气之抵抗力，而病自去者。此皆治久病弱证之法。

"缓脉"，脉之迟而有力者，其象往来纤缓，呼吸徐徐。见此脉者，多为虚痹疼。在上为项强，在下为足弱。兼浮者感风；兼沉者血气弱。见左寸者心气不足，怔忡健忘，亦主项背拘急而痛。见左关者风虚眩晕，腹胁气结。见左尺者肾元虚冷，小便频数；女人主月事过多。见右寸者肺气浮，言语短气。见右关者胃弱气虚；兼浮者脾虚。见右尺者下寒足弱，风气秘滞；兼浮者肠风泄泻；兼沉者小腹感冷。俱为气血向衰之候。若和缓而匀，无浮沉徐疾微弱之偏者，是为胃气脉。

"急方"之说有五：一、宜于急治之急；二、汤液荡涤之急；三、毒味烈性之急；四、气味俱厚之急；五、急则治标之急。皆治急病、重病之法。

何谓"逆顺"？《中国医学大辞典》曰："逆顺，谓经脉内外之血气，交相逆顺而行也。《灵枢·营气篇》：'此营气之所行也，逆顺之常也。'《阴阳二十五人篇》：'察其形气有余不足而调之，可以知逆顺矣。'"

所谓"真假"，"真"为真脏脉之简称。《素问·五运行大论》："太阴藏搏者，用心省真。"真脏者，五脏之真元也。《素问·阴阳别论》曰："所谓阴者，真藏也。"《示从容论》曰："真藏坏决。"真脏脉者，真气之见于脉象也。《素问·玉机真藏论》曰："真肝脉至，中外急，如循刀刃责责然。如按琴瑟弦，色青白不泽，毛折乃死。真心脉至，坚而搏，如循薏苡子累累然。色赤黑不泽，毛折乃死。真肺脉至大而虚，如以毛羽中人肤。色白赤不泽，毛折乃死。真肾脉至，搏而绝，如指弹石辟辟然。色黑黄不泽，毛折乃死。真脾脉至，弱而乍数乍疏。色黄青不泽，毛折乃死。诸真藏脉见者，皆死不治也。"

"假"有假寒、假热之别。假寒为热病而反见寒证者。如热极而四肢厥冷、胃枯而舌苔白腻之类是。当察其原因以施治。假热反是，为寒极而反见热证者。如阴盛格阳于上之类是。

〔五〕**知机之道者，机触其目，神应于心**：机为心意初动，事尚未形之先，唯智者能见微知著。孔子曰："知几其神乎！君子上交不谄，下交不渎，其知几乎！几者，动之微，吉凶之先见者也。君子见几而作，不俟终日。"（《系辞下传》）故曰"机触其目"，其神即应于心矣。神于医者，必能于病患症状尚未形诸于外者，见其未然之有；于实症中，独烛其虚症之所在。对病情之发展，从其目前趋势，而知其病在何脏腑也。

〔六〕**易危为安，易乱为治，易亡为存，易祸为福**：《系辞下传》引孔子之言曰："危者，安其位者也。亡者，保其存者也。乱者，有其治者也。是故君子安而不忘危，存而不忘亡，治而不忘乱，是以身安而国家可保也。《易》曰：'其亡？其亡？系于苞桑。'"孔子此语，系据否卦之九五爻辞以立言。其全文为："休否，大人吉。其亡？其亡？系于苞桑。"因九五阳刚中正，又五为君位，故称"大人"。前四爻均否，至此阳爻当位，故曰"休否"，否运该休止也。否运休止，则贵乎安不忘危，治不忘乱，存不忘亡，福不忘祸。当随时戒慎恐惧，警惕自己，故曰："其亡？其亡？"恐难免于危亡吧？恐难免于危亡吧？若句践之卧薪尝胆，忍辱负重。治国治家应如此，治病亦同。

〔七〕**致心于玄境，致身于寿域**：坤卦《文言》曰："天玄而地黄。"天为玄色，地为黄色。《说文》："玄，幽远也。"《释名·释天》："天又谓之玄。"《广雅·释言》："玄，天也。"《太玄经·玄告》："天以不见为玄。"《素问·天元纪大论》："在天为玄。"注："玄，远也。"

均以幽远、看不见释天、释玄，故致心于玄境者，言将心神升华致于深远的境界也。

"致身于寿域"，《汉书·礼乐志》："驱一世之民，跻之仁寿之域。"杜甫《上韦左丞诗》："八方开寿域，一气转洪钧。"薛道衡《老氏碑》："致世俗之润涂，纳蒸民于寿域。"《西域记·瞿萨旦那国记赞》："声教之所沾被，驰骛福林；风轨之所鼓扇，辄驱寿域。"凡此，均为文士笔下赞美盛世之辞汇。在张氏笔下言之，"致心于玄境"，则为求诸于己；"致身于寿域"，则为措诸于病患。

〔八〕气数可以挽回，天地可以反覆：《宋史·乐志》："天地兆分，气数爰定，律厥气数，通之以声。"世俗对于人之命运，凡事若有前定者，亦谓之气数。即今之所谓"宿命论"者。然气数亦可释为"气节与度数"，如前注，以张氏文意观之，当指宿命论者，但其要打破宿命论者之气数，挽回自然界变化之气数。

"天地可以反覆"，天地生生不息，然亦化化不已。化固为老死，化亦为新生也，由此生转彼生而已。张氏欲旋转乾坤，起死回生。

[今译]

用《易》理的变化来研究医学，则卦象、爻象，以及所有卦变的卦爻现象，无一不是医学的现象。医学可以创造化育，起死回生，所以把医学运用的方法，来研究《易》理，那我们人的全身都是《易》的道理。因此，《易经》这部书所讲的道理，的确关系到我们人类一生的祸福安危。所以我说："《易经》包含医学的理论，医学因为有《易经》的理论基础，可以发挥它的功用。"学医的人不研究《易经》，一定会说：医学没有什么难，不过望闻问切罢了！他们哪里知道，有眼睛能看得到的，还有看不到的；有耳朵可以听得到的，还有耳朵听不到的。像这种想法的人，只能说他是一种偏执的见解，只懂得那么一点点，不了解全部真相。懂得《易经》，不懂得医学的人，一定会说：《易经》的理论非常深奥，渺渺茫茫，难以捉摸，对人生没有实际用处。像他们这两类人，我好有一比，就像是怕寒冷，有毛衣不知道穿；怕饥饿，有菜饭不知道吃。可惜啊！他们真是白白度过了一生。

这样看来，医学不可以无《易》理，《易》理不可以无医理。假使能够兼通《易经》和医学，就会晓得《易》理的变化，是出于自然现象；医学的运用，完全是操纵在自己手里。能够《易》医兼通的人，就好像用八尺长的木桨，运转载重十万斗米的船一样，拨动一寸长的扳机，可以发出三万斤的弓箭一般。做医生的人，如果兼通《易》理也是一样，对于病理的判断，是虚证是实证，容易了解；是寒证是热证，容易了解；是刚阳是柔阴，容易了解；是动态是静态，容易了解。气温、体温、血压有高低，这里所讲的高下，是指寸口卫气太盛或腹里积滞下行，像这种高下不同的病患，可采升降的方法，让它疏散或收敛。病在表在里的不同，可以从脉象的浮沉去了解。疾病缓急的不同，则应急病先医，缓病在后，真脏脉的逆顺，有真有假，必须详加研判。

明白疾病机微的人，只要这种现象，一经他的眼睛察觉到，心神就自然产生一种感应。所以一个神于医的人，一定可以在病症尚未形诸于外的时候，即能看出他内在病情隐藏的是什么，对于已形的实症，可以看出是一时假象的虚症，这就是所谓"无能见有，实能见虚"。对病情的发展，从他目前的趋势，就可以掌握病在何脏何腑。因此对于问题的解决，往往可以使危险的病症转化为安全，使杂乱的病情，变为容易治疗，使祸害变为幸福。因为懂得《易经》理论的医生，思想境界与众不同，他有一种高超深远的看法，全心全意在为病患生存着想。虽然病患气数已尽，也可以挽回，旋转乾坤，起死回生。所以无处不是医学，也无处不是《易》理。《易》理和医学，真是二而一，没有什么分别的啊！

第六节 知归知一在知止

[原文]

　　然而用《易》者，所用在变；用医者，所用在宜。宜中有变，变即宜也；变中有宜，宜亦变也。第恐求宜于变，则千变万变，孰者为宜？求变于宜，则此宜彼宜，反滋多变[一]。有善求者，能于棼杂中而独知其归，千万中而独握其一，斯真知医《易》之要者矣[二]！

　　然而知归知一，岂易言哉？余忽于孔子之言，有以得之，曰"知止而后有定"也[三]。夫止即归之根，一之极也[四]。盖病之止，止于生；功之止，止于成；恶之止，止于去；善之止，止于积。事之得失也，必有际，际即止也；数之利钝也，必有垠，垠即止也[五]。至若一动一静、一语一默之间，无不皆有所止。止之所在，即理之窟也，即化之基也，即不二之门也[六]。能知止所，有所不定乎？即定矣，有不静乎？即静矣，有不安乎？即安矣，有不虑乎？即虑矣，有不得乎？所得者何？得诸《易》，即得其变；得诸医，即得其宜。然则得由乎虑，而虑由乎止。

　　所谓止者，意有在而言难达也。姑拟其近似曰：《易》有不易之《易》，宜有不疑之宜，即止所也。又拟之曰：必先于不摇不动处，立定脚跟，然于无二无三处，认斯真一[七]，亦止所也。

　　夫止为得之本，得是止之末。得之生意萌乎止，止之实效归于得。观孟子曰"不动心"[八]，邵尧夫《不语禅》曰："请观风急天寒夜，谁是当门定脚人。"此二子之功夫，谓不从止处得来邪！止之为义，神哉至矣，是诚医《易》之门路也。

有能知此，则福胎于祸者，何祸不消；危生于安者，何危不却。夫是之谓《养生主》〔九〕，何不可也；夫是之谓医国手〔十〕，亦何不可也。又岂特以一匕之济〔十一〕，足云医《易》之义哉！

[要旨]

本节首言用《易》在变，用医在宜。然变中有宜，宜中有变。孰为变？孰为宜？张氏提出"知归知一"之法，继则畅论"知止而后有定、静、安、虑、得"之道。

[注释]

〔一〕**变与宜**：变易之理，请参阅第四章第十一、十二两节"从变化言""从常变言"之原文与注释。明其变，何者为宜，亦思过半矣！宜者，得其所、安其止、适其理、当其义、善其事、和其人、顺其道、权其宜也。换言之，宜有因时、因地、因人、因物之不同，各有其举措之宜与不宜。以故张氏曰："宜中有变，变即宜也；变中有宜，宜亦变也。"然宜变与常变均有其准则，变能体常，则为宜变，否则千变万变，何者为宜？此宜彼宜，反滋多变。体常之宜变为何？孔子曰："义者，宜也，尊贤为大。"(《中庸》)韩愈曰："行而宜之，之谓义。"(《原道》)即义利之辨、诚伪之别、忠奸之分、生死之际之所由起也。

〔二〕**知归与知一**：孔子曰："天下何思何虑？天下同归而殊涂，一致而百虑，天下何思何虑？"(《系辞下传》)宇宙虽大，万有虽众，其理则一。太极，理也，太极生生不息，天地之大德曰生，自医家立场言之，太极生生之德也。故知，归者，起死回生之道也。

孔子曰："吾道一以贯之。"(《论语·里仁》)曾子以一贯为忠恕，有以为仁，有以为义，有以为诚。忠恕违道不远，仁、义、诚，为行道之方法。均不足以言"一贯"。一者何？曰太极。极者，中也；太极者，大中至正之谓也。《易经》六十四卦、三百八十四爻，每卦每爻莫不求其"中道"。中在时间为时中，在空间为位中，在事物为中和。是力点，是平衡点。自医家言之，人体失调则有病，如何使人体内五脏六腑使其均衡，常保健康，始得谓之"知一"。老子曰："昔之得一者：天得一以清，地得一以宁，神得一以灵，谷得一以盈，万物得一以生，侯王得一以为天下贞。其致之，一也。"(《老子》第三十九章)其是之谓乎！

〔三〕知止而后有定：《礼记·大学》曰："知止而后有定，定而后能静，静而后能安，安而后能虑，虑而后能得。"张氏后之纵横言论，均从此而发。

〔四〕止即归之根，一之极也：《大学》谓"在止于至善"。何谓"至善"？程子曰："至善，则事理当然之极也。言明明德、新民，皆当止于至善之地而不迁，盖必其有以尽乎天理之极，而无一毫人欲之私也。"朱子《集注》："止者，止所当止之地，即至善之所在也。知之，则志有定向。"又曰："止者，必至于是而不迁之意。至善，则事理当然之极也。"为继承程子之意。王阳明则直认"良知"为至善。换言之，即归于良知之根，止于良知之一。王子较程、朱二子之言简易，直截了当。

〔五〕病之止……垠即止也：此段师承《大学》"为人君，止于仁；为人臣，止于敬；为人父，止于慈；为人子，止于孝；与国人交，止于信"，故"止"字应作"居心"解，不能作"至善"解。盖以善中有善，善善之中仍有善，善善善之中仍有至善。至善无尽期，令人畏难而不敢前；至善无止境，何求其定、静、安、虑、得？举例言之，"为人君，止于仁"，依孔子之意，仁并非至善最高境界。子贡曰：
"如有博施于民，而能济众，何如？可谓仁乎？"子曰："何事于仁，
必也圣乎！尧舜其犹病诸。"（《论语·雍也》）可见博施济众，高于
"仁"远矣！下文之臣敬、父慈、子孝、交信，均非"至善"之地，
而为人人易知易行最近标准。张氏谓病止于生，功止于成，恶止于去，
善止于积，甚获我心。际为"分际""交际"，垠为"边界""界限"。
其以际与垠释止，亦得我心之同然。

《大学》传文之三章释"止于至善"曰："《诗》云'邦畿千里，
维民所止。'《诗》云：'缗蛮黄鸟，止于丘隅。'子曰：'于止，知其
所止，可以人而不如鸟乎？'《诗》云：'穆穆文王，於缉熙敬止。'
为人君，止于仁；为人臣，止于敬……"连引《诗经·商颂·玄鸟》
《小雅·绵蛮》《大雅·文王》等篇章，以说明"知止"之义。程、
朱二子及其徒众，死死盯住"至善"二字大发议论，对后之《诗》
云子曰、君臣、父子之止，全不能用"至善"二字以自圆其说。该
等语句，若以今文译之，其中之"止"，当作何解？

其一，天子所管辖地区，幅员千里，都是民众居住的所在。"止"
作"居"解。

其二，鸣叫声音"缗蛮"的黄鸟，居住在小山坡上。孔子说：
"鸟尚知栖身在适当的地方，难道人还不如鸟吗？"其"止"亦作
"居"解。

其三，伟大崇高的文王啊！他的心地永远光明正大。句中之
"止"，仍为"居"心光明解。

人有圣、贤、才、智、平、庸、愚、劣之不同，何可求人人"无
一毫人欲之私"？圣人教人，顺人性，必因其才而教育之。若君仁
臣敬、父慈子孝，则为维持社会秩序最低标准。最高准则，当以天
下为公，不独亲其亲，不独子其子。《书》曰："安汝止，惟几惟康。"

（《益稷》）对圣哲睿智，贵为天子大舜的劝告，亦不过要他谨慎好恶之心，要明察几微，要做到心安理得，况凡人乎？

〔六〕止之所在……不二法门："窟"，穴也，理之窟，理论之所由出也。"基"，根基也，化之基，造化之根基也。"不二法门"，佛语。《大乘义章》："不二者，无异之谓也，即是经中一实义也。"《维摩经·入不二法门品》曰："文殊师利请维摩诘说不二法门，维摩默然不应。文殊曰：'善哉！善哉！无有文字、语言，是真不二法门。'"意谓本体与现象二者，系同一而非互异。本体非别有，而系含于现象之中也。被认为高远玄妙之本体，实在现象之中。即现象即本体之谓也。

〔七〕不摇不动……认斯真一：《系辞上传》曰："寂然不动，感而遂通天下之故。"《参同契口义》引广成子告黄帝云："无劳尔形，无摇尔精。"皆安静虚无之意也。摇，动也，不摇即不动也，感亦动也。在不摇不动处，立定脚跟，始能感而遂通天下之故。《礼记·中庸》曰："考诸三王而不谬，建诸天地而不悖，质诸鬼神而无疑，百世以俟圣而不惑。"即不摇不动。"无二无三"，佛家语，《法华经·方便品》曰："十方佛土中，唯有一乘法，无二亦无三。"意谓成佛之道唯一，无二道三道也。"真一"，道家语。《鬼谷子·本经阴符》曰："信心术，守真一。"《真诰》："守真一者，头不白，秃发更生。"《参同契口义》曰："盖一者，先天真一之炁，坎中一画，先天乾金，所谓元始祖炁是也。老子曰：'得其一，万事毕。'自夫窍凿混沌之后，此之真一，溃决而不存，修丹之士，洞晓阴阳，深达造化，故于互藏之宅，而求其所谓真一者，以为我之掩蔽，是谓取坎填离，以炁补气，长生久视之道，端在于止。"

〔八〕不动心：语出《孟子·公孙丑上》：孟子曰："我四十不动心……夫志，气之帅也；气，体之充也。夫志至焉，气次焉，故曰持其志，无暴其气……我知言，我善养吾浩然之气……其为气也，至大至刚，以直养而无害，则塞于天地之间。其为气也，配义与道，无是，馁也。是集义所生者，非义袭而取之也。行有不慊于心，则馁矣。"心有所主，则不动；无主，则茫茫无所归，随波逐流矣。孔子四十而不惑，亦不动心之谓也。不动心之道，为立志养气。立志养气之法，为志于道，据于德，依于仁，行于义。即为至大至刚，塞于天地间浩然之正气。

〔九〕《养生主》：《养生主》，为《庄子》内篇之一，主旨在说明养生之主为精神。修养之法，在于去小智而得大智，去小我而成大我，去有为而就无为，去物欲而游于方外。本篇共分三节，首节提出"缘督为经"，为全篇之总纲。王船山云："奇经八脉，以任、督主呼吸之息，身前之中脉曰'任'，身后之中脉曰'督'。"缘督者，顺其自然之意也。第二节，借"庖丁解牛"为喻，说社会现象之复杂，有如牛身筋骨盘结，必须顺其自然之纹理，怀着"怵然之戒"的态度，"善刀而藏之"，以为自处之道。第三节以"右师"为自然，"泽雉"为逍遥，"秦失吊老聃"，视生死如一。结论为"穷于薪，火传也，不知其尽也"。郭象注曰："夫生以养存，则养生者，理之极也。乃若养过其极，以养伤生。"刘勰《新论》曰："子将攻情欲，先敛五关：曰目、曰耳、曰口、曰鼻、曰体。所以养生，亦所以伤生也。"《灵枢·本神论》曰："智者之养生也，必顺四时而适寒暑，和喜怒而居处，节阴阳而调刚柔。如是，则僻邪不生，长生久视。"

〔十〕医国手：《国语·晋语八》："昔晋平公有疾，秦景公使医和视之。赵文子曰：'医及国家乎？'对曰：'上医医国，其次救人，固医官也。'"《注》："止于淫惑，是谓医国。"今人所谓"医国手"者，本此。此事左氏有更详尽记载，兹并录之于后：

《春秋左传·昭公元年》：晋侯求医于秦，秦伯使医和视之，曰："疾不可为也。是谓：近女室，疾如《蛊》。非鬼非食，惑以丧志。良臣将死，天命不佑。"公曰："女不可近乎？"对曰："节之。先王之乐，所以节百事也，故有五节（五声之节奏），迟速本末以相及，中声以降，五降以后，不容弹矣。于是有烦手淫声，慆堙心耳，乃忘平和，君子弗听也。物亦如之，至于烦，乃舍也已，无以生疾。君子之近琴瑟，以仪节也，非慆心也。天有六气，降生五味（甜、咸、苦、辣、酸），发为五色（白、青、黑、赤、黄），征为五音（宫、商、角、徵、羽），淫生六疾。六气曰阴、阳、风、雨、晦、明也，分为四时，序为五节（五行之节也），过则为灾。淫则内热、惑蛊之疾。今君不节不时，能无及此乎？"出告赵孟。赵孟曰："谁当良臣？"对曰："主是谓矣。主相晋国于今八年，晋国无乱，诸侯无阙，可谓良矣。和闻之，国之大臣，荣其宠禄，任其宠节，有灾祸兴而无改焉，必受其咎。今君至于淫以生疾，将不能图恤社稷，祸孰大焉！主不能御，吾是以云也。"赵孟曰："何谓蛊？"对曰："淫溺祸乱之所生也。于文，皿虫为蛊。谷之飞亦为蛊。在《周易》：'女惑男，风落山。'（今本《周易》无此二句，其或《连山》《归藏》之本乎）谓之蛊（☶），皆同物也。"赵孟曰："良医也。"厚其礼而归之。

〔十一〕一匕之济：古者抄药用钱币，盖散剂也（将药材碾磨成细粉，谓散剂或散架，即今称之为药粉）。以铜钱一枚抄药，药粉布满在铜币上，谓之一钱。若抄二分之一，谓之半钱；四分之一，谓之一字。因铜钱正面有四字故也（例如有"康熙通宝、乾隆通宝、咸丰通宝"等，民间仍藏有此等古币）。又古有刀币（隋唐前仍用刀币），其形似匕首（短剑）。《中国医学大辞典》曰："刀圭，十分方寸匕之一。"《本草纲目序例》："凡散药云刀圭者，十分方寸匕之一，准如梧桐子大也。方寸匕者，作匕正方一寸，抄散取不落为度。"注："匕，即匙也。"总之，量药之器具也。

［今译］

运用《易经》道理的人，在于用它的变化；运用医学的人，在于用之适宜。但适宜里面有变化，故变化就是适宜；变化里面有适宜，故适宜就是变化。因此，恐怕为了适宜，而在变化中去寻求，那么千变万化中，哪一种是适宜的呢？为了变化，而在适宜中去寻求，那么这个适宜，那个也适宜，反而使我们觉得莫衷一是。所以真正懂得求宜求变的人，能够在纷乱复杂的事件里面，了解它的最终目的；在千变万化中，把握住它的基本原则，这才算是真正懂得医学和《易经》关键的人了！

但是，了解最终目的，把握根本原则，不是那么容易说得清楚的啊！我忽然在孔子的言论里面，有了心得，那就是《大学》所说的"知止而后有定"这段话。因为"止"就是最终目的和基本原则。对垂死的病患而言，目的是生存；对事业的发展，目的是成功；对恶人的行动，目的是让他不再做坏事；对好人的希望，目的是能多多积善。因为任何一件事的得或失，都有一定的分际，分际就是最终目的。任何一件事的顺利或阻塞，都有一定的界限，界限就是基本原则。至于我们言行的一动一静、一语一默，都应该要有目的和原则。目的和原则的所在，就是事理的根源、变化的基本，就是唯一无二的门径。能够了解目的和原则，哪有情绪不会定下来的；情绪定下了，哪有心境不会平静的；心境平静了，哪有不会心安的；心既安了，哪有不会思考的；能安心思考了，哪有不会得到结论或成果的。所得到的结论是什么？得到了《易经》的理论，得到它所讲的变化；得到了医学的运用，得到它运用适宜的道理，所以说，得是由思考而来，而思考是由于有目的和原则的止。

所谓目的和原则，由于各人思想不同，是很难用言语来说明的。举一个比较相近的道理来说，《易经》有不变的《易》，适宜有不怀疑的宜，这不变和不疑，就是目的和原则。再比喻说，先要立定志愿，任何事物都不会动摇你的决心，站稳脚跟，不再三心二意，把握住你所认定的事理，这事理就是目的和原则。

因此，目的原则是得的根本，得是从有目标原则而来。成果的获得，是由当初决定的目标和原则，目标原则确定之后，才会得到实际的成效。孟子说的"不动心"，邵尧夫《不语禅》说的"请观风急天寒夜，谁是当门定脚人"，他们两个人平时所下的功夫，在历史上享有崇高的学术思想盛誉，不就是从确定目标、把握原则得来的吗？所以"止"的含义，真是神妙到了极点，确实是《医易学》所应遵循的门路。

如果能够了解这层道理，本来是福的根源，虽然发生祸害，任何祸害都会消除的；危险的事情，发生在安定的时候，任何危难都会化解，我们称它是《养生主》，有什么不可以？！称它是"医国手"，又有什么不可以！？总不可以说，能够为病患开出一剂有效的药方，就算尽到医《易》兼通的道理吧！

结　语

[原文]

嗟乎！圣贤之心，千古一贯；乐吾斯道，仁爱无穷。秘发鬼神，二竖奚逃遁〔一〕；玄同天地，六宫焉有西东〔二〕。醉造化于虚灵，美壶中之日月〔三〕；运阴阳于掌握，摘指上之阳春〔四〕。至精至微，蒙圣人之教诲〔五〕；其得其失，由自己之惰勤。五十学《易》，讵云已晚；一朝闻道，立证羲黄〔六〕。即道即心，谁无先觉；余虽不敏，犹企医王〔七〕。因尔重申其义曰："不知《易》，不足以言太医。"亦冀夫掖斯道之门墙。

谨纪夫著论之岁月，则皇明之万历，壬子之一阳〔八〕。

[要旨]

本章为全文之尾声，勉医者得失在己之勤惰，孔子五十以学《易》犹未云晚，一朝闻道，即可立证羲、黄。重申前言："不知《易》，不足以言太医。"以为结论。

[注释]

〔一〕秘发鬼神，二竖奚逃遁：此事出《春秋左传·成公十年》，兹录如次：

　　晋侯梦大厉（大鬼），被发及地，搏膺（拍胸）而踊（跳也）曰："杀余孙，不义（八年晋侯杀赵同、赵括）。余得请于帝矣！"坏大门及寝门而入。公惧，入于室，又坏户。公觉，召桑田巫（桑田，晋地；巫，人）。巫言如梦。公曰："何如？"曰："不食新矣。"（吃不到新麦子）公疾病，求医于秦。秦伯使医缓为之。未至，公梦疾为二竖子，曰："彼，良医也。惧伤我，焉逃之？"其一曰："居肓之上，膏之下，若我何？"（《说文解字》：肓在心下膈上）医至，曰："疾不可为也。在肓之上，膏之下，攻之不可，达之不及，药不至焉，不可为也。"公曰："良医也。"厚为之礼而归之。六月丙午，晋侯欲麦，使甸人献麦，馈人为之。召桑田巫，示而杀之。将食，张，如厕，陷而卒。小臣有晨梦负公以登天，及日中，负晋侯出诸厕，遂以为殉。

　　〔二〕玄同天地，六宫焉有西东："玄"，同本章第五节注。"六宫"，《周礼·天官·内宰》："以阴礼教六宫。"《注》："郑司农云：'阴礼，妇人之礼。六宫，后五前一。王之妃百二十人，后一人，夫人三人，嫔九人，世妇二十七人，女御八十一人。'玄谓：'六宫，谓后也。妇称寝曰宫。宫，隐蔽之言。后象王，立六宫而居之，亦正寝一、燕寝五，教者不敢斥言之，谓之六宫，若今称皇后为中宫。"《礼记·昏义》："古者天子，后立六宫，三夫人，九嫔，二十七世妇，八十一御妻，以听天下之内治，以明章妇顺，故天下内和而外理。"《注》："天子六寝，而六宫在后；六宫在前，所以承副，施外内之政也。"《疏》："按《宫人》云：'掌王之六寝之修。'《注》：'路寝一，小寝五，是天子之六寝也。'云六宫在后者，后之六宫，在王之六寝之后，亦大寝一，小寝五，其九嫔以下，亦分居之。"白居易《长恨歌》

曰："回眸一笑百媚生，六宫粉黛无颜色。"张氏所谓"六宫焉有西东"者，据考证，东宫为太子或世子所居，西宫亦为小寝。或为行文方便而言之，并无特殊意义。

〔三〕醉造化于虚灵，美壶中之日月："造化"者，大自然也。"醉"，醉心、沉迷也。"虚灵"，谓大公无私，有感斯应也。《大学章句·明德·朱注》曰："人之所得乎天，而虚灵不昧，以具象理而应万事者也。""壶中日月"，《汉书·方术·费长房传》："费长房者，汝南人也。曾为市掾。市有老翁卖药，悬一壶于肆头，及市罢，辄跳入壶中，市人莫之见，唯长房于楼上睹之，异焉。因往再拜，翁乃与俱入壶中，唯见玉堂严丽，旨酒甘肴，盈衍其中，共饮毕而出。"又《云笈七签》载："施存，鲁人，学大丹之道，遇张申，为云台治官，常悬一壶，如五升器大，化为天地，中有日月，夜宿其内，自号壶人，人称壶公。"《九域志》："有壶公山（今福建省莆田市南），昔有人隐此，遇一老人，引于绝顶，见宫阙台殿。曰：'此壶中日月也。'因名。"白居易《酬吴七见寄诗》曰："谁知市南地，转作壶中天。"元稹《幽栖诗》："壶中天地乾坤外，梦里身名且莫闲。"

〔四〕运阴阳于掌握，摘指上之阳春：病理之阴阳变化，为医家医道之纲领，掌握阴阳变化之道，即可运阴阳于掌握之中，对症下药，摘指上之阳春矣！为使读者洞彻阴阳之理，除于各章节之间论及外，特将张氏所著《阴阳篇》全文录于第四章第十一节之后，至望详为玩索，则终身用之，有不能尽者矣！

〔五〕至精至微，蒙圣人之教诲：《论语·尧曰篇》："尧曰：'咨，尔舜，天之历数在尔躬，允执其中，四海困穷，天禄求终。'舜亦以命禹。"《尚书·大禹谟》载舜亦以命禹曰："人心惟危，道心惟微，惟精惟一，允执厥中。"朱熹在《中庸章句·序》文中曰："盖自上古圣神，继天立极，而道统之传，有自来矣。其见于经，则'允执厥中'者，尧之所以授舜也。'人心惟危，道心惟微，惟精惟一，允执厥中。'舜之所以授禹也……自是以来，圣圣相承。"后之儒者，均谓此"十六字心传"为道统。张氏之"至精至微"，可能指此十六字心传道统而言，然只提及"精微"二字，未能把握其全体精神，若易以"精一执中"，或更完善。其间尤以"执中"二字，更为医家调理阴阳、均衡五行之精华所在。

〔六〕五十学《易》……立证羲、黄：《论语·述而》："子曰：'假我数年，五十以学《易》，可以无大过矣。'"《论语·为政篇》"子曰：'吾十有五而志于学，三十而立，四十而不惑，五十而知天命，六十而耳顺，七十而从心所欲不逾矩。'"司马迁曰："孔子晚而喜《易》，序《彖》《象》《系》《说卦》《文言》，读《易》，韦编三绝。曰：'假我数年，我于《易》则彬彬矣。'"（《史记·孔子世家》）有谓"孔子五十通《易》，言学《易》为自谦之辞"，此言亦是，以孔子闻一知十，天生圣哲之睿智，水到渠成，自可一学即通。然有一事可以断定，通《易》以后，始可以知天命。故孔子又曰："五十而知天命"。孔子读《易》至专至勤，竟至韦编三绝，非涉猎浏览之徒所可比也。

"立证羲、黄"，医家以太昊伏羲氏、炎帝神农氏、黄帝轩辕氏三皇为先医，以其先发明医药也。伏羲画卦，造书契，燮理阴阳，为有《易经》之始。黄帝《内经》，为历代医家必读经典。此处未言及神农，可能因医、药分业关系。

〔七〕医王：佛家语，医中之王。佛家颂佛为医王。白居易《不二法门诗》曰："坐看老病逼，须得医王救。"张氏企为医王，至哉，宏愿，是亦万家生佛矣！

〔八〕皇明之万历，壬子之一阳：即明神宗万历四十年（1612年），是岁为壬子。一阳，谓复卦（䷗）一阳复始，当十一月。

　　真感慨啊！凡是圣人、贤人的心意，千古以来，都是一样的。我非常乐意选择了医生这一行业，能够救人济世，可以无穷无尽发挥博爱的胸怀。发掘鬼神的隐秘，看两个小鬼逃避到哪里去！《易》理和医学的奥妙，虽然和宇宙一般的深远难测，但是六宫之间，哪里还有西宫、东宫的分别。醉心大自然的大公无私，和万物相互感应，遨游在别有天地，没有烦恼的境界里。脉理阴阳，运用于掌握之中，对症下药，使病患生气蓬勃。精一执中，是圣圣相传的道统；能够领悟到多少，就完全要看自己的勤惰来决定。孔子到五十岁才开始学《易》，谁说时间太迟了？只要不断努力，自会一旦豁然贯通，那时就可以大彻大悟伏羲画的先天卦、黄帝《内经》的理论了！道即是心，心即是道，任何人对于事物的处理都有先行觉悟的经验，只不过是在时间上的早晚罢了。我虽然智慧不高，才能不够，但心愿却在企盼着将来可以做到救人济世，万家生佛的"医王"。因此，在这里要一再重复地说："不知《易》，不足以言太医。"同时也希望同道都能《易》医兼通，光大医家的门楣。

　　本文著论的时间为明神宗万历四十（壬子）年十一月。

· 读懂中华文化　构建中国心灵 ·

道善元国学馆新经典丛书

毓老师说论语（修订版）	爱新觉罗·毓鋆　讲述
毓老师说中庸	爱新觉罗·毓鋆　讲述
毓老师说庄子	爱新觉罗·毓鋆　讲述
毓老师说大学	爱新觉罗·毓鋆　讲述
毓老师说老子	爱新觉罗·毓鋆　讲述
毓老师说易经（全三卷）	爱新觉罗·毓鋆　讲述
毓老师说（礼元录）	爱新觉罗·毓鋆　讲述
毓老师说吴起太公兵法	爱新觉罗·毓鋆　讲述
毓老师说公羊	爱新觉罗·毓鋆　讲述
毓老师说春秋繁露（上、下册）	爱新觉罗·毓鋆　讲述
毓老师说管子	爱新觉罗·毓鋆　讲述
毓老师说孙子兵法（修订版）	爱新觉罗·毓鋆　讲述
毓老师说易传（修订版）	爱新觉罗·毓鋆　讲述
毓老师说人物志（修订版）	爱新觉罗·毓鋆　讲述
忧患：刘君祖讲易经忧患九卦	刘君祖
乾坤：刘君祖讲乾坤大智慧	刘君祖
刘君祖完全破解易经密码（全六册）	刘君祖
一代大儒爱新觉罗·毓鋆	许仁图
说孟子	许仁图
哲人孔子传	许仁图
毓老师讲学记	许仁图
子曰论语（上、下册）	许仁图

更多名家音视频课程，敬请关注我们的公众号
在这里，彻底学懂中国优秀传统文化